本报告系 2020 年教育部人文社会科学研究青年基金项目（项目号：20XJC780001）成果

米脂卧虎湾

战国、秦汉墓地考古发掘报告

（上）

榆林市文物考古勘探工作队
西北大学文化遗产学院　　编著
陕西省考古研究院
米脂县博物馆

文物出版社

图书在版编目（CIP）数据

米脂卧虎湾：战国、秦汉墓地考古发掘报告 / 榆林市文物考古勘探工作队等编著；康宁武主编. -- 北京：文物出版社,2022.8

ISBN 978-7-5010-7751-9

Ⅰ.①米… Ⅱ.①榆… ②康… Ⅲ.①战国墓—墓葬(考古)—发掘报告—榆林②墓葬(考古)—发掘报告—榆林—秦汉时代 Ⅳ.①K878.85

中国版本图书馆CIP数据核字(2022)第128596号

米脂卧虎湾——战国、秦汉墓地考古发掘报告

编　　著：榆林市文物考古勘探工作队
　　　　　西 北 大 学 文 化 遗 产 学 院
　　　　　陕 西 省 考 古 研 究 院
　　　　　米 脂 县 博 物 馆
主　　编：康宁武
副 主 编：同杨阳　周　健

封面设计：刘　远
责任编辑：彭家宇
责任印制：王　芳

出版发行：文物出版社
社　　址：北京市东城区东直门内北小街 2 号楼
邮　　编：100007
网　　址：http://www.wenwu.com
经　　销：新华书店
印　　刷：北京荣宝艺品印刷有限公司
开　　本：889mm×1194mm　1/16
印　　张：84.75　插页：1　附件：1
版　　次：2022 年 8 月第 1 版
印　　次：2022 年 8 月第 1 次印刷
书　　号：ISBN 978-7-5010-7751-9
定　　价：1280.00 元（全三册）

Wohuwan, Mizhi
the Excavation of the Warring-States and the Qin-Han Cemetery
(I)

by

Yulin Cultural Relics and Archaeology Exploration Team

School of Cultural Heritage, Northwest University

Shaanxi Academy of Archaeology

Mizhi Museum

Cultural Relics Press

内容摘要

卧虎湾墓地地处陕西省榆林市米脂县无定河东岸的黄土高原梁峁区，是陕北地区目前发现规模最大、时代跨越性最长、随葬品最丰富的战国、秦汉中小型墓墓地。墓地呈南北狭长走向，墓葬的基本由山顶至西坡逐层分布，北侧偏西南部多分布战国墓，中部及南部多分布汉墓，中部偏西分布大量的明清墓。

该墓地共发掘战国、秦汉墓葬 463 座。墓葬形制多样，有竖穴土坑墓、竖穴洞室墓、斜坡洞室墓、斜坡土坑墓等；葬具有一棺一椁或一棺等；埋葬方式复杂，有侧身屈肢、仰身直肢、仰身屈肢、单人葬、多人葬等；随葬器物 1585 件，其中陶器 968 件、铜器 406 件、铁器 111 件、玉器 35 件，以及骨器、银器、石器、玻璃器和贝器等 65 件。除此之外，还有采集陶器 18 件、铜器 1 件、铁器 2 件。按功能可分为礼器、实用器、车马器、明器等。

卧虎湾墓地整体年代范围晚于李家崖、寨头河和史家河墓地，为完善陕北地区战国至汉代的考古学文化序列提供了新资料；卧虎湾墓地经过科学地整体揭露，既有以玉覆面和青铜器等随葬品为代表的较高等级的墓葬，也有一般等级的墓葬，全面再现了陕北地区战国到汉代的丧葬礼俗和社会文化面貌；此外，卧虎湾墓地随葬大量双耳罐、车马器及铁质农具等器物，为研究战国时期不同政权的迁徙和流布提供了新线索，为研究秦汉时期农业民族和游牧民族互动交流提供了新证据。该墓地对于讨论陕北高原东周族群分布与秦汉文化的形成与发展意义重大。

第一章绪论主要介绍墓地的位置、历史沿革与自然环境；工作背景、缘起与目的；工作过程、思路、方法与概况；以及报告的编写体例与相关说明。第二章为报告的分述部分，详细介绍了墓地堆积状况及各墓葬形制和出土遗物资料。第三、四章为报告的综述部分，主要按照考古类型学的研究方法对墓葬形制、主要的随葬器类、装饰纹样进行分析。第五章为报告的初步分析部分，根据"透物见人"的学科目标，依托本次的发掘资料，结合陕北、晋西北、关中地区该时期中小型墓葬发表资料，从器物组合、分期与年代、墓地结构、社会组织和文化交流等方面展开相关讨论，该墓地开始于春秋晚期结束于西汉中期，且在秦统一前后墓葬数量激增。第六章为报告的相关研究部分，运用文化因素分析法将该墓地文化面貌同周边地区进行对比，总结墓地所含文化类型与人群族属，分析该墓地的形成过程，并结合墓地周边相关遗存，推测该墓地人群生前居址。进过对该墓地出土的463 座战国秦汉墓葬进行分析，春秋晚期至战国早期白狄为该墓地主要人群，战国中期晋人开始进入该地与当地原有白狄共同杂居，同时还有部分戎人和当地人群有所交流。直到战国晚期前段晋人所占人群比例不断上升。但至战国晚期后段，秦人进入该地，该地原有狄人和后进入的晋人均迅速撤离至其他地方。之后该地属秦汉中央集权管理的地域范围，所属文化面貌和关中基本趋于一致。

Abstract

Wohuwan cemetery, located in the Loess Hilly District of the Loess Plateau to the east of Wuding River in Yulin, Shaanxi Province, is primarily comprised of small and medium-sized tombs dating from the Warring States to the Qin-Han period.Among all small and medium-sized burial cemeteries ever discovered in northern Shaanxi, this site is the largest, longest-lasting, and most abundant.Tombs here are narrowly arrangedin a north-south direction, descending in layers from the summit to the western slope of the hill.It is most common to find Warring States tombs in the north-southwest area of this cemetery, Han tombs in the central and south areas, as well as Ming and Qing tombs in the central and western areas.

463 tombs of the Warring States period, Qin and Han dynasties were cleared from the cemetery. Different forms of tombs exist, such as vertical-and-earthen-pit tombs, shaft-and-chamber tombs, sloping-and-chamber tombs, sloping-and-earthen-pit tombs, etc. The burial equipment consisted of not only an inner coffin and an outer coffinbut also a single inner coffin. Furthermore, there are a variety of burial methods available, including flexed prone, extended supine, flexed supine burial, and single and multiple burials. 1585 burial objects have been discovered in the cemetery, including 968 potteries, 406 bronzes, 111 irons, and 35 jades, along with 65 other artifacts, such as bones, silvers, stones, glasses, and shellfishes.Additionally, we have collected 18 potteries, 1 bronze, and 2 ironsfrom the cemetery. All excavated objects can be categorized as ceremonial, utilitarian, cart and horse, or funerary wares, depending on their function.

Following the Lijiaya, Zhaitouhe, and Shijiahe cemeteries, Wohuwan cemetery was adopted. By providing new chronological information, this site helps complete the archaeological cultural sequence in northern Shaanxi from the Warring States period to the Han Dynasty.Ascientific and overall excavationindicated that Wohuwan cemeteryhadboth high-level tombs, featuringjade burial surfaces and bronzes, and general-level tombs. By integrating elements of Wohuwan, the funerary rituals and social and cultural landscape of the Warring States period to the Han dynasty in northern Shaanxi are comprehensively reproduced. Moreover, a large number of amphora jars, carriages, iron farming toolsand other artifacts have been uncovered in this cemetery, which provides new insights into the activities and migrations of different ethnic groups during the Warring States period, as well as new evidence for studying interaction and exchanges between agricultural and nomadic communities during the Qin-Han period. All in all, the discovery of Wohuwan cemetery is of critical significance for understanding the ethnic distribution in the Eastern Zhou Dynasty, in addition to the emergence and development of the Qin-Han cultures on the Northern Shaanxi Plateau.

In this book, Chapter 1 discussesthe following issues: (1) the location, history, and natural environment of the cemetery; (2) the background, rationale and purpose of this survey; (3) the process, thinking path, methods, and overview of the work; and (4) the writing layout and associated notes. Chapter 2 describes the accumulation of the cemetery, various forms of tombs and the excavated relic material. Chapter 3 and Chapter 4 focus on a comprehensive analysis of the burial types, the main types of burial objects, and decorative motifs by utilizing the archaeological typology. With "observing people through things" a disciplinary objective, Chapter 5 presents a preliminary study on the combination of artifacts, staging and dating, burial forms, social organization, and cultural exchange based on the data from this excavation as well as published data concerning small and medium-sized tombs in Northern Shaanxi, Northwest Shanxi, and Guanzhong Region. It is believed that Wohuwan cemetery was first used as early as the late Spring and Autumn period, and it proliferated around the time when the Qin dynasty unified ancient China, however, was abandoned during the middle of the Western Han.In Chapter 6, we employ a cultural factor analysis to compare the cemetery with others of its surroundings in terms of cultural characteristics, with its types of cultures and ethnicities classified as a summary. Meanwhile, this chapter examines how the cemetery was formed and speculates on what the lifetime residential addresses of the cemetery's population would in accordance with the relevant remains found nearby.

Our analysis of the 463 tombs unearthed from the cemetery is concluded as below: During the late Spring and Autumn period to the early Warring States period, Wohuwan cemetery was predominantly used by Bai Di. A number of the Jin people immigrated to this area in the middle of the Warring States, coexisting with the Bai Di, while some of the Rong people interacted with them as well. A rising population of Jin People can be observed in proportion until the early period of the late Warring States. As the Qin people entered Wohuwan at the end of the late Warring States, the Di and Jin people rapidly fled to other places. From this time on, this area became under the administration of the Qin and Han regimes, and its cultural features are similar to those of Guanzhong.

目　录

（上册）

（中册）

（下册）

插图目录

第一章　绪论

本章在介绍卧虎湾墓地位置及区域地理背景的基础上，梳理墓地及周边区域之前的考古工作；介绍了此次墓地发掘的缘起与目的，详细叙述田野考古工作历程及工作的思路与方法、资料整理与报告编写经过。最后就报告的体例和相关问题进行了说明。

第一节　地理位置与历史沿革

一　墓地位置

卧虎湾墓地位于陕西省榆林市米脂县城东南方向 300 米处的卧虎湾山。米脂因"地有米脂水，沃壤宜粟，米汁淅之如脂"而得名。

卧虎湾墓地东南邻棉花圪坨山，西距无定河约 200 米，北接米脂县城城区，西部断崖下为 210 国道，南为氯碱厂。墓葬主要分布于山峁西南缓坡，墓地周边暴露盗洞多处，地表散见少量泥质灰陶片，素面或饰篮纹、绳纹，可辨器形有盆、罐等。就地貌而言，该处两面环山，地形复杂，平台地较少，多为山地丘陵。南北 1247、东西 1032 米，总面积近 26.5 万平方米。墓地中心地理坐标是：北纬 37°44′48.89″，东经 110°11′06.54″（图一）。

按照墓葬的分布位置及周邻地形环境，由北至南可将整个墓地分为 A、B、C、D、E 五区。各区的地貌及环境描述如下：

1.A 区

位于扶场山的缓坡处，北与米脂县翔凤山风景区隔沟相望，东接阳洼山，南连石板崖山，西临无定河。该处山势总体较缓，北侧为荒草地，其余三面为耕地，主要种植玉米、土豆等。该区中心地理坐标为：北纬 37°45′0.78″，东经 110°11′14.54″，相对无定河高度为 66 米。

2.B 区

北与 A 区相接，西临无定河，东与阳洼山、棉花圪坨山相连，南为石板崖山。总体呈南北走向，西南角为石板崖山北陡坡，其余三侧均为悬崖。地表杂草丛生，刺荆遍布。该区中心地理坐标为：北纬 37°44′54.96″，东经 110°13′61″，相对无定河高度为 60 米。

3.C 区

位于石板崖山的缓坡处，东西两侧为悬崖，南部为山体坡面。地表杂草丛生，刺荆遍布。该区中心地理坐标为：北纬 37°44′49.02″，东经 110°11′9.18″，相对无定河高度为 50 米。

4.D 区

位于棉花圪坨山体的西侧坡面，北与杜家高粱相连，东与七上洼相接，南临南关村小石砭村，总体地势位于两山相接的低凹地带，南低北高呈斜坡状，地表为耕地，主要种植玉米、土豆等。该

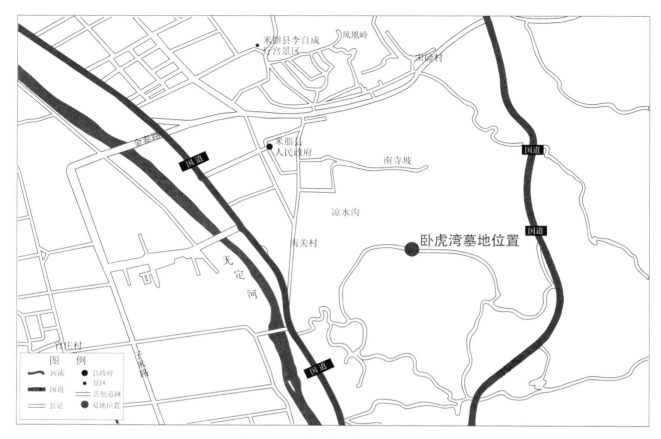

图一　卧虎湾墓地位置示意图

区中心地理坐标为：北纬 37°44′49.87″，东经 110°11′17.84″，相对无定河高度为 50 米。

5.E 区

位于两山相接的低凹地带，总体地势西南低东北高，东与爬子洼相邻，东南为拦羊峁，西为小石砭，与氯碱厂相望。地表为荒地，杂草丛生，刺荆遍布。该区中心地理坐标为北纬 37°44′39.54″，东经 110°11′17.03″，相对无定河高度为 50 米。

二　自然环境

米脂县处于陕西省北部东侧，陕北高原腹地，无定河中游，地处陕北风沙地貌区与黄土沟壑地貌区的交接地带，气候属于半干旱大陆性季风气候。本县行政区划属陕西省榆林市，东临佳县，南接绥德，西连横山、子洲，北接榆阳区，呈西北斜向的"凹"字形，总面积 1212 平方公里，占榆林市总面积的 3%。

米脂县地貌主要以峁、梁、沟、川为主，属典型的黄土高原丘陵沟壑区，地表破碎，植被稀疏，梁峁交错，沟壑纵横。地势东西高中间低，最高海拔 1252 米，最低海拔 843.2 米。县域西北部与榆林的风沙区接壤，沟道浅而宽，梁峁起伏较大，土壤风蚀沙化明显，植被稀少，水土流失严重。县域东南部丘陵起伏，坡陡沟深，侵蚀严重，经过治理，有明显改观。中部为无定河川道地带，面积约 24 平方公里。以黄土性土壤面积最大，其中黄绵土分布于东南区，占总土壤面积的 67.19%，绵沙土主要分布于西北区，占总土壤面积的 25.84%。

该县属中温带半干旱性气候区，四季分明，日照充沛，气候干燥，春季多风。季度、昼夜温差较大，年平均气温 8.5℃。雨量不足，年平均降雨量 451 毫米，64% 集中在 7～9 月，夏多暴雨。境内河流属黄河水系，除东部一小部分为乌龙河流域外，大部分为无定河流域。无定河南北向穿境而过 189 公里，有支流 9 条，为当地的农耕生产提供了坚实的保障。

卧虎湾墓地位于米脂县城东南部无定河东岸的土石山区，群山连绵起伏，沟谷切割较深，山下基岩裸露，山体南北走向，平面呈不规则长条形，两面临沟，北高南低，坡度落差较大。墓地所在的卧虎湾山，黄土覆盖较厚，垦耕历史悠久。地表大部分被辟为数级梯田，作为现代陵墓区，栽种松、柏树等，少部分荒芜，杂草丛生。野生动物有山鸡、野兔等。

三　历史沿革

第三次全国文物普查结果显示，米脂县共发现文物遗迹 904 个，其中新石器时代遗址 412 个，占总数的 45%。这表明，早在五六千年前，米脂境内就有密集的人类居址。

商代米脂一带有龙方、鬼方部族居住。商后期到西周初期，米脂在翟国范围内。

春秋时期，米脂由白翟占据。公元前 635 年，晋文公重耳以"尊王攘夷"名义率军过黄河攻打戎翟，占据圁水、洛水之间大片土地，翟人降晋，米脂归于晋国。

战国时期韩、赵、魏三家分晋，米脂一带划入赵国疆界。后由魏国统辖，置上郡，领十五县。魏惠王后元六年（公元前 330 年），秦国军队在雕阴（今富县、甘泉间）打败魏军，两年后魏惠王将上郡十五城（含米脂一带）献纳秦国。周赧王三十八年（公元前 277 年），赵惠文王向西扩大地盘，从秦手中夺回肤施等县，米脂又归赵国。周赧王四十五年（公元前 270 年），秦昭王反击赵，再夺上郡，米脂又归秦上郡。

秦国沿袭旧制，米脂属上郡肤施县。秦二世三年（公元前 207 年），楚灭秦，将上郡更为翟国。汉高祖元年（公元前 206 年），复故。

汉元封五年（公元前 106 年），全国划分为十三个刺史部。上郡隶属并州刺史部，治所肤施，米脂属独乐县。东汉建立后，取消独乐县，米脂归入肤施县。永元元年（89 年）又设独乐县，境内汉、羌杂处。永初五年（107 年），朝廷镇压羌胡叛乱失败，郡治由肤施迁至衙县（今陕西白水县东）。永建四年（129 年），郡治迁回肤施。永和五年（140 年）羌胡再次变乱，郡治又迁至夏阳（今韩城市南），肤施、独乐县汉民全迁邠州。此后羌胡人占据今陕北大部分地方，无建置。建安二十年（215 年）并州刺史部所属郡县俱废。

三国两晋时期，上郡一直由羌胡占据。晋义熙三年（407 年），匈奴人建立大夏国后撤销上郡，米脂归大夏。

南北朝时期，米脂先属化政郡革融县，后归大斌县，后又改属安政郡抚宁县。北周保定三年（563 年）正月，在乞银城设置银州，米脂长期隶属银州。因此，后人又称米脂为古银州。

隋唐时期，米脂一带战事频繁，辖域和地名多有变更。

宋代，米脂属西夏统治下的银州，今县城所在地出现米脂寨。元丰四年（1081 年），宋军夺回米脂寨，隶于延州。元祐四年（1089 年），宋与西夏议和，又将银州（含米脂寨）割让西夏。元符元年（1098

年）宋收复米脂寨。

金天会六年（1128 年），金兵占领米脂寨等地。宋宝庆二年（1226 年），设米脂县，属陕西省延安路绥德州。

明代，米脂县属陕西布政司延安府绥德州。崇祯十六年（1643 年），李自成在西安建立大顺朝改延安府为天保府，米脂县为天保县。

清顺治元年（1644 年），天保县复为米脂县（属延安府）。雍正三年（1725 年），设绥德直隶州，米脂县改属绥德州。

民国二年（1913 年），米脂县改属榆林道。民国十五年（1926 年），撤销榆林道，米脂县直属省辖。民国二十四年（1935 年），陕西省设十个行政督察区，米脂县属第一督察区（榆林）。民国二十六年（1937 年），米脂县划归陕甘宁边区，隶于绥德专区。

中华人民共和国成立后，米脂县仍属陕西省绥德专区。1956 年，绥德专区并入榆林专区，米脂县转属榆林专区。1979 年，榆林专区改称榆林地区。2000 年，榆林地区改为榆林市，米脂县隶属榆林市，一直至今。

第二节　工作背景与目的

一　墓地及周边区域考古工作概况

1958 年，米脂县文化馆初步开展文物普查，发现 10 多处文物集聚点。

1961 年再次组织人力调查县内历史资料，踏勘万佛洞、天王塔、马湖峪、卧羊寺、海会寺等多处古建筑或遗址。并从群众手中征集到部分文物。

20 世纪 70 年代又零星收回各类新出土文物。

1981 年 8 月，陕西省进行第二次文物普查，米脂县被选为榆林地区的试点。省、地、县 70 多名文物工作者经过 3 个月调查研究，涉足 200 多个村庄，发现古迹 70 多处。其中有土木寨、麻土坪、武郁渠、高家园子、前王坪、后王坪、郭家沟、高宏寺沟、申家崖、毕家渠、谭花峁等多处龙山文化遗址和一些古墓葬、古建筑。征集流散民间的文物 427 件。普查队的慕嘉碧、李忠煊对官庄汉墓进行清理，发掘画像石 5 组 16 块。

1985 年 2 月，地、县文物工作者联合清理新发现官庄汉墓，收回画像石 23 块；6 月北京大学考古专业研究生徐天进和本县文物工作者在沙家店乡张坪村试掘西周墓葬群，获青铜器、陶器 20 余件。

1987 年 5 月，全省开展第三次文物普查。省、地、县文物干部百余人用 20 多天时间踏勘调查和复查本县文物点 154 处（新发现 84 处）。其中古遗址 44 处、古建筑 56 处、古墓葬 13 处、石窟 5 处、石刻 24 处、近现代史迹 12 处。高新庄、高家坪、官庄峰山、姬家峁庙山、小桑坪、井家畔、柳坡、罗家坪等许多龙山文化遗址和龙凤山、对岔、班家沟、冯党坪、高家坬等处的秦汉遗址都是这次普查中新发现的。同时征集文物 35 件。

2009 年 3 ～ 4 月，在全国第三次文物普查中，米脂县共登记古遗址、古墓葬、古建筑、石窟寺及石刻、近现代重要史迹及代表性建筑等重要不可移动文物 904 处。

至今米脂县共有国家级文物保护单位四处，分别为杨家沟革命旧址、姜氏庄园、盘龙山古建筑群、常氏庄园；省级文物保护单位十处，分别为：李鼎铭陵园与故居、窑洞古城、王沙沟（万佛洞）石窟、沙家店战役遗址、寨子圪垯遗址、牛骨湾石崖居、天王塔、马明方故居、刘澜涛故居、木头则沟石窟；市级文物保护单位四处，分别为：常平仓、杜聿明故居、昆卢寺石窟、杜岚故居；县级文物保护单位九处，分别为：文屏山钟楼、小石砭"古银州"石刻、大成殿、柔远门、斌丞图书馆、中共米东县委旧址、杜斌丞故居、杨家沟中共中央电台总部旧址、后勤供给处旧址。

二　工作缘起与目的

本次田野工作最直接的动因是配合米脂县政府银南新区开发建设项目的卧虎湾移民安置。进行基本建设之前需要大规模对该墓地进行抢救性发掘，从而确保这些古代遗存得到切实有效的保护，同时保证建设工程的顺利进行。

卧虎湾墓地地处陕西省榆林市米脂县无定河东岸的黄土高原梁峁区，是陕北地区目前发现规模最大、时代跨越性最长、随葬品最丰富的战国、秦汉中小型墓地。该墓地所处的陕北高原，位于北方半月形气候敏感区，自古就是民族融合的"绳结区域"。目前已知陕北高原史前遗址数千余处，特别是石峁和芦山峁遗址的发现和研究，改变了学术界对中国早期文明格局和中华文明形成的认识。商周至秦汉时期，鬼方、猃狁、白狄、西戎、匈奴等族群先后活跃在这一区域，与中原政权频繁交流，共同创造了陕北地区多元一体的文化面貌。由于降水、地形、生业及人群流动的综合作用，该区域成为研究中国文明起源、古代多个政治实体博弈、南北方农牧互动、多民族迁徙与融合的重要区域，也是学术界长期关注的重点。

"晋文公攘戎翟，居于河西圁、洛之间"（《史记·匈奴列传》），"魏近入上郡于秦"（《史记·魏世家》），"秦人白狄伐晋"（《左传·成公九年》）等文献记载了陕北地区春秋战国时期不同政治实体的频繁互动。20世纪80年代以来，该地区陆续发现的张坪、李家崖、虫坪塬、纳林高兔等墓地，以及2011年以来陕西省考古研究院、延安市文物研究所等单位联合全面发掘的寨头河墓地和史家河墓地，逐渐为探讨东周大国背景下民族迁徙与融合、政权演变与发展提供了一定的载体。杨建华、林沄、邵会秋、孙周勇等学者从生业技术、文化认同、传统观念方面分析了包括陕北地区在内的北方文化带自身特点及其与周邻文化的交往，认为该地区考古学文化在形成和发展过程中受到中原文化和欧亚草原文化的双向影响。俞伟超、单月英、史党社等学者从民族学的角度出发，借用考古资料分析了有关陕北地区春秋战国时期多个族群的迁徙与交流，进一步印证了历史文献中记载的不同族群在此共处、延续的史实。但是相关成果的研究多聚焦于某一具体墓地或整个北方长城带，对陕北地区战国时期考古材料整合研究和系统分析仍有欠缺；墓地文化因素分析多注重与其他族群的对比，对自身文化的吸纳创造注意不够。陕北地区不同族群文化的起源、流变及相互关系仍未得以系统梳理，区域性文化特点的归纳及形成机制的纵深研究缺乏。

秦汉时期随着中原王朝实力的不断增强以及向北方的经略，陕北地区逐渐成为其与匈奴联盟对峙的北方门户。这一时期该地区整体发掘的中小型墓葬不少为画像石墓，信立祥、黄盛璋、赵芳超、王炜林、康兰英等学者对该区域画像石墓进行了系统梳理和分区研究，从画像石题材与随葬器物类别的角度再现了汉代长城沿线农牧互动的历史场景。与画像石墓相比，其余墓葬发现、研究不及画像石墓深入。从20世纪80年代开始，考古工作者在第二次和第三次全国文物普查与配合基本建设的考古工作中，在陕北地区陆续发现了多处有关秦汉时期的中小型墓葬，如李家崖、上畔子、老坟梁、五里店、西岔、寇家塬等。侯宁彬、蒋璐、丁利娜等学者从类型学、分期与年代、文化因素构成等方面，对陕北秦汉中小型墓葬有所涉及，相关研究为阐述北方地区中小型墓的发展特点，以及探索秦汉长城地带的丧葬习俗和农牧文明互动关系提供了重要线索和思路。截至目前，这一时期该地区中小型墓只有少数经过科学、全面发掘，严重制约了陕北秦汉考古学文化的研究。陕北地区战国到西汉中期的考古学文化序列亟待构建。

鉴于此，按照"既有利于工程建设，又有利于文物保护"的两利原则，在完成墓葬抢救性发掘，确保工程顺利施工，妥善保护文物的同时，按照"透物见人"的工作及研究理念，确定以下研究目标。

1. 发掘资料的系统梳理

严格按照考古学相关规范与准则，对米脂卧虎湾墓地出土的资料进行系统梳理，主要包括对墓葬形制及随葬器物的考古类型学分析。

2. 墓地分期和年代研究

根据墓葬地层堆积与叠压、打破关系，结合遗迹、遗物形制特征、组合关系，对墓地进行分期与年代研究，厘清卧虎湾墓地发展演变的时空框架，为相关研究做好基础工作。

3. 墓地结构与社会组织分析

在以上工作的基础上，总结墓葬结构、随葬品、葬具、人骨埋葬的特征，厘清该墓地的形成与埋葬过程；分析墓地空间和遗存特征，探索该墓地结构和社会组织。

4. 墓地性质及其与周邻区域墓地文化联系探索

以卧虎湾墓地出土资料为中心，综合陕北地区战国至西汉时期的考古资料，全面阐释该墓地的文化属性，在此基础上讨论卧虎湾墓地与周邻同时期墓葬的关系，研究陕北地区不同区域战国至西汉中小型墓葬在埋葬习俗、社会结构和文化因素构成等方面的特点及相似性与差异性。

5. 墓地所反映的文化交流与农牧互动关系讨论

在分析卧虎湾墓地文化因素组成及变迁的基础上，阐释陕北地区战国至西汉各不同政治实体下物质文化载体的表现特点及其交流与融合关系，讨论秦汉大一统背景下长城沿线的农牧互动关系及边疆治理理念。

第三节 工作经过与概况

一 田野工作

根据《中华人民共和国文物保护法》《关于西部大开发中加强文物保护和管理工作的通知》及《陕西省文物保护条例》等有关法规，经陕西省文物局批准，由榆林市文物考古勘探工作队承担米脂县银南新区项目一期建设用地范围内的考古勘探工作，并配合陕西省考古研究院进行抢救性考古发掘。按照工作目的和工作方法的不同，该墓地的考古发掘历经两个主要阶段：

1. 第一阶段

考古调查、勘探。该项工作于 2013 年 4 月至 5 月进行。在勘探工作中，根据建设工程所处区域的特点及其文化内涵，对建设用地进行了全面普探及重点区域的详探。在遇到有特殊迹象土层时，邀请专家指导，确保考古勘探资料的准确性与科学性。在该项目范围内发现各类墓葬 500 多座，依据项目建设情况，我们对重点区域进行了抢救性考古发掘（彩版一～五）。

2. 第二阶段

考古发掘。该项工作自2013年5月开始，至2017年6月结束。此项发掘由邢福来、康宁武担任领队，周健担任执行队长，并主持了田野发掘的具体工作。参加发掘者主要有陕西省考古研究院邢福来研究员、张鹏程副研究员；榆林市考古队康宁武副研究员、周健研究馆员以及康东武、李平乐、杨帆、葛林、何存礼、吕积明、吕乃明等考古技师。除此，米脂县委、米脂县人民政府、米脂县文体广电局、米脂县银南新区建设筹建处等单位对发掘工作给予了很大支持（彩版六～八；彩版九，2）。

二 室内整理

2017年6月，田野考古发掘结束，在现场驻地完成发掘记录的初步整理后，考古队前往米脂县李自成行宫文物库房开始室内整理工作。参加的人员主要有陕西省考古研究院张鹏程，榆林市文物考古勘探工作队康宁武、周健、李平乐，榆林市文物保护研究所乔建军，四川大学硕士研究生周静、吴鹏等。具体经过如下：

2017年6～10月，由张鹏程、康宁武、周健、李平乐负责完成通过发掘墓地形成的图文资料的核对工作，并经过邢福来终审；周静、吴鹏等负责完成出土实物资料的核对、清洗、修复与编号工作，进一步完善墓葬出土器物登记表。

2017年11月～2018年4月，由李平乐完成了墓葬与出土器物的线图绘制工作，乔建新负责完成了陶器纹饰与陶文的拓印，乔建军负责完成了出土器物的拍照。由张鹏程、康宁武负责完成出土器物的分类与定名。李平乐完成发掘墓葬登记表的整理。

在将近一年的时间中，考古队员分工合作，连续奋战，为报告的编写与相关研究的开展奠定了重要基础（彩版九，1）。

三 报告编写

报告的编写过程可以分为五个阶段：

1. 第一阶段

2018年9～11月。主要工作包括：

（1）编写组初步拟定报告编写大纲；

（2）核对原始记录、各类线图与实物数据；

（3）对墓葬诸要素特征，尤其是随葬品进行初步的类型学分析；

（4）根据典型器类及组合特征，对墓葬进行期段的初步划分。

参加本阶段工作的人员主要有：榆林市文物考古勘探工作队康宁武、周健、李平乐、杨帆、曹美玲；西北大学文化遗产学院同杨阳、周敏、张琦、曹文心、刘俊艳；米脂县博物馆艾剑、马林军。时日虽然短暂，但全体编写人员团结奋斗、不断努力，基本完成了报告主体初稿的编写。

2. 第二阶段

2019年1～3月。主要工作包括：

（1）进行各类墓葬和随葬器物的统计；

（2）进一步完善墓葬和随葬器物的描述，对报告中的文字和图表进行核对和修改；

（3）图文核对，修改随葬器物和墓葬平、剖面线图。

参加本阶段工作的人员主要有：榆林市文物考古勘探工作队康宁武、周健、李平乐、杨帆、曹美玲；西北大学文化遗产学院同杨阳、周敏、张琦；米脂县博物馆艾剑、马林军。

3. 第三阶段

2019 年 8 ～ 9 月。主要工作包括：

（1）编排插图，加标加注；

（2）进一步把握墓葬和随葬品形制特点，调整墓葬分期，判断墓葬年代；

（3）对墓葬和随葬器物的类型学分析进行全面修改；

（4）完成报告的绪论部分的编写。

参加本阶段工作的人员主要有：榆林市文物考古勘探工作队康宁武、周健、曹美玲；西北大学文化遗产学院同杨阳、周敏、张琦；米脂县博物馆艾剑、马林军。

4. 第四阶段

2020 年 1 ～ 4 月。主要工作包括：

（1）对分型分式后器物线图进行排版；

（2）对墓地相关文化因素进行分析；

（3）对墓地族群属性及社会结构进行相关探讨。

参加本阶段工作的人员主要有：榆林市文物考古勘探工作队康宁武、周健、曹美玲；西北大学文化遗产学院同杨阳、周敏、张琦；米脂县博物馆艾剑、马林军。

5. 第五阶段

2020 年 7 ～ 8 月。主要工作包括：

（1）报告目录编辑；

（2）修改插图，核查图名图注；

（3）挑选彩版并排版；

（4）图文对照修订、统稿。

参加本阶段工作的人员主要有：榆林市文物考古勘探工作队康宁武、周健、曹美玲、张瑞；西北大学文化遗产学院同杨阳、周敏；米脂县博物馆杜润兵、马林军。

第四节　编写体例与说明

一　编写体例

本报告共分五章。

第一章绪论，主要介绍墓地的位置、历史沿革与自然环境；工作背景、缘起与目的；工作过程、思路、方法与概况；以及报告的编写体例与相关说明。

第二章为报告的分述部分，详细介绍了墓地堆积状况及出土遗物资料。

第三、四章为报告的综述部分，主要按照考古类型学的研究方法对墓葬形制及随葬器物进行分析。

第五章为报告的初步分析部分，根据"透物见人"的学科目标，依托本次的发掘资料，结合陕北、晋西北、关中地区该时期中小型墓葬发表资料，从器物组合、分期与年代、墓地结构、社会组织和文化交流等方面展开相关讨论。

第六章为报告的相关研究，运用文化因素分析法将该墓地文化面貌同周边地区进行对比，总结墓地所含文化类型与人群族属，分析该墓地的形成过程，推测该墓地人群生前居址，收录关于该墓地的各类研究性论作。

在上述基本体例之下，分述部分介绍墓葬资料，以墓葬为单位，按照序号＋墓号的顺序，采取整体发表材料的形式，对发掘的战国至汉代的墓葬及随葬品进行全部发表。

二　相关说明

1. 研究对象说明

卧虎湾墓地共发掘墓葬 536 座，经过初步分析和判断，其中 463 座为战国、秦汉墓葬，为本报告所收录、描述与研究的对象。宋、明、清等时代的墓葬均不在本报告的描述范围内。

2. 编号说明

墓葬编号按照发掘顺序及考古遗迹简写方式依次编号，如肆号墓编号 M4。墓葬中出土器物的介绍按照陶器、泥器、铜器、铁器、金银器、玉器、骨器、漆器、木器、石器、玻璃器的顺序进行，墓葬内器物的编号，按照其在该墓葬出土的顺序进行编号，如 M4：1。需要说明的是，成组成套的器物统一编为一个号，每件器物后用"-"与一个小的编号，如 M11 出土的陶灶，其编号为 M11：4，其上附属的模型灶具陶釜编号为 M11：4-1。采集的器物编号按照墓地名称及采集到的顺序进行编号，如 2016MW：1、2017MW：2。

由于该墓地亦有宋、明、清时期的墓葬，本报告不将其收录在内，因此墓葬编号不连续。

3. 插图、彩版说明

本报告插图包括墓地位置图、发掘区墓葬分布平面图、墓葬平、剖面图、出土器物图。需要说明的有以下几点：第一，由于单位较小，发掘区墓葬分布图上不体现叠压打破关系；第二，总平面图和墓葬平、剖面图中洞室墓的洞室轮廓用实线表示；第三，盗洞在总平面图中省略不画，在墓葬平、剖面图中墓葬被盗洞破坏的地方用虚线复原；第四，墓葬中葬具、封门板和人骨保存差的部分用虚线示意；第五，大部分墓葬绘有平面及横剖、纵剖面图，个别形制简单的墓葬仅发表平面及纵剖面图；第六，出土器物的彩版一般以墓葬为单位排列，成组成套的器物尽量按照组合关系和使用方式进行排列。

4. 表格说明

报告中与文字相关的表格直接插入其内，附表一为发掘墓葬登记表，对墓葬方向、性质尺寸、结构、葬具、出土随葬品进行统计。附表二为墓地陶器分期表，对该墓地出土的主要陶器的器形特征在不同期段的发展演变进行直观统计。附表三为铜钱统计表，对该墓地出土的铜钱以墓葬和铜钱形制为单位进行编号。

第二章　墓地堆积及墓葬分述

第一节　墓地堆积

卧虎湾墓地地层堆积状况较为简单，墓地大部分地点地层堆积分为 3 层，部分为 2 层，第③层之下为生土层。以下为墓地内不同地点地层的土质、土色及包含物状况。

1. 棉花圪垯西侧台地

位于墓地 D 区西南部，其地层堆积及包含物（图二）描述如下：

第①层：厚约 0.2 ～ 0.3 米，土质松散，呈浅褐色，含大量的植物根茎、小石块。

第②层：厚约 0.5 ～ 1.5 米，土质松散，呈黑褐色，含少量石块、沙粒、陶片。

第③层：厚约 0.7 ～ 1.2 米，土质松散，呈浅灰色，含较多的细沙。该层下为较松散的黄褐色生土，含较多的细黄沙。

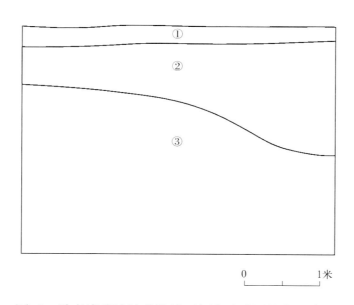

图二　卧虎湾墓地棉花圪垯西侧台地地层堆积示意图

2. 岩柳板南侧

位于墓地 A 区东南部，其地层堆积及包含物描述如下：

第①层：厚约 0.2 ～ 0.3 米，土质松散，呈浅褐色，含大量的植物根茎、陶片、小石块。

第②层：厚约 0.7 ～ 1.7 米，土质松散，呈灰褐色，含少量小石块、沙粒、灰土。

第③层：厚约 0.6 ～ 1.8 米，土质松散，呈浅灰色，含较多的细沙、小石块。该层下为较松散的黄褐色生土，含较多的细黄沙。

3. 爬子洼西侧取土场

位于墓地 E 区东部，其地层堆积及包含物描述如下：

第①层：厚约 0.2 ～ 0.3 米，土质松散，呈浅褐色，含大量的植物根茎、小石块和灰土点。

第②层：厚约 0.7 ～ 2.3 米，土质松散，呈灰褐色，含少量的残瓦块、小石块、沙粒和灰土点。

第③层：厚约 3.2 米，土质松散，呈浅黄色，含较多的细沙。该层下为较松散的黄褐色生土，含较多的细黄沙。

4. 南洋峁西北部

位于墓地 E 区东南侧，其地层堆积及包含物描述如下：

第①层：厚约 0.2 ～ 0.3 米，土质松散，呈浅褐色，含大量的植物根茎、灰星。

第②层：厚约 0.5 ～ 1.3 米，土质松散，呈灰褐色，含少量石块、沙粒、陶片。

第③层：厚约 0.6 ～ 1.5 米，土质松散，呈浅灰色，含较多的细沙、小石块。该层下为较松散的黄褐色生土，含较多的细黄沙。

5. 石板崖顶部

位于墓地 C 区东北部，其地层堆积及包含物描述如下：

第①层：厚约 0.2 ～ 0.3 米，呈浅褐色，土质松散，含大量植物根茎、灰星。

第②层：厚约 0.4 ～ 0.8 米，呈浅灰色，土质松散，含少量植物根须、细沙质土壤。该层下为较松散的黄褐色生土，含较多的细黄沙。

6. 石板崖东侧台地

位于墓地 D 区西部，其地层堆积及包含物描述如下：

第①层：厚约 0.2 ～ 0.3 米，呈浅褐色，土质松散，含大量植物根茎、灰土。

第②层：厚约 0.3 ～ 1.6 米，呈灰褐色，土质松散，仅分布在局部区域，含少量植物根须、陶片、小石块。

第③层：厚约 1.1 ～ 2.3 米，土质松散，呈灰褐色，含少量小石块，沙质土壤。该层下为较松散的黄褐色生土，含较多的细黄沙。

7. 杜家高粱顶部

位于墓地 D 区东北侧，其地层堆积及包含物描述如下：

第①层：厚约 0.2 ～ 0.3 米，呈浅黄色，土质松散，含大量植物根茎、灰土。

第②层：厚约 0.3 ～ 1 米，呈灰褐色，土质松散，仅分布在局部区域，含少量植物根须、灰土、陶片。该层下为较松散的黄褐色生土，含较多的细黄沙。

8. 崖柳板顶部

位于墓地 A 区东部，其地层堆积及包含物描述如下：

第①层：厚约 0.2 ～ 0.3 米，呈浅黄色，土质松散，含大量植物根茎及灰土、小石块。

第②层：厚约 0.2 ～ 1.5 米，呈灰褐色，土质松散，仅分布在局部区域，含少量植物根须、灰土、陶片，该层下为较松散的黄褐色生土，含较多的细黄沙。

第二节　墓葬分述

卧虎湾墓地呈南北狭长带走向，墓葬的分布基本由山顶至整个西坡逐层分布，北侧偏西南部分布着较多的战国墓，中部及南部分布着数量较大的汉墓，中部偏西分布着大量的明清墓及近现代墓。

该墓地共发掘战国、秦汉墓葬463座。按照墓葬的分布位置及与周邻的地形环境，可将整个墓地分为A、B、C、D、E五区（附件）。

从墓葬的规模上看，卧虎湾墓地墓葬绝大多数为小型墓，中型墓数量不多，大型墓几乎不见；墓葬结构多样，形制有竖穴土坑墓、竖穴洞室墓、斜坡洞室墓、斜坡土坑墓等；葬具有一棺一椁或一棺等；埋葬方式复杂，有侧身屈肢、仰身直肢、仰身屈肢、单人葬、多人葬等；随葬器物1585件，其中陶器968件、铜器406件、铁器111件、玉器35件，以及骨器、银器、石器、玻璃器和贝器等65件。除此之外，还有采集陶器18件、铜器1件、铁器2件。按功能可分为礼器、实用器、车马器、明器等。下文按照墓号顺序对各发掘墓葬形制及出土随葬品进行介绍。

一　M4

（一）墓葬形制

该墓位于墓群D区南部。开口于②层下，开口距地表1.55米。

竖穴土坑墓，平面呈长方形，方向5°，口底同大，有生土二层台。长3.00、宽2.08、深2.44米；二层台面距墓口1.04米，东侧台面宽0.33、西侧台面宽0.18米，南北两侧无二层台。墓壁平直、光滑，

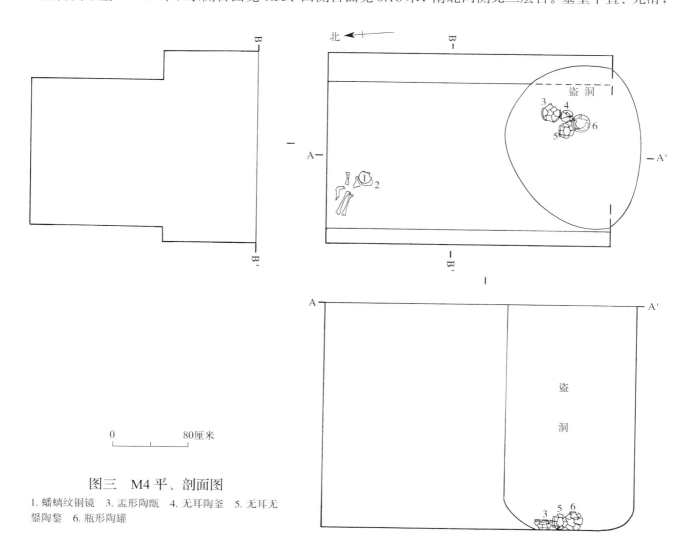

图三　M4平、剖面图

1. 蟠螭纹铜镜　3. 盂形陶甑　4. 无耳陶釜　5. 无耳无錾陶鏊　6. 瓶形陶罐

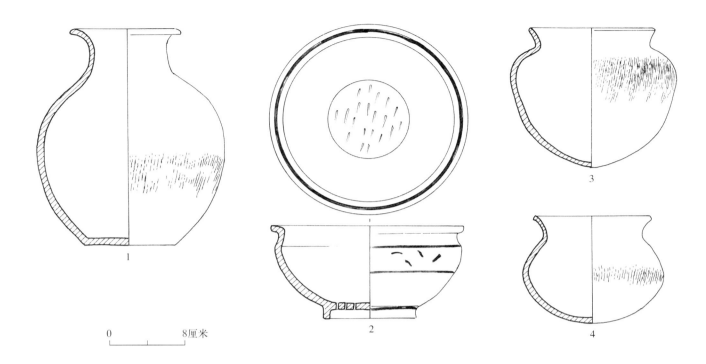

0　　　　　　8厘米

图四　M4 出土器物

1. 瓶形陶罐M4：6　2. 盂形陶甑M4：3　3. 无耳陶釜M4：4　4. 无耳无鋬陶鍪M4：5

平底，无工具加工痕迹。墓内填松散的黄褐色五花土，含植物根系、木炭屑及少量陶片。

葬具不详。

葬式不详。

盗洞 1 个，位于墓室南部，自墓顶直通墓底。平面略呈椭圆形，长 1.38 ～ 1.78 米。

墓葬内出土铜镜 1 面；盗洞内出土陶釜 1、陶甑 1、陶罐 1、陶鍪 1 件（图三；彩版一〇，1）。

（二）出土遗物

1. 陶器

4 件。

瓶形罐　1 件。

M4：6，口部残，泥质灰陶。侈口，窄沿外撇，圆唇，高领，溜肩，圆腹，最大腹径位于腹上部，平底。腹部饰竖向细绳纹，口部有刮抹痕迹。口径 11.7、最大径 20.0、底径 9.6、高 23.8 厘米（图四，1）。

盂形甑　1 件。

M4：3，残，泥质灰陶，施彩绘。敞口，斜折沿，方唇，束颈，弧腹，平底，圈足略高，底部有麦粒状箅孔。沿面、器身共施四道红色彩绘弦纹，器身二道红彩带之间施以红色彩绘，因脱落严重，图案不明。口径 20.6、底径 9.9、圈足高 1.2、通高 10.0 厘米（图四，2）。

无耳釜　1 件。

M4：4，口部残，夹砂灰陶。侈口，外斜沿，圆唇，束颈，鼓腹，最大腹径位于鼓腹处，圜底。腹上部饰斜向细绳纹，口部有轮制痕迹。口径 13.1、最大径 17.7、高 15.5 厘米（图四，3）。

无耳无錾鋬   1件。

M4∶5，口部残，夹砂灰陶。侈口，外斜沿，圆唇，束颈，鼓腹，最大径位于鼓腹处，圜底。鼓腹处饰一周细绳纹，口部有轮制痕迹。口径12.0、最大径14.8、高11.6厘米（图四，4）。

2. 铜器

1件。

蟠螭纹镜   1面。

M4∶1，残。镜面平直，三弦纽，圆形纽座。纽座外饰一周云雷纹，之外为一宽带弦纹，主纹区内外各饰一道凸弦纹，主纹区内饰蟠螭纹，蟠螭纹被三条虺龙分成三区，素缘。直径14.4厘米（图五；彩版一〇，2）。

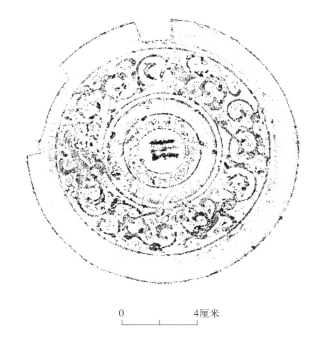

0   4厘米

图五   M4出土蟠螭纹铜镜 M4∶1

二   M5

（一）墓葬形制

该墓位于墓群D区南部。开口于②层下，开口距地表0.8米。

竖穴土坑墓，平面呈长方形，方向5°，口大底小。上口长2.8、宽1.5米；底长2.4、宽1.2米；深2.3米。墓壁斜直内收，收分明显，壁面光滑，平底，无工具加工痕迹。墓内填松散的黄褐色五花土，含有红烧土点、木炭屑等。

葬具不详。

葬式不详。

墓葬内出土陶鼎1、陶盒1、陶钫1、陶锜1、陶罐3、铜釜1、铜钱1、铁削1件（图六）。

（二）出土遗物

1. 陶器

7件。

鼎   1件。

M5∶6，泥质灰陶，施彩绘。覆钵形器盖，盖顶附加三个乳丁形器纽，器身子母口，圆唇，深弧腹，圜底近平，下接三蹄足，足跟外鼓，腹上端接两附耳，耳上端外撇。盖底部以白色彩绘一道弦纹，器身口部施一周红彩绘弦纹，腹中部饰一道凸棱，器耳侧棱底部以红彩绘直线纹，器身有轮制痕迹。口径16.8、腹径20.0、裆高2.6、通高15.6厘米（图七，1；彩版一一，1）。

盒   1件。

M5∶5，泥质灰陶。覆钵形器盖，圈足形器纽，器身子母口，圆唇，上腹壁较直，下腹弧内收，底微凹。素面，器身轮制痕迹。口径17.2、底径8.4、高15.3厘米（图七，2；彩版一一，2）。

钫   1件。

M5∶4，泥质灰陶。正方覆斗形子母口器盖，器身侈口，方唇，高领中部微束，鼓腹，平底，

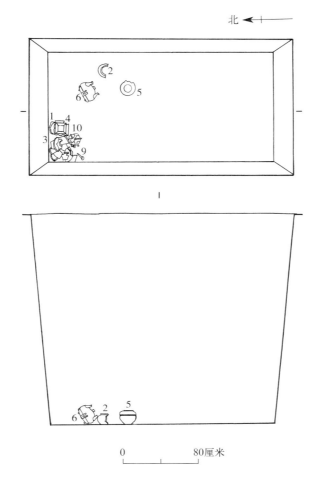

图六　M5 平、剖面图

1.带耳铜釜　2、3.扁腹陶罐　4.陶钫　5.陶盒　6.陶鼎　7.小口陶罐　8.半两钱　9.铁削　10.陶锜

下接方形高圈足。腹部两侧饰对称兽形铺首衔环，素面，器身刮抹痕迹明显。口边长 11.5、腹边长 21.0、圈足底边长 13.0、圈足高 3.5、通高 42.0 厘米（图七，3）。

锜　1 件。

M5：10，泥质灰陶，施彩绘。器身似一釜，直口，方唇，矮领，圆肩，折腹以上腹壁略直，以下斜腹弧内收，小平底，三蹄足肥硕较高，足跟宽扁并外撇。腹部有一隔棱，最大径位于隔棱处，肩部至隔棱处共施四道红色彩绘弦纹。口径 8.0、最大径 23.3、底径 7.6、隔棱宽 2.0、裆高 2.8、通高 15.2 厘米（图七，4；彩版一一，3）。

小口罐　1 件。

M5：7，泥质灰陶。侈口，外斜沿，方唇，唇缘有凹槽，束颈，溜肩，深弧腹，最大径位于肩腹交接处，平底。肩、腹上部饰竖向细绳纹，绳纹之上饰数道旋纹，将之分割成数段，口部有轮制痕迹，腹下部有刮削痕迹。口径 11.2、最大径 33.0、底径 13.0、高 35.0 厘米（图八，1）。

扁腹罐　2 件。

M5：2，泥质灰陶。直口，厚圆唇，矮领，圆肩，弧腹，最大径位于腹上部，平底。腹上端饰一周竖向细绳纹后抹光，残存部分绳纹纹理，器身可见刮抹痕迹。口径 10.9、最大径 17.2、底径 9.1、

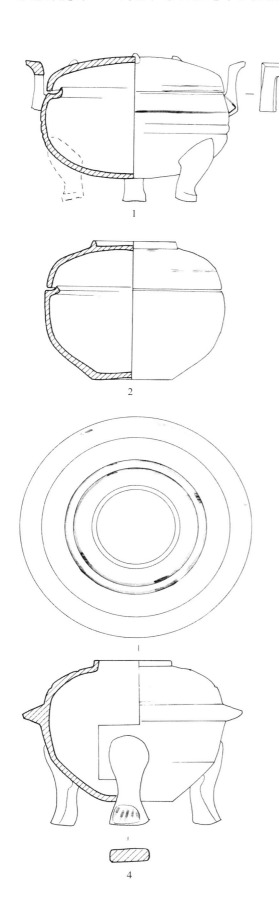

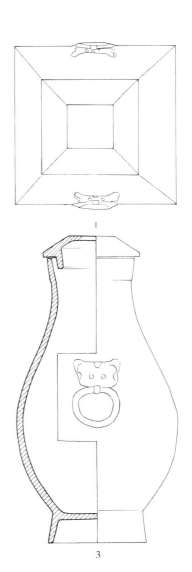

1、2、4　0　8厘米

3　0　10厘米

图七　M5 出土陶器

1. 鼎M5:6　2. 盒M5:5　3. 钫M5:4　4. 锜M5:10

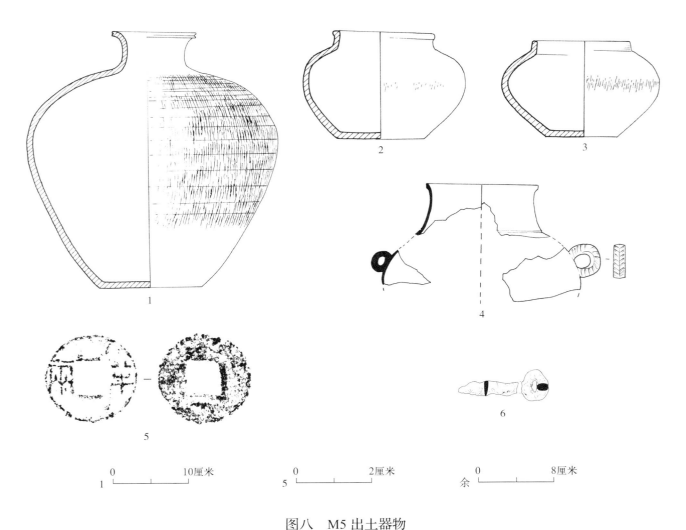

图八　M5 出土器物

1. 小口陶罐M5∶7　2、3. 扁腹陶罐M5∶2、3　4. 带耳铜釜M5∶1　5. 半两钱M5∶8　6. 铁削M5∶9

高 12.0 厘米（图八，2；彩版一一，4）。

M5∶3，残，泥质灰陶。直口，窄平沿，矮领，广肩，鼓腹，最大径位于鼓腹处，平底。腹上端饰一周竖向细绳纹。口径 10.3、最大径 16.6、底径 7.5、高 10.6 厘米（图八，3）。

2. 铜器

2 件。

带耳釜　1 件。

M5∶1，口沿残片。侈口，竖沿，圆唇，微束颈，腹部以下残缺，残存一大一小两器耳。颈部饰一道凹弦纹，大器耳耳面上饰麦粒状戳刺纹。口径 11.6、残高 12.8 厘米（图八，4）。

半两钱　1 枚。

M5∶8，圆形方穿，无郭。钱径 2.5、穿宽 0.9 厘米，重 2.3 克（图八，5）。

3. 铁器

1 件。

削　1 件。

M5：9，残。椭圆形环首，截面呈扁圆形，残存部分削身，截面呈三角形。残长 9.6、环首长 2.8～3.5 厘米（图八，6）。

三　M6

（一）墓葬形制

该墓位于墓群 D 区南部。开口于②层下，开口距地表 0.50 米。

竖穴土坑墓，平面呈长方形，方向 0°，口底同大，有生土二层台。长 3.55、宽 3.52、深 2.70 米；二层台面距墓口 1.80 米，东侧、西侧台面宽 0.44 米，南侧、北侧台面宽 0.50 米。墓壁平直、光滑，平底，无工具加工痕迹。墓内填松散的黄褐色五花土，含植物根系、木炭屑及陶片。

葬具不详。

葬式不详。

墓葬内出土陶钫 1、陶罐 2、陶灶 1、铜钫 1、铜镜 1、铜带钩 1、铁灯 1、骨质棋子 1 件（组）（图九；彩版一二，1）。

（二）出土遗物

1. 陶器

4 件。

钫　1 件。

M6：9，泥质灰陶，施彩绘。正方覆斗形子母口器盖，器身侈口，方唇，高领中部微束，鼓腹，平底，下接方形圈足。腹部两侧饰对称兽形铺首衔环，器盖表面用白彩绘回字纹，器身用红彩绘弦纹、三角纹、卷云纹组成的图案，器身有刮抹痕迹。口边长 10.0、腹边长 16.8、圈足底边长 11.0、圈足高 2.2、通高 34.4 厘米（图一〇，1）。

壶形罐　1 件。

M6：7，泥质灰陶。侈口，外斜沿，方唇，唇缘有凹槽，高领，溜肩，弧腹，最大径位于腹上端，平底。腹部饰暗绳纹，口部轮制痕迹明显。口径 10.4、最大径 18.0、底径 12.2、高 17.2 厘米（图一〇，2）。

扁腹罐　1 件。

M6：6，泥质灰陶。直口，平沿，圆唇，束颈，广肩，弧腹，最大径位于腹上端，平底。腹上部饰一周绳纹，器表有刮抹痕迹。口径 11.0、最大径 18.6、底径 9.0、高 10.6 厘米（图一〇，3）。

灶　1 件。

M6：8，泥质灰陶。长方形灶体，周壁平直；灶面上三灶穴，前二后一，呈"品"字形排放；灶体前端中部开一长方形灶门，后端有一圆柱形烟囱，斜直而上。素面。灶长 21.0、宽 15.0、灶台高 7.5、通高 11.0 厘米（图一〇，4）。

2. 铜器

3 件。

钫　1 件。

M6：1，敛口，方唇，高领中部微束，鼓腹，平底，下接方形高圈足。腹部两侧饰对称兽形铺首衔环。

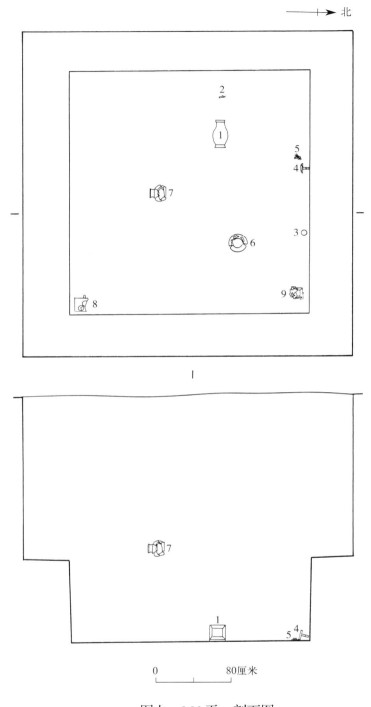

图九　M6 平、剖面图

1. 铜钫　2. 铜带钩　3. 四乳铭文铜镜　4. 铁灯　5. 骨质棋子　6. 扁腹陶罐　7. 壶形陶罐　8. 陶灶　9. 陶钫

口边长 10.0、腹边长 17.6、圈足底边长 11.6、圈足高 2.8、通高 31.2 厘米（图一一，1；彩版一三，1）。

四乳铭文镜　1 面。

M6：3，中部有裂缝。镜面平直，三弦纽，方形纽座。其外有一圈素面方形纹饰带，四角各有一柳叶形纹饰向外延伸将主纹饰区平均分为四部分，每部分二字，二字间有一带圈乳丁，外饰两圈

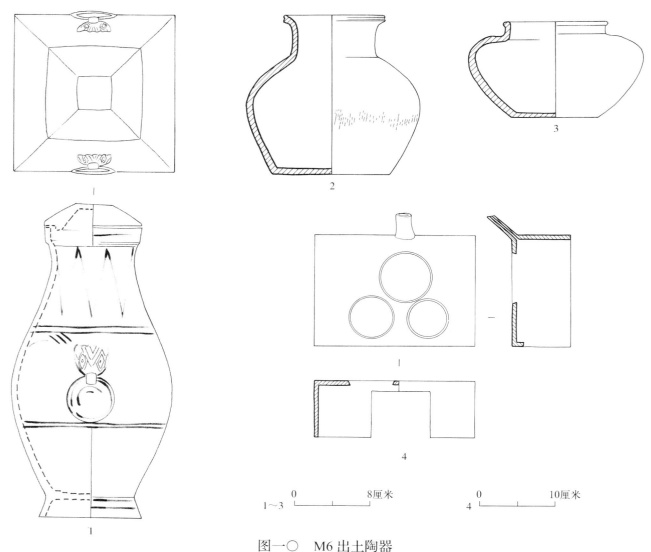

图一〇　M6 出土陶器

1. 钫M6：9　2. 壶形罐M6：7　3. 扁腹罐M6：6　4. 灶M6：8

凸弦纹，铭文为"长毋相忘、君来何伤"，素缘外翻。直径 7.4 厘米（图一一，2；彩版一二，2）。

带钩　1 件。

M6：2，体短小，形如琵琶，钩首位于较细的一端，圆形纽位于中部偏下。素面。长 6.4、纽径 2.0厘米（图一一，3）。

3. 铁器

1 件。

灯　1 件。

M6：4，残。直口，浅盘，平底，圆柱状实心柄较高，位于灯盘正下方，底座残缺。柄中部有一道凸棱。口径 11.0、盘高 1.5、柄径 1.6、残高 9.5 厘米（图一一，4）。

4. 骨器

1 组。

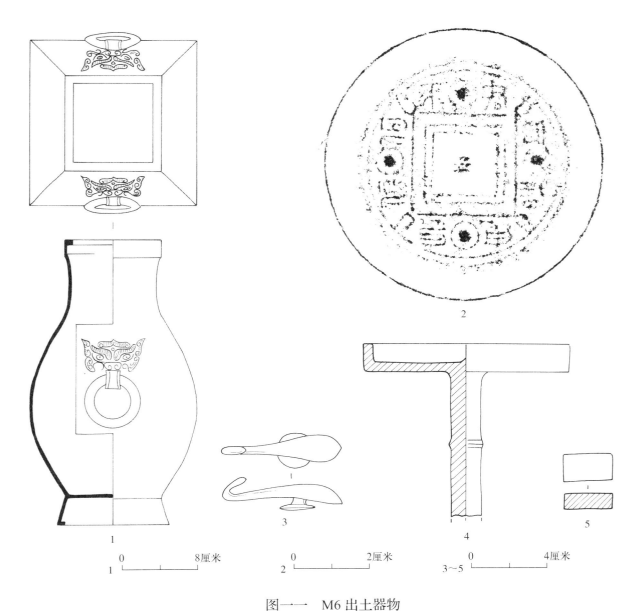

图一一　M6 出土器物

1. 铜钫M6:1　2. 四乳铭文铜镜M6:3　3. 铜带钩M6:2　4. 铁灯M6:4　5. 骨质棋子M6:5

棋子　1组。

M6:5，共9枚。形制、尺寸相同，以骨骼加工而成，制作较规整，呈长方体，素面。长2.6、宽1.4、厚0.8厘米（图一一，5；彩版一二，3）。

四　M8

（一）墓葬形制

该墓位于墓群 D 区南部。开口于②层下，开口距地表 1.00 米。

竖穴土坑墓，平面呈长方形，方向 95°，口大底小，有生土二层台。长 3.00、宽 1.88 米；二层台面距墓口深 1.20 米，东、西侧台面宽 0.10 米，南北两侧无二层台；底长 2.80、宽 1.76 米；深 2.10 米。二层台以上壁面斜直内收，收分明显，二层台以下壁面平直、光滑，平底，无工具加工痕迹。墓内填松散的黄褐色五花土，含植物根系、木炭屑及少量陶片。

葬具不详。

葬式不详。

盗洞 1 个，位于墓室西南部，自墓顶直通墓底。平面略呈正方形，边长 0.50 米（图一二）。

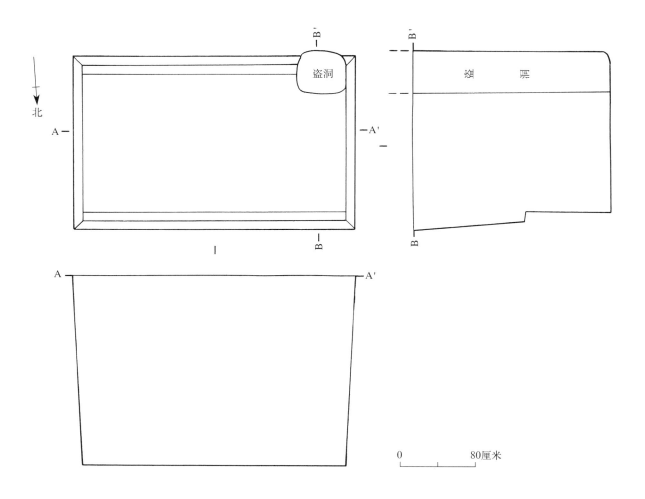

图一二　M8 平、剖面图

（二）出土遗物

无出土器物。

五　M9

（一）墓葬形制

该墓位于墓群 D 区西南部。开口于②层下，开口距地表 0.50 米。

竖穴土坑墓，平面呈长方形，方向 10°，口大底小，有生土二层台。上口长 3.72、宽 2.76 米；二层台面距墓口深 2.22 米，东侧台面宽 0.42、西侧台面宽 0.48 米，南北两侧无二层台；底长 2.88、宽 1.44 米；深 3.18 米。二层台以上壁面斜直内收，收分明显，二层台以下壁面平直，周壁光滑，平底，无工具加工痕迹。墓内填松散的黄褐色五花土，含植物根系、木炭屑、料礓石颗料及石块。

葬具为一棺，朽蚀严重，棺长 2.04、宽 0.90 米，棺板厚 6 厘米。

葬式为仰身直肢，人骨一具，头向北、面向上。

墓葬内出土陶壶 1、陶罐 2、铜錾 1、铜环 1、骨质棋子 1 件（组）（图一三；彩版一三，2）。

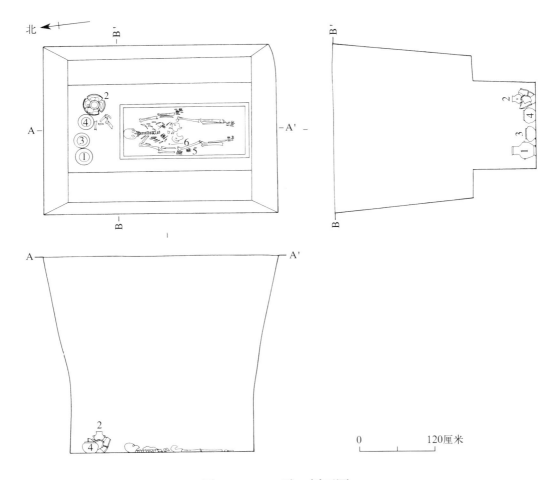

图一三　M9 平、剖面图
1. 圈足陶壶　2. 铜錾　3、4. 大口陶罐　5. 骨质棋子　6. 铜环

（二）出土遗物

1. 陶器

3 件。

圈足壶　1 件。

M9：1，泥质灰陶，施彩绘。侈口，方唇外撇，高领，圆腹，最大径位于腹中部，平底，倒喇叭形圈足。器身自上而下共饰八道凹弦纹，腹中部对称处附加两兽形铺首，器身自上而下共施六道红色彩绘弦纹，腹上部以红、白两色彩绘卷云纹图案，腹中部施以红、白两色彩绘，因脱落严重，图案不明。

口径 16.5、最大径 32.5、圈足径 19.0、圈足高 3.5、通高 38.0 厘米（图一四，1；彩版一三，3）。

大口罐　2 件。

M9：3，泥质灰陶。直口，窄沿，竖方唇较厚，唇缘有凹槽，矮领，圆肩，鼓腹，最大径位于鼓腹处，平底。颈部先饰绳纹后抹掉，残留绳纹纹理，腹中部饰一周绳纹，绳纹之上饰数道旋纹，将之分割成数段，口部有轮制痕迹，下腹部有刮削痕迹。口径 16.0、最大径 24.4、底径 13.6、高 16.4 厘米（图一四，2）。

M9：4，泥质灰陶。直口，窄沿，竖方唇较厚，唇缘有凹槽，矮领，圆肩，鼓腹，最大径位于鼓腹处，平底。颈部先饰绳纹后抹掉，残留绳纹纹理，腹中部饰一周绳纹，绳纹之上饰数道旋纹，将之分割成数段，口部有轮制痕迹，下腹部有刮削痕迹。口径 16.0、最大径 25.2、底径 12.8、高 17.6 厘米（图一四，3）。

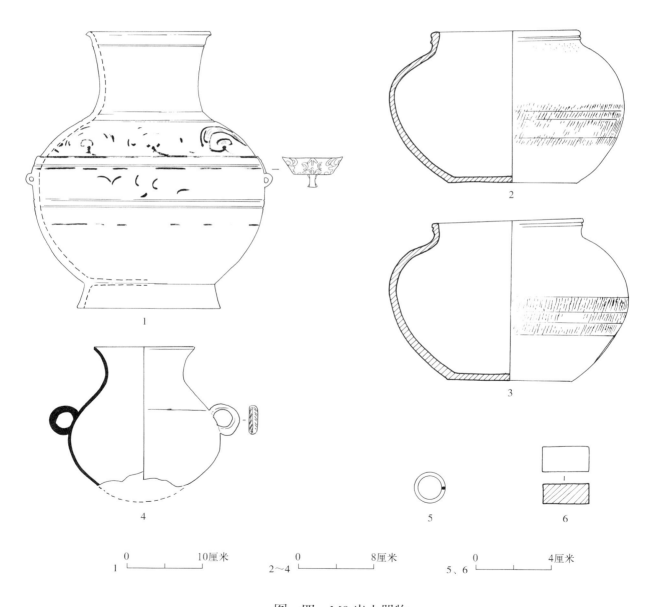

图一四　M9 出土器物

1. 圈足陶壶M9：1　2、3. 大口陶罐M9：3、4　4. 铜鍪M9：2　5. 铜环M9：6　6. 骨质棋子M9：5

2. 铜器

2 件。

鍪　1 件。

M9：2，喇叭口，圆唇，斜沿，束颈，溜肩，鼓腹，底残缺。肩下端有一首尾不相接的弦纹，腹上端对称处附加两器耳，耳面饰指甲纹。口径 10.4、腹径 16.0、残高 15.2 厘米（图一四，4；彩版一四，1）。

环　1 件。

M9：6，圆环状，截面呈圆角长方形。直径 1.6、厚 0.2 厘米（图一四，5）。

3. 骨器

1 组。

棋子　1 组。

M9：5，共 10 枚。形制、尺寸相同，以骨骼加工而成，制作较规整，呈长方体，素面。长 2.5、宽 1.4、厚 1.1 厘米（图一四，6；彩版一四，2）。

六　M10

（一）墓葬形制

该墓位于墓群 D 区西南部。开口于②层下，开口距地表 0.70 米。

竖穴土坑墓，平面呈长方形，方向 0°，口大底小。上口长 3.16、宽 2.08 米；底长 3.00、宽 1.32 米；深 5.28 米。周壁斜直内收距墓口 4.40 米处，之下壁面平直、光滑，平底，无工具加工痕迹。墓内填较硬的黄褐色五花土，经夯打，夯层厚度不可测。

葬具不详。

葬式不详。

盗洞 3 个，均自墓顶直通墓室。盗洞 1 位于墓葬的南侧偏东，平面呈圆形，直径 0.80 米，其内发现少量陶片；盗洞 2 位于墓葬的东北角，平面呈椭圆形，长 0.96～1.16 米；盗洞 3 位于墓葬的西北角，平面呈圆角长方形，长 1.28、宽 0.70 米。

墓葬内出土陶罐 1、铜钱 1、铁镦 1 件（组）（图一五）。

（二）出土遗物

1. 陶器

1 件。

大口罐　1 件。

M10：3，残，泥质灰陶。直口，厚方唇，矮领，圆肩弧腹，最大径位于腹上端，平底。素面，口部有轮制痕迹。口径 12.0、最大径 20.8、底径 11.2、高 16.0 厘米（图一六，1）。

2. 铜器

1 件。

五铢钱　1 枚。

M10：1，圆形方穿，有郭。钱径 2.4、穿宽 1.0 厘米，重 3.4 克（图一六，2；彩版一四，3）。

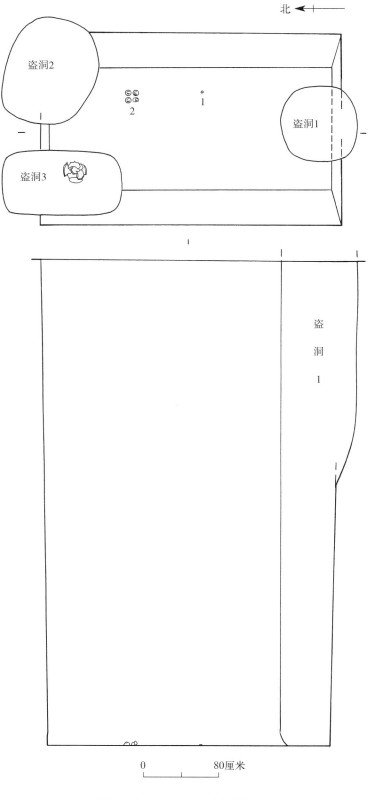

图一五　M10 平、剖面图

1. 五铢钱　2. 铁镇　3. 大口陶罐

3. 铁器

1 件。

镇 1 组。

M10：2，共 4 个。M10：2-1、M10：2-2、M10：2-3，形制相同，形如一兽曲首蟠卧，镇面平整，顶端为兽首。径长 6.2、高 4.0 厘米（图一六，3）。M10：2-4，形如一兽昂首虎踞，镇面平整，顶端为兽首。径长 8.0、高 4.6 厘米（图一六，4；彩版一四，4）。

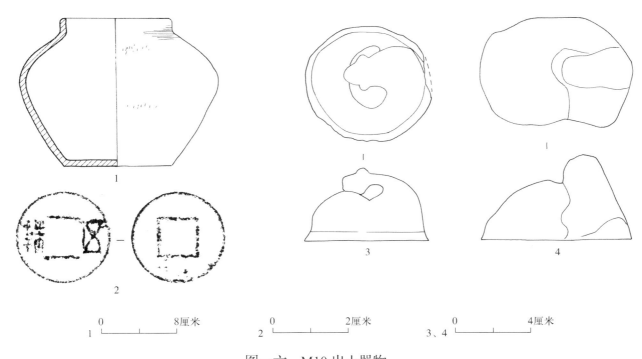

0		8厘米
1		

0		2厘米
2		

0		4厘米
3、4		

图一六 M10 出土器物

1. 大口陶罐M10：3 2. 五铢钱M10：1 3、4. 铁镇M10：2-1、2-4

七　M11

（一）墓葬形制

该墓位于墓群 D 区中部。开口于②层下，开口距地表 1.20 米。

斜坡墓道土洞墓，平面呈"凸"字形，方向 15°。由墓道和墓室两部分组成。墓道位于墓室北端。直壁，北高南低呈斜坡状，坡度 33°，平面呈长方梯形，南宽北窄，口底同大。长 7.80、宽 0.90～1.32、深 0～3.72 米。墓室为土坑式，平面呈长方形，口大底小。上口长 3.36、宽 3.00 米；底长 2.76、宽 2.40 米；深 3.72 米。周壁斜直内收，收分明显，壁面光滑，平底，无工具加工痕迹。墓内填质地较密的深褐色五花土。

葬具不详。

葬式不详。

盗洞 2 个，均自墓顶直通墓室。盗洞 1 位于墓道北部，平面呈圆形，直径 0.54 米；盗洞 2 位于墓道南部，平面呈圆形，直径 0.66 米。

墓室内出土陶壶 1、陶钫 1、陶罐 5、陶盂 1、陶灯 1、陶灶 1、铜马衔 1、铜马镳 1、铜当卢 1、

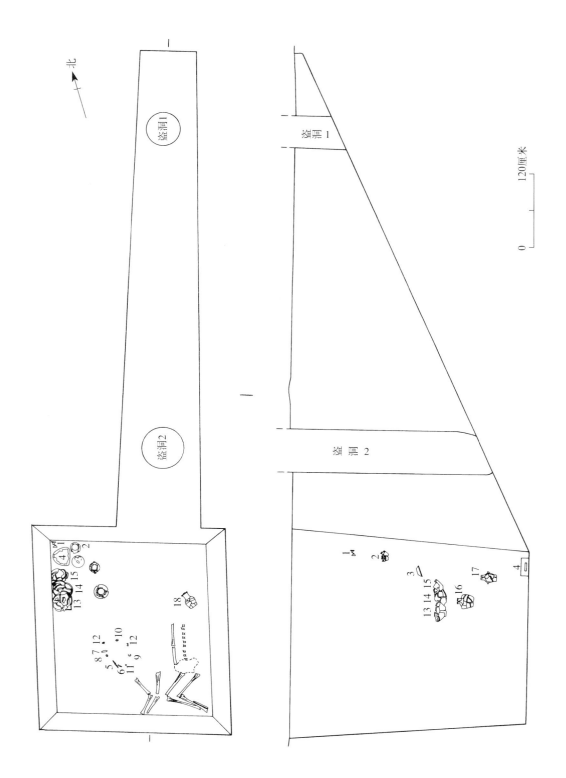

图一七　M11 平、剖面图

1. 陶灯　2、13、15. 大口陶罐　3. 陶盂　4. 陶灶　5. 铜马衔　6. 铜马镳　7. 铜车辖　8. 铜车軎　9. 铜軥　10. 铜衡末　11. 铜扣形饰　12. 铜盖弓帽　14. 侈口陶罐　16. 小口陶罐　17. 陶纺　18. 平底陶壶

铜车軎1、铜车辖1、铜衡末1、铜扣形饰1、铜盖弓帽1件（组）（图一七）。

（二）出土遗物

1.陶器

10件。

平底壶　1件。

M11：18，泥质灰陶。圆饼状器盖，内壁对称处有两长方形卡口，器身侈口，窄平沿，方唇，高领较直，溜肩，弧腹，最大径位于腹上部，平底。领部有二道凸弦纹，腹上部有一道凹弦纹，之下饰一道首尾不相接的绳纹，领部轮制痕迹明显。口径11.2、最大径18.0、底径12.8、高28.0厘米（图一八，1）。

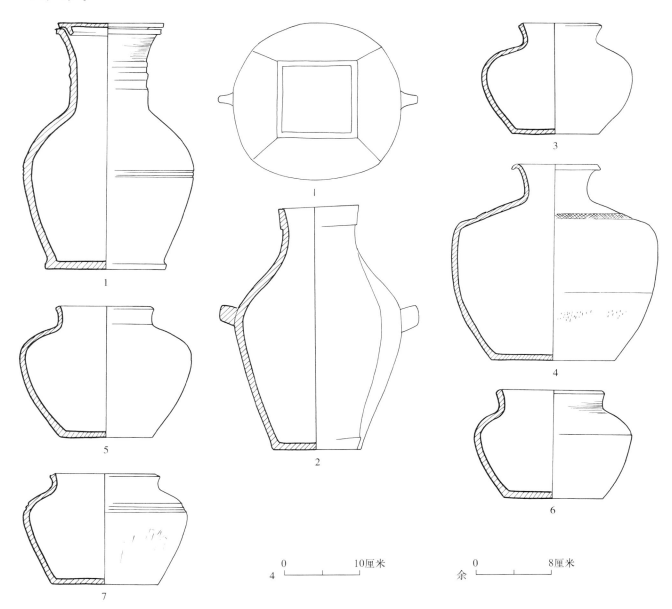

图一八　M11 出土陶器

1. 平底壶M11：18　2. 钫M11：17　3. 侈口罐M11：14　4. 小口罐M11：16　5～7. 大口罐M11：2、13、15

钫　1件。

M11：17，泥质灰陶。侈口，方唇，高领，鼓腹，最大径位于鼓腹处，平底，方形矮圈足，腹部两侧对称处饰方形錾手。素面，器身刮抹痕迹明显。口边长8.4、最大腹径17.6、圈足底边长9.2、圈足高1.2、通高26.4厘米（图一八，2）。

侈口罐　1件。

M11：14，泥质灰陶。侈口，窄沿外撇，沿面内凹，束颈，溜肩，弧腹，最大径位于腹上部，平底。素面。口径8.8、最大径15.6、底径9.2、高12.0厘米（图一八，3）。

小口罐　1件。

M11：16，泥质灰陶。侈口，斜沿外撇，尖唇，斜领，广肩，深弧腹，最大径位于腹上部，平底。肩部饰一周方格纹，器身有刮削痕迹。口径11.5、最大径27.0、底径16.5、高27.0厘米（图一八，4）。

大口罐　3件。

M11：2，泥质灰陶。侈口，窄沿外撇，矮领，广肩，弧腹，最大径位于腹上部，平底。素面，器身有刮削痕迹。口径10.0、最大径18.0、底径9.6、高14.0厘米（图一八，5；彩版一五，1）。

M11：13，泥质灰陶。侈口，窄沿外撇，矮领，广肩，弧腹，最大径位于腹上部，平底。腹上端有一道凹弦纹，口部有轮制痕迹，器身有刮削痕迹。口径11.2、最大径16.4、底径10.4、高11.6厘米（图一八，6）。

M11：15，泥质灰陶。侈口，窄沿，矮领，广肩，弧腹，最大径位于腹上部，平底。腹上端有二道凹弦纹，口部有轮制痕迹，下腹部有刮削痕迹。口径11.6、最大径17.2、底径11.2、高12.0厘米（图一八，7）。

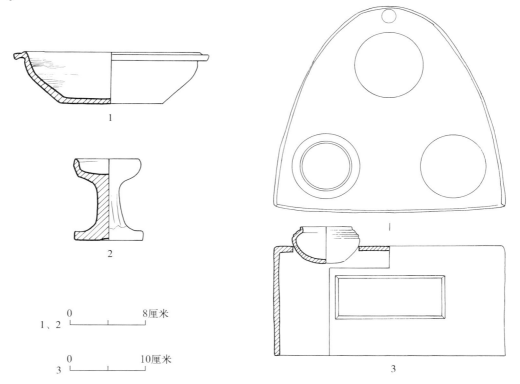

图一九　M11出土陶器

1. 盂M11：3　2. 灯M11：1　3. 灶M11：4

盂　1件。

M11：3，泥质灰陶。敞口，宽沿外撇，沿面中部内凹，圆唇，束颈，上腹较直，下腹斜直内收，平底。上腹部先饰绳纹后抹掉，残留部分绳纹纹理，器内壁轮制痕迹明显。口径19.6、底径10.8、高5.6厘米（图一九，1；彩版一五，2）。

灯　1件。

M11：1，泥质灰陶。灯盘敞口，圆唇，浅腹，正中接一柱状柄，圆饼状底座。素面。口径6.8、底径7.2、高8.8厘米（图一九，2）。

灶　1件。

M11：4，泥质灰陶。弧边三角形灶体，周壁平直；灶面上三灶穴，前二后一，呈"品"字形排放，灶穴上残存一个小陶釜；灶体前端中部开一长方形灶门，后端有一圆形烟囱。灶体前端先饰绳纹后抹掉，残留绳纹纹理。灶长28.0、宽30.5、灶台高15.0、通高17.5厘米。模型灶具1件。釜1件。敛口，圆唇，折腹，圜底。素面。口径7.0厘米（图一九，3）。

2. 铜器

8件。

马衔　1件。

M11：5，两节，两端有环，中部以套环相连接处残损。素面。长7.4厘米（图二〇，1；彩版一五，3）。

马镳　1组。

M11：6，共2个，残。形制相同，体微弧，中部有两穿孔，两端较尖锐。素面。M11：6-1，残长6.4厘米（图二〇，2）。M11：6-2，残长8.8厘米（图二〇，3）。

当卢　1件。

M11：7，长条薄片形，较宽的一端呈三角形，较窄的一端呈弧形，正面两端有方形穿。素面。长8.7厘米（图二〇，4）。

车軎　1件。

M11：8，圆筒形，下端较粗，有折边，较粗的一端有穿孔。长2.2厘米（图二〇，5）。

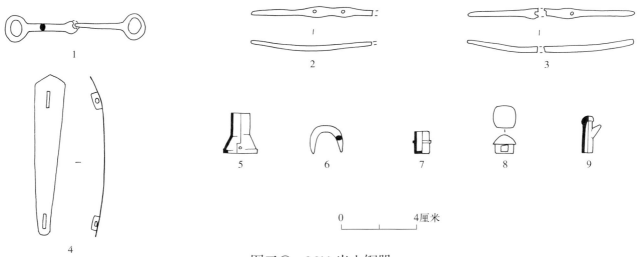

0　　　　4厘米

图二〇　M11出土铜器

1. 马衔M11：5　2、3. 马镳M11：6-1、6-2　4. 当卢M11：7　5. 车軎M11：8　6. 车辖M11：9　7. 衡末M11：10　8. 扣形饰M11：11　9. 盖弓帽M11：12-1

车辖　1 件。

M11:9，鎏金。"n"形，两末端细而尖锐。素面。长 1.8 厘米（图二〇，6）。

衡末　1 组。

M11:10，共 3 件。形制、尺寸相同，圆筒形。中部有一凸棱，素面。口径 0.8、长 1.2 厘米（图二〇，7）。

扣形饰　1 组。

M11:11，共 3 件。形制、尺寸相同，半球形。素面，背面有穿孔。直径 1.2 厘米（图二〇，8）。

盖弓帽　1 组。

M11:12，共 6 个。锈蚀。形制、尺寸相同，顶端以一乳丁为钉帽，末端开口，器身中部向上翘起一钩。素面。长 2.0 厘米（图二〇，9）。

八　M12

（一）墓葬形制

该墓位于墓群 D 区中部。开口于②层下，开口距地表 1.00～1.20 米。

竖穴土坑墓带壁龛，平面呈长方形，方向 350°，口大底小，有生土二层台。上口长 3.54、宽 2.80 米；二层台面距墓口 2.10～2.28 米，东侧台面宽 0.48、西侧台面宽 0.34 米，南、北侧台面宽 0.40 米；底长 3.0、宽 1.20 米；深 3.10～3.30 米。二层台以上壁面斜直内收，收分明显，二层台以下壁面平直，周壁光滑，平底，无工具加工痕迹。壁龛位于二层台北侧壁面底部，平面呈长方形，平顶。口宽 1.14、进深 0.38、高 0.50 米。墓内填较硬的黄褐色五花土，经夯打，夯层、夯筑方法不明。

葬具一椁一棺，椁长 2.24、宽 1.00、残高 0.20 米，板厚 3.00 厘米；棺长 1.80、东西宽 0.60 米，高度及棺板厚度不明。

葬式不详，仅残存一腿骨及数肋骨。

盗洞 1 个，位于墓葬西南角，自墓顶直通墓底。平面呈椭圆形，长 0.80～1.00 米。

壁龛内出土陶罐 2 件（图二一；彩版一五，4）。

（二）出土遗物

陶器

2 件。

双耳罐　1 件。

M12:2，夹砂灰陶。侈口，外斜沿，圆唇，束颈，弧腹，平底。两带形器耳附加在颈部，上端接于口部，与沿面齐平，下端接于腹上端。素面，器表有刮抹痕迹。口径 10.4、底径 7.2、高 10.4 厘米（图二二，1）。

小口旋纹罐　1 件。

M12:1，泥质灰陶。侈口，外斜沿，方唇，高领，溜肩，鼓腹，最大径位于鼓腹处，平底。腹部饰竖向绳纹，绳纹之上饰数道凹弦纹，将之分割成数段，口部有轮制痕迹。口径 10.0、最大径 24.0、底径 12.8、高 28.4 厘米（图二二，2）。

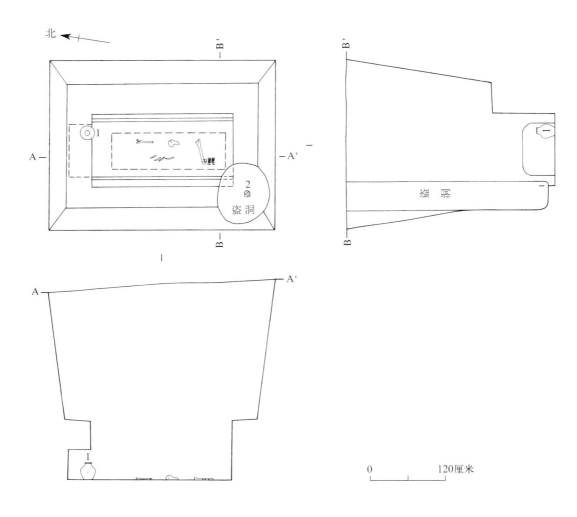

图二一 M12 平、剖面图

1. 小口旋纹陶罐 2. 双耳陶罐

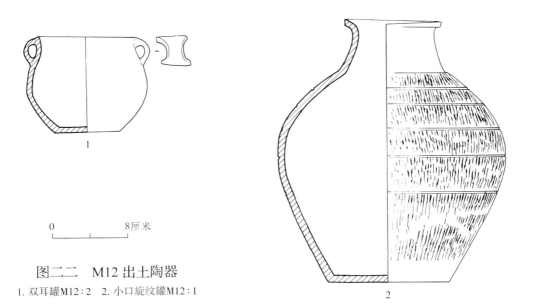

图二二 M12 出土陶器

1. 双耳罐M12：2 2. 小口旋纹罐M12：1

九   M13

（一）墓葬形制

该墓位于墓群 D 区中部。开口于②层下，开口距地表 0.60 米。

竖穴土坑墓带壁龛，平面呈梯形，南宽北窄，方向 0°，口大底小，有生土二层台。上口长 3.60、宽 2.72～2.90 米；二层台面距墓口深 1.72 米，东、西、南侧台面宽 0.40、北侧台面宽 0.85 米；底长 2.88、宽 2.04 米；深 2.90 米。二层台以上壁面斜直内收，收分明显，二层台以下壁面平直，周壁光滑，北端壁面有坍塌，平底，无工具加工痕迹。壁龛位于二层台北侧壁面底部，平面呈正方形，平顶。口宽 0.80、进深 0.80、高 0.84 米。墓内填松散的黄褐色五花土，含植物根系、木炭屑、料礓石颗料及石块。

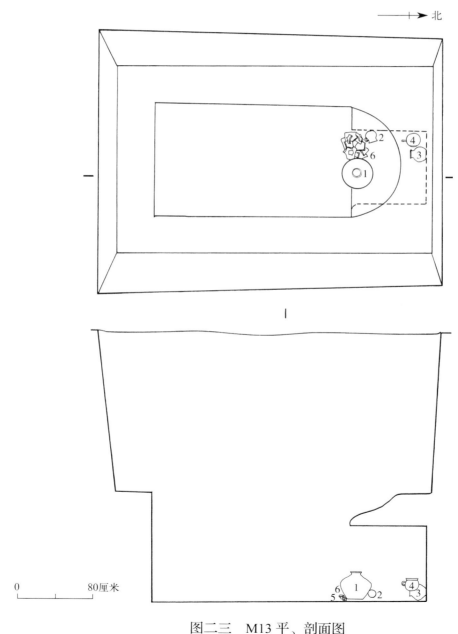

图二三   M13 平、剖面图

1、6. 小口陶罐   2. 带耳陶鋈   3. 小口旋纹陶罐   4. 带耳陶釜   5. 铜带钩

葬具不详。

葬式不详。

盗洞 1 个，距该墓 0.50 米，自墓壁中部直通墓底。

壁龛内出土陶鍪 1、陶釜 1、陶罐 3、铜带钩 1 件（图二三）。

（二）出土遗物

1. 陶器

5 件。

小口罐　2 件。

M13：1，泥质灰陶。侈口，窄沿外撇，沿面有凹，方唇，直领，溜肩，深弧腹，最大径位于腹中部，平底。腹下部有一斜向长方形开口，领部先饰绳纹后抹掉，残留绳纹纹理，腹中部饰竖向细绳纹，绳纹之上饰数道凹弦纹，将之分割成数段，口部有轮制痕迹。口径 12.0、最大径 34.0、底径 16.0、高 28.0 厘米（图二四，1）。

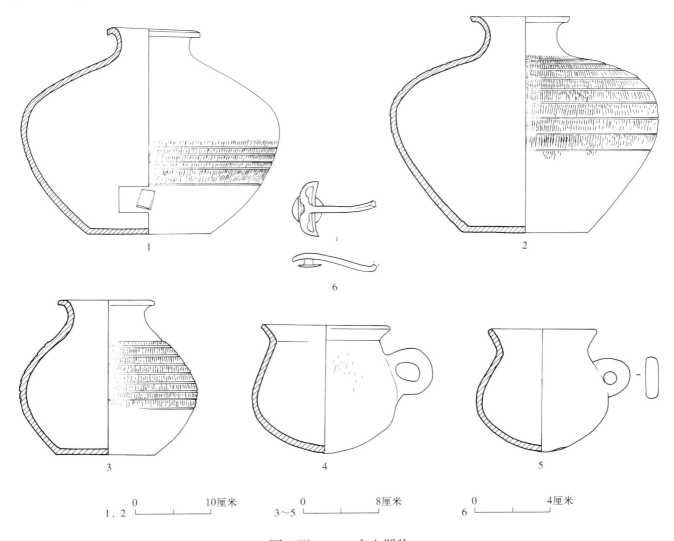

图二四　M13 出土器物

1、2. 小口陶罐 M13：1、6　3. 小口旋纹陶罐 M13：3　4. 带耳陶釜 M13：4　5. 带耳陶鍪 M13：2　6. 铜带钩 M13：5

M13：6，泥质灰褐陶。侈口，窄平沿，沿面有凹槽，方唇，直领，溜肩，深弧腹，最大径位于腹上部，平底。领部、腹上部饰竖向细绳纹，绳纹之上饰数道凹弦纹，将之分割成数段，口部有刮抹痕迹。口径 13.0、最大径 34.5、底径 16.5、高 29.5 厘米（图二四，2）。

小口旋纹罐　1 件。

M13：3，泥质灰陶。侈口，窄平沿，圆唇，束颈，溜肩，鼓腹，最大径位于鼓腹处，平底。肩、腹上部饰竖向细绳纹，绳纹之上饰数道凹弦纹，将之分割成数段，口部有轮制痕迹。口径 10.0、最大径 18.8、底径 10.4、高 16.8 厘米（图二四，3；彩版一六，1）。

带耳釜　1 件。

M13：4，口部残，夹砂灰陶。侈口，外斜沿，方唇，束颈，鼓腹，圜底。腹上部附加一环形器耳，素面。口径 13.2、高 14.0 厘米（图二四，4；彩版一六，2）。

带耳鍪　1 件。

M13：2，口部略残，夹砂灰陶。侈口，外斜沿，圆唇，束颈，鼓腹，圜底。腹上部附加一环形器耳，素面。口径 11.6、高 13.2 厘米（图二四，5）。

2. 铜器

1 件。

带钩　1 件。

M13：5，钩首残缺。体短小、纤细，尾端宽扁，形如兽首，圆形纽位于尾端。残长 4.4、纽径 1.6 厘米（图二四，6）。

一〇　M14

（一）墓葬形制

该墓位于墓群 D 区中部。开口于②层下，开口距地表 0.90～1.20 米，被一近代墓打破。

竖穴土坑墓，平面呈长方形，方向 0°，口大底小，有生土二层台。上口长 4.98、宽 4.02 米；二层台面距墓口 2.76～3.00 米，四周台面宽均为 0.48 米；底长 3.42、宽 2.46 米；深 3.78～3.96 米。二层台以上壁面斜直内收，收分明显，二层台以下壁面平直，周壁光滑，平底，无工具加工痕迹。墓内填坚硬的黄褐色五花土，经夯打，夯层厚 40 厘米，内出土灰色陶片。

葬具为一椁，残存椁灰痕迹，长 3.90、宽 3.00、高 1.00 米，椁板厚度不明。

葬式不详。

盗洞 1 个，位于墓室的东北部，自墓顶直通墓底。平面呈椭圆形，长 1.74～1.92 米。

墓葬内出土陶甑 1、陶罐 2 件（图二五）。

（二）出土遗物

陶器

3 件。

盆形甑　1 件。

M14：3，泥质灰陶。敞口，外斜沿，方唇，唇缘有凹槽，敛颈，斜腹内收，平底，底部饰圆形箅孔。素面，器身有刮抹痕迹。口径 29.5、底径 12.0、高 14.5 厘米（图二六，1）。

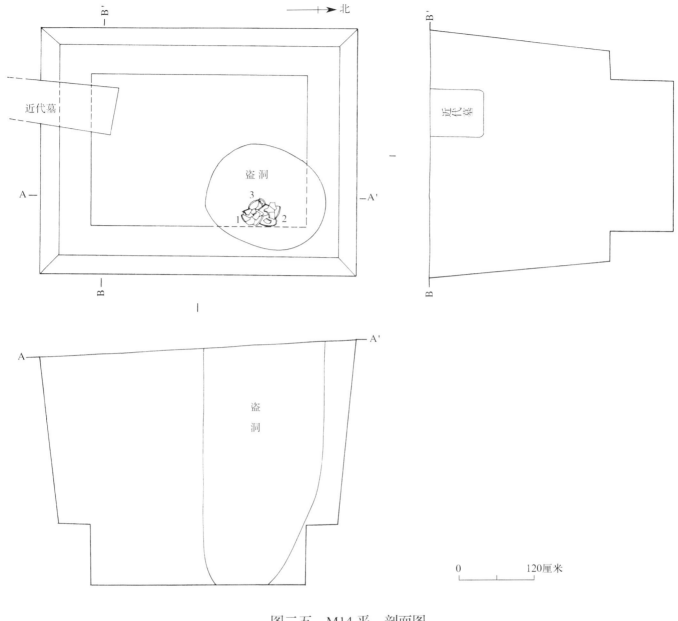

图二五　M14 平、剖面图

1、2. 小口陶罐　3. 盆形陶甑

小口罐　2件。

M14：1，口部缺失，泥质灰陶。束颈，广肩，深弧腹，最大径位于腹上部，平底。肩、腹上部饰竖向细绳纹，绳纹之上饰数道凹弦纹，将之分割成数段，腹下部有刮削痕迹。最大径31.5、底径16.0、残高28.0厘米（图二六，2）。

M14：2，泥质灰陶。侈口，窄平沿，方唇，束颈，溜肩，深弧腹，最大径位于腹上部，平底。颈部先饰绳纹后抹掉，残留绳纹纹理，肩、腹上部饰竖向细绳纹，绳纹之上饰数道凹弦纹，将之分割成数段，口部有轮制痕迹，腹下部有刮削痕迹。口径12.0、最大径32.5、底径14.5、高28.0厘米（图二六，3）。

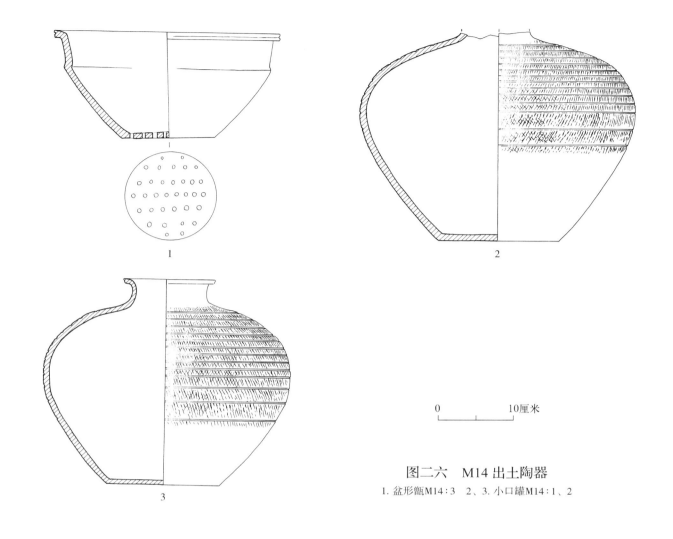

图二六　M14 出土陶器

1. 盆形甑M14:3　2、3. 小口罐M14:1、2

一一　M15

（一）墓葬形制

该墓位于墓群 D 区西南部。开口于②层下，开口距地表 0.90 米，南部被现代坑打破。

斜坡墓道土坑墓，平面呈"凸"字形，方向280°。由墓道和墓室两部分组成。墓道位于墓室的南端，南高北低呈坡状，坡度24°，平面呈梯形，北宽南窄，口大底小。上口残长 5.20、宽 2.4 ～ 3.32 米，底残长 5.55、宽 2.16 ～ 3.00 米，残深 1.65 ～ 4.20 米。壁面斜直内收。墓室为土坑式，平面呈长方形，口大底小。口长 3.70、宽 3.80 米；底长 3.00、宽 3.00 米；深 4.20 米。周壁斜直内收，收分明显，壁面光滑，平底，无工具加工痕迹。墓内填较硬的黄褐色五花土，经夯打，夯层、夯筑方法不明，内出土陶片。

葬具不详，仅于墓室底 1.40 米高处发现有朽木痕迹。

葬式不详。

盗洞 4 个，均自墓顶直通墓室，平面均呈椭圆形。盗洞 1 位于墓道东北角，长 0.85 ～ 1.00 米；盗洞 2 位于墓道东南角，长 0.76 ～ 0.80 米；盗洞 3 位于墓室的西北角，长 0.70 ～ 0.75 米；盗洞 4 位于墓室的西南角，长 0.65 ～ 0.75 米。

墓室内出土陶罐 2、铜灯 1 件；盗洞内出土铜釜 1、铁戈 1、铁削 1 件（图二七）。

（二）出土遗物

1. 陶器

2 件。

大口罐　1 件。

M15 : 3，泥质灰陶。直口，圆唇，矮领，溜肩，弧腹，最大径位于腹上端，平底。素面，器身有刮抹痕迹。口径 11.2、最大径 17.2、底径 10.0、高 11.6 厘米（图二八，1）。

扁腹罐　1 件。

M15 : 2，泥质灰陶。侈口，窄平沿，矮领，广肩，弧腹，最大径位于腹上端，平底。素面，器

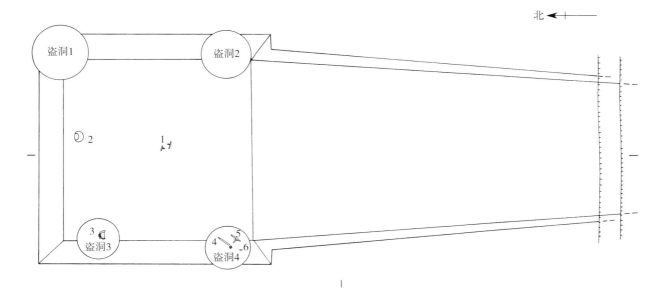

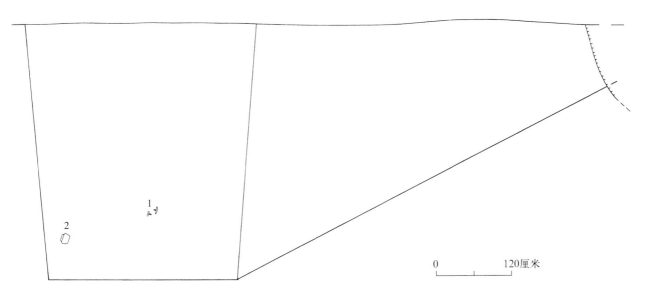

0　　　　　　　120厘米

图二七　M15 平、剖面图
1. 铜灯　2. 扁腹陶罐　3. 大口陶罐　4. 铁削　5. 铁戈　6. 铜釜

身有刮抹痕迹,器表可见口沿与器身相拼接的痕迹。口径12.4、最大径18.8、底径11.6、高11.2厘米（图二八,2；彩版一六,3）。

2. 铜器

2件。

釜　1件。

M15:6,口沿残片。侈口,斜折沿,尖唇,束颈。素面。壁厚0.1、残高2.0厘米（图二八,3）。

灯　1件。

M15:1,浅腹形灯盘,直口,方唇,平底,底内壁正中有一倒圆锥,底部正中为柱状高柄,柄自上而下有数道大小不一的凸棱。浅腹盆形底座,侈口,窄平沿,方唇,斜腹,圜底,圈足。灯盘径9.2、底座径16.0、高11.4厘米（图二八,4；彩版一六,4）。

3. 铁器

2件。

削　1件。

M15:4,锈残。断为四截,环首与刃一次性铸成,椭圆形环首,截面呈圆形,削身微弧,刃部较窄,截面呈三角形。长28.0、宽1.2~2.4、厚0.6、环首径3.6~4.0厘米（图二八,5）。

戈　1件。

M15:5,援较纤细,胡细而长,截面均呈弧边菱形,援与胡被一柱状圆筒形青铜管相连,青铜管中空,用以安装木把,无内。素面。援长8.4、援宽2.0、援厚0.9、胡长20.4厘米（图二八,6；彩版一六,5）。

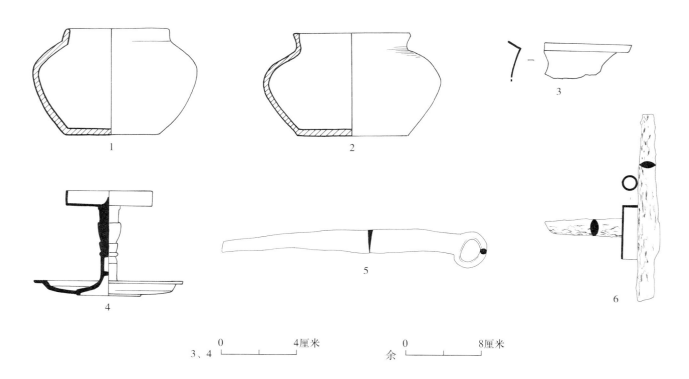

图二八　M15出土器物

1. 大口陶罐M15:3　2. 扁腹陶罐M15:2　3. 铜釜M15:6　4. 铜灯M15:1　5. 铁削M15:4　6. 铁戈M15:5

一二 M16

（一）墓葬形制

该墓位于墓群 D 区中部。开口于②层下，开口距地表 1.00 米。

竖穴土坑墓带壁龛，平面呈长方形，方向 10°，口大底小。上口长 3.20、宽 2.40 米；底长 2.56、宽 1.60 米；深 2.56 米。周壁斜直内收，收分明显，壁面光滑，平底，无工具加工痕迹。壁龛位于墓室北壁底部，平面呈长方形，平顶。口宽 1.60、进深 0.36、高 0.85 米。龛顶部分坍塌。墓内填松软的黄褐色五花土。

葬具不详。

葬式不详。

壁龛内出土陶甑 1、陶罐 2、陶鬶 1 件（图二九；彩版一七，1）。

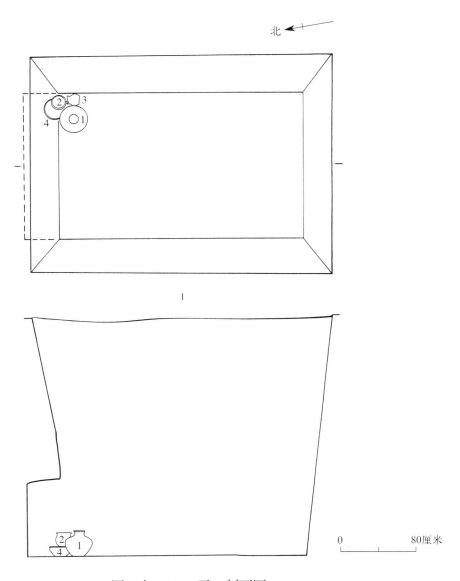

图二九 M16 平、剖面图

1. 小口陶罐 2. 带耳陶鬶 3. 小口素面小陶罐 4. 盆形陶甑

（二）出土遗物

陶器

4 件。

盆形甑　1 件。

M16：4，泥质灰陶。敞口，平折沿，圆唇，上腹较直，下腹斜直内收，平底，底部有圆形箅孔。素面，下腹部有刮抹痕迹。口径 24.5、底径 11.0、高 11.0 厘米（图三〇，1；彩版一七，2）。

小口罐　1 件。

M16：1，泥质灰陶。侈口，外斜沿，方唇，束颈，溜肩，深弧腹，最大径位于腹上端，平底。肩、腹上部饰竖向细绳纹，绳纹之上饰数道凹弦纹，将之分割成数段，口部有轮制痕迹。口径 11.6、最大径 30.0、底径 14.0、高 27.6 厘米（图三〇，2；彩版一七，3）。

小口素面小罐　1 件。

M16：3，泥质灰陶。侈口，外斜沿，方唇，束颈，溜肩，深弧腹，最大径位于腹中部，平底。腹部饰暗篮纹。口径 9.5、最大径 13.7、底径 8.7、高 13.6 厘米（图三〇，3；彩版一八，1）。

带耳鍪　1 件。

M16：2，夹砂灰陶。侈口，外斜沿，圆唇，束颈，深弧腹，圜底，上腹部附加一环形器耳。素面，器表有轮制痕迹。口径 13.6、高 15.0 厘米（图三〇，4；彩版一八，2）。

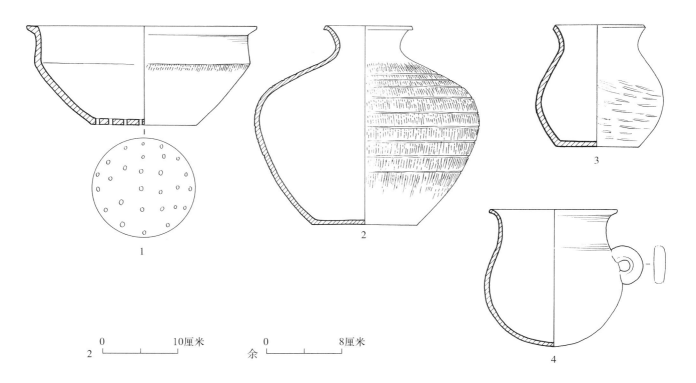

0　　　　10厘米
2

0　　　　8厘米
余

图三〇　M16 出土陶器

1. 盆形甑 M16：4　2. 小口罐 M16：1　3. 小口素面小罐 M16：3　4. 带耳鍪 M16：2

一三 M17

（一）墓葬形制

该墓位于墓群 D 区中部。开口于②层下，开口距地表 0.65 米。

竖穴土坑墓带壁龛，平面呈梯形，东宽西窄，方向 275°，口大底小，有生土二层台。上口长 3.20、宽 2.50～2.70 米；二层台面距墓口深 2.00 米，西侧台面宽 0.4、南侧台面宽 0.4、北侧台面宽 0.32 米，东侧无二层台；底长 2.08、宽 1.88 米；深 2.80 米。二层台以上壁面斜直内收，收分明显，二层台以下壁面平直，周壁光滑，平底，无工具加工痕迹。壁龛位于二层台的东侧壁面，墓底距龛底高 0.28 米，平面呈长方形，弧顶，口宽 1.06、进深 1.00、高 0.8～1.00 米。墓内填松散的黄褐色五花土，含植物根系、木炭屑、料礓石颗料及石块。

葬具为一棺，平面呈长方形，东西向摆放，残存板灰痕迹，长 1.72、宽 0.96 米，高度不详，棺板厚 6～8 厘米。

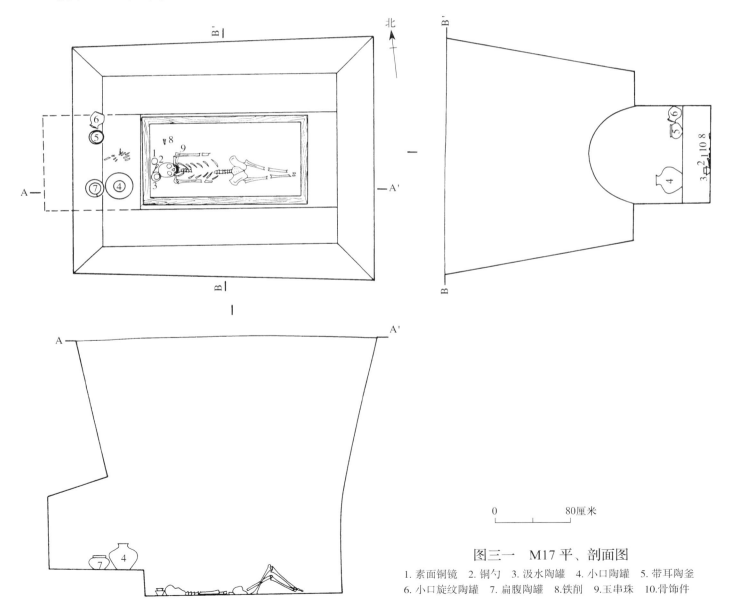

图三一 M17 平、剖面图

1. 素面铜镜　2. 铜勺　3. 汲水陶罐　4. 小口陶罐　5. 带耳陶釜
6. 小口旋纹陶罐　7. 扁腹陶罐　8. 铁削　9. 玉串珠　10. 骨饰件

葬式为仰身屈肢，人骨一具，头向西、面向上，双腿向上屈起。

墓葬内出土陶釜1、陶罐3件；壁龛内出土陶罐1、铜勺1、铜镜1、铁削1、玉串珠1、骨饰件1件（组）（图三一；彩版一八，3）。

（二）出土遗物

1. 陶器

5件。

小口罐 1件。

M17：4，泥质灰陶。侈口，外斜沿，沿面有凹槽，圆唇，束颈，溜肩，深弧腹，最大径位于肩腹交接处，平底。颈部先饰绳纹后抹掉，残留绳纹纹理，肩、腹上部饰竖向细绳纹，绳纹之上饰数道凹弦纹，将之分割成数段，口部有轮制痕迹，腹下部有刮削痕迹。口径11.5、最大径29.5、底径14.0、高27.0厘米（图三二，1）。

小口旋纹罐 1件。

M17：6，泥质灰陶。侈口，平沿，方唇，高领，溜肩，圆腹，最大径位于腹中上部，平底。肩部以下饰竖向细绳纹，绳纹之上饰数道凹弦纹，将之分割成数段，口部有轮制痕迹，腹下部有刮削痕迹。口径10.8、最大径16.4、底径10.0、高16.8厘米（图三二，2）。

扁腹罐 1件。

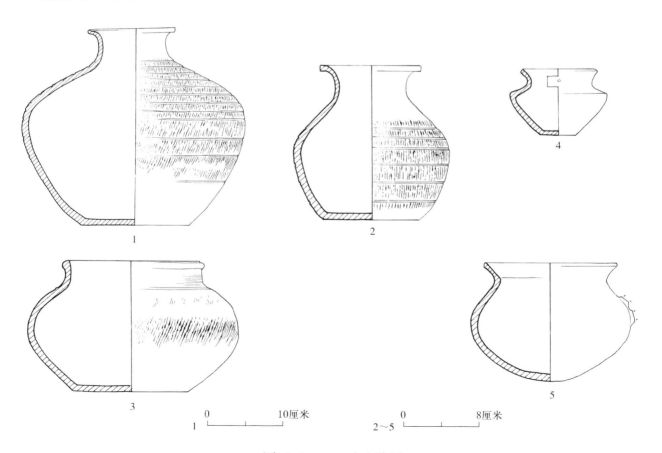

图三二 M17 出土陶器

1. 小口罐M17：4 2. 小口旋纹罐M17：6 3. 扁腹罐M17：7 4. 汲水罐M17：3 5. 带耳釜M17：5

M17∶7，泥质灰陶。口微侈，窄沿外撇，圆唇，矮领，广肩，鼓腹，最大径位于鼓腹处，平底。领部有道凸棱，腹部饰斜向竖绳纹，口部有轮制痕迹。口径14.8、最大径22.0、底径12.0、高14.0厘米（图三二，3；彩版一九，1）。

汲水罐　1件。

M17∶3，泥质灰陶。侈口，外斜沿，圆唇，束颈，折腹，最大径位于折腹处，小平底。素面，口部对称处有两个圆孔。口径8.0、最大径10.4、底径3.6、高7.2厘米（图三二，4）。

带耳釜　1件。

M17∶5，残，夹砂灰陶。侈口，外斜沿，尖唇，束颈，鼓腹，圜底，腹上端残存附加器耳的痕迹，耳形制不明。素面。口径14.0、高12.8厘米（图三二，5；彩版一九，2）。

2. 铜器

2件。

勺　1件。

M17∶2，体较小，椭圆形勺，圜底，长柄，柄末端有穿。长11.6、高1.6厘米（图三三，1；彩版一九，3）。

素面镜　1面。

M17∶1，镜面平直，桥形纽，圆座。区内外各饰一道凸弦纹，素缘。直径7.0厘米（图三三，2；彩版一九，4）。

3. 铁器

1件。

削　1件。

M17∶8，锈残。圆形环首，环首截面呈圆形，尖端缺失，残长6.6厘米（图三三，3）。

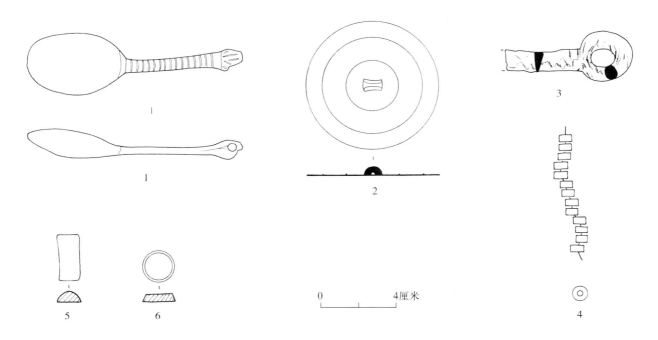

0　　　　　4厘米

图三三　M17出土器物

1. 铜勺M17∶2　2. 素面铜镜M17∶1　3. 铁削M17∶8　4. 玉串珠M17∶9　5、6. 骨饰件M17∶10-1、10-2

4. 玉器

1组。

串珠 1组。

M17：9，共13颗，形制相同，青白色，玉质较差，不透亮，圆环状，截面呈半圆形，素面。直径0.8、厚0.4厘米（图三三，4；彩版一九，5）。

5. 骨器

1组。

饰件 1组。

M17：10，共2个。M17：10-1，利用残骨骼加工而成，制作规整。平面呈长方形，截面呈半圆形，素面。长2.4、厚0.6厘米（图三三，5）。M17：10-2，利用残骨骼加工而成，制作规整。平面呈圆形，截面呈梯形，素面。直径1.6、厚0.4厘米（图三三，6）。

一四 M18

（一）墓葬形制

该墓位于墓群D区中部。开口于②层下，开口距地表1.10米。

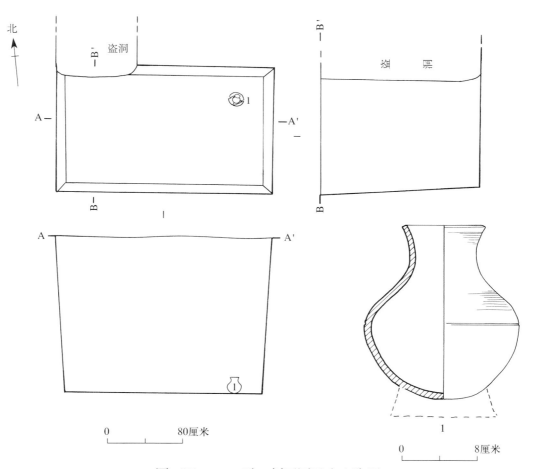

图三四 M18平、剖面图及出土陶器

1. 圈足壶

竖穴土坑墓，平面呈长方形，方向97°，口大底小。上口长2.30、宽1.40米；底长2.10、宽1.20米；深1.70米。周壁斜直内收，收分明显，壁面光滑，平底，无工具加工痕迹。墓内填松散的黄褐色五花土，出土有陶片。

葬具不详。

葬式不详。

盗洞1个，位于墓室西北角，自墓顶直通墓底。平面呈圆角方形，边长0.84米。

墓葬内出土陶壶1件（图三四）。

（二）出土遗物

陶器

1件。

圈足壶　1件。

M18：1，泥质灰陶。侈口，厚方唇，高领微外弧，溜肩，弧腹，最大径位于肩腹交接处，圜底近平。底部饰二道凹弦纹。底残，圈足缺失。口径8.8、最大径16.4、残高18.8厘米（图三四，1）。

一五　M19

（一）墓葬形制

该墓位于墓群D区中部。开口于②层下，开口距地表0.70米。

竖穴土坑墓，平面呈长方形，方向95°，口大底小，有生土二层台。上口长3.20、宽2.30米；二层台面距墓口深0.60米，南、北侧台面宽0.24米，东西两侧无二层台；底长3.16、宽1.82米；深1.40米。墓壁平直、光滑，平底，无工具加工痕迹。墓内填松散的黄褐色五花土，含植物根系、木炭屑及少量陶片。

葬具不详。

葬式不详。

墓葬内出土陶鍪1、陶罐2件（图三五；彩版二〇，1）。

（二）出土遗物

陶器

3件。

小口罐　1件。

M19：3，泥质灰陶。侈口，平沿，方唇，唇缘有凹槽，束颈，溜肩，深弧腹，最大径位于肩腹交接处，平底。颈部先饰绳纹后抹掉，残留绳纹纹理，肩、腹上部饰竖向细绳纹，绳纹之上饰数道凹弦纹，将之分割成数段，口部有轮制痕迹，腹下部有刮削痕迹。口径12.0、最大径30.0、底径15.5、高26.5厘米（图三五，3；彩版二〇，2）。

扁腹罐　1件。

M19：2，泥质灰陶。直口，窄平沿，方唇，唇缘有凹槽，矮领，溜肩，深弧腹，最大径位于肩腹交接处，平底。腹下部饰暗绳纹，部分抹光，口部有轮制痕迹，腹部有刮削痕迹。口径14.0、最

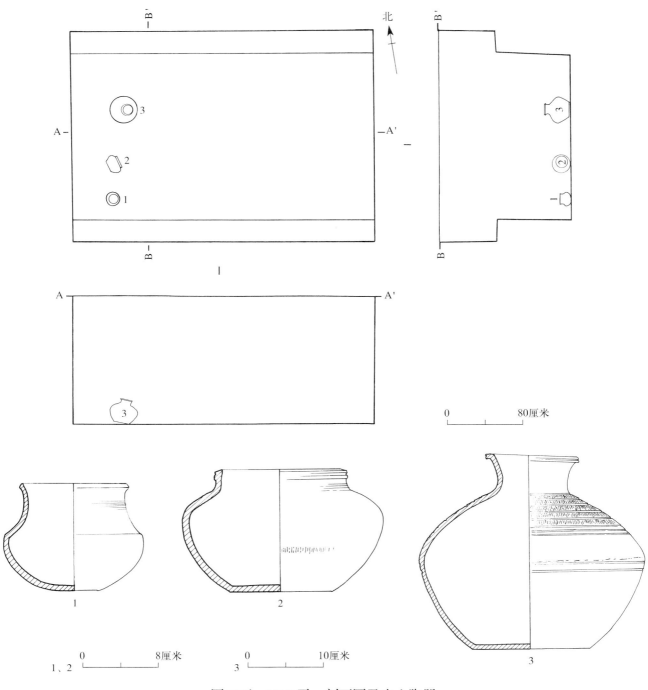

图三五　M19 平、剖面图及出土陶器
1. 无耳无錾鍪　2. 扁腹罐　3. 小口罐

大径 21.2、底径 10.8、高 13.6 厘米（图三五，2；彩版二○，3）。

　　无耳无錾鍪　1 件。

　　M19：1，夹砂灰陶。侈口，外斜沿，方唇，斜领，溜肩，弧腹，肩腹交接处有折棱，最大径位于折棱处，圜底。素面，口部有轮制痕迹。口径 11.6、最大径 14.8、高 12.0 厘米（图三五，1；彩版二○，4）。

一六　M20

（一）墓葬形制

该墓位于墓群 D 区西部。开口于②层下，开口距地表 0.60 米。

竖穴土坑墓带壁龛，平面呈长方形，方向 275°，口大底小。上口长 2.44、宽 1.37 米；底长 2.5、宽 1.32 米；深 0.82 米。周壁斜直内收，收分明显，壁面光滑，平底，无工具加工痕迹。壁龛位于西壁底部，平面呈长方形，弧顶。口宽 0.8、进深 0.2、高 0.4 米。墓内填较硬的黄褐色五花土。

葬具为一棺，东西向摆放。棺长 1.80、宽 0.50～0.64 米，高度、棺板厚度不明。

葬式为仰身直肢，人骨一具，头向西、面向上，右手弯曲放于胸前，经鉴定年龄在 50～60 岁之间。

墓室内出土陶罐 1、陶灶 1、铜带钩 1、铜环 2、铁釜 1、玉环 1、玻璃串珠 2 件（组）；壁龛内出土陶罐 1 件（图三六；彩版二一，1）。

（二）出土遗物

1. 陶器

3 件。

小口罐　1 件。

M20：8，泥质灰陶。侈口，平沿，方唇，领较高，溜肩，腹微鼓，最大径位于鼓腹处，平底。肩、

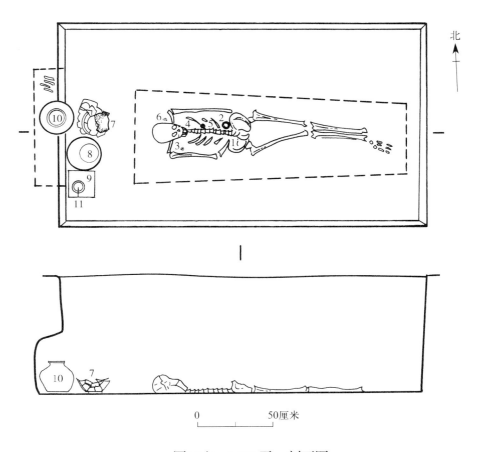

图三六　M20 平、剖面图

1. 铜带钩　2、4. 铜环　3. 玉环　5、6. 玻璃串珠　7. 铁釜　8. 小口陶罐　9. 陶灶　10. 小口旋纹陶罐

腹中部饰竖向细绳纹，绳纹之上饰数道凹弦纹，将之分割成数段，口部有轮制痕迹，腹下部有刮削痕迹。口径 12.0、最大径 34.0、底径 17.5、高 30.0 厘米（图三七，1）。

小口旋纹罐　1 件。

M20：10，泥质灰陶。侈口，窄平沿，沿面中部内凹，方唇，束颈，溜肩，深弧腹，最大径位于腹上部，平底。肩、腹中部饰竖向细绳纹，绳纹之上饰数道凹弦纹，将之分割成数段，颈部先饰绳纹后抹掉，残留绳纹纹理，口部有轮制痕迹。口径 11.2、最大径 24.0、底径 13.6、高 22.0 厘米（图三七，2；彩版二一，2）。

灶　1 件。

M20：9，烟囱残缺，泥质灰陶。弧边长方形灶体，较低矮，周壁平直；灶面上三灶穴，前二后一，

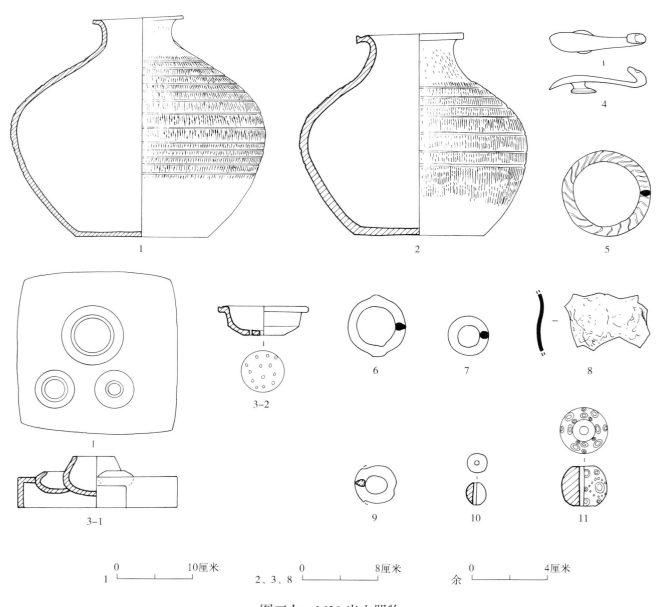

0　　　　　10厘米
1

0　　　　　8厘米
2、3、8

0　　　　　4厘米
余

图三七　M20 出土器物

1. 小口陶罐 M20：8　2. 小口旋纹陶罐 M20：10　3. 陶灶及模型甑 M20：9　4. 铜带钩 M20：1　5～7. 铜环 M20：2、4-1、4-2　8. 铁釜 M20：7　9. 玉环 M20：3　10、11. 玻璃串珠 M20：5、6

呈"品"字形排放，灶穴上放置三小陶釜；灶体前端开一长方形落地灶门。通体素面。灶长 16.8、宽 16.0、灶台高 3.6、通高 5.6 厘米（图三七，3-1；彩版二一，3）。模型灶具 4 件。釜 3 件。敛口，圆唇，折腹，圜底；前二小陶釜口径 4.0 厘米，后一小陶釜口径 6.4 厘米。甑 1 件。敞口，平沿，沿面有凹槽，圆唇，上腹较直，下腹斜直内收，平底，底部有箅孔。素面。口径 9.6、底径 4.0、高 3.2 厘米（图三七，3-2）。

2. 铜器

3 件。

带钩　1 件。

M20：1，曲棒形，钩首纤细，尾部肥硕，圆形纽位于尾部。素面。长 5.2、纽径 1.3 厘米（图三七，4；彩版二二，1）。

环　2 组。

M20：2，共 1 件。圆环形，截面呈扁平状，凸棱围器身盘旋。外径 4.8、内径 3.6、厚 0.3 厘米（图三七，5）。

M20：4，共 2 件。圆环形，截面呈圆形。M20：4-1，器身对称处向外有凸棱，直径 3.1～3.4 厘米（图三七，6）。M20：4-2，直径 2.2 厘米（图三七，7）。

3. 铁器

1 件。

釜　1 件。

M20：7，腹部残片。素面。壁厚 0.4、残高 6.0 厘米（图三七，8）。

4. 玉器

1 件。

环　1 件。

M20：3，圆环形，截面呈三角形，黄绿色，玉质较差，不透亮，磨制精美。外径 2.2、内径 1.0～1.2、厚 1.2 厘米（图三七，9；彩版二二，2）。

5. 玻璃器

2 组。

串珠　2 组。

M20：5，共 2 件。蜻蜓眼，形制相同，扁体圆柱形，横截面呈圆形，中部有一穿孔。素面。以料石加工而成。M20：5-1，直径 1.1、厚 1.2 厘米。M20：5-2，直径 1.1、厚 1.2 厘米（图三七，10；彩版二二，3）。

M20：6，共 1 件。器表镶以白色乳丁，间以菱形纹。直径 1.2～2.5、厚 2.2 厘米（图三七，11；彩版二二，4）。

一七　M21

（一）墓葬形制

该墓位于墓群 D 区南部。开口于②层下，开口距地表 0.50 米，北侧被断崖打破。

竖穴土坑墓，平面呈长方形，方向 15°，口底同大。残长 2.45～2.75、宽 1.50、残深 1.28 米。

直壁光滑，平底，无工具加工痕迹。墓内填较软的黄褐色五花土。

　　葬具不详。

　　葬式为仰身直肢，人骨一具，保存较好，头向北、面向上，鉴定为 40～50 岁的女性。

　　墓葬内出土陶罐 3、铜镜 1、铜钱 1、铁錾 1 件（组）（图三八）。

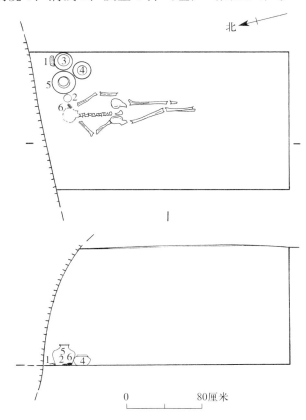

图三八　M21 平、剖面图

1. 铁錾　2. 四乳铭文铜镜　3、4. 扁腹陶罐　5. 小口陶罐　6. 半两钱

（二）出土遗物

1. 陶器

3 件。

小口罐　1 件。

M21:5，泥质灰陶。侈口，外斜沿，方唇，唇缘有凹槽，束颈，溜肩，弧腹内收，最大径位于腹上部，平底。肩部饰竖向细绳纹，绳纹之上饰数道凹弦纹，将之分割成数段，领部有轮制痕迹，腹下部有刮削痕迹。口径 11.5、最大径 25.0、底径 14.5、高 23.0 厘米（图三九，1；彩版二三，1）。

扁腹罐　2 件。

M21:3，泥质灰陶。直口，窄沿，沿面中部有凹槽，圆唇，束颈，溜肩，弧腹，最大径位于腹上部，平底。素面，口部有轮制痕迹，腹下部有刮抹痕迹。口径 12.4、最大径 18.8、底径 11.2、高 10.8 厘米（图三九，2；彩版二二，5）。

M21:4，泥质灰陶。直口，窄沿，束颈，溜肩，弧腹，最大径位于腹上部，平底。素面，口部有轮制痕迹，腹下部有刮抹痕迹。口径 11.2、最大径 18.8、底径 11.6、高 10.8 厘米（图三九，3；彩版二二，6）。

2. 铜器

2 件。

四乳铭文镜 1 面。

M21：2，镜面平直，三弦纽，方形纽座。其外有一圈素面方形纹饰带，四角各有一柳叶形纹饰向外延伸将主纹饰区平均分为四部分，每部分二字，二字间有一带圈乳丁，外饰两圈凸弦纹，铭文为"常毋相忘，长乐未央"，素缘外翻。直径 9.1 厘米（图三九，4；彩版二三，2）。

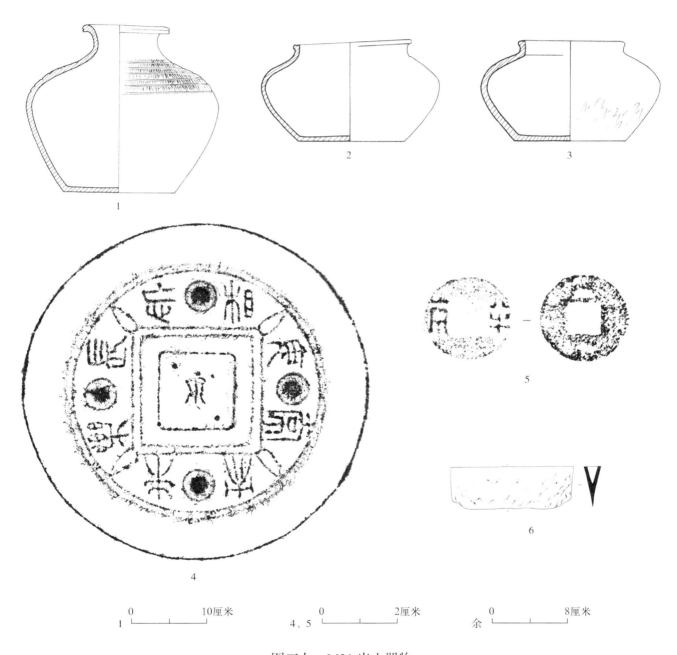

图三九 M21 出土器物

1. 小口陶罐M21：5 2、3. 扁腹陶罐M21：3、4 4. 四乳铭文铜镜M21：2 5. 半两钱M21：6-1 6. 铁錾M21：1

半两钱　1组。

M21：6，共7枚。圆形，方穿，无郭。钱径2.3～2.4、穿宽0.9～1.1厘米，重2.0～2.7克（图三九，5；彩版二三，3）。

3. 铁器

1件。

鏊　1件。

M21：1，平面呈圆角长方形，纵截面呈三角形，顶端、两侧棱规整，双面刃两端弧收，顶端有镶木柄銎。长12.8、宽4.4厘米（图三九，6；彩版二三，4）。

一八　M22

（一）墓葬形制

该墓位于墓群D区中部。开口于②层下，开口距地表0.60米。

竖穴土坑墓，平面呈长方形，方向265°，口大底小。上口长3.08、宽1.50米；底长2.96、宽1.20；深1.60米。周壁斜直内收，收分明显，壁面光滑，平底，无工具加工痕迹。墓内填松散的黄褐色五花土，包含少量料礓石颗粒、石块等。

葬具为一棺，仅残存部分板灰。长2.00、宽1.06米，高度不明，棺板厚8～10厘米。

葬式为仰身直肢，人骨一具，头向西、面向上，右腿微向南屈。

墓葬内出土陶罐2件（图四〇；彩版二四，1）。

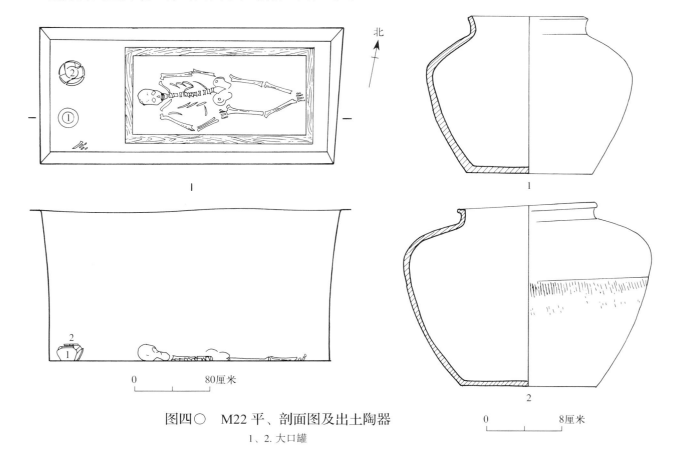

图四〇　M22 平、剖面图及出土陶器

1、2. 大口罐

（二）出土遗物

陶器

2 件。

大口罐　2 件。

M22：1，泥质灰陶。侈口，窄沿，矮领，溜肩，弧腹，最大径位于腹上部，平底。素面，口部有轮制痕迹，腹下部有刮抹痕迹。口径 12.8、最大径 21.6、底径 13.2、高 17.2 厘米（图四〇，1；彩版二四，2）。

M22：2，泥质灰陶。直口，窄沿，沿面外侧微卷，圆唇，束颈，广肩，弧腹，最大径位于腹上部，平底。腹上部饰斜绳纹，口部先饰绳纹后抹掉，残留绳纹纹理，器表有轮制痕迹。口径 14.8、最大径 26.0、底径 14.4、高 19.6 厘米（图四〇，2）。

一九　M23

（一）墓葬形制

该墓位于墓群 D 区西部。开口于①层下，开口距地表 0.30 米。

竖穴土坑墓，平面呈长方形，方向 10°，口大底小，有生土二层台。上口长 3.60、宽 2.36 米；二层台面距墓口深 2.40 米，东、西侧台面宽 0.20、南侧台面宽 0.08 米，北侧无二层台；底长 2.68、宽 1.80 米；深 3.24 米。二层台以上壁面斜直内收，收分明显，二层台以下壁面平直，周壁光滑，平底，无工具加工痕迹。墓内填松散的黄褐色五花土，含植物根系、木炭屑、料礓石颗料及石块。

葬具为一椁，南北放置，残存椁灰痕迹。长 2.68、宽 1.36、高 1.00 米，椁板厚度不明。

葬式不详。

盗洞 1 个，自墓顶直通墓底。平面呈圆形，直径 0.50 米。

墓葬内出土陶钫 1、陶罐 2、铜镜 1 件；盗洞内出土石砚 1 件（图四一；彩版二五，1）。

（二）出土遗物

1. 陶器

3 件。

钫　1 件。

M23：2，泥质灰陶，施彩绘。正方覆斗形子母口器盖，器身侈口，方唇，高领中部微束，鼓腹，平底，下接方形高圈足。腹部两侧饰对称兽形铺首衔环，器盖表面以红彩绘"回"字形纹，顶部用红色彩绘云纹，器身口部施二道红色彩绘弦纹，之下施红彩绘倒三角纹，腹部施红色彩绘弦纹，因绝大部分脱落，图案不明，底座施二道红色彩绘弦纹。口边长 11.5、腹边长 20.5、圈足底边长 13.0、圈足高 4.0、通高 40.5 厘米（图四二，1）。

小口罐　1 件。

M23：3，泥质灰陶。侈口，外斜沿，尖唇，直领，溜肩，上腹较直，下腹弧内收，最大径位于腹上部，平底。肩、腹中部饰竖向细绳纹，绳纹之上饰数道凹弦纹，将之分割成数段，领部有轮制痕迹，腹下部有刮削痕迹。口径 12.5、最大径 36.0、底径 17.5、高 34.5 厘米（图四二，2；

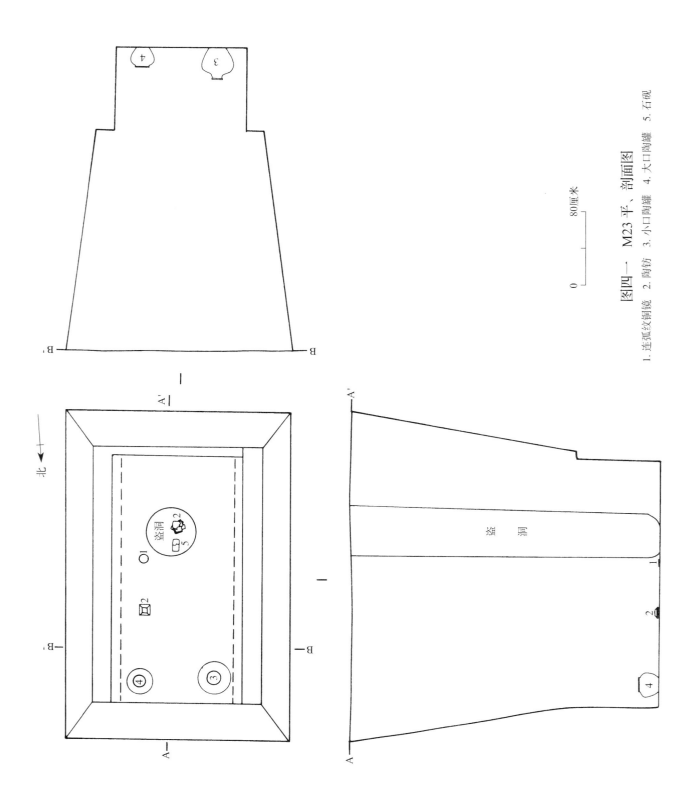

图四一 M23 平、剖面图

1. 连弧纹铜镜 2. 陶纺 3. 小口陶罐 4. 大口陶罐 5. 石砚

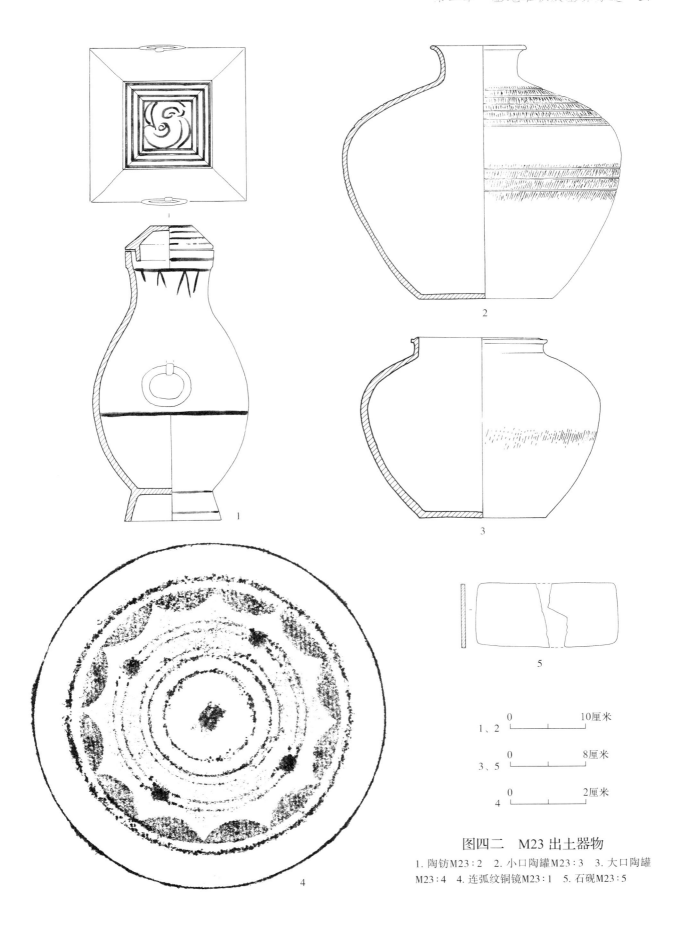

0 _____ 10厘米
1、2

0 _____ 8厘米
3、5

0 _____ 2厘米
4

图四二　M23 出土器物

1. 陶钫M23：2　2. 小口陶罐M23：3　3. 大口陶罐
M23：4　4. 连弧纹铜镜M23：1　5. 石砚M23：5

彩版二五，2）。

大口罐　1件。

M23：4，泥质灰陶。直口，窄平沿，沿面外侧有凹槽，方唇，矮领，溜肩，弧腹内收，最大径位于腹上部，平底。腹中部饰一周斜绳纹，时断时续，口部有轮制痕迹，下腹部有刮削痕迹。口径14.4、最大径25.2、底径13.2、高19.6厘米（图四二，3）。

2. 铜器

1件。

连弧纹镜　1面。

M23：1，圆形，镜面平直，三弦纽，圆座。座外为两周素面纹饰带，两纹饰带间有一周凸弦纹，外纹饰带上平均分布四颗乳丁，其外为内向十二连弧纹，素缘外翻。直径9.2厘米（图四二，4；彩版二五，3）。

3. 石器

1件。

砚　1块

M23：5，中部残缺。系用砂岩磨制而成，体呈弧边长方形，截面呈长方形，通体磨制光滑。素面。残长15.2、宽6.8、厚0.4厘米（图四二，5）。

二〇　M24

（一）墓葬形制

该墓位于墓群D区西部。开口于②层下，开口距地表0.60米。

竖穴土坑墓带双壁龛，平面呈长方形，方向10°，口大底小，有双层生土二层台。上口长3.56、宽2.44米；上层二层台面距墓口深2.04米，南侧台面宽0.36、北侧台面宽0.4米，东西两侧无二层台；下层二层台面距墓口深2.36米，东侧台面宽0.4、西侧台面宽0.28、南侧台面宽0.32、北侧台面宽0.20米；底长3.08、宽1.92米；深3.08米。上层二层台以上壁面斜直内收，收分明显，上层二层台以下壁面平直，周壁光滑，平底，无工具加工痕迹。壁龛1位于第一个二层台上北侧壁面中间，平面呈长方形，弧顶。口宽1.12、进深0.16、高0.48米；壁龛2位于二层台上北侧壁面东端，平面呈长方形，平顶。口宽0.24、进深0.48、高0.28米。墓内填松散的黄褐色五花土，含植物根系、木炭屑、料礓石颗料及石块。

葬具为一椁一棺，南北向摆放，残存板灰。椁长2.32、宽1.92米，高度不明，椁板厚10厘米；棺长1.76、宽1.24米，高度及棺板厚度不明。

葬式不详。

该墓有多处盗洞，墓内被扰。

墓葬内出土陶罐2、铜镜1、铜带钩1件；壁龛内出土陶罐5件（图四三；彩版二六，1）。

（二）出土遗物

1. 陶器

7件。

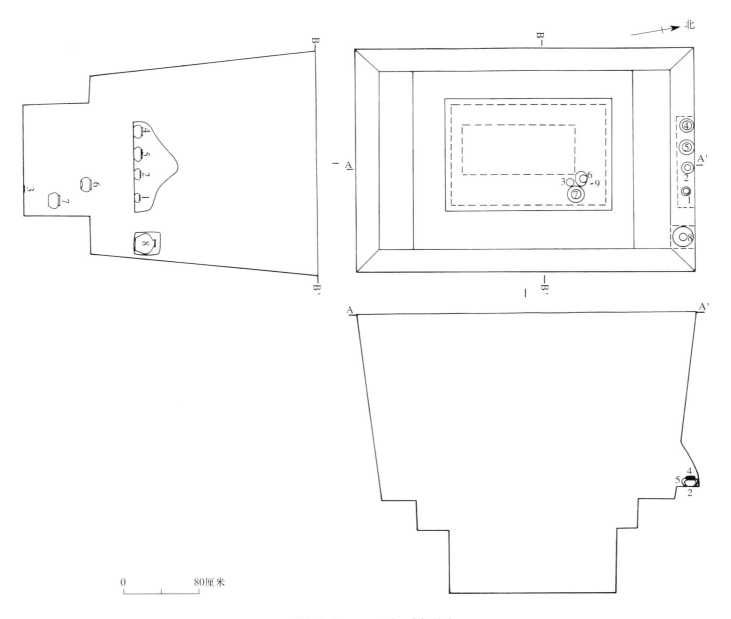

图四三　M24 平、剖面图

1、2、5. 扁腹陶罐　3. 素面铜镜　4、6、7. 大口陶罐　8. 小口陶罐　9. 铜带钩

小口罐　1件。

M24：8，泥质灰陶。侈口，外斜沿，方唇，唇缘中部有凹槽，束颈，溜肩，上腹微鼓，下腹弧内收，最大径位于鼓腹处，平底。肩、腹中部饰竖向细绳纹，绳纹之上饰数道凹弦纹，将之分割成数段，腹上部饰四道横向粗绳纹。口径 13.0、最大径 35.5、底径 19.0、高 33.0 厘米（图四四，1；彩版二六，2）。

大口罐　3件。

M24：4，泥质灰陶。直口，窄平沿，圆唇，束颈，溜肩，鼓腹，最大径位于鼓腹处，平底。腹部饰二道凹弦纹，器身有刮抹痕迹。口径 14.8、最大径 22.4、底径 12.8、高 15.6 厘米（图四四，2；彩版二六，3）。

M24：6，泥质灰陶。侈口，平沿较窄，方唇，唇缘有凹槽，矮领，溜肩，鼓腹，最大径位于鼓腹处，平底。腹部先饰绳纹，再于绳纹之上饰数道旋纹，将之分割成数段，器身有刮抹痕迹，口沿有轮制痕迹。口径 14.1、最大径 24.0、底径 10.8、高 17.2 厘米（图四四，3）。

　　M24：7，泥质灰陶。侈口，圆唇，唇缘有凹槽，矮领，广肩，弧腹，最大径位于腹上部，平底。口部先饰绳纹，后抹掉，残留绳纹纹理，腹部先饰绳纹，再于绳纹之上饰数道凹弦纹，将之分割成数段，下腹部有刮削痕迹。口径 16.4、最大径 26.4、底径 11.2、高 18.4 厘米（图四四，4）。

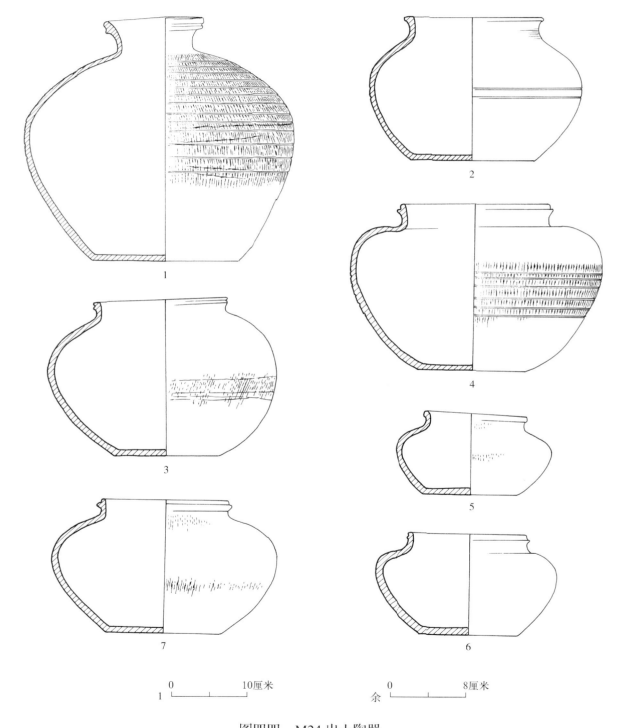

图四四　M24 出土陶器

1. 小口罐M24：8　2～4. 大口罐M24：4、6、7　5～7. 扁腹罐M24：1、2、5

扁腹罐　3 件。

M24：1，泥质灰陶。口微侈，圆沿，矮领，广肩，鼓腹，最大径位于鼓腹处，平底。腹部先饰绳纹，后抹掉，残留部分绳纹纹理，器身有轮制痕迹。口径 10.8、最大径 16.4、底径 9.6、高 8.8 厘米（图四四，5；彩版二七，1）。

M24：2，口部略残，泥质灰陶。直口，圆沿，沿面外侧有凹槽，矮领，广肩，弧腹，最大径位于腹上端，平底。素面，器身有轮制痕迹。口径 12.8、最大径 19.2、底径 10.4、高 10.8 厘米（图四四，6；彩版二七，2）。

M24：5，泥质灰陶。口微侈，沿外撇，沿面有深且宽的凹槽，圆唇，束颈，广肩，鼓腹，最大径位于鼓腹处，平底。腹部先饰绳纹，后抹掉，残留部分绳纹纹理，器身有轮制痕迹。口径 14.4、最大径 23.6、底径 12.0、高 14.4 厘米（图四四，7；彩版二七，3）。

2. 铜器

2 件。

素面镜　1 面。

M24：3，残。镜面平直，圆纽，圆座。主纹区内外缘各饰一道弦纹，素缘。直径 13.3 厘米（图四五，1；彩版二七，4）。

带钩　1 件。

M24：9，钩首残缺。猪形，尾部宽而扁，呈猪首，椭圆形纽有残损，位于尾部。残长 2.6、纽径 1.8 厘米（图四五，2）。

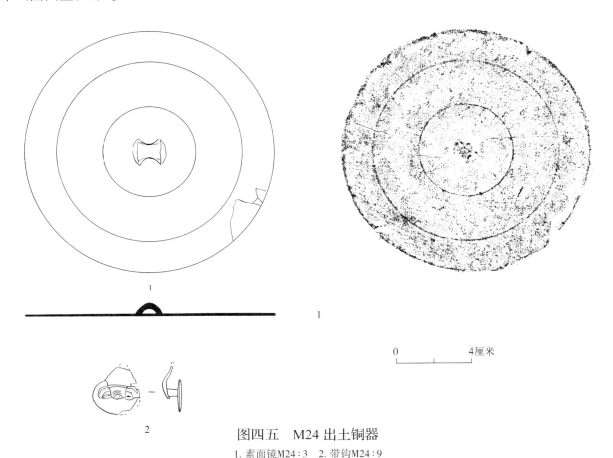

0　　　　4厘米

图四五　M24 出土铜器

1. 素面镜M24：3　2. 带钩M24：9

二一 M27

（一）墓葬形制

该墓位于墓群 D 区南部。开口于①层下，开口距地表 1.20 米，被 M25、M26 打破。

竖穴土坑墓，平面呈长方形，方向 10°，口大底小。上口长 3.90、宽 3.28 米；底长 3.10、宽 2.70 米；深 2.50 米。周壁斜直内收，收分明显，壁面光滑，平底，无工具加工痕迹。墓内填略硬的黄褐色五花土，含植物根系、木炭屑、料礓石颗料及石块。

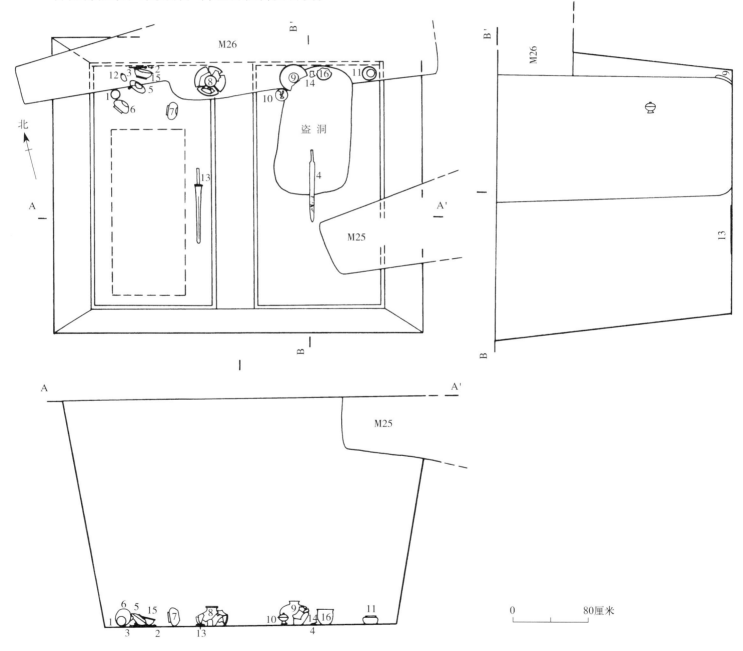

图四六 M27 平、剖面图

1. 蟠螭纹铜镜 2. 铜带钩 3. 铁削 4、13. 铁剑 5. 陶锜 6、7、11. 扁腹陶罐 8、9. 小口陶罐 10. 陶熏炉 12. 铁熨斗 14. 铁釜 15. 篮形陶甑 16. 罐形陶甑

葬具为两套棺椁，均为一棺一椁，南北并列放置，西侧椁长 2.64、宽 1.32、高 1.00 米，椁板厚 4 厘米；棺长 1.80、宽 0.80 米，高度及棺板厚度不明。东侧椁长 2.68、宽 1.36、高 1.00 米，椁板厚 4 厘米；棺因盗扰，范围不明。

葬式不详。

盗洞 1 个，自墓顶直通墓底。平面呈长方形，长 1.40、宽 0.76 米。

墓葬内出土陶锜 1、陶甗 1、陶罐 4、陶熏炉 1、铜镜 1、铜带钩 1、铁剑 2、铁削 1、铁熨斗 1 件；盗洞内出土陶甗 1、陶罐 1、铁釜 1 件（图四六；彩版二八，1）。

（二）出土遗物

1. 陶器

9 件。

锜　1 件。

M27∶5，泥质灰陶，施彩绘。器身似一釜，直口，方唇，矮领，圆肩，浅腹，圜底，三蹄足较为肥硕，腹部有一隔棱，最大径位于隔棱处，肩部对称处附加两兽形铺首。领下端、隔棱上端各施一道红色彩绘弦纹，两道弦纹之间区域内以红、白、绿三彩绘卷云纹，两铺首周边施以红色彩绘。口径 8.8、最大径 22.0、隔棱宽 0.8、裆高 2.8、通高 12.0 厘米（图四七，1；彩版二九，1）。

簋形甗　1 件。

M27∶15，泥质灰陶，施彩绘。敞口，宽沿微外撇，方唇，斜腹弧内收，圜底近平，矮圈足，底部有麦穗状箅孔。内壁通体施红色彩绘，器表施四道红色弦纹。口径 21.6、圈足径 10.4、高 9.2 厘米（图四七，2；彩版二九，2）。

罐形甗　1 件。

M27∶16，泥质灰陶。敞口，宽沿外撇，沿外侧有一道凹槽，圆唇，深弧腹，底内凹，底部有圆形箅孔。腹部上端饰二道凹弦纹，之下饰二周方格纹，器身轮制痕迹明显。口径 17.6、底径 8.8、高 16.0 厘米（图四七，3；彩版二八，2）。

小口罐　2 件。

M27∶8，泥质灰陶。侈口，窄沿外撇，方唇，束颈，溜肩，上腹微鼓，下腹弧内收，最大径位于鼓腹处，平底。肩、腹中部饰竖向细绳纹，绳纹之上饰数道凹弦纹，将之分割成数段，口部有轮制痕迹。口径 12.5、最大径 33.0、底径 15.0、高 32.0 厘米（图四七，4）。

M27∶9，泥质灰陶。侈口，斜沿外撇，圆唇，直领，广肩，深弧腹，最大径位于腹上端，平底。肩、腹中部饰竖向细绳纹，绳纹之上饰数道凹弦纹，将之分割成数段，口部轮制痕迹明显。口径 11.5、最大径 30.5、底径 16.0、高 26.0 厘米（图四七，5；彩版二八，3）。

扁腹罐　3 件。

M27∶6，泥质灰陶。直口，窄平沿，沿面中部内凹，圆唇，矮领，圆肩，鼓腹，最大径位于鼓腹处，平底。腹部先饰一周细绳纹后抹光，残留部分绳纹纹理，口部有轮制痕迹。口径 12.4、最大径 20.0、底径 10.4、高 10.4 厘米（图四八，1）。

M27∶7，泥质灰陶。口微侈，窄沿外撇，方唇，束颈，圆肩，鼓腹，最大径位于鼓腹处，平底。素面，口部有轮制痕迹。口径 12.8、最大径 20.0、底径 10.4、高 11.6 厘米（图四八，2；彩版二九，3）。

M27∶11，泥质灰陶。口微敛，圆唇，矮领，圆肩，鼓腹，最大径位于鼓腹处，平底。素面，口

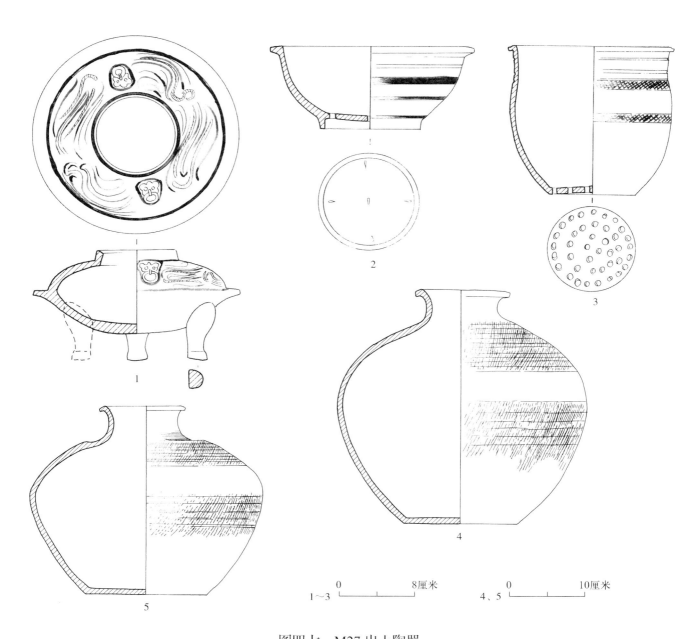

图四七　M27 出土陶器

1. 锜M27：5　2. 簋形甑M27：15　3. 罐形甑M27：16　4、5. 小口罐M27：8、9

部有轮制痕迹。口径 10.8、最大径 16.4、底径 7.6、高 10.0 厘米（图四八，3；彩版二九，4）。

熏炉　1 件。

M27：10，泥质灰陶。覆钵形器盖，顶端有一圆饼形器纽，灯盘呈子母口，圆唇，浅腹，正中接一柱状空心柄，喇叭形底座。器盖顶部镂刻菱形，菱形中部镂空，下部饰交叉刻划纹，器身素面。口径 15.6、底径 8.4、高 12.4 厘米（图四八，4；彩版二九，5）。

2. 铜器

2 件。

蟠螭纹镜　1 面。

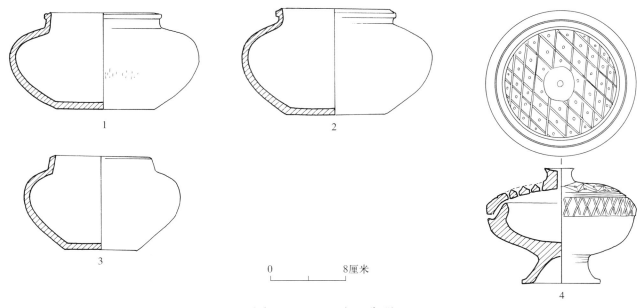

图四八　M27 出土陶器

1～3. 扁腹罐M27：6、7、11　4. 熏炉M27：10

　　M27：1，中部有裂缝。圆形，镜面平直，桥形纽，圆形纽座。外饰以一圈带状素面纹饰，其外一周单弦纹和一周双弦纹构成主纹饰带，三菱形将其平均分为三部分，每部分饰以蟠螭、云雷地纹，素缘外翻。直径 11.7 厘米（图四九，1；彩版二九，6）。

　　带钩　1 件。

　　M27：2，体较短，形如琵琶，钩首位于较窄的一端，圆形纽位于较粗的一端。长 4.2、纽径 1.2 厘米（图四九，2）。

3. 铁器

5 件。

　　熨斗　1 件。

　　M27：12，锈残。器身呈椭圆形，直口，圆唇，浅盘，略大一端向外延伸后向上曲折形成一手柄，手柄残损，平底。素面。直径 7.2、残高 4.8 厘米（图四九，3）。

　　剑　2 件。

　　M27：4，剑首缺失。尚存部分剑鞘，系用薄木片拼合而成，剑茎截面呈长方形，无剑格，剑身断面呈菱形，末端收杀成锋。素面。长 82.4 厘米（图四九，4）。

　　M27：13，剑首缺失。剑茎截面呈扁圆形，铜剑格，剑身中部起脊，断面呈菱形，末端收杀成锋。素面。长 96.8 厘米（图四九，5）。

　　削　1 件。

　　M27：3，椭圆形环首，断面呈扁圆形，削身纤细，末端弧收，截面呈三角形。素面。长 20.0、环首径 1.6～2.8 厘米（图四九，6）

　　釜　1 件。

　　M27：14，腹部残片。素面。壁厚 0.8、残高 10.8 厘米（图四九，7）。

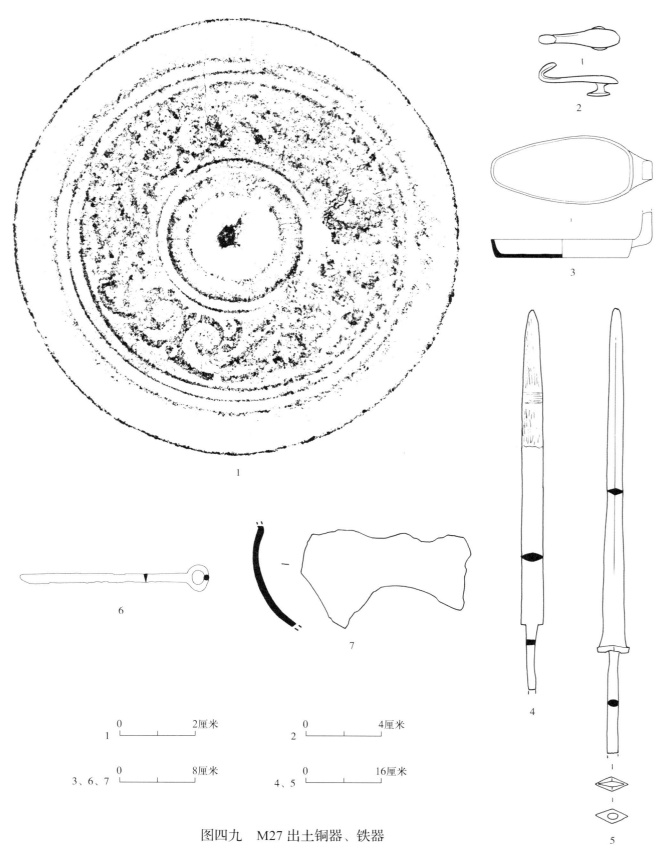

| 0 | 2厘米 |
| 1 | |

| 0 | 4厘米 |
| 2 | |

| 0 | 8厘米 |
| 3、6、7 | |

| 0 | 16厘米 |
| 4、5 | |

图四九   M27 出土铜器、铁器

1. 蟠螭纹铜镜M27:1   2. 铜带钩M27:2   3. 铁熨斗M27:12   4、5. 铁剑M27:4、13   6. 铁削M27:3   7. 铁釜M27:14

二二　M28

（一）墓葬形制

该墓位于墓群 D 区西部。开口于①层下，开口距地表 0.80 米。

竖穴土坑墓，平面呈长方形，方向 355°，口大底小。上口长 3.20、宽 1.90 米；底长 2.80、宽 1.40 米；深 3.30 米。周壁斜直内收，收分明显，壁面光滑，平底，无工具加工痕迹。墓内填略硬的黄褐色五花土。

葬具为一椁，长 2.70、宽 1.25、残高 0.70 米，椁板厚 4 厘米。

葬式不详。

盗洞 1 个，位于墓葬的西南部，自墓顶直通墓室。平面呈圆形，直径 0.68 米（图五○；彩版三○，1）。

（二）出土遗物

无出土器物。

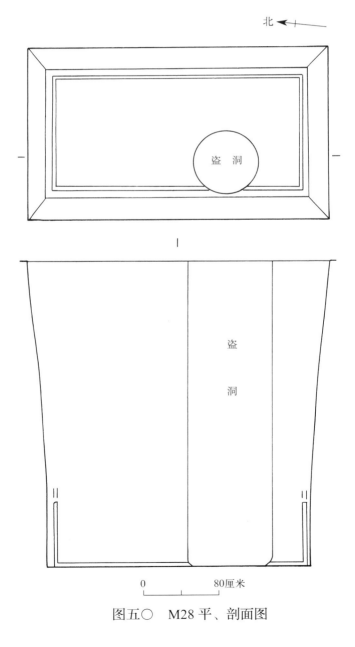

图五○　M28 平、剖面图

二三   M30

（一）墓葬形制

该墓位于墓群 D 区中部。开口于②层下，开口距地表 0.60 米，西侧被一近代墓打破。

竖穴土坑墓，平面呈长方形，方向 270°，口大底小，有生土二层台。上口长 3.86、宽 2.84 米；二层台面距墓口深 2.70～3.00 米，东侧台面宽 0.08、南、北侧台面宽 0.20 米，西侧无二层台；底长 2.96、宽 2.04 米；深 3.90～4.20 米。二层台以上壁面斜直内收，收分明显，二层台以下壁面平直，周壁光滑，平底，无工具加工痕迹。墓内填较硬的黄褐色五花土。

葬具为一棺，棺东西向摆放，残存板灰，椁长 1.86、宽 0.70 米，高度及棺板厚度不明。

葬式为仰身屈肢，人骨一具，保存较好，头向西、面向上，双腿向南弯曲，鉴定为 50～60 岁之间的男性。

墓葬内出土陶钫 1、陶锜 1、陶甑 1、陶罐 3、铜鍪 1、泥盒 1、泥饼 2 件（组）（图五一；彩版三〇，2）。

（二）出土遗物

1. 陶器

6 件。

钫   1 件。

M30：3，泥质灰陶，施彩绘。正方覆斗形子母口器盖，器身侈口，方唇，高领中部微束，鼓腹，平底，下接方形高圈足，腹部两侧饰对称铺首衔环。器盖表面用红、黑二彩绘"回"字形纹，盖顶以白、黑两色彩绘云纹，因绝大部分脱落，图案不明，器身刮抹痕迹明显。口边长 11.5、腹边长 22.5、圈足底边长 14.0、圈足高 5.0、通高 43.0 厘米（图五二，1；彩版三一，1）。

锜   1 件。

M30：1，泥质灰陶，施彩绘。器身似一釜，直口，方唇，矮领，圆肩，浅腹，圜底，三蹄足较为肥硕，腹部有一隔棱，最大径位于隔棱处，肩部对称处附加两兽形铺首衔环。领下端、隔棱上端各施一道红色彩绘，两彩带之间区域饰用红、白、紫、绿四彩绘卷云纹，铺首周边施以红色彩绘，蹄足与器身相接处饰一周红彩，蹄足上部以红彩绘水滴纹，足跟处以红彩绘一道弦纹。口径 8.0、最大径 20.4、隔棱宽 1.2、裆高 2.0、通高 14.0 厘米（图五二，2；彩版三一，2）。

簋形甑   1 件。

M30：9，泥质灰陶，施彩绘。敞口，平沿较宽，方唇，深弧腹，平底，矮圈足，底部有箅孔。内壁通体施红色彩绘，器表以红、白两色彩绘五道弦纹，腹最下端二道弦纹之间区域内用白、绿二彩绘卷云纹。口径 24.8、底径 10.8、高 13.6 厘米（图五二，3；彩版三一，3）。

壶形罐   1 件。

M30：2，口部残，夹砂灰陶。侈口，平沿，方唇，高领，圆肩，圆腹，最大径位于腹中部，平底。肩、腹部饰竖向细绳纹，绳纹之上饰数道凹弦纹，将之分割成数段，领部轮制痕迹明显。口径 12.0、最大径 19.6、底径 10.0、高 21.6 厘米（图五二，4）。

小口罐   1 件。

M30：5，泥质灰陶。侈口，斜沿外撇，沿面中部内凹，圆唇，直领，溜肩，深弧腹，最大径位

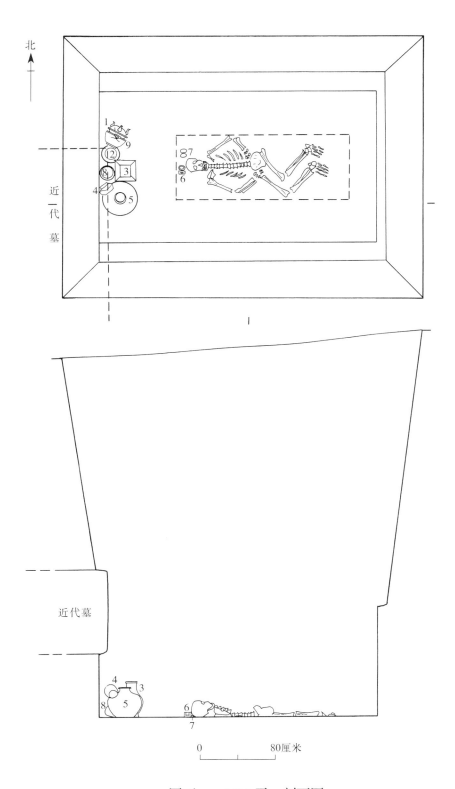

图五一　M30 平、剖面图

1. 陶锜　2. 壶形陶罐　3. 陶钫　4. 扁腹陶罐　5. 小口陶罐　6. 泥盒　7. 泥饼　8. 铜鍪　9. 簋形陶甑

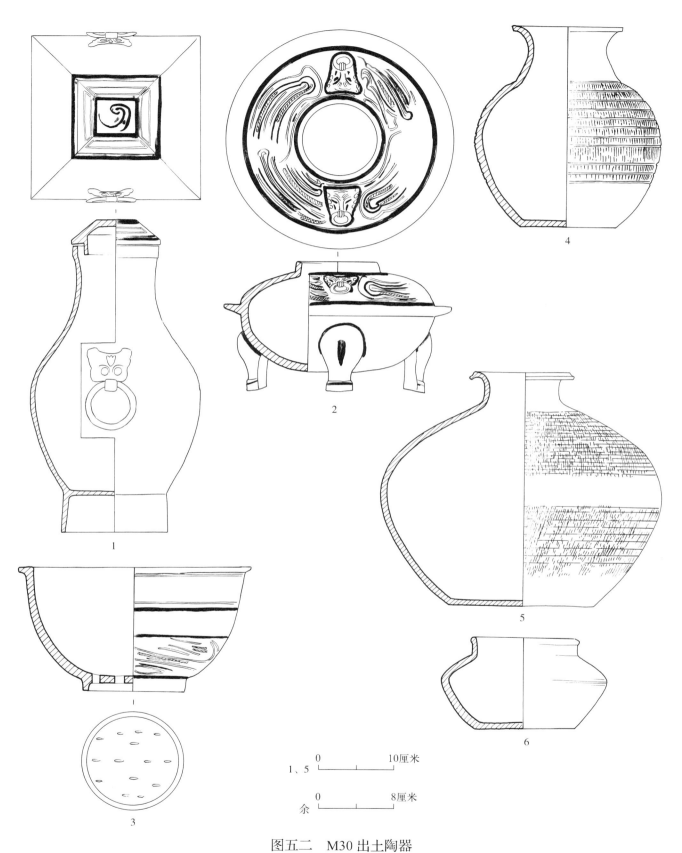

1、5　0————————10厘米

余　0————————8厘米

图五二　M30 出土陶器

1. 钫M30：3　2. 锜M30：1　3. 簋形甑M30：9　4. 壶形罐M30：2　5. 小口罐M30：5　6. 扁腹罐M30：4

于肩腹交接处，平底。肩、腹中部饰竖向细绳纹，绳纹之上饰数道凹弦纹，将之分割成数段，口部有轮制痕迹。口径 11.5、最大径 37.0、底径 19.0、高 32.0 厘米（图五二，5；彩版三一，4）。

扁腹罐　1 件。

M30：4，泥质灰陶。直口，厚圆唇，矮领，广肩，弧腹，最大径位于腹上端，平底。素面，领部有轮制痕迹。口径 11.6、最大径 17.6、底径 10.4、高 10.0 厘米（图五二，6；彩版三一，5）。

2. 泥器

3 件。

盒　1 组。

M30：6，共 2 个。均系用灰黄色细泥加工而成。M30：6-1，器身呈椭圆形，直口，厚方唇，浅筒腹，平底。素面。口径 6.4、底径 4.4、高 1.1 厘米（图五三，1）。M30：6-2，器身呈圆角长方形，直口，厚方唇，浅筒腹，平底。素面。口径 8.8、底径 4.4、高 5.0 厘米（图五三，2）。

饼　2 件。

M30：7，形制相同，平面呈椭圆形，截面呈长方形。素面。直径 4.9～6.5、厚 1.2 厘米（图五三，3）。

3. 铜器

1 件。

鍪　1 件。

M30：8，侈口，圆唇，外斜沿，束颈，溜肩，圆腹，圜底。颈下端饰一道弦纹，肩部对称处附加一大一小环状器耳，较大的器耳表面饰指甲纹，器表素面。口径 12、腹径 16.8、高 15.2 厘米（图五三，4；彩版三一，6）。

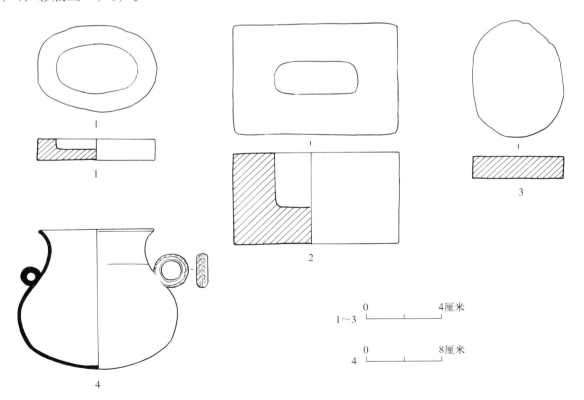

0　　　　4厘米
1～3 ┗━━━━┛

0　　　　8厘米
4 ┗━━━━┛

图五三　M30 出土泥器、铜器

1、2. 泥盒 M30：6-1、6-2　3. 泥饼 M30：7　4. 铜鍪 M30：8

二四　M33

（一）墓葬形制

该墓位于墓群 D 区西部。开口于②层下，开口距地表 0.90 米，西侧被一近代墓打破。

竖穴土坑墓，平面呈长方形，方向 10°，口大底小。上口长 3.20、宽 1.80 米；底长 3.00、宽 1.60 米；深 2.30 米。四壁斜直内收，收分明显，壁面光滑，平底，无工具加工痕迹。墓内填较硬的黄褐色五花土。

葬具为一棺一椁，南北向放置，残存板灰，椁长 3.00、宽 1.60 米；棺长 2.00、宽 0.90 米；椁棺的高度及椁、棺板厚度不明。

葬式不详。

盗洞 1 个，位于墓葬东北部，自墓顶直通墓底。平面呈不规则形，长 1.80～2.06、宽 0.76～1.56 米。墓葬内出土铜钫 1 件（图五四；彩版三二，1）。

（二）出土遗物

铜器

1 件。

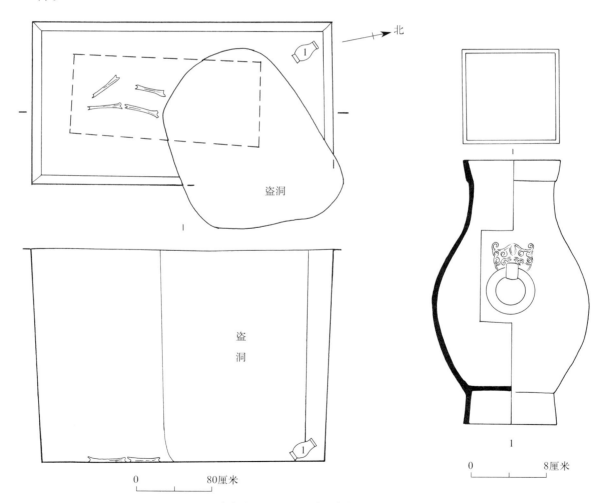

图五四　M33 平、剖面图及出土铜器

1. 钫

钫 1件。

M33：1，侈口，方唇，高领中部微束，鼓腹，平底，下接方形高圈足，腹部两侧对称处饰铺首衔环。口边长10.4、腹边长16.4、圈足底边长9.6、圈足高3.6、通高28.4厘米（图五四，1；彩版三二，2）。

二五 M34

（一）墓葬形制

该墓位于墓群D区西部。开口于②层下，开口距地表1.20米。

竖穴土坑墓，平面呈长方形，方向15°，口大底小。上口长3.70、宽2.00米；底长3.30、宽1.80米；深1.68米。四壁斜直内收，收分明显，壁面光滑，平底，无工具加工痕迹。墓内填较硬的黄褐色五花土。

葬具为一棺一椁，南北向放置，残存板灰。椁长3.30、宽1.80米，高度及椁板厚度不明；棺因被扰动，形状、大小不明。

葬式不详。

盗洞1个，位于墓葬的中部，自墓顶直通墓底。平面呈椭圆形，长0.56～0.96米（图五五）。

（二）出土遗物

无出土器物。

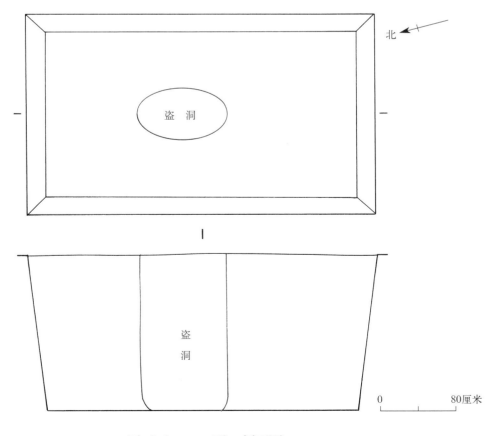

图五五 M34平、剖面图

二六　M35

（一）墓葬形制

该墓位于墓群 D 区西部。开口于②层下，开口距地表 1.20 米。

竖穴土坑墓带壁龛，平面呈梯形，北宽南窄，方向 10°，口大底小，有生土二层台。上口长 3.10、宽 1.70～1.84 米；二层台面距墓口深 1.36 米，东侧台面宽 0.20、西侧台面宽 0.22、南侧台面宽 0.24、北侧台面宽 0.16 米；底长 2.52、宽 1.52～1.68 米；深 2.20 米。二层台以上壁面斜直内收，收分明显，二层台以下壁面平直，周壁光滑，平底，无工具加工痕迹。壁龛位于北侧壁面东端的上部，龛顶距墓口深 0.20 米，平面呈长方形，平顶。口长 0.40、进深 0.40、高 0.40 米。墓内填质地较为致密的黄褐色五花土，含植物根系、木炭屑、料礓石颗料及石块。

葬具不详。

葬式为仰身直肢，人骨腐朽严重，头向北，面向、年龄、性别不明。

墓葬内出土陶钫 1、陶罐 3、铜镜 1 件（图五六；彩版三三，1）。

（二）出土遗物

1. 陶器

4 件。

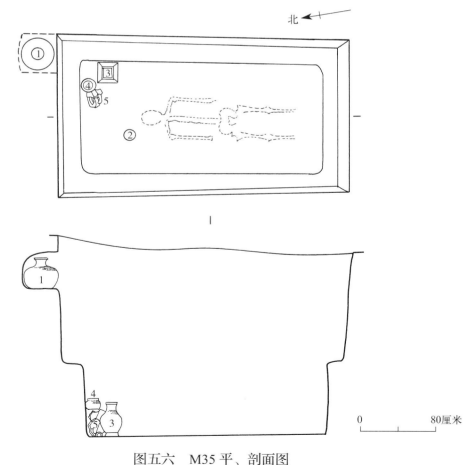

图五六　M35 平、剖面图

1. 小口陶罐　2. 蟠螭纹铜镜　3. 陶钫　4. 扁腹陶罐　5. 大口陶罐

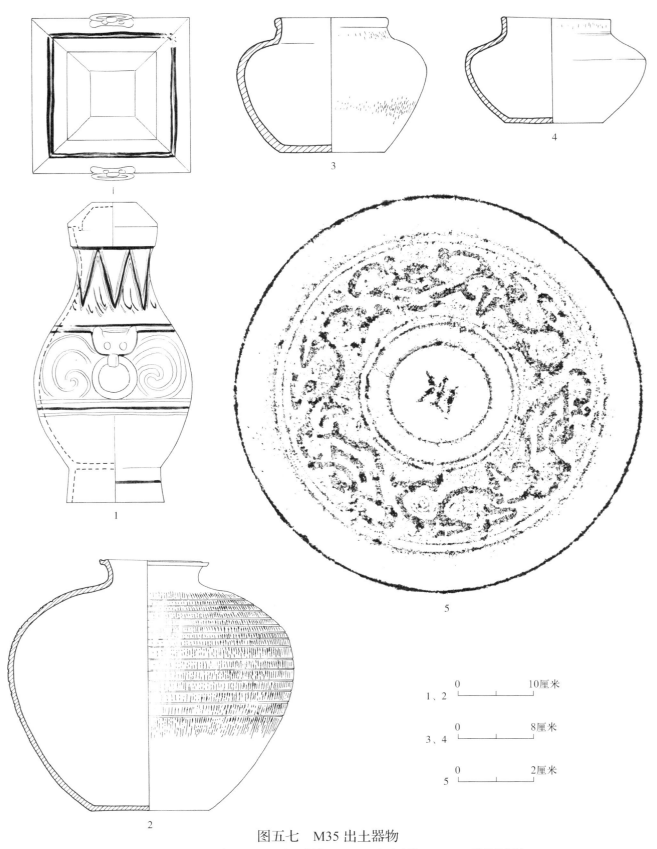

图五七　M35 出土器物

1. 陶钫 M35:3　2. 小口陶罐 M35:1　3. 大口陶罐 M35:5　4. 扁腹陶罐 M35:4　5. 蟠螭纹铜镜 M35:2

钫　1件。

M35:3,泥质灰陶,施彩绘。正方覆斗形子母口器盖,器身侈口,方唇,高领中部微束,鼓腹,平底,下接方形高圈足,腹部两侧对称处饰铺首衔环。器身至底座共施三道红、白二色彩绘弦纹,将器身分割成三个区域,上部区域内用红、白两彩绘三角纹、水滴纹,中部区域用红、白两彩绘云纹,下部区域素面。口边长11.0、腹边长21.0、圈足底边长13.0、圈足高4.5、通高41.0厘米(图五七,1;彩版三三,2)。

小口罐　1件。

M35:1,泥质灰陶。侈口,平沿,沿面中部内凹,方唇,束颈,溜肩,深弧腹,最大径位于腹上端,平底。肩、腹上部先饰竖向绳纹,再于绳纹之上饰数道凹弦纹,将之分割成数段,颈部先饰绳纹后抹掉,残留绳纹纹理。口径14.5、最大径38.0、底径15.7、高34.4厘米(图五七,2;彩版三三,3)。

大口罐　1件。

M35:5,泥质灰陶。直口,圆沿,矮领,圆肩,腹微鼓,最大径位于鼓腹处,平底。腹中部饰竖向暗绳纹。口径12.0、最大径20.1、底径11.0、高14.9厘米(图五七,3;彩版三四,1)。

扁腹罐　1件。

M35:4,泥质灰陶。直口,圆沿,矮领,广肩,弧腹,最大径位于腹上端,平底。素面。口径11.6、最大径19.2、底径11.2、高11.7厘米(图五七,4;彩版三四,2)。

2. 铜器

1件。

蟠螭纹镜　1面。

M35:2,中部有一裂缝。镜面平直,三弦纽,圆形纽座。外饰以一圈带状素面纹饰,其外两条弦纹构成主纹饰带,三菱形将其平均分为三部分,每部分饰以蟠螭、云雷地纹,素缘外翻。直径10.9厘米(图五七,5;彩版三四,3)。

二七　M36

(一)墓葬形制

该墓位于墓群D区南部。开口于②层下,开口距地表0.50米。

竖穴土坑墓,平面呈长方形,方向5°,口大底小。上口长3.40、宽2.60米;底长3.00、宽1.60米;深3.60米。四壁斜直内收至距墓口2.08米处,收分明显,之下为直壁,整个墓壁面光滑,平底,无工具加工痕迹。墓内填松散的黄褐色五花土,含大量植物根系。

葬具不详。

葬式不详。

盗洞1个,位于墓葬中部偏北,自墓顶直通墓底。平面呈圆形,直径0.60米。

墓葬内出土陶鼎2、陶铸1、陶罐3、陶器盖1、铜釜1件;盗洞内出土少量铜片及陶片(图五八)。

(二)出土遗物

1. 陶器

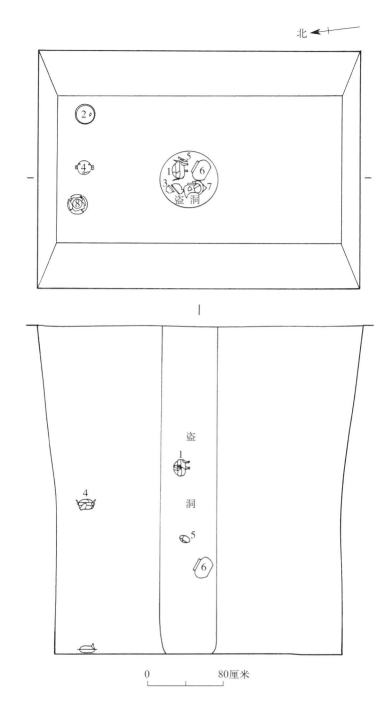

图五八 M36 平、剖面图

1、4. 陶鼎 2. 陶𬞟 3. 铜釜 5. 陶器盖 6. 大口陶罐 7. 扁腹陶罐 8. 小口陶罐

7 件。

鼎 2 件。

M36：1，泥质灰陶。覆钵形器盖，盖顶附加三个圆饼状兽形器纽，器身子母口内敛，圆唇，深弧腹，圜底近平，下接三兽形蹄足，足跟外鼓，着地处微外撇，腹上端接两附耳，耳上端外撇。素面。口径 14.0、腹径 16.4、裆高 2.4、通高 12.8 厘米（图五九，1；彩版三四，4）。

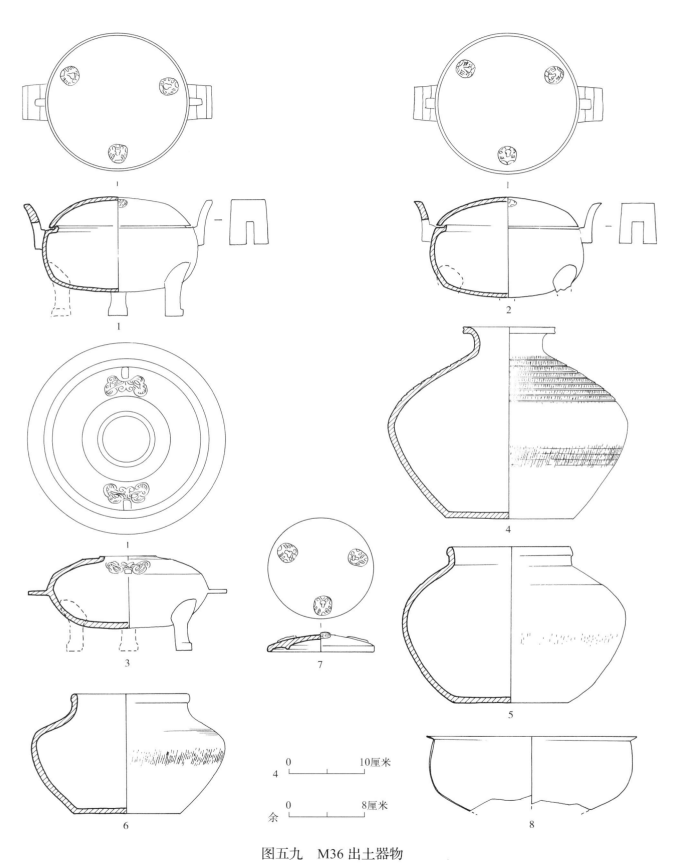

图五九　M36 出土器物

1、2.陶鼎M36:1、4　3.陶锜M36:2　4.小口陶罐M36:8　5.大口陶罐M36:6　6.扁腹陶罐M36:7　7.陶器盖M36:5　8.铜釜M36:3

M36:4，泥质灰陶。覆钵形器盖，盖顶附加三个圆饼状兽形器纽，器身子母口内敛，圆唇，深弧腹，圜底近平，三足残缺。素面。口径14.0、腹径16.0、残高10.8厘米（图五九，2；彩版三四，5）。

锜　1件。

M36:2，泥质灰陶。器身似一釜，直口，方唇，圆肩，浅腹，肩腹交接处折棱明显，圜底，三蹄足，腹部有一隔棱，最大径位于隔棱处，肩部对称处附加两兽形铺首。素面。口径6.0、最大径21.2、隔棱宽0.4、裆高2.4、通高10.4厘米（图五九，3；彩版三四，6）。

小口罐　1件。

M36:8，泥质灰陶。侈口，宽平沿，方唇，唇缘有凹槽，领外斜，溜肩，深弧腹，最大径位于腹上端，平底。肩、腹中部饰竖向细绳纹，绳纹之上饰数道凹弦纹，将之分割成数段，领部有轮制痕迹。口径12.0、最大径21.8、底径16.5、高26.5厘米（图五九，4；彩版三五，1）。

大口罐　1件。

M36:6，泥质灰陶。口微侈，圆沿，矮领，圆肩，鼓腹，最大径位于鼓腹处，平底。腹中部饰斜向暗绳纹，口部有轮制痕迹。口径13.2、最大径23.6、底径12.0、高16.8厘米（图五九，5；彩版三五，2）。

扁腹罐　1件。

M36:7，泥质灰陶。直口，圆沿，矮领，广肩，弧腹，最大径位于腹上端，平底。腹中部饰斜向细绳纹，器身轮制痕迹明显。口径12.4、最大径20.4、底径11.2、高12.8厘米（图五九，6）。

器盖　1件。

M36:5，泥质灰陶。覆钵形，子母口，器表附加三个圆饼状兽形器纽。素面。直径11.2、高2.0厘米（图五九，7）。

2. 铜器

1件。

釜　1件。

M36:3，口部残片，底缺失。口微敛，斜折沿，圆唇，弧腹，腹上端一周鎏金。口径22.0、残高8.0厘米（图五九，8）。

二八　M37

（一）墓葬形制

该墓位于墓群D区南部。开口于②层下，开口距地表0.50米。

竖穴土坑墓，平面呈长方形，方向5°，口大底小，有生土二层台。上口长3.60、宽2.90米；二层台面距墓口深1.98米，东、西侧台面宽0.20米，南北两侧无二层台；底长3.20、宽1.86米；深3.40米。二层台以上壁面斜直内收，收分明显，二层台以下壁面平直，周壁光滑，平底，无工具加工痕迹。墓内填松软的黄褐色五花土。

葬具不详。

葬式不详。

盗洞1个，位于墓葬中部略偏北，自墓顶直通墓底。平面呈圆形，直径0.60米。

墓葬内出土陶罐1、陶器盖1件（图六〇）。

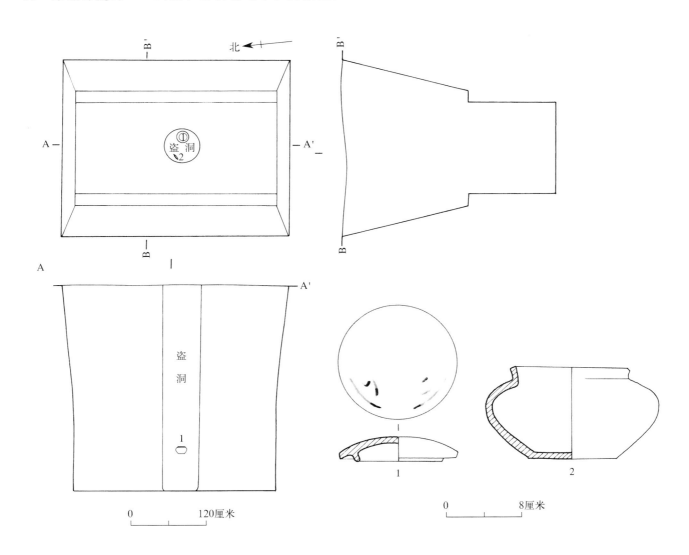

图六〇 M37 平、剖面图及出土陶器
1. 器盖 2. 扁腹罐

（二）出土遗物

陶器

2 件。

扁腹罐 1 件。

M37：2，口部略残，泥质灰陶。口微侈，窄平沿，矮领，广肩，上腹微鼓，下腹弧内收，最大径位于鼓腹处，平底。素面，口部有轮制痕迹。口径 12.8、最大径 18.4、底径 9.2、高 10.0 厘米（图六〇，2）。

器盖 1 件。

M37：1，泥质灰陶，施彩绘。覆钵形，子母口，器表施以红彩绘，图案不明。直径 12.4、高 2.8 厘米（图六〇，1）。

二九 M38

（一）墓葬形制

该墓位于墓群 D 区南部。开口于②层下，开口距地表 0.50 米。

竖穴土坑墓，平面呈长方形，方向 10°，口大底小，有生土二层台。上口长 3.10、宽 1.80 米；底长 2.88、宽 1.40 米；深 2.40 米。四壁斜直内收至距墓口 1.20 米处，收分明显，之下为直壁，整个墓壁面光滑，平底，无工具加工痕迹。墓内填松软的黄褐色五花土。

葬具不详。

葬式不详。

盗洞 1 个，位于墓葬中部略南，自墓顶直通墓底。平面呈圆形，直径 0.60 米。

墓葬内出土陶锜 1、陶甑 1、陶罐 3 件（图六一）。

（二）出土遗物

陶器

5 件。

锜 1 件。

M38∶5，器足残缺，泥质灰陶。直口，圆唇，矮领，圆肩，浅弧腹，小平底，腹部接三足，仅存一足，

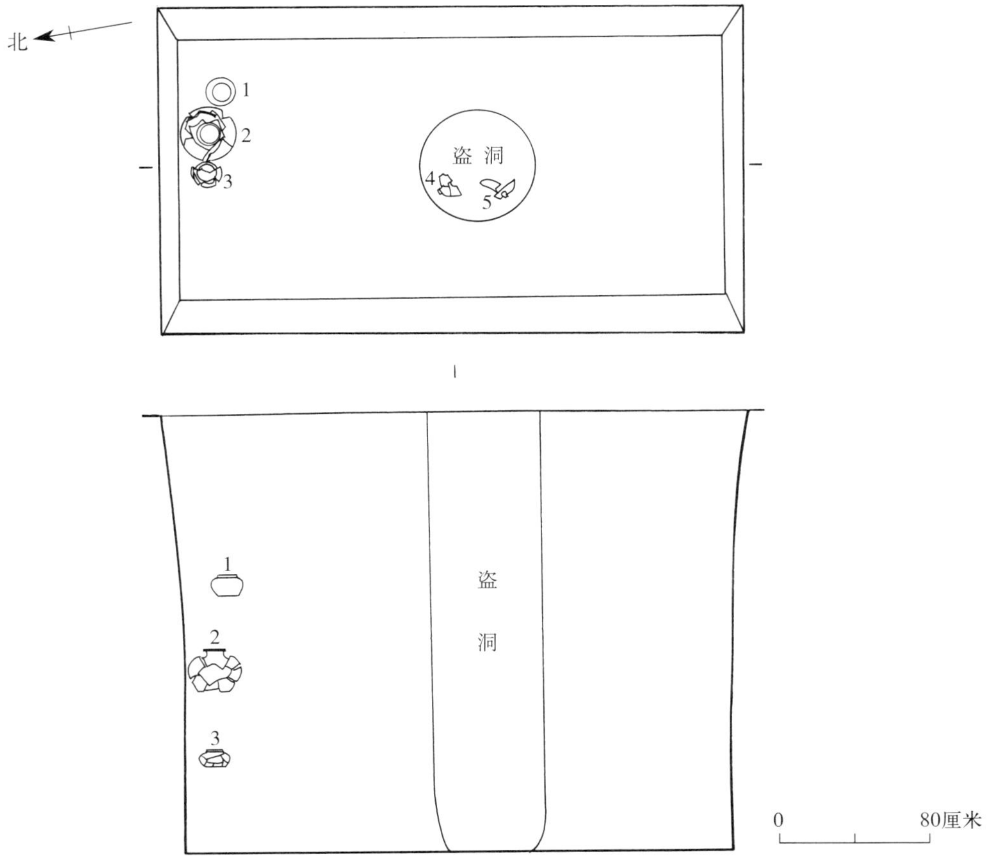

图六一 M38 平、剖面图

1、3. 扁腹陶罐 2. 小口陶罐 4. 簋形陶甑 5. 陶锜

足跟缺失，肩腹交接处有一隔棱，最大径位于隔棱处。肩部以白彩绘卷云纹图案，部分脱落。口径 7.6、最大径 20.4、底径 10.8、隔棱宽 0.4、裆残高 1.6、残高 10.4 厘米（图六二，1）。

小口罐　1 件。

M38：2，泥质灰陶。侈口，斜沿外撇，方唇，领外斜，溜肩，深弧腹，最大径位于腹上端，平底。肩部饰竖向细绳纹，绳纹之上饰数道凹弦纹，将之分割成数段，腹部亦饰斜向细绳纹，绳纹之上饰数道横向粗绳纹，将之分割成数段，领部有轮制痕迹。口径 12.5、最大径 29.5、底径 16.5、高 25.5 厘米（图六二，2；彩版三五，3）。

扁腹罐　2 件。

M38：1，泥质灰陶。直口，窄平沿，矮领，广肩，上腹微鼓，下腹弧内收，最大径位于鼓腹处，平底。素面，口部有轮制痕迹。口径 10.4、最大径 17.6、底径 10.4、高 11.2 厘米（图六二，3；彩版三五，4）。

M38：3，泥质灰陶。直口，方唇，矮领，广肩，鼓腹，最大径位于鼓腹处，平底。腹上部饰一周斜向竖绳纹，口部有轮制痕迹。口径 10.8、最大径 16.8、底径 9.2、高 9.6 厘米（图六二，4；彩版三六，1）。

簋形甑　1 件。

M38：4，泥质灰陶，施彩绘。敞口，窄平沿，圆唇，上腹略直，下腹弧收，小平底，矮圈足，底部有箅孔。腹中部以红彩绘二道弦纹，器表轮制痕迹明显。口径 21.2、底径 9.2、高 9.2 厘米（图六二，5；彩版三六，2）。

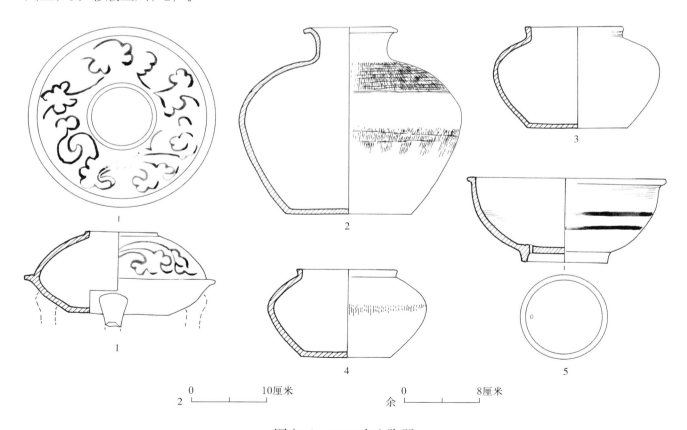

图六二　M38 出土陶器

1. 锜M38：5　2. 小口罐M38：2　3、4. 扁腹罐M38：1、3　5. 簋形甑M38：4

三〇　M39

（一）墓葬形制

该墓位于墓群 D 区中部。开口于②层下，开口距地表 0.30 米。

竖穴土坑墓带壁龛，平面呈长方形，方向 5°，口大底小，有生土二层台。上口长 3.34、宽 2.58 米；二层台面距墓口深 1.36 米，东、西侧台面宽 0.20、南侧台面宽 0.14 米，北侧无二层台；底长 2.60、宽 1.60 米；深 2.06 米。二层台以上壁面斜直内收，收分明显，二层台以下壁面平直，周壁光滑，平底，无工具加工痕迹。壁龛位于北侧壁面底部东侧，平面呈长方形，拱形顶。口部宽 0.50、进深 0.32、高 0.64 米。墓内填松软的黄褐色五花土。

葬具为一棺，南北向摆放，残存棺灰。长 2.04、宽 1.00、高 0.28 米，棺板厚度不明。

葬式为侧身屈肢，人骨一具，保存较好，头向北、面向上，身体向东侧卧，双腿向东弯曲。

盗洞 1 个，位于墓葬中部略偏北，自墓顶直通墓底。平面呈圆形，直径 0.60 米。

墓葬内出土陶盂 1、陶罐 3、铜釜 1 件（图六三；彩版三六，3）。

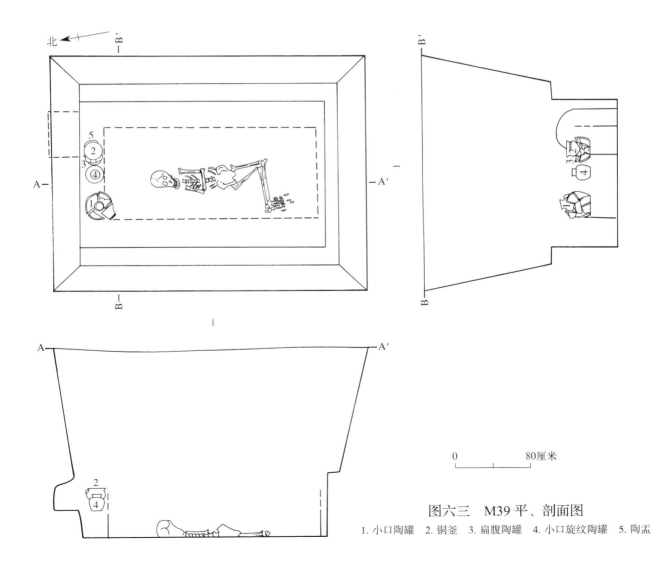

图六三　M39 平、剖面图

1. 小口陶罐　2. 铜釜　3. 扁腹陶罐　4. 小口旋纹陶罐　5. 陶盂

（二）出土遗物

1. 陶器

4 件。

小口罐 1 件。

M39：1，略残，泥质灰陶。侈口，窄平沿，沿面外侧有道凹槽，圆唇，高领，溜肩，深弧腹，最大径位于腹上端，平底。肩、腹上部饰竖向细绳纹，绳纹之上饰数道凹弦纹，将之分割成数段，领部有轮制痕迹，下腹部有刮削痕迹，口部因挤压略有变形。口径 10.5、最大径 30.0、底径 15.0、高 29.0 厘米（图六四，1；彩版三七，1）。

小口旋纹罐 1 件。

M39：4，口部残，夹砂灰陶。侈口，外斜沿，圆唇，束颈，溜肩，弧腹，最大径位于腹上部，平底。肩、腹部饰竖向细绳纹，绳纹之上饰数道凹弦纹，将之分割成数段。口径 10.4、最大径 18.0、底径 10.0、高 17.6 厘米（图六四，2；彩版三七，2）。

扁腹罐 1 件。

M39：3，泥质灰陶。直口，厚圆唇，矮领，广肩，腹微鼓，最大径位于鼓腹处，平底。腹上

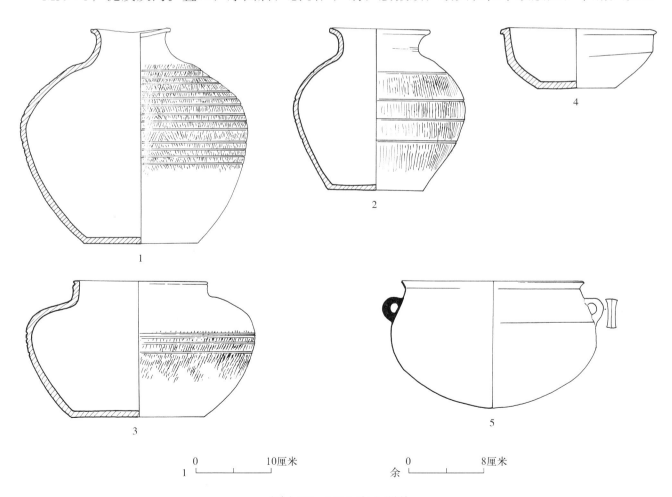

图六四 M39 出土器物

1. 小口陶罐 M39：1 2. 小口旋纹陶罐 M39：4 3. 扁腹陶罐 M39：3 4. 陶盉 M39：5 5. 铜釜 M39：2

部饰竖向细绳纹，绳纹之上饰数道凹弦纹，将之分割成数段，领部有轮制痕迹。口径 14.0、最大径 24.0、底径 14.0、高 14.8 厘米（图六四，3；彩版三七，3）。

盂　1 件。

M39：5，泥质灰陶。敞口，窄沿微外撇，上腹壁较直，下腹斜直内收，平底。素面，器身有轮制痕迹。口径 14.6、底径 8、高 6.8 厘米（图六四，4；彩版三七，4）。

2. 铜器

1 件。

釜　1 件。

M39：2，侈口，外斜沿，圆唇，束颈，深弧腹，圜底，腹上端对称处附加两半圆形器耳。腹上部有道弦纹，器表有烟炱。口径 19.2、腹径 21.6、高 14.0 厘米（图六四，5；彩版三七，5）。

三一　M40

（一）墓葬形制

该墓位于墓群 D 区中部偏西。开口于②层下，开口距地表 0.90 米。

竖穴墓道土洞墓，平面呈"凸"字形，总长 4.50 米，方向 265°。由墓道和墓室两部分组成。墓道位于墓室的西端，宽于墓室，平面呈长方形，口底同大。长 2.00、宽 1.40、残深 0.90 米。壁面平直。墓室为土洞式，平面略呈梯形，东宽西窄，顶部坍塌，形制不明。宽 0.80～0.88、进深 2.50、残高 0.76 米。后壁略向内弧收，壁面光滑，平底，墓室底部高于墓道底部 0.14 米，无工具加工痕迹。墓内填质地较密的深褐色五花土。

葬具不详。

葬式为仰身屈肢，人骨一具，头向西、面向上，双腿向北弯曲，年龄、性别不明。

墓室内出土陶罐 1 件（图六五；彩版三八，1）。

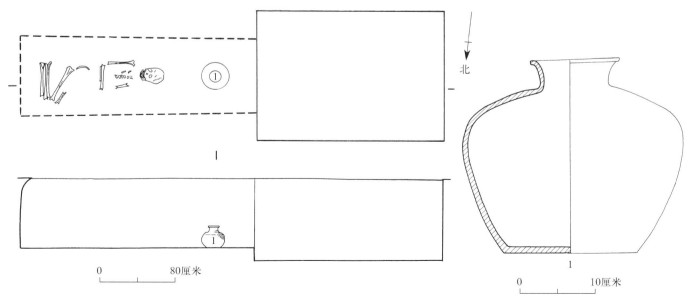

图六五　M40 平、剖面图及出土陶器

1. 小口罐

（二）出土遗物

陶器

1件。

小口罐　1件。

M40：1，口部残，泥质灰陶。侈口，窄平沿，圆唇，领外斜，广肩，深弧腹，最大径位于腹上端，平底。素面，口部有轮制痕迹。口径12.0、最大径29.0、底径19.0、高26.0厘米（图六五，1；彩版三八，2）。

三二　M41

（一）墓葬形制

该墓位于墓群D区中部偏西。开口于②层下，开口距地表0.50米，墓道南部被M40打破。

竖穴墓道土洞墓，平面呈"凸"字形，长5.36米，方向260°。由墓道和墓室两部分组成。墓道位于墓室的西端，宽于墓室，平面呈长方形，口大底小。上口长3.10、宽2.24米；底长2.70、宽1.82；残深1.12米。壁面平直。墓室为土洞式，平面略呈梯形，东宽西窄，弧顶近平。宽1.10～1.22、进深2.24、高0.96米。后壁略向内弧收，壁面光滑，平底，无工具加工痕迹。墓内填质地较密的深褐色五花土。

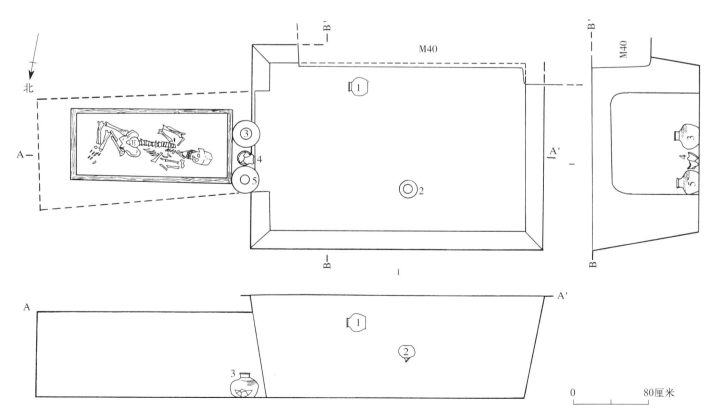

图六六　M41平、剖面图

1. 小口旋纹陶罐　2. 蒜头陶壶　3. 小口陶罐　4.铁釜　5.壶形陶罐

葬具为一棺，长 1.68、宽 0.76 米，高度不明，棺板厚 4 厘米。

葬式为仰身屈肢，人骨一具，头向西、面向上，双手抱于胸前，双腿向南弯曲，年龄、性别不明。

墓道内出土陶壶 1、陶罐 1 件；墓室内出土陶罐 2、铁釜 1 件（图六六；彩版三九，1）。

（二）出土遗物

1. 陶器

4 件。

蒜头壶 1 件。

M41：2，口部残缺，泥质灰陶。细高领，圆肩，鼓腹，最大径位于鼓腹处，平底。素面。最大径 18.4、底径 10.4、残高 19.2 厘米（图六七，1）。

壶形罐 1 件。

M41：5，泥质灰陶。侈口，斜折沿，方唇，高领，溜肩，鼓腹，最大径位于鼓腹外，平底。肩、腹上部饰竖向细绳纹，绳纹之上饰数道旋纹，将之分割成数段，颈部有轮制痕迹，下腹部刮抹痕迹明显，可见口沿与器身相拼接的痕迹。口径 11.6、最大径 23.6、底径 12.4、高 20.4 厘米（图六七，2；彩版三八，3）。

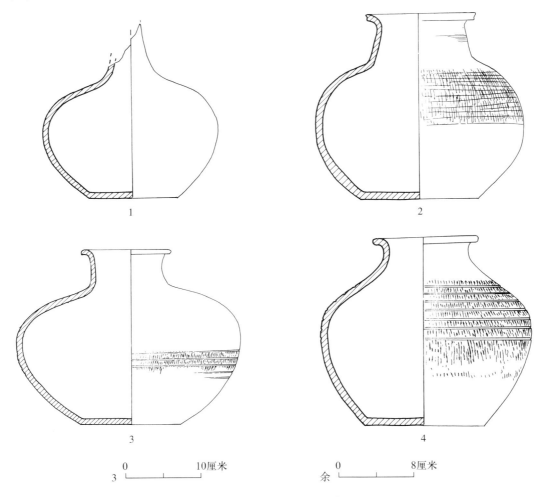

图六七 M41 出土陶器

1. 蒜头壶M41：2 2. 壶形罐M41：5 3. 小口罐M41：3 4. 小口旋纹罐M41：1

小口罐　1件。

M41：3，口部略残，泥质灰陶。侈口，窄沿外撇，方唇，直领，广肩，鼓腹，最大径位于鼓腹处，平底。腹中部饰竖向细绳纹，绳纹之上饰数道凹弦纹，将之分割成数段，口部有刮抹痕迹。口径10.7、最大径29.5、底径13.0、高24.0厘米（图六七，3；彩版三九，2）。

小口旋纹罐　1件。

M41：1，泥质灰陶。侈口，平沿，圆唇，束颈，溜肩，鼓腹，最大径位于鼓腹外，平底。肩、腹上部饰竖向细绳纹，绳纹之上饰数道凹弦纹，将之分割成数段，颈部有轮制痕迹。口径11.2、最大径22.0、底径12.4、高20.4厘米（图六七，4；彩版三九，3）。

2. 铁器

1件。

釜　1件。

M41：4，残损严重。

三三　M42

（一）墓葬形制

该墓位于墓群D区中部。开口于②层下，开口距地表0.50米。

竖穴土坑墓，平面呈长方形，方向270°，口大底小，有生土二层台。上口长3.80、宽3.12米；二层台面距墓口深2.88～3.00米，东侧台面宽0.10、南、北侧台面宽0.20米，西侧无二层台；底长2.90、宽1.98米；深3.80～4.00米。二层台以上壁面斜直内收，收分明显，二层台以下壁面平直，周壁光滑，平底，无工具加工痕迹。墓内填较硬的黄褐色五花土，出土有陶片。

葬具为一椁一棺，残存板灰。椁长2.88、宽1.56米，高度不明；棺长1.80、宽0.72米，高度不明；椁棺板厚不明。

葬式为侧身屈肢，人骨一具，头向西，面向不明，双腿向北弯曲，鉴定为45～55岁之间的女性。

盗洞1个，位于墓葬北部偏东，自墓顶直通墓底。平面呈圆形，直径0.96米。

墓葬内出土陶罐2、铜铃4、铜环1、铜钮器2件（组）（图六八；彩版四〇，1）。

（二）出土遗物

1. 陶器

2件。

小口罐　2件。

M42：8，泥质灰陶。侈口，沿外撇，沿面中部微内凹，方唇，束颈，广肩，腹微鼓，最大径位于鼓腹处，平底。肩、腹上部饰绳纹，绳纹之上饰数道凹弦纹，将之分割成数段，口部轮制痕迹明显。口径12.5、最大径32.5、底径14.5、高28.5厘米（图六九，1；彩版四〇，2）。

M42：9，泥质灰陶。侈口，斜折沿，方唇，束颈，溜肩，腹微鼓，最大径位于鼓腹处，平底。肩、腹上部饰绳纹，绳纹之上饰数道凹弦纹，将之分割成数段，口部轮制痕迹明显。口径11.5、最大径23.0、底径11.5、高21.0厘米（图六九，2；彩版四〇，3）。

2. 铜器

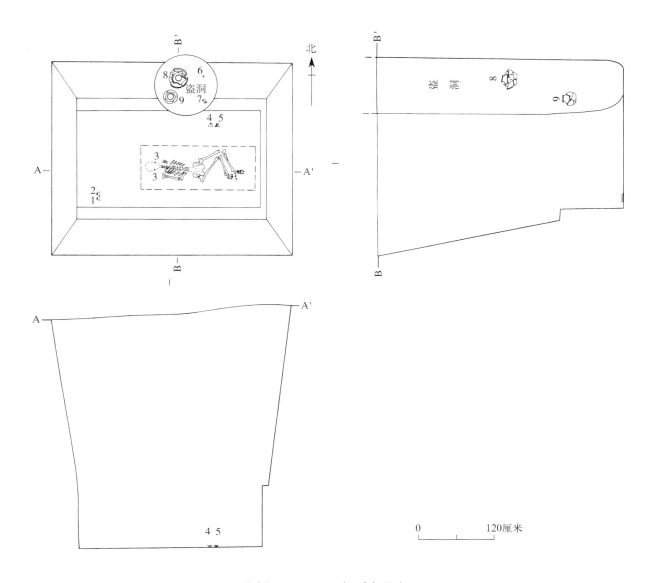

图六八　M42 平、剖面图
1、2、4、5. 铜铃　3. 铜环　6、7. 铜釦器　8、9. 小口陶罐

7 件。

铃　4 件。

M42：1，方形纽，身较扁，上宽下窄，两铣下垂，内有舌。舞部素面，钲部饰三角纹间以乳点，钲部左右饰菱形纹间以乳点。肩宽 3.6、口宽 6.9、体高 4.4、通高 5.9 厘米（图六九，3；彩版四一，1）。

M42：2，方形纽，身较扁，上宽下窄，两铣下垂，内有舌。舞部素面，钲部饰云纹、三角纹间以乳点，钲部左右饰菱形纹间以乳点。肩宽 3.6、口宽 6.8、体高 4.3、通高 5.8 厘米（图六九，4；彩版四一，2）。

M42：4，方形纽，身较扁，上宽下窄，两铣下垂，内有舌。舞部素面，钲部饰云纹、三角纹间以乳点，钲部左右饰菱形纹间以乳点。肩宽 3.6、口宽 7.0、体高 4.2、通高 5.8 厘米（图六九，5；彩版四一，3）。

M42：5，残。方形纽，身较扁，上宽下窄，两铣下垂，内有舌。舞部素面，钲部饰云纹、三角纹间以乳点，钲部左右饰菱形纹间以乳点。肩宽 3.6、口宽 7.0、体高 4.2、通高 5.8 厘米（图六九，6；彩版四一，4）。

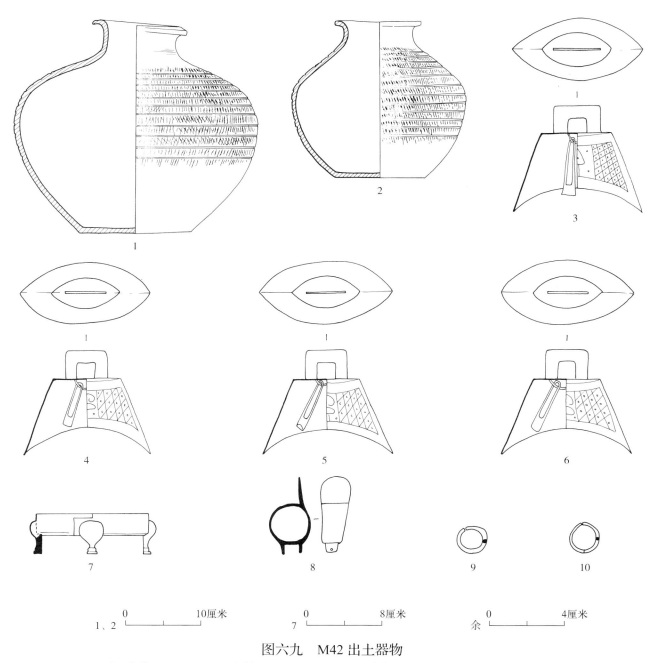

图六九 M42 出土器物

1、2. 小口陶罐M42：8、9 3～6. 铜铃M42：1、2、4、5 7、8. 铜釦器M42：7、6 9、10. 铜环M42：3-1、3-2

釦器 2件。

M42：7，残。平面呈圆形，口底同大，直壁，底部一周折沿形成隔挡，器身等距离附加三蹄足，足跟外鼓。直径12.0、隔宽0.6、高4.4厘米（图六九，7）。

M42：6，为器耳，器身环形片状，似一箍，一端向外伸出二长方形薄片，二薄片上各有一穿孔，另一端翘起一较宽的薄片。长4.2、环径2.2厘米（图六九，8；彩版四一，5）。

环 1组。

M42：3，共2件。M42：3-1，直径1.6厘米（图六九，9）。M42：3-2，残，直径1.6厘米（图六九，10；彩版四一，6）。

三四　M43

（一）墓葬形制

该墓位于墓群 D 区中部。开口于②层下，开口距地表 1.30 米。

竖穴土坑墓，平面呈长方形，方向 270°，口大底小，有生土二层台。上口长 3.40、宽 2.58 米；二层台面距墓口深 2.90 米，南、北侧台面宽 0.20 米，东西两侧无二层台；底长 2.70、宽 1.68 米；深 3.40 米。二层台以上壁面斜直内收，收分明显，二层台以下壁面平直，周壁光滑，平底，无工具加工痕迹。壁龛位于墓葬东北角，顶距墓口 0.1 米，平面呈长方形，平顶。口宽 0.30、进深 0.22、高 0.18 米。壁龛内摆放一羊头骨。墓内填松散的黄褐色五花土，含少量石块。

葬具不详。

葬式不详。

盗洞 1 个，位于墓葬南侧，自墓顶直通墓底。平面呈圆角长方形，长 0.72、宽 0.54 米。

墓葬内出土陶罐 1、陶鍪 2 件（图七〇；彩版四二，1）。

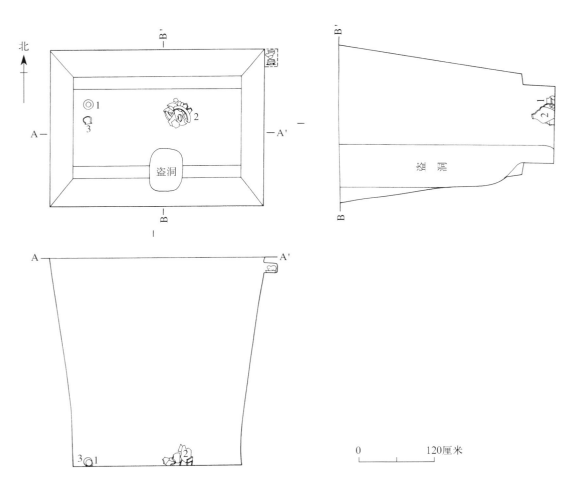

图七〇　M43 平、剖面图
1、3. 无耳无銎陶鍪　2. 小口陶罐

（二）出土遗物

陶器

3 件。

小口罐　1 件。

M43：2，口部残，泥质灰陶。侈口，斜沿外撇，方唇，直领，圆肩，腹微鼓，最大径位于鼓腹处，平底。肩、腹上部先饰绳纹，再于绳纹之上饰数道凹弦纹，将之分割成数段，腹中部横向饰一道粗绳纹，腹下部先饰绳纹后抹掉，残留部分绳纹纹理。口径 13.5、最大径 32.0、底径 16.0、高 28.5 厘米（图七一，1；彩版四二，2）。

无耳无錾鍪　2 件。

M43：1，口部残，泥质灰陶。侈口，外斜沿，圆唇，束颈，折腹，最大径位于折腹处，圜底。腹部饰斜向细绳纹，口部有轮制痕迹。口径 12.0、最大径 16.4、高 11.6 厘米（图七一，2；彩版四二，3）。

M43：3，口部残，泥质灰陶。侈口，外斜沿，圆唇，束颈，折腹，最大径位于折腹处，圜底。腹部饰斜向细绳纹，口部有轮制痕迹。口径 10.4、最大径 14.8、高 11.6 厘米（图七一，3；彩版四二，4）。

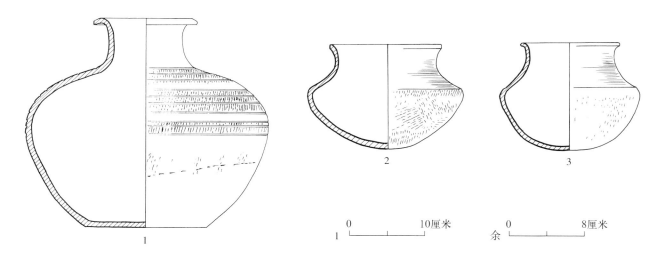

图七一　M43 出土陶器

1. 小口罐M43：2　2、3. 无耳无錾鍪M43：1、3

三五　M44

（一）墓葬形制

该墓位于墓群 D 区南部。开口于②层下，开口距地表 0.50 米。

斜坡墓道土坑墓，平面呈"凸"字形，总长 7.60 米，方向 260°。由墓道和墓室两部分组成。墓道位于墓室的西端，西高东低呈坡状，坡度 22°，平面呈梯形，东宽西窄，口底同大。长 4.80、宽 0.70～1.26、深 0～2.20 米。墓道的东南部有一侧室，平面呈长方形，口大底小。上口长 1.50、宽 0.48 米；底长 1.30、宽 0.48 米；深 0.50 米。壁面斜直内收。墓室为土坑式，平面呈长方形，口底同大。长 2.80、宽 1.52、深 2.20 米。直壁，平底，无工具加工痕迹。墓内填略硬的黄褐色五花土。

葬具一椁一棺，残存板灰，椁长 2.70、宽 1.38 米；棺残长 0.9 ～ 1.08、宽 0.48 米；椁棺的高度及厚度均不明。

葬式为直肢，人骨一具，仅残存腰以下部分，头向东，面向不明。

盗洞 1 个，位于墓室中部偏北，自墓顶直通墓底。平面呈椭圆形，长 0.78 ～ 1.14 米。

盗洞内出土陶罐 1 件（图七二）。

（二）出土遗物

陶器

1 件。

大口罐　1 件。

M44：1，泥质灰陶。侈口，方唇，矮领，广肩，深弧腹，最大径位于腹上端，平底。素面，领部下端对称处各有两个圆形穿孔。口径 10.8、最大径 19.6、底径 11.2、高 17.2 厘米（图七二，1）。

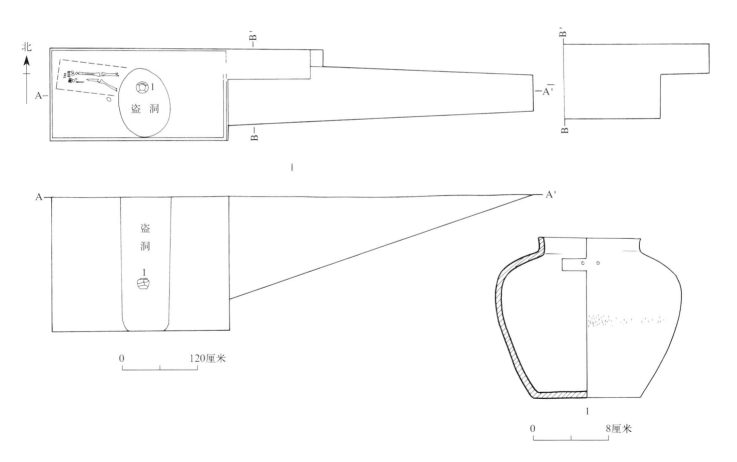

图七二　M44 平、剖面图及出土陶器
1. 大口罐

三六 M45

（一）墓葬形制

该墓位于墓群 D 区南部。开口于②层下，开口距地表 0.40 米。

竖穴土坑墓，平面呈长方形，方向 10°，口大底小，有生土二层台。上口长 4.38、宽 3.06 米；二层台面距墓口深 1.92 米，南、北侧台面宽 0.12 米，东西两侧无二层台；底长 3.72、宽 2.28 米；深 3.42 米。二层台以上壁面斜直内收，收分明显，二层台以下壁面平直，周壁光滑，平底，无工具加工痕迹。墓内填松散的黄褐色五花土，含少量石块。

葬具不详。

葬式不详（图七三）。

（二）出土遗物

无出土器物。

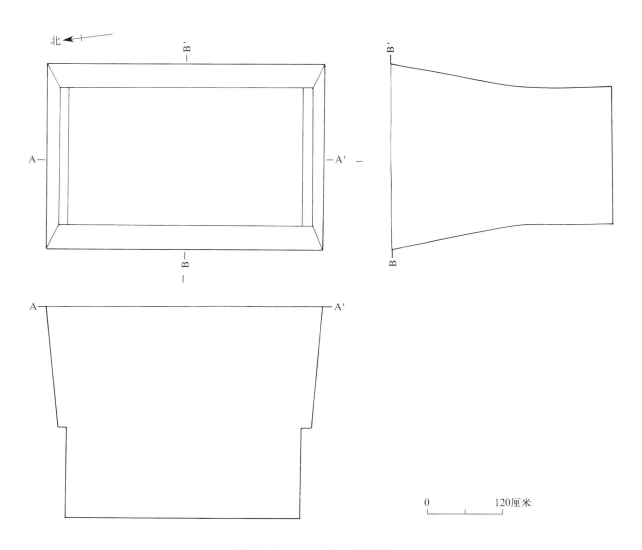

图七三 M45 平、剖面图

三七　M46

（一）墓葬形制

该墓位于墓群 D 区南部。开口于②层下，开口距地表 0.50 米。

竖穴土坑墓，平面呈长方形，方向 190°。口大底小，有生土二层台。上口长 3.14、宽 2.40 米；二层台面距墓口深 1.70 米，东、西侧台面宽 0.12 米，南北两侧无二层台；底长 2.94、宽 1.76 米；深 3.00 米。二层台以上壁面斜直内收，收分明显，二层台以下壁面平直，周壁光滑，平底，无工具加工痕迹。墓内填较硬的黄褐色五花土，出土有陶片。

葬具为一椁一棺，残存板灰。椁长 2.80、宽 1.24、高 1.36 米，椁板厚 4 厘米；棺长 1.80、宽 0.64 米，高度及厚度不明。

葬式为侧身屈肢，人骨一具，头向南、面向西，双腿向西弯曲，年龄、性别不明。

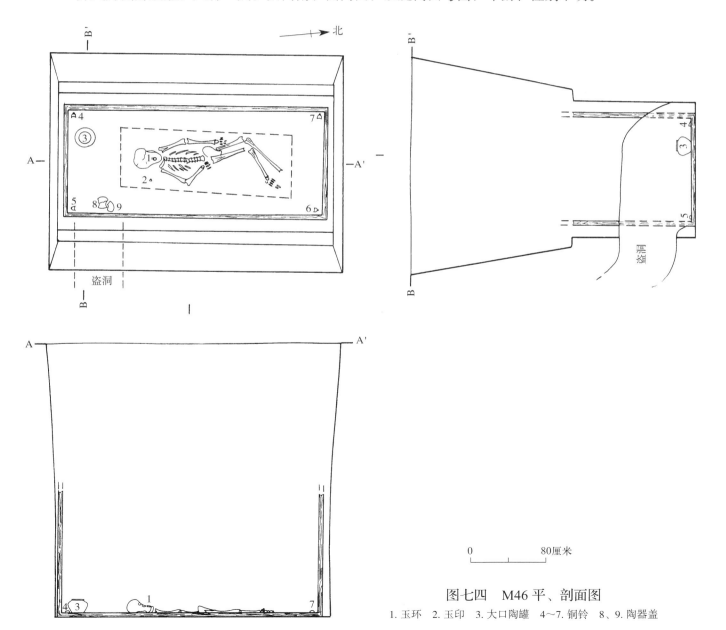

图七四　M46 平、剖面图
1. 玉环　2. 玉印　3. 大口陶罐　4～7. 铜铃　8、9. 陶器盖

盗洞 1 个，位于墓葬东壁下部，直通墓底。平面呈圆形，直径 0.50 米。

墓葬内出土陶罐 1、陶器盖 2、铜铃 4、玉印 1、玉环 1 件（图七四；彩版四三，1）。

（二）出土遗物

1. 陶器

3 件。

大口罐　1 件。

M46：3，泥质灰陶。侈口，外斜沿，圆唇，唇缘有凹槽，束颈，圆肩，弧腹，最大径位于腹上端，平底。腹中部饰一周时断时续的绳纹，颈部轮制明显。口径 12.4、最大径 22.0、底径 11.2、高 15.2

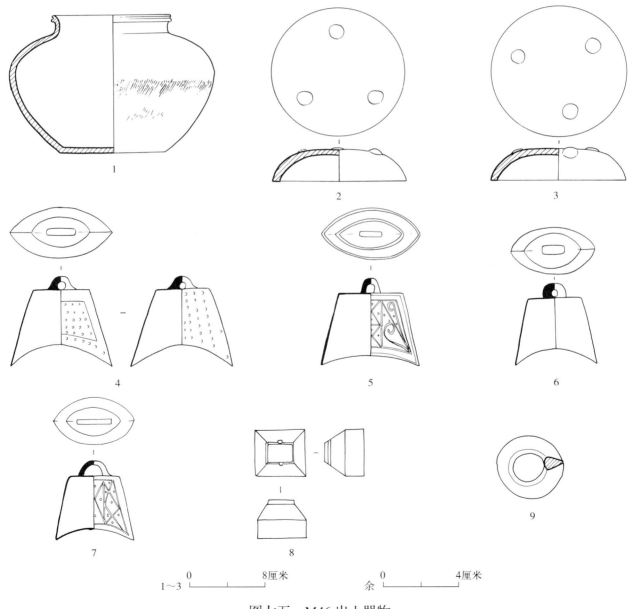

图七五　M46 出土器物

1. 大口陶罐 M46：3　2、3. 陶器盖 M46：8、9　4～7. 铜铃 M46：4～7　8. 玉印 M46：2　9. 玉环 M46：1

厘米（图七五，1；彩版四三，2）。

器盖　2件。

M46：8，泥质灰陶，形如覆钵，盖顶附加三个圆形乳突。素面。直径14.0、高3.6厘米（图七五，2）。

M46：9，泥质灰陶，形制同M46：8。直径14.0、高3.6厘米（图七五，3）。

2. 铜器

4件。

铃　4件。

M46：4，桥形纽，身较扁，上宽下窄，两铣下垂，内无舌。舞部素面，钲部饰戳刺纹。肩宽3.0、口宽5.4、体高4.3、通高5.0厘米（图七五，4；彩版四四，1）。

M46：5，桥形纽，身较扁，上宽下窄，两铣下垂，内无舌。舞部素面，钲部饰三角纹间以乳点，钲部左右两侧饰云纹间以乳点。肩宽3.3、口宽5.2、体高4.0、通高4.8厘米（图七五，5；彩版四四，2）。

M46：6，桥形纽，身较扁，上宽下窄，两铣下垂，内无舌。素面。肩宽3.0、口宽4.4、体高3.7、通高4.5厘米（图七五，6；彩版四四，3）。

M46：7，桥形纽，身较扁，上宽下窄，两铣下垂，内无舌。舞部素面，钲部饰三角纹间以乳点。肩宽2.8、口宽4.2、体高3.5、通高4.4厘米（图七五，7；彩版四四，4）。

3. 玉器

2件。

印　1件。

M46：2，青绿色，玉质温润，内含杂质，不透亮，磨制光滑，覆斗形印体，顶部有穿，印背无台面，印面正方形，无印文。素面。印面边长2.6、印面厚1.0、通高2.1厘米（图七五，8；彩版四三，3）。

环　1件。

M46：1，青白色，玉质纯净、透亮，磨制光滑，平面呈圆环状，截面略呈菱形。素面。外径3.5、内径1.2、厚0.8厘米（图七五，9；彩版四四，5）。

三八　M49

（一）墓葬形制

该墓位于墓群D区中部偏南。开口于②层下，开口距地表深1.40米，西北角墓壁中部被一近代墓墓室打破。

竖穴土坑墓，平面呈长方形，方向15°，口大底小。上口长3.36、宽2.40米；底长2.70、宽1.40米；深4.70米。四壁斜直内收至3.30米处，收分明显，3.30米以下壁面平直，周壁光滑，平底，无工具加工痕迹。墓内填松散的黄褐色五花土。

葬式不详。

葬具不详。

盗洞1个，位于墓葬东北角，自墓顶直通墓底。平面呈圆形，直径0.90米。

墓葬内出土陶罐3、陶坛1、铜泡钉1件（图七六）。

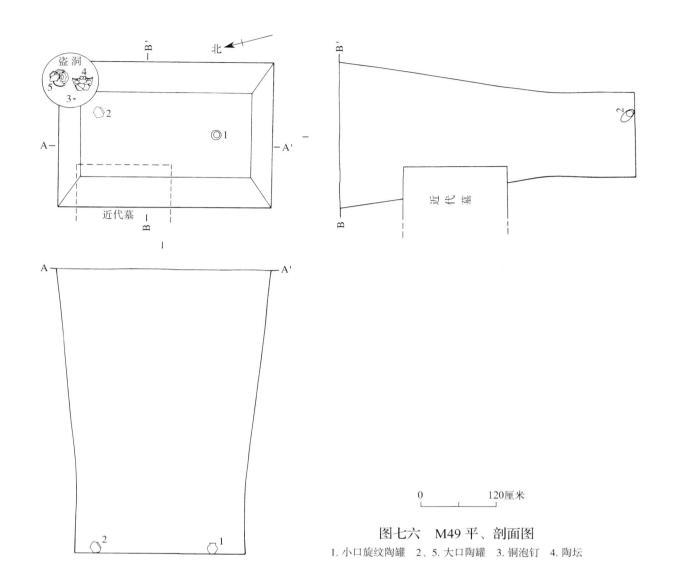

0 ⊢——————⊣ 120厘米

图七六　M49 平、剖面图
1. 小口旋纹陶罐　2、5. 大口陶罐　3. 铜泡钉　4. 陶坛

（二）出土遗物

1. 陶器

4 件。

小口旋纹罐　1 件。

M49：1，夹砂灰陶。侈口，窄平沿，圆唇，束颈，溜肩，鼓腹，最大径位于鼓腹处，小平底。腹部饰斜向竖绳纹，于绳纹之上饰数道凹弦纹，将之分割成数段，颈部轮制痕迹明显。口径 10.6、最大径 16.4、底径 7.2、高 17.3 厘米（图七七，1；彩版四五，1）。

大口罐　2 件。

M49：2，泥质灰陶。侈口，厚方唇，矮领，广肩，弧腹，最大径位于腹上部，平底。素面，器表有轮制痕迹，下腹部刮削痕迹明显。口径 11.7、最大径 20.5、底径 11.3、高 14.8 厘米（图七七，2；彩版四五，2）。

M49∶5，泥质灰陶。直口，窄沿略外撇，尖唇，矮直领，圆肩，深弧腹，最大径位于腹上端，平底。腹中部饰竖绳纹，绳纹之上饰数道凹弦纹，将之分割成数段，口部有刮抹痕迹。口径18.0、最大径33.5、底径18.8、高30.5厘米（图七七，3；彩版四五，3）。

坛 1件。

M49∶4，口部残，泥质灰陶。侈口，窄平沿，沿面有凹槽，方唇，矮领，溜肩，斜腹弧内收，最大径位于肩腹交接处，平底。肩部饰二周方格纹，腹中上部饰道弦纹，之下饰竖向细绳纹，肩上部先饰绳纹，后将之抹去，残留绳纹纹理，领部有轮制痕迹。口径13.0、最大径32.5、底径17.0、高34.5厘米（图七七，4；彩版四五，4）。

2. 铜器

1件。

泡钉 1件。

M49∶3，呈"T"形，顶端钉帽呈圆形，末端尖锐。素面。长1.0厘米（图七七，5）。

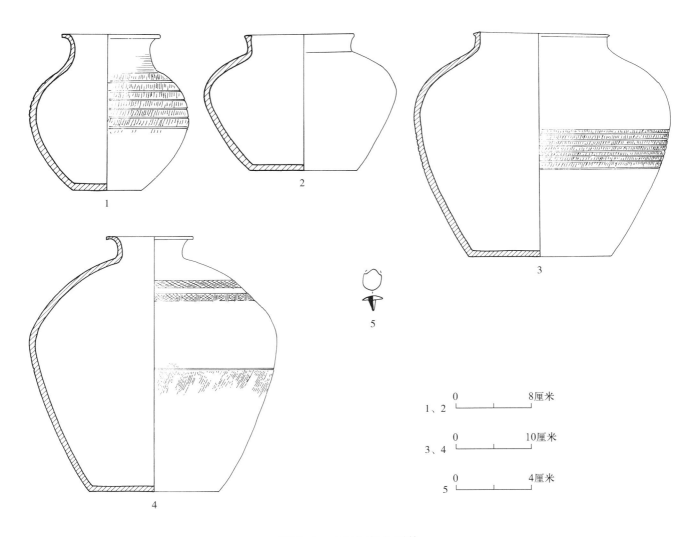

图七七 M49出土器物

1. 小口旋纹陶罐M49∶1 2、3. 大口陶罐M49∶2、5 4. 陶坛M49∶4 5. 铜泡钉M49∶3

三九　M50

（一）墓葬形制

该墓位于墓群 D 区中部偏南。开口于②层下，开口距地表 0.50 米。

竖穴土坑墓，平面呈长方形，方向 10°，口大底小。上口长 3.10、宽 2.20 米；底长 2.90、宽 1.40 米；深 3.20 米。四壁斜直内收，东壁有坍塌，壁面光滑，平底，无工具加工痕迹。墓内填较硬的黄褐色五花土。

葬具为一椁一棺，因腐朽严重，形制结构不明。

葬式不详，人骨一具，仅残存部分腿骨，年龄、性别不明。

盗洞 2 个，均自墓顶直通墓底，平面呈圆角长方形。盗洞 1 位于墓葬西北部，长 0.94、宽 0.58 米；盗洞 2 位于墓葬东北部，长 0.80、宽 0.50 米。

出土陶罐 5、铜带钩 1、铁剑 1、铁熨斗 1 件（图七八）。

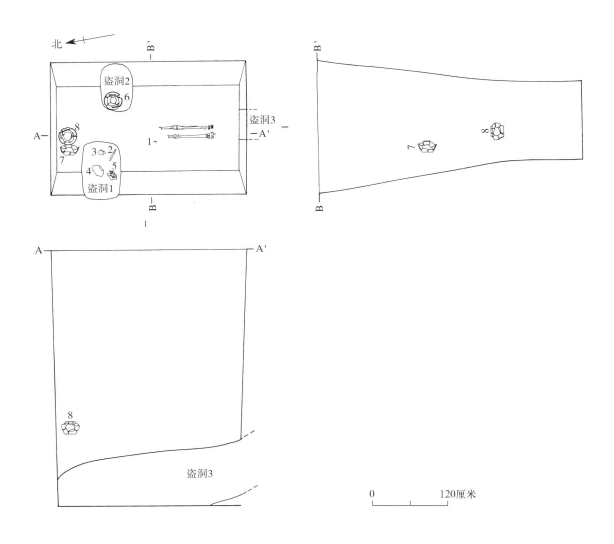

图七八　M50 平、剖面图

1. 铜带钩　2. 铁剑　3. 铁熨斗　4、5. 扁腹陶罐　6、7. 小口陶罐　8. 大口陶罐

（二）出土遗物

1. 陶器

5 件。

小口罐　2 件。

M50：6，残，泥质灰陶。侈口，斜沿外撇，沿面有凹槽，方唇，束颈，溜肩，鼓腹，最大径位于鼓腹处，平底。肩、腹中部饰竖向细绳纹，绳纹之上饰数道凹弦纹，将之分割成数段，下腹部先饰绳纹后抹掉，残存绳纹纹理，颈部有轮制痕迹。口径 11.0、最大径 28.5、底径 16.5、高 25.0 厘米（图七九，1）。

M50：7，残，泥质灰陶。侈口，斜沿外撇，方唇，唇缘有凹槽，束颈，圆肩，鼓腹，最大径位于鼓腹处，平底。肩、腹中部饰竖向细绳纹，绳纹之上饰数道凹弦纹，将之分割成数段。口径 11.5、最大径 30.0、底径 16.0、高 27.0 厘米（图七九，2）。

大口罐　1 件。

M50：8，泥质灰陶。直口，窄沿外撇，方唇，矮领，广肩，弧腹内收，最大径位于腹上端，平

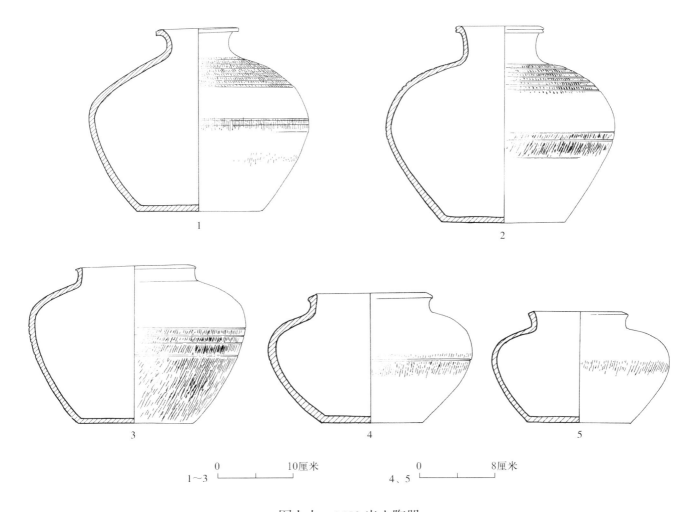

图七九　M50 出土陶器

1、2. 小口罐 M50：6、7　3. 大口罐 M50：8　4、5. 扁腹罐 M50：4、5

底。腹部饰斜向竖绳纹，绳纹之上饰四道凹弦纹，口部有刮抹痕迹。口径 16.0、最大径 28.5、底径 15.0、高 21.0 厘米（图七九，3；彩版四六，1）。

扁腹罐　2 件。

M50：4，泥质灰陶。直口，窄沿外撇，尖唇，矮领，广肩，上腹微鼓，下腹弧内收，最大径位于鼓腹处，平底。腹上部饰一道凹弦纹，弦纹之下饰一周斜向竖绳纹，口部有轮制痕迹。口径 13.2、最大径 21.6、底径 10.8、高 14.0 厘米（图七九，4；彩版四六，2）。

M50：5，泥质灰陶。侈口，窄沿略外撇，矮领，广肩，弧腹，最大径位于肩腹交接处，平底。腹部饰一周斜向竖绳纹，口部有轮制痕迹。口径 10.8、最大径 18.8、底径 10.8、高 12.0 厘米（图七九，5）。

2. 铜器

1 件。

带钩　1 件。

M50：1，略残。体较短，整体为一象头，钩首、钩体为象鼻，钩尾为象头，圆形纽位于尾部。长 3.6、宽 0.4～2.4、纽径 1.0 厘米（图八〇，1；彩版四六，3）。

3. 铁器

2 件。

熨斗　1 件。

M50：3，斗身及柄残。敞口，直壁斜内收，平底，一端向外延伸出手柄。素面。斗径 7.2、高 4.5 厘米（图八〇，2）。

剑　1 件。

M50：2，残存部分剑身。中部起脊，剑锋开刃，截面呈扁菱形。残长 22.5、宽 1.2～3.6 厘米（图八〇，3；彩版四六，4）。

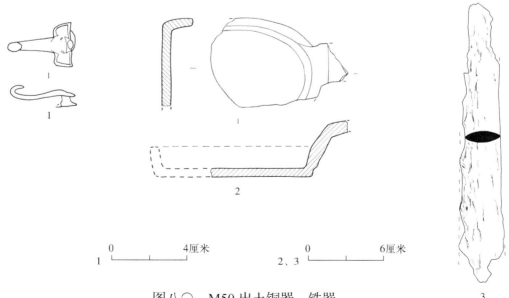

图八〇　M50 出土铜器、铁器

1. 铜带钩M50：1　2. 铁熨斗M50：3　3. 铁剑M50：2

四〇　M51

（一）墓葬形制

该墓位于墓群 D 区中部偏南。开口于②层下，开口距地表 0.50 米，西部被 M50 打破。

竖穴土坑墓，平面呈长方形，方向 15°，口大底小，有生土二层台。上口长 3.22、宽 2.80 米；二层台面距墓口深 3.20 米，东、西侧台面宽 0.12 米，南北两侧无二层台；底长 3.00、宽 1.56 米；深 4.68 米。二层台以上壁面斜直内收，收分明显，二层台以下壁面平直，周壁光滑，平底，无工具加工痕迹，北部壁面有坍塌。墓内填较硬的黄褐色五花土，经夯打，夯层及夯筑方法不明，含少量料礓石颗粒，出土有陶片。

葬具为一椁一棺，残存板灰，椁长 2.64、宽 1.24、残高 0.36 米，椁板厚 6.0 厘米；棺长 1.80、宽 0.70

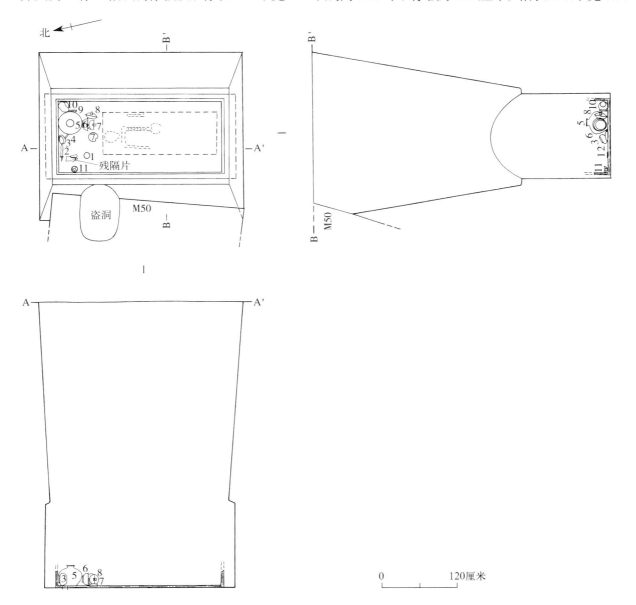

图八一　M51 平、剖面图

1. 连弧纹铜镜　2. 铁剑　3. 敞口小陶罐　4. 铁削　5. 小口陶罐　6. 篦形陶甑　7. 陶鼎　8. 陶锜　9. 铁灯　10. 扁腹陶罐　11. 陶熏炉

米，高度及棺板厚度不明。

葬式不详，人骨一具，损毁严重，头向北，年龄、性别不明。

盗洞1个，位于墓葬西北部，直通墓底。平面呈圆角长方形，长0.90、宽0.66米。

墓葬内出土陶罐1、陶瓿1、陶鼎1、陶𫔮1、陶熏炉1、铜镜1、铁剑1、铁削1、铁灯1件；盗洞内出土陶罐2件（图八一；彩版四七，1）。

（二）出土遗物

1.陶器

7件。

鼎 1件。

M51：7，泥质灰陶，施彩绘。覆钵形器盖，盖顶附加三个椭圆形乳丁，器身子母口内敛，圆唇，直腹，圜底近平，腹底交接处有一凸棱，下接三蹄足，蹄足低矮，足跟外鼓，着地处微外撇，腹上端接两附耳，耳上端外撇。盖顶下端以红彩绘一道弦纹，弦纹之上以红色彩绘弧线纹、卷云纹，器身素面。口径16.8、腹径18.4、裆高2.0、通高15.2厘米（图八二，1；彩版四七，2）。

𫔮 1件。

M51：8，泥质灰陶，施彩绘。器身似一釜，直口，方唇，矮领，圆肩，深腹，圜底，三蹄足较为肥硕，腹部有一隔棱，最大径位于隔棱处，肩部对称处附加两兽形铺首。领下端、隔棱上端各施一周红色彩绘弦纹，两弦纹之间区域内以红、紫、青三色彩绘卷云纹。口径8.4、最大径21.6、裆高2.4、通高12.2厘米（图八二，2；彩版四七，3）。

篹形瓿 1件。

M51：6，泥质灰陶，施彩绘。敞口，宽平沿，圆唇，上腹壁较直，下腹弧收，平底，矮圈足，底部有麦粒状箅孔。内壁施红彩，腹部及圈足之上以红彩绘三道弦纹，器表轮制痕迹明显。口径22.2、圈足径10.6、高9.8厘米（图八二，3；彩版四八，1）。

小口罐 1件。

M51：5，泥质灰陶。侈口，斜沿外撇，方唇，高领，溜肩，深弧腹，最大径位于腹上端，平底。肩、腹中部饰竖向细绳纹，绳纹之上饰数道凹弦纹，将之分割成数段，领部有轮制痕迹。口径12.4、最大径31.5、底径19.0、高34.2厘米（图八二，4；彩版四八，2）。

扁腹罐 1件。

M51：10，泥质灰陶。直口，窄沿外撇，尖唇，矮领，溜肩，弧腹，最大径位于肩腹交接处，小平底。腹上端饰暗绳纹，口部有轮制痕迹，器表有刮抹痕迹。口径12.0、最大径20.8、底径12.4、高12.4厘米（图八二，5；彩版四八，3）。

敞口小罐 1件。

M51：3，泥质灰陶。口微敛，圆沿，矮领，溜肩，弧腹，最大径位于肩腹交接处，小平底。素面，口部可见轮制痕迹，器表有刮抹痕迹。口径11.0、最大径16.0、底径5.2、高9.8厘米（图八三，1；彩版四八，4）。

熏炉 1件。

M51：11，残存器盖，泥质灰陶。覆钵形，顶部正中接一喇叭形器纽，器身镂刻三角纹，三角中心镂空，器纽中部有一圆形穿孔。直径9.6、高6.4厘米（图八三，2；彩版四八，5）。

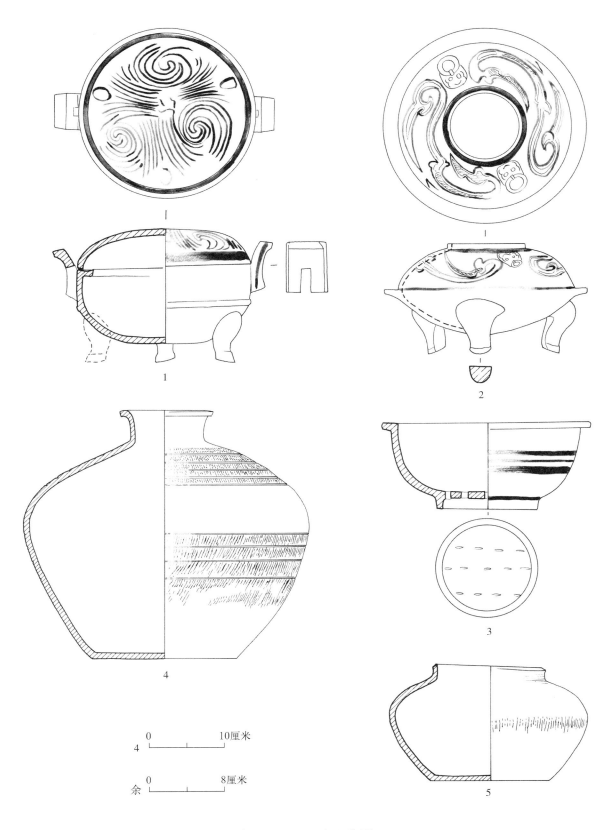

图八二　M51 出土陶器

1. 鼎M51:7　2. 锜M51:8　3. 簋形甑M51:6　4. 小口罐M51:5　5. 扁腹罐M51:10

2. 铜器

1件。

连弧纹镜　1面。

M51:1，中部有一裂缝。圆形，镜面平直，三弦纽，圆座。座外为一周凹面弦纹带，之外两周弦纹构成主纹饰带，其内连弧纹与边缘分成七区，内外均饰蟠螭纹，素缘外翻。直径10.6厘米（图八三，3；彩版四八，6）。

3. 铁器

3件。

灯　1盏。

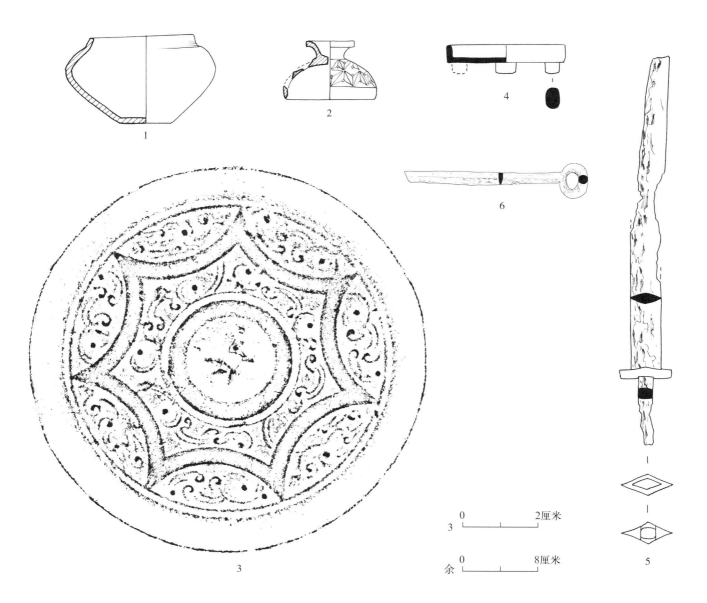

图八三　M51 出土器物

1. 敞口小陶罐M51:3　2. 陶熏炉M51:11　3. 连弧纹铜镜M51:1　4. 铁灯M51:9　5. 铁剑M51:2　6. 铁削M51:4

M51：9，锈残。直口，圆唇，浅盘，平底，底部附加三乳丁状器足。素面。口径 12.6、高 3.2 厘米（图八三，4）。

剑 1 件。

M51：2，剑首残缺，锈残。扁圆形实心剑柄，前端有蝠字形铜剑格，剑身狭长，剑格以下由宽变窄，中部起脊，剑锋开刃，截面为扁菱形。残长 42.6、宽 1.2～5.6 厘米（图八三，5；彩版四九，1）。

削 1 件。

M51：4，残。椭圆形环首，截面呈圆形，削身窄长，截面呈三角形。长 19.4、环首径 2.0～4.0 厘米（图八三，6；彩版四九，2）。

四一 M52

（一）墓葬形制

该墓位于墓群 D 区中部偏南。开口于②层下，开口距地表 1.10 米。

斜坡墓道土坑墓，平面呈"凸"字形，总长 9.30 米，方向 200°。由墓道和墓室两部分组成。墓道位于墓室的南端，南高北低呈坡状，坡度 28°，平面呈梯形，北宽南窄，口底同大。长 6.40、宽 0.90～1.20、残深 3.10 米。壁面平直。墓室为土坑式，平面略呈梯形，南宽北窄，口大底小。上口长 2.90、宽 1.50～1.58 米；底长 2.90、宽 1.24～1.44 米；深 3.10 米。壁面斜直内收，收分明显，壁面光滑，平底，无工具加工痕迹。墓内填松散的黄褐色五花土。

葬具一椁，南北放置，椁长 2.82、宽 1.14 米，棺板厚 9 厘米，高度不明。

葬式不详。

盗洞 1 个，位于墓室的西北角，自墓顶直通墓底。平面呈圆形，直径 0.66 米。

墓室内出土陶鍪 1 件；盗洞内出土陶罐 2 件（图八四；彩版四九，3）。

（二）出土遗物

陶器

3 件。

大口罐 1 件。

M52：3，泥质灰陶。敞口，窄沿外撇，尖唇，束颈，圆肩，弧腹，最大径位于腹上端，平底。腹上部饰绳纹。口径 20.6、最大径 33.0、底径 16.8、高 24.4 厘米（图八五，1；彩版五〇，1）。

扁腹罐 1 件。

M52：1，泥质灰陶。直口，圆沿，矮领，圆肩，弧腹，最大径位于腹上端，平底。腹上部饰一周绳纹，口部先饰绳纹后抹掉，残留绳纹纹理。口径 11.7、最大径 19.6、底径 10.5、高 12.9 厘米（图八五，2；彩版五〇，2）。

带鋬鍪 1 件。

M52：2，夹砂灰陶。侈口，外斜沿，方唇，束颈，折腹，圜底，于折腹处附加一条状鋬手。腹部饰绳纹，口部先饰绳纹后抹掉，残留绳纹纹理，器身轮制痕迹明显。口径 12.0、高 11.6 厘米（图八五，3；彩版五〇，3）。

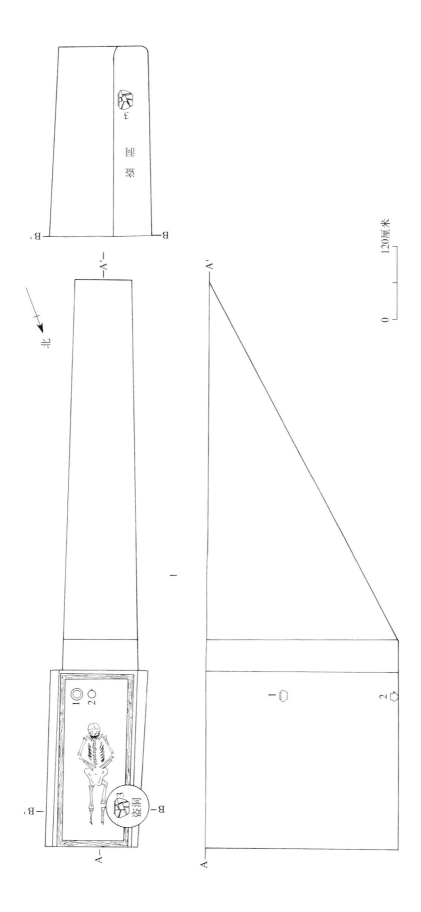

图八四　M52 平、剖面图

1. 扁腹陶罐　2. 带鋬陶鍪　3. 大口陶罐

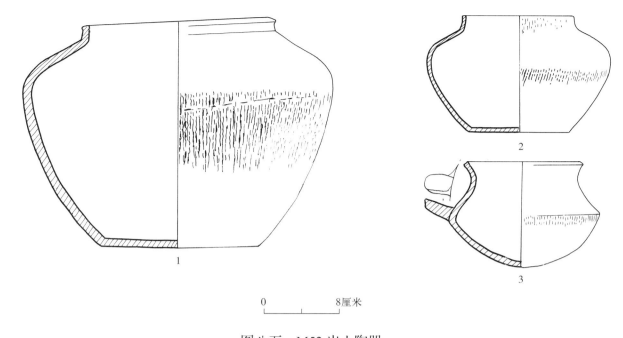

0 _____ 8厘米

图八五 M52 出土陶器

1. 大口罐M52：3 2. 扁腹罐M52：1 3. 带錾鬶M52：2

四二 M53

（一）墓葬形制

该墓位于墓群 D 区南部。开口于②层下，开口距地表 0.50 米。

竖穴土坑墓，平面呈长方形，方向 190°，口大底小。上口长 2.90、宽 1.70 米；底长 2.70、宽 1.48 米；深 1.80 米。自墓口向下至 0.5 米处四壁斜直内收，之下直壁，壁面光滑，平底，无工具加工痕迹。墓内填较硬的黄褐色五花土。

葬具不详。

葬式不详。

墓葬内出土陶罐 4、陶鬶 1 件（图八六；彩版五一，1）。

（二）出土遗物

陶器

5 件。

小口罐 2 件。

M53：1，泥质灰陶。侈口，平折沿，方唇，直领，溜肩，深弧腹，最大径位于腹上端，平底。肩、腹中部饰竖向细绳纹，绳纹之上饰数道凹弦纹，将之分割成数段，领部有轮制痕迹。口径 11.1、最大径 28.6、底径 14.0、高 26.0 厘米（图八七，1；彩版五一，2）。

M53：4，泥质灰陶。侈口，平折沿，方唇，唇缘有凹槽，直领，溜肩，深弧腹，最大径位于腹

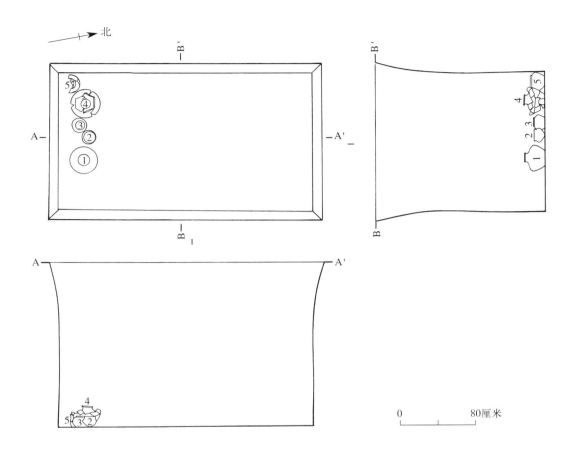

图八六　M53 平、剖面图

1、4. 小口陶罐　2. 无耳无錾陶鍪　3、5. 大口陶罐

上端，平底。肩、腹中部饰竖向细绳纹，绳纹之上饰数道旋纹，将之分割成数段，领部有轮制痕迹。口径 12.3、最大径 30.0、底径 15.5、高 27.0 厘米（图八七，2）。

大口罐　2 件。

M53：3，泥质灰陶。口微侈，窄平沿，尖唇，束颈，圆肩，弧腹，最大径位于腹上端，平底。腹上部饰一周绳纹，器表有轮制痕迹。口径 10.7、最大径 17.5、底径 12.0、高 12.1 厘米（图八七，3；彩版五一，3）。

M53：5，泥质灰陶。直口，方唇，矮直领，圆肩，弧腹，最大径位于腹上端，平底。腹上部饰一周绳纹，器表有轮制痕迹。口径 12.7、最大径 21.7、底径 12.4、高 15.3 厘米（图八七，4；彩版五一，4）。

无耳无錾鍪　1 件。

M53：2，夹砂灰陶。侈口，外斜沿，圆唇，束颈，折腹，最大径位于折腹处，圜底。素面，口部先饰绳纹后抹掉，残留绳纹纹理，器身有轮制痕迹。口径 12.4、最大径 14.0、高 11.6 厘米（图八七，5；彩版五〇，4）。

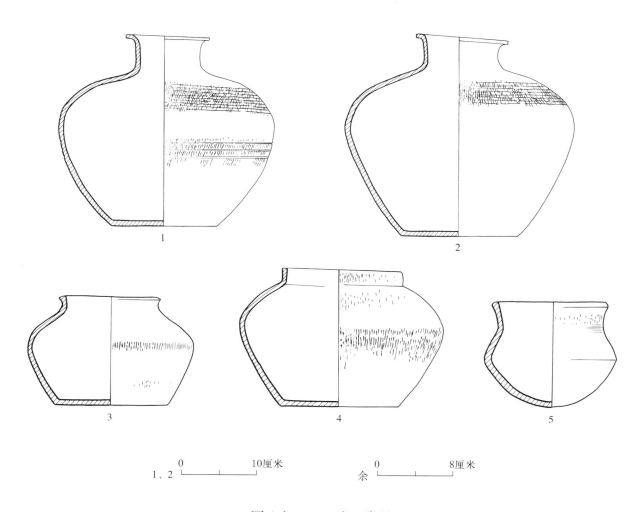

图八七　M53 出土陶器

1、2. 小口罐M53：1、4　3、4. 大口罐M53：3、5　5. 无耳无錾錾M53：2

四三　M54

（一）墓葬形制

该墓位于墓群 D 区南部。开口于②层下，开口距地表 0.40 米，被一近代墓打破。

竖穴土坑墓，平面呈长方形，方向 195°，口大底小。上口长 3.12、宽 2.04 米；底长 2.80、宽 1.12 米；深 3.24 米。自墓口向下至 2.30 米处四壁斜直内收，之下直壁，整个壁面光滑，平底，无工具加工痕迹。墓内填较硬的黄褐色五花土。

葬具为一椁一棺，南北向放置，腐朽严重，残存板灰。椁长 2.74、宽 1.12、高 1.00 米；棺长 1.84、宽 0.72 米，高度不明；棺椁板厚度不明。

葬式不详，人骨一具，残存部分头骨，位于棺内南部，年龄、性别不明。

盗洞 1 个，位于墓葬西北部，自墓顶直通墓底。平面呈圆角长方形，长 1.10、宽 0.72 米。

墓葬内出土陶罐 3、铜鼎 1、铜勺 1、铜盆 1 件（图八八；彩版五二，1）。

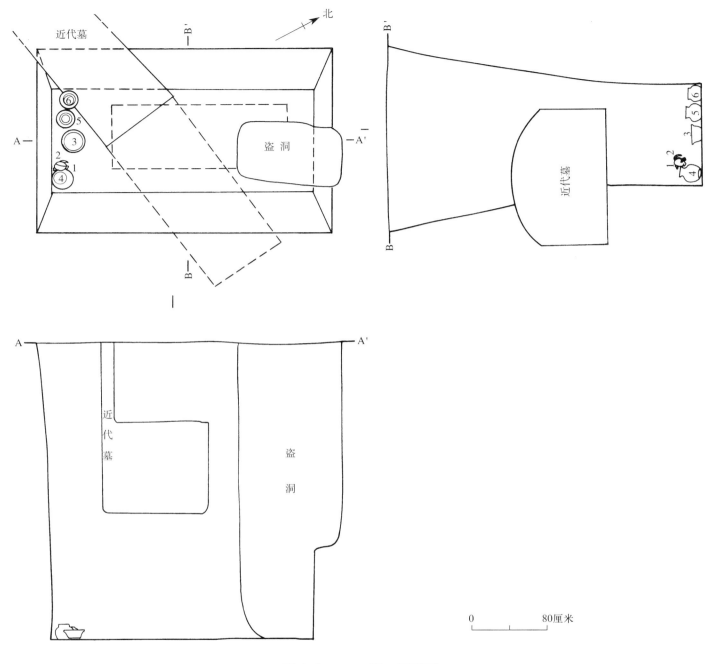

图八八　M54 平、剖面图
1. 铜鼎　2. 铜勺　3. 铜盆　4. 壶形陶罐　5、6. 大口陶罐

（二）出土遗物

1. 陶器

3 件。

壶形罐　1 件。

M54:4，泥质灰陶。侈口，平折沿，方唇，唇缘有凹槽，直领，溜肩，鼓腹，最大径位于鼓腹处，平底。肩部先饰绳纹后抹光，残留部分绳纹纹理，领部有轮制痕迹。口径 12.2、最大径 23.5、底径

13.3、高 22.2 厘米（图八九，1；彩版五二，2）。

大口罐　2 件。

M54：5，泥质灰陶。直口，方唇，矮领，圆肩，弧腹，最大径位于腹上端，平底。腹中部饰一周方格纹，口部有轮制痕迹，下腹部有刮削痕迹。口径 11.0、最大径 19.4、底径 10.8、高 15.8 厘米（图八九，2；彩版五二，3）。

M54：6，泥质灰陶。侈口，方唇，矮领，圆肩，弧腹，最大径位于腹上端，平底。腹中部饰一周绳纹，器表有轮制痕迹。口径 12.2、最大径 19.4、底径 12.4、高 13.2 厘米（图八九，3；彩版五三，1）。

2. 铜器

3 件。

鼎　1 件。

M54：1，浅腹弧壁覆钵形器盖，盖顶有三兽形纽，纽上各有一小圆孔，器身子母口内敛，尖唇，窄平沿，深弧腹，圜底近平，下接三兽形矮蹄足，蹄足足跟外鼓，着地处微外撇，两附耳微外撇。素面。口径 14.8、腹径 16.0、裆高 1.6、通高 13.2 厘米（图八九，4；彩版五三，2）。

盆　1 件。

M54：3，腹部残。敞口，窄平沿，尖唇，深弧腹，平底，腹上部有一凸棱，器身包裹器底。素面。

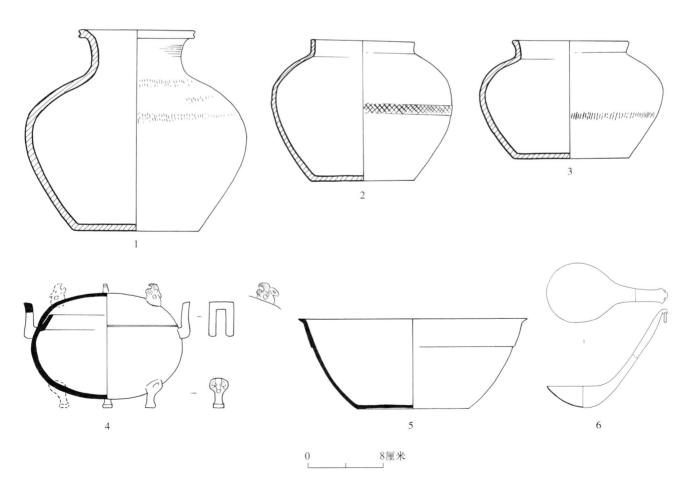

0　　　　　8厘米

图八九　M54 出土陶器、铜器

1. 壶形陶罐M54：4　2、3. 大口陶罐M54：5、6　4. 铜鼎M54：1　5. 铜盆M54：3　6. 铜勺M54：2

口径 24.0、底径 11.6、高 9.6 厘米（图八九，5；彩版五三，3）。

勺   1 件。

M54：2，斗形。勺身钵形，圜底，长柄，柄末端有环首。柄长 10.6、勺身口 6.5、深 2.0 厘米（图八九，6；彩版五三，4）。

四四   M55

（一）墓葬形制

该墓位于墓群 D 区南部。开口于②层下，开口距地表 0.90 米。

竖穴土坑墓，平面呈长方形，方向 185°，口大底小，有生土二层台。上口长 3.30、宽 2.50 米；二层台面距墓口深 1.90 米，东侧台面宽 0.30、西侧台面宽 0.36、北侧台面宽 0.30 米，南侧无二层台；底长 2.82、宽 1.86 米；深 3.10 米。墓底南端自墓底 1.20 米处延伸至墓壁外，拱顶高 0.48 米，二层台以上壁面斜直内收，收分明显，二层台以下壁面平直，周壁光滑，平底，无工具加工痕迹。墓内填松散的黄褐色五花土。

葬具不详。

葬式不详。

盗洞 1 个，位于墓葬东北部，直通墓底。平面呈长方形，长 0.90、宽 0.66 米。

墓葬内出土陶釜 3 件（图九〇；彩版五四，1）。

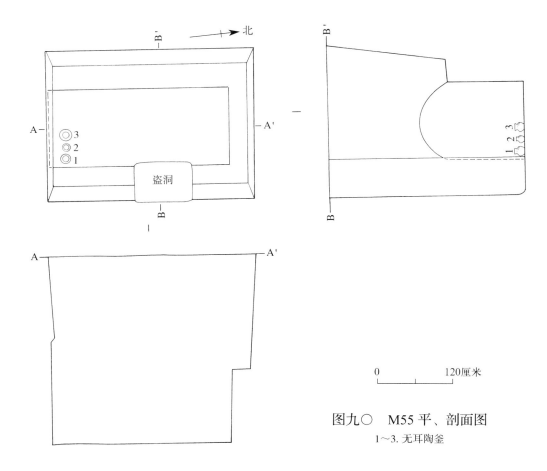

0   120厘米

图九〇   M55 平、剖面图

1～3. 无耳陶釜

（二）出土遗物

陶器

3件。

无耳釜　3件。

M55：1，口部略残，夹砂红陶。侈口，外斜沿，圆唇，束颈，鼓腹，最大径位于鼓腹处，圜底。颈部先饰绳纹后抹掉，残留部分绳纹纹理，下腹部、底部饰篮纹。口径12.4、最大径18.2、高14.5厘米（图九一，1；彩版五四，2）。

M55：2，夹砂红陶。侈口，沿外翻，圆唇，矮领，鼓腹，最大径位于鼓腹处，圜底。腹部及底饰篮纹，颈部有轮制痕迹。口径8.5、最大径13.7、高10.6厘米（图九一，2；彩版五四，3）。

M55：3，口部略残，夹砂红陶。侈口，外斜沿，圆唇，束颈，鼓腹，最大径位于鼓腹处，圜底。下腹部及底饰篮纹，颈部及上腹部先饰斜绳纹后抹掉，残留部分绳纹纹理。口径13.6、最大径17.7、高14.1厘米（图九一，3；彩版五三，5）。

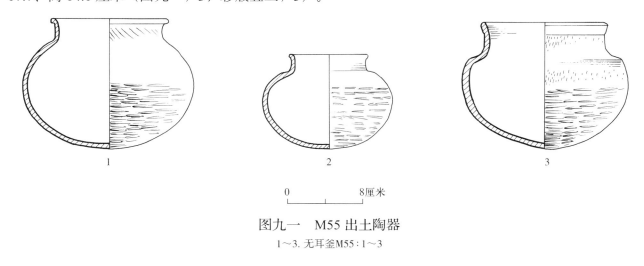

0　　　　　　8厘米

图九一　M55出土陶器

1～3. 无耳釜M55：1～3

四五　M56

（一）墓葬形制

该墓位于墓群D区中部偏南。开口于②层下，开口距地表0.90米。

竖穴土坑墓，平面呈长方形，方向185°，口大底小，有生土二层台。上口长3.28、宽2.12米；二层台面距墓口深1.52米，东、西侧台面宽0.06米，南北两侧无二层台；底长3.20、宽1.40米；深2.70米。墓底北端自墓底1.10米处向北凸出至墓底，二层台以上壁面斜直内收，收分明显，二层台以下壁面平直，周壁光滑，平底，无工具加工痕迹。墓内填略硬的黄褐色五花土。

葬具一椁一棺，南北向摆放，结构不明。椁长2.92、宽1.10、高1.20米，椁板厚4～8厘米；棺长1.80、宽0.70米，高度及棺板厚度不明。

葬式不详，人骨一具，仅残存下肢骨，位于棺内南部。

盗洞1个，位于墓葬东北部，直通墓底。平面呈不规则形，长1.20、宽0.80米。

墓葬内出土陶罐1。盗洞内出土陶鼎1、陶盒1、陶锜1、陶甗1、陶罐2、铁灯1、铁剑1、铁环首刀1件（图九二；彩版五五，1）。

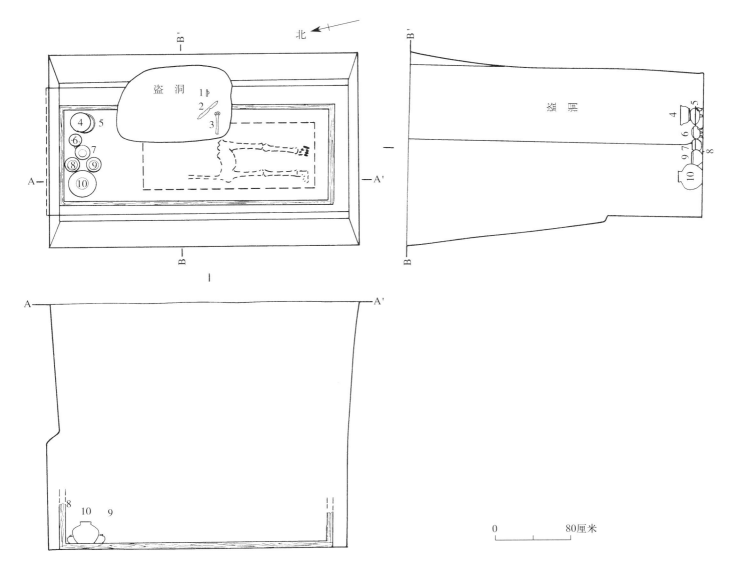

图九二　M56 平、剖面图

1. 铁灯　2. 铁剑　3. 环首铁刀　4. 篦形陶甑　5. 陶锜　6. 陶鼎　7. 陶盒　8、9. 扁腹陶罐　10. 小口陶罐

（二）出土遗物

1. 陶器

7 件。

鼎　1 件。

M56：6，泥质灰陶。覆钵形器盖，盖顶附加三个圆饼状兽形器纽，器身子母口内敛，尖唇，弧腹，圜底近平，下接三兽形蹄足，足跟外鼓，腹上端接两附耳，耳上端外撇。素面，器盖表面轮制痕迹明显。口径 14.0、腹径 14.8、裆高 2.4、通高 10.8 厘米（图九三，1；彩版五五，2）。

盒　1 件。

M56：7，泥质灰陶。覆钵形器盖，顶部正中附加一圈足状器纽，器身子母口，上腹较直，下腹弧内收，平底。素面，器身有轮制痕迹。口径 16.0、底径 7.2、高 11.6 厘米（图九三，2；彩版五六，1）。

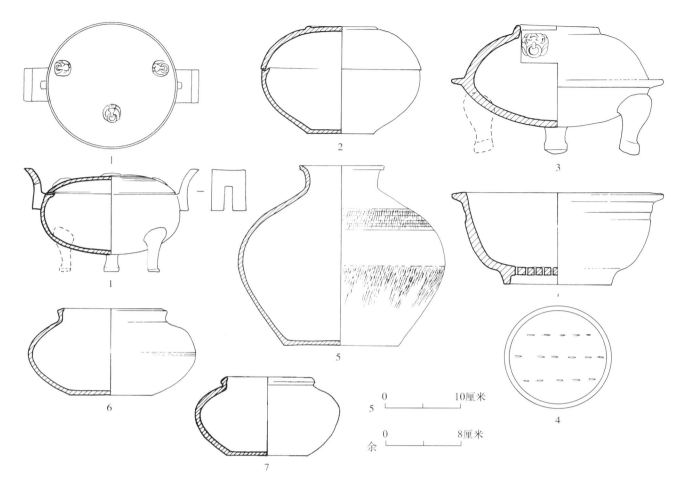

图九三　M56 出土陶器

1. 鼎M56：6　2. 盒M56：7　3. 锜M56：5　4. 篁形甑M56：4　5. 小口罐M56：10　6、7. 扁腹罐M56：8、9

锜　1件。

M56：5，泥质灰陶。器身似一釜，直口，方唇，矮领，圆肩，浅腹，圜底，三蹄足，腹部有一隔棱，最大径位于隔棱处，肩部对称处附加两兽形铺首衔环。素面。口径8.8、最大径22.6、隔棱宽0.8、裆高3.6、通高14.2厘米（图九三，3；彩版五六，2）。

篁形甑　1件。

M56：4，泥质灰陶。敞口，宽沿外撇，方唇，弧腹，平底，圈足略高，底部有麦粒状箅孔。素面，器表有轮制痕迹。口径22.6、底径11.4、高10.2厘米（图九三，4；彩版五六，3）。

小口罐　1件。

M56：10，泥质灰陶。侈口，外斜沿，方唇，唇缘有凹槽，束颈，溜肩，深弧腹，最大径位于腹上端，平底。肩部饰竖向细绳纹，绳纹之上饰数道凹弦纹，将之分割成数段，腹部饰斜向绳纹，领部有轮制痕迹。口径11.2、最大径27.6、底径15.0、高24.8厘米（图九三，5；彩版五五，3）。

扁腹罐　2件。

M56：8，泥质灰陶。口微敛，圆沿，矮领，溜肩，鼓腹，最大径位于鼓腹处，平底。素面，领部有轮制痕迹。口径11.6、最大径17.6、底径8.6、高9.6厘米（图九三，6；彩版五六，4）。

M56∶9，泥质灰陶。直口，圆沿，束颈，溜肩，鼓腹，最大径位于鼓腹处，平底。素面，领部有轮制痕迹。口径 10.3、最大径 18.0、底径 10、高 10.2 厘米（图九三，7；彩版五六，5）。

2. 铁器

3 件。

灯　1 盏。

M56∶1，残存部分灯底座，形如覆盘，中部向上延伸为一柄。素面。底径 7.6、残高 2.2 厘米（图九四，1）。

剑　1 件。

M56∶2，残存部分剑身，中部起脊，截面呈扁菱形。残长 29.7、宽 3.7、厚 0.8 厘米（图九四，2）。

环首刀　1 件。

M56∶3，残，带木鞘。椭圆形环首，截面呈圆形，削身纤细修长，截面呈三角形，削身与环首以榫卯结构相连。残长 24.6、宽 3.2、环首径 2.4 ～ 4.8 厘米（图九四，3；彩版五六，6）。

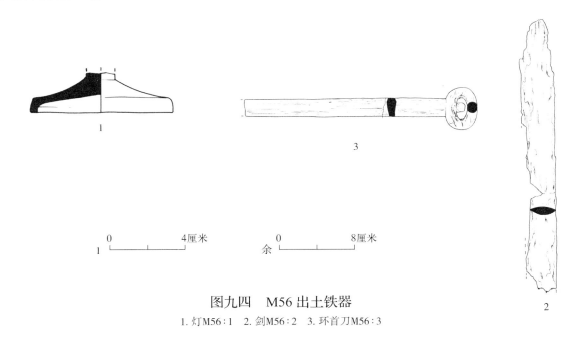

图九四　M56 出土铁器

1. 灯 M56∶1　2. 剑 M56∶2　3. 环首刀 M56∶3

四六　M57

（一）墓葬形制

该墓位于墓群 A 区中部偏南。开口于②层下，开口距地表 0.50 米。

竖穴土坑墓，平面呈长方形，方向 120°，口底同大。长 2.90、宽 1.40 米，残深 1.50 米。直壁，光滑，平底，无工具加工痕迹。墓内填松散的黄褐色五花土，含少量植物根系，出土较少量陶片。

葬具不详。

葬式不详。

盗洞 1 个，位于墓葬北部，自墓顶直通至距墓底 0.15 米处。平面呈椭圆形，长 1.00 ～ 1.15 米。

墓葬内出土铁削 1 件（图九五）。

（二）出土遗物

铁器

1件。

削 1件。

M57:1，锈残。椭圆形环首，截面呈圆形，削身截面呈三角形。残长8.0、环首径1.8～3.8厘米（图九五，1）。

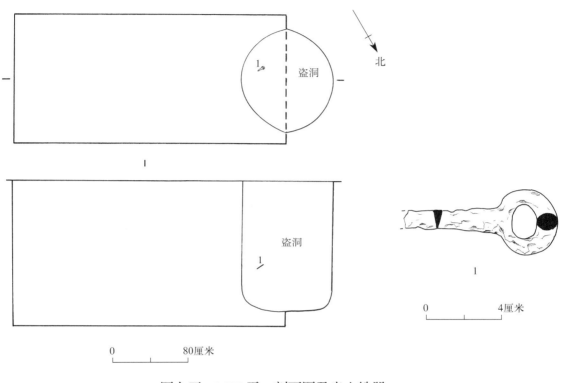

图九五 M57平、剖面图及出土铁器

1.削

四七 M58

（一）墓葬形制

该墓位于墓群A区中部偏南。开口于②层下，开口距地表1.00米。

竖穴土坑墓，平面呈长方形，方向120°，口大底小。上口长3.00、宽1.80米；底长2.32、宽1.36米；深4.10米。墓口向下至3.16米处四壁斜直内收，之下直壁，整个壁面光滑，平底，无工具加工痕迹。墓内填较硬的黄褐色五花土。

葬具为一椁一棺，东西向放置，腐朽严重，残存板灰。椁长2.24、宽1.08、残高0.20米；棺长1.80、宽6.0～6.4米，高度不明；棺椁板厚度不明。

葬式为仰身直肢葬，人骨一具，保存较完整，头向东，面向、年龄、性别不明。

盗洞2个，自墓顶直通墓底。盗洞1位于墓葬北部中间，平面呈圆角长方形，长1.20、宽0.80米；盗洞2位于墓葬东部，平面呈椭圆形，长1.10～1.40米（图九六）。

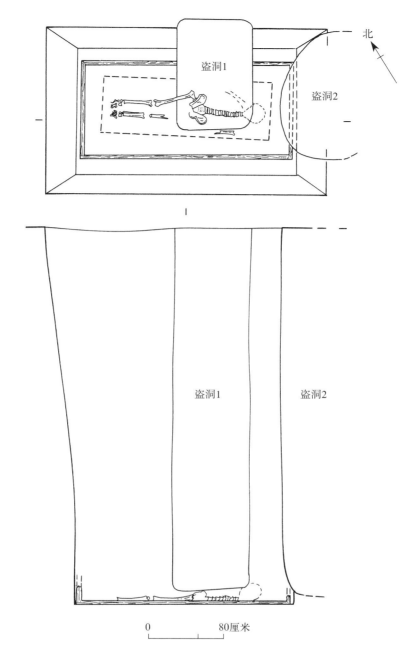

图九六 M58 平、剖面图

（二）出土遗物

无出土器物。

四八 M59

（一）墓葬形制

该墓位于墓群 A 区中部。开口于②层下，开口距地表 0.80 米。

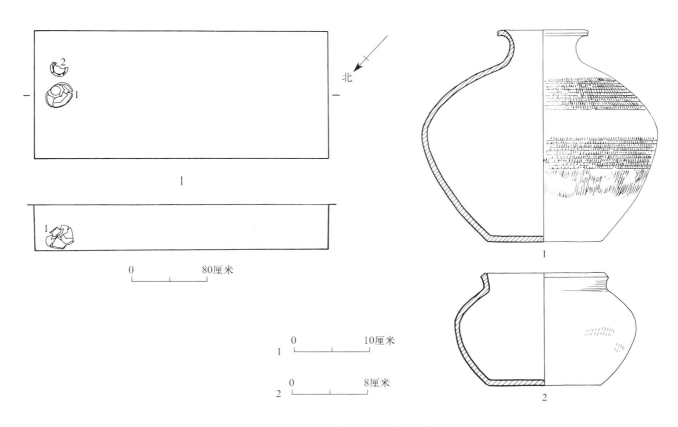

图九七 M59 平、剖面图及出土陶器

1. 小口罐 2. 扁腹罐

竖穴土坑墓，平面呈长方形，方向 50°，口底同大。长 3.10、宽 1.40 米，残深 0.50 米。直壁，光滑，平底，无工具加工痕迹。墓内填松散的黄褐色五花土，含少量植物根系，出土较少量陶片。

葬具不详。

葬式不详。

墓葬内出土陶罐 2 件（图九七）。

（二）出土遗物

陶器

2 件。

小口罐 1 件。

M59：1，口部残，泥质灰陶。侈口，外斜沿，方唇，唇缘有凹槽，直领，溜肩，弧腹内收，最大径位于腹上部，平底。肩、腹部饰斜向细绳纹，于绳纹之上再饰数道弦纹，将之分割成数段，口部有轮制痕迹。口径 12.0、最大径 31.0、底径 15.0、高 29.2 厘米（图九七，1）。

扁腹罐 1 件。

M59：2，残，泥质灰陶。口微侈，圆唇，束颈，溜肩，鼓腹，最大径位于鼓腹处，平底。腹中部先饰绳纹后抹掉，残存绳纹纹理，口部轮制痕迹明显，腹下部有刮削痕迹。口径 13.6、最大径 19.3、底径 11.7、高 12.5 厘米（图九七，2）。

四九　M60

（一）墓葬形制

该墓位于墓群 A 区中部偏南。开口于②层下，开口距地表 0.70 米。

竖穴土坑墓，平面呈长方形，方向 40°，口大底小，有生土二层台。上口长 4.10、宽 2.60 米；二层台面距墓口深 0.72 米，东、西侧台面宽 0.40 米，南、北侧台面宽 0.40 米。底长 3.10、宽 2.40 米；深 2.00 米。二层台以上壁面斜直内收，收分明显，二层台以下壁面平直，周壁光滑，平底，无工具加工痕迹。墓内填松散的黄褐色五花土，含少量植物根系，出土有陶片。

葬具不详。

葬式不详。

盗洞 1 个，位于墓葬北部，自墓顶直通二层台下 0.32 米处。平面略呈方形，长 1.00、宽 0.76 米（图九八）。

（二）出土遗物

无出土器物。

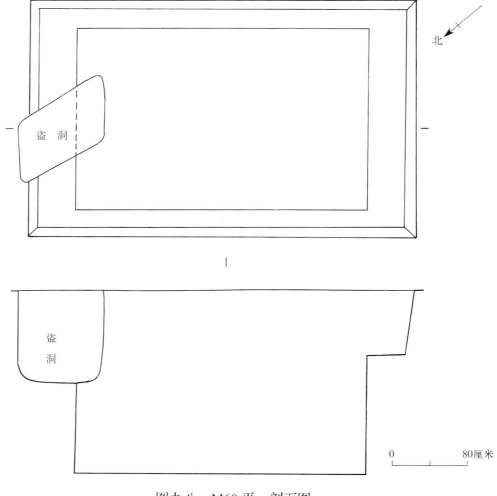

图九八　M60 平、剖面图

五〇　M61

（一）墓葬形制

该墓位于墓群 A 区中部。开口于②层下，开口距地表 0.90 米。

竖穴土坑墓，平面呈梯形，南宽北窄，方向 15°，口大底小。上口长 2.76、宽 1.72～1.92 米；底长 2.36、宽 1.55 米；深 2.90 米。四壁斜弧内收至底，壁面光滑，平底，无工具加工痕迹。墓内填较硬的黄褐色五花土，经夯打，夯层及夯筑方法不明。

葬具为一椁一棺，南北向放置，腐朽严重，残存板灰。椁长 2.30、宽 1.36、残高 0.30 米，椁板厚 8 厘米；棺长 1.80、宽 0.46～0.54 米，高度和棺板厚度不明。

葬式为仰身直肢，人骨一具，保存较好，头向北、面向东，左手抱于胸前，右手放于裆部，鉴定为 35～45 岁之间的女性。

墓葬内出土陶盂 1、陶罐 2 件（图九九；彩版五七，1）。

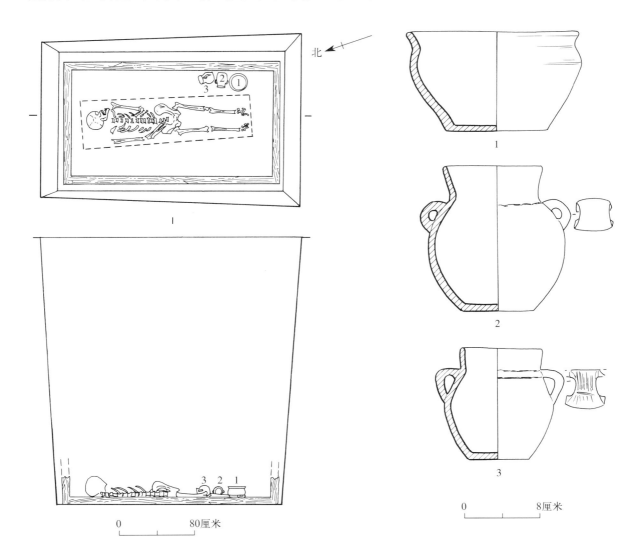

图九九　M61 平、剖面图及出土陶器

1. 盂　2、3. 双耳罐

（二）出土遗物

陶器

3 件。

双耳罐　2 件。

M61：2，夹砂灰褐陶。侈口，圆唇，高领，溜肩，圆腹，小平底，肩部对称处附加两宽带小器耳。领下端附加一道蛇纹泥条，与两器耳上端相连接。口径 10.4、底径 7.6、高 16.0 厘米（图九九，2；彩版五七，2）。

M61：3，口部残，夹砂灰陶。侈口，圆唇，高领，圆腹，小平底，两桥形器耳，较对称的附加于领下端腹。领下端附加二道蛇纹泥条，与两器耳上端汇合并与之相连接，器耳耳面有刻划纹。口径 8.8、底径 6.4、高 12.0 厘米（图九九，3）。

盂　1 件。

M61：1，泥质灰陶。敞口，内斜沿，圆唇，束颈，上腹较鼓，下腹弧内收，平底。素面，器表有刮抹痕迹，内壁可见口沿与器身相拼接的痕迹。口径 18.4、底径 10.8、高 10.8 厘米（图九九，1；彩版五七，3）。

五一　M62

（一）墓葬形制

该墓位于墓群 A 区中部。开口于②层下，开口距地表 0.60 米。

斜坡墓道土坑墓，平面呈"凸"字形，总长 8.50 米，方向 170°。由墓道和墓室两部分组成。墓道位于墓室的南端，南高北低呈坡状，坡度 27°，平面呈梯形，北宽南窄，口底同大。长 5.20、宽 1.02～1.36、深 2.40 米。墓室为土坑式，平面呈长方形，口大底小。上口长 2.96、宽 1.86 米；底长 2.68、宽 1.54 米；深 2.40 米。周壁斜直内收，收分明显，壁面光滑，平底，无工具加工痕迹。墓内填松散的黄褐色五花土，出土少量陶片。

葬具为一椁，呈南北向放置。长 2.48、宽 1.30 米，高度不明，棺板厚 12 厘米。

葬式不详，仅发现三根下肢骨散乱于椁室的南部，年龄、性别不明。

盗洞 2 个，均自墓顶直通墓底，平面呈圆形。盗洞 1 位于墓道东北部，直径 0.50 米；盗洞 2 位于墓室东北角，直径 0.60 米。

墓室内出土陶盂 1 件（图一〇〇）。

（二）出土遗物

陶器

1 件。

盂　1 件。

M62：1，泥质灰陶。敞口，圆唇外翻，上腹壁略直，下腹直内收，平底。上腹部饰二道凹弦纹。口径 16.4、底径 10.2、高 9.0 厘米（图一〇〇，1）。

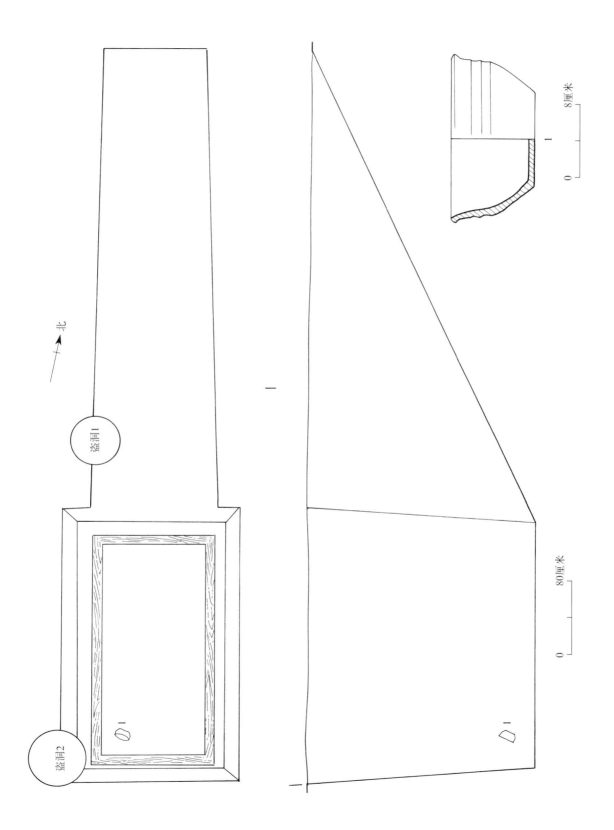

图一〇〇　M62 平、剖面图及出土陶器

1. 盂

五二　M63

（一）墓葬形制

该墓位于墓群的北部。开口于②层下，开口距地表 0.70 米。

竖穴土坑墓，平面呈长方形，方向 45°，口底同大。长 2.60、宽 1.20 米，残深 0.60 米。直壁，光滑，平底，无工具加工痕迹。墓内填松散的黄褐色五花土，含少量植物根系。

葬具不详。

葬式不详（图一〇一）。

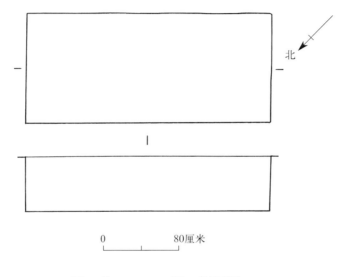

图一〇一　M63 平、剖面图

（二）出土遗物

无出土器物。

五三　M64

（一）墓葬形制

该墓位于墓群 A 区中部。开口于②层下，开口距地表 0.90 米。

竖穴土坑墓，平面呈长方形，方向 100°，口大底小。上口长 2.70、宽 1.80 米；底长 2.30、宽 1.40 米；深 3.60 米。四壁斜直内收，壁面光滑，平底，无工具加工痕迹。墓内填松散的黄褐色五花土，含少量植物根系，出土较多陶片。

葬具不详。

葬式不详。

墓葬内出土陶罐 2、陶坛 1 件（图一〇二）。

（二）出土遗物

陶器

3件。

双耳罐　1件。

M64∶2，器身略残，泥质灰陶。敞口，方唇，斜高领，深弧腹，底微外凸，两宽带器耳对称的附加于腹上端。腹部斜向竖绳纹，底部亦饰绳纹，领部有轮制痕迹。口径16.2、底径10.0、高20.8

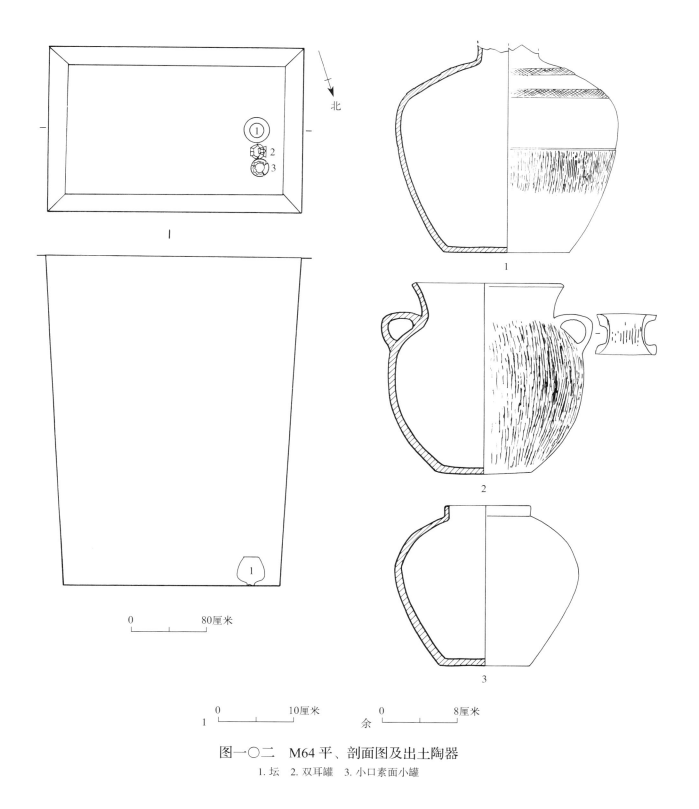

图一〇二　M64平、剖面图及出土陶器
1. 坛　2. 双耳罐　3. 小口素面小罐

厘米（图一〇二，2；彩版五八，1）。

小口素面小罐　1件。

M64：3，残，泥质灰陶。直口，圆唇，矮领，圆肩，圆腹，最大径位于腹上部，平底。素面，器身刮抹痕迹明显。口径9.2、最大径19.2、底径9.4、高17.2厘米（图一〇二，3；彩版五八，2）。

坛　1件。

M64：1，口部缺失，泥质灰陶。束颈，广肩，弧腹内收，最大径位于腹上部，平底。肩部饰二周菱形方格纹，腹中部饰一道凹弦纹，之下饰一周竖向细绳纹。最大径29.6、底径16.6、残高28.5厘米（图一〇二，1；彩版五八，3）。

五四　M65

（一）墓葬形制

该墓位于墓群A区中部偏南。开口于②层下，开口距地表1.10米。

竖穴土坑墓，平面呈长方形，方向110°，口大底小。上口长3.20、宽2.00米；底长2.60、宽1.80米；深2.60米。四壁斜直内收，壁面光滑，平底，无工具加工痕迹。墓内填松散的黄褐色五花土，含少量植物根系，出土较少陶片。

葬具为一椁一棺，东西向摆放，残存板灰。椁长2.36、宽1.16米，高度及椁板厚度不明；棺长1.90、宽0.60米，高度及棺板厚度不明。

葬式为仰身直肢，人骨一具，头向东、面向上，双手放于盆骨处，双腿直伸，年龄、性别不明。

墓葬内出土玉环1、骨器1、玻璃串珠1件（组）（图一〇三）。

（二）出土遗物

1. 玉器

1件。

环　1件。

M65：1，乳白色，玉质纯净、温润，透亮，磨制光滑，平面呈圆形，截面呈菱形。素面。外径3.8、内径2.6、厚0.6厘米（图一〇三，1；彩版五九，1）。

2. 骨器

1件。

饰件　1件。

M65：3，残。圆环形，截面呈长方形。外径2.4、内径1.3、厚0.2厘米（图一〇三，3；彩版五八，4）。

3. 玻璃器

1件。

串珠　1组。

M65：2，共3件。形制、尺寸相同，扁体圆柱形，中部有穿孔。器表饰由白色圆圈、蓝色乳点组成的图案。直径1.2、厚0.8厘米（图一〇三，2；彩版五九，2）。

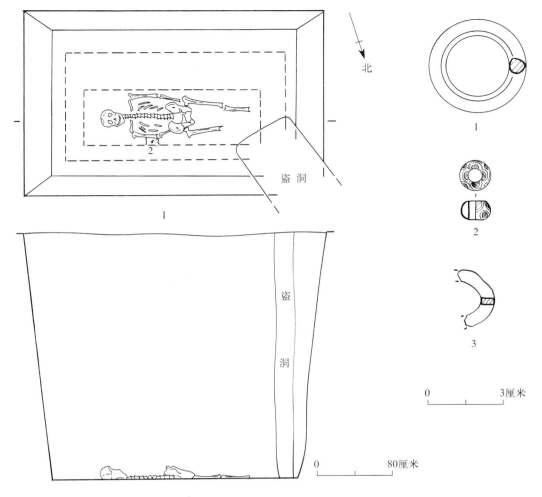

图一〇三 M65 平、剖面图及出土器物

1. 玉环 2. 玻璃串珠 3. 骨饰件

五五 M66

（一）墓葬形制

该墓位于墓群 A 区中部。开口于②层下，开口距地表 1.50 米。

斜坡墓道土坑墓，平面呈"曲尺"形，总长 13.02 米，方向 220°。由墓道和墓室两部分组成。

墓道位于墓室的南端，南高北低呈坡状，坡度 33°，平面呈曲尺状，距南端 3.00 米处开始向西起弧，口大底小。上口长 9.28、宽 1.12～2.80、深 0～3.60 米。壁面斜直内收。墓室为土坑式，平面呈长方形，口大底小，下有生土二层台。上口长 4.00、宽 3.40 米；二层台距墓口 4.00 米，东、西侧台面宽 0.36、北侧台面宽 0.80 米，南侧无二层台；底长 2.40、宽 1.80 米；深 5.20 米。周壁斜直内收，收分明显，壁面光滑，墓室底部较平，无工具加工痕迹。墓内填较硬的黄褐色五花土，墓道填土中经夯打，圆形夯窝直径 12 厘米。

葬具不详。

葬式不详。

盗洞 1 个，位于墓室的西北部，自墓顶直通墓底。平面呈椭圆形，长 1.20～2.16 米（图一〇四）。

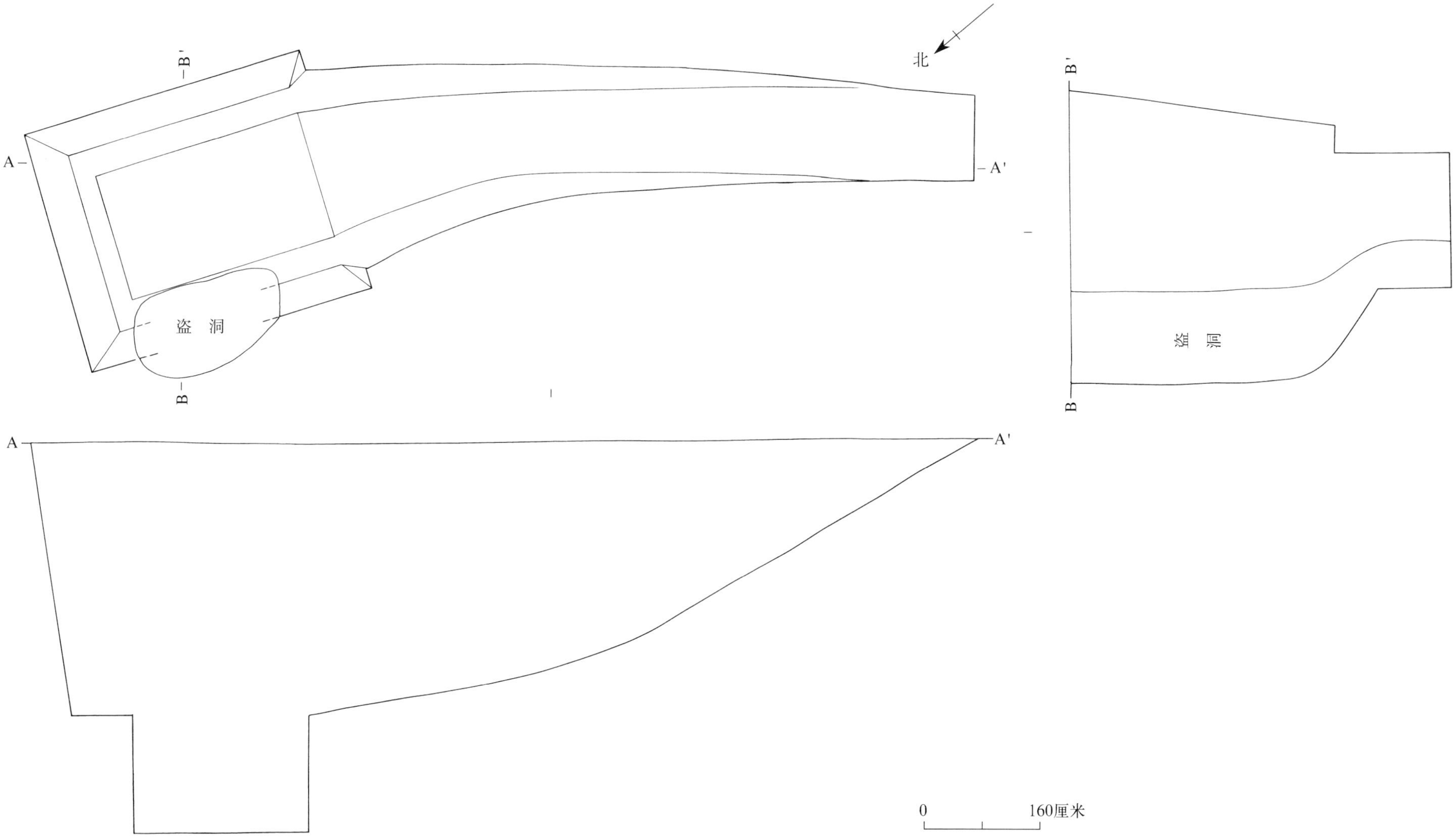

盗洞

灰

北

A—

—A'

B—

—B'

A'

A

B'

B

0

160厘米

图一〇四　M66 平、剖面图

（二）出土遗物

无出土器物。

五六　M67

（一）墓葬形制

该墓位于墓群 A 区南部。开口于②层下，开口距地表 1.00 米。

竖穴土坑墓，平面呈长方形，方向 53°，口大底小。上口长 2.86、宽 1.92 米；底长 3.00、宽 1.60 米；深 2.90 米。墓底南北两端延伸至墓壁内，南端进深 0.14、北端进深 0.12 米；壁面粗糙，平底，无工具加工痕迹。墓内填略硬的黄褐色五花土。

葬具为一椁一棺，东西向摆放，残存部分板灰。椁长 2.80、宽 1.40、残高 0.10、椁板厚 8 厘米；棺残长 0.40 ～ 1.00、宽 0.70 米，高度及棺板厚度不明。

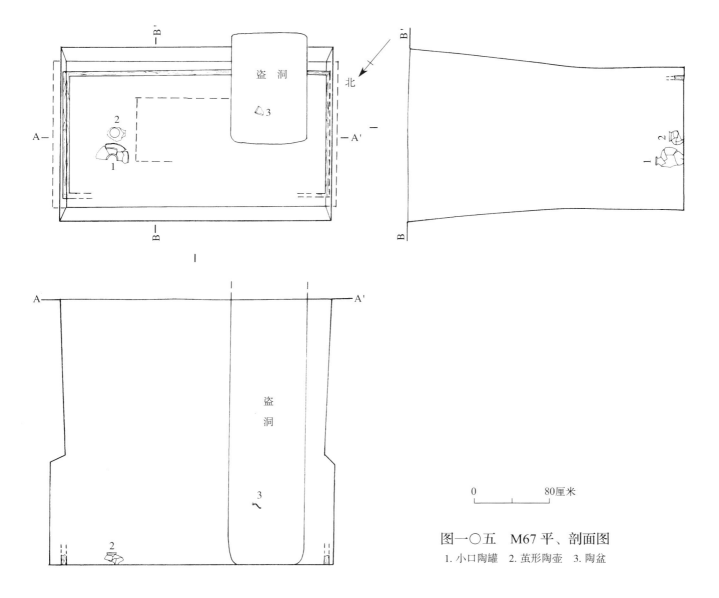

图一〇五　M67 平、剖面图

1. 小口陶罐　2. 茧形陶壶　3. 陶盆

葬式不详。

盗洞 1 个，位于墓葬的西南部，自墓顶直通墓底。平面呈长方形，长 1.20、宽 0.80 米。

墓葬内出土陶盆 1、陶罐 1、陶壶 1 件（图一〇五）。

（二）出土遗物

陶器

3 件。

茧形壶　1 件。

M67：2，口部缺失，泥质黑皮磨光陶，施彩绘。残存器身形如一蚕茧，喇叭形底座。器身纵向饰数组凹弦纹，每组由三道凹弦纹组成，底座上部以红彩绘一道弦纹。底径 10.4、残高 15.1 厘米（图一〇六，2）。

小口罐　1 件。

M67：1，口部略残，泥质灰陶。侈口，外斜沿，方唇，直领，圆肩，腹微鼓，最大径位于鼓腹处，平底。腹部饰斜向细绳纹，于绳纹之上再饰数道弦纹，将之分割成数段，口部有轮制痕迹，肩部有刮抹痕迹。口径 12.6、最大径 35.8、底径 18.0、高 29.2 厘米（图一〇六，1）。

盆　1 件。

M67：3，泥质灰陶。敞口，宽平沿，沿面有二道凹槽，圆唇，束颈，斜腹内收，平底。素面，器身轮制痕迹明显。口径 23.8、底径 12.8、高 10.0 厘米（图一〇六，3）。

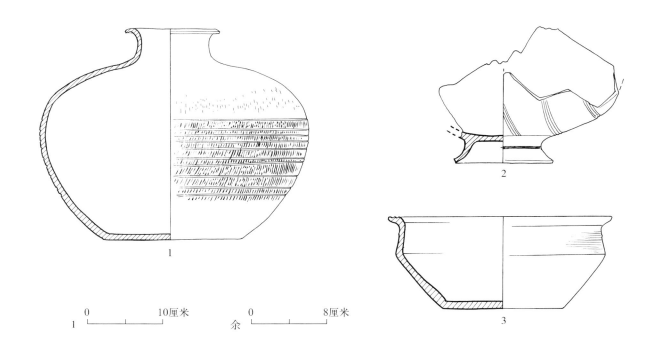

图一〇六　M67 出土陶器

1. 小口罐 M67：1　2. 茧形壶 M67：2　3. 盆 M67：3

五七　M68

（一）墓葬形制

该墓位于墓群 A 区南部。开口于②层下，开口距地表 1.00 米，被 M58、M67 打破。

竖穴土坑墓，平面呈长方形，方向 120°，口大底小。上口长 3.30、宽 1.72 米；底长 1.88、宽 1.28 米；深 3.52 米。墓壁斜直内收，收分明显，壁面粗糙，平底，无工具加工痕迹。墓内填较硬的黄褐色五花土，经夯打，夯层不明。

葬具一椁，东西向摆放，残存板灰。椁长 1.72、宽 1.04、残高 0.12 米，椁板厚 4 厘米。

葬式不详。

盗洞 2 个。盗洞 1 位于墓葬西南部，自内斜向通入墓底，平面呈长方形，长 0.72、宽 0.60 米；

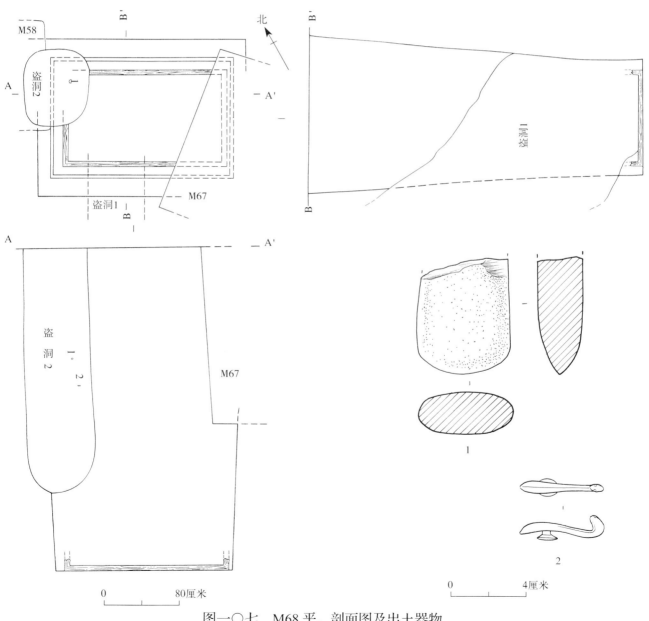

图一〇七　M68 平、剖面图及出土器物

1. 石斧　2. 铜带钩

盗洞 2 位于墓葬西北角，自墓顶直通至墓葬的中下部，平面呈圆角长方形，长 0.84、宽 0.68 米。

墓葬内出土铜带钩 1、石斧 1 件（图一〇七）。

（二）出土遗物

1. 铜器

1 件。

带钩　1 件。

M68：2，螳螂形。钩首为头，钩体为身，椭圆形纽位于尾部。长 4.5、纽径 1.0 厘米（图一〇七，2；彩版六〇，1）。

2. 石器

1 件。

斧　1 件。

M68：1，顶端残缺。残存平面略呈梯形，两侧棱规整，双面刃较为锋利，刃部呈弧形，磨制精美。器表有琢制痕迹。残长 6.0、宽 5.0、厚 2.4 厘米（图一〇七，1）。

五八　M69

（一）墓葬形制

该墓位于墓群 A 区中部。开口于②层下，开口距地表 0.50 米。

竖穴墓道土洞墓，总长 4.10 米，方向 200°。由墓道和墓室两部分组成。墓道位于墓室的南端，宽于墓室，平面呈长方形，口大底小。上口长 2.50、宽 2.00 米；底长 2.24、宽 1.40 米；深 2.50 米。壁面斜直内收，收分明显。墓室为土洞式，平面呈长方形，拱形顶。长 1.36、宽 1.12、高 1.10 米；两纵壁自 0.64 米处开始起拱，高 0.40 米。壁面平直，整个墓壁壁面规整，墓道与墓室底齐平，无工具加工痕迹。墓道内填松散的黄褐色五花土，墓室内填较硬的灰黄色淤土及顶部坍塌的黄褐色生土。

葬具为一椁一棺，南北向摆放，残存板灰，椁紧挨墓室周壁。椁长 2.00、宽 1.20 米，椁板厚 10 厘米；棺长 1.92、宽 0.80 米，棺板厚 8 厘米；椁棺的高度均不明。

葬式为仰身直肢，人骨一具，头向北、面向西，年龄、性别不明。

盗洞 1 个，位于墓道与墓室之间，自墓顶直通墓底。平面呈椭圆形，长 0.60～0.64 米。

墓室内出土铜环 1、铜饰件 1、玉串珠 1、骨锥 1 件（组）；盗洞内出土铜环 1、玉串珠 4、玉管 1、骨锥 2 件（组）（图一〇八）。

（二）出土遗物

1. 铜器

2 件（组）。

饰件　1 组。

M69：4，共 2 个。均残。形制相同，圆筒状，中部隆起，器表饰弦纹。M69：4-1，残长 3.2 厘米。M69：4-2，残长 2.5 厘米（图一〇九，1、2；彩版六〇，2）。

环　1 组。

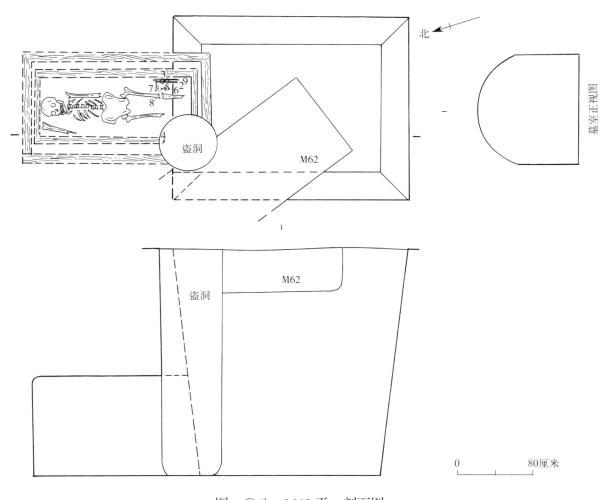

图一〇八　M69 平、剖面图

1.玉管　2、9.骨锥　3.铜环　4.铜饰件　5～8.玉串珠

　　M69：3，共 2 个。M69：3-1，圆形环状，截面呈扁圆形，器表饰卷云纹。外径 5.9、内径 4.8、厚 0.4 厘米（图一〇九，3）。M69：3-2，残。圆形环状，截面呈长方形。器表内外缘各饰一道凸弦纹，中部饰三角几何纹，间以乳丁。外径 5.4、内径 4.0、厚 0.2 厘米（图一〇九，4；彩版六〇，3）。

　　2. 玉器

　　5 件。

　　管　1 件。

　　M69：1，残。圆柱状，中部有穿孔。素面。长 1.2、直径 0.6 厘米（图一〇九，5；彩版六〇，4）。

　　串珠　4 件（组）。

　　M69：5，绿色，玉质纯净、温润，不透亮，磨制光滑，扁体圆柱形，中部有穿孔。器表饰圆形刻划纹，间以戳刺纹。直径 1.0、厚 0.6 厘米（图一〇九，6；彩版五九，3）。

　　M69：6，灰白色，玉质较差，不透亮，磨制光滑，扁体圆柱形，中部有穿孔。素面，器表有轮制痕迹。直径 1.2、厚 1.1 厘米（图一〇九，7；彩版五九，4）。

　　M69：7，共 2 个。红色，质地纯净，透亮，磨制光滑，圆柱形，中部有穿孔。素面。M69：7-

1，直径1.0、厚0.7厘米（图一〇九，8）。M69：7-2，直径0.8、厚0.6厘米（图一〇九，9；彩版五九，5）。

M69：8，红色，质地纯净，透亮，磨制光滑，圆柱形，中部有穿孔。素面。直径0.9、厚0.7厘米（图一〇九，10；彩版五九，6）。

3. 骨器

2件。

锥 2件。

M69：2，截面呈三角形，末端微弧，较尖锐，磨制精美。素面。长23.8厘米（图一〇九，11；彩版六〇，5）。

M69：9，截面呈三角形，末端残缺，磨制精美。素面。残长28.8厘米（图一〇九，12）。

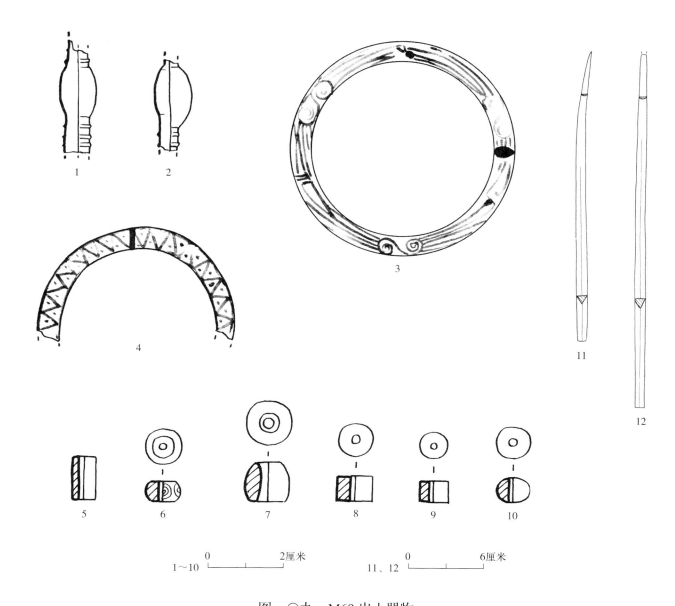

图一〇九 M69 出土器物

1、2. 铜饰件M69：4-1、4-2 3、4. 铜环M69：3-1、3-2 5. 玉管M69：1 6～10. 玉串珠M69：5、6、7-1、7-2、8 11、12. 骨锥M69：2、9

五九　M70

（一）墓葬形制

该墓位于墓群 A 区中部。开口于②层下，开口距地表 0.90 米。

竖穴土坑墓，平面呈长方形，方向 110°，口大底小。上口长 2.60、宽 1.60 米；底长 2.50、宽 1.44 米；深 1.70 米。墓壁斜直内收，壁面光滑，平底，无工具加工痕迹。墓内填松散的黄褐色五花土，含少量植物根系。

葬具不详。

葬式不详，仅残存少数肢骨，被扰乱。

墓葬内出土铜镞 1 件（图一一〇）。

（二）出土遗物

铜器

1 件。

镞　1 件。

M70：1，呈三棱锥形，刃较锋利，镞尖尖锐。残长 2.6 厘米（图一一〇，1）。

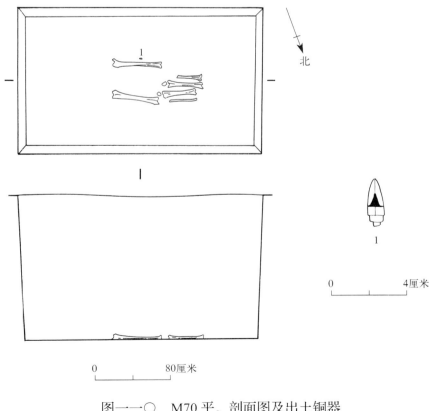

图一一〇　M70 平、剖面图及出土铜器
1. 镞

六〇　M71

（一）墓葬形制

该墓位于墓群 A 区中部。开口于②层下，开口距地表 0.80 米。

竖穴墓道土洞墓，方向 200°，总长 4.80 米。由墓道和墓室两部分组成。墓道位于墓室的南端，宽于墓室，平面呈长方形，口大底小。上口长 2.80、宽 1.80 ～ 1.90 米；底长 2.40、宽 1.40 ～ 1.48 米；深 3.00 ～ 3.04 米。墓道南侧东西两壁底部对称处各有一封门槽，宽 0.14 ～ 0.20、进深 0.06 ～ 0.08、高 0.12 ～ 0.38 米。壁面斜直内收，底部南高北低略呈坡状，收分明显。墓室为土洞式，平面呈长方形，拱形顶。长 2.20、宽 1.40、高 1.68 米；两纵壁自距墓底 1.20 米处开始起拱，拱高 0.60 米。壁面平直、规整，平底，无工具加工痕迹。墓内填较硬的黄褐色五花土，经夯筑，夯层厚 30 ～ 40 厘米，夯窝直径约 100 厘米。

葬具为一椁，南北向摆放，残存板灰，椁紧挨墓室周壁。椁长 2.04、宽 1.30 米，高度不明，椁板厚 4 厘米。

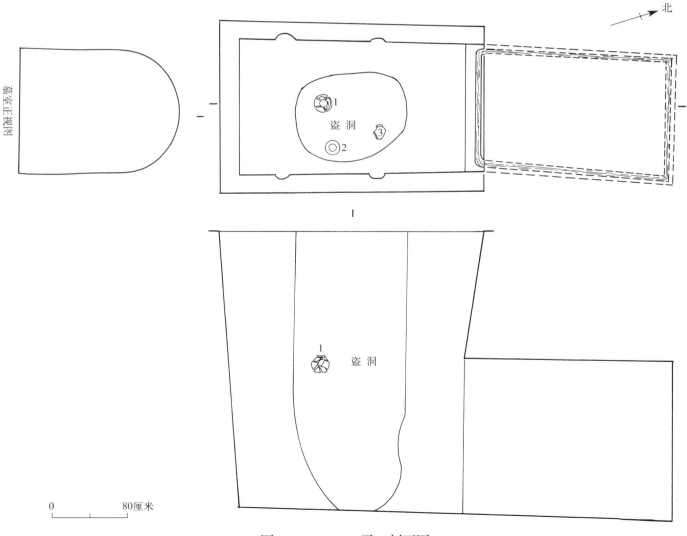

图一一一　M71 平、剖面图

1. 异形陶罐　2. 小口陶罐　3. 大口陶罐

葬式不详。

盗洞 1 个，位于墓道中部偏东，自墓顶直通墓底。平面呈椭圆形，长 1.00～1.16 米。

墓室内出土陶罐 3 件（图一一一）。

（二）出土遗物

陶器

3 件。

小口罐 1 件。

M71：2，口部略残，泥质灰陶。侈口，窄平沿，方唇，束颈，溜肩，斜腹内收，最大径位于肩腹交接处，平底。素面，器表有刮抹痕迹。口径 9.6、最大径 16.0、底径 9.6、高 16.8 厘米（图一一二，2）。

大口罐 1 件。

M71：3，残，泥质灰陶。侈口，方唇，矮领，圆肩，弧腹，最大径位于肩腹交接处，平底。器表饰竖向斜绳纹，领部轮制痕迹明显。口径 11.2、最大径 17.8、底径 9.0、高 16 厘米（图一一二，3）。

异形罐 1 件。

M71：1，泥质灰陶。口微侈，圆唇，矮领，溜肩，弧腹，最大径位于肩腹交接处，平底。器表、底部均饰粗绳纹，领部轮制痕迹明显。口径 9.0、最大径 19.3、底径 11.8、高 19.0 厘米（图一一二，1）。

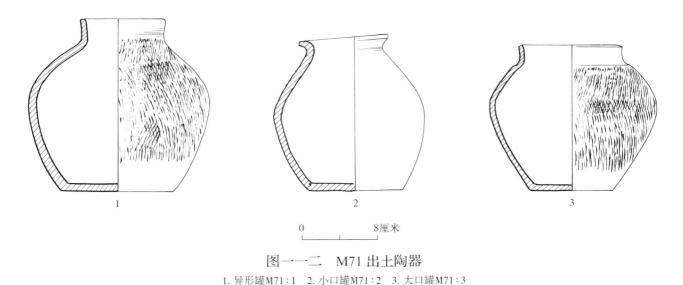

0   8厘米

图一一二 M71 出土陶器
1. 异形罐M71：1 2. 小口罐M71：2 3. 大口罐M71：3

六一 M72

（一）墓葬形制

该墓位于墓群 A 区中部。开口于②层下，开口距地表 2.00 米。

竖穴土坑墓，平面呈长方形，方向 75°，口大底小，下有生土二层台。上口长 5.10、宽 3.52 米；二层台距墓口 3.68 米，东、西、南侧台面宽 0.30、北侧台面宽 0.32 米；底长 3.70、宽 2.88 米；深 5.00 米。二层台以上壁面斜直内收，收分明显，二层台以下直壁，周壁光滑，平底，无工具加工痕迹。

墓内填松散的黄褐色五花土。

葬具为一椁，残存板灰。椁长 3.20、宽 1.44 米，高度及椁板厚度不明。

葬式不详。

盗洞 1 个，位于墓葬的东北角，自墓顶直通墓底。平面呈圆角长方形，长 1.20、宽 1.12 米。

盗洞内出土铜盆 1 件（图一一三）。

（二）出土遗物

铜器

1 件。

盆　1 件。

M72：1，口沿残片。敞口，窄沿，方唇，弧腹，底缺失。素面。口径 23.0、残高 8.0 厘米（图一一三，1）。

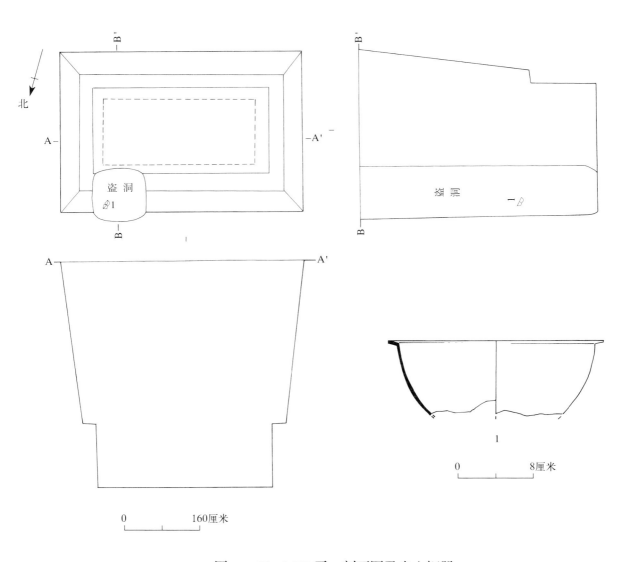

图一一三　M72 平、剖面图及出土铜器

1. 盆

六二　M73

（一）墓葬形制

该墓位于墓群 A 区西部。开口于②层下，开口距地表 0.50 米。

竖穴土坑墓，平面呈长方形，方向 20°，口底同大。长 3.50、宽 1.72、残深 0.70 米。直壁，壁面光滑，平底，无工具加工痕迹。墓内填松散的黄褐色五花土，含少量植物根系。

葬具不详。

葬式不详。

盗洞 1 个，位于墓葬西南角，自墓顶直通墓底。平面呈不规则形，长 0.84、宽 0.48 米。

墓葬内出土铜钏器 3、铜带钩 1 件（组）（图一一四）。

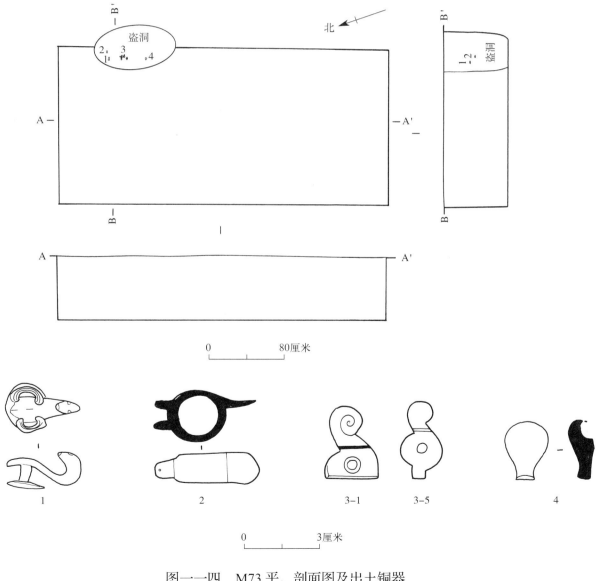

图一一四　M73 平、剖面图及出土铜器

1. 带钩　2～4. 钏器

（二）出土遗物

铜器

4 件。

带钩　1 件。

M73：1，兽形。体短小，钩首呈蛇头形，较纤细，尾部圆鼓，呈牛头状，两角向上盘起，盘起中部镂空，器纽位于尾部。长 3.0、纽径 2.1 厘米（图一一四，1；彩版六一，1）。

钮器　3 件（组）。

M73：2，为器耳，鎏金。器身环形片状，似一箍，一端向外延伸出二长方形薄片，二薄片上各有一穿孔，另一端向外延伸起一较宽的薄片，末端略呈三角形。长 4.2、环径 2.4 厘米（图一一四，2；彩版六一，2）。

M73：4，蹄形。残存蹄足，截面呈半圆形。素面。残高 2.4 厘米（图一一四，4；彩版六一，3）。

M73：3，共 5 件。为器盖纽，形制相同，卷云环形，下端有孔。M73：3-1、3-2，长 3.0、宽 2.2、厚 0.1 厘米（图一一四，3-1）。M73：3-3 ～ 3-5，下端有榫，可与器身相接。长 3.1、宽 1.7、厚 0.1 厘米（图一一四，3-5；彩版六一，4）。

六三　M74

（一）墓葬形制

该墓位于墓群 A 区中部偏南。开口于②层下，开口距地表 0.70 米。

竖穴土坑墓，平面呈长方形，方向 100°，口大底小。上口长 3.10、宽 2.00 米；底长 3.00、宽 1.80 米；深 4.32 米。墓壁斜直内收，收分明显，壁面粗糙，平底，无工具加工痕迹。墓内填较硬的黄褐色五花土，出土少量陶片。

葬具为一椁，东西向摆放，残存板灰。椁长 2.70、宽 1.30 米，高度及椁板厚度不明。

葬式不详，人骨一具，仅残存下肢骨，位于椁室中部，头向东，年龄、性别不明。

墓葬内出土陶壶 1、陶豆 2、铜带钩 1 件（图一一五）。

（二）出土遗物

1. 陶器

3 件。

豆　2 件。

M74：2，泥质灰陶。豆盘，子母口微敛，圆唇，上腹微鼓，下腹弧内收，平底，下接柱状空心豆柄，喇叭状底座。素面，豆盘表面有刮抹痕迹。口径 16.4、底径 8.8、豆盘高 6.0、通高 14.8 厘米（图一一六，1）。

M74：3，残，泥质灰陶。豆盘，敞口，圆唇，浅腹上部直壁，下部弧内收，平底，直接连于底座，底座形如圈足。素面，豆盘内壁有刮抹痕迹。口径 18.4、底径 8.8、豆盘高 5.6、通高 8.0 厘米（图一一六，2）。

平底壶　1 件。

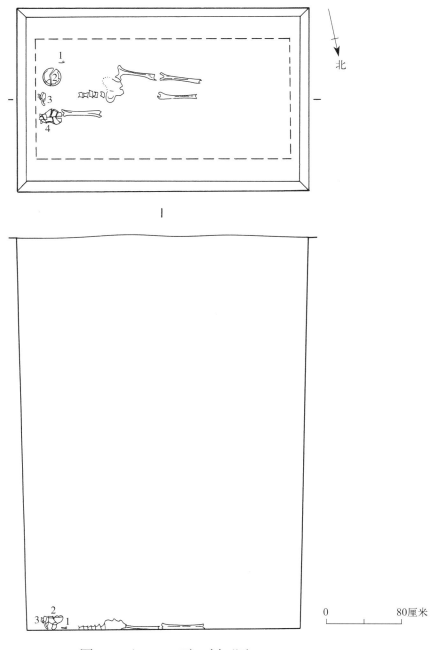

图一一五 M74平、剖面图

1. 铜带钩 2、3. 陶豆 4. 平底陶壶

M74：4，泥质灰陶。喇叭口，方唇外撇，斜高领，溜肩，弧腹，最大径位于肩腹交接处，平底。素面。口径14.0、最大径19.2、底径10.0、高24.0厘米（图一一六，3）。

2. 铜器

1件。

带钩 1件。

M74：1，钩首残缺，兽形。钩身细长，尾部圆鼓，器纽位于尾部，因残损形制不明。器身饰兽形图案，锈蚀不明。残长6.4厘米（图一一六，4）。

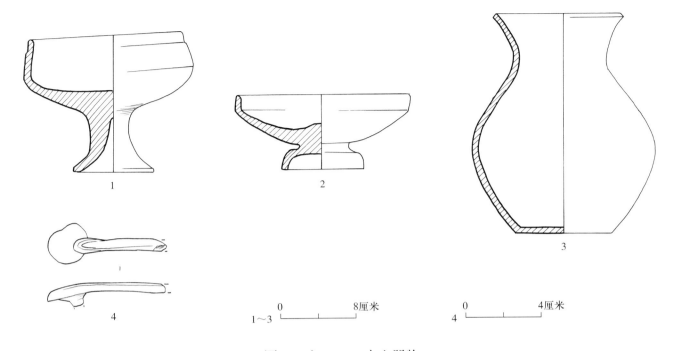

图一一六　M74 出土器物

1、2. 陶豆M74：2、3　3. 平底陶壶M74：4　4. 铜带钩M74：1

六四　M75

（一）墓葬形制

该墓位于墓群 A 区中部。开口于②层下，开口距地表 1.00 ～ 1.40 米。

竖穴墓道土洞墓，总长 4.80 米，方向 255°。由墓道和墓室两部分组成。墓道位于墓室的西端，宽于墓室，平面呈长方形，口底同大。长 2.30、宽 1.28、深 1.30 ～ 1.80 米。直壁，底部南高北低略呈坡状。墓室为土洞式，平面呈长方形，拱形顶。长 2.50、宽 0.70、高 0.90 米；两纵壁自距墓底 0.88 米处开始起拱，拱高 0.20 米。墓壁平直、规整，平底，无工具加工痕迹。墓内填较硬的黄褐色五花土，经夯打，夯层、夯筑方法不明。

葬具为一棺，东西向摆放，残存板灰。长 1.80、宽 0.56 米，高度及棺板厚度不明。

葬式为侧身直肢，头向西、面向北，年龄、性别不明。

盗洞 1 个，位于墓道与墓室的北部，自墓顶直通墓底。平面呈椭圆形，长 1.10 ～ 1.12 米。

墓室内出土铜釜 1 件（图一一七）。

（二）出土遗物

铜器

1 件。

釜　1 件。

M75：1，口部略残。口微敛，斜折沿，方唇，深弧腹，圜底。素面。口径 18.4、高 10.0 厘米（图一一七，1；彩版六一，5）。

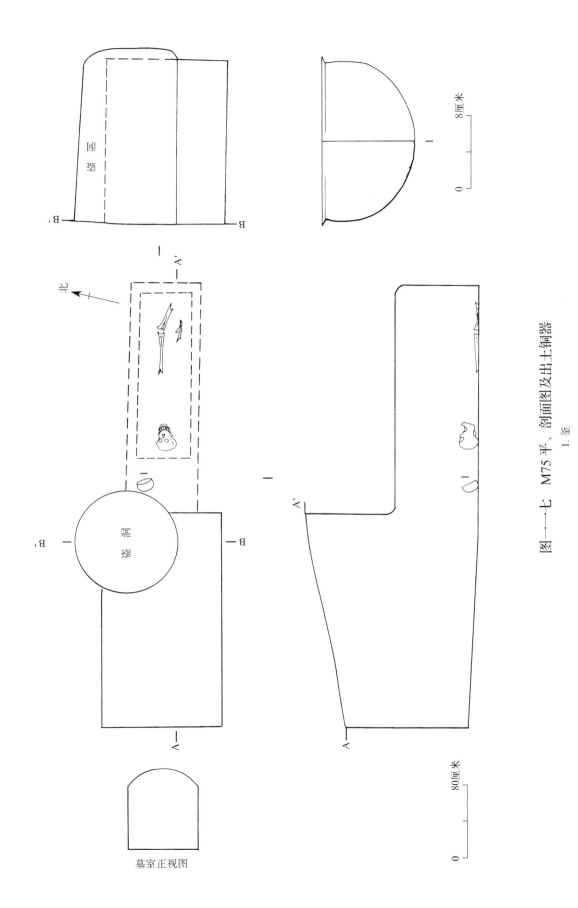

图一七　M75 平、剖面图及出土铜器
1. 釜

六五 M76

（一）墓葬形制

该墓位于墓群 A 区中部。开口于②层下，开口距地表 1.50 米。

竖穴土坑墓，平面呈长方形，方向 110°，口大底小。上口长 3.40、宽 2.04 米；底长 2.80、宽 1.50 米；深 3.10 米。距墓口 1.50 米处斜壁直内收，收分明显，之下 1.56 米为直壁，壁面粗糙，平底，无工具加工痕迹。墓内填较硬的黄褐色五花土，出土有少量陶片。

葬具为一椁，东西向摆放，残存板灰。长 2.60、宽 1.32 米，高度及椁板厚度不明。

葬式不详，仅残存下肢骨，位于椁室的中部，头向东，年龄、性别不明。

盗洞 1 个，位于墓葬西北角，自墓顶直通墓底。平面呈圆形，直径 0.60 米（图一一八）。

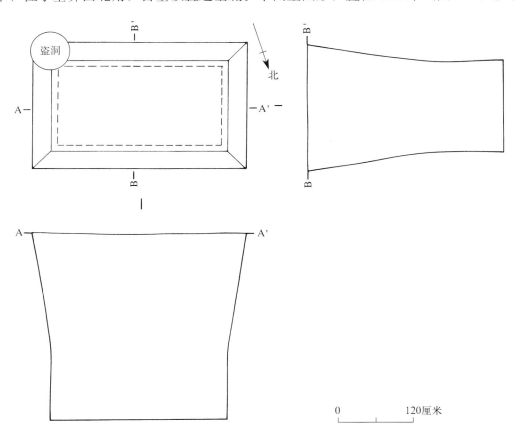

图一一八 M76 平、剖面图

（二）出土遗物

无出土器物。

六六 M77

（一）墓葬形制

该墓位于墓群 A 区西南部。开口于②层下，开口距地表 0.80 米。

竖穴土坑墓，平面呈长方形，方向130°，口底同大。长3.20、宽2.00、残深0.80米。直壁，光滑，平底，无工具加工痕迹。墓内填松散的灰褐色五花土，含少量植物根系、料礓石颗粒。

葬具不详。

葬式不详。

盗洞一处，位于墓葬东北角，自墓顶直通墓底。平面呈圆形，直径0.40米。

墓葬内出土铜带钩1、铁削1、铁棺钉1、玉佩饰1件（图一一九）。

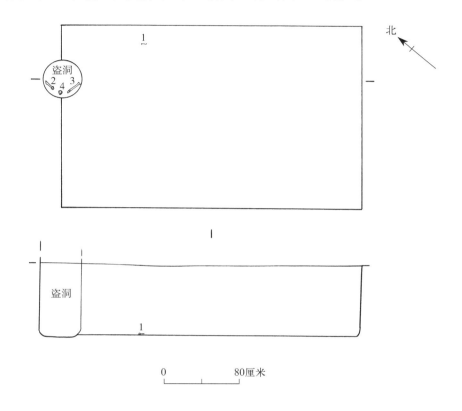

图一一九 M77平、剖面图
1. 铜带钩 2. 铁削 3. 铁棺钉 4. 玉佩饰

（二）出土遗物

1. 铜器

1件。

带钩 1件。

M77：1，鸭形。钩首呈鸭首，钩身纤细呈鸭颈，尾部圆鼓呈鸭身，器纽位于尾部。长5.6、纽径2.2厘米（图一二〇，1）。

2. 铁器

2件。

削 1件。

M77：2，锈残。圆形环首，截面呈椭圆形，削身窄长，截面呈三角形。残长12.1、环首径1.2～2.9厘米（图一二〇，2）。

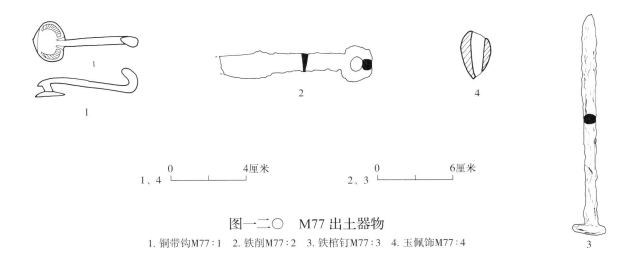

图一二〇　M77 出土器物

1. 铜带钩M77：1　2. 铁削M77：2　3. 铁棺钉M77：3　4. 玉佩饰M77：4

棺钉　1 件。

M77：3，"T"字形。顶帽呈圆饼状，器身纤细，末端较尖。素面。长 18.0 厘米（图一二〇，3）。

3. 玉器

1 件。

佩饰　1 件。

M77：4，器身透亮，体呈不规则形，器身中部有不规则形穿孔。素面。直径 1.6、高 2.7 厘米（图一二〇，4）。

六七　M78

（一）墓葬形制

该墓位于墓群 A 区中部偏南。开口于②层下，开口距地表 0.70 米。

竖穴土坑墓，平面呈长方形，方向 75°，口大底小，下有生土二层台。上口长 4.10、宽 3.72 米；二层台距墓口 2.45 米，东侧台面宽 0.26、西侧台面宽 0.14 米，南北两侧无二层台；底长 2.70、宽 2.00 米；深 3.72 米。墓壁斜直内收，收分明显，壁面规整、光滑，平底，无工具加工痕迹。墓内填松散的黄褐色五花土，出土有陶片。

葬具不详。

葬式不详。

墓葬内出土陶罐 1 件（图一二一）。

（二）出土遗物

陶器

1 件。

小口罐　1 件。

M78：1，口沿残片，泥质灰陶。侈口，沿外撇，方唇，束颈，残存部分肩部，肩以下部分缺失。颈部先饰绳纹后抹掉，残存绳纹纹理，肩部饰绳纹，绳纹之上饰数道凹弦纹，将绳纹分割成数段，内壁可见泥条盘筑痕迹。口径 12.3、残高 7.5 厘米（图一二一，1）。

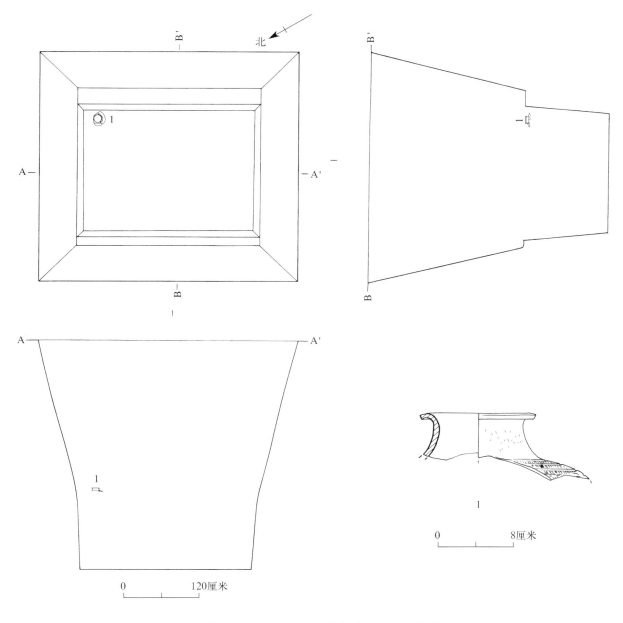

图一二一　M78 平、剖面图及出土陶器
1. 小口罐

六八　M79

（一）墓葬形制

该墓位于墓群 A 区中部。开口于②层下，开口距地表 1.60 ～ 3.00 米，东部被 M66 打破。

竖穴土坑墓，平面呈长方形，方向 285°，口大底小。上口残长 1.68、宽 1.98 米；底部长 2.40、宽 1.50 米；深 4.50 米。斜壁直内收，收分明显，壁面粗糙，平底，无工具加工痕迹。墓内填松散的黄褐色五花土。

葬具不详。

葬式不详。

盗洞1个，位于墓葬东北部，自墓顶直通墓底。平面呈椭圆形，长 0.54～0.66 米。

墓葬内出土陶罐2、陶豆2、陶器盖1、铜印章1件（图一二二）。

（二）出土遗物

1. 陶器

5件。

豆　2件。

M79：2，底部残，泥质灰陶。子母口微敛，深弧腹，最大径位于腹中部，喇叭状高圈足。腹部有三道凸棱，器身轮制痕迹明显。口径 17.6、最大径 20.0、底径 12.8、高 14.4 厘米（图一二三，1；彩版六二，1）。

M79：4，残，泥质灰陶。覆钵形器盖，豆盘，子母口微敛，深弧腹，最大径位于腹中部，柱状空心豆柄，喇叭形底座。器盖表面饰三道刻划纹，器身腹部有三道凸棱，器身轮制痕迹明显。口径

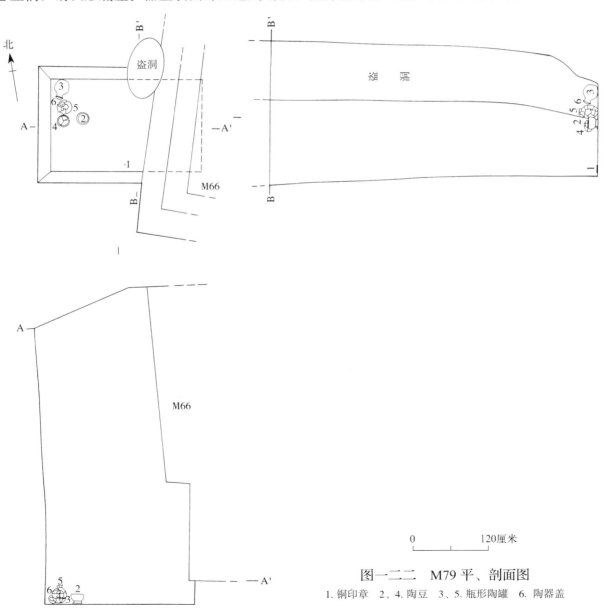

0　　　　120厘米

图一二二　M79 平、剖面图

1. 铜印章　2、4. 陶豆　3、5. 瓶形陶罐　6. 陶器盖

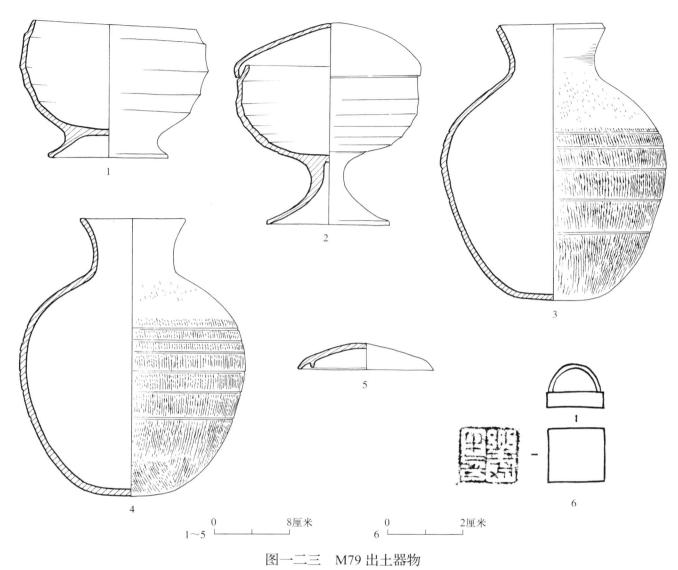

图一二三 M79 出土器物

1、2.陶豆M79:2、4 3、4.瓶形陶罐M79:3、5 5.陶器盖M79:6 6.铜印章M79:1

18.4、最大径 19.5、底径 13.0、器盖高 5.8、通高 22.2 厘米（图一二三，2；彩版六二，2）。

瓶形罐 2件。

M79:3，泥质灰陶。侈口，方唇外撇，斜高领，溜肩，圆腹，最大径位于腹上部，圜底近平。腹部先饰斜向竖绳纹，后饰数道凹弦纹，将之分割成数段，肩部先饰绳纹，后将之抹掉，残留绳纹纹理，底部亦饰绳纹，口部有轮制痕迹。口径 11.6、最大径 24.0、高 30.0 厘米（图一二三，3；彩版六二，3）。

M79:5，泥质灰陶。侈口，圆唇外撇，斜高领，圆肩，圆腹，最大径位于腹上部，圜底近平。腹部先饰斜向竖绳纹，后饰数道凹弦纹，将之分割成数段，肩部先饰绳纹，后将之抹掉，残留绳纹纹理，底部亦饰绳纹，口部有轮制痕迹。口径 11.2、最大径 24.0、高 30.6 厘米（图一二三，4；彩版六二，4）。

器盖 1件。

M79:6，泥质灰陶。覆钵形，子母口。素面。直径 14.5、高 2.8 厘米（图一二三，5）。

2. 铜器

1件。

印章　1枚。

M79:1，桥形纽，印背有台面，台边平直，印面正方形。阳刻文，"乐成之印"字样。边长1.50、印面厚0.40、通高1.20厘米（图一二三，6；彩版六二，5）。

六九　M80

（一）墓葬形制

该墓位于墓群A区中部。开口于②层下，开口距地表1.20～1.40米。

竖穴土坑墓，平面呈长方形，方向335°，口大底小。上口残长3.90、宽3.20米；底长3.32、宽2.58米；深4.10～4.30米。墓北端延伸至墓壁外0.10米，延伸部分顶部倾斜，顶距墓底北1.40～1.50米。周壁斜直内收，收分明显，整个壁面粗糙，平底，无工具加工痕迹。墓内填坚硬的黄褐色五花土，

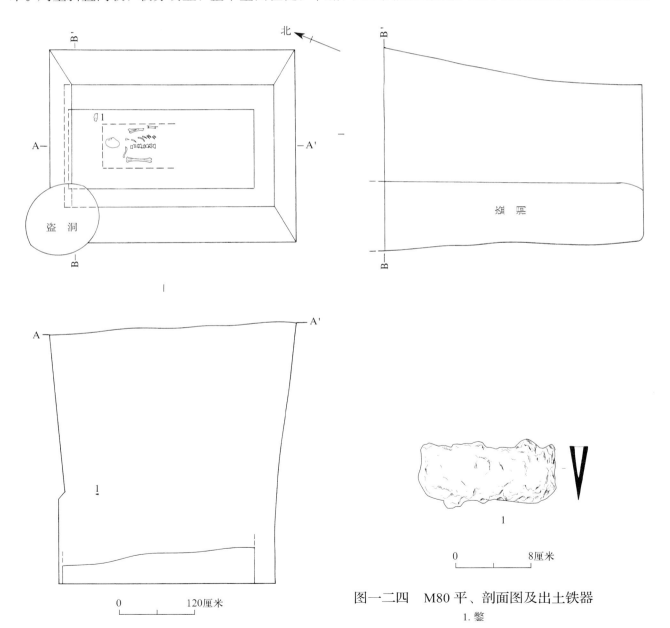

图一二四　M80平、剖面图及出土铁器

1. 錾

经夯打，夯层厚 30 ～ 42 厘米，用直径 11 厘米的圆木夯筑而成。

葬具为一椁一棺，南北向摆放，残存板灰。椁长 2.94、宽 1.30、残高 0.30 ～ 0.60 米，椁板厚度不明；棺残长 1.14、宽 0.70 米，高度及棺板厚度不明。

葬式不详，仅残存部分头骨及上肢骨，头向北。

盗洞 1 个，位于墓葬西北角，自墓顶直通墓底。平面呈椭圆形，长 1.14 ～ 1.26 米。

墓葬内出土铁鐅 1 件（图一二四）。

（二）出土遗物

铁器

1 件。

鐅　1 件。

M80：1，平面呈圆角长方形，纵截面呈三角形，顶端、两侧棱规整，双面刃两端弧收，顶端有镶木柄銎。长 14.4、宽 6.8 厘米（图一二四，1）。

七〇　M81

（一）墓葬形制

该墓位于墓群 C 区中部偏南。开口于②层下，开口距地表 0.70 米。

竖穴土坑墓，平面呈长方形，方向 190°，口底同大。残长 2.80、宽 1.40、残深 0.60 米。直壁，光滑，平底，无工具加工痕迹。墓内填松散的黄褐色五花土，含少量植物根系。

葬具不详。

葬式不详。

盗洞 1 个，位于墓葬东南部，自墓顶直通墓底。平面呈椭圆形，长 0.36 ～ 0.64 米（图一二五）。

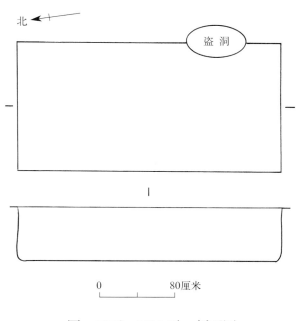

图一二五　M81 平、剖面图

（二）出土遗物

无出土器物。

七一　M82

（一）墓葬形制

该墓位于墓群 A 区西南部。开口于①层下，开口距地表 0.30 米，被一近代墓及扰坑分别打破。

竖穴土坑墓，平面呈长方形，方向 90°，口底同大。长 3.60、宽 3.40、残深 1.00 米。直壁，光滑，平底，无工具加工痕迹。墓内填较硬的黄褐色五花土，含少量植物根系，出土少量陶片。

葬具不详。

葬式不详。

盗洞 1 个，位于墓葬西北部，自墓顶直通墓底。平面呈圆形，直径 0.96 米。

盗洞内出土陶罐 1、铜釜 1、铁铺首 1、铁灯 1 件（图一二六）。

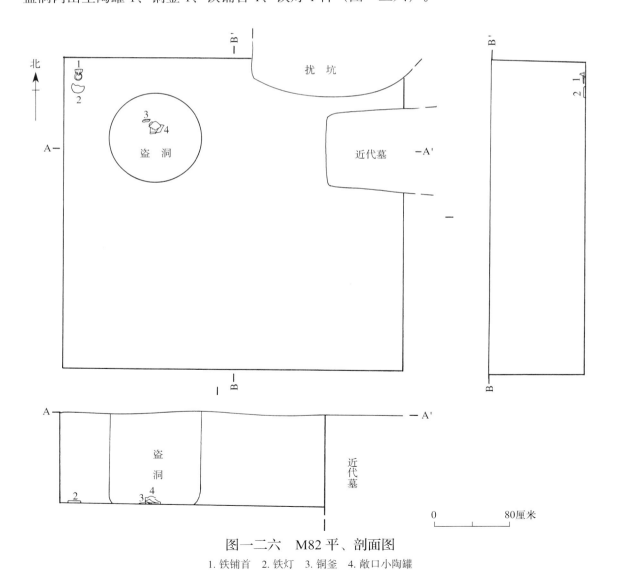

图一二六　M82 平、剖面图

1. 铁铺首　2. 铁灯　3. 铜釜　4. 敞口小陶罐

（二）出土遗物

1. 陶器

1件。

敞口小罐 1件。

M82：4，泥质灰陶。直口，圆唇，矮领，溜肩，弧腹，最大径位于腹上端，平底。素面。口径、9.7、最大径15.0、底径9.6、高12.4厘米（图一二七，1）。

2. 铜器

1件。

釜 1件。

M82：3，口沿残片。敞口，折沿，圆唇。素面。残高2.5厘米（图一二七，2）。

3. 铁器

2件。

灯 1件。

M82：2，锈残。仅存部分灯盘，直口，圆唇，浅腹，平底，柄以下部缺失。素面。口径14.4、残高1.6厘米（图一二七，3）。

铺首 1件。

M82：1，锈残。方形铺首下方有衔环，背部有插钉。铺首宽8.4、环外径8.4、高12.4厘米（图一二七，4）。

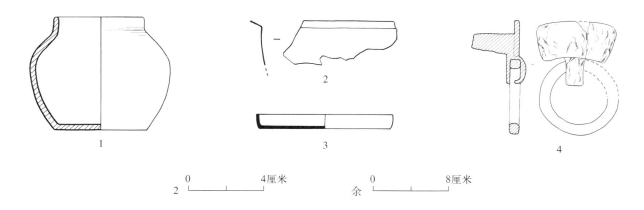

图一二七 M82出土器物

1. 敞口小陶罐M82：4 2. 铜釜M82：3 3. 铁灯M82：2 4. 铁铺首M82：1

七二 M83

（一）墓葬形制

该墓位于墓群A区中部偏南。开口于②层下，开口距地表0.70米，被M78打破。

竖穴土坑墓，平面呈长方形，方向20°，口底同大，下有生土二层台。长4.00、宽3.20、深3.20米；二层台距墓口2.40米，西侧台面宽0.90、南、北侧台面宽0.40米，东侧无二层台。墓壁平直、光滑，平底，无工具加工痕迹。墓内填松散的黄褐色五花土，含植物根系、木炭屑及少量陶片。

葬具不详。

葬式不详。

墓葬内出土铁镞 1 件（图一二八）。

（二）出土遗物

铁器

1 件。

镞　1 件。

M83：1，锈残。镞尖呈三棱形，刃较锋利，镞尖尖锐。残长 9.6 厘米（图一二八，1）。

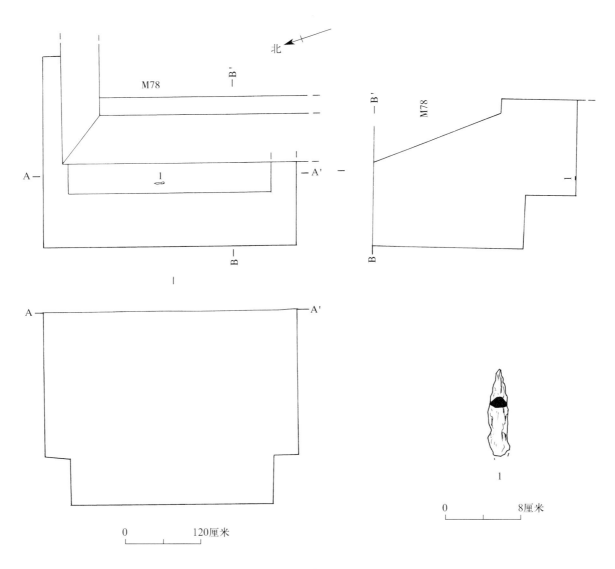

图一二八　M83 平、剖面图及出土铁器

1. 镞

七三　M84

（一）墓葬形制

该墓位于墓群 C 区西北部。开口于②层下，开口距地表 3.40 米。

竖穴土坑墓，平面呈梯形，西宽东窄，方向 85°，口底同大。长 3.30、宽 1.50～1.60、残深 0.10～0.70 米。直壁规整，平底，无工具加工痕迹。

墓内填较硬的黄褐色五花土。

葬具为一椁，残存板灰。椁长 3.00、宽 1.10 厘米，高度及椁板厚度不明。

葬式为仰身直肢，人骨一具，头向东，面向上，年龄、性别不明。

盗洞 1 个，位于墓葬西北角，自墓顶直通墓底。平面呈长方形，长 1.00、宽 0.60 米。

墓葬内出土陶罐 3、铜釜 2、铜勺 1、铜盆 3、铜奁 1、铜铃 1、铜镜 1、铜刷 1、铜印章 3、铜带钩 1、铜饰件 1、铁灯 1、铁镇 1 件（组）（图一二九；彩版六三，1）。

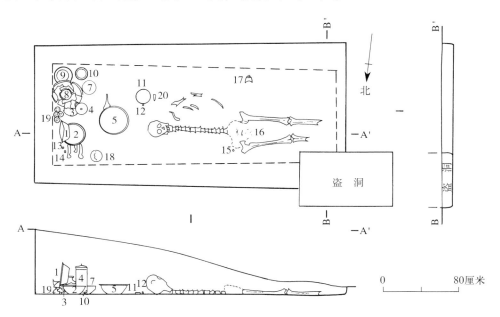

图一二九　M84 平、剖面图

1、2、5. 铜盆　3、7. 铜釜　4. 铜奁　8. 小口陶罐　9、10. 扁腹陶罐　11. 蟠螭纹铜镜　12. 铜刷　13～15. 铜印章　16. 铜带钩　17. 铜铃　18. 铁灯　19. 铁镇　20. 铜饰件

（二）出土遗物

1. 陶器

3 件。

小口罐　1 件。

M84：8，泥质灰陶。侈口，外斜沿，方唇，斜高领，溜肩，深弧腹，最大径位于腹上端，平底。肩部饰二道菱形方格纹，腹中部饰斜向绳纹，部分被抹去，残留绳纹纹理，口部有轮制痕迹。口径 11.0、最大径 28.0、底径 15.5、高 27.0 厘米（图一三〇，1；彩版六三，2）。

扁腹罐　2 件。

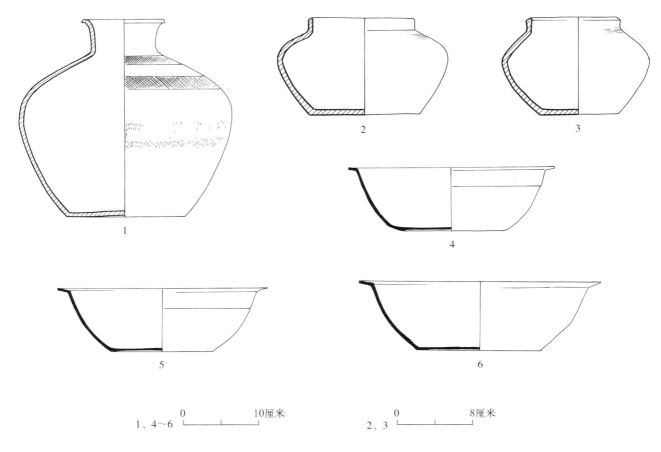

图一三〇　M84 出土陶器、铜器
1. 小口陶罐M84：8　2、3. 扁腹陶罐M84：9、10　4~6. 铜盆M84：1、2、5

　　M84：9，泥质灰陶。直口，圆唇，矮领，溜肩，弧腹，最大径位于肩腹交接处，平底。素面，领部先饰绳纹后抹掉，残留绳纹纹理，领部有轮制痕迹。口径 11.2、最大径 18.0、底径 11.6、高 10.8 厘米（图一三〇，2；彩版六三，3）。

　　M84：10，泥质灰陶。直口，方唇外撇，矮领，溜肩，弧腹，最大径位于腹上部，平底。素面，领部有轮制痕迹。口径 10.0、最大径 15.6、底径 8.4、高 10.8 厘米（图一三〇，3；彩版六四，1）。

　　2. 铜器

　　15 件。

　　盆　3 件。

　　M84：1，敞口，折沿，方唇，弧腹内收，腹上部有凸棱，底微内凹。素面。口径 27.0、底径 13.5、高 8.5 厘米（图一三〇，4；彩版六四，2）。

　　M84：2，敞口，折沿，方唇，弧腹内收，腹上部有凸棱，底微内凹。素面。口径 27.5、底径 13.5、高 8.5 厘米（图一三〇，5；彩版六四，3）。

　　M84：5，敞口，折沿，方唇，弧腹内收，底微内凹。素面。口径 32.0、底径 16.5、高 9.5 厘米（图一三〇，6；彩版六四，4）。

　　釜　2 件。

　　M84：3，残。敞口，斜折沿，尖唇，弧腹，圜底。素面。口径 18.4、高 9.6 厘米（图一三一，1；

彩版六四，5）。

M84∶7，残，鎏金。敞口，斜折沿，尖唇，弧腹，圜底。素面。口径15.2、高8.8厘米（图一三一，2；彩版六四，6）。

勺 1件。

M84∶6，因挤压而变形，斗形，器身钵形，圜底，长柄。柄长12.0、口径5.0～6.8厘米（图一三一，3；彩版六五，1）。

奁 1件。

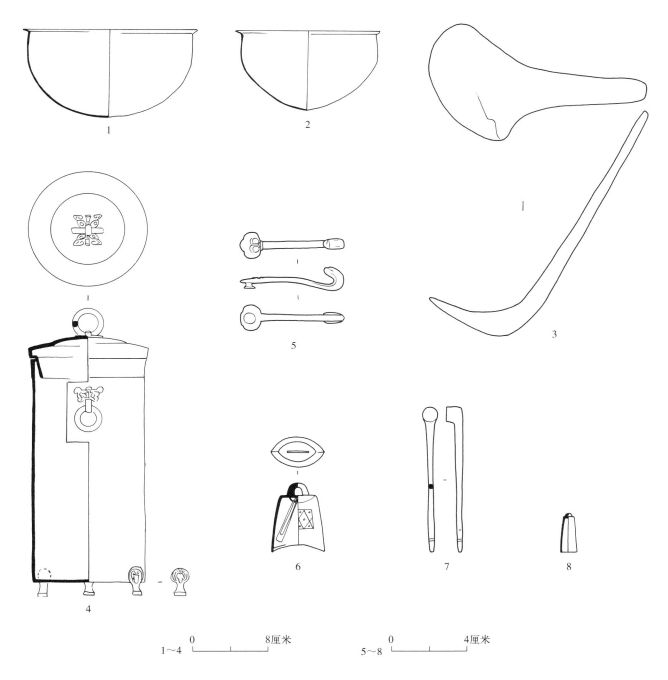

图一三一 M84出土铜器

1、2. 釜M84∶3、7 3. 勺M84∶6 4. 奁M84∶4 5. 带钩M84∶16 6. 铃M84∶17 7. 刷M84∶12 8. 饰件M84∶20

M84：4，圆形器盖，弧形顶，子母口，顶部有一周凸棱，正中有一兽形铺首，筒形器身，直口、直腹、平底，底端附加三个兽形蹄足，足跟微外撇，腹上端的一周凸棱，之下对称处附加两兽形铺首，其中一铺首的衔环缺失。素面。口径 12.0、裆高 1.6、器身高 24.0、通高 31.2 厘米（图一三一，4；彩版六五，2）。

　　蟠螭纹镜　1 面。

M84：11，镜面平直，半圆纽，四叶纹方形纽座。其外为蟠螭纹装饰的主纹饰区，蟠螭纹间四个乳丁将其均分为四个区域，之外饰一道凸弦纹，内向十六连弧纹外缘。直径 13.1 厘米（图一三二，1；彩版六五，3）。

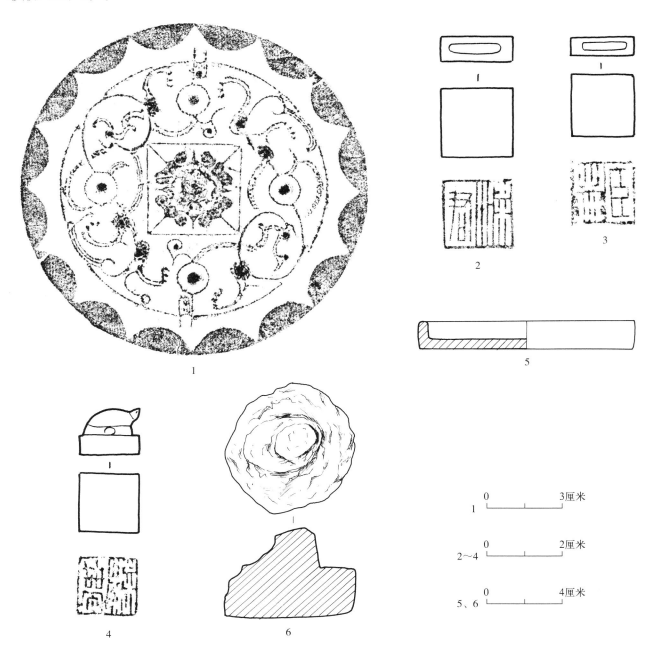

图一三二　M84 出土铜器、铁器

1. 蟠螭纹铜镜 M84：11　2～4. 铜印章 M84：13～15　5. 铁灯 M84：18　6. 铁镇 M84：19

印章　3 枚。

M84：13，板形。中部有一圆角长方形穿孔。两面均有阳刻文，分别为"梁蒂之印""梁君"字样。边长 1.8、厚 0.7 厘米（图一三二，2；彩版六五，4）。

M84：14，板形。中部有一圆角长方形穿孔。两面均有阳刻文，分别为"臣蒂""梁蒂"字样，边长 1.7、厚 0.5 厘米（图一三二，3；彩版六五，5）。

M84：15，龟形纽，以四足与腹部的距离为穿，正方体印台，印背有台面，印面正方形。阳刻文，"梁蒂"字样。边长 1.6、印面厚 0.5、通高 1.3 厘米（图一三二，4；彩版六六，1）。

带钩　1 件。

M84：16，鹅形。体较短小，钩首为鹅头，钩身为鹅颈，较细长，尾部为鹅身，宽面扁，圆形纽位于尾部。长 5.6、纽径 0.6 厘米（图一三一，5；彩版六六，2）。

铃　1 件。

M84：17，桥形纽，身较扁，上宽下窄，两铣下垂，内有舌。午部素面，钲部饰菱形方格纹，间以乳点。肩宽 2.0、口宽 2.8、体高 3.1、通高 3.4 厘米（图一三一，6；彩版六六，3）。

刷　1 件。

M84：12，鎏金。形如烟斗，体纤细瘦长，顶端为筒形，中空，自顶端至末端逐渐变细，末端饰二道弦纹，之上有穿孔。素面。长 7.8 厘米（图一三一，7；彩版六六，4）。

饰件　1 件。

M84：20，鎏金。形如吊钟，顶端稍小于末端，顶端中部附加穿孔。素面。长 2.2 厘米（图一三一，8；彩版六六，5）。

3. 铁器

2 件。

灯　1 件。

M84：18，残存部分灯盘。直口，方唇，浅直腹，平底，柄以下缺失。素面。口径 11.4、残高 1.6 厘米（图一三二，5）。

镇　1 组。

M84：19，共 4 个。形制、尺寸相同，圆形，顶端有器纽，因锈蚀形制不明，背部有台面。素面。直径 6.9、台面高 2.6、通高 5.0 厘米（图一三二，6；彩版六六，6）。

七四　M85

（一）墓葬形制

该墓位于墓群 C 区北部。开口于②层下，开口距地表 1.00 米。

竖穴土坑墓，平面呈长方形，方向 300°，口大底小，下有生土二层台。长 2.66、宽 2.00 米；二层台距墓口 0.84 米，东侧台面宽 0.40、南、北侧台面宽 0.30 米，西侧无二层台；底长 2.26、宽 1.40 米；深 1.48 米。墓壁平直，平底，无工具加工痕迹。墓内填较硬的黄褐色五花土。

葬式不详。

葬具不详。

墓葬内出土陶罐 3、陶鏊 1 件（图一三三）。

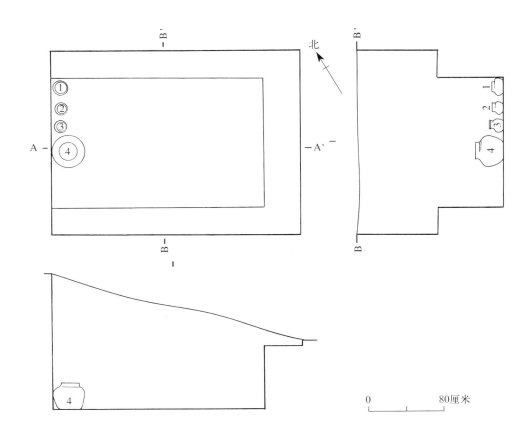

图一三三　M85 平、剖面图
1. 扁腹陶罐　2. 无耳无錾陶鋬　3. 壶形陶罐　4. 大口陶罐

（二）出土遗物

陶器

4 件。

壶形罐　1 件。

M85：3，泥质灰陶。侈口，窄平沿，方唇，束颈，溜肩，弧腹，最大径位于腹上端，平底。素面，器身轮制痕迹明显。口径 9.6、最大径 14.2、底径 8.4、高 14.4 厘米（图一三四，1；彩版六七，1）。

大口罐　1 件。

M85：4，泥质灰陶。直口，圆唇，唇缘有凹槽，矮领，广肩，深弧腹，上腹部较直，下腹弧内收，最大径位于腹上部，平底。腹上部饰二周菱形方格网纹，方格网纹上下两端饰凹弦纹，轮制痕迹明显。口径 17.5、最大径 33.7、底径 18.2、高 29.0 厘米（图一三四，2；彩版六七，2）。

扁腹罐　1 件。

M85：1，泥质灰陶。直口，窄平沿，沿面中部凹槽断断续续，圆唇，矮领，广肩，斜腹内收，最大径位于肩腹交接处，平底。肩、腹上部饰竖向绳纹，肩部绳纹后被抹去，残存绳纹纹理，下腹部有刮削痕迹，器表轮制痕迹明显。口径 12.0、最大径 18.8、底径 10.0、高 11.4 厘米（图一三四，3；彩版六七，3）。

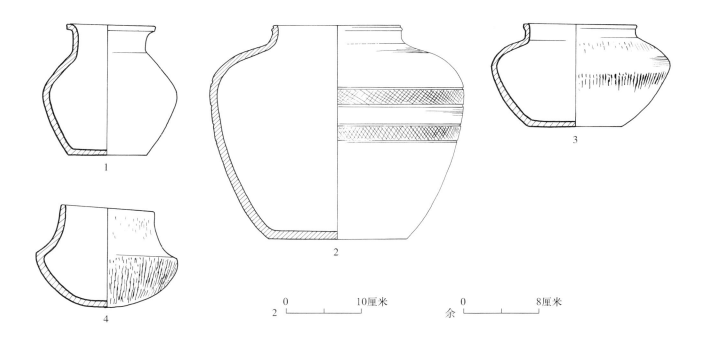

图一三四 M85 出土陶器
1. 壶形罐M85：3 2. 大口罐M85：4 3. 扁腹罐M85：1 4. 无耳无鋬鍪M85：2

无耳无鋬鍪 1 件。

M85：2，夹砂灰陶。直口，方唇，斜高领，溜肩，鼓腹，最大径位于腹上端，圜底。器表饰竖向细绳纹，领部绳纹后被抹去，残存绳纹纹理，腹部有烟熏痕迹。口径 10.0、最大径 15.0、高 10.8 厘米（图一三四，4；彩版六七，4）。

七五 M86

（一）墓葬形制

该墓位于墓群 A 区西北部。开口于②层下，开口距地表 1.70～2.30 米。

竖穴土坑墓，平面呈长方形，方向 28°，口大底小，下有生土二层台。上口长 4.42、宽 3.40 米；二层台距墓口 1.50 米，东、西、南侧台面宽 0.40 米，北侧无二层台；底长 3.70、宽 2.26 米；深 0.74～1.50 米。二层台以上壁面斜直内收，收分明显，二层台以下壁面平直，墓壁规整，平底，无工具加工痕迹。墓内填较硬的黄褐色五花土，经夯打，夯层及夯筑方法不明。

葬具为一椁，南北向摆放，残存板灰。椁长 3.34、宽 1.70、残高 0.10 米，椁板厚 6 厘米。

葬式不详。

盗洞 1 个，位于墓葬东北部，自墓顶直通墓底。平面呈圆角长方形，长 1.20、宽 0.90 米（图一三五）。

（二）出土遗物

无出土器物。

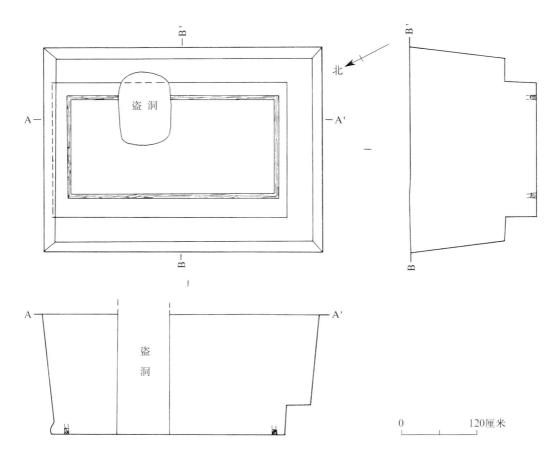

图一三五 M86 平、剖面图

七六 M87

（一）墓葬形制

该墓位于墓群的西北部。开口于②层下，开口距地表 0.70 米。

斜坡墓道土坑墓，平面呈"凸"字形，总长 13.40 米，方向 190°。由墓道和墓室两部分组成。墓道位于墓室的南端，南高北低呈坡状，坡度 23°，平面呈梯形，北宽南窄，口大底小。上口长 9.40、宽 1.68～2.60 米；底长 9.40、宽 1.68～2.24 米；深 0～3.36 米。壁面斜直内收。墓室为土坑式，平面呈长方形，口大底小。上口长 3.92、宽 3.12 米；底长 3.12、宽 2.24 米；深 3.80 米。墓壁斜直内收，收分明显，壁面光滑，平底，无工具加工痕迹。墓内填松散的黄褐色五花土，出土少量陶片。

葬具为一椁，呈南北向放置。椁长 3.00、宽 2.16 米，高度不明，棺板厚 8 厘米。

葬式不详。

墓室内出土陶罐 1、车辖 1、衡末 1、马衔 1、马镳 1、当卢 1、扣形饰 1 件（组）（图一三六）。

（二）出土遗物

1. 陶器

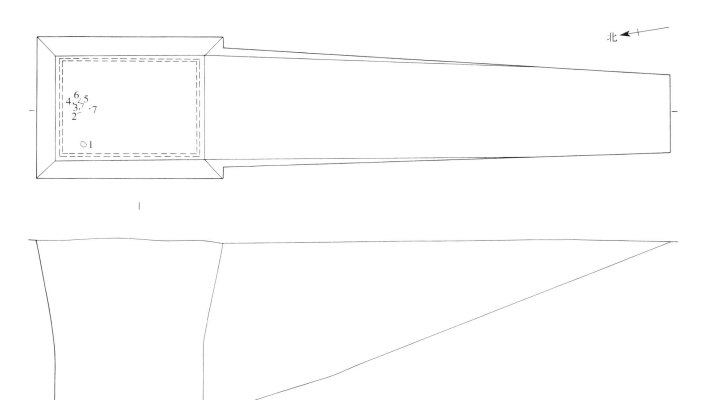

0　　　　160厘米

图一三六　M87 平、剖面图

1. 陶罐　2. 铜车辕　3. 铜衡末　4. 铜扣形饰　5. 铜马衔　6. 铜马镳　7. 铜当卢

1 件。

罐　1 件。

M87：1，口部缺失，泥质灰陶。溜肩，斜腹内收，平底，最大径位于肩腹交接处。肩、腹上部共饰五道凹弦纹。最大径 15.4、底径 6.8、残高 11.0 厘米（图一三七，1；彩版六八，1）。

2. 铜器

6 件。

车辕　1 件。

M87：2，鎏金。"n"形，两端同向曲折略外撇，截面呈圆形。长 8.7 厘米（图一三七，2；彩版六八，2）。

衡末　1 件。

M87：3，鎏金。圆筒形，底端的三道凸箍，底部中央有乳丁。素面。口径 1.1、长 2.3 厘米（图一三七，3；彩版六八，3）。

马衔　1 件。

M87：5，两节，两端有环，中部以套环相连。器表饰数道凹弦纹。长 10.0 厘米（图一三七，4；彩版六八，4）。

马镳　1 组。

M87：6，共 2 个。鎏金。形制、尺寸相同，略呈"S"形，两端较为规整，呈薄片状，反向弧曲，

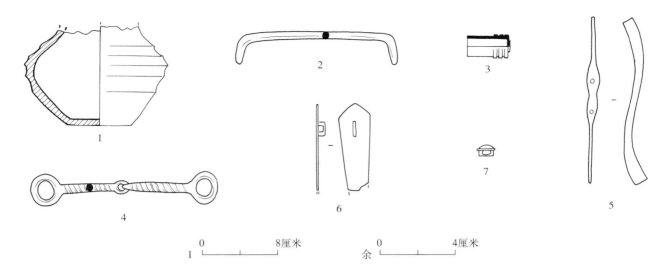

图一三七　M87 出土器物

1. 陶罐M87：1　2. 铜车辖M87：2　3. 铜衡末M87：3　4. 铜马衔M87：5　5. 铜马镳M87：6　6. 铜当卢M87：7　7. 铜扣形饰M87：4

中部有两穿孔。素面。长 9.2 厘米（图一三七，5；彩版六八，5）。

当卢　1件。

M87：7，鎏金。长条薄片状，较宽的一端呈三角形，较窄的一端残缺，背面较宽的一端有一方形穿孔。素面。残长 4.7 厘米（图一三七，6；彩版六八，6）。

扣形饰　1组。

M87：4，共 2 个。形制、尺寸相同，半球形，背面有方形穿孔。素面。直径 1.0 厘米（图一三七，7；彩版六九，1）。

七七　M88

（一）墓葬形制

该墓位于墓群 A 区中。开口于②层下，开口距地表 0.70 米。

竖穴土坑墓，平面呈长方形，方向20°，口大底小。上口长 2.80、宽 1.60 米；底长 2.60、宽 1.40 米；深 1.30 米。周壁斜直内收，收分明显，壁面粗糙，平底，无工具加工痕迹。墓内填松散的黄褐色五花土。

葬具不详。

葬式不详。

墓葬内出土陶钫 1、陶锜 1、陶罐 3、铜镜 1、银耳环 1 件（组）（图一三八；彩版六九，2）。

（二）出土遗物

1. 陶器

5 件。

钫　1件。

M88：1，泥质灰陶，施彩绘。正方覆斗形子母口器盖，器身呈侈口，方唇，高领，鼓腹，平底，

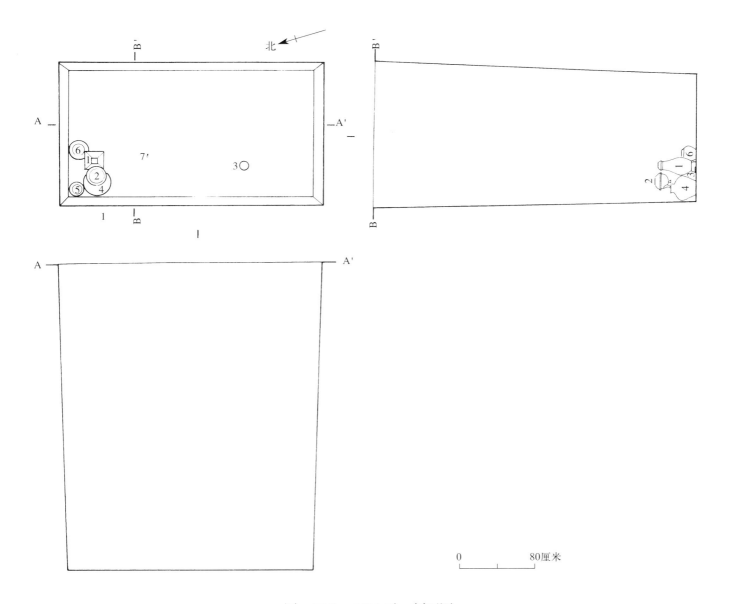

图一三八　M88 平、剖面图

1. 陶钫　2. 陶锜　3. 素面铜镜　4. 小口陶罐　5. 扁腹陶罐　6. 大口陶罐　7. 银环

下接方形高圈足，腹部两侧对称处附加两兽形铺首衔环。盖以红、青灰色两彩绘"回"字形纹，器身领部上端以红彩绘"回"字形纹，之下以红、青灰色两彩绘三角纹，三角纹之下以红、白、青灰色三彩绘云纹、水滴纹，上腹部先以红彩绘二道"回"字纹，腹中下部以红彩绘一道"回"字纹，"回"字纹区域内以白、红、青灰色三彩绘云纹，铺首周边施红彩，圈足中部以红彩绘"回"字纹。口边长 11.2、腹边长 20.4、圈足底边长 13.4、圈足高 4.6、通高 40.6 厘米（图一三九，1；彩版六九，3）。

锜　1 件。

M88：2，泥质灰陶。直口，方唇内敛，矮领，圆肩，深腹，圜底，三蹄足较为肥硕，腹部有一隔棱，最大径位于隔棱处，肩部对称处附加两三角形铺首。领下端、隔棱上端间隔施四道红色彩带，上腹部两彩带之间区域以红、白两色彩绘卷云纹，隔棱上以红彩绘波浪纹、圆点。口径 8.4、最大径 21.4、隔棱宽 2.0、裆高 2.6、通高 17 厘米（图一三九，2；彩版七〇，1）。

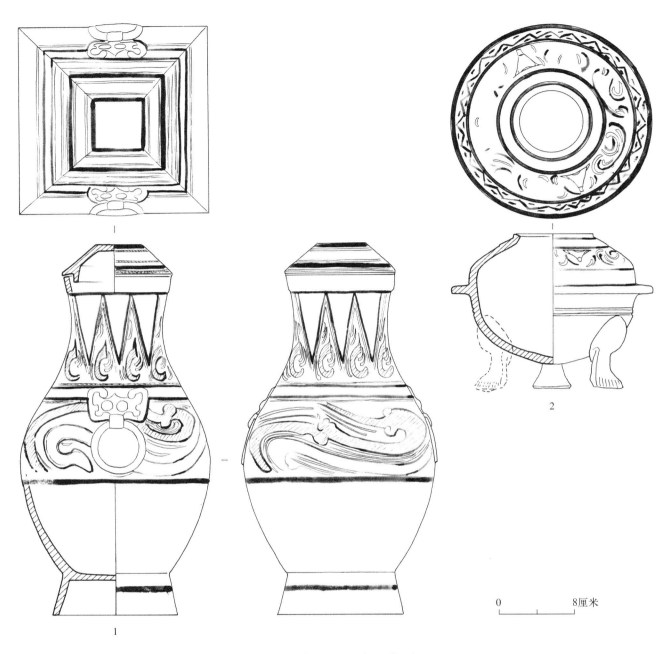

图一三九　M88 出土陶器

1. 钫M88：1　2. 锜M88：2

小口罐　1件。

M88：4，口部残，泥质灰陶。侈口，方唇，领外弧，溜肩，弧腹，最大径位于腹上部，平底。肩、腹中部饰竖向细绳纹，绳纹之上饰数道凹弦纹，将之分割成数段，口部先饰绳纹，后将之抹去，残留绳纹纹理。口径 11.1、最大径 30.2、底径 16.6、高 26.2 厘米（图一四〇，1；彩版七〇，2）。

大口罐　1件。

M88：6，泥质灰陶。直口，窄沿，沿面外侧微凹，方唇，唇缘有凹槽，矮领，圆肩，弧腹，最大径位于腹上部，平底。腹上部饰三道弦纹，最下端弦纹首尾不相连，弦纹之间饰斜向竖绳纹，口、肩部有轮制痕迹。口径 13.6、最大径 22.8、底径 12.0、高 16.4 厘米（图一四〇，2；彩版七〇，3）。

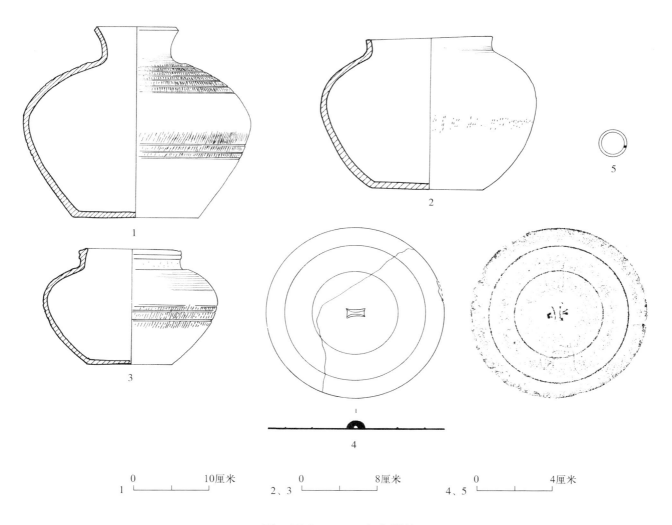

图一四〇　M88 出土器物

1. 小口陶罐M88：4　2. 大口陶罐M88：6　3. 扁腹陶罐M88：5　4. 素面铜镜M88：3　5. 银环M88：7

扁腹罐　1 件。

M88：5，泥质灰陶。直口，方唇，矮领，广肩，腹微鼓，最大径位于鼓腹处，平底。腹部先饰绳纹后抹掉，残存绳纹纹理，口部有轮制痕迹。口径 10.8、最大径 18.4、底径 8.8、高 12.4 厘米（图一四〇，3；彩版七〇，4）。

2. 铜器

1 件。

素面镜　1 面。

M88：3，残。镜面平直，桥形纽，圆纽座。区内外各饰一道凸弦纹，素缘。直径 9.4 厘米（图一四〇，4；彩版七〇，5）。

3. 银器

1 件。

环　1 副。

M88：7，共 2 只。残。圆环状，截面呈圆形。素面。直径 1.5、厚 0.1 厘米（图一四〇，5）。

七八　M89

（一）墓葬形制

该墓位于墓群 A 区中部。开口于②层下，开口距地表 0.80 米，南部被 M88 打破。

竖穴土坑墓，平面呈长方形，方向 20°，口底同大，下有生土二层台。上口长 3.60、宽 2.80 米；二层台距墓口 2.90 米，东、西侧台面宽 0.60、南侧台面宽 0.46、北侧台面宽 0.32 米；底长 2.82、宽 1.60 米；深 4.10 米，周壁平直、规整，平底，无工具加工痕迹。墓内填松散的黄褐色五花土，有少量陶片出土。

葬具不详。

葬式不详。

盗洞 1 个，自墓顶直通墓底。平面呈椭圆形，长 0.72～0.82 米。

墓葬内出土陶罐 2、蒜头壶 1、铜带钩 1 件（图一四一；彩版七一，1）。

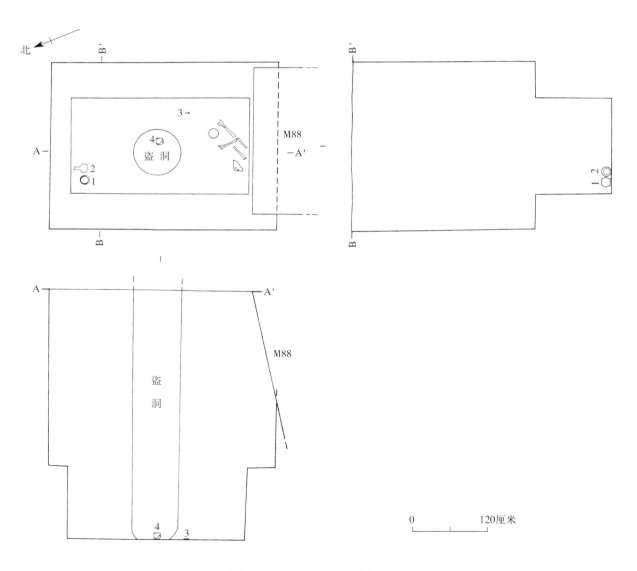

图一四一　M89 平、剖面图

1. 深腹陶罐　2. 陶蒜头壶　3. 铜带钩　4. 双耳陶罐

（二）出土遗物

1. 陶器

3件。

蒜头壶　1件。

M89：2，泥质灰陶。敛口，大蒜头扁鼓，细高领，溜肩，斜腹弧内收，最大径位于腹上部，平底。肩部以上饰交叉刻划纹，腹部有刮削痕迹。口径4.8、蒜头径6.8、最大径16.4、底径10.8、高22.4厘米（图一四二，1；彩版七一，2）。

双耳罐　1件。

M89：4，夹砂灰褐陶。敞口，斜沿，圆唇，束颈，深弧腹，平底，口部对称处附加两宽带器耳，上端接于口部，与沿面齐平，下端接于腹上端，相接贴以泥片进行加固。素面，口部有刮抹痕迹。口径11.2、底径7.2、高11.2厘米（图一四二，2；彩版七一，3）。

深腹罐　1件。

M89：1，泥质灰陶。敞口，斜沿，方唇，束颈，溜肩，深弧腹，最大径位于腹上部，平底。腹部饰竖向细绳纹，领部先饰绳纹，后将之抹掉，残留绳纹纹理，口部轮制痕迹明显。口径12.5、最大径16.1、底径10.5、高15.0厘米（图一四二，3；彩版七二，1）。

2. 铜器

1件。

带钩　1件。

M89：3，螳螂形。钩首为头，钩体为身，圆形纽位于钩身中部略偏下。素面。长6.4、纽径1.4厘米（图一四二，4；彩版七二，2）。

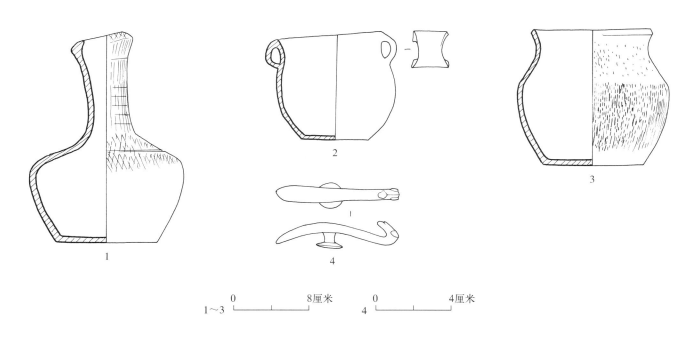

图一四二　M89 出土器物

1. 陶蒜头壶M89：2　2. 双耳陶罐M89：4　3. 深腹陶罐M89：1　4. 铜带钩M89：3

七九　M90

（一）墓葬形制

该墓位于墓群 C 区西北部。开口于②层下，开口距地表 1.40 ～ 4.30 米。

竖穴土坑墓，平面呈长方形，方向 85°，口底同大。长 2.90、宽 1.96、残深 0.2 ～ 1.70 米。直壁，平底，无工具加工痕迹。墓内填较硬的黄褐色五花土，含少量的沙石块。

葬具为一椁一棺，东西向摆放，残存板灰。椁长 2.40、宽 1.16、残高 0.20 ～ 0.24 米，椁板厚 6 厘米；棺位于椁室的南侧，长 1.70、宽 0.52 米，高度及棺板厚度不明。

葬式为仰身直肢，头向东，面向、性别、年龄不详。

墓葬内出土陶罐 1、铜镜 1、铜环 1、铁剑 1 件（组）（图一四三；彩版七二，3）。

（二）出土遗物

1. 陶器

1 件。

小口罐　1 件。

M90：4，泥质灰陶。喇叭口，窄沿外撇，方唇，高领，溜肩，弧腹，最大径位于肩腹交接处，平底。肩部饰竖向细绳纹，绳纹之上饰数道凹弦纹，将之分割成数段。口径 12.5、最大径 29.9、底

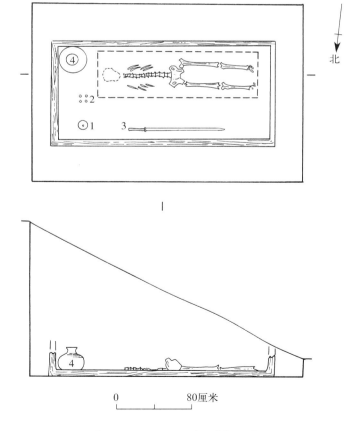

0　　　　　　　80厘米

图一四三　M90 平、剖面图

1. 连弧纹铜镜　2. 铜环　3. 铁剑　4. 小口陶罐

径 15.4、高 24.4 厘米（图一四四，1；彩版七三，1）。

2. 铜器

2 件。

连弧纹镜　1 件。

M90：1，残。圆形，镜面平直，三弦纽，圆座。座外为一周弦纹带，之外两周弦纹构成主纹饰带，内饰四云气纹，两两间有乳丁，几何地纹，其外为内向十六连弧纹，素缘外翻。直径 8.9 厘米（图一四四，2；彩版七三，2）。

环　1 组。

M90：2，共 4 个。形制相同，圆环形，截面呈圆形。素面。M90：2-1 ～ 2-3，直径 1.8、厚 0.3 厘米（图一四四，3）。M90：2-4，直径 1.6、厚 0.2 厘米（图一四四，4；彩版七三，3）。

3. 铁器

1 件。

剑　1 件。

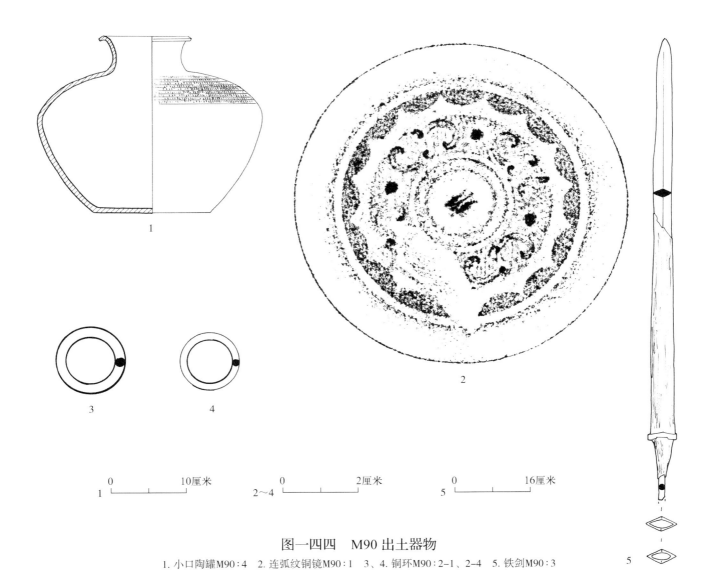

图一四四　M90 出土器物

1. 小口陶罐M90：4　2. 连弧纹铜镜M90：1　3、4. 铜环M90：2-1、2-4　5. 铁剑M90：3

M90：3，剑首缺失，残存部分剑鞘。系用薄木片拼合而成，剑茎纤细，截面呈圆形，茎部附有弧形木片，铜剑格，剑身中部起脊，截面呈菱形，末端收杀成锋。素面。长100.8厘米（图一四四，5；彩版七三，4）。

八○　M91

（一）墓葬形制

该墓位于墓群C区中部偏北。开口于②层下，开口距地表0.60～2.30米，东侧被断坎打破。

竖穴土坑墓，平面呈长方形，方向15°，口底同大，下有生土二层台。上口长3.30、宽1.80米；二层台距墓口0.70米，西、南侧台面宽0.20米，北侧台面宽0.10米，东侧无二层台；底长290、宽1.40米；深1.70米。二层台以上壁面斜直内收，收分明显，二层台以下壁面平直，周壁规整，平底，无工具加工痕迹。墓内填略硬的黄褐色五花土。

葬具不详。

葬式不详。

墓葬内出土陶罐2、陶鍪2、铜带钩1、石灯1件（图一四五）。

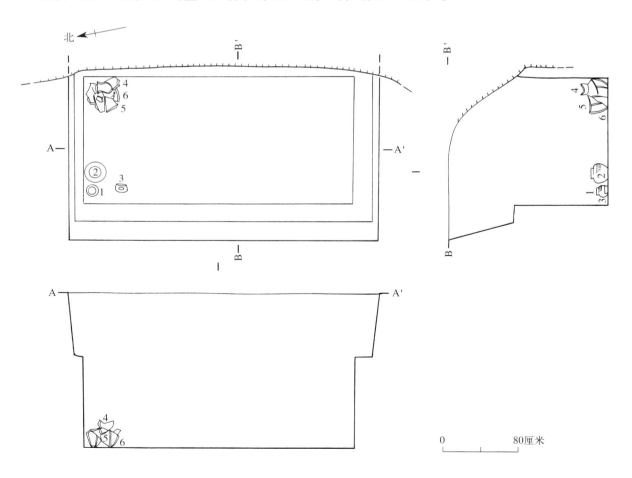

图一四五　M91平、剖面图

1、4. 无耳无鋬陶鍪　2. 大口陶罐　3. 石灯　5. 小口陶罐　6. 铜带钩

（二）出土遗物

1. 陶器

4 件。

小口罐　1 件。

M91：5，泥质灰陶。口部残缺，喇叭口，窄平沿，方唇，唇缘有凹槽，高领外弧，广肩，深弧腹，最大径位于腹上部，平底。腹中部饰竖向细绳纹，部分绳纹被抹光，肩部有三个阴刻字样。口径 12.8、最大径 34.4、底径 17.0、高 32.0 厘米（图一四六，1）。

大口罐　1 件。

M91：2，泥质灰陶。直口，窄沿，方唇，矮领，圆肩，弧腹，最大径位于肩腹交接处，平底。腹部先饰绳纹后抹光，残存部分绳纹纹理，口部有轮制痕迹。口径 14.0、最大径 22.8、底径 12.0、高 18.2 厘米（图一四六，2）。

无耳无錾鍪　2 件。

M91：1，泥质灰陶。侈口，方唇外撇，束颈，溜肩，鼓腹，最大径位于鼓腹处，肩腹交接处折棱明显，

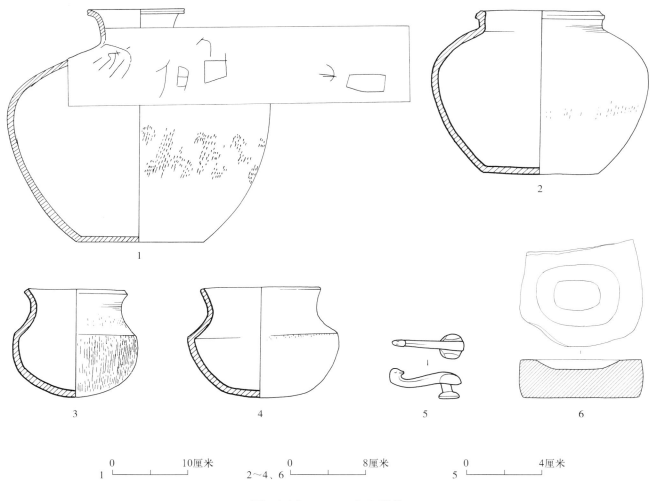

0　　　　　10厘米
1

2～4、6　　　0　　　　　8厘米

5　　　0　　　　4厘米

图一四六　M91 出土器物

1. 小口陶罐M91：5　2. 大口陶罐M91：2　3、4. 无耳无錾陶鍪M91：1、4　5. 铜带钩M91：6　6. 石灯M91：3

圈底。腹、底部饰细绳纹，肩部以上先饰绳纹，后将之抹掉，残留绳纹纹理，口、肩部轮制痕迹明显。口径 10.8、最大径 13.4、高 11.6 厘米（图一四六，3）。

M91:4，夹砂灰陶。侈口，圆唇，领外弧，溜肩，弧腹，最大径位于肩腹交接处，肩腹交接处折棱明显，圈底。腹、底部饰细绳纹，口、肩部轮制痕迹明显。口径 12.8、最大径 16.2、高 12.2 厘米（图一四六，4）。

2. 铜器

1 件。

带钩 1 件。

M91:6，鹅形。钩首为鹅头，钩身为鹅颈，末端为鹅身，圆形纽位于末端。素面。长 3.8、纽径 1.4 厘米（图一四六，5）。

3. 石器

1 件。

灯 1 件。

M91:3，系用砂岩加工而成。残存平面略呈圆角长方形，于台面上凿有一圆角长方形、口大底小的浅槽，器表未经打磨，较为粗糙。长 13.1、宽 10.8、厚 4.2、槽长 8.8、宽 6.8、深 1.0 厘米（图一四六，6）。

八一 M92

（一）墓葬形制

该墓位于墓群 A 区西北部。开口于②层下，开口距地表 2.10 ～ 2.30 米。

竖穴土坑墓，平面呈梯形，北宽南窄，方向 50°，口大底小，下有生土二层台。上口长 3.66、宽 2.50 ～ 2.56 米；二层台距墓口 0.36 米，东、西侧台面宽 0.40、南、北侧台面宽 0.34 米；底长 2.82、宽 1.60 米；深 1.76 米。二层台以上壁面斜直内收，收分明显，二层台以下壁面平直，周壁规整，平底，无工具加工痕迹。墓内填略硬的黄褐色五花土。

葬具不详。

葬式不详。

盗洞 1 个，位于墓葬西南部，自墓顶直通墓底。平面呈椭圆形，长 0.52 ～ 0.92 米。

墓葬内出土陶罐 1、玉环 2 件（图一四七）。

（二）出土遗物

1. 陶器

1 件。

小口旋纹罐 1 件。

M92:3，泥质灰陶。侈口，外斜沿，沿面有道凹槽，方唇，唇缘中部微内凹，束颈，溜肩，深弧腹，最大径位于肩腹交接处，平底。肩、腹中部饰竖向细绳纹，绳纹之上饰数道凹弦纹，将之分割成数段，口部先饰绳纹，后将之抹去，残留绳纹纹理，口部有轮制痕迹。口径 12.4、最大径 24.4、底径 12.0、高 22.8 厘米（图一四八，1；彩版七四，1）。

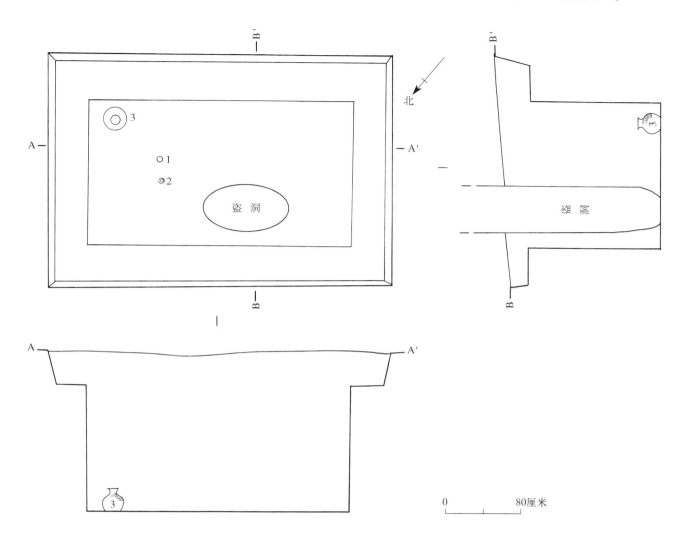

图一四七　M92 平、剖面图

1、2.玉环　3.小口旋纹陶罐

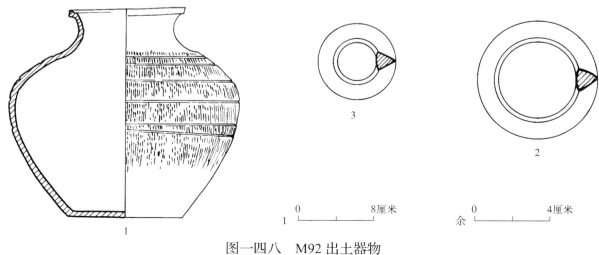

图一四八　M92 出土器物

1.小口旋纹陶罐M92：3　2、3.玉环M92：1、2

2. 玉器

2 件。

环　2 件。

M92：1，青白色，玉质温润，透亮，圆环形，截面略呈菱形。素面。外径 6.4、内径 4.0、厚 1.2 厘米（图一四八，2；彩版七四，2）。

M92：2，形制同 M92：1。外径 4.0、内径 2.0、厚 1.0 厘米（图一四八，3；彩版七四，3）。

八二　M93

（一）墓葬形制

该墓位于墓群的北部。开口于②层下，开口距地表 0.70 米。

竖穴土坑墓，平面呈长方形，方向 30°，口大底小。上口长 3.00、宽 2.40 米；底长 2.80、宽 2.20 米；深 2.00 米。斜壁内收，平底，无工具加工痕迹。墓内填松散的黄褐色五花土。

葬具不详。

葬式不详。

盗洞 1 个，位于墓葬西南部，自墓顶直通墓底。平面呈椭圆形，长 0.48 ～ 0.80 米（图一四九）。

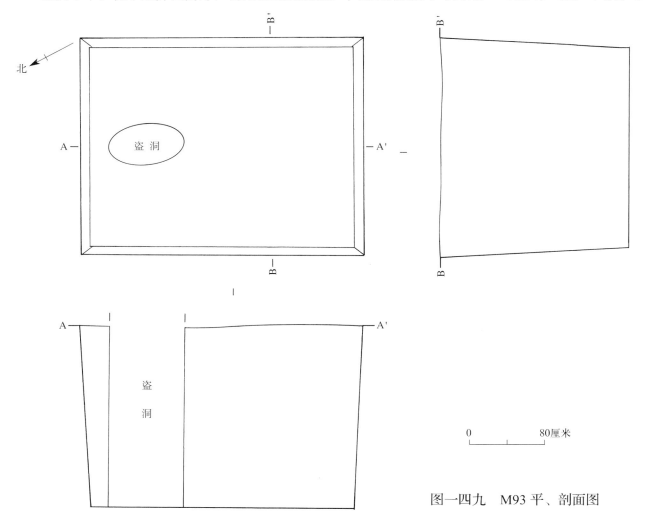

图一四九　M93 平、剖面图

（二）出土遗物

无出土器物。

八三　M94

（一）墓葬形制

该墓位于墓群 A 区中部偏北。开口于②层下，开口距地表 1.80～2.40 米。

竖穴土坑墓，平面呈长方形，方向 170°，口底同大。长 3.00、宽 1.20、残深 0.60～1.54 厘米。直壁，平底，规整，无工具加工痕迹。墓内填松散的黄褐色五花土。

葬具不详。

葬式不详。

墓葬内出土陶罐 2 件（图一五〇）。

（二）出土遗物

陶器

2 件。

大口罐　2 件。

M94：1，泥质灰陶。直口，窄沿外撇，沿面中部内凹，矮领，广肩，鼓腹，最大径位于鼓腹处，

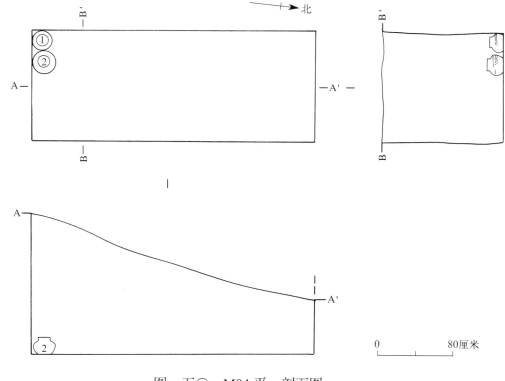

图一五〇　M94 平、剖面图

1、2. 大口陶罐

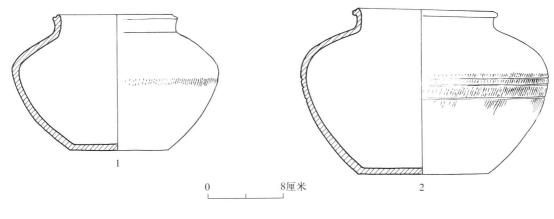

图一五一　M94 出土陶器

1、2. 大口罐M94：1、2

平底。腹上部饰一周斜向竖绳纹，口部有轮制痕迹。口径 13.2、最大径 22.0、底径 10.4、高 14.8 厘米（图一五一，1）。

M94：2，泥质灰陶。直口，窄沿外撇，沿面中部内凹，圆唇，矮领，广肩，深弧腹，最大径位于腹上端，平底。腹上部先饰一周斜向竖绳纹，后饰三道凹弦纹，将之分割成四部分，肩部先饰绳纹，后抹掉，残留绳纹纹理，器表有轮制痕迹。口径 15.2、最大径 26.0、底径 13.6、高 18.0 厘米（图一五一，2）。

八四　M95

（一）墓葬形制

该墓位于墓群 A 区中部偏北。开口于②层下，开口距地表 1.30 ～ 2.80 米，被 M94 打破。

竖穴土坑墓，平面呈长方形，方向350°，口大底小，下有生土二层台。上口长 7.10、宽 5.40 米；二层台距墓口 0.22 ～ 4.00 米，台面宽均为 1.00 米；底长 4.41、宽 2.73 米；深 4.60 ～ 6.40 米。二层台以上壁面斜直内收，收分明显，二层台以下壁面平直，周壁规整，平底，无工具加工痕迹。墓内填松散的黄褐色五花土，含少量植物根系。

葬具不详。

葬式不详。

盗洞 1 个，位于墓葬中部偏北，自墓顶直通墓底。平面呈不规则形，长 0.70、宽 0.60 米。

墓葬内出土陶罐 1、陶盘 1、铜钫 1、铜带钩 1、铁剑 2、铁削 1、铁錾 3 件（图一五二）。

（二）出土遗物

1. 陶器

2 件。

盘　1 件。

M95：9，残，泥质灰陶。敞口，方唇内敛，直腹，下腹部弧内收，圜底近平，矮圈足。素面。口径 18.8、圈足径 10.0、圈足高 0.60、通高 5.20 厘米（图一五三，1）。

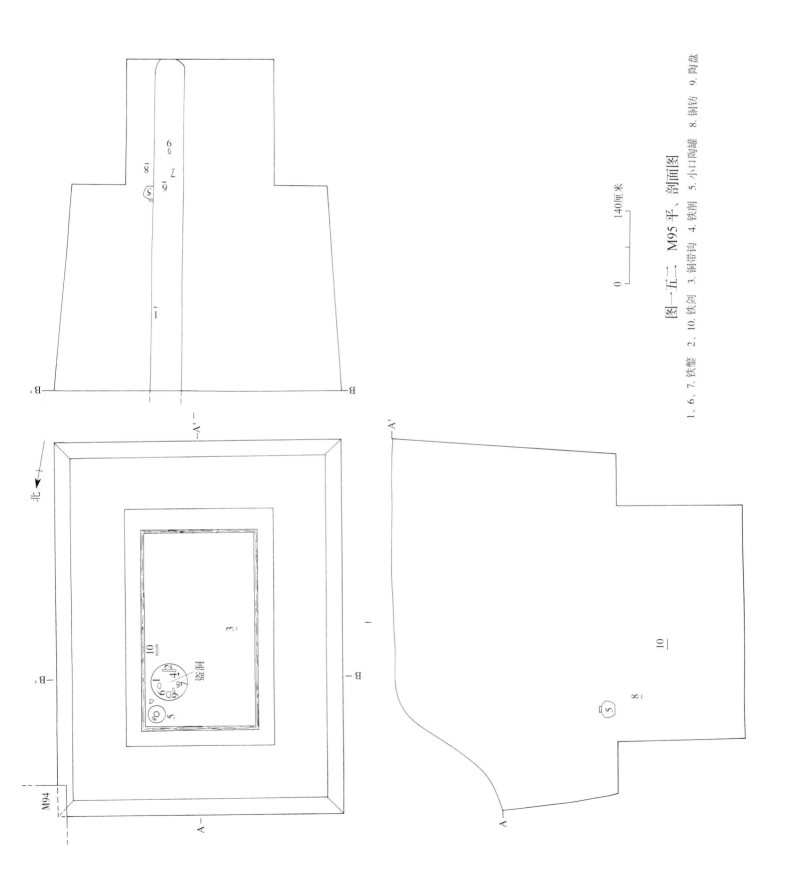

图一五二　M95 平、剖面图

1、6、7. 铁錾　2、10. 铁剑　3. 铜带钩　4. 铁削　5. 小口陶罐　8. 铜钫　9. 陶盘

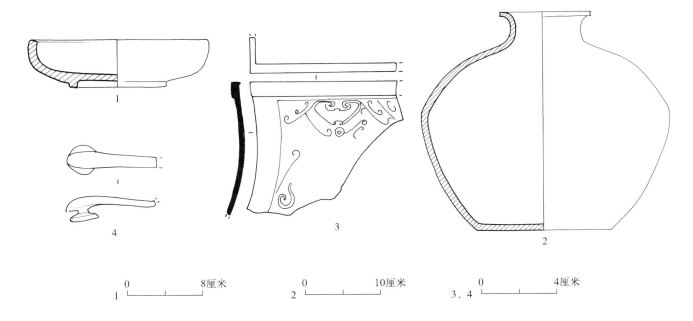

图一五三　M95 出土陶器、铜器

1. 陶盘M95:9　2. 小口陶罐M95:5　3. 铜钫M95:8　4. 铜带钩M95:3

小口罐　1 件。

M95:5，口部略残，泥质灰陶。侈口，窄平沿，方唇，唇缘有凹槽，高领，溜肩，鼓腹，最大径位于鼓腹处，平底。素面，口部有轮制痕迹。口径 12.0、最大径 33.0、底径 17.7、高 30.0 厘米（图一五三，2）。

2. 铜器

2 件。

钫　1 件。

M95:8，口沿残片。器口呈正方形，侈口，方唇，高领中部微束，领以下缺失。口边残长 7.8、残高 7.2 厘米（图一五三，3）。

带钩　1 件。

M95:3，残，琵琶形。钩首缺失，尾部肥硕，圆形器纽位于尾部。素面。残长 4.9、纽径 1.6 厘米（图一五三，4）。

3. 铁器

6 件。

剑　2 件。

M95:2，残存部分剑身，断面呈菱形。素面。残长 28.3 厘米（图一五四，1）。

M95:10，残存部分剑身，带鞘。鞘系用薄木片拼合而成，剑身断面呈扁菱形。素面。残长 21.4 厘米（图一五四，2）。

削　1 件。

M95:4，锈残。椭圆形环首，截面呈圆形，削身窄长，截面呈三角形。残长 6.7、环首径 3.8 厘米（图一五四，3）。

鉴　3 件。

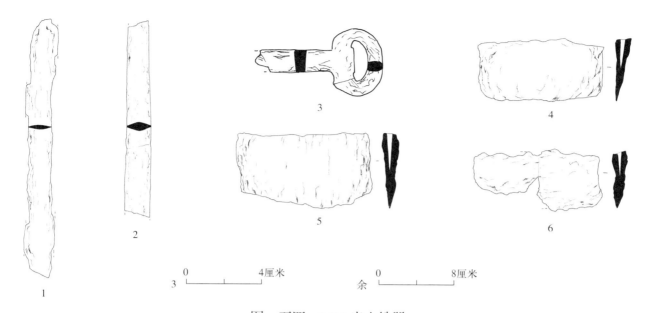

图一五四　M95 出土铁器

1、2. 铁剑M95:2、10　3. 铁削M95:4　4~6. 铁鐅M95:1、6、7

形制相同，平面略呈圆角长方形，纵截面呈三角形，顶端、两侧棱规整，双面刃两端弧收，顶端有镶木柄銎，锈迹斑斑。

M95:1，长 13.2、宽 6.4 厘米（图一五四，4）。

M95:6，长 14.2、宽 8.3 厘米（图一五四，5）。

M95:7，残。长 13.2、宽 6.8 厘米（图一五四，6）。

八五　M96

（一）墓葬形制

该墓位于墓群 A 区中部。开口于②层下，开口距地表 1.70 ~ 1.90 米。

竖穴土坑墓，平面呈长方形，方向20°，口大底小。上口长 2.68、宽 1.46 米；底长 2.40、宽 1.24 米；深 3.20 ~ 3.56 米。壁面粗糙，平底，无工具加工痕迹。墓内填较硬的黄褐色五花土，经夯打，夯层、夯筑方法不明。

葬具为一椁一棺，南北向摆放，残存板灰。椁长 2.42、宽 1.20、残高 0.30 ~ 0.32 米，椁板厚8厘米；棺长 1.84、宽 0.70 米，高度及棺板厚度不明。

葬式为仰身直肢，人骨一具，头向北、面向西，双手抱于小腹处，双腿直伸，鉴定为 25 ~ 35 岁之间的男性。

墓葬内出土铜戈 1 件（图一五五）。

（二）出土遗物

铜器

1 件。

戈　1 件。

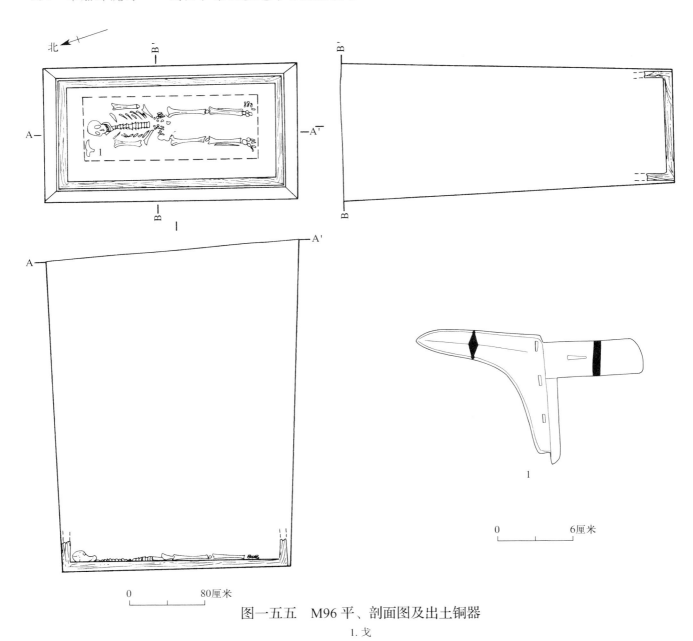

图一五五　M96 平、剖面图及出土铜器
1.戈

M96：1，援较纤细，隆脊起棱，截面呈梭形，长胡三穿，内一穿，内中部穿略呈三角形。援长 9.1、援宽 2.4、援厚 0.8、胡长 9.6、内长 7.8、内宽 2.9 厘米（图一五五，1；彩版七四，4）。

八六　M97

（一）墓葬形制

该墓位于墓群 A 区中部。开口于②层下，开口距地表 3.20 ～ 4.00 米。

竖穴土坑墓，平面呈长方形，方向 80°，口底同大。长 2.80、宽 1.28、残深 0.60 ～ 2.30 米。直壁，平底，规整，无工具加工痕迹。

墓内填松散的黄褐色五花土。

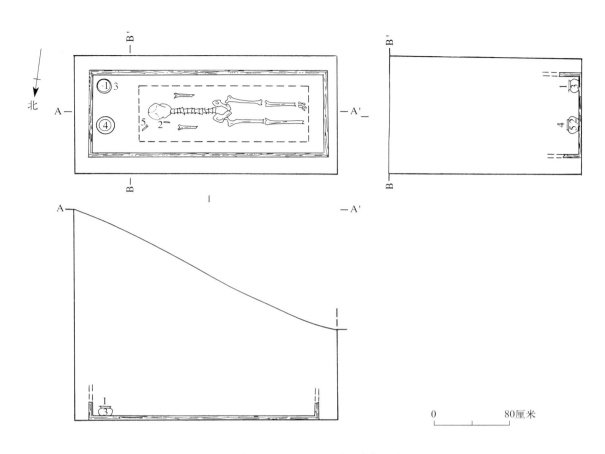

图一五六　M97平、剖面图

1. 星云纹铜镜　2、5. 铜刷　3. 扁腹陶罐　4. 大口陶罐

葬具为一椁一棺，东西向摆放，残存板灰。椁长2.54、宽0.94、残高0.20～0.25米，椁板厚4～6厘米；棺长1.80、宽0.60米，高度及棺板厚度不明。

葬式为仰身直肢，尸骨腐朽严重，头向东，女性，面向、年龄不明。

墓葬内出土陶罐2、铜镜1、铜刷2件（图一五六；彩版七五，1）。

（二）出土遗物

1. 陶器

2件。

大口罐　1件。

M97：4，泥质灰陶。直口，方唇，矮领，圆肩，弧腹，最大径位于腹上部，平底。腹部饰一周斜绳纹，器身轮制痕迹明显。口径12.0、最大径18.3、底径10.7、高12.4厘米（图一五七，1；彩版七五，2）。

扁腹罐　1件。

M97：3，泥质灰陶。口微侈，方唇，矮领，广肩，弧腹，最大径位于肩腹交接处，平底。素面，器身轮制痕迹明显。口径8.8、最大径16.0、底径9.6、高9.6厘米（图一五七，2；彩版七五，3）。

2. 铜器

3件。

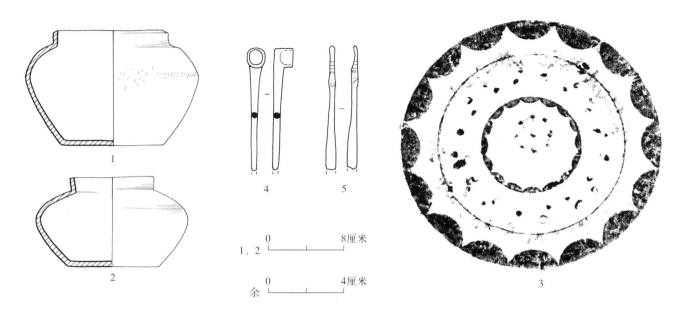

图一五七   M97 出土陶器、铜器

1. 大口陶罐M97：4   2. 扁腹陶罐M97：3   3. 星云纹铜镜M97：1   4、5. 铜刷M97：2、5

星云纹镜   1 面。

M97：1，中部有一裂缝。圆形，镜面平直；九乳丁连峰纽，扁圆形穿孔。纽座外以一圈短弧线和一圈弦纹装饰，其外为一周内向十六连弧纹，之外两周短斜线纹间为主纹带，四枚带圈大乳丁将其分为四区，每区内均为各有 6 个较小的乳丁，两两一组并伴以弧线相连，内向十六连弧纹外缘。直径 13.8 厘米（图一五七，3；彩版七五，4）。

刷   2 件。

M97：2，鎏金。形如烟斗，体纤细瘦长，顶端为筒形，中空，自顶端至末端逐渐变细。素面。长 6.7厘米（图一五七，4）。

M97：5，残，鎏金。空心圆锥形，顶端细而圆，较扁，自顶端而下逐渐变粗。顶端饰凹弦纹，弦纹之上有一对钻穿孔，之上亦饰刻划纹。残长 6.8 厘米（图一五七，5）。

八七   M99

（一）墓葬形制

该墓位于墓群 A 区中部。开口于②层下，开口距地表 0.50 米。

竖穴土坑墓，平面呈长方形，方向 0°，口大底小，下有生土二层台。上口长 4.14、宽 3.09 米；二层台距墓口 1.65 米，东、西侧台面宽 0.30 米，南北两侧无二层台；底长 3.60、宽 2.04 米；深 2.10米。二层台以上壁面斜直内收，收分明显，二层台以下壁面平直，周壁规整，平底，无工具加工痕迹。墓内填较致密的红褐色五花土，含料礓石颗粒。

葬具不详。

葬式不详。

盗洞 2 个，自地表直通墓底。盗洞 1 位于墓葬西南侧，平面呈椭圆形，长 0.69 ～ 0.72 米；盗洞 2 位于墓葬西北侧，平面呈圆形，直径 0.78 米。

墓葬内出土陶罐 2 件（图一五八）。

（二）出土遗物

陶器

2 件。

小口旋纹罐　1 件。

M99：1，器身略残，泥质灰陶。侈口，窄沿微外撇，方唇，高领，溜肩，深腹，最大径位于腹上端，平底。肩、腹中部先饰斜向细绳纹，后饰数道凹弦纹，将绳纹分割成数段，领部有轮制痕迹。口径 12.6、最大径 26.0、底径 14.0、高 27.1 厘米（图一五八，1）。

大口罐　1 件。

M99：2，口部略残，泥质灰陶。直口，方唇，矮领，广肩，弧腹，最大径位于腹上部，平底。素面，口部有轮制痕迹。口径 9.5、最大径 16.1、底径 8.7、高 11.2 厘米（图一五八，2）。

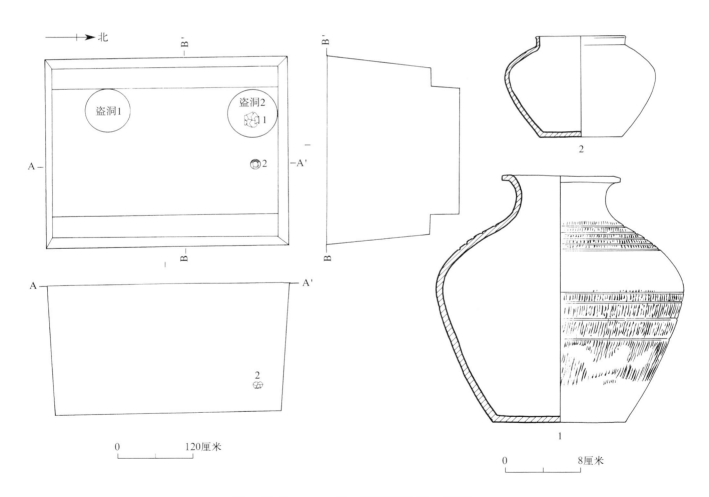

图一五八　M99 平、剖面图及出土陶器

1. 小口旋纹罐　2. 大口罐

八八　M100

（一）墓葬形制

该墓位于墓群 A 区中部。开口于②层下，开口距地表 0.50 米。

竖穴土坑墓，平面呈长方形，方向 5°，口大底小。上口长 4.50、宽 3.76 米；底长 3.50、宽 3.20 米；深 3.30 米。斜壁内收，收分明显，壁面平整，平底，无工具加工痕迹。墓内填较为致密的红褐色五花土，内含料礓石颗粒。

葬具不详。

葬式不详。

盗洞 1 个，位于墓葬西侧中部，自墓顶直通墓底，平面略呈椭圆形，长 1.40 ～ 1.84 米，其内出土少量陶片。

墓葬内出土陶钫 1、铜盆 1、铜镜 1、铜器盖 1、铜棺饰 8、铁剑 1 件（图一五九）。

（二）出土遗物

1. 陶器

1 件。

钫　1 件。

M100：13，口沿残片。侈口，方唇，高领。器表施红彩，脱落严重，图案不明。壁厚 0.8、残高 8.0 厘米（图一六〇，1）。

2. 铜器

11 件。

盆　1 件。

M100：2，口沿残片。敞口，窄平沿，圆唇。素面。口径 14.8、残高 5.0 厘米（图一六〇，2）。

蟠螭纹镜　1 面。

M100：3，残。仅存部分内向连弧纹外缘。直径 12.5 厘米（图一六〇，3）。

棺饰　8 件。

形制相同，鎏金，柿叶蒂形，四个柿叶分别位于上、下、左、右四周，中部为一圆泡钉，将柿叶相连接，泡钉与柿叶之间以榫卯结构相连接。

M100：4 ～ 10，残，尺寸相同。柿叶最大径 5.6、泡径 1.8 厘米（图一六〇，4）。

M100：11，柿叶无存，残余泡钉。泡径 2.8 厘米（图一六〇，5）。

器盖　1 件。

M100：1，器盖残片。器表附加一卷云状器纽。素面。残高 3.0 厘米（图一六〇，6）。

3. 铁器

1 件。

剑　1 件。

M100：12，锈残。仅存部分剑身，两锋开刃，截面呈扁菱形。残长 7.6、宽 3.0 厘米（图一六〇，7）。

北 ←——

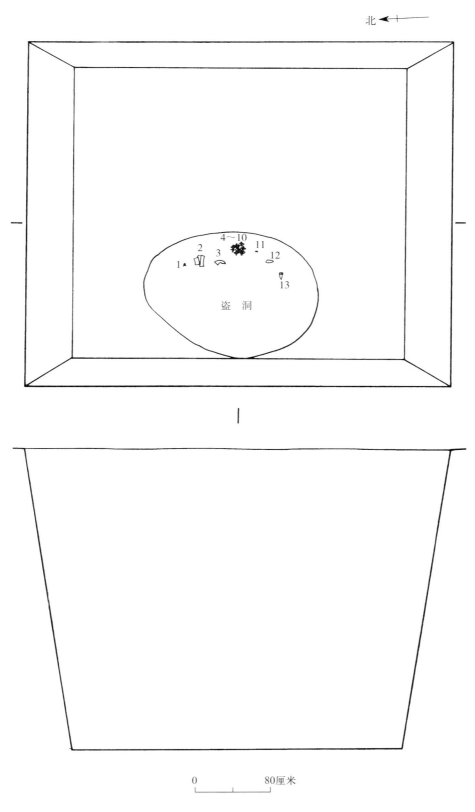

0 ————— 80厘米

图一五九 M100平、剖面图

1. 铜器盖 2. 铜盆 3. 蟠螭纹铜镜 4～11. 铜棺饰 12. 铁剑 13. 陶钫

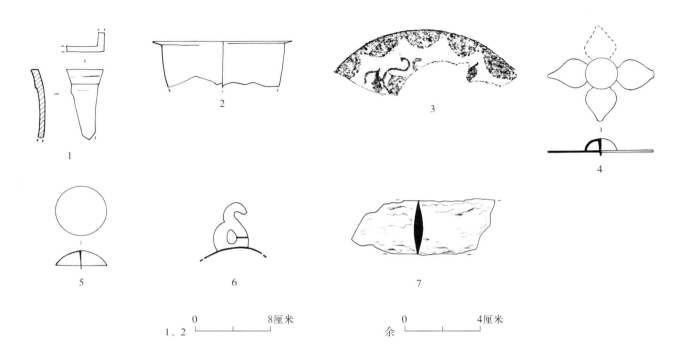

图一六〇 M100 出土器物

1. 陶钫M100:13　2. 铜盆M100:2　3. 蟠螭纹铜镜M100:3　4、5. 铜棺饰M100:4、11　6. 铜器盖M100:1　7. 铁剑M100:12

八九 M101

（一）墓葬形制

该墓位于墓群 D 区中部。开口于②层下，开口距地表 1.70 米。

竖穴土坑墓，平面呈长方形，方向 10°，口大底小。上口长 3.00、宽 1.80 米；底长 2.80、宽 1.30 米；深 2.46 米。上部斜壁直收，收分明显，下部直壁，壁面平整光滑，平底，无工具加工痕迹。墓内填松散的黄褐色五花土，含少量植物根系。

葬具不详。

葬式不详。

盗洞 1 个，位于墓葬西南角，自墓口直通墓底。平面呈正方形，边长 0.70 米。

盗洞内出土陶罐 2 件（图一六一）。

（二）出土遗物

陶器

2 件。

大口罐　1 件。

M101:1，泥质灰陶。直口，圆唇，广肩，弧腹，最大径位于腹上端，平底。腹上部饰一周竖向细绳纹，口部有轮制痕迹，器身刮抹痕迹明显。口径 11.7、最大径 17.8、底径 10.4、高 12.3 厘米（图一六一，1）。

扁腹罐　1 件。

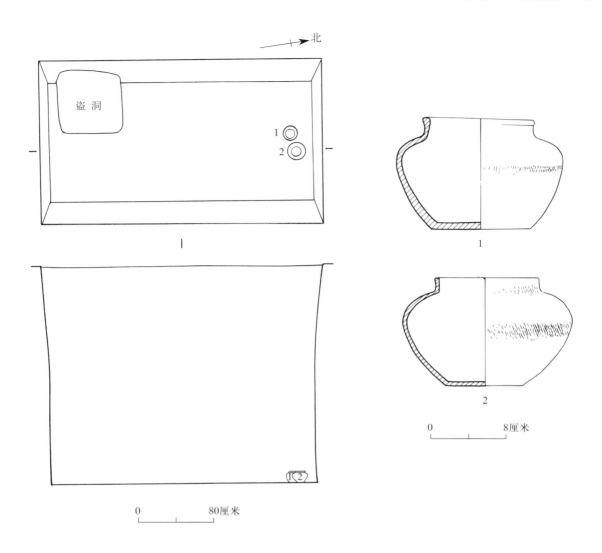

图一六一 M101平、剖面图及出土陶器

1. 大口罐 2. 扁腹罐

M101：2，泥质灰陶。直口，窄沿，沿面有凹槽，矮领，广肩，弧腹，最大径位于腹上端，平底。领部先饰绳纹后抹掉，残存绳纹纹理，腹上部饰一周竖向细绳纹，口部有轮制痕迹，器身刮抹痕迹明显。口径11.1、最大径18.0、底径8.3、高12.0厘米（图一六一，2）。

九〇 M102

（一）墓葬形制

该墓位于墓群D区中部。开口于②层下，开口距地表1.70米。

竖穴土坑墓，平面呈长方形，方向10°，口大底小，下有生土二层台。上口长3.40、宽2.80米；二层台距墓口2.91米，东、西侧台面宽0.20米，南北两侧无二层台；底长2.90、宽1.40米；深3.80米。二层台以上壁面斜直内收，收分明显，二层台以下壁面平直，周壁规整，平底，无工具加工痕迹。

墓内填松散的黄褐色五花土，含植物根系。

葬具不详。

葬式不详。

盗洞 1 个，位于墓葬的东北部，自墓顶直通墓底。平面呈圆形，直径 0.75 米。其内出土较多陶片。

墓葬内出土陶钫 1、陶瓵 1、陶盘 1、陶器盖 1、铜带钩 1 件（图一六二）。

（二）出土遗物

1. 陶器

4 件。

钫 1 件。

M102：4，残，泥质灰陶。正方覆斗形子母口器盖，四角各有一卷云环形器纽，器身口、领部缺失，鼓腹，平底，下接方形高圈足，圈足中部有一道深且宽的凹槽。素面。腹边长 22.4、圈足底边长 15.0、圈足高 5.0、残高 25.6 厘米（图一六三，1）。

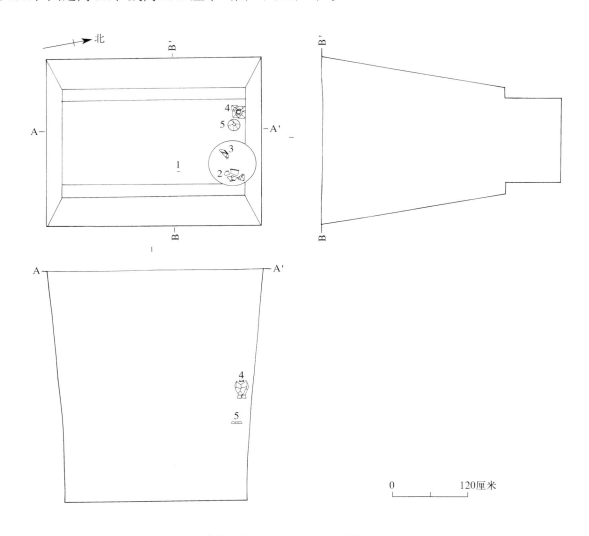

图一六二 M102 平、剖面图

1. 铜带钩 2. 陶瓵 3. 陶盘 4. 陶钫 5. 陶器盖

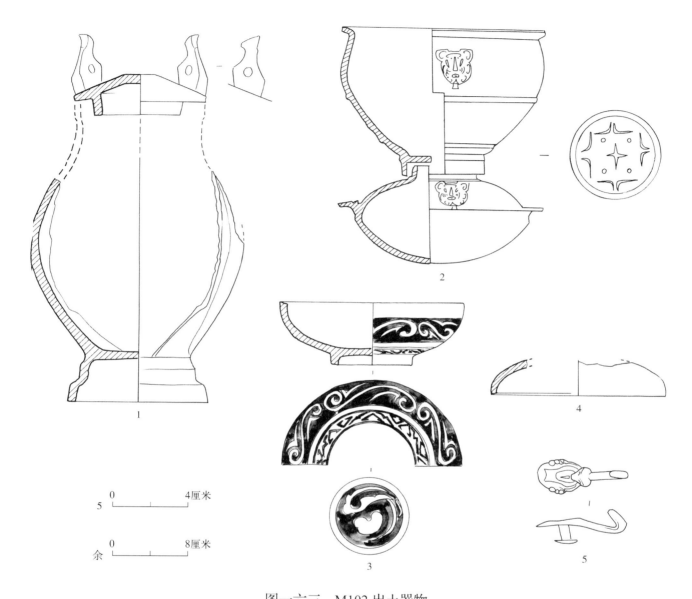

图一六三　M102 出土器物

1. 陶钫M102：4　2. 陶甗M102：2　3. 陶盘M102：3　4. 陶器盖M102：5　5. 铜带钩M102：1

甗　1件。

M102：2，泥质灰陶。锜，直口，圆唇，矮领，圆肩，浅腹，圜底，肩腹交接处外凸，肩部对称处附加两兽形铺首，带衔环。由腹至底分别饰四组弦纹，每组为三道凹弦。口径 6.8、最大径 21.6、高 10.8 厘米。甑，敞口，斜折沿，方唇，深弧腹，小平底，矮圈足，腹上端对称处附加两兽形铺首，底部有箅孔。腹部饰二道凹弦纹，圈足上部有一道凸棱，底部有刻划纹。口径 23.2、圈足径 8.8、高 15.8 厘米（图一六三，2；彩版七六，1）。

盘　1件。

M102：3，泥质灰陶，施红、黑、白三彩。器纽形如圈足，器身形如覆钵。器纽内施红、白两彩，器身施红、白、黑三彩绘云纹、波浪纹、弦纹，风蚀严重，图案不明。直径 19.6、器纽高 1.1、通高 6.8 厘米（图一六三，3）。

器盖　1 件。

M102：5，泥质灰陶。底残缺，形如覆钵。素面。直径 18.6、残高 3.8 厘米（图一六三，4）。

2. 铜器

1 件。

带钩　1 件。

M102：1，体较小，钩首纤细，尾部呈琵琶形。表面饰不明兽形图案，圆形纽位于尾部。长 4.8、纽径 1.2 厘米（图一六三，5；彩版七六，2）。

九一　M103

（一）墓葬形制

该墓位于墓群 D 区中部。开口于②层下，开口距地表 1.40 米。

竖穴土坑墓，平面呈长方形，方向 15°，口大底小，下有生土二层台。上口长 4.70、宽 4.00 米；二层台距墓口 3.20 米，西侧台面宽 0.16，南侧台面宽 0.08 米，东北两侧无二层台；底长 3.28、宽 1.90 米；深 4.40 米。二层台以上壁面斜直内收，收分明显，二层台以下壁面平直，周壁规整，平底，无工具加工痕迹。墓内填较硬的黄褐色五花土，棺椁内填满淤积土，较为纯净。

葬具为一椁一棺带头箱，南北向摆放，残存板灰。椁长 3.20、宽 1.50、残高 0.20 米，椁板厚 6～12 厘米；棺长 1.98、宽 0.75、残高 0.20 米，棺板厚 4～8 厘米。头箱位于椁内、棺的北侧，长 1.28、宽 0.65、残高 0.20 米，板厚 4 厘米。

葬式为仰身直肢，人骨一具，腐朽严重，头向北、面向上，双脚外翻，年龄、性别不明。

盗洞 1 个，位于墓葬的西部，自墓顶直通墓底。平面呈圆形，直径 0.60 米（彩版七六，3）。

墓葬内出土陶鼎 2、陶锜 1、陶甗 1、陶罐 2、铜壶 1、铜钫 1、铜釦器 5、铜镜 1、铁灯 1、铁盘 1、玉覆面 1、玉璜 2、玉鞋 1、玉琀 1、骨质棋子 1 件（组）（图一六四；彩版七七）。

（二）出土遗物

1. 陶器

6 件。

鼎　2 件。

M103：4，泥质灰陶。覆钵形器盖，盖顶附加三个卷云环形器纽，器身子母口微内敛，圆唇，深弧腹，圜底，下接三兽形蹄足，蹄足肥硕、较高，足跟外鼓，着地处微外撇，腹上端接两附耳，耳上端外撇。器盖表面以红、白两色绘云纹、水滴纹组成的图案，器身口部饰一道红色彩带，腹部亦红色彩带，因大部分脱落，图形不明。口径 21.6、腹径 22.0、裆高 4.4、通高 18.8 厘米（图一六五，1；彩版七八，1）。

M103：5，泥质灰陶。覆钵形器盖，盖顶附加三个卷云环形器纽，器身子母口内敛，方唇，深弧腹，圜底，下接三兽形蹄足，蹄足肥硕，足跟外鼓，着地处微外撇，腹上端接两附耳，耳上端外撇。器盖素面，器身口部饰一道红色彩带，腹部施四道红色彩带，部分脱落，器身内壁轮制痕迹明显。口径 20.8、裆高 3.2、通高 20.8 厘米（图一六五，2；彩版七八，2）。

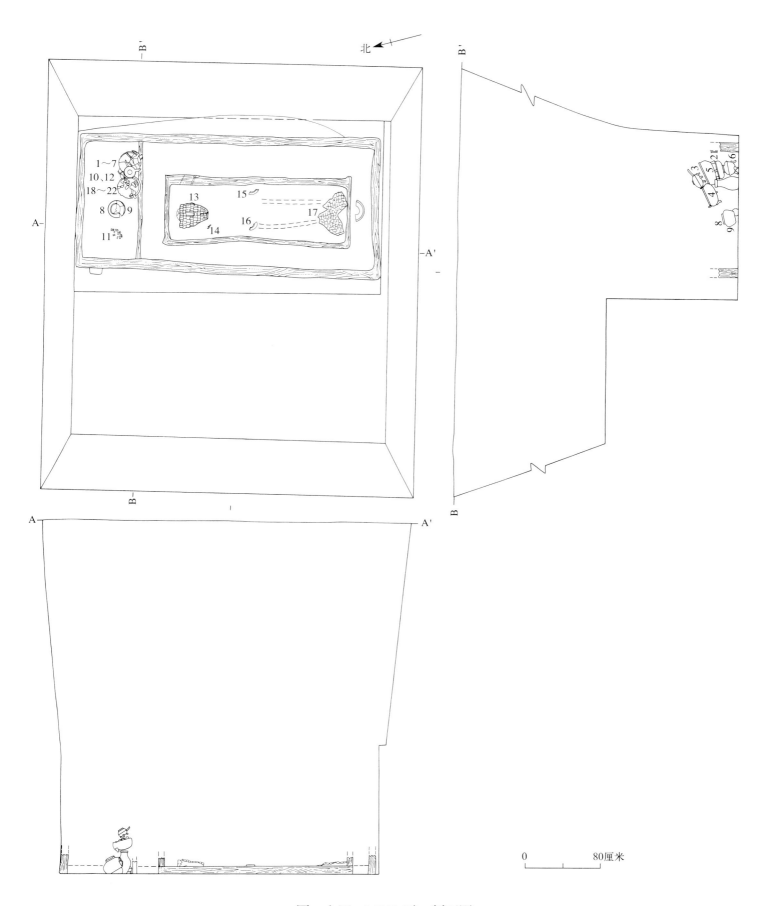

图一六四　M103 平、剖面图

1. 铁灯　2. 蟠螭纹铜镜　3. 铜鐎壶　4、5. 陶鼎　6. 陶锜　7. 铜钫　8、9. 扁腹陶罐　10. 铁盘　11. 骨质棋子　12、18～20、22. 铜釦器　13. 玉覆面　14. 玉琀　15、16. 玉璜　17. 玉鞋　21. 盆形陶甑

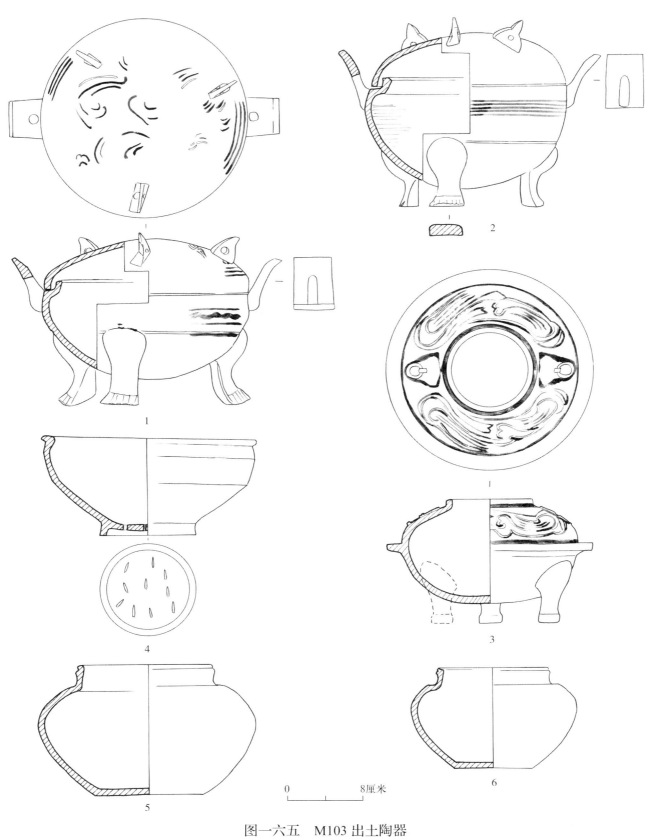

图一六五　M103 出土陶器

1、2.鼎M103：4、5　3.锜M103：6　4.盆形甑M103：21　5、6.扁腹罐M103：8、9

锜　1 件。

M103∶6，泥质灰陶。直口，方唇，矮领，圆肩，深腹，圜底，三蹄足较为肥硕，腹部有一隔棱，最大径位于隔棱处，肩部对称处附加两兽形铺首。领下端、隔棱上端各饰一道红色彩带，两彩带之间区域饰由红、白两色卷云纹色彩，两铺首周边饰以红色彩带。口径 9.2、最大径 22.0、隔棱宽 1.6、裆高 2.8、通高 13.7 厘米（图一六五，3；彩版七九，1）。

盆形甑　1 件。

M103∶21，泥质灰陶。敞口微敛，窄平沿，圆唇，上腹壁较直，下腹弧内收至底，矮圈足，底部有 10 个算孔。素面，器身轮制痕迹明显。口径 22.8、底径 10.1、圈足高 1.2、通高 11.2 厘米（图一六五，4；彩版七九，2）。

扁腹罐　2 件。

M103∶8，泥质灰陶。直口，圆沿，方唇，唇缘有一道凹槽，矮领，广肩，鼓腹，最大径位于鼓腹处，平底。素面。口径 14.2、最大径 23.1、底径 11.6、高 14.4 厘米（图一六五，5）。

M103∶9，泥质灰陶。直口，窄沿内敛，方唇，唇缘有一道凹槽，矮领，广肩，鼓腹，最大径位于鼓腹处，素面，下腹部刮抹痕迹明显。口径 11.6、最大径 17.6、底径 8.1、高 11.0 厘米（图一六五，6；彩版七九，3）。

2. 铜器

7 件。

鐎壶　1 件。

M103∶3，浅盘形器盖，盖顶正中有一半圆形穿孔，器身敛口，尖唇，矮领，圆腹，圜底，三蹄足位于底部，足跟外鼓，着地处外撇，鸭首形流位于腹中部，鸭上嘴唇与鸭首以榫卯结构相连，与流呈 90° 处有一方形空心手柄，中部向上微折，手柄靠近腹部处有穿孔，器盖与器身于流对称处以榫卯结构相连，器身中部有一道凸棱。口径 7.4、腹径 13.9、裆高 1.2、通高 10.8 厘米（图一六六，1；彩版七九，4）。

钫　1 件。

M103∶7，残。正方覆斗形子母口器盖，盖顶附加四个卷云环形器纽，其中一个缺失，器身侈口，方唇，高领中部微束，鼓腹，腹下部缺失，腹部两侧对称处饰兽形铺首衔环。口边长 8.4、腹边长 16.0、残高 28.2 厘米（图一六六，2）。

蟠螭纹镜　1 面。

M103∶2，残。镜面平直，桥形纽，圆形纽座。外饰以一圈带状素面纹饰，其外两圈短斜线纹构成主纹饰带，内饰蟠螭纹，素缘。直径 11.2 厘米（图一六七，1；彩版七九，5）。

釦器　5 件（组）。

M103∶12，为器耳，残。形制相同，器身环形片状，似一箍，一端向外延伸出二长方形薄片，二薄片上各有一穿孔，另一端向外延伸起一较宽的薄片，末端略呈三角形（图一六七，2；彩版七九，6）。

M103∶22，长方形薄片残缺一个。长 4.4、环径 2.2 厘米。

M103∶18，向外延伸而出的长方形薄片缺失。残长 3.9、环径 2.2 厘米（图一六七，3）。

M103∶19，共 4 个。为器盖纽，形制、尺寸相同，卷云环形，下端有榫，可与器盖相连接。长 3.5、宽 1.5、厚 0.1 厘米（图一六七，4）。

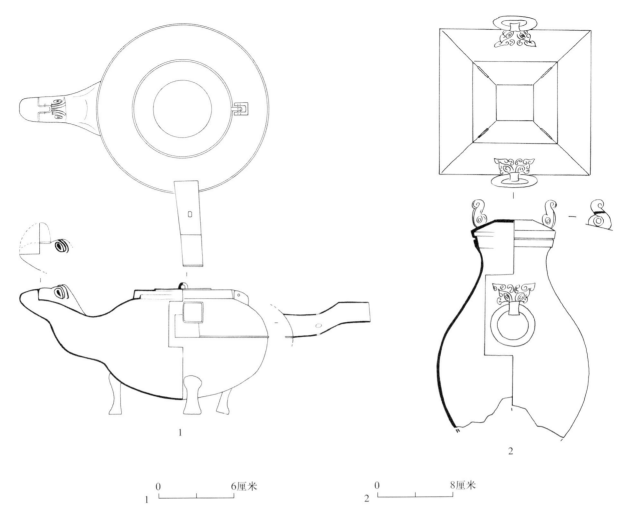

图一六六　M103 出土铜器
1. 鐎壶M103：3　2. 钫M103：7

M103：20，共5个。形制、尺寸相同，腿部肥硕，足跟外鼓，下端微外撇，腿部截面呈空心半球形，内壁有榫，用以与器身相连，足部截面呈半圆形。素面。高2.5厘米（图一六七，5）。

3. 铁器

2件。

灯　1件。

M103：1，直口，浅盘，平底，底部内壁中部有一倒圆锥状乳丁，尖端较锋利，灯盘正下方接一圆柱状实心柄，底座残损。素面。口径8.8、盘高1.0、残高8.0厘米（图一六七，6；彩版八〇，1）。

盘　1件。

M103：10，敞口，圆唇，浅直腹，平底，底部有三器足。素面。口径12.2、高3.0厘米（图一六七，7；彩版八〇，2）。

4. 玉器

5件。

璜　2件。

M103：15、16，形制、纹饰、尺寸均一致。器身扁平呈半环形，中部缘处各有一小穿孔。青灰色，玉质温润透亮。截面呈长方形。正、反面对称处阴刻3道简化云纹。长6.6、宽1.4、厚0.35厘米（彩版八三，1、2）。

覆面　1件。

M103：13。整体用玉片加工成面具状，合计玉片96片，出土时分为上下两层。第一层玉片83片，整体上平下圆，下端并突出一小段，正面微外凸，至下颏处随形收折。有眼、鼻、口，无耳。眼睛处玉片微微隆起，呈对称分布；鼻子处由三块形制较长的玉片三面覆盖组成，中间隆起；可看出嘴的位置。整体大致分作10横排，最长29.4、最宽24.4厘米。第二层玉片13片，仅1片基本碎成小块，其他玉片均完整，基本沿一层下半部分外轮廓线分布（图一六七，9；彩版八一）。

鞋　1双。

M103：17，整只鞋用打磨而成的长方形、方形或不规则形玉片加工而成。M103：17-1，右脚玉

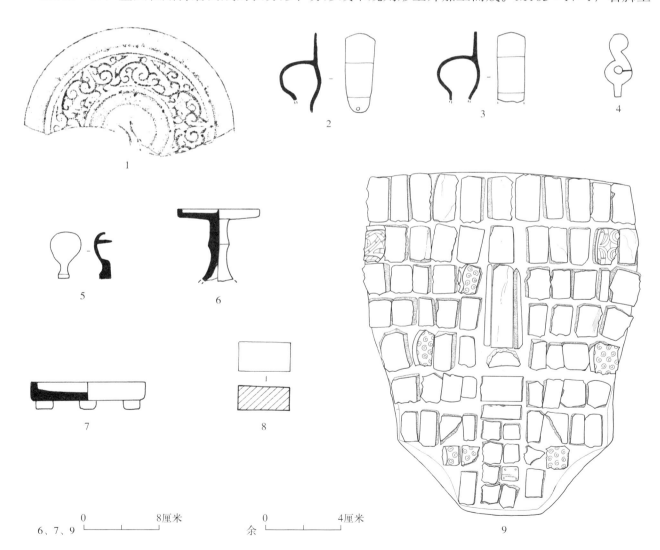

0　　　　　8厘米
6、7、9 ├────────┤

0　　　　4厘米
余 ├────────┤

图一六七　M103 出土器物

1. 蟠螭纹铜镜M103：2　2～5. 铜釦器M103：12、18～20　6. 铁灯M103：1　7. 铁盘M103：10　8. 骨质棋子M103：11　9. 玉覆面M103：13

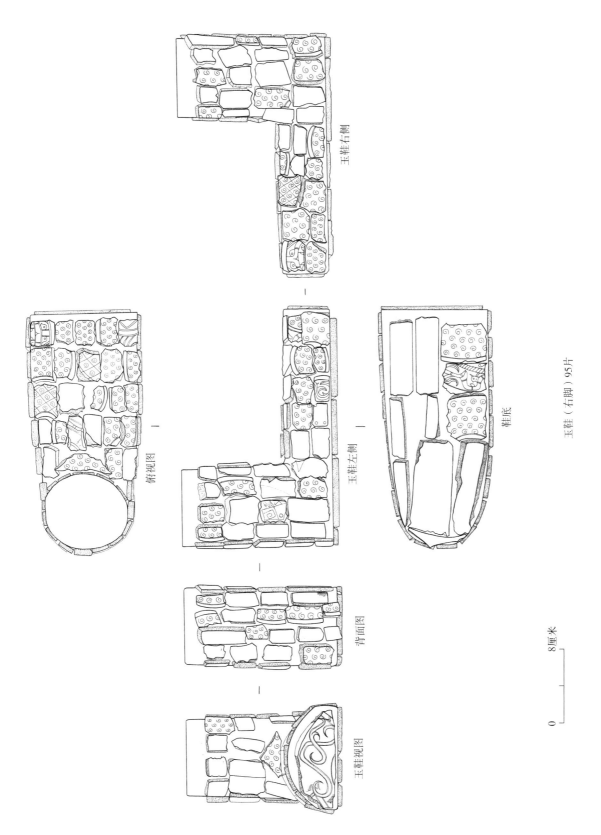

玉鞋（右脚）95片

玉鞋右侧

俯视图

玉鞋左侧

鞋底

背面图

玉鞋视图

0 ⸻ 8厘米

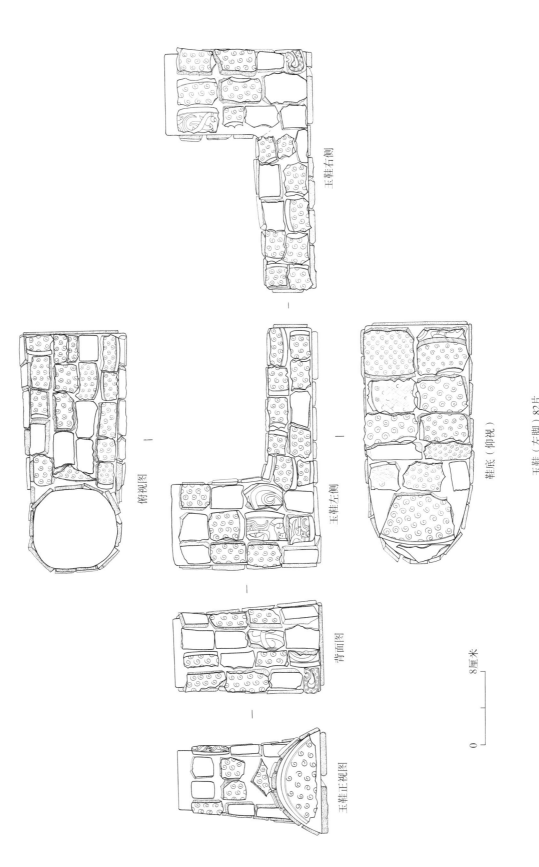

俯视图

玉鞋右侧

玉鞋左侧

背面图

鞋底（仰视）

玉鞋正视图

玉鞋（左脚）82片

0 8厘米

图一六八 玉鞋 M103 : 17

鞋的玉片出土时自上而下可分为六层，共 95 片。最上面的二层因在埋藏或发掘过程中受过扰动，排列顺序比较混乱；第三、四层的玉片受扰动较少，有一定的排列规律；第五层分布在脚踝周围；第六层由 37 片玉片组成靴子的鞋帮和鞋底，其中鞋帮玉片大小相近呈长方形，鞋底玉片大小、形状均有差异，包括有圭状玉片。M103：17-2 左脚玉鞋玉片扰乱严重，层位关系较右脚复杂。参照右鞋玉片排列关系和出土时的叠压关系，可确定分为 10 层，共 82 片。其中第 10 层与右脚的最下面层情况相同。由大小不同的玉片组成鞋帮和鞋底，其他各层受扰严重（图一六八；彩版八二）。

珌　1 件

M103：14，平面呈圆角梯形，截面呈圆角方形。青灰色，玉质温润透亮。一面素面，另一面刻画由方格和旋涡组成的图案。长 5.35、宽 1.2～2.7、厚 0.5 厘米（彩版八三，3）。

5. 骨器

1 组。

棋子　1 组。

M103：11，共 12 枚。部分略残。形制、尺寸相同，利用残骨骼加工而成，制作规整，长方体。素面。长 2.8、宽 1.6、厚 1.3 厘米（图一六七，8；彩版八〇，3）。

九二　M104

（一）墓葬形制

该墓位于墓群 D 区中部。开口于②层下，开口距地表 1.40 米，西侧被 M103 打破。

竖穴土坑墓，平面呈长方形，方向 10°，口大底小，下有生土二层台。上口长 4.62、宽 3.44 米；二层台距墓口 3.20 米，东、西侧台面宽 0.24，南侧台面宽 0.20、北侧台面宽 0.06 米；底长 3.36、宽 1.90 米；深 4.60 米。二层台以上壁面斜直内收，收分明显，二层台以下壁面平直，周壁规整，平底，无工具加工痕迹。墓内填较硬的黄褐色五花土，经夯打，夯层厚 20 厘米，夯筑方法不明。

葬具为一椁一棺，南北向摆放，残存板灰。椁长 2.64、残宽 1.26、残高 0.60～0.78 米，椁板厚 6 厘米，椁盖板由 7 块宽 0.25～0.72 米的木板组成；棺长 1.80、宽 0.80、残高 0.60 米，棺板厚 4 厘米。

葬式为仰身直肢，人骨一具，腐朽严重，头向北、面向上，双臂微弯曲，年龄、性别不明。

盗洞 1 个，位于墓葬的中部，自墓顶直通墓底。平面呈圆形，口小底大，口径 0.90 米，底部呈不规则形，长 2.25、宽 0.65 米。

墓葬内出土茧形陶壶 1、陶盘 1、陶熏炉 2、铜鼎 2、铁灯 1 件；盗洞内出土铜镜 1、铜带钩 1 件（图一六九；彩版八四，1）。

（二）出土遗物

1. 陶器

4 件。

茧形壶　1 件。

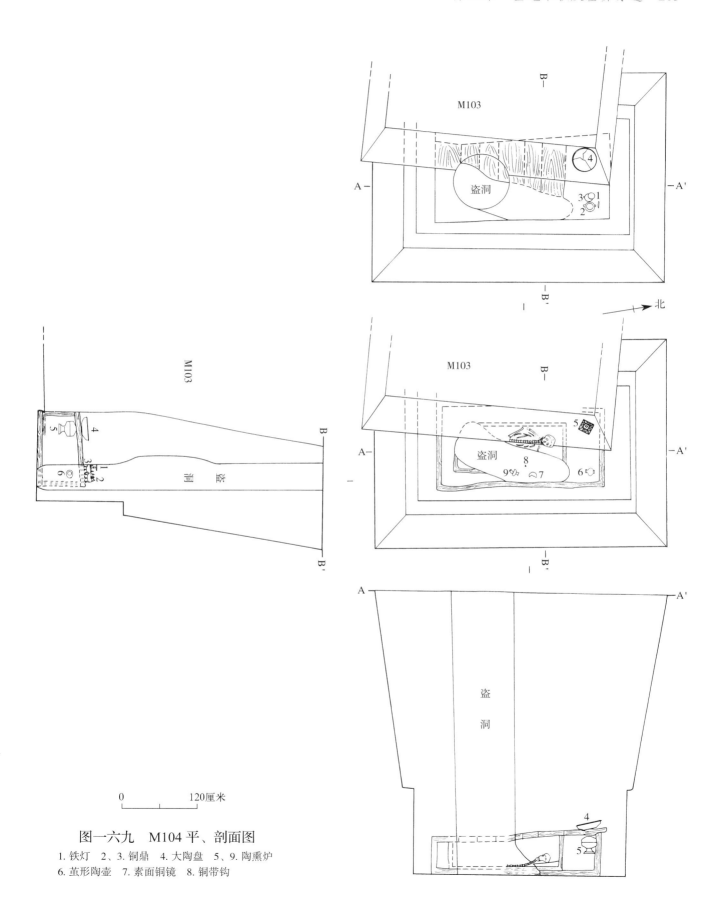

图一六九 M104 平、剖面图

1. 铁灯 2、3. 铜鼎 4. 大陶盘 5、9. 陶熏炉
6. 茧形陶壶 7. 素面铜镜 8. 铜带钩

0　　　120厘米

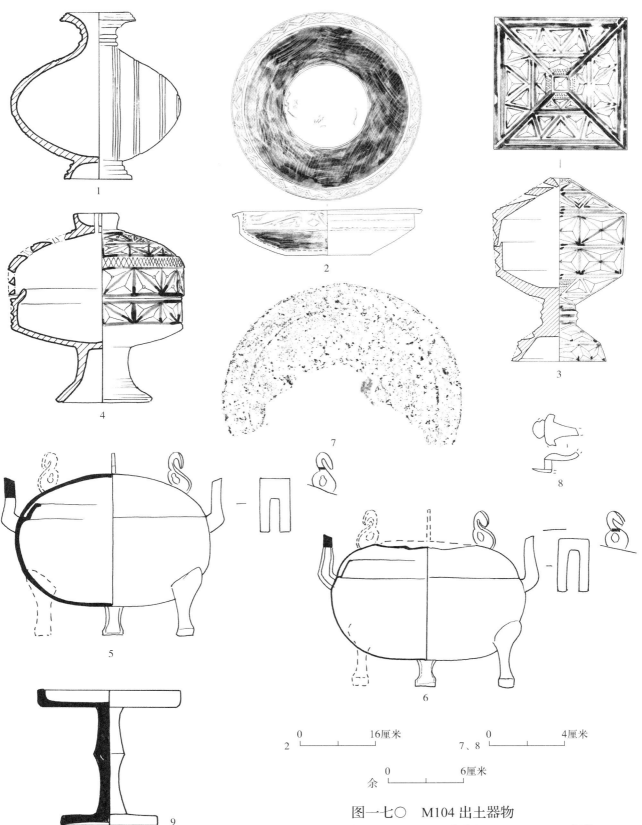

图一七〇　M104 出土器物

1. 茧形陶壶M104：6　2. 大陶盘M104：4　3、4. 陶熏炉M104：5、9　5、6. 铜鼎M104：2、
3　7. 素面铜镜M104：7　8. 铜带钩M104：8　9. 铁灯M104：1

M104：6，泥质灰陶。喇叭口，沿外撇，沿面有二道凹槽，尖唇，高领，器身形如一蚕茧，喇叭形底座。领部饰二道凸弦纹，器身纵向饰八组凹弦纹，每组由三道凹弦纹组成，底座饰二道凸弦纹。口径 5.3、底径 5.5、高 13.5 厘米（图一七〇，1；彩版八五，1）。

大陶盘　1 件。

M104：4，泥质灰陶。敞口，宽沿微外撇，厚方唇，唇缘中部内凹，折腹，上腹直，下腹斜直内收，平底。器表上腹部饰三道粗绳纹，口沿、内壁饰由红、白两色组成的色彩图案，沿面以红彩为底色，于其上饰由白色弧边三角纹、直线组成图案，上腹部饰白色卷云纹图案、下腹部为红彩，底部亦饰白色卷云纹图案。口径 41.2、底径 17.6、高 13.6 厘米（图一七〇，2；彩版八四，2）。

熏炉　2 件。

M104：5，泥质灰陶。覆斗形器盖，斗形灯盘呈子母口，尖唇，下部正中接一方形柱状柄，柄中部有两道凸棱，覆斗形底座。器表镂刻圆点、三角纹，三角边均饰以红色彩绘，器盖部分三角中镂空，豆柄中部有两道凸棱，除凸棱外其他区域均施红彩。口边长 18.8、底边长 15.3、高 29.8 厘米（图一七〇，3；彩版八五，2）。

M104：9，泥质灰陶。覆钵形器盖，顶端有一圆形器纽，灯盘呈子母口，圆唇，浅腹上部较直，下部弧收至底，正中接一柱状空心柄，喇叭形底座。器表镂刻弦纹、三角纹，弦纹内、三角边均施以红色彩绘，器盖部分三角中镂空、三角边饰以凹弦纹，并填以红彩。口径 12.4、底径 7.7、高 15.6 厘米（图一七〇，4；彩版八五，3）。

2. 铜器

4 件。

鼎　2 件。

M104：2，覆钵形器盖，盖顶附加三个卷云环形器纽，器身子母口内敛，方唇，深弧腹，圜底近平，下接三蹄足，器足较高，足跟外鼓，着地处微外撇，腹上端接两附耳。素面。口径 14.8、腹径 15.6、裆高 3.0、通高 14.8 厘米（图一七〇，5；彩版八六，1）。

M104：3，覆钵形器盖残损，盖顶附加三个卷云环形器纽，其中一个缺失，器身子母口内敛，方唇，深弧腹，圜底近平，下接三蹄足，器足较高，足跟外鼓，着地处微外撇，腹上端接两附耳，耳微内敛。素面。口径 12.6、腹径 15.5、裆高 2.2、通高 14.5 厘米（图一七〇，6；彩版八六，2）。

素面镜　1 面。

M104：7，残。镜面平直，圆纽，圆座。镜背饰两道凸弦纹，素缘。直径 12.5 厘米（图一七〇，7）。

带钩　1 件。

M104：8，钩首残缺。尾部宽而扁，形如鹅身，残存部分圆形纽位于尾端。残长 2.5 厘米（图一七〇，8）。

3. 铁器

1 件。

灯　1 件。

M104：1，口部残。直口，浅盘，平底，灯盘正下方接一圆柱状实心柄，较高，中部微鼓，圆饼状底座。素面。口径 11.4、盘高 1.4、底座直径 7.8、高 11.2 厘米（图一七〇，9；彩版八五，4）。

九三　M105

（一）墓葬形制

该墓位于墓群 D 区中部。开口于②层下，开口距地表 1.30 米。

竖穴土坑墓，平面呈梯形，北宽南窄，方向 15°，口小底大。上口长 3.30、宽 1.84～1.92 米；底长 3.40、宽 1.50～1.58 米；深 3.40 米。上部壁面斜直内收，收分明显，下部壁面平直，南端壁面向内延伸 16 厘米，周壁规整，平底，无工具加工痕迹。墓内填较硬的黄褐色五花土，内含少量料礓石颗粒。

葬具为一椁一棺，南北向摆放，残存板灰。椁长 3.00、宽 1.2、残高 0.50 米，椁板厚 8 厘米；棺长 1.88、宽 0.66～0.70 米，高度、棺板厚度不明。

葬式不详。

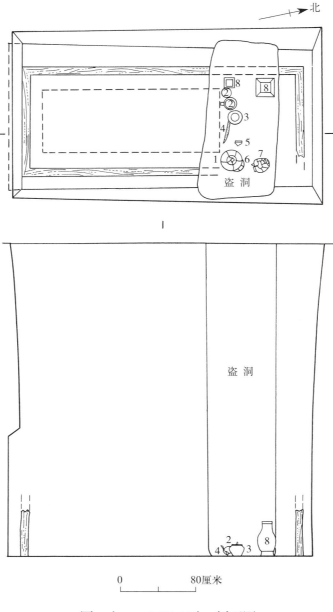

图一七一　M105 平、剖面图

1. 簋形陶甑　2. 陶鼎　3、7. 大口陶罐　4. 铁剑　5. 铜釜　6. 盘形陶甑　8. 陶钫

盗洞 1 个，位于墓葬北部，自墓顶直通墓底。平面呈梯形，长 1.70、宽 0.64～0.82 米。

墓葬内出土陶钫 1、陶鼎 1、陶罐 1、铁剑 1 件；盗洞内出土陶甑 2、陶罐 1、铜釜 1 件（图一七一；彩版八七，1）。

（二）出土遗物

1. 陶器

6 件。

鼎　1 件。

M105：2，泥质灰陶。覆钵形器盖，盖顶附加三个椭圆形兽形器钮，器身子母口内敛，尖唇，深弧腹，圜底近平，下接三蹄足，足跟外鼓，着地处微外撇，腹上端接两附耳，耳上端外撇。素面，器身有轮制痕迹。口径 12.8、腹径 15.6、裆高 2.0、通高 12.6 厘米（图一七二，1；彩版八七，2）。

钫　1 件。

M105：8，泥质灰陶，施彩绘。正方覆斗形子母口器盖，器身呈侈口，方唇，高领，鼓腹，平底，下接方形高圈足，腹部两侧对称处附加两兽形铺首衔环。盖以红、白两彩绘"回"字形纹，顶部绘水滴纹，器身领部上端以红、白两彩绘"回"字形纹，之下以红彩绘三角纹，三角内施以白彩，三角纹之下以红、

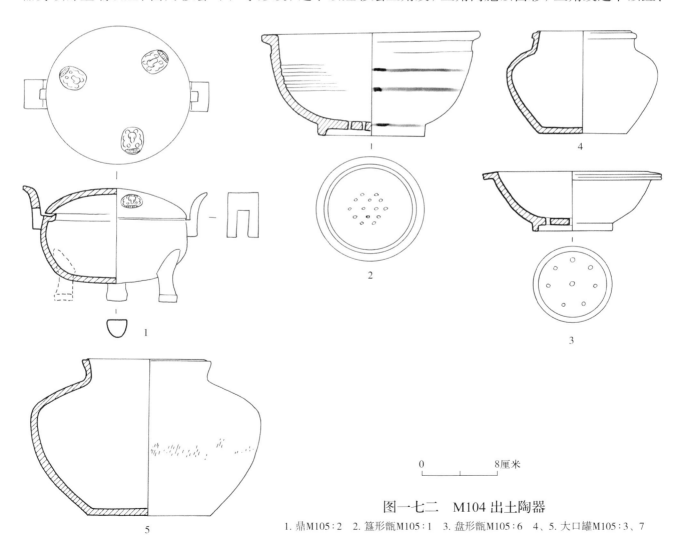

图一七二　M104 出土陶器

1. 鼎 M105：2　2. 篦形甑 M105：1　3. 盘形甑 M105：6　4、5. 大口罐 M105：3、7

白、绿三彩绘云纹、水滴纹，上腹部先以红、白两彩绘三道"回"字纹，腹中下部以红彩绘一道"回"字纹，"回"字纹区域内以白、绿、紫三彩绘云纹，铺首周边施红彩，环中以红、白两彩绘一环，圈足中部以红彩绘"回"字纹。口边长 11.4、腹边长 21.8、圈足底边长 13.2、圈足高 4.8、通高 41.2 厘米（图一七三，1；彩版八八）。

篮形甑　1件。

M105∶1，泥质灰陶，带彩绘。敞口，宽平沿，厚方唇，深弧腹，平底，矮圈足，底部有箅孔。器表饰红色彩带三道，其中腹部二道，圈足上端一道，沿面轮制痕迹明显。口径 22.8、底径 11.2、圈足高 1.4、通高 11.2 厘米（图一七二，2；彩版八九，1）。

盘形甑　1件。

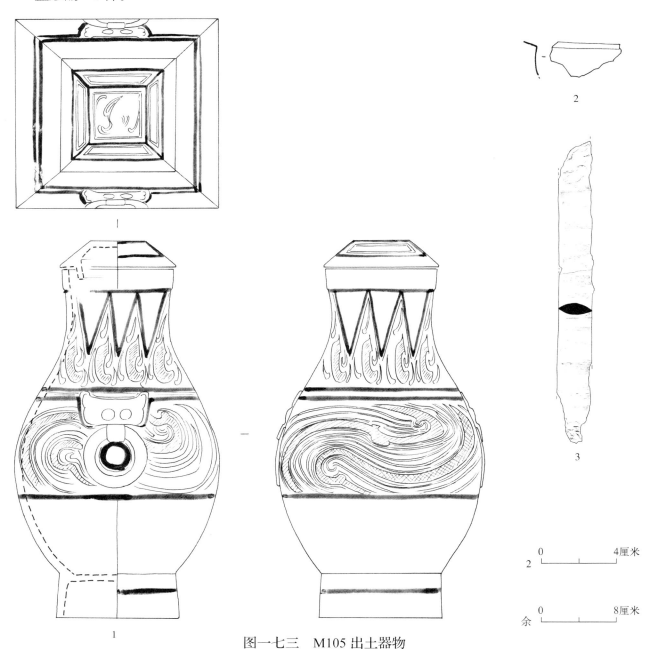

图一七三　M105 出土器物

1.陶钫M105∶8　2.铜釜M105∶5　3.铁剑M105∶4

M105：6，口部残，泥质灰陶。敞口，宽沿微外撇，方唇，唇缘有凹槽，直腹斜内收，平底，矮圈足，底部有箅孔。素面，器身轮制痕迹明显。口径 19.1、底径 8.4、圈足高 0.8、通高 6.6 厘米（图一七二，3）。

大口罐　2 件。

M105：3，泥质灰陶。直口，窄沿外撇，沿面中部内凹，圆唇，矮领，广肩，圆腹，最大径位于腹上部，平底。素面，器表有轮制痕迹。口径 9.8、最大径 16.2、底径 9.1、高 11.4 厘米（图一七二，4；彩版八九，2）。

M105：7，口部残，泥质灰陶。侈口，窄沿外撇，圆唇，矮领，广肩，圆腹，最大径位于腹上部，平底。腹部饰绳纹，部分被抹光，口部有轮制痕迹，下腹部有刮削痕迹。口径 12.2、最大径 16.4、底径 12.8、高 17.2 厘米（图一七二，5；彩版八九，3）。

2. 铜器

1 件。

釜　1 件。

M105：5，口沿残片。敞口，斜折沿，方唇。素面。壁厚 0.1、残高 1.9 厘米（图一七三，2）。

3. 铁器

1 件。

剑　1 件。

M105：4，锈残。带鞘，仅存部分剑身，截面呈扁菱形。残长 32.9、宽 3.6、厚 1.2 厘米（图一七三，3）。

九四　M106

（一）墓葬形制

该墓位于墓群 D 区中部。开口于②层下，开口距地表 1.60 ～ 2.20 米。

竖穴土坑墓带壁龛，平面呈长方形，方向 285°，口大底小，下有生土二层台。上口长 3.32、宽 2.54 米；二层台距墓口 2.32 ～ 3.80 米，北侧台面宽 0.30、南侧台面宽 0.58、西侧台面宽 0.44 米，东侧无二层台；底长 2.30、宽 1.00 米；深 2.92 ～ 4.44 米。二层台以上壁面斜直内收，收分明显，二层台以下直壁平滑，周壁规整，平底，无工具加工痕迹。壁龛位于西端墓壁的底部，龛底与墓底齐平，平顶。口宽 0.88、进深 0.46、高 0.70 米。墓内填松散的褐色五花土，含少量料礓石颗粒。

葬具不详。

葬式不详。

盗洞 1 个，位于墓葬中部，自墓顶直通墓底。平面呈椭圆形，长 0.42 ～ 0.76 米。

墓葬内出土铜钱 1、陶罐 1 件（图一七四）。

（二）出土遗物

1. 陶器

1 件。

小口旋纹罐　1 件。

M106：2，口部略残，泥质灰陶。侈口，外斜沿，方唇，唇缘有凹槽，高领，溜肩，鼓腹，最

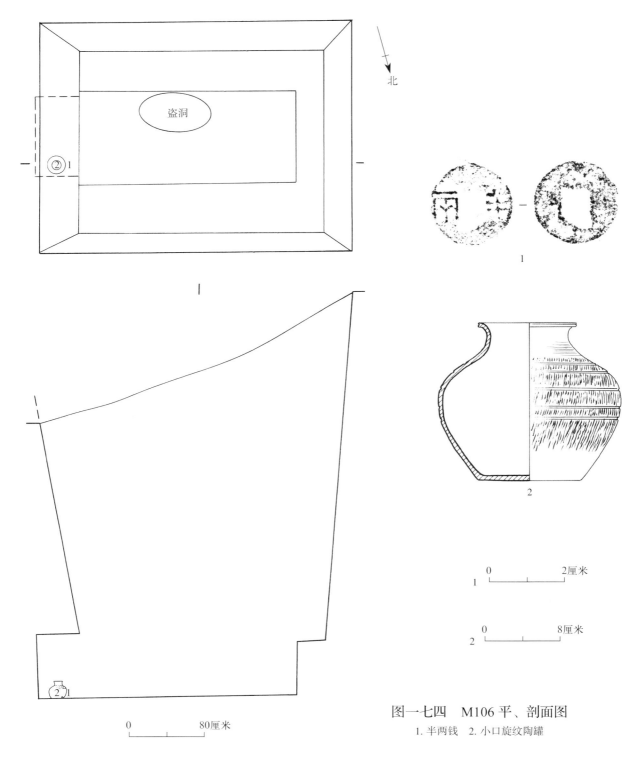

图一七四　M106 平、剖面图
1. 半两钱　2. 小口旋纹陶罐

大径位于鼓腹处，平底。腹部饰竖向绳纹，绳纹之上饰数道凹弦纹，将之分割成数段，口部有轮制痕迹。口径 10.4、最大径 19.5、底径 10.8、高 17.4 厘米（图一七四，2；彩版八九，4）。

2. 铜器

1 件。

半两钱　1 枚。

M106：1，圆形方穿，无郭。钱径 2.2、穿宽 0.7 厘米，重 3.2 克（图一七四，1；彩版八九，5）。

九五 M108

（一）墓葬形制

该墓位于墓群 D 区中部。开口于②层下，开口距地表 2.10 米，被 M106 打破。

竖穴土坑墓，平面呈梯形，东宽西窄，方向 270°，口小底大。上口长 2.95、宽 2.10～2.18 米；底长 2.72、宽 1.30 米；深 2.00～3.24 米。南北两纵壁斜直内收，收分明显，东西两壁平直，周壁规整、光滑，平底，无工具加工痕迹。墓内填较硬的褐色五花，含少量料礓石颗粒。

葬具不详。

葬式为侧身屈肢，人骨一具，头向西，面向不明，双腿曲收，右腿压左腿，性别、年龄不明。

盗洞 2 个。盗洞 1 位于墓葬的西北部，自墓口直通墓底，平面呈椭圆形，长 0.68～0.72 米；盗洞 2 为 M106 盗洞 1。

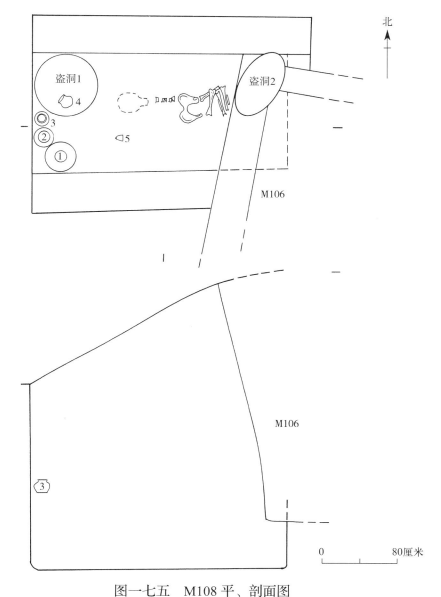

图一七五 M108 平、剖面图

1. 小口陶罐 2. 大口陶罐 3. 小口旋纹陶罐 4. 无耳无錾陶鍪 5. 铜铃

墓葬内出土陶罐 3、陶鏊 1、铜铃 1 件（图一七五）。

（二）出土遗物

1. 陶器

4 件。

小口罐　1 件。

M108：1，口部略残，泥质灰陶。侈口，窄沿外撇，方唇，高领，溜肩，深弧腹，最大径位于腹上部，平底。肩、腹中部饰竖向绳纹，绳纹之上饰数道凹弦纹，将之分割成数段，口部有轮制痕迹。口径 12.6、最大径 33.2、底径 16.3、高 30.7 厘米（图一七六，1；彩版九〇，1）。

小口旋纹罐　1 件。

M108：3，口部略残，泥质灰陶。侈口，窄平沿，方唇，矮领，广肩，上腹较鼓，下腹斜直内收，最大径位于腹上部，平底。肩、腹上部饰竖向绳纹，绳纹之上饰数道凹弦纹，将之分割成数段，口部有轮制痕迹。口径 10.4、最大径 17.7、底径 10.4、高 14.6 厘米（图一七六，2；彩版九〇，2）。

大口罐　1 件。

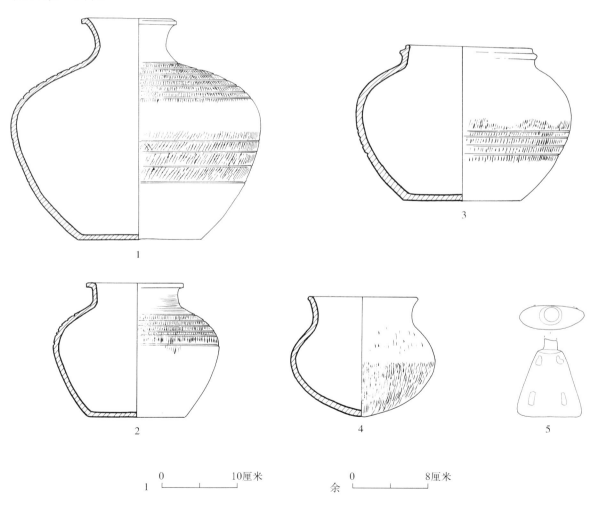

图一七六　M109 出土器物

1. 小口陶罐 M108：1　2. 小口旋纹陶罐 M108：3　3. 大口陶罐 M108：2　4. 无耳无錾陶鏊 M108：4　5. 铜铃 M108：5

M108：2，泥质灰陶。敛口，沿外斜，沿面有一道较宽且浅的凹槽，圆唇，矮领，圆肩，深弧腹，最大径位于腹上部，平底。腹中部饰竖向细绳纹，绳纹之上饰数道凹弦纹，将之分割成数段，口部有轮制痕迹。口径 13.3、最大径 23.0、底径 12.4、高 17.2 厘米（图一七六，3；彩版九〇，3）。

无耳无錾鍪　1件。

M108：4，夹砂灰陶。侈口，圆唇，束颈，鼓腹，最大径位于鼓腹处，圜底。腹、底饰细绳纹，口部有轮制痕迹。口径 11.7、最大径 15.4、高 13.0 厘米（图一七六，4；彩版九〇，4）。

2. 铜器

1件。

铃　1件。

M108：5，形似甬钟，圆形短甬，顶端残缺，中空，钲身扁平瘦长，表面有四个形制各异的穿孔，截面呈弧边长方形。素面。宽 6.9、残厚 2.7、残高 8.5 厘米（图一七六，5；彩版九一，1）。

九六　M109

（一）墓葬形制

该墓位于墓群 D 区中部。开口于②层下，开口距地表 1.40 米。

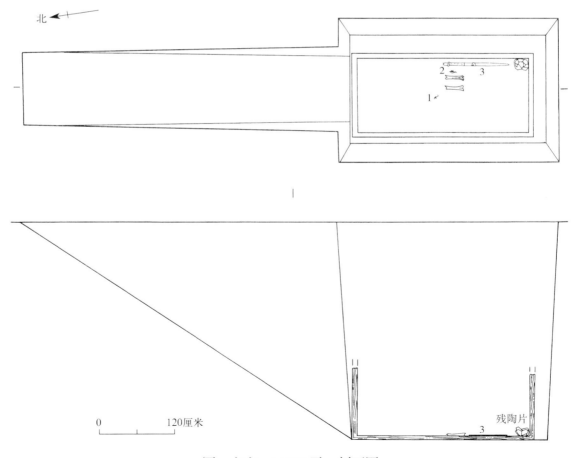

图一七七　M109 平、剖面图

1、2. 铜带钩　3. 铁剑

斜坡墓道土坑墓，平面呈"凸"字形，总长 8.50 米，方向 10°。由墓道和墓室两部分组成。墓道位于墓室的北端，北高南低呈坡状，坡度 35°，平面呈梯形，南宽北窄，口大底小。上口长 5.00、宽 1.20～1.38 米；底长 5.20、宽 1.08～1.10 米；深 0～3.48 米。北端壁面平直，东西两纵壁斜直内收。墓室为土坑式，平面呈长方形，口大底小。上口长 3.50、宽 2.40 米；底长 3.10、宽 1.80 米；深 3.60 米。周壁斜直内收，平底，无工具加工痕迹。墓内填松散的黄褐色五花土，含少量植物根系。

葬具为一棺，南北向摆放。长 2.88、宽 1.40、残高 1.14 米，棺板厚 8 厘米。

葬式不详，仅见部分腿部残骨，性别、年龄不明。

墓葬内出土铜带钩 2、铁剑 1 件（图一七七）。

（二）出土遗物

1. 铜器

2 件。

带钩　2 件。

M109：1，钩首残缺。尾部形如鸭首，扁嘴，大眼，圆形纽位于尾部。残长 3.7、纽径 1.7 厘米（图一七八，1）。

M109：2，钩首为蛇头，钩体为身，尾部肥硕，圆形纽位于尾部。素面。长 6.2、纽径 1.5 厘米（图一七八，2）。

2. 铁器

1 件。

剑　1 件。

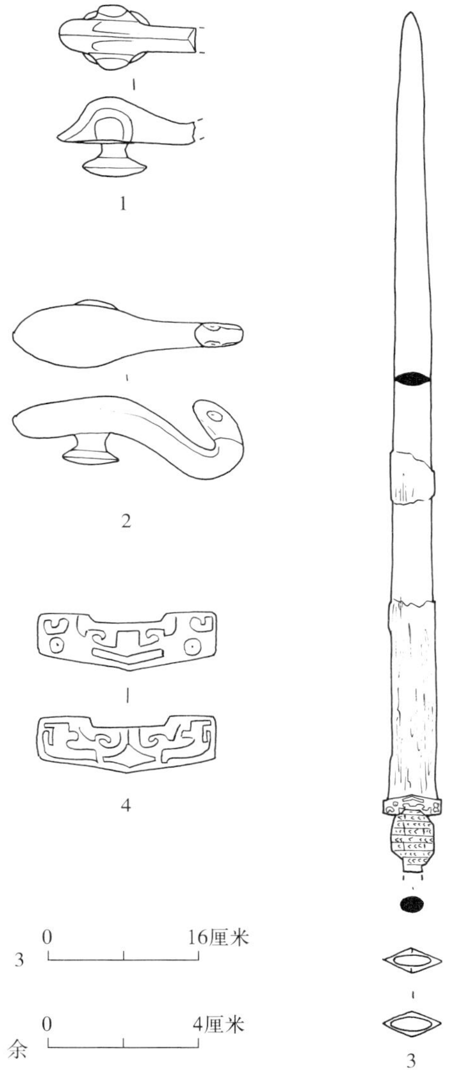

M109：3，残存部分剑鞘，系用薄木片拼

图一七八　M109 出土器物

1、2. 铜带钩 M109：1、2　3. 铁剑 M109：3　4. 铜剑格 M109：3-2

合而成，外裹布，残存布纹，剑首缺失，剑茎断面呈扁圆形，茎部附有弧形木片，外缠麻绳，绳纹纹理清晰，铜剑格，剑身断面呈扁菱形，末端收杀成锋，剑格两侧均饰变形夔纹。长 94.0 厘米（图一七八，3、4）。

九七　M110

（一）墓葬形制

该墓位于墓群 D 区中部。开口于②层下，开口距地表 0.40～0.80 米。

竖穴土坑墓，平面呈长方形，方向200°，口底同大。长2.60、宽0.84、深0.10～0.70米。墓壁平直、规整，东壁南端坍塌严重，底南高北低略呈斜坡，中部向下凹陷0.30米，无工具加工痕迹。壁龛位于西部纵壁的南端底部，坍塌严重。口宽0.46、进深0.16、残高0.10米。墓道内填略硬的黄褐色五花土。

葬具不详。

葬式为侧身屈肢，人骨一具，头向南、面向东，鉴定为20～25岁的男性。

墓葬内出土陶罐1件（图一七九）。

（二）出土遗物

陶器

1件。

异形罐　1件。

M110：1，泥质灰陶。直口，厚圆唇，矮领，广肩，圆腹，最大径位于腹上部。肩部饰三道凹弦纹，器表轮制痕迹明显。口径11.6、最大径21.0、底径14.0、高14.4厘米（图一七九，1）。

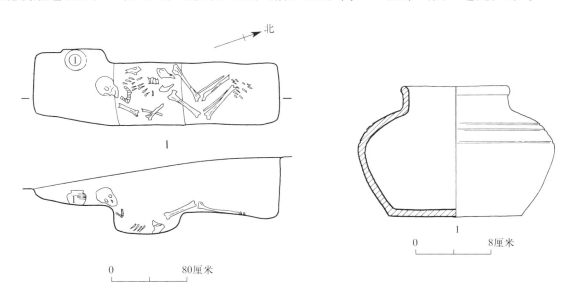

图一七九　M110平、剖面图及出土陶器

1. 异形罐

九八　M111

（一）墓葬形制

该墓位于墓群D区中部。开口于②层下，开口距地表0.40～0.50米。

竖穴墓道土洞墓，总长4.28米，方向110°。由墓道和墓室两部分组成。墓道位于墓室北端，平面呈长方形，口大底小。上口长2.14、宽1.32米；底长1.80、宽1.20米；残深1.40米。斜壁内收，收分明显，底部东端略高于西端呈坡状，坡度4°。墓室为土洞式，平面呈长方形，平顶。宽0.74、进深2.12、高0.68～0.90米。直壁，平底，无工具加工痕迹。墓道内填略硬的黄褐色五花土，墓室

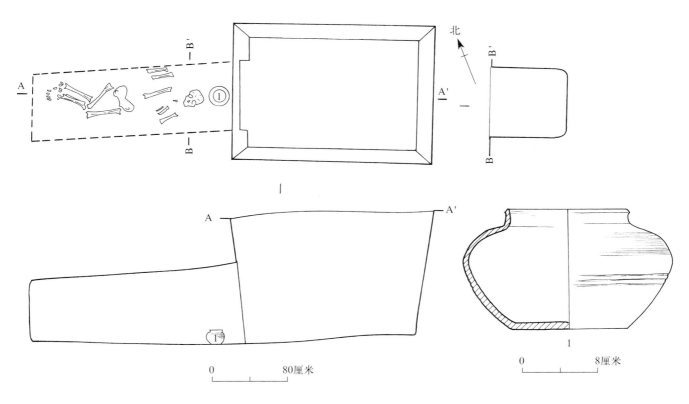

图一八〇　M111 平、剖面图及出土陶器
1. 扁腹罐

内填较硬的淤积土及坍塌堆积。

葬具不详。

葬式为侧身屈肢，人骨一具，头向东、面向南，上肢弯曲，左手放于胸部，右手放于头部，双腿向南弯曲，性别、年龄不明。

墓室内出土陶罐 1 件（图一八〇）。

（二）出土遗物

陶器

1 件。

扁腹罐　1 件。

M111：1，泥质灰陶。直口，圆唇，矮领，圆肩，弧腹内收，最大径位于腹上部。腹中部偏上处饰四道凹弦纹，器表轮制痕迹明显。口径 13.2、最大径 22.0、底径 12.4、高 13.2 厘米（图一八〇，1）。

九九　M112

（一）墓葬形制

该墓位于墓群 D 区中部。开口于②层下，开口距地表 0.40 ～ 0.60 米。

竖穴土坑墓带壁龛，平面呈梯形，南宽北窄，方向 20°，口大底小，下有生土二层台。上口长 3.44、

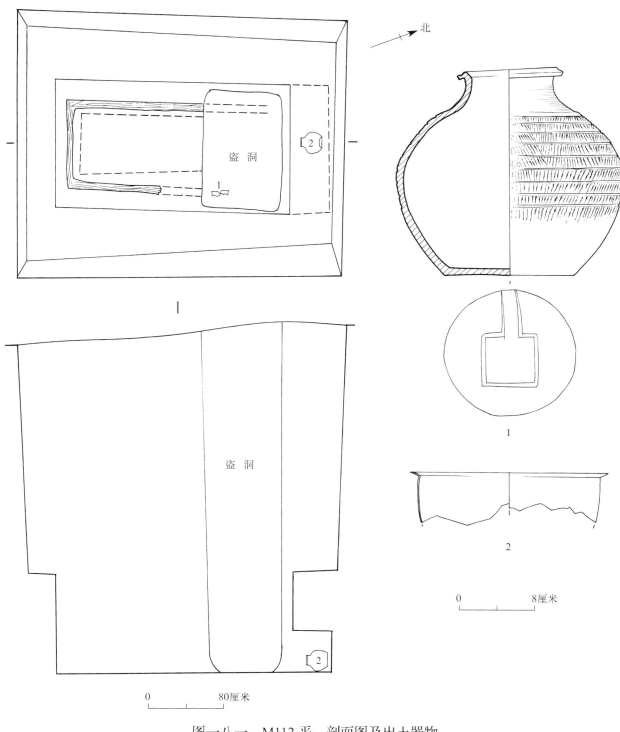

图一八一　M112 平、剖面图及出土器物

1. 小口旋纹陶罐　2. 铜盆

宽 2.80 ～ 2.92 米；二层台距墓口 2.50 ～ 2.70 米，东侧台面宽 0.34 ～ 0.56、西侧台面宽 0.46 ～ 0.56、南侧台面宽 0.30、北侧台面宽 0.44 ～ 0.48 米；底长 2.92、宽 2.20 米；深 3.60 ～ 3.80 米。二层台以上壁面斜直内收，收分明显，二层台以下壁面平直，周壁规整、光滑，平底，无工具加工痕迹。壁

龛位于墓葬北壁下部,平顶。进深 0.42、宽 1.40、高 0.44 米。墓内填较硬的黄褐色五花土,经夯打,夯层、夯窝不明。

葬具为一椁一棺,南北向摆放。椁残长 1.00 ~ 1.24、宽 1.00、残高 0.20 米,椁板厚 8 厘米;棺残长 1.28、宽 0.64 米,高度、棺板厚度不明。

葬式不详。

盗洞 1 个,位于墓葬北部,自墓口直通墓底。平面呈长方形,长 1.28、宽 0.60 ~ 0.68 米。

墓葬内出土陶罐 1、铜盆残片 1 件(图一八一)。

(二)出土遗物

1. 陶器

1 件。

小口旋纹罐　1 件。

M112:1,口部残,泥质灰陶。侈口,平沿略外撇,方唇,束颈,圆肩,鼓腹,最大径位于腹上部,平底。肩部、上腹部先饰绳纹,后饰数道凹弦纹,将绳纹分割成数段,下腹部刮抹痕迹明显,底部有一方形凸棱,颈部轮制痕迹明显。口径 11.2、最大径 24.2、底径 13.6、高 22.4 厘米(图一八一,1)。

2. 铜器

1 件。

盆　1 件。

M112:2,口沿残片。敞口,斜折沿,圆唇,弧腹残缺。素面。口径 20.8、残高 6.0 厘米(图一八一,2)。

一〇〇　M113

(一)墓葬形制

该墓位于墓群 D 区中部。开口于②层下,开口距地表 0.50 ~ 1.20 米,被 M114 打破。

竖穴墓道土洞墓,总长 5.26 米,方向 290°。由墓道、封门和墓室三部分组成。墓道位于墓室西端,平面呈长方形,口大底小。上口长 2.68、宽 2.64 米;底长 2.46、宽 2.10 米;深 2.30 ~ 3.10 米。斜壁内收,收分明显,底部西端略高于东端。封门以数根直径 0.04 ~ 0.06 米的椽木并排竖立而成,高度不明,现残存数个柱窝,深 0.10 米,内有朽木痕迹。墓室为土洞式,平面呈长方形,顶部坍塌严重。宽 1.04、进深 2.60、残高 1.30 米。直壁,平底,无工具加工痕迹。墓道内填坚硬的黄褐色五花土,经夯打,夯层不明;墓室内为淤积土和坍塌堆积,土质较硬。

葬具为一棺,东西向摆放,残存板灰。棺长 1.74、宽 0.60 ~ 0.80、残高 0.12 米,棺板厚 4 厘米,棺底内侧有一层厚 5 ~ 10 厘米的草木灰。

葬式为仰身屈肢,人骨一具,头向西、面向南,双手弯曲,左手放于胸前,右手放于颈部,双腿向南弯曲,鉴定为 50 ~ 60 岁的女性。

盗洞 1 个,位于墓道中部偏西侧,自墓顶直通墓底。平面呈长方形,长 1.50、宽 1.00 米。

墓室内出土陶釜 1、陶罐 2、陶鍪 1、铜耳环 1(组)(图一八二)。

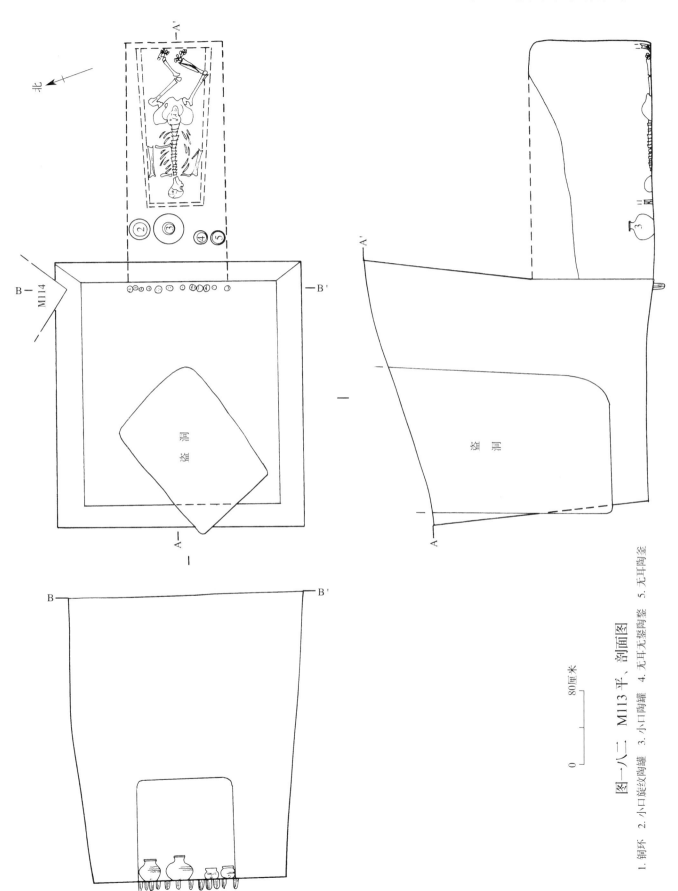

北

A'

B——M114

B'

盗洞

A

A'

盗洞

A

B

B'

0 ____ 80厘米

图一八二 M113 平、剖面图

1. 铜环 2. 小口旋纹陶罐 3. 小口陶罐 4. 无耳无援陶鬶 5. 无耳陶釜

（二）出土遗物

1. 陶器

4件。

小口罐　1件。

M113：3，泥质灰陶。侈口，平沿，方唇，束颈较高，广肩，上腹部微鼓，下腹部斜直内收，最大径位于腹上部，平底。肩、腹中部先饰竖绳纹，后饰数道凹弦纹，将其分割成数段，肩中部、腹上部各有一道区域被抹光，残留绳纹纹理，腹下端素面，口部轮制痕迹明显。口径11.8、最大径31.2、底径13.6、高25.7厘米（图一八三，1；彩版九一，2）。

小口旋纹罐　1件。

M113：2，口部略残，泥质灰陶。侈口，平沿，沿面有一道凹槽，方唇，束颈，圆肩，鼓腹，最大径位于鼓腹处，底微内凹。肩、腹中上部先饰竖绳纹，后饰数道凹弦纹，将绳纹分割成数段，腹下部刮削痕迹明显，口部轮制痕迹明显。口径13.0、最大径24.4、底径11.2、高23.0厘米（图一八三，2；彩版九一，3）。

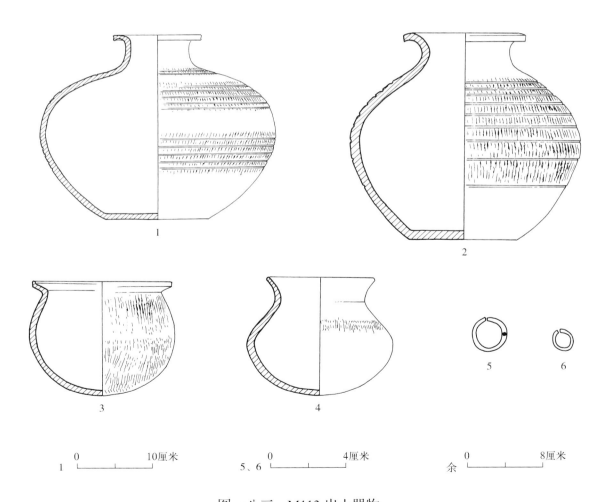

图一八三　M113出土器物

1. 小口陶罐M113：3　2. 小口旋纹陶罐M113：2　3. 无耳陶釜M113：5　4. 无耳无鋬陶鍪M113：4　5. 铜环M113：1-1　6. 铜环M113：1-2

无耳釜 1件。

M113：5，口沿略残，夹砂灰陶。侈口，外斜沿，沿面外侧微凸，方唇，束颈，溜肩，直腹，最大径位于肩腹交接处，圜底。器表饰细绳纹，器身有轮制痕迹。口径14.8、最大径15.2、高12.4厘米（图一八三，3；彩版九一，4）。

无耳无錾鍪 1件。

M113：4，夹砂灰褐陶。侈口，外斜沿，圆唇，束颈，溜肩，鼓腹，最大径位于鼓腹处，圜底。肩以下饰细绳纹，器身有泥条盘筑痕迹及烟熏痕迹。口径11.6、最大径15.6、高12.7厘米（图一八三，4；彩版九二，1）。

2. 铜器

1件。

环 1组。

M113：1，共2只。形制相同，圆环形，截面呈圆形。素面。M113：1-1，直径1.9、厚0.2厘米（图一八三，5）。M113：1-2，直径1.2、厚0.1厘米（图一八三，6；彩版九二，2）。

一○一 M115

（一）墓葬形制

该墓位于墓群D区中部。开口于①层下，开口距地表0.30米。

斜坡墓道土坑墓，平面呈"凸"字形，总长5.40米，方向15°。由墓道、墓室两部分组成。墓道位于墓室的北端，北高南低呈坡状，坡度28°，平面呈长方形，口底同大。长2.60、宽1.00、底残深0～1.40米。直壁。墓室为土坑式，平面呈长方形，口底同大。长2.80、宽1.40、深1.40米。直壁，平底，无工具加工痕迹。墓内填松散的黄褐色五花土，含少量植物根系。

葬具为一椁，南北向摆放。椁长2.50、宽1.10米，高度、椁板厚度不明。

葬式不详，仅残存一条腿骨位于椁内南侧。

盗洞1个，位于墓室北部，自墓顶直通墓底。平面呈椭圆形，长0.56～1.00米。

墓室内出土铜镜1、铜带钩1件（图一八四）。

（二）出土遗物

铜器

2件。

草叶纹镜 1面。

M115：2，残。镜面平直，三弦纽。圆形纽座外有一周带状素面纹饰，其外以二周短斜线纹构成主纹饰带，内饰四朵草叶将其分为四区，每区中部有一菱纹，两侧饰卷云纹，素缘外翻。直径13.2厘米（图一八四，2）。

带钩 1件。

M115：1，动物形。体短而扁，扁圆形纽位于尾端。钩首上饰刻划纹。长2.4、纽径1.5～1.8厘米（图一八四，1）。

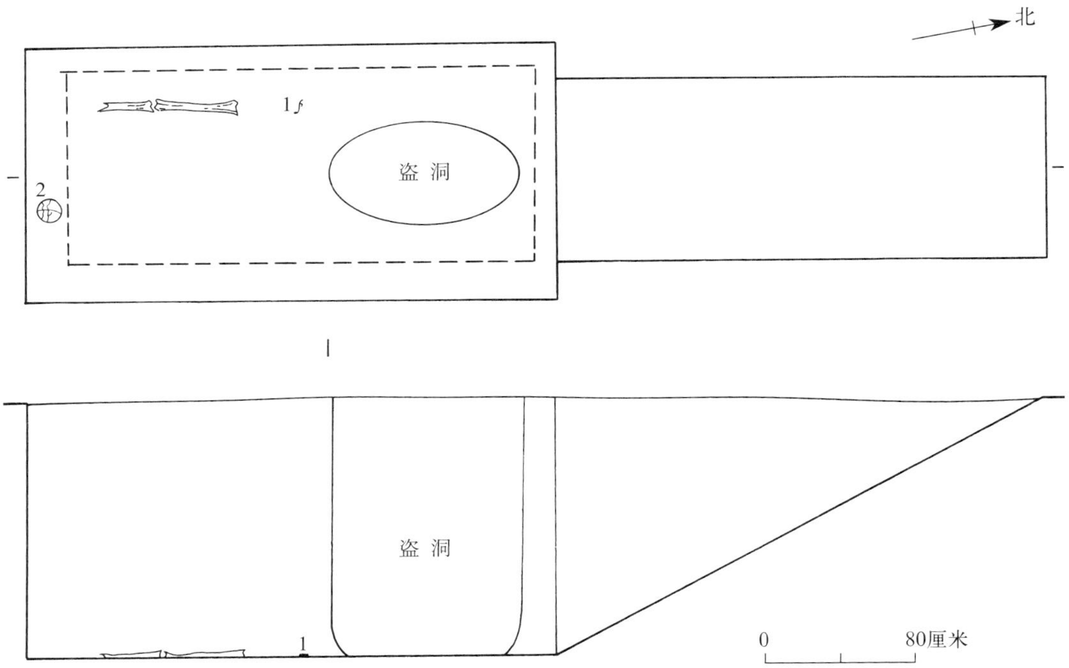

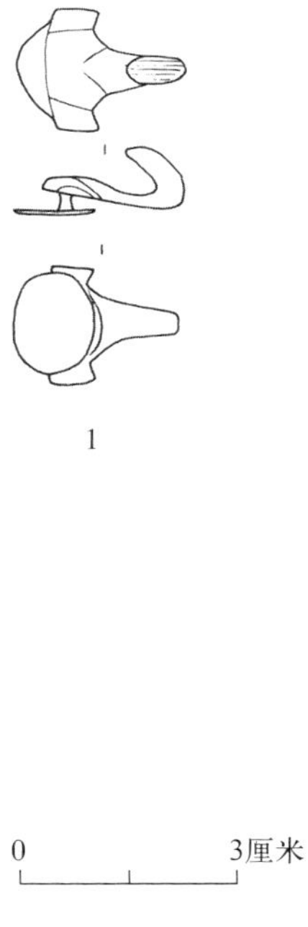

图一八四　M115 平、剖面图及出土铜器
1. 带钩　2. 草叶纹镜

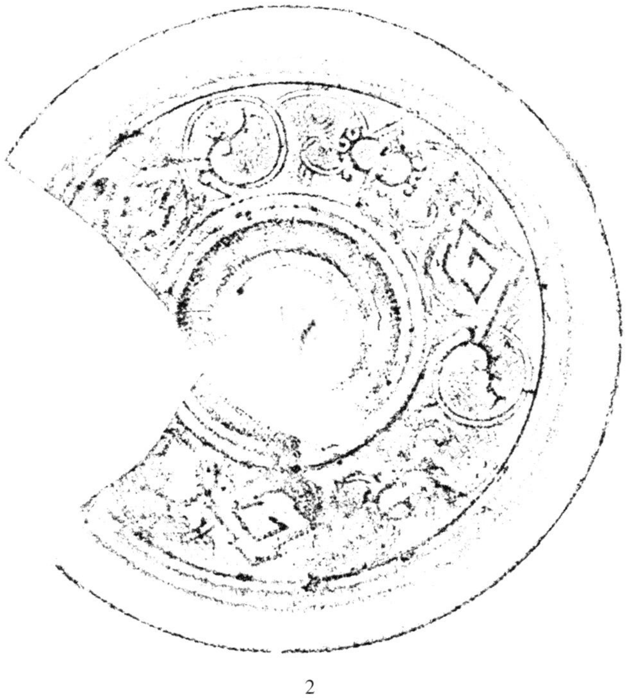

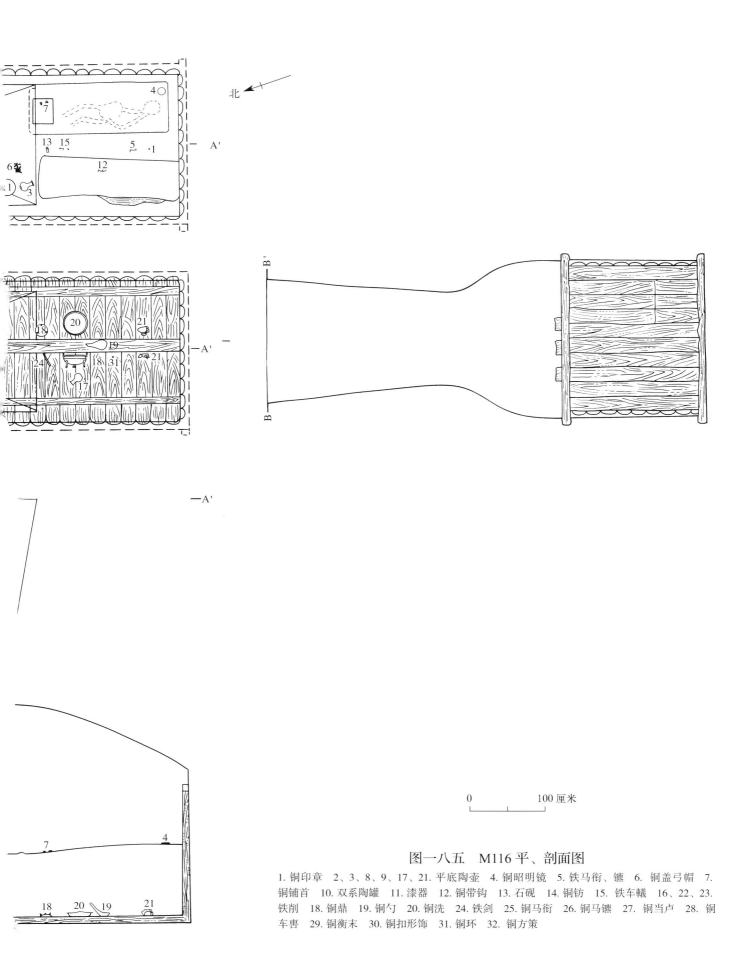

图一八五 M116平、剖面图

1. 铜印章 2、3、8、9、17、21. 平底陶壶 4. 铜昭明镜 5. 铁马衔、镳 6. 铜盖弓帽 7. 铜铺首 10. 双系陶罐 11. 漆器 12. 铜带钩 13. 石砚 14. 铜钫 15. 铁车辖 16、22、23. 铁削 18. 铜鼎 19. 铜勺 20. 铜洗 24. 铁剑 25. 铜马衔 26. 铜马镳 27. 铜当卢 28. 铜车軎 29. 铜衡末 30. 铜扣形饰 31. 铜环 32. 铜方策

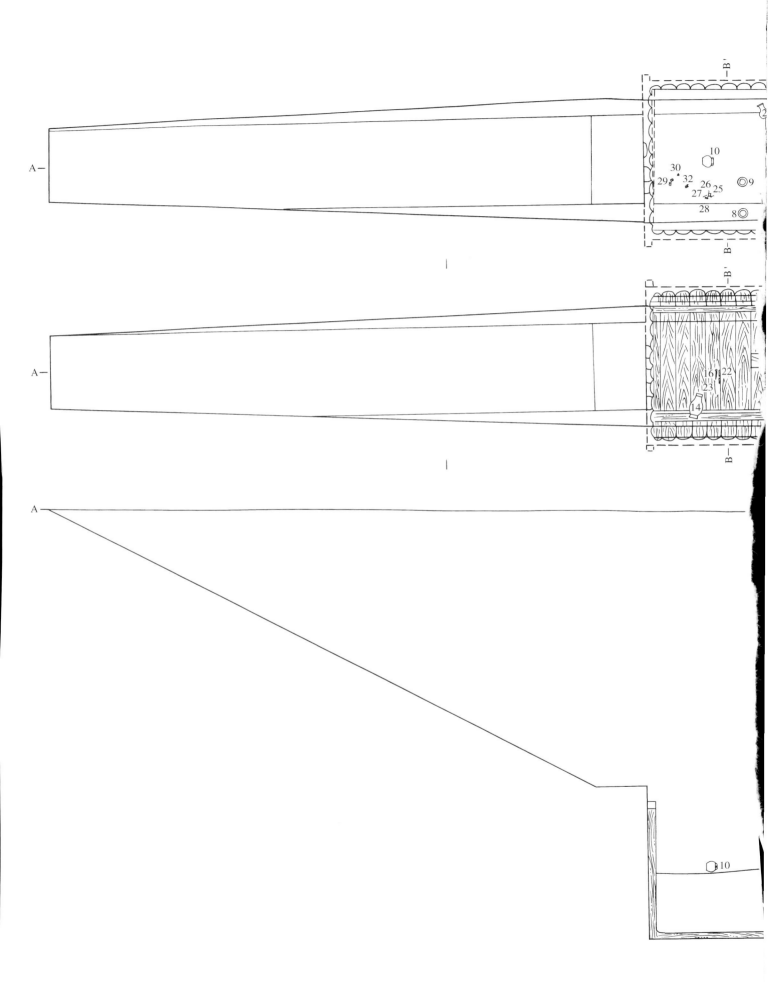

一〇二　M116

（一）墓葬形制

该墓位于墓群 D 区中部。开口于②层下，开口距地表 0.60 米。

斜坡墓道土洞墓，总长 12.00 米，方向 17°。由墓道、封门和墓室三部分组成。墓道位于墓室北端，北高南低呈坡状，坡度 25°，平面呈梯形，南宽北窄，口大底小。上口长 7.20、宽 1.00～1.68 米；底长 7.20、宽 0.95～1.24 米；深 0～1.40 米。北端直壁，东西两纵壁斜直内收。封门以宽 0.20、高 2.10、厚 0.10 米的方木并排竖立组成。墓室为半土坑半土洞式，北端中部为土坑，在此基础上向东、南、西三侧延伸形成土洞，穹隆顶，平面呈长方形，口底同大。长 4.10、宽 2.15、高 3.20 米，穹隆顶高 1.10 米。直壁，平底，低于墓道南端底 2.30 米，无工具加工痕迹。墓内填较硬的黄褐色五花土，含少量植物根系。

葬具为一椁二棺，南北向摆放，木质葬具，榫卯结构。椁长 4.10、宽 2.10、高 2.10 米，椁板厚 6、宽 20 厘米，以直径 20 厘米的圆木从中破开组成；棺 1 长 1.86、宽 0.64～0.70、高 0.34 米，棺 2 长 1.86、宽 0.60～0.64、高 0.30 米，两棺板厚度不明。漆箱位于棺 1 的北侧，长 0.36、宽 0.26、高 0.10 米。

葬式不详。

墓室内出土陶壶 6、陶罐 1、陶砚 1、铜钫 1、铜鼎 1、铜勺 1、铜镜 1、铜印章 1、铜带钩 1、铜洗 1、铜铺首 1、铜车马器构件 1 套、铁剑 1、铁器车马器构件 1 套、漆器 1、石器 1 件（组）（图一八五；彩版九二，3）。

（二）出土遗物

1. 陶器

7 件。

平底壶　6 件。

M116：2，泥质灰陶。喇叭口，平沿，方唇，唇缘中部微内凹，细高领，圆肩，弧腹，最大径位于肩腹交接处，底微内凹。肩中部饰二道凹弦纹，弦纹之间饰一道波浪纹，轮制。口径 10.4、最大径 17.6、底径 12.0、高 22.0 厘米（图一八六，1；彩版九三，1）。

M116：3，泥质灰陶。喇叭口，平沿，方唇，唇缘中部微内凹，高领，圆肩，鼓腹，最大径位于腹上部，底微外凸。素面，轮制。口径 8.0、最大径 13.2、底径 6.8、高 17.2 厘米（图一八六，2；彩版九三，2）。

M116：8，泥质灰陶。喇叭口，平沿，方唇，唇缘中部微内凹，高领，圆肩，鼓腹，最大径位于腹上部，底微外凸。素面，轮制。口径 8.8、最大径 13.6、底径 8.0、高 17.2 厘米（图一八六，3；彩版九三，3）。

M116：9，泥质灰陶。喇叭口，平沿，方唇，唇缘中部微内凹，高领，圆肩，鼓腹，最大径位于腹上部，底微外凸。素面，器身轮制痕迹明显。口径 9.0、最大径 12.4、底径 7.6、高 17.2 厘米（图一八六，4；彩版九三，4）。

M116：17，泥质灰陶。喇叭口，平沿，方唇，唇缘中部微内凹，高领，圆肩，弧腹，最大径位于腹上部，底微外凸。素面，器身轮制痕迹明显。口径 10.0、最大径 12.4、底径 8.4、高 16.4 厘米（图一八六，5；彩版九四，1）。

M116：21，泥质灰陶。圆饼状空心器纽略高，器身形如一罐，溜肩，弧腹，平底，于肩腹交接

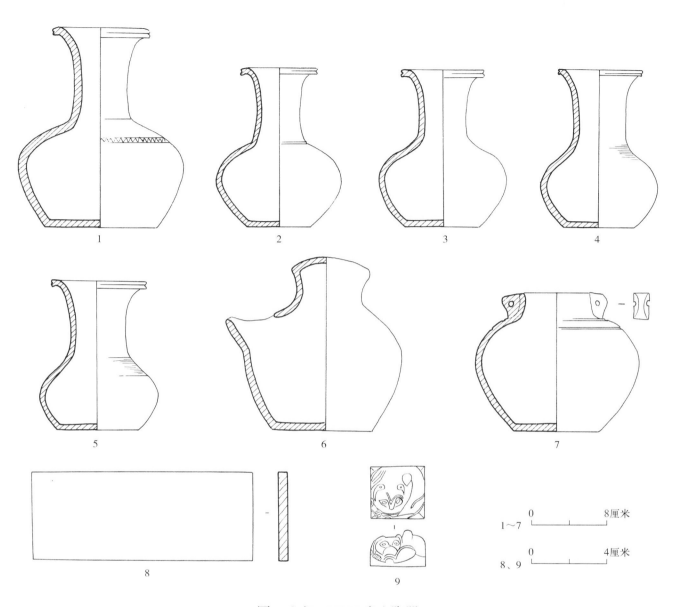

图一八六　M116 出土陶器

1～6. 平底壶M116：2、3、8、9、17、21　7. 双系罐M116：10　8、9. 砚M116：13-1、13-2

处有一半月形流。纽径8.3、高5.0、腹径16.8、底径10.6、高18.8厘米（图一八六，6；彩版九四，2）。

双系罐　1件。

M116：10，泥质灰陶。直口，方唇，矮领，圆肩，鼓腹，最大径位于腹上部，平底，口部对称处附加两环形器耳，上端接于口沿处，与沿面齐平，下端接于领下端。肩部饰二道凹弦纹。口径11.2、最大径17.2、底径9.2、高15.2厘米（图一八六，7；彩版九四，3）。

砚　1组。

M116：13，共2块。M116：13-1，系泥质灰陶烧制而成。平面呈长方形，截面呈长方形，棱角分明，制作规整，器表光滑。长11.6、宽5.0、厚0.4厘米（图一八六，8）。M116：13-2，泥质灰陶。平面呈正方形，较平直，背部形如一兽盘曲而卧，头枕于尾部。边长2.9、高2.1厘米（图一八六，9；彩版一〇〇，1）。

2. 铜器

16 件。

鼎 1 件。

M116:18，覆钵形器盖上较均匀的附加三个半圆形器纽，器纽顶端有乳丁，器身子母口内敛，方唇，深弧腹，腹中部向外有一宽 1 厘米的凸棱，圜底，下接三高蹄足，足跟外鼓，着地处微外撇，腹上端接两附耳，耳中部微内敛。素面。口径 19.6、腹径 22.8、裆高 4.4、通高 23.2 厘米（图一八七，1；彩版九五，1）。

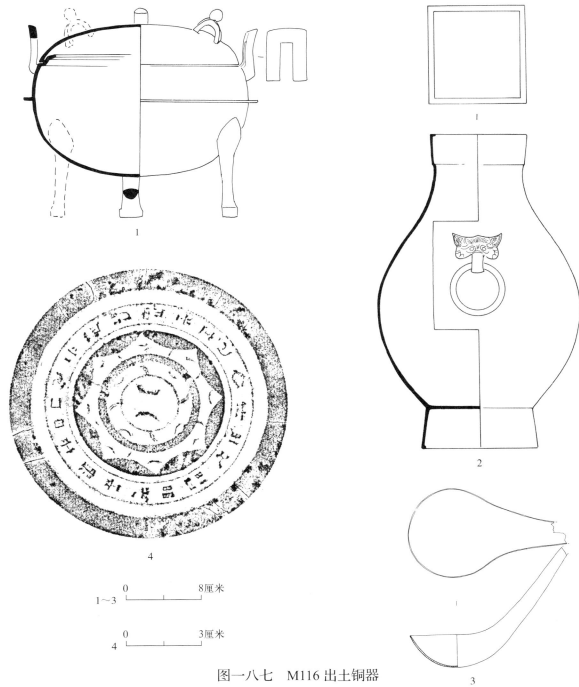

图一八七 M116 出土铜器

1. 鼎M116:18 2. 钫M116:14 3. 勺JM116:19 4. 昭明镜M116:4

钫　1件。

M116：14，敛口，方唇，高领，鼓腹，平底，下接方形高圈足，腹部两侧对称处饰兽形铺首衔环。口边长 10.4、腹边长 21.2、圈足底边长 12.4、圈足高 4.4、通高 34.4 厘米（图一八七，2；彩版九四，4）。

勺　1件。

M116：19，残，斗形。器身钵形，圜底，长柄，柄末端残缺。柄残长 11.6、口径 9.6、高 13.6 厘米（图一八七，3；彩版九五，2）。

昭明镜　1面。

M116：4，圆形，镜面平直，半圆形器纽，圆形纽座。纽座外均匀地伸出四组双短弧线条，其间夹饰月牙纹，之外饰一周素面凸弦纹带，主纹区内分两部分，内侧饰内向八连弧纹，连弧纹与宽带弦纹之间均匀地饰四组弧边三角纹，其间夹饰四组三线短竖线条及八条短弧线，外侧为铭文带，铭文为"内清之以昭明光而象夫日月心而忽扬忠而不泄"，铭文两侧各饰一道短斜线纹，宽素缘。直径 11.1 厘米（图一八七，4；彩版九六，1）。

洗　1件。

M116：20，因挤压而变形，敞口，窄平沿，方唇，折腹，上腹壁较直，下腹斜直内收，弧底，圈足。素面。口径 32.0 ～ 37.5、底径 16.0、圈足高 0.5、通高 8.5 厘米（图一八八，1）。

印章　1枚。

M116：1，桥形纽，印背有台面，台面中部下凹，台边平直，印面正方形。阴刻文，"王忠之印"字样。边长 1.5、印面厚 0.75、通高 1.5 厘米（图一八八，2；彩版九五，3）。

带钩　1件。

M116：12，螳螂形。钩首为头，钩体为身，圆形纽位于体身中部偏下。长 10.0、纽径 1.2 厘米（图一八八，3）。

环　1件。

M116：31，圆环状，截面呈圆形。直径 1.5、厚 0.3 厘米（图一八八，4；彩版九六，2）。

方策　1组。

M116：32，共 4 个。形制相同，扣环一端呈长方形，一端呈半圆形，扣舌位于中部，与扣环以榫卯结构相连。M116：32-1，长 2.4、宽 2.25 厘米（图一八八，5）。M116：32-2 ～ 32-4，长 1.5、宽 1.05 厘米（图一八八，6；彩版九七，1）。

盖弓帽　1组。

M116：6，共 12 个。形制、尺寸相同，顶端以一乳丁为钉帽，小于末端，末端开口，器身中部向上翘起一钩。素面。长 2.5 厘米（图一八八，7；彩版九八）。

马衔　1件。

M116：25，两节，两端有环，中部以套环相连。器表饰弦纹。长 9.4 厘米（图一八八，8；彩版九七，2）。

马镳　1组。

M116：26，共 2 个。形制、大小相同。体微作"S"形，两端呈薄片状，反向弧曲，中部有两穿孔。素面。长 8.8 厘米（图一八八，9；彩版九七，3）。

当卢　1件。

M116：27，残。长条薄片状，较宽的一端呈三角形，较窄的一端呈圆弧形，正面两端有方形穿孔。

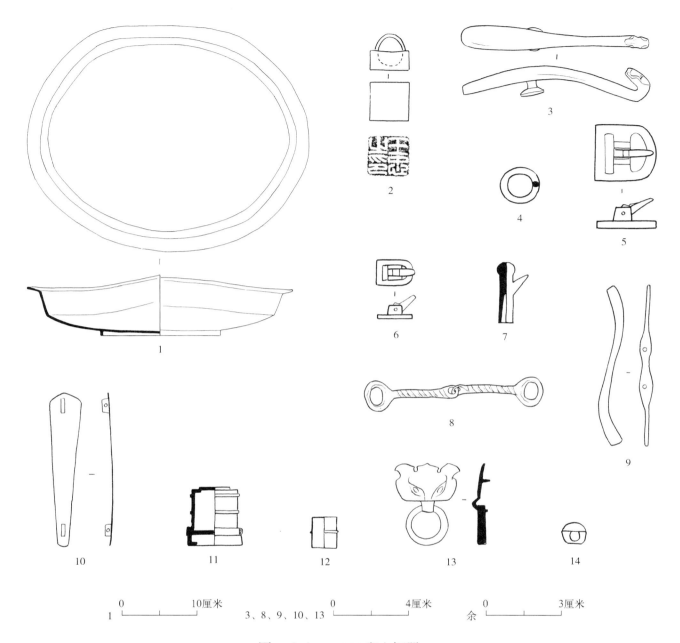

图一八八　M116 出土铜器

1. 洗 M116:20　2. 印章 M116:1　3. 带钩 M116:12　4. 环 M116:31　5、6. 方策 M116:32-1、32-2　7. 盖弓帽 M116:6　8. 马衔 M116:25
9. 马镳 M116:26　10. 当卢 M116:27　11. 车軎 M116:28　12. 衡末 M116:29　13. 铺首 M116:7　14. 扣形饰 M116:30

长 8.4、宽 0.6～1.7 厘米（图一八八，10；彩版九九，1）。

车軎　1组。

M116:28，共 2 个。形制、大小相同。圆筒形，顶端有乳丁，乳丁平直，器身上端、中部各有一道凸棱，下端较粗，有折边，较粗的一端有穿孔，穿孔内有辖。长 2.25 厘米（图一八八，11）。

衡末　1组。

M116:29，共 2 个。形制、大小相同，圆筒形，中部有一凸棱。素面。口径 1.0、长 1.2 厘米（图一八八，12）。

铺首　1组。

M116∶7，共2个。鎏金。形制、大小相同，兽形铺首下方有衔环，背部有插钉。铺首长3.4、环外径2.2、高4.4厘米（图一八八，13；彩版九九，2、3）。

扣形饰　1组。

M116∶30，共3个。形制、大小相同，半球形，背面有穿孔。素面。直径0.9厘米（图一八八，14）。

3. 铁器

7件。

剑　1件。

M116∶24，锈残。残存剑身，截面呈扁菱形。残长20.6、宽1.2厘米（图一八九，1）。

削　3件。

M116∶16，锈残。椭圆形环首，截面呈扁圆形，削身截面呈三角形。长14.4、环首径2.2～2.8厘米（图一八九，2）。

M116∶22，锈残。椭圆形环首，截面呈扁圆形，削身截面呈三角形。长8.8、环首径1.6～2.0厘米（图一八九，3）。

M116∶23，锈残。环首残缺，削身截面呈三角形。残长13.2厘米（图一八九，4）。

马衔、镳　1件。

M116∶5，衔为两节，两端有环，一大一小，中部以套环相连，两端环内为马镳，残存末端纤细，中部粗于末端。衔长6.8、镳残长3.4～4.8厘米（图一八九，5）。

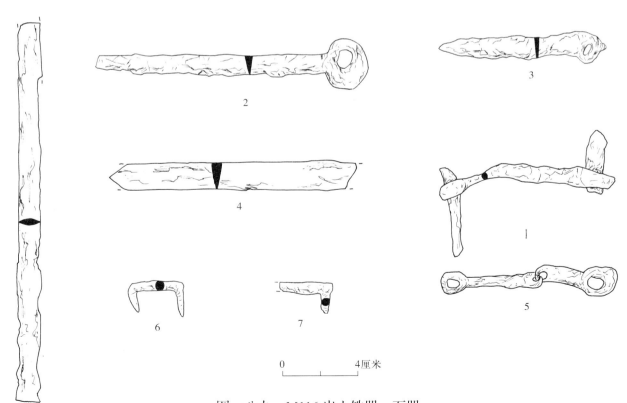

0　　　　　　4厘米

图一八九　M116出土铁器、石器

1. 铁剑M116∶24　2～4. 铁削M116∶16、22、23　5. 铁马衔、镳M116∶5　6、7. 铁车辖M116∶15-1、15-2

车辖　1组。

M116：15，共2个。形制相同，"n"形，两末端细而尖锐，截面呈圆形。素面。长2.0厘米。M116：15-1，长3.0厘米（图一八九，6）。M116：15-2，残，长3.8厘米（图一八九，7）。

4. 漆器

1件。

M116：11，器形不辨，仅残存少许漆皮。

一〇三　M118

（一）墓葬形制

该墓位于墓群D区中部。开口于②层下，开口距地表0.60～1.20米。

竖穴土坑墓，平面呈长方形，方向100°，口大底小。上口长3.00、宽1.80米；底长2.60、宽1.40米；深3.30米。上部壁面斜直内收，收分明显，下部壁面平直，周壁规整，平底，无工具加工痕迹。

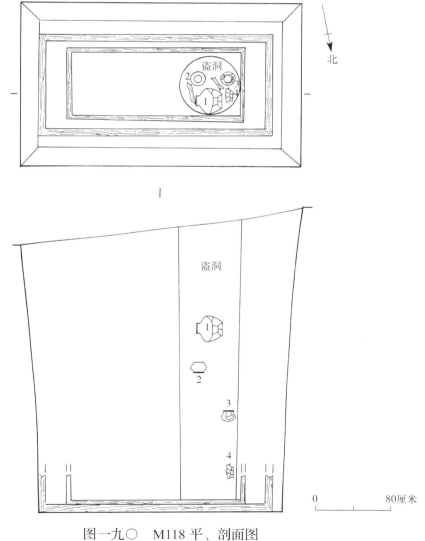

图一九〇　M118 平、剖面图

1. 小口陶罐　2. 扁腹陶罐　3. 无耳无鋬陶鏊　4. 陶釜

墓内填松散的黄褐色五花土，内含少量料礓石颗粒。

葬具为一椁一棺，东西向摆放，残存板灰。椁长2.50、宽1.12、残高0.40米，椁板厚8厘米；棺长1.90、宽0.80、残高0.30米，棺板厚4厘米。

葬式不详。

盗洞1个，位于墓葬西部，自墓顶直通墓底。平面呈不规则形，长0.66、宽0.60米。

盗洞内出土陶釜1、陶罐2、陶鍪1件（图一九〇）。

（二）出土遗物

陶器

4件。

小口罐　1件。

M118：1，泥质灰陶。侈口，窄平沿，方唇，束颈较高，圆肩，弧腹，最大径位于腹上端，平底。肩部先饰竖绳纹，后饰数道凹弦纹将绳纹分割成数段，腹部刮抹痕迹明显，颈部有轮制痕迹。口径12.5、最大径30.0、底径15.0、高28.5厘米（图一九一，1；彩版一〇〇，2）。

扁腹罐　1件。

M118：2，泥质灰陶。口微敛，沿外撇，尖唇，矮领，广肩，弧腹，最大径位于腹上端。腹上部以上饰绳纹，领、肩部绳纹后被抹光，残留绳纹纹理，腹下部有刮削痕迹，口部有轮制痕迹。口径11.6、最大径17.6、底径9.2、高11.6厘米（图一九一，2；彩版一〇〇，3）。

釜　1件。

M118：4，口部残片，泥质灰陶。侈口，方唇，束颈，斜肩，腹微鼓，腹以下部分缺失，腹上端附加一圆角三角形鍪手。腹部饰细绳纹，颈、肩部轮制痕迹明显。口径11.6、残高7.6厘米（图一九一，3）。

无耳无錾鍪　1件。

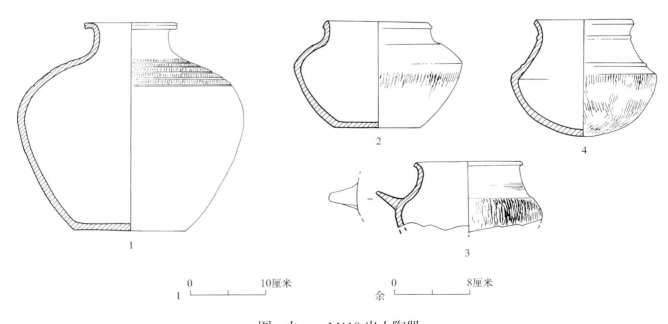

图一九一　M118出土陶器

1. 小口罐M118：1　2. 扁腹罐M118：2　3. 釜M118：4　4. 无耳无錾鍪M118：3

M118∶3，口沿略残，泥质灰陶。侈口，方唇，束颈，斜肩，弧腹，肩腹交接处折棱明显，最大径位于肩腹交接处，圜底。器表饰细绳纹，颈、肩部绳纹后被抹光，残留绳纹纹理，肩部轮制痕迹明显。口径 10.4、最大径 15.6、高 12.8 厘米（图一九一，4；彩版一〇〇，4）。

一〇四　M119

（一）墓葬形制

该墓位于墓群 D 区中部。开口于②层下，开口距地表 1.10 米。

斜坡墓道土坑墓，平面呈"刀"字形，总长 4.10 米，方向 10°。由墓道、墓室和耳室三部分组成。墓道位于墓室的北端，北高南低呈坡状，坡度 15°，平面呈长方形。长 1.00、宽 1.30、深 1.30～1.60 米。直壁，底平滑。墓室为土坑式，口大底小，下有生土二台层。上口长 3.00、宽 1.55 米；二层台距墓口 3.10 米，东侧台面宽 0.08、西侧台面宽 0.15 米、南北两侧无二层台；底长 3.10、宽 1.32 米；深 3.40 米。南端向壁内延伸 0.10 米，直壁，平底，底低于墓道南端 1.80 米。耳室位于墓室东侧二层台上，弧形顶，口部略有坍塌，底与二层台台面齐平。宽 1.62、进深 1.05、高 2.40 米。壁面平整、底平滑。墓内填硬的红褐色五花土，含少量料礓石颗粒。

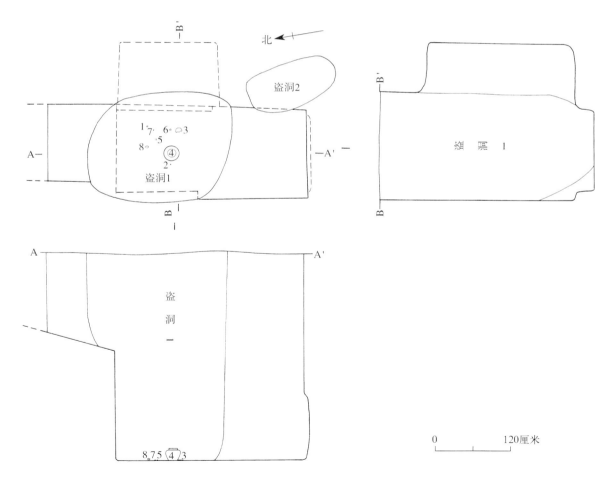

图一九二　M119 平、剖面图

1、2. 铜印章　3. 星云纹铜镜　4. 大口陶罐　5. 铜泡钉　6. 五铢钱　7. 铜环　8. 卵石

葬具不详。

葬式不详。

盗洞 2 个。盗洞 1 位于墓葬中部，自墓顶直通墓底，平面呈不规则形，长 2.20、宽 1.80 米；盗洞 2 位于墓室的东南角，平面呈圆角长方形，长 1.40、宽 0.75、深 1.10 米。

墓室内出土陶罐 1、铜镜 1、铜钱 1、铜印章 2、铜泡 1、铜环 1、卵石 1 件（图一九二）。

（二）出土遗物

1. 陶器

1 件。

大口罐　1 件。

M119：4，泥质灰陶。直口，方唇，唇缘有两道凹槽，矮领，广肩，腹微鼓，最大径位于腹上部，平底。腹上部有一凸棱，之下饰竖向细绳纹，下腹部绳纹断续被抹光，残留绳纹纹理，肩部有轮制痕迹。口径 14.0、最大径 24.0、底径 14.0、高 18.4 厘米（图一九三，1；彩版一〇一，1）。

2. 铜器

6 件。

星云纹镜　1 面。

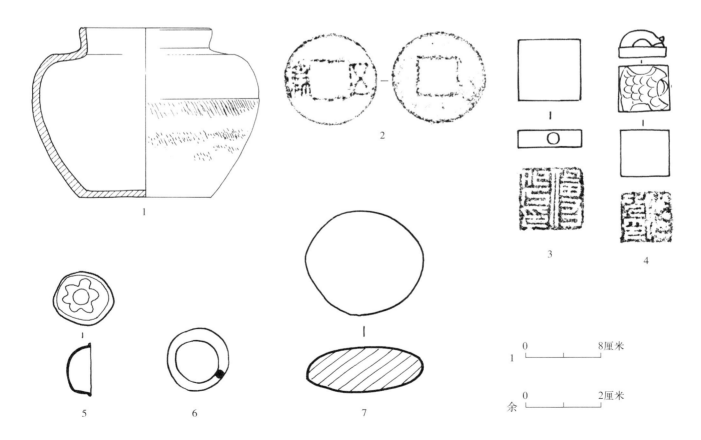

图一九三　M119 出土器物

1. 大口陶罐 M119：4　2. 五铢钱 M119：6　3、4. 铜印章 M119：1、2　5. 铜泡钉 M119：5　6. 铜环 M119：7　7. 卵石 M119：8

M119：3，残。圆形，镜面平直，九乳丁连峰纽，扁圆形穿孔。纽座外以双弦纹装饰，其外为一周内向十六连弧纹，之外两周短斜线纹间为主纹带，四枚带圈大乳丁将其分为四区，每区内各有 5 个较小的乳丁并伴以弧线两两相连，内向十六连弧纹外缘。直径 9.9 厘米（彩版一〇一，2）。

五铢钱　1 枚。

M119：6，圆形方穿，有郭。钱径 2.5、宽 1.0 厘米，重 3.7 克（图一九三，2；彩版一〇一，3）。

印章　2 枚。

M119：1，板形。有穿，两面有阴刻文，字样不明。边长 1.6、厚 0.5 厘米（图一九三，3；彩版一〇一，4）。

M119：2，龟形纽，以四足与腹部的距离为穿，正方体印台，印背有台面，印面正方形，阴刻文，字样不明。边长 1.3、印面厚 0.3、通高 0.8 厘米（图一九三，4；彩版一〇二，1）。

泡钉　1 件。

M119：5，空心半球形，器表有小乳丁，内壁中部附加一横条构成穿。直径 1.6 厘米（图一九三，5；彩版一〇二，2）。

环　1 件。

M119：7，圆环状，截面呈圆长方形。素面。直径 1.6、厚 0.2 厘米（图一九三，6；彩版一〇二，3）。

3. 石器

1 件。

卵石

M119：8。沙石磨制。圆饼形，中部厚，周边薄，器表有琢制痕迹。直径 3.1、厚 1.2 厘米（图一九三，7）。

一〇五　M120

（一）墓葬形制

该墓位于墓群 D 区中部。开口于②层下，开口距地表 0.50 米。

竖穴土坑墓，平面呈长方形，方向 345°，口大底小，下有生土二层台。上口长 3.00、宽 2.10 米；二层台距墓口 0.70 米，东、西侧台面宽 0.20 米，南北两侧无二层台；底长 2.76、宽 1.40 米；深 1.50 米。二层台以上部分壁面斜直内收，收分明显，二层台以下部分壁面平直，周壁规整、光滑，平底，无工具加工痕迹。墓内填松散的黄褐色五花土。

葬具不详。

葬式不详。

盗洞 1 个，位于墓葬中部，自墓口直通墓底。平面呈圆形，直径 0.70 米（图一九四）。

（二）出土遗物

无出土器物。

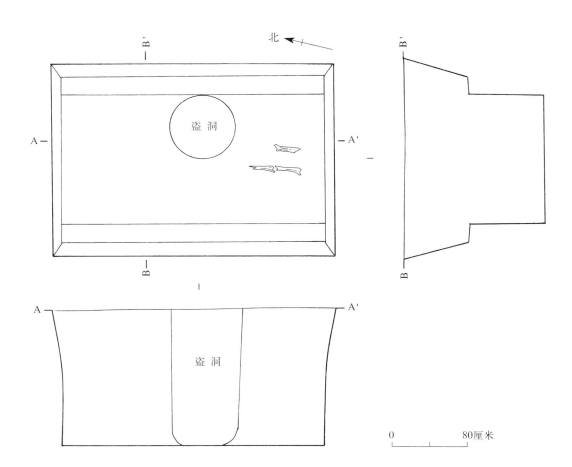

图一九四　M120 平、剖面图

一〇六　M121

（一）墓葬形制

该墓位于墓群 D 区中部。开口于②层下，开口距地表 1.40 米。

斜坡墓道土坑墓，平面呈长方形，残长 7.10 米，方向 180°。由墓道和墓室两部分组成。墓道位于墓室的北端，平面呈长方形，口底同大。长 2.80、宽 1.40 米，残深 0～3.72 米。直壁，斜坡底。墓室为土坑式，平面呈长方形，口底同大。长 4.30、宽 3.06、深 3.80 米。直壁，平底，墓壁修建规整，无工具加工痕迹。墓道内填较硬的黄褐色五花土，含少量料礓石颗粒。

葬具为一椁二棺，南北向摆放，残存板灰。椁长 3.00、宽 2.80 米，高度不明，椁板厚 10 厘米；二棺均长 2.50、宽 1.00、厚 0.08 米，高度不明。

葬式不详（图一九五）。

（二）出土遗物

无出土器物。

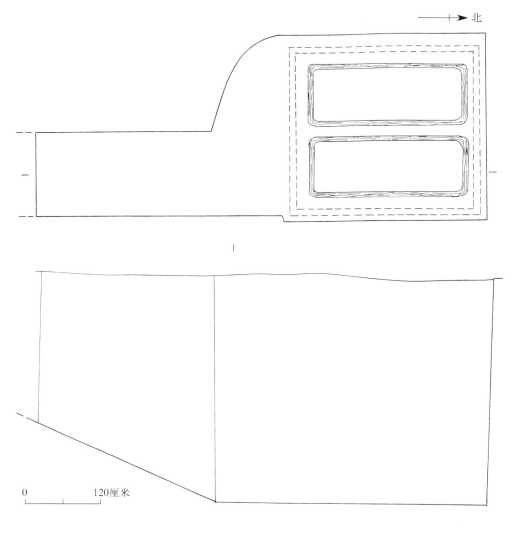

图一九五　M121 平、剖面图

一〇七　M122

（一）墓葬形制

该墓位于墓群 D 区中部。开口于②层下，开口距地表 0.30 米。

竖穴土坑墓，平面呈长方形，方向 10°。口大底小，上口长 3.50、宽 2.00 米；底长 3.10、宽 1.40 米；深 2.80 米。墓壁上部斜直内收，收分明显，下部直壁，壁面规整，平底，无工具加工痕迹。墓内填松散的黄褐色五花土。

葬具不详。

葬式不详。

盗洞 1 个，位于墓葬中部，自墓顶直通墓底。平面呈不规则圆形，直径 0.66 ～ 0.78 米。

墓葬内出土陶罐 2 件（图一九六）。

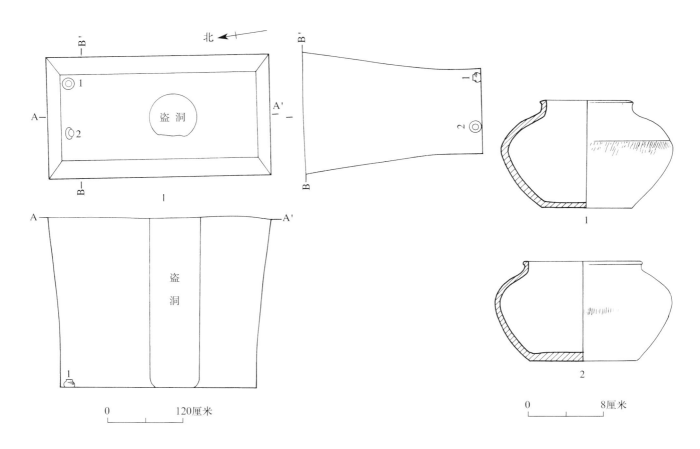

图一九六　M122 平、剖面图及出土陶器
1、2. 扁腹罐

（二）出土遗物

陶器

2 件。

扁腹罐　2 件。

M122：1，泥质灰陶。直口，窄平沿，尖唇，矮领，折肩，弧腹内收，最大径位于肩腹交接处，平底。领、肩、腹上部饰竖绳纹，领、肩部绳纹后被抹光，残留绳纹纹理，腹下部素面，肩部轮制痕迹明显。口径 9.6、最大径 18.0、底径 9.6、高 11.6 厘米（图一九六，1；彩版一○二，4）。

M122：2，泥质灰陶。直口，窄平沿，圆唇，矮领，圆肩，弧腹，最大径位于腹上端，平底。腹上端饰一周宽 1 厘米的竖向细绳纹，口部有轮制痕迹。口径 12.8、最大径 18.8、底径 11.2、高 10.8 厘米（图一九六，2；彩版一○二，5）。

一○八　M123

（一）墓葬形制

该墓位于墓群 D 区南部。开口于②层下，开口距地表 0.60 米。

竖穴土坑墓，平面呈长方形，方向 10°。口大底小，有生土二层台。上口长 3.80、宽 3.60 米；

二层台距墓口 2.80 米，东侧台面宽 0.10、西侧台面宽 0.14、南侧台面宽 0.10 ～ 0.20、北侧台面宽 0.30 米；底长 2.76、宽 2.70 ～ 2.80 米；深 4.00 米。二层台以上壁面斜直内收，收分明显，二层台以下直壁平滑，周壁规整，平底，无工具加工痕迹。墓内填松散的褐色五花土，含少量料礓石颗粒。

　　葬具为二棺，南北向摆放，南窄北宽，自西向东依次编号为棺 1、棺 2。其中棺 1 残长 1.50、残宽 0.54 ～ 0.70 米；棺 2 残长 1.30、残宽 0.50 ～ 0.70 米。二棺的高度、棺板厚度均不明。

　　葬式不详。

　　盗洞发现 1 处，位于墓葬的北部，自墓顶直通墓底，平面呈圆形，口小底大。口直径 0.70 米，底部长 2.55、宽 1.30 米。

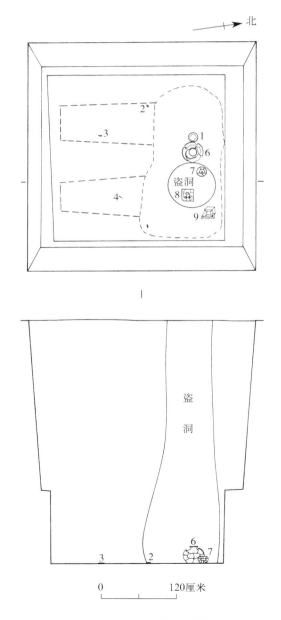

图一九七　M123 平、剖面图

1. 无耳无錾陶鍪　2. 半两钱　3、4. 铜带钩　5. 骨质棋子　6. 小口陶罐　7. 陶盒　8. 陶灶　9. 陶钫

墓葬内出土铜钱1、铜带钩2、骨质棋子1件；盗洞内出土陶盒1、陶钫1、陶罐1、陶鍪1、陶灶1件（组）（图一九七）。

（二）出土遗物

1. 陶器

5件。

钫   1件。

M123：9，泥质灰陶。正方覆斗形子母口器盖，器身侈口，方唇，高领中部微束，鼓腹，平底，下接方形高圈足，腹部两侧对称处饰铺首衔环。口边长12.5、腹边长21.2、圈足底边长13.5、圈足高4.6、通高40.3厘米（图一九八，1；彩版一〇三，1）。

盒   1件。

M123：7，泥质灰陶。覆钵形盖，矮圈足。腹部施二道红色彩带，盒身为子母口，上腹较直，下腹弧内收，平底，假圈足低矮。腹上端施一道红色彩带，有轮制痕迹。口径15.6、腹径16.8、圈足径7.6、盖高4.0、通高11.2厘米（图一九八，2；彩版一〇三，2）。

小口罐   1件。

M123：6，口部略残，泥质灰陶。侈口，平沿，方唇，唇缘有凹槽，束颈较高，圆肩，上腹圆鼓，下腹斜直内收，最大径位于腹中上部，平底。肩部、腹中部先饰竖绳纹，再以数道凹弦纹将其分割成数段，腹上部抹光，腹下部有刮削痕迹，颈部有轮制痕迹。口径12.9、最大径34.0、底径16.0、高30.2厘米（图一九八，3；彩版一〇三，3）。

无耳无鋬鍪   1件。

M123：1，口部略残，夹砂灰陶。侈口，外斜沿，圆唇，束颈，斜肩，直腹，最大径位于腹部，圜底。腹部以下饰竖向细绳纹，肩部以上轮制痕迹明显。口径11.0、最大径15.2、高13.3厘米（图一九八，4；彩版一〇三，4）。

灶   1件。

M123：8，烟囱残缺，泥质灰陶。长方形灶体，较低矮，周壁平直；灶面上三灶穴，前二后一，呈"品"字形排放，灶穴上放置三小陶釜；灶前端开一长方形落地灶门体。素面。灶长20.8、宽19.0、灶台高6.0、通高7.4厘米。模型灶具3件。釜3件。敛口，圆唇，折腹，圜底。素面。前二小陶釜口径2.9厘米，后一小陶釜口径4.2厘米（图一九八，5；彩版一〇四，1）。

2. 铜器

3件。

半两钱   1组。

M123：2，共2枚。圆形方穿，无郭。M123：2-1，钱径2.4、穿宽0.7厘米，重量2.3克。M123：2-2，钱径2.3、穿宽0.8厘米，重量2.7克（彩版一〇四，2）。

带钩   2件。

M123：3，残。曲棒形，钩首纤细，体身形如曲棒，器纽缺失。素面。残长4.2厘米（图一九九，1）。

M123：4，残。兽形，钩首及体纤细，尾部圆鼓，饰以猪脸，圆形器纽位于尾部。长3.9、纽径1.4厘米（图一九九，2）。

3. 骨器

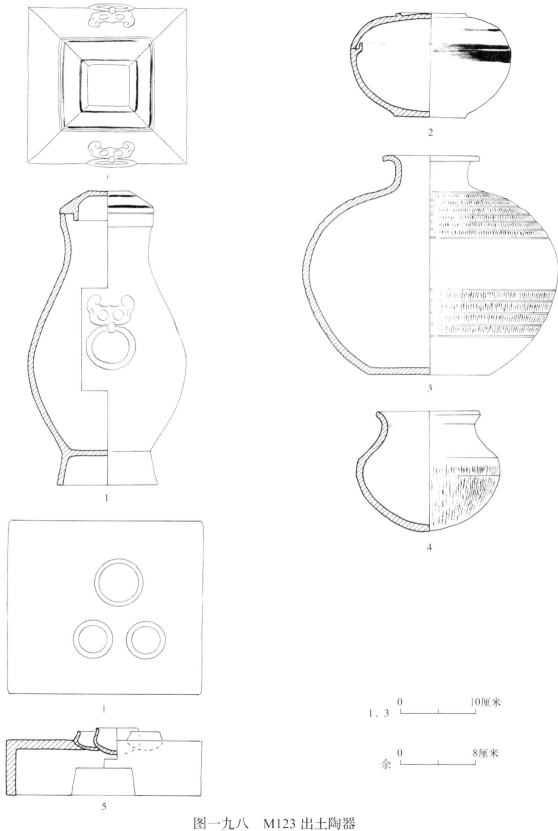

图一九八　M123 出土陶器

1. 钫M123：9　2. 盒M123：7　3. 小口罐M123：6　4. 无耳无錾釜M123：1　5. 灶M123：8

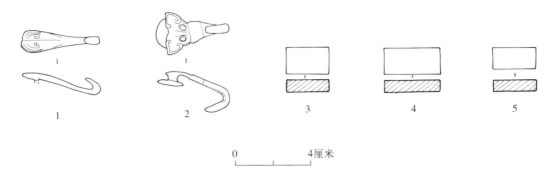

图一九九　M123 出土铜器、骨器
1、2. 铜带钩M123：3、4　3～5. 骨质棋子M123：5-1、5-2、5-3

1 组。

棋子　1 组。

M123：5，共 3 枚。形制相同，以动物骨骼加工而成。长方体，素面。M123：5-1，长 2.3、宽 1.5、厚 0.7 厘米（图一九九，3）。M123：5-2，长 3.0、宽 1.4、厚 0.7 厘米（图一九九，4）。M123：5-3，长 2.3、宽 1.2、厚 0.7 厘米（图一九九，5）。

一〇九　M124

（一）墓葬形制

该墓位于墓群 D 区中部。开口于②层下，开口距地表 0.70 ～ 1.00 米。

竖穴土坑墓，平面呈长方形，方向 32°。口大底小，上口长 3.00、宽 1.92 米；底长 2.80、宽 1.28 米；深 3.20 ～ 3.50 米。墓壁上部斜直内收，收分明显，下部直壁，整个壁面规整，平底，无工具加工痕迹。墓内填松散的黄褐色五花土。

葬具为一椁一棺，南北向摆放，残存部分板灰。椁残长 2.10、宽 1.28、残高 0.20 米，椁板厚 4 厘米；棺位于椁室的西北部，残长 1.30、残宽 0.26 ～ 0.38 米，高度、棺板厚度不明。

葬式不详，仅残存部分腿骨。

盗洞发现 1 处，口部位于墓葬南部，自墓顶斜向通入墓底，平面呈椭圆形。口径 0.10 ～ 1.08 米。

墓葬内出土陶罐 1 件（图二〇〇）。

（二）出土遗物

陶器

1 件。

小口罐　1 件。

M124：1，泥质灰陶。侈口，斜沿外撇，方唇，束颈较高，圆肩，弧腹，最大径位于腹上部，底内凹。肩中部、上腹部先饰绳纹，后饰数道凹弦纹，将绳纹分割成数段，下腹部有刮痕，有轮制痕迹。口径 12.0、最大径 26.8、底径 16.4、高 22.8 厘米（图二〇〇，1）。

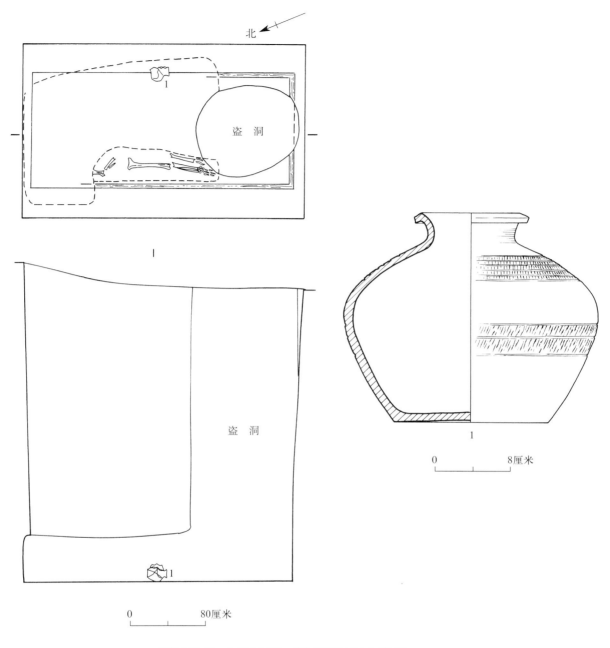

图二〇〇　M124 平、剖面图及出土陶器
1. 小口罐

一一〇　M125

（一）墓葬形制

该墓位于墓群 D 区南部。开口于②层下，开口距地表 0.30 ～ 0.80 米。

斜坡墓道土坑墓，平面呈"凸"字形，总长 5.30 米，方向 300°。由墓道、墓室两部分组成。墓道位于墓室的西端，西高东低呈斜坡状，坡度 20°，平面呈梯形，东宽西窄，口底同大。长 2.20、宽 1.20 ～ 1.52 米，深 0 ～ 0.84 米。直壁。坡残长 2.30 米。墓室为土坑式，平面呈梯形，东宽西窄，口大底小。上口长 3.10、宽 1.80～1.90 米；底长 3.00、宽 1.80、残高 2.60 米。直壁，壁面规整，底平滑，无工具加工痕迹。墓内填坚硬的黄褐色五花土，经夯打，夯层不明。

葬具为一椁一棺，东西向摆放，椁仅残存一块。椁长、宽、高不明，厚 0.08 米，其他尺寸不明；棺长 1.58、宽 0.52 米，高度、厚度不明。

葬式不详。

盗洞 1 个，位于墓室西侧，自墓顶直通墓底，平面呈长方形。长 1.44、宽 0.90 米。

墓室内出土陶盉 1、铜带钩 1 件（图二〇一）。

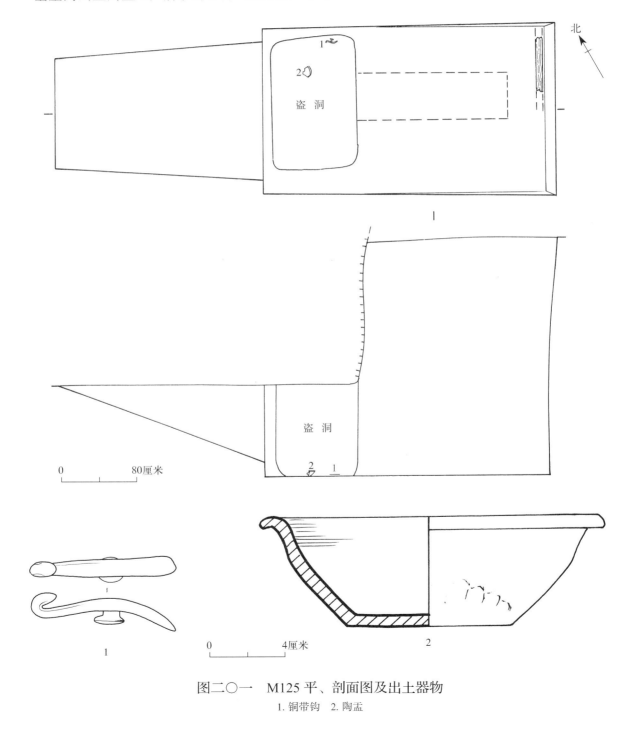

图二〇一　M125 平、剖面图及出土器物

1. 铜带钩　2. 陶盉

（二）出土遗物

1. 陶器

1件。

盂 1件。

M125：2，泥质灰陶。敞口，外斜沿，沿面隆起，圆唇，上腹较直，下腹斜直内收，平底。素面，上腹部内壁有轮制痕迹，下腹部有刮削痕迹。口径18.4、底径8.7、高6.0厘米（图二○一，2）。

2. 铜器

1件。

带钩 1件。

M125：1，整体形似螳螂，圆形纽。素面。长7.8、宽0.7～1.1、纽径1.2厘米（图二○一，1）。

一一一 M126

（一）墓葬形制

该墓位于墓群D区南部。开口于②层下，开口距地表0.30～0.40米。

竖穴土坑墓，平面呈长方形，方向26°。口底同大，长3.30、宽1.40米，深1.16～1.20米。直壁，规整，平底，无工具加工痕迹。墓内填较硬的黄褐色五花土。

葬具为一椁，南北向摆放，残存部分板灰。残长2.48、宽1.40米，高度不明，椁板厚8厘米。

葬式不详。

盗洞1个，位于墓葬中部，自墓顶直通墓底，平面呈圆角长方形。长2.44、宽1.34米（图二○二）。

（二）出土遗物

无出土器物。

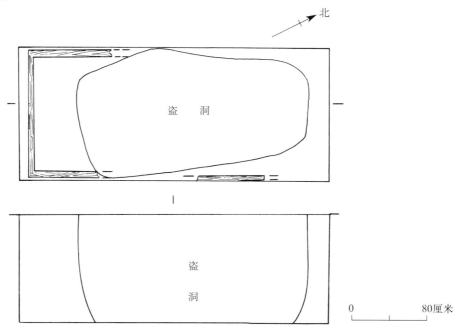

图二○二 M126平、剖面图

一一二 M127

（一）墓葬形制

该墓位于墓群 D 区中部。开口于②层下，开口距地表 0.70 米。

竖穴土坑墓，平面呈长方形，方向 15°。口大底小，上口长 3.00、宽 2.70 米，底长 2.80、宽 2.50 米，深 2.20 ～ 2.64 米。斜壁内收，收分明显，平底，修建规整，无工具加工痕迹。墓内填松散的黄褐色五花土，含少量植物根茎。

葬具不详。

葬式不详。

盗洞 1 个，位于墓葬中部，自墓顶直通墓底。平面呈圆形，直径 0.68 米。其内出土残片（图二○三）。

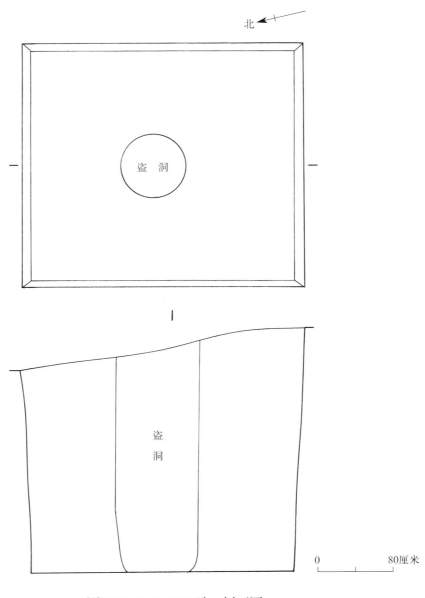

图二○三 M127 平、剖面图

（二）出土遗物

无出土器物。

一一三　M128

（一）墓葬形制

该墓位于墓群 D 区中部。开口于②层下，开口距地表 1.00 米。

竖穴土坑墓，平面呈长方形，方向 0°，口大底小。上口长 3.20、宽 2.70 米，底长 3.00、宽 2.50 米，深 2.90 ~ 4.08 米。斜壁内收，收分明显，平底，修建规整，无工具加工痕迹。墓内填致密的黄褐色五花土。

葬具不详。

葬式不详。

盗洞 1 个，位于墓葬西部，自墓顶直通墓底。平面呈椭圆形，长 0.96 米，其内出土陶器残片。

墓葬内出土铜环 1、铜残片 1、铁剑 1、铁爪形器 1 件（组）（图二〇四）。

（二）出土遗物

1. 铜器

2 件。

环　1 件。

M128：1，平面呈圆环状，截面呈扁圆形。素面。直径 2.0、厚 0.4 厘米（图二〇五，5）。

残片　1 组。

M128：3，共 2 件，M128：3-1，残存平面呈长方形。素面。残长 3.5、残宽 1.6、厚 0.1 厘米（图二〇五，1）。M128：3-2，残存平面呈不规则形。素面。残长 5.9、残宽 0.4 ~ 1.2、厚 0.1 厘米（图二〇五，2）。

2. 铁器

2 件。

剑　1 件。

M128：2，残存部分剑身。中部起脊，剑锋开刃，较为锋利，截面呈扁菱形。残长 11.1、宽 2.4 厘米（图

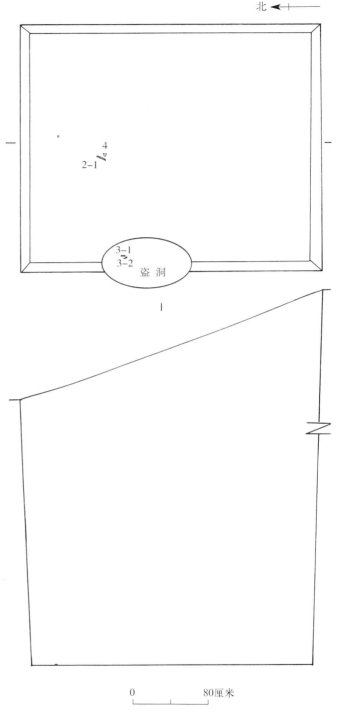

北 ◄—

0　　　　80厘米

图二〇四　M128 平、剖面图

1. 铜环　2. 铁剑　3. 铜残片　4. 铁爪形器

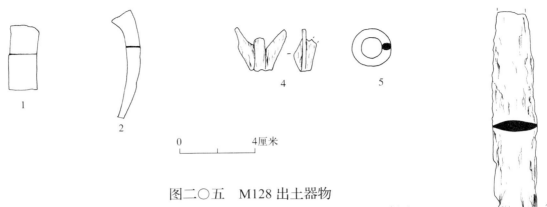

图二〇五　M128 出土器物

1、2. 铜残片M128：3-1、3-2　3. 铁剑M128：2　4. 铁爪形器M128：4　5. 铜环M128：1

二〇五，3）。

爪形器　1件。

M128：4，锈残。形如兽首，二角斜直而向上，角末端较尖锐，用途不明。宽2.3、残高2.5厘米（图二〇五，4）。

一一四　M129

（一）墓葬形制

该墓位于墓群 D 区北侧。开口于②层下，开口距地表 0.30 米。

竖穴土坑墓，平面呈长方形，方向110°。口底同大，长 2.62、宽 1.32、深 1.20 米。直壁，平底，修建规整，无工具加工痕迹。墓内填松散的黄褐色五花土。

葬具为一椁一棺，呈东西向摆放，残存板灰。椁长 2.52、宽 1.24、残高 0.64 米，椁板厚 8 厘米；棺位于墓中西部，长 1.94、宽 0.82、残高 0.30 米，棺板厚 8 厘米。

葬式为仰身屈肢，人骨一具，头向东，面向上，双手直伸，放于盆骨处，双腿向上弯曲，经鉴定为 30～40 岁之间的女性。

墓葬内出土陶釜1、陶罐2、陶壶1、铁带钩1件（图二〇六；彩版一〇四，3）。

（二）出土遗物

1.陶器

4件。

蒜头壶　1件。

M129：1，泥质灰陶。敛口，圆唇，大蒜头扁鼓，细高领，圆肩，鼓腹，最大径位于腹上部，平底。素面，器表轮制痕迹明显。口径 5.6、蒜头径 6.4、最大径 18.8、底径 10.0、高 22.4 厘米（图二〇七，1；彩版一〇五，1）。

壶形罐　1件。

M129：2，口部有残损，泥质灰陶。侈口，外斜沿，方唇，高领，溜肩，弧腹内收，最大径位于腹上端，平底。素面，轮制。口径 10.4、最大径 17.6、底径 10.8、高 18.0 厘米（图二〇七，2；彩版一〇五，2）。

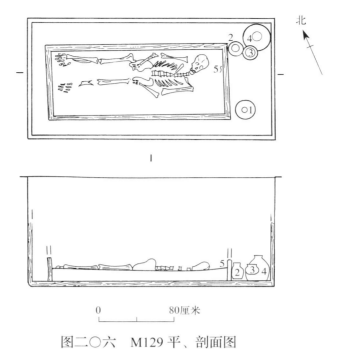

图二〇六　M129 平、剖面图

1. 陶蒜头壶　2. 壶形陶罐　3. 无耳陶釜　4. 小口陶罐　5. 铁带钩

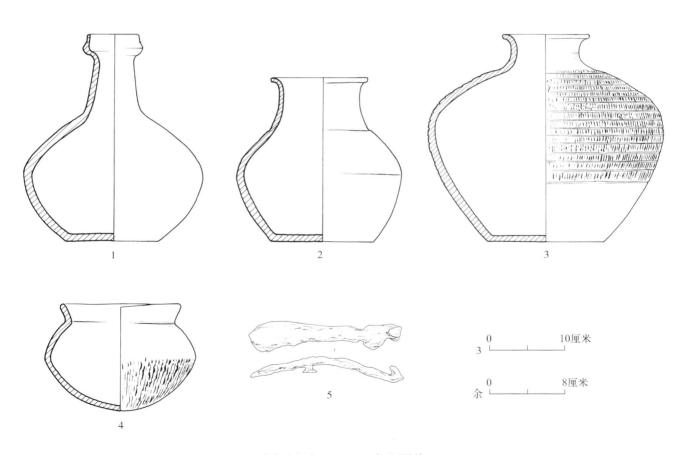

图二〇七　M129 出土器物

1. 陶蒜头壶M129：1　2. 壶形陶罐M129：2　3. 小口陶罐M129：4　4. 无耳陶釜M129：3　5. 铁带钩M129：5

小口罐　1 件。

M129：4，泥质灰陶。侈口，平沿，束颈较高，圆肩，深弧腹，最大径位于腹上部，平底。肩部、腹上部先饰绳纹，后饰数道凹弦纹将其分割成数段，下腹部有刮抹痕迹，口部有轮制痕迹。口径 11.5、最大径 31.0、底径 15.5、高 28.0 厘米（图二〇七，3；彩版一〇五，3）。

无耳釜　1 件。

M129：3，夹砂灰陶。敞口，斜折沿，圆唇，束颈，鼓腹，最大径位于腹上部，圜底。腹底交接处折棱分明，底饰细绳纹，有轮制痕迹。口径 12.8、最大径 16.0、高 11.6 厘米（图二〇七，4；彩版一〇五，4）。

2. 铁器

1 件。

带钩　1 件。

M129：5，锈残。器身呈条形片状，中部微弧，钩首较小、尾部较宽，圆形铜器纽位于中部。素面。长 16.0、纽径 1.4 厘米（图二〇七，5）。

一一五　M130

（一）墓葬形制

该墓位于墓群 D 区北侧。开口于②层下，开口距地表 0.40 米。

竖穴土坑墓，平面呈长方形，方向 95°。口底同大，长 2.70、宽 1.44、深 1.40 米。直壁，平底，修建规整，无工具加工痕迹。墓内填致密的黄褐色五花土。

葬具为一椁一棺，残存板灰，东西向摆放。椁长 2.70、宽 1.28、残高 0.50 米，椁板厚 4 厘米；棺位于墓内西中部，长 1.90、宽 0.68～0.76、残高 0.20 米，棺板厚 4 厘米。

葬式为仰身直肢葬，人骨一具，头向东，面向南，双手放于盆骨处，经鉴定为 50～60 岁之间的男性。

墓葬内出土陶罐 2、铜鍪 1、铜印章 1、铜环 1、铜饰件 1、铁带钩 1 件（图二〇八；彩版一〇六，1）。

（二）出土遗物

1. 陶器

2 件。

小口罐　1 件。

M130：5，泥质灰陶。侈口，外斜沿，沿面外侧有一凸棱，方唇，束颈较高，溜肩，弧腹内收，最大径位于腹上端，平底。肩、上腹部先饰绳纹，后饰数道凹弦纹，将绳纹分割成数段，下腹部后将绳纹抹去，残留绳纹纹理，轮制。口径 11.5、最大径 32.6、底径 16.4、高 30.0 厘米（图二〇九，1；彩版一〇六，2）。

小口旋纹罐　1 件。

M130：7，泥质灰陶。侈口，圆唇，外斜沿，束颈，斜肩，鼓腹，最大径位于腹上部，平底。肩、腹部先饰绳纹，后饰数道凹弦纹，将绳纹分割成数段，腹下端有刮削痕迹，颈部有轮制痕迹。口径 10.8、最大径 18.8、底径 10、高 18.0 厘米（图二〇九，2；彩版一〇六，3）。

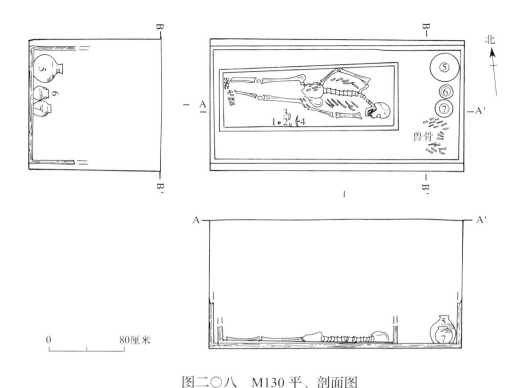

图二〇八　M130 平、剖面图

1. 铜印章　2. 铜环　3. 铜饰件　4. 铁带钩　5. 小口陶罐　6. 铜鍪　7. 小口旋纹陶罐

2. 铜器

4 件。

鍪　1 件。

M130：6，侈口，外斜沿，方唇，束颈，斜肩，圆腹，圜底，肩腹交接处有一凸棱，于凸棱上侧对称处分别附加一大一小两环形器耳，大器耳表面饰麦粒状戳刺纹。器表素面。口径 12.0、腹径 17.0、高 15.2 厘米（图二〇九，3；彩版一〇七，1）。

印章　1 枚。

M130：1，桥形纽，圆形穿孔，覆斗形印体，印背无台面，印面正方形，阴刻文。边长 1.25、印面厚 0.5、通高 1.4 厘米（图二〇九，4；彩版一〇七，2）。

环　1 件。

M130：2，圆环状，截面呈圆形。直径 4.0、厚 0.6 厘米（图二〇九，5；彩版一〇七，3）。

饰件　1 件。

M130：3，空心圆柱状，器表饰数道凹弦纹，直径 0.6、高 3.6 厘米（图二〇九，6；彩版一〇七，4）。

3. 铁器

1 件。

带钩　1 件。

M130：4，锈残。钩首较小，体长，呈曲棒形，圆形纽位于尾部。长 16.4、纽径 1.2 厘米（图二〇九，7）。

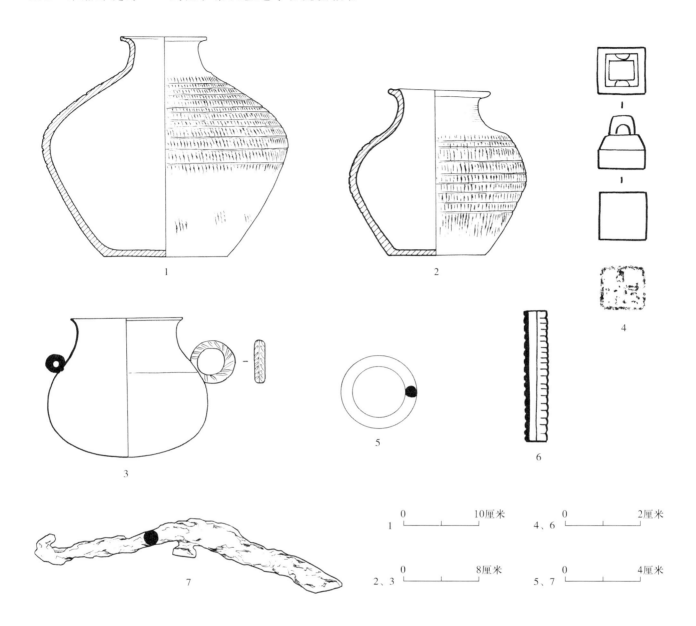

图二〇九 M130 出土器物

1. 小口陶罐M130：5 2. 小口旋纹陶罐M130：7 3. 铜鍪M130：6 4. 铜印章M130：1 5. 铜环M130：2 6. 铜饰件M130：3 7. 铁带钩M130：4

一一六 M131

（一）墓葬形制

该墓位于墓群 D 区中部。开口于②层下，开口距地表 0.70 米。

斜坡墓道土洞墓，总长 7.40 米，方向 7°。由墓道和墓室二部分组成。墓道位于墓室的南端，北高南低呈斜坡状，坡度 20°，平面呈梯形，南宽北窄，口大底小。上口长 4.80、宽 1.00 ～ 1.50 米；底长 4.70、宽 1.00 ～ 1.32 米；深 0 ～ 1.55 米。北端直壁，东西两纵壁斜壁内收，收分明显，斜坡底。封门位于墓道的南端，墓室的北端，为宽 0.20、高 2.10、厚 0.10 米的方木并排竖立组成。墓室平面呈长方形，口大底小，下有生土二层台。上口长 2.60、宽 1.70 米；二层台台面至墓口深 1.25 米，东、

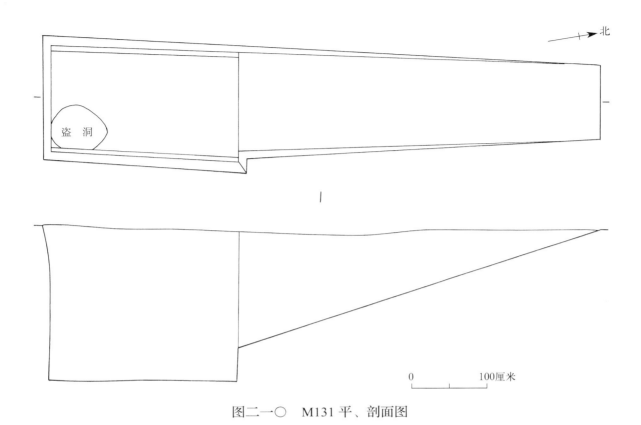

图二一〇　M131 平、剖面图

西两侧台面宽 0.10 米，南北两侧无二层台；底长 2.50、宽 1.30 米，深 2.10 米。二层台以上斜壁内收，收分明显，二层台以下直壁平滑，平底，底低于墓道南端底部 0.45 米，墓圹壁面规整，底部平滑，无工具加工痕迹。墓内填松散的黄褐色五花土，含少量陶片。

　　葬具不详。

　　葬式不详。

　　盗洞 1 个，位于墓葬西南部，自墓顶直通墓底。平面呈椭圆形，长 0.60～0.76 米，其内出土陶片（图二一〇）。

（二）出土遗物

　　无出土器物。

一一七　M132

（一）墓葬形制

　　该墓位于墓群 C 区中部。开口于②层下，开口距地表 0.70 米。

　　竖穴土坑墓，平面呈长方形，方向 285°。口大底小，下有生土二层台。上口长 3.30、宽 2.30 米；二层台台面至墓口深 0.90 米，南、北两侧台面宽 0.35 米，东、西两侧无二层台；底长 2.90、宽 1.20 米，深 2.10 米。二层台以上斜壁内收，收分明显，二层台以下直壁光滑，平底，修建规整，无工具加工痕迹。墓内填松散的黄褐色五花土。

葬具不详。

葬式不详。

盗洞 1 个，位于墓葬西端中部，自墓顶直通墓底。平面呈椭圆形，长 0.80 ～ 0.90 米。其内出土陶器残片。

墓葬内出土陶罐 1 件（图二一一）。

（二）出土遗物

陶器

1 件。

小口罐　1 件。

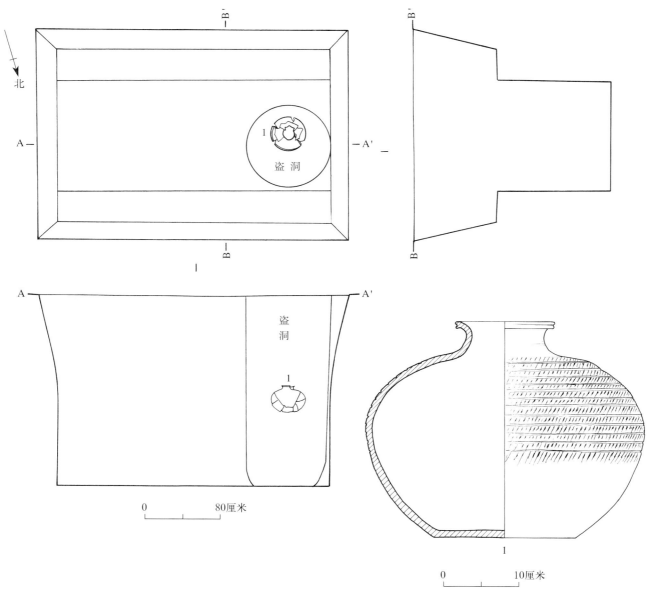

图二一一　M132 平、剖面图及出土陶器

1. 小口罐

M132：1，口部残，泥质灰陶。侈口，平沿，方唇，唇缘中部有凹槽，束颈较高，圆肩，鼓腹，最大径位于腹上部，平底。肩、上腹部先饰绳纹，后饰数道凹弦纹，将绳纹分割成数段，下腹部有刮痕，轮制。口径 13.2、最大径 37.0、底径 18.5、高 29.7 厘米（图二一一，1）。

一一八　M133

（一）墓葬形制

该墓位于墓群 B 区南部。开口于②层下，开口距地表 0.70 米。

斜坡墓道土洞墓，平面呈"凸"字形，方向 15°，总长 7.30 米。由墓道、墓室两部分组成。墓道位于墓室的南端，南高北低呈斜坡状，坡度 23°，平面呈梯形，北宽南窄，口大底小。上口长 4.00、宽 0.90～1.10 米；底长 4.00、宽 0.90～0.92 米；深 0～1.80 米。南端直壁，东西两纵壁斜直内收。墓室平面呈长方形，口大底小。上口长 3.30、宽 1.40 米；底长 3.00、东西宽 1.30 米；深 1.80 米。斜壁内收，收分明显，平底，整个墓圹壁面平整，底部平滑，无工具加工痕迹。墓内填松散的黄褐色五花土，含少量陶片。

葬具不详。

葬式不详。

盗洞 1 个，位于墓葬西北部，自墓顶直通墓底。平面呈椭圆形，长 0.68～0.70 米。

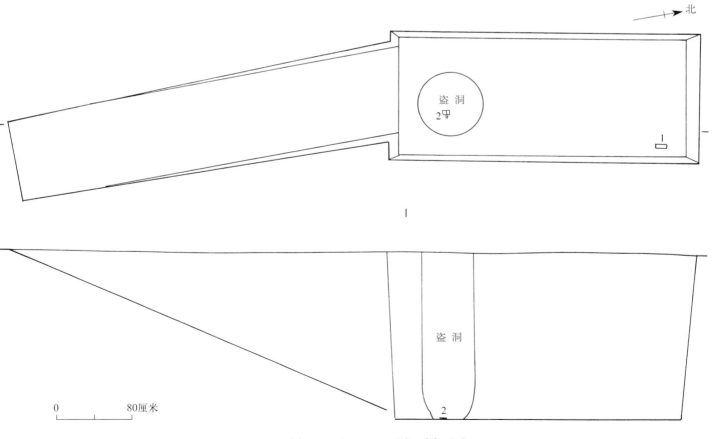

图二一二　M133 平、剖面图

1. 铜柱状容器　2. 石砚

墓室内出土铜柱状容器 1 件。盗洞内出土石砚 1 组（图二一二）。

（二）出土遗物

1. 铜器

1 件。

柱状容器　1 件。

M133：1，由器盖、器身两部分组成。筒形盖，盖顶中部有一圆形铺首，器身，子母口较直，圆唇，筒腹略斜扩，平底。口径 3.5、底径 3.7、高 11.8 厘米（图二一三，1；彩版一〇八）。

2. 石器

1 件。

砚　1 组。

M133：2，共 2 件。M133：2-1，残损，磨制光滑。残存平面略呈梯形，截面呈长方形，侧棱规整，制作精美。素面。残长 7.2～8.3、宽 6.7、厚 0.5 厘米（图二一三，2）。M133：2-2，磨制光滑。平面呈正方形，截面呈梯形，边棱规整，棱角分明。顶端边长、末端边长均为 2.8、厚 0.5 厘米（图二一三，3）。

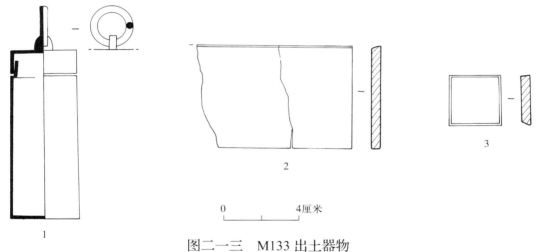

0　　　　4厘米

图二一三　M133 出土器物

1. 铜柱状容器M133：1　2、3. 石砚M133：2-1、2-2

一一九　M134

（一）墓葬形制

该墓位于墓群 C 区北部。开口于②层下，开口距地表 0.90 米。

竖穴土坑墓，平面呈长方形，方向 295°，口大底小，有生土二层台。上口长 4.04、宽 2.90 米；二层台台面距墓口深 1.40 米，四周台面均宽 0.40 米；底长 2.86、宽 1.70 米；深 2.50 米。整个墓壁修建规整，底较平。墓内填松散的黄褐色五花土，含少量植物根茎。

葬式不详。

葬具不详。

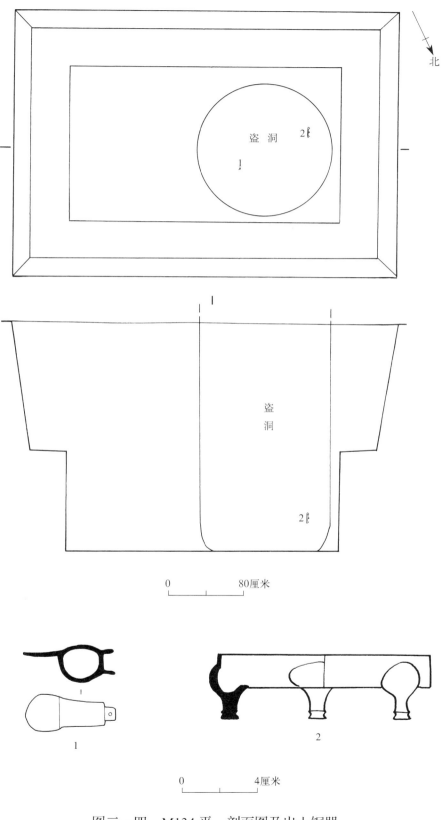

图二一四 M134 平、剖面图及出土铜器
1、2. 铆器

盗洞 1 个，位于墓葬西部，自墓顶直通墓底。平面呈圆形，直径 1.44 米，其内出土残片。

墓葬内出土铜钅器 2 件（图二一四）。

（二）出土遗物

铜器

2 件。

钅器　2 件。

M134：2，平面呈圆形，口底同大，直壁，底部一周折沿，三蹄足，间距相等，足跟外鼓。直径 11.2、隔宽 0.6、高 3.6 厘米（图二一四，2）。

M134：1，为器耳，器身环形片状，似一箍，一端向外伸出二长方形薄片，薄片上各有一穿孔。长 4.8、环径 2.1 厘米（图二一四，1）。

一二〇　M135

（一）墓葬形制

该墓位于墓群 C 区中部。开口于②层下，开口距地表 0.60 米。

竖穴土坑墓带壁龛，平面呈长方形，方向 305°。口大底小，有生土二层台。上口长 3.20、宽 2.40 米；二层台台面至墓口 1.60 米，东侧台面宽 0.30、西侧台面宽 0.20、南北两侧宽 0.42 米；底长 2.20、宽 0.96 米；深 2.66 米。二层台之下墓坑周边有 6 个进深 0.10、宽 0.10 米的凹槽，自二层台台面延伸至墓底，似为椁组成部分中的卯构件痕迹；二层中以上斜壁内收，收分明显，二层台以下直壁，平底，修建规整，无工具加工痕迹。壁龛位于墓葬西壁二层台下部。长方形，平顶。进深 0.36、宽 0.46、高 0.50 米。墓内填松散的黄褐色五花土，含少量料礓石颗粒。

葬具不详。

葬式不详。

盗洞 1 个，位于墓葬中部，自墓顶直通墓底。平面呈圆形，直径 0.90 米，其内出土残片。

墓葬内出土铜镞 2、陶罐 1、陶釜 1 件（组）（图二一五；彩版一〇九，1）。

（二）出土遗物

1. 陶器

2 件。

小口旋纹罐　1 件。

M135：1，口沿略有残损，泥质灰陶。侈口，外斜沿，方唇，束颈，圆肩，深鼓腹，最大径位于腹上部，平底。器表饰竖绳纹，颈部绳纹后被抹光，残留绳纹纹理，肩腹中上部绳纹后被数道凹弦纹分割成数段，腹下端素面，有刮削痕迹，口部有轮制痕迹。口径 10.5、最大径 23.9、底径 12.2、高 27.4 厘米（图二一五，1；彩版一〇九，2）。

无耳釜　1 件。

M135：2，泥质灰陶。敞口，外斜沿，沿面中部微内凹，圆唇，束颈，斜肩，深弧腹，最大径位于腹中部，圜底。腹上部饰斜向竖绳纹，之下饰麻窝纹，口部有轮制痕迹。口径 12.5、最大径

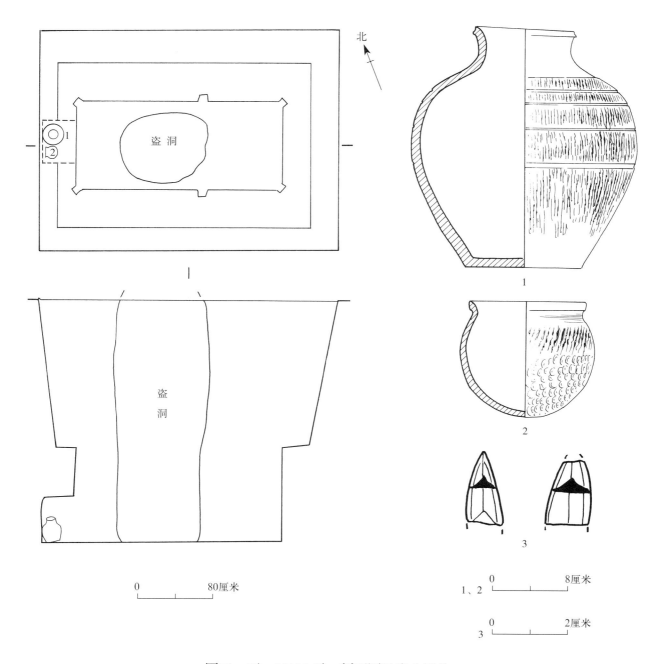

图二一五　M135 平、剖面图及出土器物
1. 小口旋纹陶罐　2. 无耳陶釜　3. 铜镞

14.3、高 12.8 厘米（图二一五，2；彩版一〇九，3）。

2. 铜器

1 件。

镞　1 组。

M135：3，共 2 件。M135：3-1，鎏金，残存部分镞尖呈三棱形。刃较锋利，镞尖尖锐。残长 2.1 厘米。M135：3-2，残存部分呈三棱形。刃较锋利，镞尖残缺。残长 1.8 厘米（图二一五，3）。

一二一　M136

（一）墓葬形制

该墓位于墓群 D 区东北部。开口于②层下，开口距地表 1.00 米。

竖穴土坑墓带壁龛，平面呈梯形，西宽东窄，方向 75°，口大底小，有生土二层台。上口长 3.60、宽 2.80～3.0 米；二层台台面距墓口 1.05 米，东侧台面宽 0.25、西侧台面宽 0.30、南侧台面宽 0.48、北侧台面宽 0.34 米；底长 2.70、宽 1.65～1.80 米；深 2.10 米。二层台以上斜壁内收，收分明显，二层台以下直壁，平底，修建规整，无工具加工痕迹。壁龛位于东壁下端中部。被盗扰，形制不明。残存进深 0.24 米。墓内填松散的黄褐色五花土，含少量植物根茎。

葬具为一椁一棺，东西向摆放，残存板灰。椁长 2.58、宽 1.20 米，高度、椁板厚度不明；棺长 1.96、宽 1.06、残高 0.25 米，棺板厚 18 厘米。

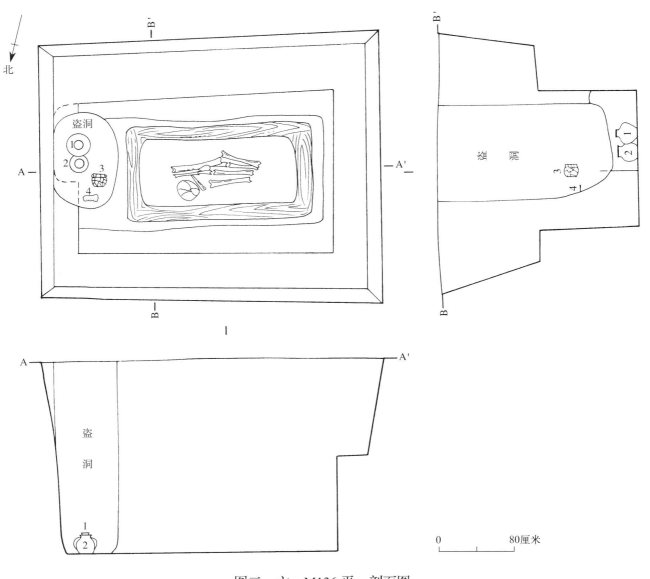

图二一六　M136 平、剖面图

1. 小口陶罐　2. 小口旋纹陶罐　3. 双耳陶罐　4. 铁鍪

葬式为侧身屈肢，人骨保存差，上肢置于身体两侧，下肢向上弯曲，头部及身体上部缺失。盗洞 1 个，位于墓葬东端中部，自墓顶直通墓底。平面呈圆角长方形，长 0.68、宽 1.03 米。墓葬内出土陶罐 1、铁錾 1 件；壁龛内出土陶罐 2 件（图二一六）。

（二）出土遗物

1. 陶器

3 件。

双耳罐　1 件。

M136：3，泥质灰陶。敞口，外斜沿，圆唇，束颈，鼓腹，最大径位于腹上部，平底，口部对称处附加两带状器耳。口部抹光，腹上端饰横绳纹，腹中部以下饰斜向竖绳纹，口部刮抹痕迹较为明显，器表有烟熏痕迹。口径 12.4、最大径 16.8、底径 9、高 14.2 厘米（图二一七，1；彩版一一〇，1）。

小口罐　1 件。

M136：1，口沿略有残损，泥质灰陶。侈口，宽平沿，方唇，束颈略高，广肩，上腹微鼓，下腹斜直内收，最大径位于腹上部，平底。器身先饰绳纹，颈部及肩上端绳纹后被抹光，残留绳纹纹理，肩及腹上部后饰数道凹弦纹将绳纹分割成数段，腹下部素面，有刮削痕迹，轮制。口径 12.0、最大径 24.6、底径 16.2、高 28.6 厘米（图二一七，2；彩版一一〇，2）。

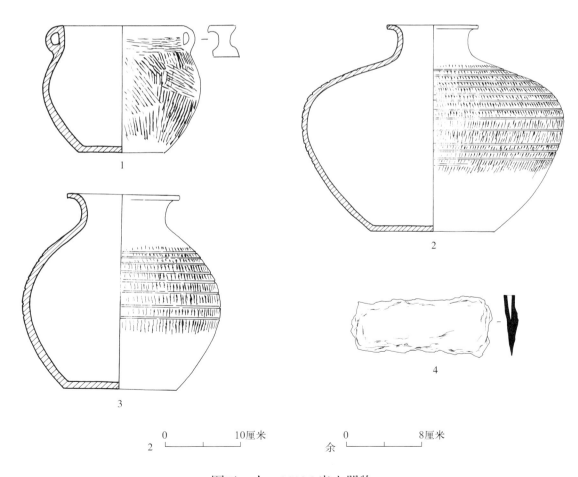

图二一七　M136 出土器物

1. 双耳陶罐 M136：3　2. 小口陶罐 M136：1　3. 小口旋纹陶罐 M136：2　4. 铁錾 M136：4

小口旋纹罐　1件。

M136：2，口沿略有残损，泥质灰陶。侈口，窄平沿，方唇，束颈略高，圆肩，鼓腹，最大径位于腹上部，平底。肩部下端、腹上部先饰竖绳纹，后饰数道凹弦纹，将绳纹分割成数段，肩上部绳纹被抹光，残留绳纹纹理，腹下部素面，有刮抹痕迹，轮制。口径 12、最大径 21.0、底径 12.0、高 21.4 厘米（图二一七，3；彩版一一〇，3）。

2. 铁器

1件。

鏊　1件。

M136：4，锈残。平面呈圆角长方形，纵截面呈三角形，顶端、两侧棱规整，双面刃两端弧收，顶端有镶木柄銎。残长 15.0、宽 6.5 厘米（图二一七，4；彩版一一〇，4）。

一二二　M137

（一）墓葬形制

该墓位于墓群 A 区中部，开口于②层下，开口距地表 0.60 米。

竖穴土坑墓，平面呈长方形，方向 22°，口大底小。上口长 2.90、宽 1.80 米；底长 2.36、宽 1.32 米；深 2.18 米。壁面斜直内收，收分明显，平底，修建规整，无工具加工痕迹。墓内填致密的黄褐色五花土，含少量陶片。

葬式不详。

葬具不详。

盗洞 1 个，位于墓葬西部，自墓顶直通墓底。平面呈圆形，直径 0.68 米，出土残片（图二一八）。

（二）出土遗物

无出土器物。

一二三　M138

（一）墓葬形制

该墓位于墓群 A 区东部。开口于①层下，开口距地表 0.30 米。

竖穴土坑墓，平面呈长方形，方向 35°，口底同大，有生土二层台。长 2.44、宽

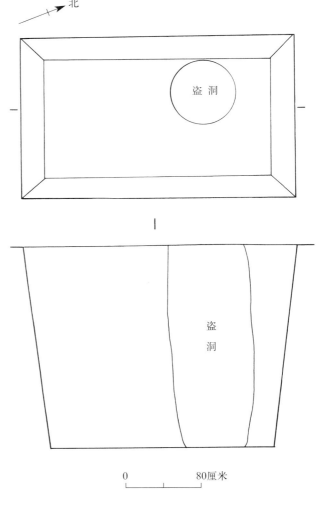

图二一八　M137 平、剖面图

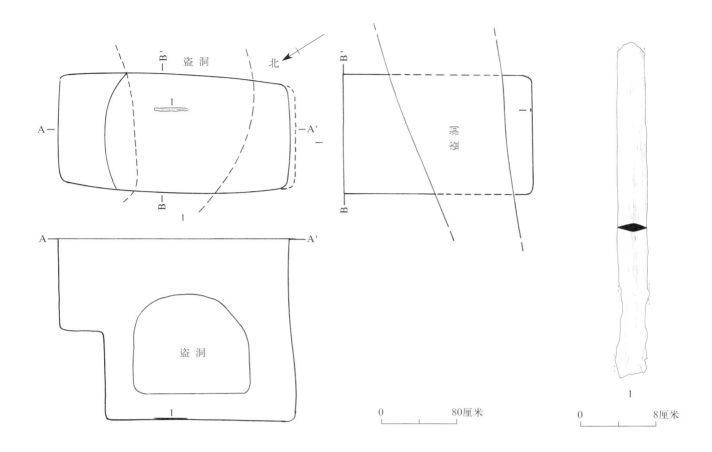

图二一九　M138 平、剖面图及出土铁器

1. 剑

1.28、深 2.00 米；二层台面至墓口深 1.00 米，仅北侧有二层台，宽 0.50 米；二层台以下墓坑平面呈长方形，口小底大，底部长 2.00、宽 1.30、深 1.00 米。二层台以上墓壁平直，二层台以下墓壁东、南、西三侧平直、北侧斜直内扩，墓壁粗糙，平底，无工具加工痕迹。墓内填松散的黄褐色五花土，含陶片及人骨残渣。

　　葬具不详。

　　葬式不详。

　　盗洞 1 个，自墓葬中部，横向贯穿而过，打破东西两壁。平面呈不规则形，高 1.10、宽 1.40 米。

　　墓葬内出土铁剑 1 件（图二一九）。

（二）出土遗物

铁器

1 件。

剑　1 件。

M138∶1，残存部分剑身，锈蚀严重。中部起脊，断面呈菱形。素面。残长 36.6 厘米（图二一九，1）。

一二四　M139

（一）墓葬形制

该墓位于墓群 A 区东部。开口于①层下，开口距地表 0.30 米。

竖穴土坑墓，平面呈长方形，方向 10°，口大底小。上口长 2.60、宽 1.40 米；底长 2.20、宽 1.20 米；深 2.20 米。墓壁粗糙，斜直内收，平底，因盗扰东西两壁上部均有塌边，北端壁面残留圆锹锹印。墓内填松散的褐色五花土，含夹砂灰陶片。

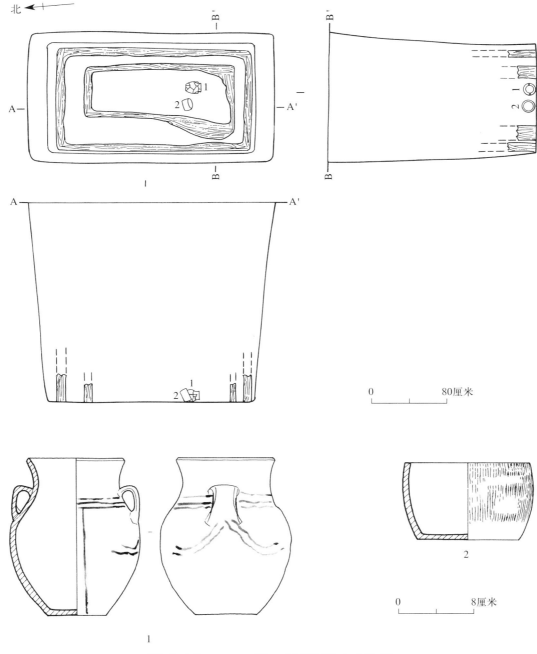

图二二〇　M139 平、剖面图及出土陶器
1. 双耳罐　2. 钵

葬具为一棺一椁，呈南北向摆放，残存板灰，长方形木质结构。椁长 2.06、宽 1.12、残高 0.70 米，板厚 0.08～0.10 米，因朽蚀严重，底、盖、壁板组合不明；棺长 1.60、宽 0.56～0.82、残高 0.20 米，板厚 0.06 米。

葬式不详。

墓葬内出土陶罐 1、陶钵 1 件（图二二〇）。

（二）出土遗物

陶器

2 件。

双耳罐　1 件。

M139：1，夹砂灰陶。侈口，斜沿，斜高领，溜肩，弧腹，最大径位于腹中部，平底。肩部附加两宽带器耳，上端接于领下端，下端接于肩中部，相接处贴以泥片加以固定，肩部与器耳对称处附加三道蛇纹，两器耳之下附加四道弧形蛇纹、器身中部对称处各附加一道竖向蛇纹。口径 10.1、最大径 14.0、底径 6.2、高 17.2 厘米（图二二〇，1；彩版一一一，1）。

钵　1 件。

M139：2，泥质灰陶。口微敛，窄平沿，深弧腹，最大径位于腹上部，平底。器身饰竖绳纹，部分被抹掉，内壁可见手制痕迹。口径 13.3、最大径 14、底径 10.7、高 8.4 厘米（图二二〇，2；彩版一一一，2）。

一二五　M140

（一）墓葬形制

该墓位于墓群 A 区东部。开口于②层下，开口距地表 1.50 米。

竖穴土坑墓，平面呈梯形，方向 2°，口大底小，有二层台。上口长 3.36、南宽 2.54、北宽 2.38、深 3.32 米；二层台面至墓口深 2.20 米，台面东宽 0.25、西宽 0.46、南宽 0.16、北宽 0.12 米；底长 2.94、东西向南宽 1.68、北宽 1.48 米；深 1.12 米。二层台以上西侧壁面平直，其他三侧壁面斜直内收，收分明显，二层台以下壁面平直，修建规整，平底，无工具加工痕迹。墓内填松散的灰褐色五花土，含少量植物根茎。

葬具为一棺，南北向摆放，残存板灰痕迹，木质结构。长 2.42、宽 1.02～1.06 米，棺板厚 0～10 厘米；墓底南端残存部分底板灰，宽 6 厘米左右。

葬式不详。

盗洞 1 个，位于墓葬东北角，自墓顶直通墓底。平面呈椭圆形，长 1.02 米。

墓葬内出土陶罐 3 件（图二二一）。

（二）出土遗物

陶器

3 件。

小口罐　1 件。

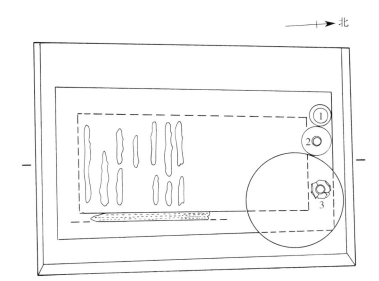

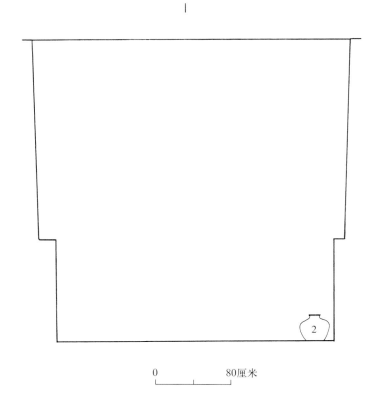

图二二一　M140 平、剖面图
1. 大口陶罐　2. 小口陶罐　3. 小口旋纹陶罐

M140：2，泥质灰陶。侈口，窄平沿，沿面有凹槽，方唇，斜领，广肩，深弧腹，最大径位于腹上部，平底。肩、腹部先饰绳纹，再于其上饰数道凹弦纹，将之分割成数段，领部有轮制痕迹。口径 11.6、最大径 32.8、底径 17.6、高 29.0 厘米（图二二二，1）。

小口旋纹罐　1 件。

M140：3，口部残片，泥质灰陶。侈口，宽平沿，圆唇，高领略直，溜肩，肩部以下缺失。肩部先饰绳纹，再于其上饰数道凹弦纹，将之分割成数段，领部先饰绳纹后抹掉，残存绳纹纹理。口

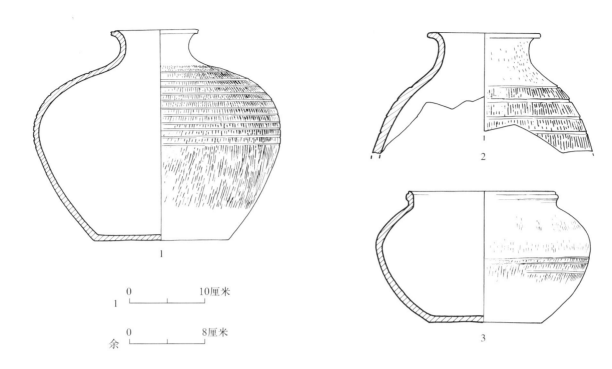

图二二二　M140 出土陶器

1. 小口罐M140:2　2. 小口旋纹罐M140:3　3. 大口罐M140:1

径 12、残高 13.3 厘米（图二二二，2）。

大口罐　1 件。

M140：1，泥质灰陶。口微侈，沿内敛，方唇，唇缘有凹槽，矮领，溜肩，腹弧内收，最大径位于腹上部，平底。肩部先饰绳纹后抹掉，残留绳纹纹理，腹中部先饰绳纹，再于绳纹之上饰数道凹弦纹，腹下部有刮削痕迹。口径 15.4、最大径 22.8、底径 11.7、高 14.4 厘米（图二二二，3）。

一二六　M141

（一）墓葬形制

该墓位于墓群 A 区东部。开口于②层下，开口距地表 0.60 米。

竖穴土坑墓，平面呈长方形，方向 0°，口大底小，有二层台。上口长 4.06、宽 2.94、深 3.00 米；二层台面至墓口深 1.70 米，台面东宽 0.60、西宽 0.30、南宽 0.30 米，北侧无二层台；底长 3.12、宽 1.50 米；深 1.26 米；二层台以上壁面斜直内收，收分明显，二层台以下壁面平直，修建规整，平底，无工具加工痕迹。二层台下东侧壁面北端有一凸棱，宽 0.10、厚 0.10、高 1.10 米；西侧壁的南端亦有一凹槽，宽 0.14、进深 0.05、高 1.00 米；南端有一凹槽，宽 0.16、进深 0.06、高 1.00 米。墓内填松散的灰褐色五花土。

葬具为一棺，南北向摆放，木质结构，有木迹及灰痕。棺长 2.50、宽 1.04 米。

葬式不详，仅残存下肢骨于棺内南部。

盗洞 2 个。盗洞 1 位于墓葬西北角，自墓顶通至二层台处。平面呈椭圆形，长 1.56 米；盗洞 2 位于墓葬的东南角，打破墓葬上部壁面。平面呈椭圆形，长 1.68 米。

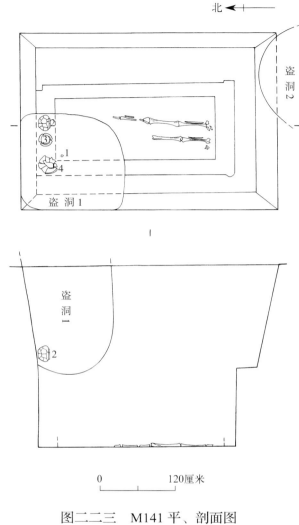

图二二三   M141 平、剖面图
1. 铜残片   2、3. 扁腹陶罐   4. 小口陶罐

墓葬内出土陶罐 3、铜残片 1 件（图二二三）。

（二）出土遗物

1.陶器

3 件。

小口罐   1 件。

M141：4，泥质灰陶。侈口，外斜沿，方唇，高领，溜肩，圆腹，最大径位于腹中部，平底。肩、腹部先饰绳纹，再于其上饰数道凹弦纹，将之分割成数段，领部先饰绳纹后抹掉，残留绳纹纹理。口径 12.3、最大径 33.8、底径 16.6、高 29.6 厘米（图二二四，1）。

扁腹罐   2 件。

M141：2，泥质灰陶。口微敛，窄沿微外撇，方唇，唇缘有凹槽，矮领，广肩，弧腹内收，最大径位于腹上端，平底。腹中部先饰斜绳纹，再于绳纹之上饰数道凹弦纹，将之分割成数段，口部有轮制痕迹。口径 14.3、最大径 28.2、底径 12.6、高 18.6 厘米（图二二四，2）。

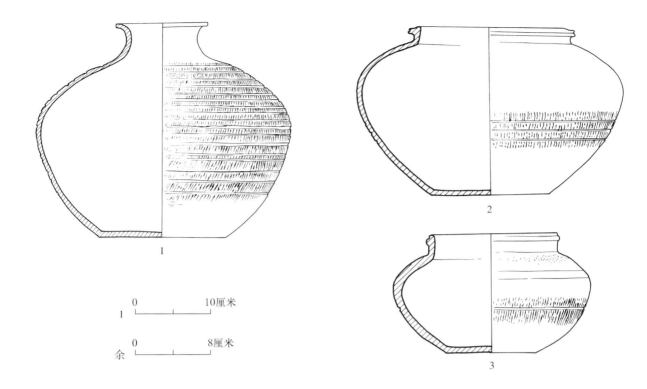

图二二四　M141 出土陶器

1. 小口罐M141:4　2、3. 扁腹罐M141:2、3

M141:3，泥质灰陶。直口，圆沿，厚圆唇，唇缘有凹槽，矮领，广肩，弧腹内收，最大径位于腹上端，平底。腹中部先饰斜绳纹，再于绳纹之上饰一道凹弦纹，将之分割成两段，领部先饰绳纹后抹掉，残留绳纹纹理，肩部有轮制痕迹。口径 14.2、最大径 21.0、底径 9.2、高 13.2 厘米（图二二四，3）。

2. 铜器

1 件。

残片　1 件。

M141:1，底部残片。圜底。素面。壁厚 0.2、残高 4.0 厘米。

一二七　M142

（一）墓葬形制

该墓位于墓群 A 区东部。开口于②层下，开口距地表 0.50 米。

竖穴土坑墓，平面呈长方形，方向 25°，口大底小，有二层台。上口长 3.90、宽 3.20、深 2.20 米；二层台面至墓口深 1.30 米，二层台东宽 0.70～0.80、西宽 0.70、南宽 0.40、北宽 0.50 米；底长 2.80、南端宽 1.50、北端宽 1.60；深 0.90 米。二层台以上壁面斜直内收，收分明显，二层台以下壁面平直，修建规整，平底，无工具加工痕迹。墓内填松散的灰褐色五花土。

葬具不详。

葬式不详。

盗洞 1 个，位于墓葬南侧中部，自墓顶直通墓底。平面呈长方形，长 1.90、宽 1.50 米。墓葬内出土陶甑 1、陶鍪 1 件（图二二五）。

（二）出土遗物

陶器

2 件。

盆形甑　1 件。

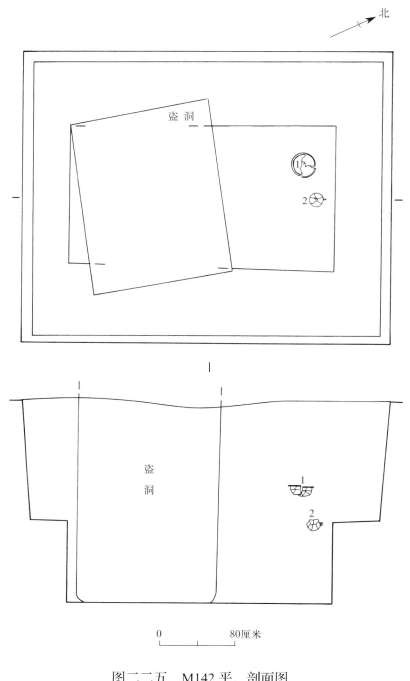

图二二五　M142 平、剖面图

1. 盆形陶甑　2. 带耳陶鍪

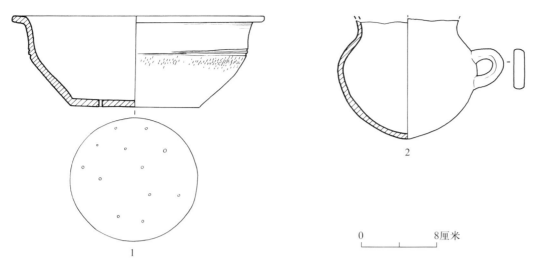

图二二六　M142 出土陶器
1. 盆形甑M142：1　2. 带耳鍪M142：2

M142：1，泥质灰陶。敞口，窄平沿，圆唇，上腹壁较直，下腹弧内收至底，底部有数个箅孔。上腹部饰两道首尾不相连的凹弦纹，下腹部先饰绳纹后抹掉，残留部分绳纹纹理，器身有刮抹痕迹。口径 26.8、底径 13.6、高 10.2 厘米（图二二六，1）。

带耳鍪　1 件。

M142：2，残。夹砂灰陶。口部缺失，束颈，深弧腹，最大径位于腹中部，圜底腹中部附加一环形器耳。素面，内壁有手制痕迹。最大径 14.6、残高 13.1 厘米（图二二六，2）。

一二八　M143

（一）墓葬形制

该墓位于墓群 A 区东部。开口于②层下，开口距地表 0.50 米。

竖穴土坑墓，平面呈长方形，方向 25°，口大底小。上口长 3.50、宽 2.76 米；底长 2.96、宽 1.74 米；深 2.80 米。墓葬上部壁面斜直内收，收分明显，下部壁面平直，修建规整，平底，无工具加工痕迹。墓内填松散的灰褐色五花土，含较多的泥质灰陶残片。

葬具为一椁一棺，呈南北向摆放，残存板灰，木质结构。椁长 2.86、宽 1.30 ～ 1.56、残高 0.44 米；棺长 2.68、宽 0.84 米，椁板厚度不明。

葬式不详，于棺内南端中部残存部分下肢骨，中部可见头骨骨粉。

该墓整体被盗扰，南北两壁破坏严重，有现代圆锹锹痕。

墓葬内出土陶盒 1、陶钫 1、陶锜 1、陶甑 1、陶罐 1、陶奁 1、陶灶 1、陶鸭 1、陶器盖 2、陶残片 1、棺饰 3 件（套）（图二二七；彩版一一一，3）。

（二）出土遗物

1. 陶器

11 件。

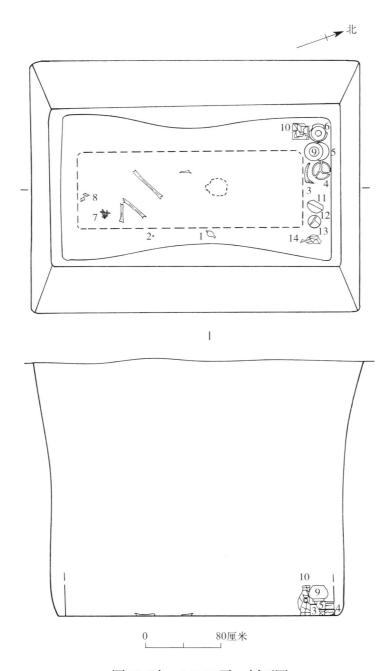

图二二七　M143 平、剖面图

1. 陶鸭　2. 锡棺饰　3. 陶灶　4. 盂形陶甑　5. 陶夌　6. 陶锜　7、8. 铜棺饰　9. 大口陶罐　10. 陶钫　11、13. 陶器盖　12. 陶盒　14. 陶残片

盒　1件。

M143：12，泥质灰陶，施彩绘。子母口内敛，斜腹弧内收至底，最大径位于腹上端，平底，矮圈足，腹上部用红彩绘三道弦纹。器内壁有刮抹痕迹。口径 15.8、最大径 18.1、底径 9.2、圈足高 0.4、通高 7.0 厘米（图二二八，1）。

钫　1件。

M143：10，泥质褐陶。口微侈，方唇，高领中部微束，鼓腹，平底，下接方形高圈足，腹部两侧对称处饰兽形铺首衔环。素面，器身刮抹痕迹明显。口边长 9.6、腹边长 18.4、圈足底边长 10.4、

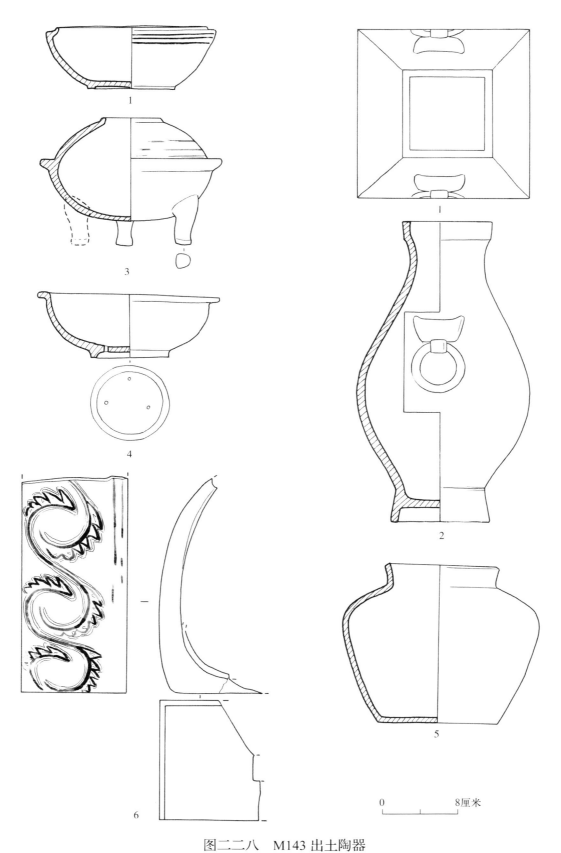

0 ————— 8厘米

图二二八 M143 出土陶器

1.盒M143:12　2.钫M143:10　3.锜M143:6　4.盂形甂M143:4　5.大口罐M143:9　6.灶M143:3

圈足高 3.6、通高 33.0 厘米（图二二八，2；彩版——二，1）。

　　锜　1 件。

　　M143：6，泥质灰陶，施彩绘。器身似一釜，敛口，圆唇外翻，圆肩，深腹，圜底，三蹄足瘦长挺拔，腹部有一隔棱，最大径位于隔棱处，隔棱上端间隔施四道红色彩带，部分脱落，模糊不明。器身轮制痕迹明显。口径 6.3、最大径 19.3、隔棱宽 1.6、裆高 2.6、通高 13.9 厘米（图二二八，3）。

　　盂形甑　1 件。

　　M143：4，泥质灰陶。敞口，宽平沿，方唇，弧腹内收至底，矮圈足，底部有三个箅孔。器身有刮抹痕迹。口径 19.4、底径 8.1、高 7.2 厘米（图二二八，4）。

　　大口罐　1 件。

　　M143：9，泥质灰陶。侈口，窄沿微外撇，矮领，溜肩，弧腹，最大径位于腹上端，平底。素面。口径 12.2、最大径 20.9、底径 12.5、高 17.4 厘米（图二二八，5；彩版——二，2）。

　　灶　1 件。

　　M143：3，残，泥质灰陶，施彩绘。残存部分圆角三角形灶体；灶体前端中部开一长方形灶门。侧面顶部用黑彩绘二道弦纹，之下用黑、红两彩绘卷云纹。残长 23.6、残宽 10.6、高 13.2 厘米（图二二八，6）。

　　奁　1 件。

　　M143：5，泥质灰陶，施彩绘。直口，窄沿内敛，筒腹，平底，底端附加三兽形蹄足，腹部饰三道凹弦纹，器身用红彩绘六道弦纹，器足上部周围用红彩包裹，彩绘部分脱落。器身有轮制痕迹。口径 20.2、底径 20.0、裆高 1.6、器身高 15.7、通高 17.3 厘米（图二二九，1）。

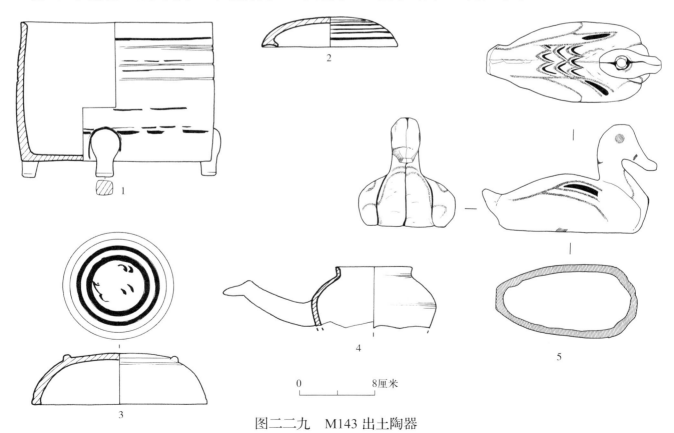

图二二九　M143 出土陶器

1. 奁 M143：5　2、3. 器盖 M143：13、11　4. 残片 M143：14　5. 鸭 M143：1

器盖　2 件。

M143：13，泥质灰陶，施彩绘。覆钵形，盖身用白彩绘六道弦纹。器内壁有轮制痕迹。直径 14.5、高 3.4 厘米（图二二九，2）。

M143：11，残存器盖，泥质灰陶，施彩绘。器盖覆钵形，圈足状器纽，盖顶用红彩绘两道弦纹，中部绘卷云纹，大部分因脱落，模糊不明，器身用红彩绘一道弦纹。内壁轮制痕迹明显。直径 18.7、高 5.6 厘米（图二二九，3）。

残片　1 件。

M143：14，口部残片，夹砂灰陶。直口，沿内敛，尖唇，矮领，圆腹，腹以下缺失，鸭首形流位于腹中部。素面。口径 8.0、残高 6.8 厘米（图二二九，4）。

鸭　1 件。

M143：1，泥质灰陶，带彩绘。鸭首直挺，嘴圆扁，两翅收拢紧贴鸭身，尾向上翘。两眼、头部和两翅用红色彩绘装饰，背部用红色和白色彩绘相间装饰成羽毛的纹样。长 18.4、宽 10.0、高 11.9 厘米（图二二九，5）。

2. 铜器

2 件。

棺饰　2 组。

M143：7，共 18 件。形制相同。鎏金。柿叶蒂形，四个柿叶较对称的分布于四周，中央有一圆形穿孔，泡钉位于中央。素面（图二三〇，1～3；彩版一一二，3）。

M143：8，共 2 件。形制、尺寸相同。鎏金。通体呈菱形，中部呈菱形镂空，中央有一圆形穿孔，泡钉位于中央。素面。长 7.5、宽 4.4、泡径 1.7 厘米（图二三〇，4）。

3. 锡器

1 件。

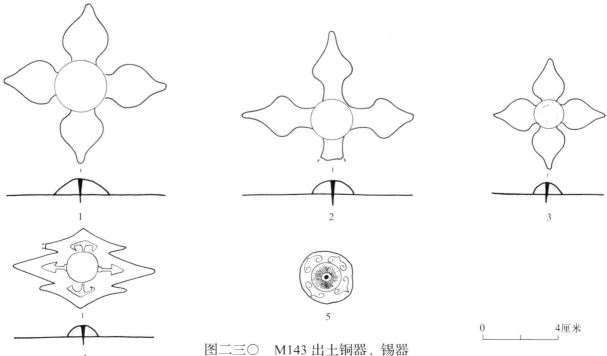

0　　　　　　4厘米

图二三〇　M143 出土铜器、锡器

1～4. 铜棺饰M143：7-1、7-2、7-3、3　5. 锡棺饰M143：2

棺饰　1件。

M143：2，残。平面呈圆形，截面呈长方形，表面中部为一圆形小乳丁，乳丁周围饰一圈圆点，之外饰一道弦纹，弦纹之内圆点之外为刻划纹，最外圈饰四组相向卷云纹。直径2.7～2.9厘米（图二三〇，5）。

一二九　M144

（一）墓葬形制

该墓位于墓群A区东部。开口于②层下，开口距地表0.50米。

竖穴土坑墓，平面呈长方形，方向20°，口大底小，有二层台。上口长3.50、宽2.30、深2.60米；二层台面距墓口深1.60米；二层台东宽0.10、西宽0.50、南宽0.40、北宽0.14米；底长2.60、东西宽1.34米；深1.00米。二层台以上壁面斜直内收，收分明显，二层台以下壁面平直，修建规整，平底，

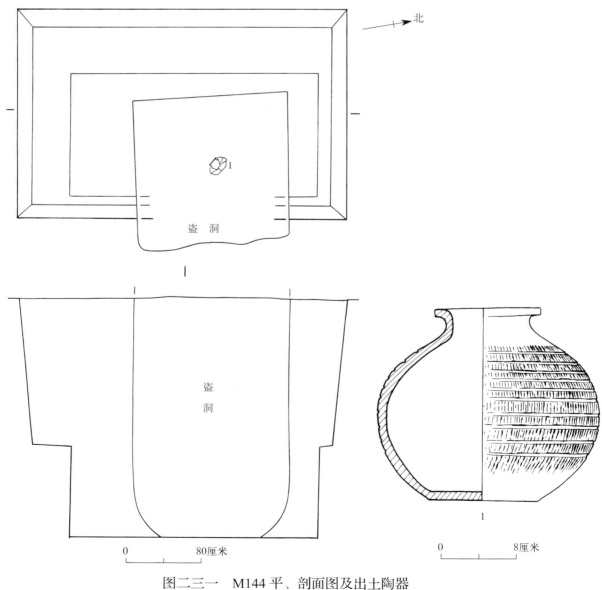

图二三一　M144 平、剖面图及出土陶器

1. 小口罐

无工具加工痕迹。墓内填松散的灰褐色五花土。

葬具不详。

葬式不详。

盗洞 1 个，位于墓葬东侧中部，自墓顶直通墓底。平面呈椭圆形，长 1.64 米。

墓葬内出土陶罐 1 件（图二三一）。

（二）出土遗物

陶器

1 件。

小口罐　1 件。

M144：1，泥质灰陶。侈口，外斜沿，厚方唇，束颈，圆腹，最大径位于腹中部，平底。腹部先饰竖绳纹，后饰数道凹弦纹，将之分割成数段，颈部先饰绳纹后抹掉，残留绳纹纹理，唇缘有轮制痕迹。口径 11.2、最大径 23.6、底径 11.1、高 21.0 厘米（图二三一，1）。

一三〇　M145

（一）墓葬形制

该墓位于墓群 A 区东部。开口于②层下，开口距地表 0.10 米。

竖穴土坑墓，平面呈长方形，方向 15°，口大底小。上口长 2.70、宽 1.60 米；底长 2.22、宽 1.16 米；深 3.30 米。整个墓壁斜直内收，收分明显，壁面规整，平底。其墓内填松散的灰褐色五花土。

葬具为一棺一椁呈南北向摆放，残存板灰，长方形木质结构。椁长 2.04、宽 0.88 米，高度、板厚度不明；棺长 1.90、宽 0.52 米，高度、板厚度不明。

葬式，仰身屈肢葬，头向南，面向上，双手直伸，双腿微向东曲，年龄、性别不明。

墓葬出土陶盂 1、陶罐 1、玻璃珠 1 件（图二三二）。

（二）出土遗物

1. 陶器

2 件。

双耳罐　1 件。

M145：2，夹砂灰陶。侈口，斜沿，斜高领，溜肩，深弧腹，平底，肩部附加两宽带器耳，上端接于领下端，下端接于肩中部，相接处贴以泥片加以固定，肩上端附加一道麻花纹泥条。口径 12.0、底径 8.4、高 21.2 厘米（图二三二，2；彩版一一三，1）。

盂　1 件。

M145：1，泥质灰陶。敞口，外斜沿，圆唇，敛颈，上腹微鼓，下腹斜内收至底，平底。上腹部饰斜绳纹，下腹部先饰绳纹后抹掉，残留绳纹纹理，颈部有刮抹痕迹，内壁可见泥条盘筑痕迹，残留用手捏制的痕迹。口径 18.2、底径 9.2、高 12.0 厘米（图二三二，1；彩版一一三，2）。

2. 玻璃器

1 件。

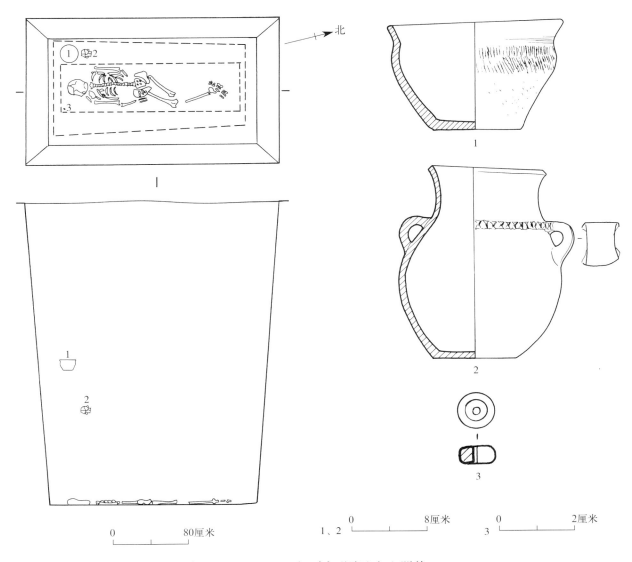

图二三二　M145 平、剖面图及出土器物
1. 陶盂　2. 双耳陶罐　3. 玻璃串珠

串珠　1件。

M145：3，质地似紫晶，扁圆形，中部有一圆形穿孔。直径 1、厚 0.5 厘米（图二三二，3；彩版一一三，3）。

一三一　M147

（一）墓葬形制

该墓位于墓群 A 区东部。开口于②层下，开口距地表 0.50 米，北端东侧被 M146 打破。

竖穴土坑墓，平面呈长方形，方向 20°，口大底小，有二层台。口部长 3.40、宽 2.30、深 3.00 米；二层台面至墓口深 1.80 米；二层台位于东西两侧，东宽 0.16、西宽 0.24 米；底长 3.00、宽 1.42、深 1.20 米。二层台以上壁面斜直内收，收分明显，二层台以下壁面平直，修建规整，平底，壁面残存长 0.06、宽 0.04 米的工具加工痕迹。墓内填松散的灰褐色五花土，含较多的泥质灰陶残片。

葬具为一椁，南北向摆放，残存板灰，木质结构。残长 1.52、宽 1.20 米，椁板厚度、高度不明。葬式不详。

盗洞 1 个，位于墓葬北侧中部，自墓顶直通墓底，并打穿墓底。平面呈长方形，长 1.73、宽 1.40 米。

墓葬内出土陶鼎 1、陶锜 1、陶罐 3、陶熏炉 1 件；填土内出土陶甑 1、陶纺轮 1 件（图二三三；彩版一一四，1）。

（二）出土遗物

陶器

8 件。

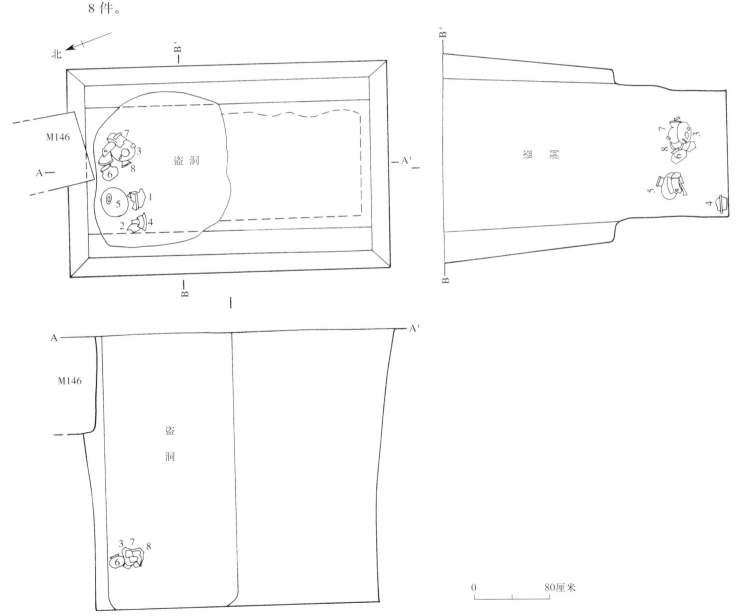

图二三三　M147 平、剖面图

1. 盆形陶甑　2. 大口陶罐　3. 陶纺轮　4. 陶锜　5. 小口陶罐　6. 扁腹陶罐　7. 陶鼎　8. 陶熏炉

鼎　1件。

M147:7，泥质灰陶。覆钵形器盖，盖顶附加三个三角形器纽，盖中部饰二道凹弦纹；器身子母口内敛，圆唇，深弧腹，底微内凹，下接三蹄器足，较肥硕，腹上端接两附耳，耳上部外撇，腹中部饰一道凸棱。器身有刮抹痕迹。口径 17.2、腹径 19.5、底径 7.2、裆高 2.4、通高 17.7 厘米（图二三四，1；彩版一一四，2）。

锜　1件。

M147:4，泥质灰陶，施彩绘。器身似一釜，敛口，方唇，圆肩，深腹，小平底，腹部有一隔棱，最大径位于隔棱处，肩部用红、白两色彩绘，因风蚀图案模糊不明。口径 7.2、最大径 23.4、隔棱宽 1.5、高 11.8 厘米（图二三四，2；彩版一一五，1）。

盆形甑　1件。

M147:1，泥质灰陶，施彩绘。敞口，斜沿内敛，尖唇，束颈，上腹微鼓，下腹弧内收，矮圈足，底部镂数个麦粒状箅孔，腹上部用红彩绘二道弦纹，二道弦纹之间用红彩绘卷云纹图案，因侵蚀图案不明。器身有刮抹痕迹。口径 22.1、底径 9.8、高 12.8 厘米（图二三四，3；彩版一一五，2）。

小口罐　1件。

M147:5，泥质灰陶。侈口，宽沿微外撇，方唇，矮领微束，溜肩，深弧腹，最大径位于腹上部，

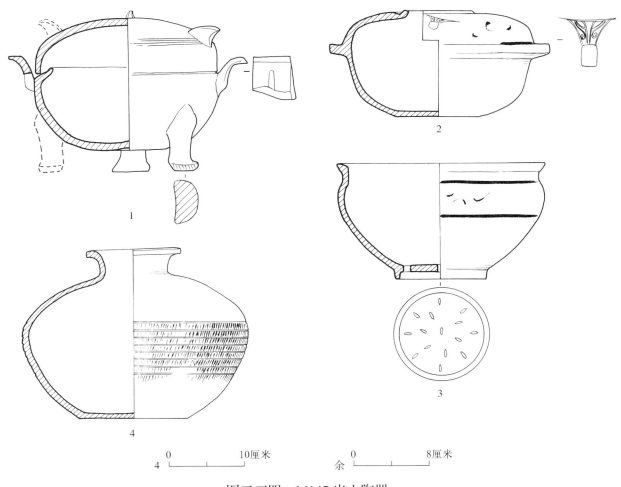

图二三四　M147 出土陶器

1. 鼎M147:7　2. 锜M147:4　3. 盆形甑M147:1　4. 小口罐M147:5

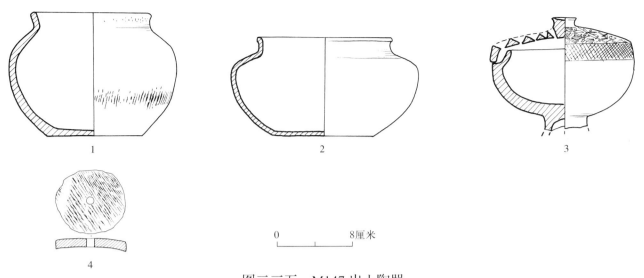

图二三五　M147 出土陶器
1. 大口罐 M147:2　2. 扁腹罐 M147:6　3. 熏炉 M147:8　4. 纺轮 M147:3

平底。腹部先饰绳纹，再于其上饰数道凹弦纹，将之分割成数段，领部有轮制痕迹。口径 12.6、最大径 30、底径 14.5、高 23.4 厘米（图二三四，4）。

大口罐　1 件。

M147:2，泥质灰陶。口微侈，圆唇，矮领，广肩，深弧腹，最大径位于腹上部，平底。腹中部饰竖绳纹，部分被抹掉，领部先饰绳纹后抹掉，残留绳纹纹理，领下端有轮制痕迹。口径 12.5、最大径 17.8、底径 10、高 13.6 厘米（图二三五，1；彩版一一五，3）。

扁腹罐　1 件。

M147:6，泥质灰陶。直口，窄沿，方唇，矮领，广肩，弧腹，最大径位于肩腹交接处，平底。素面，领部轮制痕迹明显。口径 14.3、最大径 20.0、底径 10.7、高 10.8 厘米（图二三五，2）。

熏炉　1 件。

M147:8，残，泥质灰陶。覆钵形器盖，灯盘呈子母口内敛，圆唇，上腹较直，下腹弧内收，最大径位于上下腹交接处，腹部下端正中接一柱状柄，柄部以下缺失。器盖上部饰三角形图案，三角形中部镂空，下部饰网格状刻划纹，灯盘下部有刮削痕迹。口径 12.8、最大径 14.8、残高 12.1 厘米（图二三五，3；彩版一一五，4）。

纺轮　1 件。

M147:3，泥质灰陶。平面呈圆形，截面呈长方形，中部微弧，正中有穿一圆孔。器表饰绳纹。直径 7.5、厚 1.0 厘米（图二三五，4）。

一三二　M148

（一）墓葬形制

该墓位于墓群 A 区东部。开口于②层下，开口距地表 0.50 米，东北角被 M144 打破。

竖穴土坑墓，平面呈长方形，方向 15°，口大底小。上口长 2.20、宽 1.40 米；底长 2.06、宽 1.16 米；深 1.50～1.60 米。整个墓壁斜直内收，收分明显，壁面规整，平底。墓内填松散的灰褐色五花土，

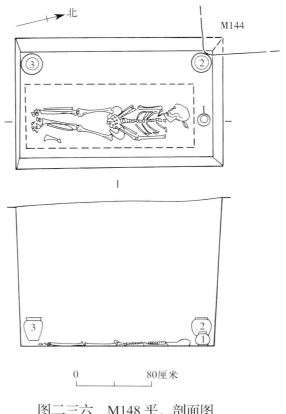

图二三六　M148 平、剖面图

1. 平底陶壶　2、3. 深腹陶罐

含有少量料礓石颗粒。

葬具为一棺，南北向摆放，有木迹及灰痕，长方形木质结构。长 1.76、宽 0.70 米，椁板厚度、高度不明。

葬式为仰身直肢，头向北，面向西，双手放置于骨盆之上，双腿直伸，女性，年龄不明。

墓葬内出土彩绘陶壶 1、陶罐 2 件（图二三六）。

（二）出土遗物

陶器

3 件。

平底壶　1 件。

M148：1，残，口部缺失，夹砂红陶，施红彩。高领，圆腹，最大径位于腹中部，小平底。两宽带耳附加于腹上部，领部至腹上端施数道红色彩带，之下施三角形红彩、三角形红彩下施两道红色彩带，两彩带之间施三道波浪纹红色彩带，两器耳及器耳之上施两道红色彩带，两彩带之间施三角形红彩。腹下部素面。最大径 15.6、底径 7.4、残高 19.4 厘米（图二三七，1；彩版一一六，1）。

深腹罐　2 件。

M148：2，泥质灰陶。侈口，方唇，束颈，溜肩，斜腹弧内收，最大径位于腹上部，平底。肩、腹部先饰竖绳纹，再于其上饰四道凹弦纹，将之分割成五段，腹上部刮削痕迹明显。口径 16.0、最大径 22.8、底径 13.1、高 21.6 厘米（图二三七，2；彩版一一六，2）。

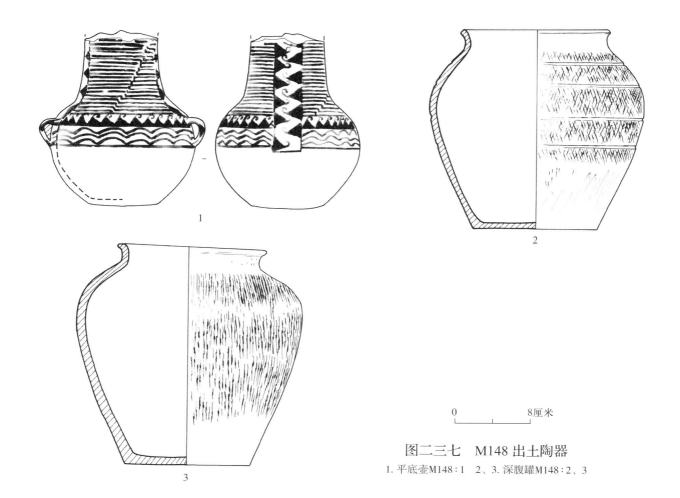

图二三七　M148 出土陶器
1. 平底壶M148：1　2、3. 深腹罐M148：2、3

　　M148：3，泥质灰陶。口微侈，窄平沿，尖唇，束颈，广肩，斜腹弧内收，最大径位于腹上部，平底。腹部饰竖绳纹，部分被抹掉，器身刮抹痕迹明显。口径16.0、最大径23.9、底径13.3、高24.4厘米（图二三七，3；彩版一一六，3）。

一三三　M149

（一）墓葬形制

　　该墓位于墓群 A 区东部。开口于②层下，开口距地表0.60米，被 M147 打破。

　　斜坡墓道土洞墓，总长7.20米，方向200°。由墓道、墓室两部分组成。墓道位于墓室的南部，梯形斜坡式，口大底小。上口长4.30、南宽1.02、北宽1.58米；底长3.04、南宽0.70、北宽1.30米；残深0～2.30米。墓室为土洞式，平面呈长方形，顶部坍塌，残存拱顶。长2.90、宽1.60、残高1.80米。壁面平直、光滑，平底，底低于墓道北端底部0.12米，无工具加工痕迹。墓内填松散的黄褐色五花土。

　　葬具为一椁，南北向摆放，有木迹及灰痕，木质结构。长2.54、宽1.52、残高0.70米，椁板厚度不明。

　　葬式不详。

　　墓道内出土陶罐2、陶灯2、陶灶1、陶钫1、陶器盖1、陶壶1件；墓室内出土陶罐1件（图二三八）。

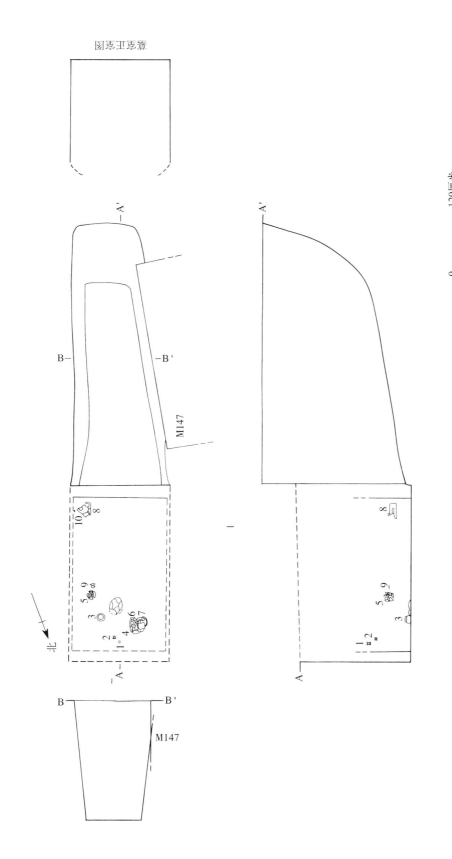

图二三八　M149 平、剖面图

1、2. 陶灯　3. 敞口小陶罐　4、6. 大口陶罐　5. 陶纺　7. 平底陶壶　8. 陶灶　9. 陶器盖　10. 小陶勺

（二）出土遗物

陶器

9件。

钫　1件。

M149：5，泥质灰陶。正方形饼状器盖，中部有一半圆形饼状器纽，正方形器口，口微侈，圆唇，高领，覆斗形肩部，肩部以下为圆形，深弧腹，最大径位于腹中上部，平底。素面，器身有刮抹痕迹。口边长8.1、腹最大径15.4、底径9.6、高24.6厘米（图二三九，1；彩版一一六，4）。

平底壶　1件。

M149：7，泥质灰陶。盘口，圆唇，高直领，领中部有一道凸棱，溜肩，深弧腹，最大径位于腹中部，

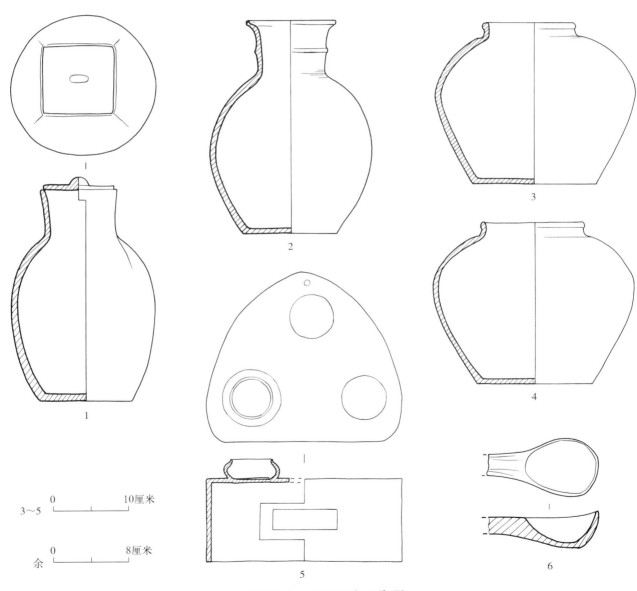

图二三九　M149出土陶器

1. 钫M149：5　2. 平底壶M149：7　3、4. 大口罐M149：4、6　5. 灶M149：8　6. 小勺M149：10

平底。素面，器身有轮制痕迹。口径9.4、最大径17.2、底径9.7、高23.2厘米（图二三九，2；彩版一一七，1）。

大口罐　2件。

M149：4，泥质灰陶。直口，厚圆唇，矮领，溜肩，深弧腹，最大径位于腹上端，平底。素面，器身有轮制痕迹。口径12.4、最大径16.6、底径16.3、高22.3厘米（图二三九，3）。

M149：6，泥质黑皮陶。口微侈，窄沿，沿面微隆，厚圆唇，矮领，溜肩，深弧腹，最大径位于腹上端，平底。素面，器身有轮制痕迹。口径14.0、最大径26.7、底径15.1、高22.4厘米（图二三九，4）。

敞口小罐　1件。

M149：3，泥质灰陶。直口，圆唇，高领，溜肩，弧腹，最大径位于腹上端，平底。素面，领部轮制痕迹明显。口径9.8、最大径13.4、底径9.6、高8.8厘米（图二四〇，1；彩版一一七，2）。

灶　1件。

M149：8，残，泥质灰陶。圆角三角形灶体，周壁平直；灶面上三灶穴，前二后一，呈"品"字形排列，灶穴上残存一小陶釜、一小陶勺；灶体前端中部开一长方形灶门，烟囱残缺。素面。灶长23.0、宽26.0、灶台高11.0、通高14.0厘米（图二三九，5；彩版一一七，3）。其上附模型灶具2件。陶釜1件。敛口，圆唇，折腹，平底。素面。口径5.0厘米。小陶勺1件，M149：10。斗形，圜底，柄残。素面。柄残长2.0、口径3.7～3.8厘米（图二三九，6）。

灯　2件。

M149：1，敛口，浅盘，平底，灯盘正下方接一圆柱状实心柄，喇叭形底座。素面，口部有刮抹痕迹，手制。口径4.8、底径5.3、盘高1.4、通高4.4厘米（图二四〇，2；彩版一一七，4）。

M149：2，直口，浅盘，平底，灯盘正下方接一圆柱状实心柄，喇叭形底座。素面，底部有刮削痕迹，手制。口径5.3、底径5.4、盘高1.3、通高5.2厘米（图二四〇，3；彩版一一八，1）。

器盖　1件。

M149：9，泥质灰陶。平面呈长方形，截面呈长方形，体表正中有一乳突状器纽。素面。长8.8、宽7.6、厚0.8、通高2.8厘米（图二四〇，4）。

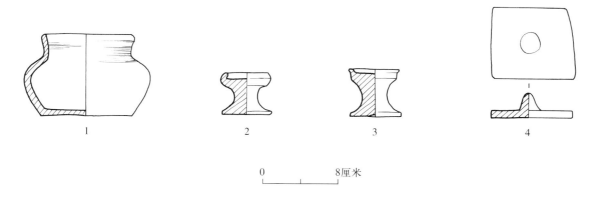

0　　　　8厘米

图二四〇　M149出土陶器

1. 敞口小罐M149：3　2、3. 灯M149：1、2　4. 器盖M149：9

一三四　M150

（一）墓葬形制

该墓位于墓群 A 区东部。开口于②层下，开口距地表 0.60 米。

竖穴土坑墓，平面呈长方形，方向 3°。口底同大，有生土二层台。上口长 3.10、宽 2.70 米；二层台面距墓口深 0.72 米，二层台位于东侧，宽 1.16 米；底长 3.10、宽 1.60、深 1.60 米。墓葬壁面平直，修建规整，平底，无工具加工痕迹。墓内填松散的灰褐色五花土。

葬具为一椁，呈南北向摆放，残存板灰，木质结构。残长 2.74、宽 1.20、残高 0.50 米，椁板厚 10 厘米。

葬式不详。

盗洞 2 个，均自墓顶直通墓底，平面呈椭圆形。盗洞 1 位于墓葬东北角，长 0.70～0.80 米；盗洞 2 位于墓葬东南角，长 0.60～0.70 米。

墓葬内出土骨质棋子 1 套（图二四一）。

（二）出土遗物

骨器

1 套。

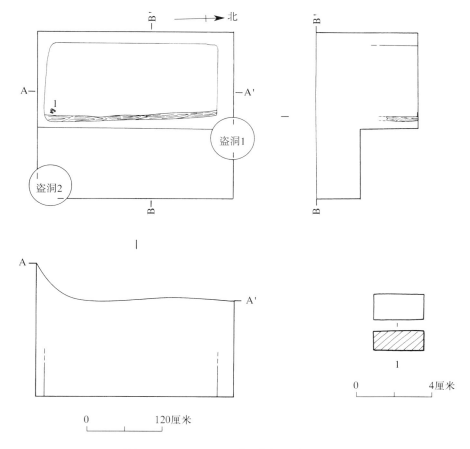

图二四一　M150 平、剖面图及出土器物

1. 骨质棋子

棋子 1套。

M150：1，共12枚。利用动物骨骼加工而成。长方体，素面。长2.7、宽1.4、厚1.1厘米（图二四一，1；彩版一一八，2）。

一三五 M151

（一）墓葬形制

该墓位于墓群A区东部。开口于②层下，开口距地表0.60米。

竖穴土坑墓，平面呈长方形，方向0°，口大底小，有生土二层台。长3.70、宽1.54米；二层台面至墓口深1.20米，生土二层台位于东、北两侧，东宽0.14、北宽0.90米；底长2.88、宽1.40米；深1.70米。墓葬壁面平直，修建规整，平底，无工具加工痕迹，西侧壁面上部有坍塌。墓内填松散的灰褐色五花土。

葬具不详。

葬式不详。

盗洞1个，位于墓葬北侧，自墓顶直通墓底，将北侧二层台打破。平面呈椭圆形，口大底小，口部长1.50～1.64、底部长0.60～1.20米。

墓葬内出土铁条形器1、块石1件（图二四二）。

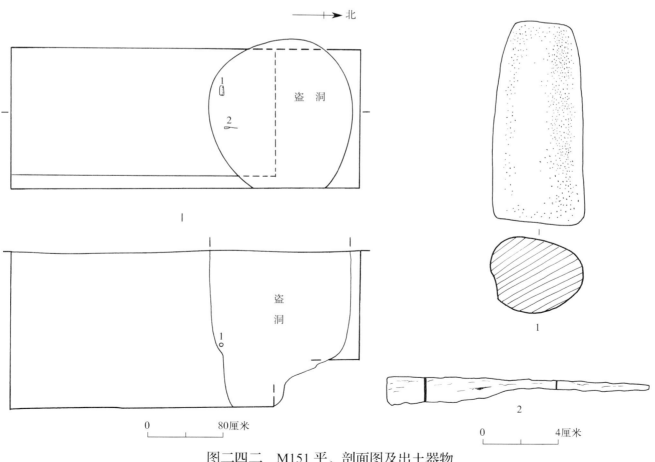

图二四二 M151平、剖面图及出土器物
1. 块石 2. 条形铁器

（二）出土遗物

1. 铁器

1件。

条形器　1件。

M151：2，锈蚀。一端较宽，一端较窄，中部弧收较为明显，截面呈扁平状。素面。长13.8厘米（图二四二，2）。

2. 石器

1件。

块石　1件。

M151：1，系用沙石加工而成。平面略呈圆角梯形，截面呈扁圆形。素面。长11.3、宽5.0、厚4.3厘米（图二四二，1）。

一三六　M152

（一）墓葬形制

该墓位于墓群A区东部。开口于②层下，开口距地表0.60米，分别被M150、M151打破。

竖穴土坑墓，平面呈长方形，方向350°，口大底小，有二层台。上口长4.14、宽3.16米；二

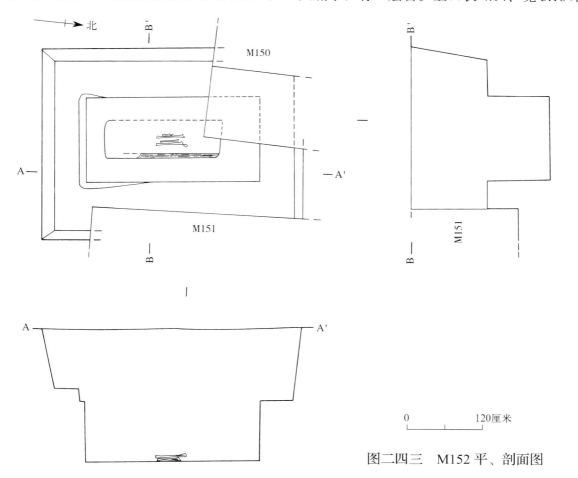

图二四三　M152平、剖面图

层台面至墓口深 1.20 米；生土二层台东宽 0.42、西宽 0.60、南宽 0.40、北宽 0.54 米；底长 2.80、宽 1.40 米；深 2.20 米。二层台以上壁面斜直内收，收分明显，二层台以下壁面平直，修建规整，平底，无工具加工痕迹，南端二层台上部被破坏，略有坍塌。墓内填松散的灰褐色五花土。

葬具为一棺，南北向摆放，有木迹及灰痕，木质结构。长 1.86、宽 0.60 米，棺板厚 6 厘米，高度不明。

葬式不详，棺内中部残存两下肢骨。

该墓于 20 世纪五六十年代整体被盗扰（图二四三）。

（二）出土遗物

无出土器物。

一三七　M153

（一）墓葬形制

该墓位于墓群 A 区东部。开口于②层下，开口距地表 0.60 米，分别被 M150、M151、M152 打破。

竖穴土坑墓，平面呈长方形，方向 357°，口底同大。残长 1.12、残宽 0.50、残深 1.00 米。墓葬壁面平直，修建规整，平底，无工具加工痕迹。墓内填松散的灰褐色五花土。

葬具不详。

葬式不详（图二四四）。

（二）出土遗物

无出土器物。

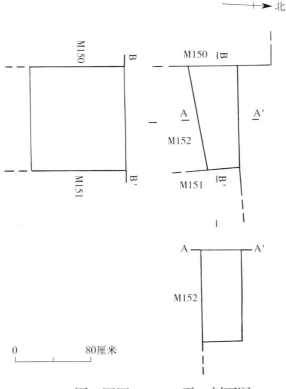

图二四四　M153 平、剖面图

一三八 M154

（一）墓葬形制

该墓位于墓群 A 区东部。开口于②层下，开口距地表 1.00 米，被 M149 打破。

竖穴土坑墓，平面呈长方形，方向 85°，口底同大。墓口残长 1.20～1.50、宽 1.30 米；深 0.90 米。直壁，平底，壁面可见长 0.10、宽 0.04 米的工具加工痕迹。墓内填松散的灰黄色五花土，含较多的植物根系。

葬具为一棺，东西向摆放，有木迹及灰痕，木质结构。残长 1.20、宽 0.60～0.70 米，高度及棺板厚度不明。

葬式不详（图二四五）。

（二）出土遗物

无出土器物。

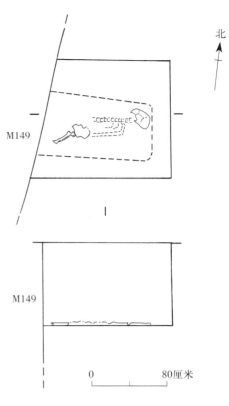

图二四五 M154 平、剖面图

一三九 M155

（一）墓葬形制

该墓位于墓群 A 区东部。开口于②层下，开口距地表 2.10 米，北端被断崖打破。

斜坡墓道洞室墓，残长 8.40 米，方向 330°。由墓道、封门、墓室三部分组成。墓道位于墓室的北端偏西侧，北高南低呈斜坡状，坡度 22°，平面呈梯形，口大底小。上口残长 2.80、北端宽 1.60、南端宽 1.74 米；底长 4.40、北端宽 1.20、南端宽 1.30、高 2.16～3.74 米；斜坡残长 4.90 米；壁面斜直内收，斜坡底。封门残存一块片状砂石，平砌于墓道的最北端西侧。残高 0.10、残宽 0.40、进深 0.42 米。墓室平面呈长方形，口大底小。上口长 4.00、宽 3.80、深 4.70 米。自墓口深至 2.90 米处，之上四壁斜直内收，收分明显，之下墓坑为石砌墙，口底同大。长 2.80、宽 2.60、深 1.80 米；四壁石墙宽 0.50 米，以形状、大小不一的片状砂石块纵向错缝平砌，石块之间以黄色黏土黏合而成，石块与墓圹壁之间用以碎石块、五花土填充进行加固黏合，石砌壁面较直，平底。整个墓葬壁面规整、光滑，底部平滑，墓室底低于墓道底 0.30 米，无工具加工痕迹。墓内填松散的褐色五花土，含少量植物根系。

葬具为一椁，南北向摆放，木质结构，有木迹及灰痕。长 2.80、宽 2.60、残高 1.10 米，棺板厚 10 厘米。

葬式不详，仅于墓底的东南部有残存腿骨，性别、年龄不明，同时于填土之中发现残盆骨三副，初步推断其为三人合葬墓。

盗洞 1 个，位于墓室的绝大部分区域，自墓顶直通墓底。平面呈椭圆形，长 3.50～4.40 米。

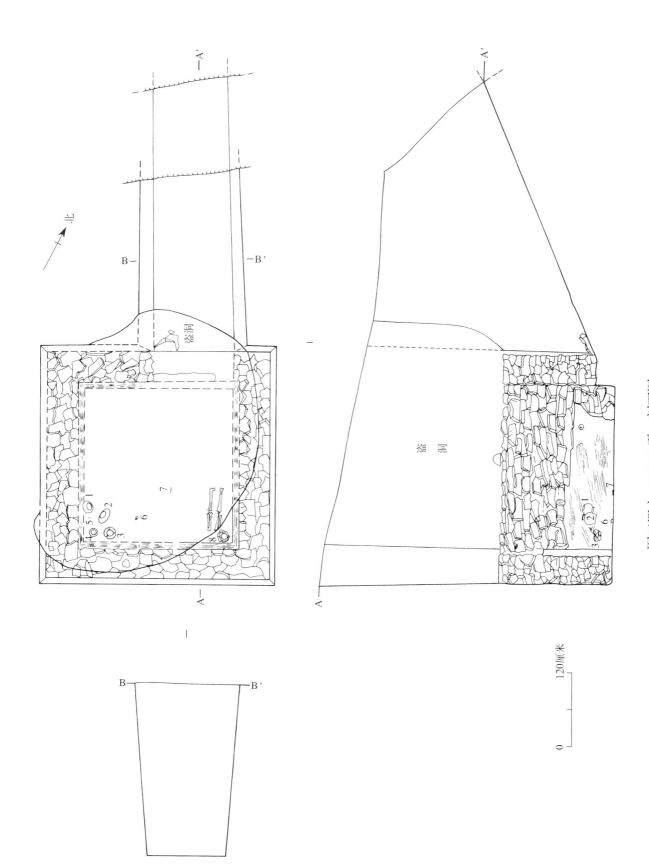

北

盗洞

B—　　—B'

A—　　　—A'

—A'

—A'

B—　　—B'

A

盗洞

7

120厘米

0

图二四六　M155 平、剖面图

1、3.大口陶罐　2.小口旋纹陶罐　4.块石　5.玻璃饰件　6.铜铺首　7.锡马衔、镳　8.平底陶壶墓室内出土陶罐 3、陶壶 1、铜铺首 1、锡马衔、镳 1、块石 1、玻璃饰件 1 件（图二四六；彩版一一九，1）。

（二）出土遗物

1. 陶器

4 件。

平底壶　1 件。

M155：8，泥质灰陶。侈口，宽沿微外撇，方唇，高直领，广肩，深弧腹，最大径位于腹上部，平底。腹中部以下饰斜向细绳纹，肩部有轮制痕迹。口径 11.4、最大径 19.7、底径 9.6、高 24.8 厘米（图二四七，1；彩版一一九，2）。

小口旋纹罐　1 件。

M155：2，泥质灰陶。侈口，窄沿外撇，圆唇，高领，溜肩，斜腹直内收，最大径位于腹上部，平底。领部饰三角形刻划纹，肩中部饰一道绳纹，器身有轮制痕迹。口径 10.8、最大径 24.4、底径 17.4、高 24.0 厘米（图二四七，2；彩版一一九，3）。

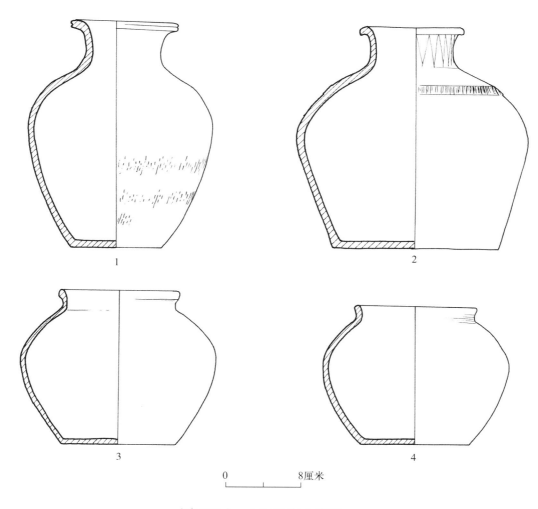

0　　　　8厘米

图二四七　M155 出土陶器

1. 平底壶M155：8　2. 小口旋纹罐M155：2　3、4. 大口罐M155：1、3

大口罐　2件。

M155：1，泥质灰陶。直口，窄沿，沿面隆起，圆唇，矮领，溜肩，弧腹，最大径位于腹上部，平底。素面，器身有轮制痕迹。口径12.8、最大径20.9、底径12.0、高16.8厘米（图二四七，3；彩版一二〇，1）。

M155：3，泥质灰陶。直口，厚圆唇，矮领，溜肩，深弧腹，最大径位于腹上部，平底。素面，领部轮制痕迹明显。口径13.0、最大径19.8、底径11.6、高15.2厘米（图二四七，4；彩版一二〇，2）。

2. 铜器

1件。

铺首　1件。

M155：6，残存部分兽形铺首，兽形铺首下方衔环缺失。壁厚0.2、残高4.3厘米（图二四八，1）。

3. 锡器

1件。

马衔、镳　1件。

M155：7，残。马衔，体微作"S"形，两端呈薄片状，反向弧曲。素面。残长6.8厘米，马镳，残存一环。器表饰弦纹。残长1.4厘米（图二四八，2）。

4. 石器

1件。

块石　1件。

M155：4，系用沙石加工而成。平面呈椭圆形，截面呈鼓形，最大径位于中部。素面。两端径长8.2～10、最大径长13.4～16.4厘米（图二四八，3）。

5. 玻璃器

1件。

饰件　1件。

M155：5，蓝色，螺丝状。素面。长2.1厘米（图二四八，4；彩版一二〇，3）。

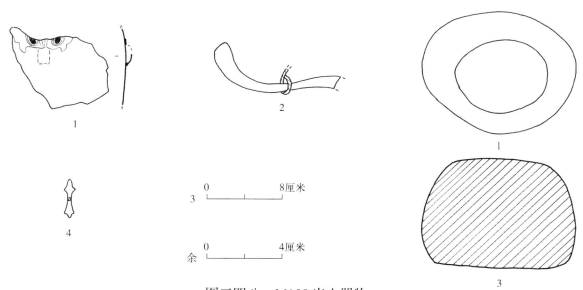

图二四八　M155 出土器物

1. 铜铺首M155：6　3. 块石M155：4　2. 锡马衔、镳M155：7　4. 玻璃饰件M155：5

一四〇　M156

（一）墓葬形制

该墓位于墓群 A 区东部。开口于①层下，开口距地表 0.60 米。

斜坡墓道洞室墓，发掘长度 5.36 米，方向 340°。由墓道、甬道、墓室三部分组成。墓道位于墓室的最北端，北高南低呈斜坡状，坡度 35°，平面呈长方形，口大底小。上口发掘长 2.12、宽 1.24 米；底部发掘长 1.86、宽 1.04 米；高 1.50～2.85 米，斜坡发掘长度 2.30 米。壁面斜直内收。甬道口部宽 1.20、底部宽 1.24、深 0.54 米。西端壁面斜直外扩，东壁斜直内收，平底。墓室平面呈长方形，口大底小。上口长 3.16、宽 2.02 米；底部长 3.00、宽 1.70 米；残深 3.20 米。周壁斜直内收，内收明显，墓葬壁面规整、光滑，收分明显，底部平滑，墓室底低于甬道底 0.20 米，无工具加工痕迹。墓内填松散的

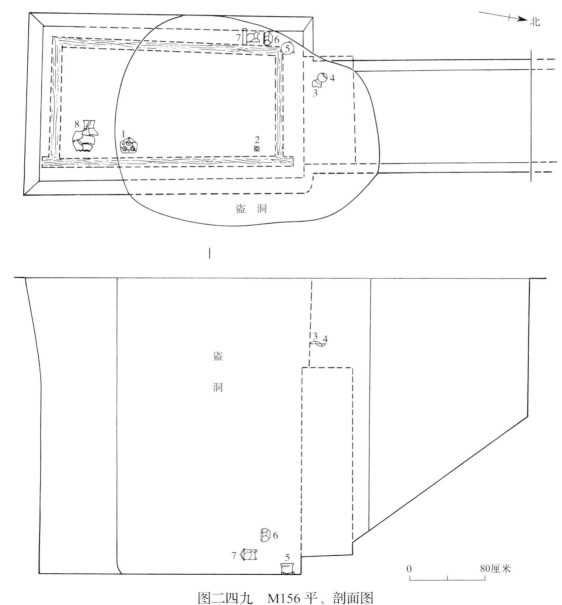

图二四九　M156 平、剖面图

1. 陶灶　2. 陶水井　3、4. 陶器盖　5. 陶奁　6. 陶盒　7. 陶仓　8. 陶壶

红褐色五花土，含少量的泥质灰陶残片。

　　葬具为一椁，南北向摆放，残存板灰，木质结构。长 2.48、宽 1.44 米，棺板厚 12 厘米，高度不明。葬式不详。

　　盗洞 1 个，位于甬道与墓室的北部，自墓顶直通墓底。平面呈椭圆形，长 2.20 ～ 2.88 米。

　　墓室内出土陶盒 1、陶壶 1、陶奁 1、陶灶 1、陶水井 1、陶仓 1、陶器盖 2 件（图二四九）。

（二）出土遗物

陶器

8 件。

壶　1 件。

　　M156:8，残。泥质灰陶，施红彩。口微侈，窄平沿，斜高领，溜肩，弧腹，腹下部残缺，最大径位于腹中部，肩上部用红彩绘六组三角形网格纹图案，肩下部用红彩绘六组梯形网格纹图案。领部轮制痕迹明显。口径 13.5、最大径 25.0、残高 34.6 厘米（图二五〇，1）。

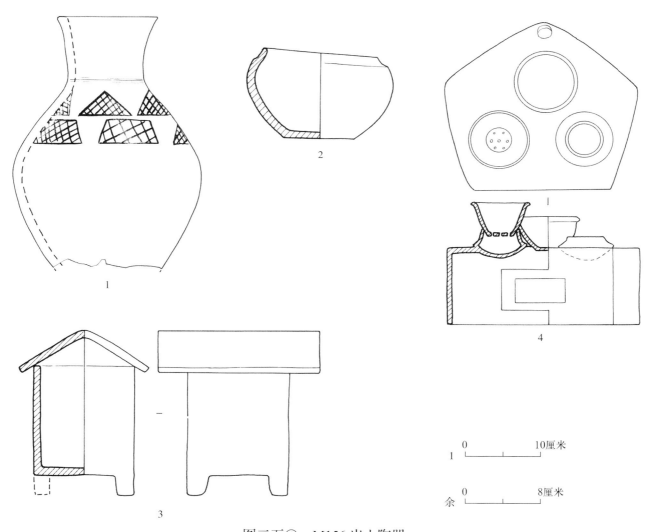

图二五〇　M156 出土陶器
1. 壶 M156:8　2. 盒 M156:6　3. 仓 M156:7　4. 灶 M156:1

盒　1 件。

M156：6，泥质灰陶。子母口内敛，圆腹，最大径位于腹上部，小平底。素面。口径 12.3、最大径 15.5、底径 7.3、高 9.2 厘米（图二五〇，2）。

仓　1 件。

M156：7，泥质灰陶，房形。屋脊形房顶，长方体房身，房身底端四周各附加一柱状器足。素面。房顶长 17.2、宽 14、高 4.6、房身边长 10.8、高 13.2、裆高 2.2、通高 18.0 厘米（图二五〇，3；彩版一二〇，4）。

灶　1 件。

M156：1，泥质灰陶。圆角五边形灶体，周壁平直；灶面上三灶穴，前二后一，呈"品"字形排列，灶穴上放置三个小陶釜；灶体前端中部开一长方形灶门，后端残存一圆形烟囱。素面。灶长 18.6、宽 20.5、灶台高 8.4、通高 13.4 厘米。模型灶具 4 件。釜 3 件。敛口，圆唇，折腹，平底。素面。前二小陶釜口径 3.4 厘米，后一陶釜口径 6 厘米。甑 1 件。敞口，圆唇，弧腹，平底，戳制 7 个圆形甑孔。素面。口径 6 厘米（图二五〇，4；彩版一二一，1）。

水井　1 件。

M156：2，井架缺失，泥质灰陶。方形井口内敛，筒形井身，井圈上有两个不规则形小孔，水井上部有一鼓形辘轳，水井内有一罐汲水桶。素面。井口长 4.8、宽 5.6、通高 6.0 厘米（图二五一，1）。

奁　1 件。

M156：5，泥质灰陶。直口，圆沿，筒腹，平底，底端附加三兽形蹄足，腹部饰二道凹弦纹。素面，器内壁有轮制痕迹。口径 16.2、底径 15.8、裆高 2.0、器身高 10.2、通高 12.2 厘米（图二五一，2；彩版一二一，2）。

器盖　2 件。

形制相同，均为泥质灰陶。覆钵形，盖顶附加五个乳突，中部乳突四周附加四个柿叶形泥饼，器身有刮抹痕迹。

M156：3，直径 9.6、高 2.8 厘米（图二五一，3）。

M156：4，直径 10.6、高 2.8 厘米（图二五一，4）。

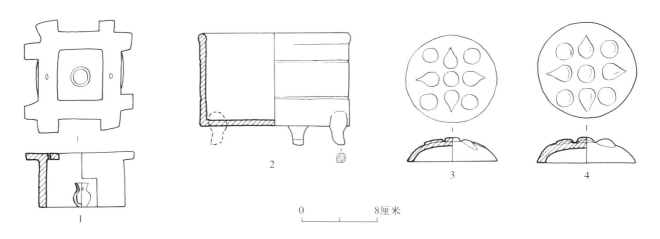

图二五一　M156 出土陶器

1. 水井 M156：2　2. 奁 M156：5　3、4. 器盖 M156：3、4

一四一 M157

（一）墓葬形制

该墓位于墓群 A 区东部。开口于②层下，开口距地表 2.00 米。

竖穴土坑墓，平面呈长方形，方向 340°，口大底小，有生土二层台。上口长 4.02、宽 3.30 米；二层台面至墓口深 2.00 米；二层台东、西两侧宽 0.60、南宽 0.56、北宽 0.26 米；底长 2.80、宽 1.50 米；深 3.20 米。二层台以上壁面斜直内收，收分明显，二层台以下壁面平直，修建规整，平底，无工具加工痕迹。东、南、北三侧二层台面遭破坏，台面大部分区域被下挖 0.20 米，导致台面形成二台。墓内填松散的灰褐色五花土。

葬具为一椁，南北向摆放，有木迹及灰痕，木质结构。长 2.60、宽 1.04 米，棺板厚度、高度不明。葬式不详。

盗洞 2 个。盗洞 1 位于墓葬东北角，自墓顶通至二层台处，平面呈圆角长方形，长 1.32、宽 1.00 米；盗洞 2 位于墓葬的东侧北端，打破墓葬上部壁面，平面呈圆形，直径 0.84 米。

墓葬内出土陶罐 2、铜镜 1、铁剑 1、铁容器 1 件（图二五二；彩版一二一，3）。

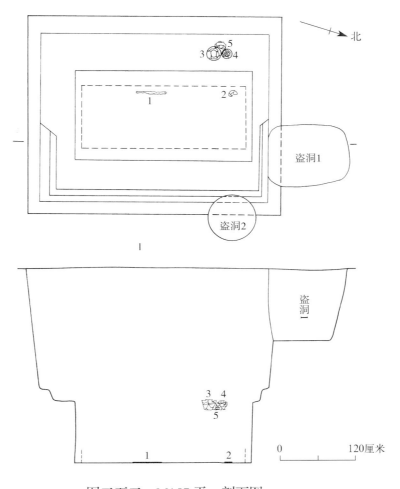

图二五二 M157 平、剖面图

1. 铁剑 2. 连弧纹铜镜 3. 小口陶罐 4. 小口旋纹陶罐 5. 铁容器

（二）出土遗物

1. 陶器

2 件。

小口罐　1 件。

M157：3，泥质灰陶。侈口，窄平沿，圆唇，束颈，溜肩，圆腹，最大径位于腹上部，平底。肩、腹部先饰绳纹，再于其上饰数道凹弦纹，将之分割成数段，领部轮制痕迹明显。口径 10.8、最大径 23.2、底径 12.8、高 20.4 厘米（图二五三，1）。

小口旋纹罐　1 件。

M157：4，泥质灰陶。侈口，窄平沿，圆唇，领微束，溜肩，圆腹，最大径位于腹上部，平底。腹部饰绳纹，领部有轮制痕迹。口径 10.4、最大径 16.8、底径 9.2、高 16.8 厘米（图二五三，2）。

2. 铜器

1 件。

连弧纹镜　1 面。

M157：2，残损数块。镜面平直，三弦纽，圆形纽座外有一周宽带弦纹，素地，主纹区内为八宽带凸连弧弦纹，素缘。直径 15.1 厘米（图二五三，3）。

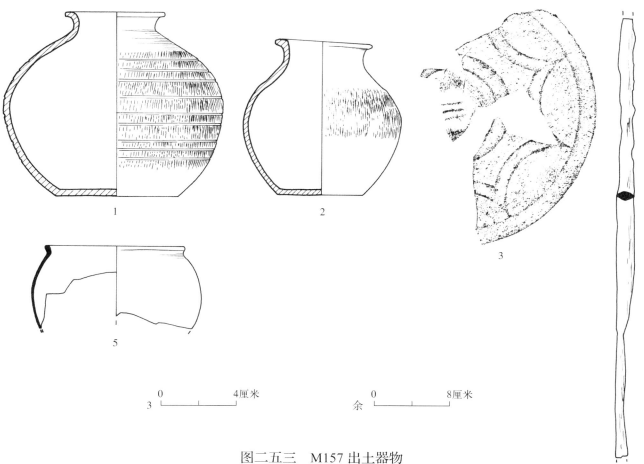

图二五三　M157 出土器物

1. 小口陶罐 M157：3　2. 小口旋纹陶罐 M157：4　3. 连弧纹铜镜 M157：2　4. 铁剑 M157：1　5. 铁容器 M157：5

3. 铁器

2件。

剑　1件。

M157：1，锈蚀严重。残存部分剑身，中部起脊，断面呈菱形。素面。残长48厘米（图二五三，4）。

容器　1件。

M157：5，锈蚀严重。口部残片，侈口，圆唇，束颈，弧腹，腹以下缺失。素面。口径14.8、残高9.0厘米（图二五三，5）。

一四二　M158

（一）墓葬形制

该墓位于墓群A区东部。开口于②层下，开口距地表2.00米。

竖穴土坑墓，平面呈长方形，方向80°，口底同大。长2.10、宽1.00、深1.50米。墓壁平直，壁面较为光滑，平底，无工具加工痕迹。墓内填松散的褐色五花土。

葬具不详。

葬式不详（图二五四）。

（二）出土遗物

无出土器物。

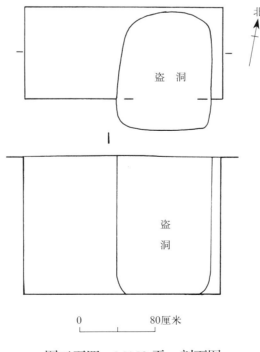

图二五四　M158平、剖面图

一四三 M159

（一）墓葬形制

该墓位于墓群 A 区东部。开口于②层下，开口距地表 1.50 米，被 M141 打破。

竖穴土坑墓，平面呈长方形，方向 0°，口大底小。上口长 3.04、宽 2.00、深 2.56 米；自墓口深至 1.50 米处，长 2.50、宽 1.52 米，之下 1.00 米深墓坑口底同大。墓壁上部壁面斜直内收，收分明显，下部壁面平直，修建规整，平底，无工具加工痕迹。墓内填松散的灰褐色五花土。

葬具不详，仅残存少量木迹及灰痕。

葬式不详。

盗洞 1 个，位于墓葬中部，自墓顶直通墓底。平面呈椭圆形，长 1.88～2.88 米。

墓葬内出土陶罐 4、陶豆 1 件（图二五五）。

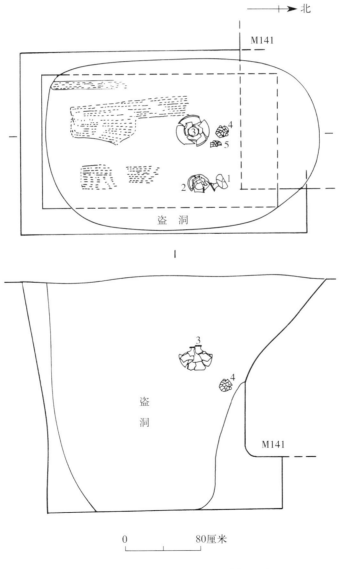

图二五五 M159 平、剖面图
1. 陶豆　2. 壶形陶罐　3. 小口陶罐　4、5. 双耳陶罐

（二）出土遗物

陶器

5 件。

豆　1 件。

M159：1，泥质灰陶。子母口微内敛，圆唇，深弧腹，最大径位于腹上部，腹底正中接柱状空收柄，喇叭形底座。素面，器内壁轮制痕迹明显。口径 17.0、最大径 18.5、底径 10.9、高 14.8 厘米（图二五六，1；彩版一二二，1）。

双耳罐　2 件。

M159：4，夹砂灰陶。侈口，圆唇，斜高领，溜肩，深弧腹，平底。肩部附加两宽带器耳，上端接于领下端，下端接于肩中部，相接处贴以泥片加以固定，肩上端附加一道麻花纹泥条。口径 8.9、底径 6.0、高 13.0 厘米（图二五六，2；彩版一二二，2）。

M159：5，夹砂灰陶。侈口，斜高领，圆腹，平底。腹上端附加两器耳，上端接于领下端，下端接于腹上部，相接处贴以泥片加以固定，腹上端附加一道麻花纹泥条。口径 9.4、底径 6.0、高 14.5 厘米（图二五六，3）。

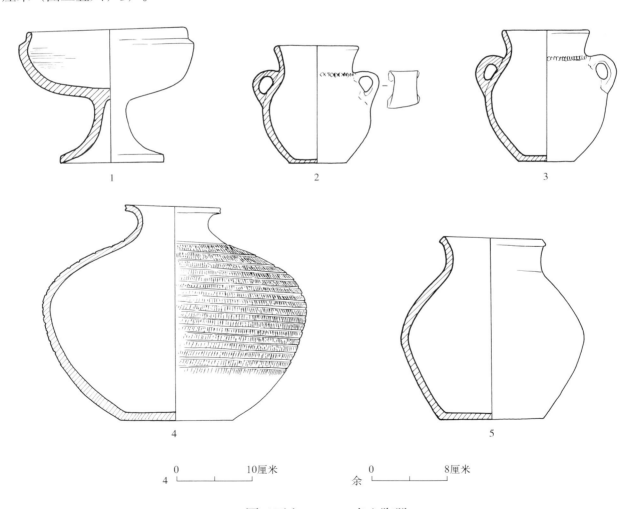

图二五六　M159 出土陶器

1. 豆M159：1　2、3. 双耳罐M159：4、5　4. 小口罐M159：3　5. 壶形罐M159：2

小口罐 1件。

M159∶3，泥质灰陶。侈口，宽平沿，方唇，唇缘有凹槽，斜领，溜肩，腹微鼓，最大径位于鼓腹处，平底。肩、腹部先饰绳纹，再于其上饰数道凹弦纹，将之分割成数段，下腹部素面，领部有轮制痕迹。口径 12.8、最大径 35.0、底径 14.8、高 29.0 厘米（图二五六，4）。

壶形罐 1件。

M159∶2，泥质灰陶。侈口，窄沿略外斜，方唇，矮领，溜肩，深弧腹，最大径位于肩腹交接处，平底。素面，器身有刮抹痕迹。口径 11.3、最大径 19.4、底径 10.7、高 20.0 厘米（图二五六，5；彩版一二二，3）。

一四四 M160

（一）墓葬形制

该墓位于墓群 A 区东部。开口于②层下，开口距地表 1.90 米。

竖穴土坑墓，平面呈长方形，方向 345°，口大底小，有生土二层台。上口长 2.86、宽 2.30 米；二层台面至墓口深 0.80 米；生土二层台位于东、西二侧，东宽 0.44、西宽 0.50 米；底长 2.90、宽 1.36

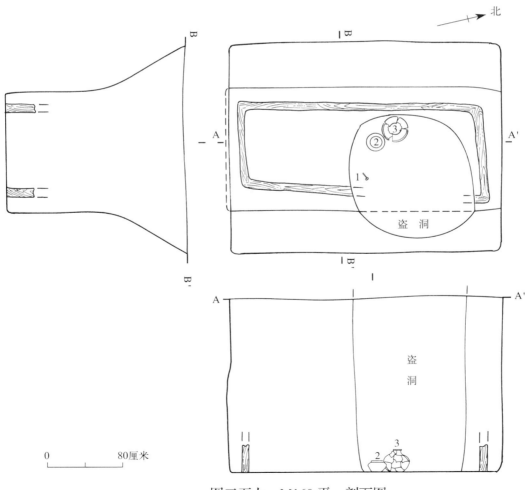

图二五七 M160 平、剖面图

1.铁削 2.扁腹陶罐 3.小口陶罐

米；深 1.90 米。二层台以上壁面斜直内收，收分明显，二层台以下壁面平直，修建规整，平底，无工具加工痕迹。墓内填松散的灰褐色五花土。

葬具为一椁，南北向摆放，有木迹及灰痕，木质结构。长 2.60、宽 1.00、残高 0.30 米，椁板厚 8～10 厘米。

葬式不详。

盗洞 1 个，位于墓葬东北角，自墓顶通至墓底。平面呈椭圆形，长 1.32～1.36 米。

填土内出土陶罐 2、铁削 1 件（图二五七）。

（二）出土遗物

1. 陶器

2 件。

小口罐　1 件。

M160∶3，泥质灰陶。侈口，窄沿，沿面微隆，圆唇，斜领，溜肩，深弧腹，最大径位于腹上部，平底。腹中部先饰绳纹，再于其上饰数道旋纹，将之分割成数段，领部有轮制痕迹。口径 12.4、最大径 28.2、底径 15.1、高 24.6 厘米（图二五八，1）。

扁腹罐　1 件。

M160∶2，泥质灰陶。直口，窄沿，沿面有凹槽，方唇，矮领，肩部较平缓，弧腹，最大径位于腹部，平底。素面，肩部有轮制痕迹，底部正中有一方印。口径 13.2、最大径 20.0、底径 12.0、高 12.4 厘米（图二五八，2）。

2. 铁器

1 件。

削　1 件。

M160∶1，残，锈蚀严重。椭圆形环首，断面呈扁圆形，残存削身纤细，截面呈三角形。素面。残长 9.0、环首径 2.4～3.8 厘米（图二五八，3）。

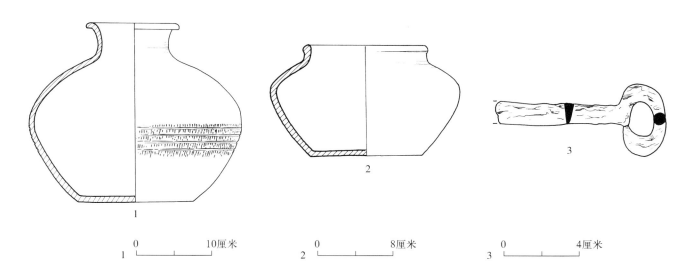

图二五八　M160 出土器物

1.小口陶罐M160∶3　2.扁腹陶罐M160∶2　3.铁削M160∶1

一四五　M161

（一）墓葬形制

该墓位于墓群 A 区东部。开口于②层下，开口距地表 0.50 米。

竖穴土坑墓，平面呈长方形，方向 275°，口大底小。上口长 3.00、宽 2.10 米；底长 2.60、宽 1.50 米；深 3.30 米。墓壁上部壁面斜直内收，收分明显，下部壁面平直，修建规整，平底，无工具加工痕迹。墓内填松散的灰褐色五花土。

葬具不详。

葬式不详。

盗洞 1 个，位于墓葬的东部，自墓顶直通墓底。平面呈圆角长方形，长 2.00、宽 1.80 米。

墓葬内出土陶罐 2、块石 1 件（图二五九；彩版一二三，1）。

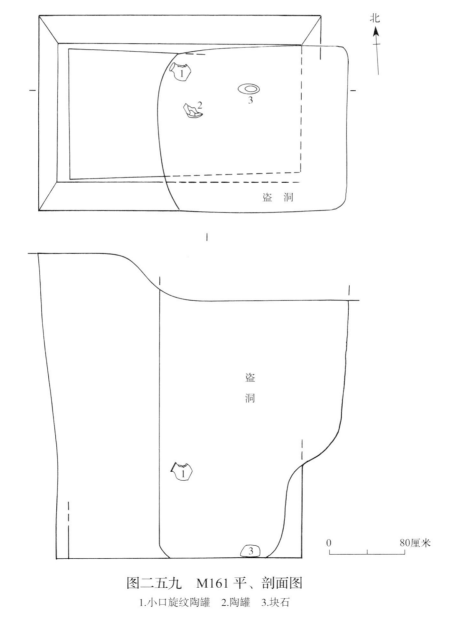

图二五九　M161 平、剖面图

1.小口旋纹陶罐　2.陶罐　3.块石

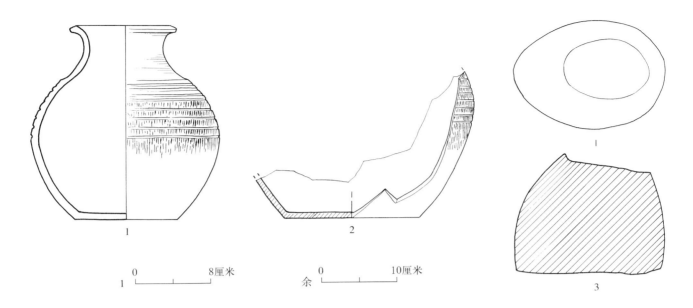

图二六〇　M161 出土器物

1.小口旋纹陶罐M161：1　2.陶罐M161：2　3.块石M161：3

（二）出土遗物

1. 陶器

2 件。

小口旋纹罐　1 件。

M161：1，泥质灰陶。侈口，沿外撇，方唇，高领，溜肩，深弧腹，最大径位于腹部，平底。肩部饰四道凹弦纹，腹部先饰竖绳纹，后饰数道凹弦纹，将之分割成数段，领部有轮制痕迹，底部有一方印。口径 11.4、最大径 19.6、底径 10.6、高 21.4 厘米（图二六〇，1）。

陶罐　1 件。

M161：2，残损严重。泥质灰陶。口部缺失，弧腹，平底。腹部先饰绳纹，再于其上饰数道凹弦纹，将之分割成数段。底径 17.6、残高 20.0 厘米（图二六〇，2）。

2. 石器

1 件。

块石　1 件。

M161：3，沙石加工而成。平面呈椭圆形，截面呈鼓形，最大径位于中部。素面。两端径长 8.5～11.4、最大径长 14.8～20.3 厘米（图二六〇，3）。

一四六　M162

（一）墓葬形制

该墓位于墓群 A 区东部。开口于②层下，开口距地表 0.50 米。

竖穴土坑墓，平面呈长方形，方向 80°，口大底小。上口长 3.10、宽 2.20 米；底长 3.00、宽 1.90 米；深 3.00 米。墓壁壁面斜直内收，收分明显，修建规整，壁面光滑，平底，无工具加工痕迹。墓内填松散的灰褐色五花土。

葬具为一棺一椁带头箱，东西向摆放，残存木板及灰痕。棺木已朽尺寸不可辨，椁长2.80、宽1.48、残高0.50米，椁板厚10厘米；头箱位于椁内的东端，长1.24、宽0.32米。

葬式为仰身直肢，头向东，年龄、性别不明。

墓葬内出土陶鼎1、陶壶1、陶盘1、陶豆1、器盖3件；填土内出土陶豆2、陶壶1件（图二六一；彩版一二三，2）。

（二）出土遗物

陶器

9件。

鼎　1件。

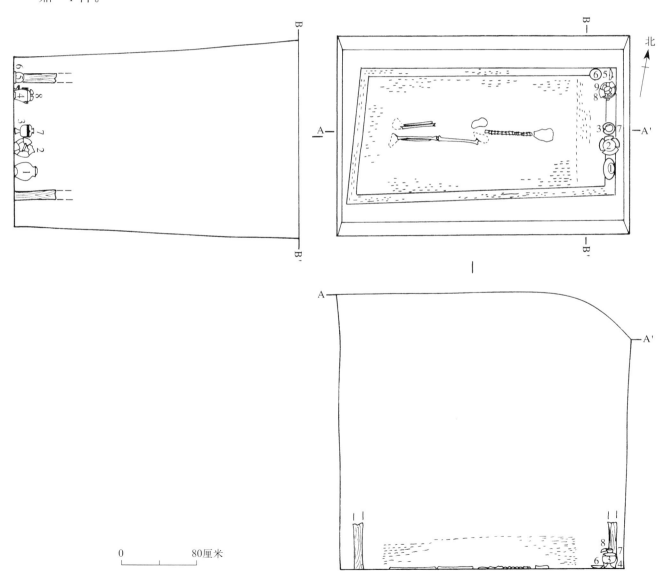

图二六一　M162平、剖面图

1、2.平底陶壶　3、7、9.陶豆　4.陶鼎　5、6、8.陶器盖

M162：4，泥质灰陶。覆钵形器盖，盖顶附加三个乳突形器纽，器身敛口，圆唇，深弧腹，圜底，下接三个圆锥形器足，腹上端接两附耳，耳中部微外鼓。素面，内壁有手制痕迹。口径14.0、腹径16.8、裆高2.5、通高18.2厘米（图二六二，1；彩版一二四，1）。

豆　3件。

M162：3，泥质灰陶。豆盘较深，子母口内敛，圆唇，深弧腹，腹底正中接一矮柄，喇叭形底座。素面，器身轮制痕迹明显。口径14.6、底径10.8、高14.0厘米（图二六二，2；彩版一二四，2）。

M162：7，泥质灰陶。敞口，尖唇，上腹较直，下腹弧内收，腹底正中接喇叭形底座。素面。口径15.0、底径7.5、高6.2厘米（图二六二，3）。

M162：9，泥质灰陶。敞口，圆唇，上腹较直，下腹弧内收，腹底正中接柱状矮柄，喇叭形底座。素面。口径14.9、底径8.8、高7.0厘米（图二六二，4）。

平底壶　2件。

M162：1，泥质灰陶。覆钵形子母口器盖，器身侈口，圆唇，高领，溜肩，弧腹，最大径位于腹中部，平底。器身有三道凸棱。口径12.0、最大径21.6、底径12.0、高24.3厘米（图二六二，5；

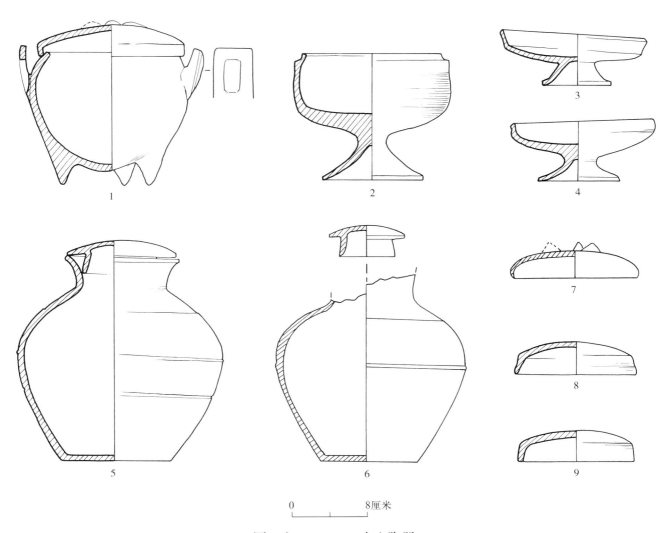

0 　　　　　8厘米

图二六二　M162出土陶器

1.鼎M162：4　2～4.豆M162：3、7、9　5、6.平底壶M162：1、2　7～9.器盖M162：5、6、8

彩版一二四，3）。

M162：2，泥质灰陶，带盖。覆钵形子母口器盖，器身口部残缺，高领，溜肩，弧腹，最大径位于腹中部，平底。器身有二道凸棱。最大径21.9、底径10.2、残高22.0厘米（图二六二，6）。

器盖　3件。

M162：5，泥质灰陶。圆唇，直腹，盖顶微鼓，顶正中附加三乳突。素面，器身有轮制痕迹。口径13.8、裆高1.0、通高4.2厘米（图二六二，7）。

M162：6，泥质灰陶。素面，顶部有刮削痕迹。直径13.0、高3.6厘米（图二六二，8）。

M162：8，泥质灰陶。素面，顶部有刮削痕迹。直径12.4、高3.4厘米（图二六二，9）。

一四七　M163

（一）墓葬形制

该墓位于墓群A区东部。开口于②层下，开口距地表0.50米。

竖穴土坑墓，平面呈长方形，方向95°，口大底小。上口长2.05～2.30、宽1.10米；底长1.80～2.00、宽0.80米；深0.65～0.70米。直壁，平底，无工具加工痕迹。墓内填土松散的灰褐色五花土。

葬具不详。

葬式，为仰身直肢，墓主头向东，面向北，双臂微曲，双手放于盆骨处，双腿直伸，双脚残缺，女性，年龄不明（图二六三）。

（二）出土遗物

无出土器物。

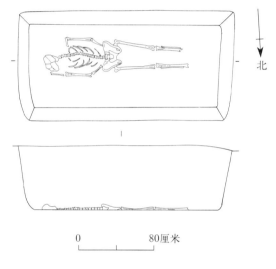

图二六三　M163 平、剖面图

一四八　M164

（一）墓葬形制

该墓位于墓群A区东部。开口于②层下，开口距地表0.50米，被M161打破。

竖穴土坑墓，平面呈长方形，方向0°，口大底小，有生土二层台。口部长3.20、宽2.40米；二层台面至墓口深0.20米；二层台位于东、西、南三侧，东宽0.30、西宽0.60、南宽0.20米；底长2.90、宽1.40米；深1.20米。墓壁上部斜直内收，收分明显，下部直壁，壁面光滑、平整，平底，无工具加工痕迹。墓内填松散的灰褐色五花土。

葬具为一椁，南北向摆放，有木迹及灰痕，木质结构。椁残长1.50、宽1.24米，椁板高度、厚度不明。

葬式不详，残存二副下肢骨，双腿直伸，脚向南，盆骨及上肢部残缺，年龄、性别不明。

盗洞1个，位于墓葬北侧，自墓顶直通墓底。平面呈圆角长方形，长1.68、宽1.24米（图二六四）。

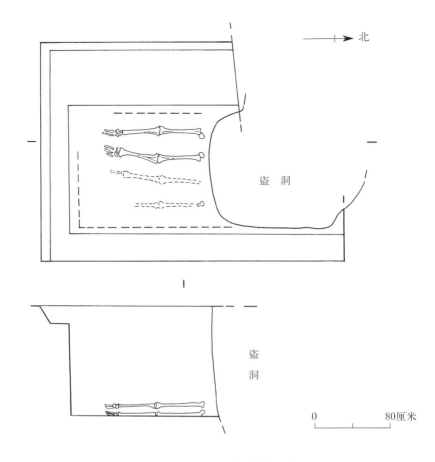

图二六四　M164 平、剖面图

（二）出土遗物

无出土器物。

一四九　M165

（一）墓葬形制

该墓位于墓群 A 区东部。开口于①层下，开口距地表 0.20 米。

竖穴土坑墓，平面呈长方形，方向 85°，口大底小，有生土二层台。上口长 4.40、宽 3.80 米；二层台面至墓口深 1.70 米；二层台东宽 0.30、南宽 0.28、西、北两侧宽 0.40 米；底长 3.54、宽 2.92 米；深 3.30 米。二层台以上壁面斜直内收，收分明显，二层台以下壁面平直，修建规整，平底，无工具加工痕迹。墓内填松散的灰褐色五花土，含植物根系。

葬具为两套棺椁，均为一棺一椁，南北向并排摆放，有木迹及灰痕，木质结构。棺木已朽，尺寸不可辨；东侧椁长 2.52、宽 1.50 米；西侧椁长 2.52、宽 1.65 米；两椁残高 0.84 米，椁板厚 10 厘米。

葬式不详。

墓葬内出土铜镞 1、铜器足 2、铜环 1、铜钫盖 1、铜釦器 3、铁剑 1、铁削 1 件（图二六五；彩版一二五，1）。

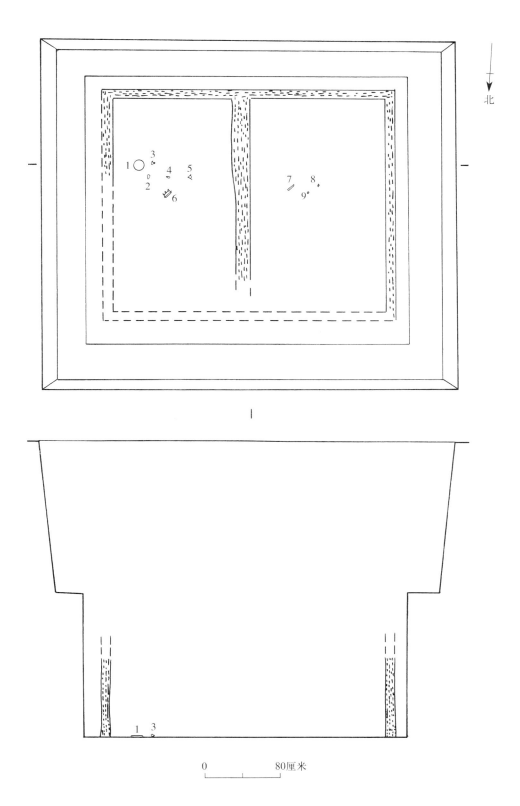

图二六五 M165 平、剖面图

1、5、8.铜釦器 2、3.铜器足 4.铜镞 6.铜钫盖 7.铁剑 9.铜环

（二）出土遗物

1. 铜器

8 件。

镞　1 件。

M165 : 4，呈三棱锥形，刃较锋利，镞尖尖锐。残长 3 厘米（图二六六，1）。

釦器　3 件。

M165 : 1，平面呈圆形，截面呈"U"形，内存木质残片。直径 12.8、厚 1.0 厘米（图二六六，2）。

M165 : 5，为器耳，器身环形片状，似一箍，一端为一长方形薄片，薄片两端各有二道凹槽，另一端翘起一较宽的薄片。长 4.5、环径 2.2 厘米（图二六六，3）。

M165 : 8，为器盖纽，卷云环形，下端有榫，可与器盖相连接。高 3.8、宽 1.8、厚 0.3 厘米（图二六六，4）。

器足　2 件。

残存蹄足，截面呈半圆形。素面。

M165 : 2，残高 2.9 厘米（图二六六，5）。

M165 : 3，残高 6.2 厘米（图二六六，6）。

钫盖　1 件。

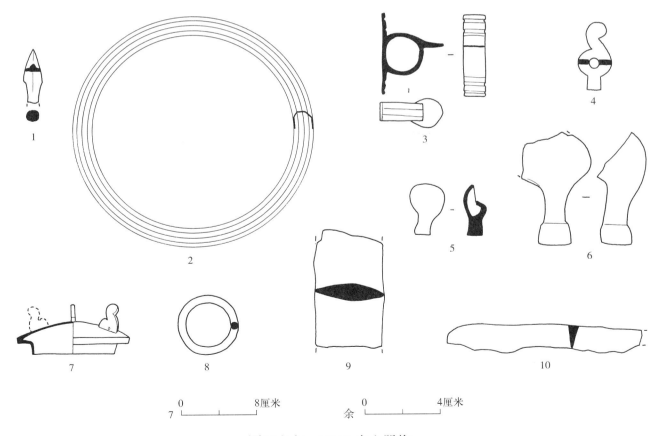

图二六六　M165 出土器物

1.铜镞M165：4　2~4.铜釦器M165：1、5、8　5、6.铜器足M165：2、3　7.铜钫盖M165：6　8.铜环M165：9　9.铁剑M165：7　10.铁削M165：10

M165：6，正方覆斗形子母口，盖顶附加四个卷云环形器纽。径边长 12.0、高 5.4 厘米（图二六六，7）。

环　1 件。

M165：9，圆形环状，截面呈圆形。素面。外径 3.2、内径 2.4 厘米（图二六六，8）。

2. 铁器

2 件。

剑　1 件。

M165：7，残存部分剑身。中部起脊，截面呈菱形。素面。残长 6.3 厘米（图二六六，9）。

削　1 件。

M165：10，残，环首缺失。残存部分削身较窄长，截面呈三角形。素面。残长 10.3 厘米（图二六六，10）。

一五〇　M166

（一）墓葬形制

该墓位于墓群 A 区东部。开口于②层下，开口距地表 4.00 米。

竖穴土坑墓，平面呈长方形，方向 290°，口大底小。上口长 2.60、宽 1.80 米；自墓口深至 1.24

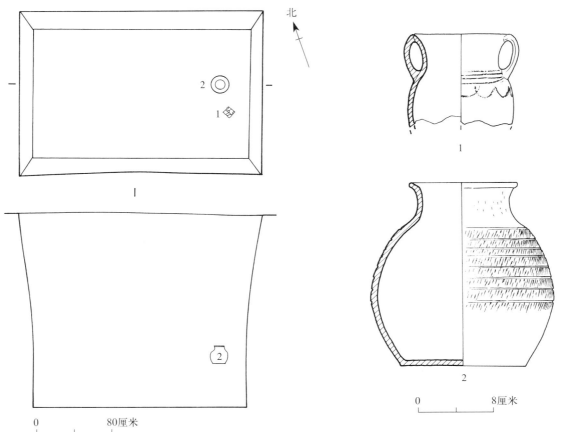

图二六七　M166 平、剖面图及出土陶器

1.双耳罐　2.小口旋纹罐

米之下，墓坑口底同大；底长 2.30、宽 1.40 米；深 2.10 米。墓壁上部壁面斜直内收，收分明显，下部壁面平直，修建规整，平底，无工具加工痕迹。墓内填松散的灰褐色五花土。

葬具不详。

葬式不详。

被盗扰。

墓葬内出土陶罐 2 件（图二六七）。

（二）出土遗物

陶器

2 件。

双耳罐　1 件。

M166：1，残。夹砂灰陶。侈口，圆沿，斜高领，溜肩，弧腹，腹以下缺失。口部附加两宽带器耳，上端接于口部，与沿面齐平，下端接于领下端，相接处贴以泥片加以固定，肩部与器耳对称处附加三道蛇纹，之下附加一道波浪形蛇纹。口径 10.6、残高 10.1 厘米（图二六七，1）。

小口旋纹罐　1 件。

M166：2，泥质灰陶。直侈口，外斜沿，圆唇，高领，溜肩，弧腹，最大径位于腹中部，平底。肩、腹上部先饰绳纹，再于其上饰数道凹弦纹，将之分割成数段，领部先饰绳纹后抹掉，残留绳纹纹理。口径 11.5、最大径 19.5、底径 13.2、高 20.3 厘米（图二六七，2）。

一五一　M167

（一）墓葬形制

该墓位于墓群 A 区东部。开口于①层下，开口距地表 0.40 米。

阶梯墓道土坑墓，平面呈"刀"字形，发掘长度 5.70 米，方向 350°。由墓道、甬道、墓室三部分组成。墓道位于墓葬的西北端，梯形台阶式，口部南北发掘长度 1.80、东北宽 0.85、南端宽 1.44 米；深 0.16～1.10 米；底部由北向南、自上而下分布四个高 0.12～0.20、进深 0.25～0.35 米的台阶。甬道口大底小，上口进深 0.86、北宽 1.66、南宽 1.74 米；底进深 0.70、北宽 1.00、南宽 1.08 米；高 1.10 米。直壁，平底，于东侧纵壁自墓口深至 0.50 米处有二层台，宽 0.28 米。墓室平面呈长方形，口底同大，长 3.20、宽 2.96 米；残深 1.30 米。壁面规整，底部平滑，墓室底低于甬道底 0.40 米，无工具加工痕迹。墓内填松散的红褐色五花土，含少量的泥质灰陶残片。

葬具为一椁，南北向摆放，有木迹及灰痕，木质结构。长 3.06、宽 2.60、残高 0.32 米，椁板厚度不明。

葬式为仰身屈肢，自西向东并排有两具人骨，头向北，脚向南，相向而卧。西侧墓主头骨缺失，双手直伸，双腿向东弯曲，为女性；东侧墓主面向西侧墓主，左手微曲，放于盆骨处，右手直伸，双腿向西弯曲，男性，年龄不明。

墓室内出土陶盂 2、陶甑 1、陶灯 1、陶灶 1、陶熏炉 1 件（图二六八；彩版一二五，2）。

（二）出土遗物

陶器

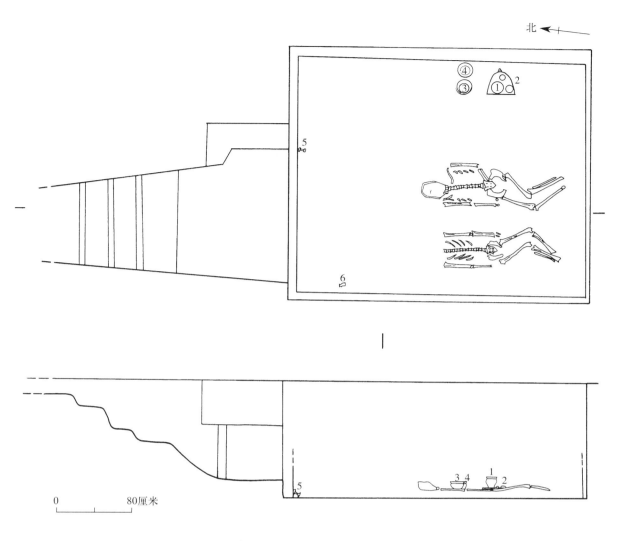

图二六八　M167 平、剖面图
1.盂形陶甑　2.陶灶　3、4.陶盂　5.陶灯　6.陶熏炉

6 件。

盂形甑　1 件。

M167：1，泥质灰陶。敞口，外斜沿，圆唇，上腹较直，下腹弧内收，上下腹交接处折棱较明显，平底。底部有数个圆形箅孔，素面，上腹部轮制痕迹明显。口径 13.8、底径 6.5、高 8.8 厘米（图二六九，1；彩版一二六，1）。

盂　2 件。

M167：3，泥质灰陶。敞口，宽沿外撇，圆唇，上腹较直，下腹弧内收，平底。上腹部有一道凸弦纹，弦纹之上饰绳纹。口径 15.3、底径 8.9、高 8.2 厘米（图二六九，2）。

M167：4，泥质灰陶。敞口，宽沿外撇，圆唇，上腹较直，下腹弧内收，平底。上腹部轮制痕迹明显。口径 18.6、底径 9.5、高 7.3 厘米（图二六九，3）。

灶　1 件。

M167：2，泥质灰陶。圆角三角形灶体，周壁平直；灶面上三灶穴，前二后一，呈"品"字形

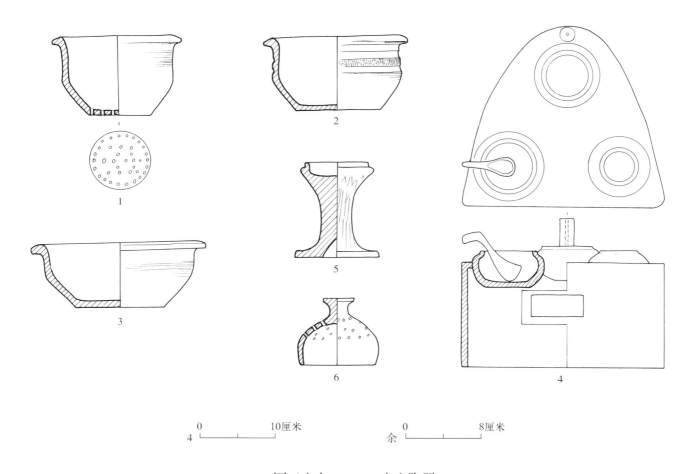

0　　　　10厘米
4

余　0　　　　8厘米

图二六九　M167 出土陶器

1.盂形甑M167：1　2、3.盂M167：3、4　4.灶M167：2　5.灯M167：5　6.熏炉M167：6

排列，灶穴上放置三个小陶釜；灶体前端中部开一长方形灶门，后端有一圆柱形烟囱。灶长 24.6、宽 27.0、灶台高 14.4、通高 20.4 厘米（图二六九，4；彩版一二六，2）。模型灶具 4 件。釜 3 件。敛口，圆唇，折腹，平底。素面。前右侧陶釜与后一陶釜口径为 7.6 厘米，前左侧陶釜口径 5.0 厘米。勺 1 件。斗形勺，圜底，长柄。勺长 8、口径 1.8 厘米。

灯　1 件。

M167：5，子母口，浅盘，平底，灯盘正下方接一圆柱状实心柄，圆饼形底座。素面，柄部有刮削痕迹，手制。口径 6.6、底径 9.0、盘高 1.4、通高 10.4 厘米（图二六九，5；彩版一二六，3）。

熏炉　1 件。

M167：6，残。泥质灰陶。覆钵形器盖，顶正中附加一喇叭形器纽，器身上部镂数个圆孔。器身轮制痕迹明显。口径 8.0、高 7.4 厘米（图二六九，6；彩版一二六，4）。

一五二　M168

（一）墓葬形制

该墓位于墓群 A 区东部。开口于①层下，开口距地表 0.40 米，西南角被 M167 打破。

竖穴土坑墓，平面呈长方形，方向 80°，口大底小，有生土二层台。上口长 5.25、宽 4.15 米，二层台面至墓口深 1.50 米，二层台东宽 0.12、西宽 0.24、南宽 0.70、北宽 0.80 米；二层台以下墓坑平面呈梯形，口底同大，长 3.20、东端宽 1.56、西端宽 1.52 米；深 2.70 米。东壁自口部深至 0.40 米处有宽 0.26、高 1.00 米的生土台。二层台以上壁面斜直内收，收分明显，二层台以下壁面平直，修建规整，平底，无工具加工痕迹。墓内填松散的灰褐色五花土。

　　葬具不详。

　　葬式不详。

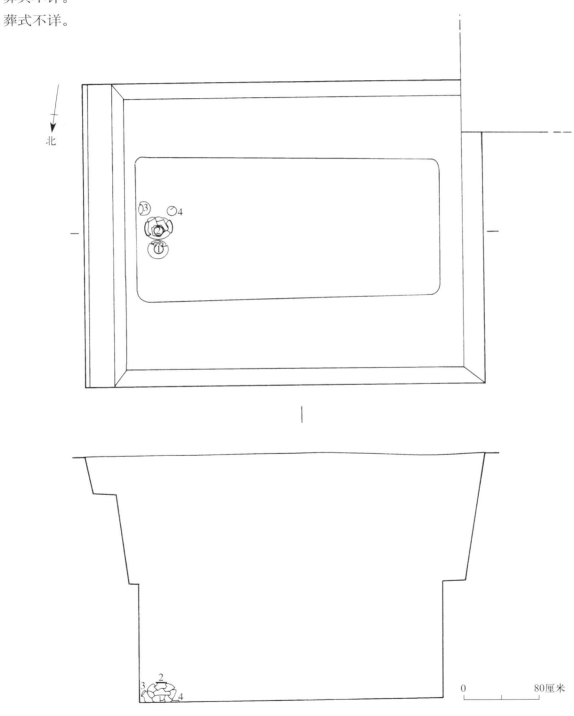

图二七〇　M168 平、剖面图

1、3.小口旋纹陶罐　2.小口陶罐　4.块石

被盗扰。

墓葬内出土陶罐3、块石1件（图二七〇）。

（二）出土遗物

1. 陶器

3件。

小口罐　1件。

M168：2，泥质灰陶。侈口，外斜沿，方唇，斜领略高，溜肩，圆腹，最大径位于腹上部，平底。腹部先饰绳纹，再于其上饰数道凹弦纹，将之分割成数段，领部有轮制痕迹，底部正中有一凸出的方印。口径10.4、最大径31.0、底径16.0、高25.5厘米（图二七一，1；彩版一二七，1）。

小口旋纹罐　2件。

M168：1，泥质灰陶。侈口，平沿，方唇，矮领，溜肩，深弧腹，最大径位于腹上部，平底。腹部先饰竖绳纹，后饰数道凹弦纹，将之分割成数段，领部先饰绳纹后抹掉，残留绳纹纹理，领部有轮制痕迹。口径10.9、最大径21.5、底径10.0、高20.5厘米（图二七一，2；彩版一二七，2）。

M168：3，泥质灰陶。侈口，宽平沿，沿面中部微内凹，方唇，领较高，溜肩，弧腹，最大径位于腹上部，平底。腹部先饰竖绳纹，后饰数道凹弦纹，将之分割成数段，领部先饰绳纹后抹掉，

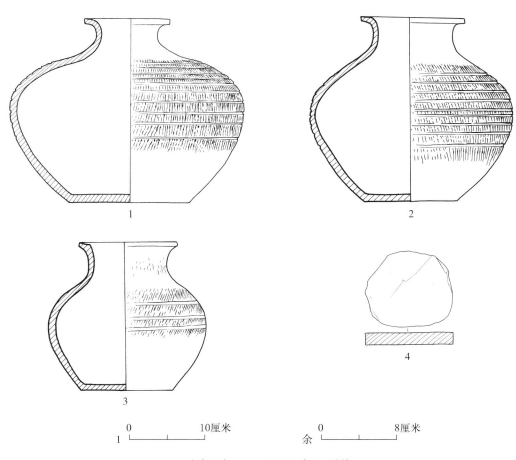

图二七一　M168 出土器物

1.小口陶罐M168：2　2、3.小口旋纹陶罐M168：1、3　4.块石M168：4

残留部分绳纹纹理，领部有轮制痕迹。口径 10.5、最大径 16.9、底径 9.9、高 16.2 厘米（图二七一，3；彩版一二七，3）。

2. 石器

1 件。

块石　1 件。

M168：4，系用沙石加工而成。平面略呈圆形，截面呈长方形。素面。直径 9.3、厚 1.3 厘米（图二七一，4）。

一五三　M169

（一）墓葬形制

该墓位于墓群 A 区东部。开口于②层下，开口距地表 3.00 米。

竖穴土坑墓，平面呈长方形，方向 345°，口大底小，有生土二层台。上口长 4.20、宽 2.46 米；二层台面至墓口深 0.50～2.82 米；二层台东、北两侧宽 0.40，西、南两侧宽 0.30 米；底长 3.10、宽

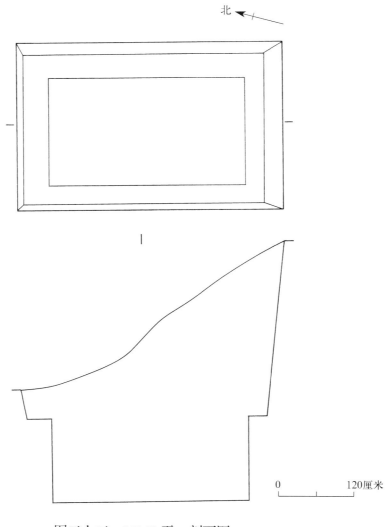

北

0　　　　120厘米

图二七二　M169 平、剖面图

1.80 米；深 1.90 ～ 4.30 米。二层台以上壁面斜直内收，收分明显，二层台以下壁面平直，修建规整，平底，无工具加工痕迹。墓内填松散的灰褐色五花土。

　　葬具不详。

　　葬式不详（图二七二）。

（二）出土遗物

　　无出土器物。

一五四　M170

（一）墓葬形制

　　该墓位于墓群 A 区东部。开口于①层下，开口距地表 0.30 米。

　　竖穴土坑墓，平面呈梯形，方向 10°，口大底小。上口长 2.76、北宽 1.52、南宽 1.64 米；底长 2.56、北宽 1.32、南宽 1.64 米；深 1.52 米。墓壁斜直内收，壁面光滑，平底，无工具加工痕迹。墓内填松散的褐色五花土。

　　葬具不详。

　　葬式不详。

　　被盗扰。

　　墓葬内出土陶罐 2、陶豆 3 件（图二七三）。

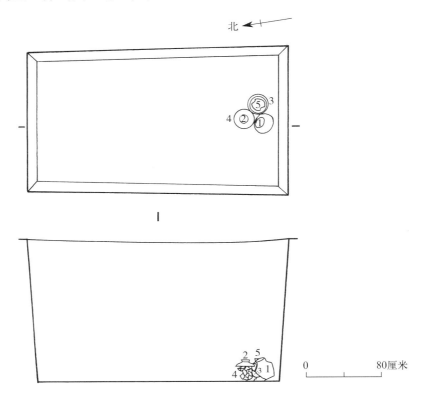

图二七三　M170 平、剖面图

1.小口素面小陶罐　2、3、5.陶豆　4.单耳陶罐

（二）出土遗物

陶器

5件。

豆　3件。

M170：2，泥质灰陶。器盖浅盘，矮柄，喇叭形底座。素面，有轮制痕迹。口径19.0、底径9.0、高6.4厘米。依材质及尺寸推测该器物为M170：5的器盖（图二七四，1）。

M170：3，泥质灰陶。豆盘较浅，直口，上腹较直，下腹斜直内收，腹底部正中接一矮柄，喇叭形底座。素面，器身有轮制痕迹。口径19.4、底径8.4、高8.8厘米（图二七四，2）。

M170：5，泥质灰陶。豆盘较深，子母口内敛，圆唇，深弧腹，腹底正中接一矮柄，喇叭形底座，素面，器身有轮制痕迹。口径17.5、底径12.8、高13.4厘米（图二七四，3；彩版一二七，4）。

单耳罐　1件。

M170：4，夹砂灰陶。侈口，圆唇，高领微束，溜肩，弧腹，平底。肩部附加一宽带器耳，上端接于领中部，下端接于肩上端，相接处贴以泥片加以固定，肩上端附加一道麻花纹泥条，与器耳对称处附加一半圆形泥条。口径9.0、底径7.2、高15.7厘米（图二七四，4；彩版一二八，1）。

小口素面小罐　1件。

M170：1，泥质灰陶。侈口，圆唇，矮领，溜肩，弧腹，最大径位于肩腹交接处，平底。腹下部饰斜绳纹，部分被抹掉，口部先饰绳纹后抹掉，残留绳纹纹理。口径11.6、最大径21.0、底径11.8、高20.8厘米（图二七四，5；彩版一二八，2）。

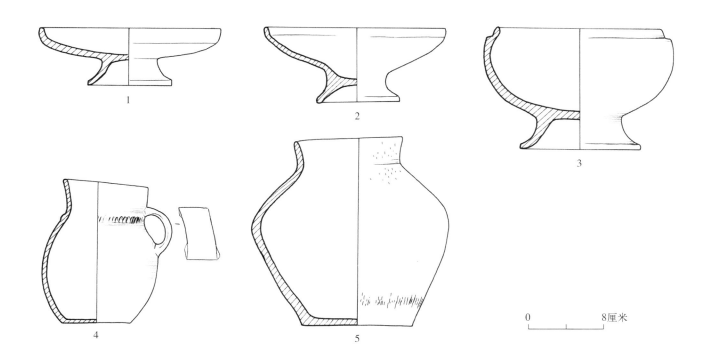

图二七四　M170出土陶器

1～3.豆M170：2、3、5　4.单耳罐M170：4　5.小口素面小罐M170：1

一五五　M171

（一）墓葬形制

该墓位于墓群 E 区南部。开口于②层下，开口距地表 0.50 米。

竖穴土坑墓，平面呈长方形，方向 5°，口底同大。长 3.20、宽 3.00 米；深 3.16 米。直壁，规整，平底，无工具加工痕迹。墓内填较硬的黄褐色五花土。

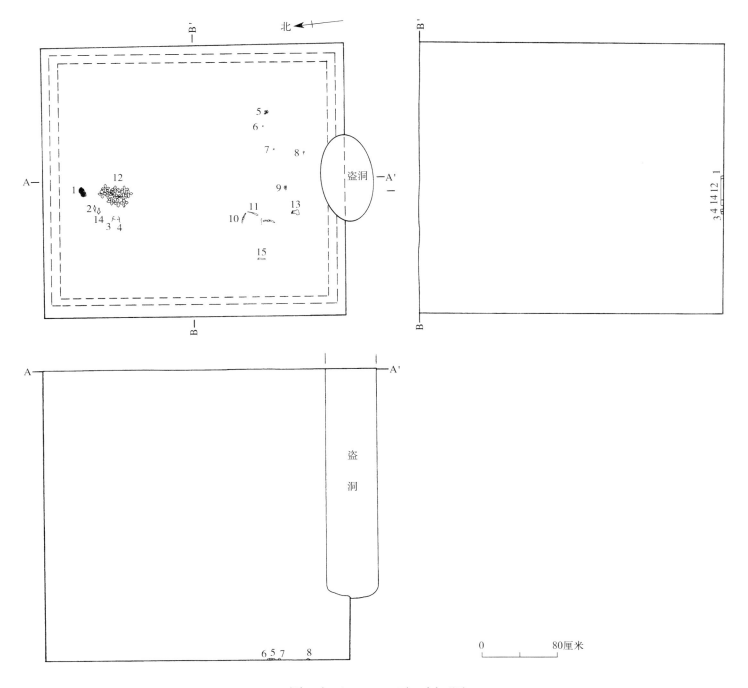

图二七五　M171 平、剖面图

1.铜泡钉　2、14.铜当卢　3.铜马衔　4.铜马镳　5.铜盖弓帽　6、13.铜饰件　7.铜印章　8.铅当卢　9.铅盖弓帽　10.铅马衔　11.铅马镳　12.铜棺饰　15.铁残块

葬具为一椁，南北向摆放，残存椁灰。椁长 3.00、宽 2.72 米，高度不明，椁板厚 8 厘米。

葬式不详。

盗洞 1 个，位于墓葬的南侧中部，自墓顶直通墓底。平面呈椭圆形，长 0.55～0.96 米。

墓葬内出土铜棺饰 1、铜泡钉 1、铜印章 1、铜车马器构件 1、铜盖弓帽 1、铁残块 1、铅车马器构件 1 件（组）（图二七五）。

（二）出土遗物

1. 铜器

10 件。

印章　1 枚。

M171：7，桥形纽，正方形印体，印背有台面，印面正方形，阴刻纹，"牛元之印"字样。边长 1.4、印面厚 0.5、通高 1.2 厘米（图二七六，1；彩版一二八，3）。

当卢　2 件。

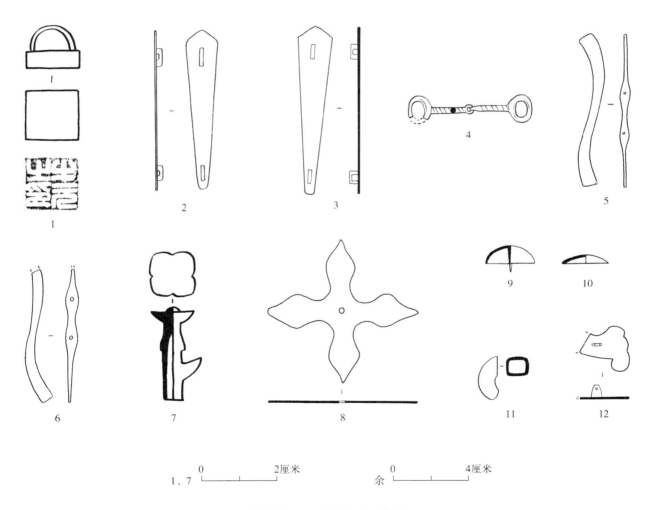

图二七六　M171 出土铜器

1.印章M171：7　2、3.当卢M171：2、14　4.马衔M171：3　5、6.马镳M171：4-1、4-2　7.盖弓帽M171：5　8.棺饰M171：12　9、10.泡钉M171：1-1、1-27　11、12.饰件M171：6、13

M171：2，鎏金。条形薄片状，较宽的一端呈三角形，较窄的一端呈圆弧形，两端各有一方形穿孔。长 8.7、宽 0.6 ～ 1.7 厘米（图二七六，2；彩版一二八，4）。

M171：14，残，鎏金。条形薄片状，较宽的一端呈三角形，较窄的一端呈圆弧形，两端各有一方形穿孔。长 9.2、宽 0.5 ～ 1.8 厘米（图二七六，3）。

马衔   1 件。

M171：3，两节，两端各有一环（其中一节一端环残缺）。中部以套环相连。素面。长 6.6 厘米（图二七六，4）。

马镳   1 组。

M171：4，共 2 件。形制相同，鎏金。体略呈"S"形，两端呈薄片状，较为规整，反向微曲，中部有两穿孔。素面。M171：4-1，长 8.4 厘米（图二七六，5）。M171：4-2，一端残损。残长 7.2 厘米（图二七六，6）。

盖弓帽   1 组。

M171：5，共 7 件。形制、尺寸相同，鎏金。一端开口，另一端呈圆角正方形钉帽状，帽中央有乳丁，周边较对称处有四个凹槽，帽与器身相接处小于器身，器身中下部向上翘起一钩，钩与钉帽之间有凸棱。长 2.5 厘米（图二七六，7；彩版一二九，1）。

棺饰   1 组。

M171：12，共 16 件。形制相同，鎏金。柿叶蒂形，四个柿叶较对称的分布于四周，中央有一圆形穿孔，泡钉缺失。素面。柿叶最大径 7.9 厘米（图二七六，8）。

泡钉   1 组。

M171：1，共 28 件。形制相同，鎏金。半球形，内壁中部有一四棱锥形钉。素面。M171：1-1 ～ 1-26，直径 2.6 厘米（图二七六，9）。M171：1-27、1-28，内壁钉缺。直径 2.5 厘米（图二七六，10；彩版一二九，2）。

饰件   2 件。

M171：6，鎏金。扁圆形筒状，中部弧曲，一端开口。素面。长 2.3 厘米（图二七六，11）。

M171：13，残，鎏金。薄片状，一端为三个内向连弧缘，器表中部有一穿孔。残长 2.6 厘米（图二七六，12）。

2. 铁器

1 件。

残块   1 件。

M171：15，锈残。截面呈梯形。素面。残长 8.3、宽 1.4、厚 0.5 厘米（图二七七，1）。

3. 铅器

4 件。

当卢   1 组。

M171：8，共 2 件。均残，形制相同。长条薄片状，较宽的一端呈三角形，较窄的一端残缺，背面穿孔缺失，正面饰卷云纹。M171：8-1，残长 7.3、宽 0.5 ～ 1.4 厘米（图二七七，2）。M171：8-2，残长 4.6、宽 0.7 ～ 1.4 厘米（图二七七，3）。

盖弓帽   1 组。

M171：9，共 3 件。形制、尺寸相同。一端开口，一端有一半球形钉帽，中部向上翘起一钩。素面。

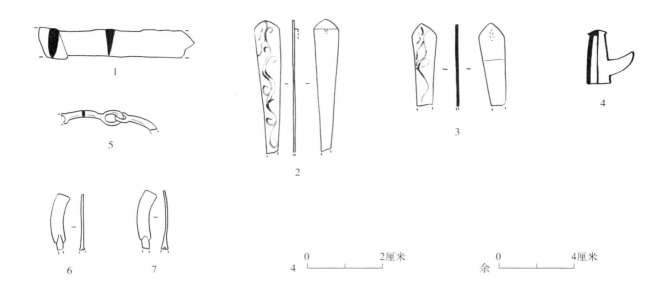

图二七七　M171 出土铁器、铅器

1.铁残块M171：15　2、3.铅当卢M171：8-1、8-2　4.铅盖弓帽M171：9　5.铅马衔M171：10-1　6、7.铅马镳M171：11-1、11-2

长 1.5 厘米（图二七七，4）。

马衔　1 组。

M171：10，共 2 件。均残，形制相同。两节，两端各有一环，中部套环相连。素面。M171：10-1，残长 5.1 厘米（图二七七，5）。M171：10-2，残损严重，仅余数段残片。长度不明。

马镳　1 组。

M171：11，共 2 件。形制相同。略呈"S"形，两端反向弧曲，呈薄片状，较为规整，中部有两穿孔。素面。M171：11-1，残长 3.0 厘米（图二七七，6）。M171：11-2，残长 3.2 厘米（图二七七，7）。

一五六　M172

（一）墓葬形制

该墓位于墓群 E 区南部，开口于②层下，开口距地表 0.60 米。

竖穴土坑墓，平面呈长方形，方向 285°，口大底小。上口长 3.20、宽 3.00 米，底长 3.00、宽 2.80 米；深 1.20 米。壁面斜直内收，收分明显，壁面规整，平底，无工具加工痕迹。墓底南北向等距摆放三排形状不规则、大小不等的石块。墓内填松散的黄褐色五花土。

葬具不详。

葬式不详（图二七八）。

（二）出土遗物

无出土器物。

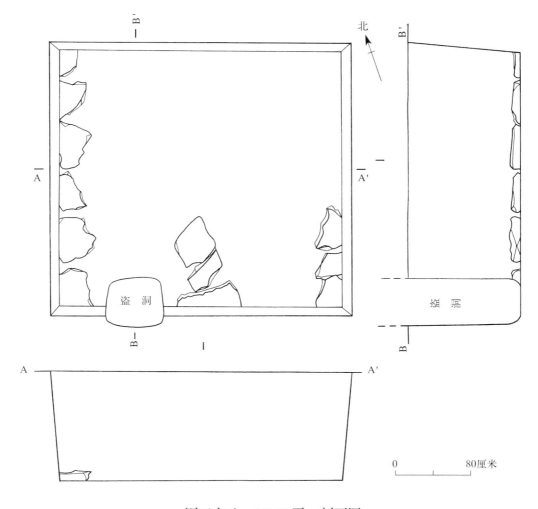

图二七八　M172 平、剖面图

一五七　M173

（一）墓葬形制

该墓位于墓群 E 区南部。开口于②层下，开口距地表 0.50 米。

竖穴土坑墓，平面呈长方形，方向 270°，口大底小，上口长 2.80、宽 2.60 米，底部长 2.68、宽 2.48 米；深 1.70 米。斜壁内收，收分明显，壁面规整，平底，无工具加工痕迹。墓内填松散的黄褐色五花土。

葬具不详。

葬式不详。

盗洞 1 个，位于墓葬的东北部，自墓顶直通墓底。平面呈椭圆形，长 0.46～0.50 米。

墓葬出土有陶罐 1 件（图二七九）。

（二）出土遗物

陶器

1 件。

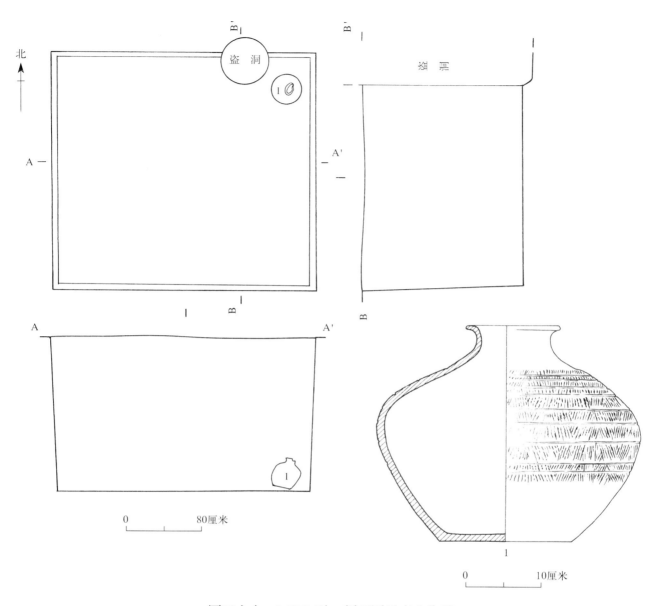

图二七九 M173 平、剖面图及出土陶器
1.小口罐

小口罐 1件。

M173：1，口部略残，泥质灰陶。侈口，外斜沿，圆唇，束颈，溜肩，弧腹，最大径位于腹上部，平底。肩腹部先饰交错竖绳纹，后饰数道凹弦纹，将绳纹分割成数段，下腹部将绳纹抹光，口部轮制痕迹明显。口径 12.3、最大径 35.0、底径 17.7、高 30.0 厘米（图二七九，1）。

一五八 M174

（一）墓葬形制

该墓位于墓群 E 区南部。开口于②层下，开口距地表 0.60 米。

竖穴土坑墓，平面呈长方形，方向 75°，口大底小，有生土二层台。上口长 3.10、宽 2.20 米，

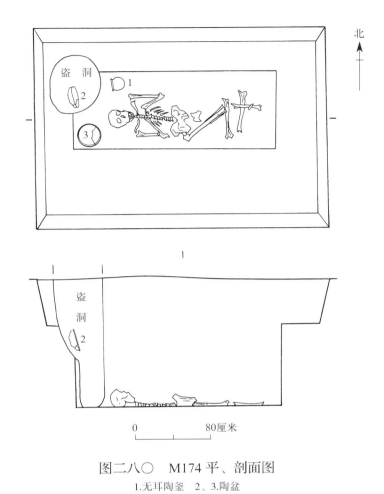

图二八〇　M174 平、剖面图

1.无耳陶釜　2、3.陶盆

二层台台面至墓口残深 0.50 米，东侧台面宽 0.44、西侧台面宽 0.30、南侧台面宽 0.72、北侧台面宽 0.30 米；底长 2.16、宽 0.86 ～ 0.90 米；深 1.40 米。二层台以上斜壁内收，收分明显，二层台以下，直壁，整个墓壁规整，平底，无工具加工痕迹。墓内填松散的黄褐色五花土。

葬具不详。

葬式为仰身屈肢，人骨一具，头向西，面向上，双手环抱于胸前，双腿向北侧弯曲，年龄、性别不明。

盗洞 1 个，位于墓葬的西北部，自墓顶直通墓底。平面呈椭圆形，长 0.50 ～ 0.64 米。其内出土陶片。

墓葬内出土陶釜 1、陶盆 2 件（图二八〇）。

（二）出土遗物

陶器

3 件。

无耳釜　1 件。

M174：1，夹砂灰陶。敞口，圆唇，束颈，腹微鼓，圜底。器表素面，内壁饰篮纹，内壁刮削痕迹明显。口径 16.0、高 14.0 厘米（图二八一，1；彩版一三〇，1）。

盆　2 件。

M174：2，泥质灰陶。敞口，平沿较窄，圆唇，浅腹，腹部有一道折棱，口沿下腹壁较直，下

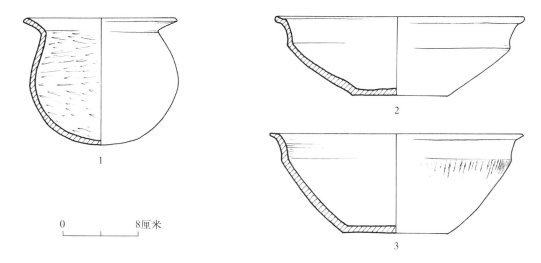

图二八一 M174 出土陶器

1.无耳釜M174：1 2、3.陶盆M174：2、3

腹斜直内收，小平底。素面，器表有刮削痕迹，内壁有轮制痕迹。口径 26.6、底径 10.2、高 8.8 厘米（图二八一，2）。

M174：3，泥质灰陶。敞口，平沿较窄，尖唇，深腹，腹部有一折棱，上端较直，下部斜直内收，小平底。折棱下腹部残存部分竖绳纹，器表有刮削痕迹，内壁轮制痕迹明显。口径 27.0、底径 11.0、高 11.0 厘米（图二八一，3）。

一五九　M175

（一）墓葬形制

该墓位于墓群 E 区南部。开口于②层下，开口距地表 1.00 米。

竖穴土坑墓带壁龛，平面呈梯形，方向 275°，东宽西窄，口大底小，有生土二层台。上口长 3.30、宽 2.14～2.36 米；二层台台面至墓口 0.92 米，东侧台面宽 0.42、西侧台面宽 0.46、南侧台面宽 0.54～0.60、北侧台面宽 0.48～0.54 米；底长 2.24、宽 1.00 米；深 1.84 米。东西两纵壁处各有 3 处向二层台处延伸宽 0.10、进深 0.06 米的方形凹槽，自上而下伸入墓底 0.06～0.08 米，凹槽之间间隔等距离。二层台以上斜壁内收，收分明显，二层台以下直壁，整个墓壁规整，平底，无工具加工痕迹。壁龛位于二层台以下土坑的西壁中部，平面呈长方形，平顶，龛底距墓底高 0.32 米，进深 0.46、宽 0.56、高 0.40 米。墓内填松散的黄褐色五花土。

葬具不详。

葬式为仰身直肢，人骨一具，头向西，面向上，年龄、性别不明。

墓葬内出土陶罐 3 件（图二八二；彩版一三〇，2）。

（二）出土遗物

陶器

3 件。

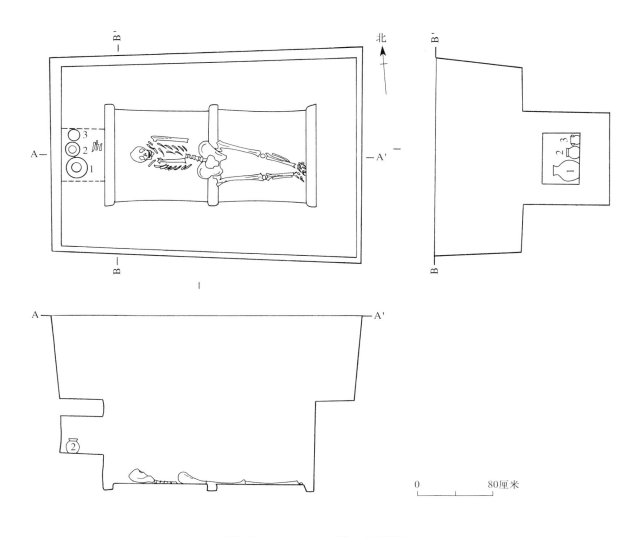

图二八二 M175 平、剖面图

1、2.小口旋纹陶罐 3.双耳陶罐

双耳罐 1 件。

M175：3，夹砂灰陶。敞口，方唇，敛颈，弧腹，平底。口部对称处附加两带状器耳，上端接于口部，与沿面齐平，下端接于腹上端，相接处贴以泥片进行加固，腹部饰细绳纹，颈部残留用手捏制痕迹。口径 11.0、底径 8.2、高 10.2 厘米（图二八三，1；彩版一三〇，3）。

小口旋纹罐 2 件。

M175：1，泥质灰陶。侈口，平沿，沿面中部内凹，方唇，束颈，圆肩，深弧腹，最大径位于腹中部偏上，平底。颈部以下、腹下端以上先饰竖向细绳纹，肩上部后抹光，残存部分绳纹纹理，肩下部、腹上部后饰数道凹弦纹将绳纹分割成数段，腹下端刮削痕迹，轮制。口径 10.3、最大径 24.4、底径 12.0、高 27.4 厘米（图二八三，2；彩版一三一，1）。

M175：2，泥质灰陶。侈口，外斜沿，沿面处侧有一凸棱，方唇，束颈，斜肩，肩腹交接处折棱明显，鼓腹，最大径位于腹上部，底内凹。肩部、上腹部先饰竖向细绳纹，肩上部后抹光，残存部分绳纹纹理，上腹部后饰数道凹弦纹将绳纹分割成数段，轮制。口径 10.6、最大径 15.0、底径 8.4、高 14.4 厘米（图二八三，3；彩版一三一，2）。

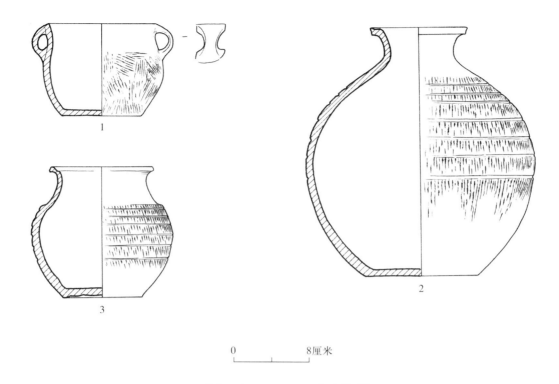

0 8厘米

图二八三 M175 出土陶器

1.双耳罐M175：3 2、3.小口旋纹罐M175：1、2

一六〇 M176

（一）墓葬形制

该墓位于墓群 E 区南部。开口于②层下，开口距地表 0.54 ～ 0.60 米。

竖穴土坑墓带壁龛，平面呈长方形，方向 260°，口大底小，有生土二层台。上口长 3.60、宽 3.00 米；二层台台面至墓口 0.20 ～ 1.26 米，东西两侧台面宽 0.60、南北侧台面宽 0.40 米；底长 2.00、宽 1.88 米；深 2.40 米。二层台以上斜壁内收，收分明显，二层台以下，直壁，整个墓壁规整，平底，无工具加工痕迹。壁龛位于二层台以下土坑的西壁中部，龛底距墓底高 0.32 厘米，平面呈长方形，平顶。进深 0.60、宽 0.60、高 0.46 米。墓内填松散的黄褐色五花土。

葬具不详。

葬式不详，人骨一具，残存头部、骨盆及下肢骨，头向西直接放于骨盆西端，年龄、性别不明。

墓葬内出土陶罐 3 件（图二八四；彩版一三一，3）。

（二）出土遗物

陶器

3 件。

双耳罐 1 件。

M176：2，口部略有残损，夹砂灰陶。敞口，方唇外撇，束颈，弧腹，平底。口部对称处附加

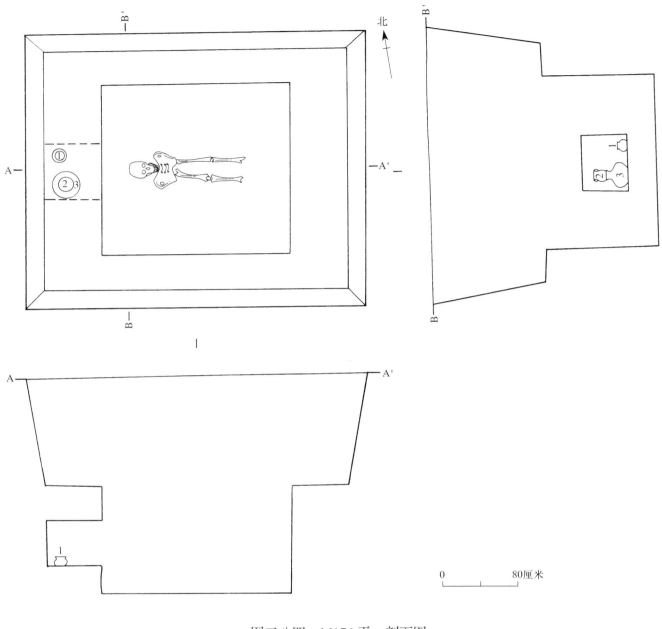

图二八四　M176 平、剖面图

1.带盖小陶罐　2.双耳陶罐　3.小口陶罐

两带形器耳，上端接于口部，与沿面齐平，下端接于腹上端，相接处贴以泥片进行加固。素面，器表有烟熏痕迹。口径15.0、底径9.0、高13.6厘米（图二八五，1；彩版一三二，1）。

小口罐　1件。

M176∶3，泥质灰陶。喇叭口，方唇，束颈，广肩，上腹微鼓，最大径位于上腹部，下腹斜直内收，平底。肩部、上腹部先饰细绳纹，后饰数道凹弦纹将绳纹分割成数段，下腹部后将绳纹抹光，残留部分绳纹纹理，颈部有轮制痕迹。口径10.2、最大径30.4、底径15.2、高23.4厘米（图二八五，2；彩版一三二，2）。

带盖小罐　1件。

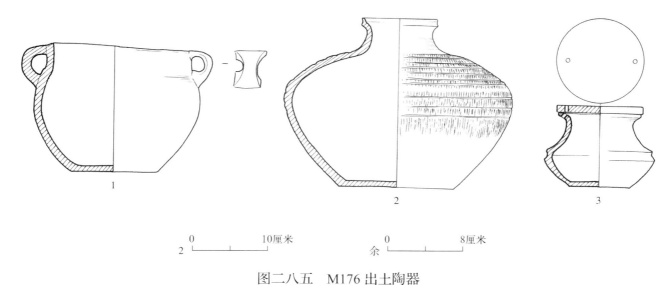

图二八五 M176 出土陶器

1.双耳罐M176：2 2.小口罐M176：3 3.带盖小罐M176：1

M176：1，泥质灰陶。器盖，圆饼状，两端对称分布一穿孔。器身，侈口，外斜沿，圆唇，束颈，斜腹内收，最大径位于腹上端，平底。腹上端饰一道较深的凹槽。器盖直径9.2、厚0.8、口径8.8、最大径11.6、底径6.4、通高9.0厘米（图二八五，3；彩版一三二，3）。

一六一 M177

（一）墓葬形制

该墓位于墓群E区南部。开口于②层下，开口距地表0.50米。

竖穴土坑墓带壁龛，平面呈长方形，方向265°，口大底小，有生土二层台。上口长3.60、宽2.60米；二层台台面至墓口1.80米，四周台面均宽0.30米；底长2.60、宽1.60米；深2.60米。二层台以上斜壁内收，收分明显，二层台以下直壁，整个墓壁规整，平底，无工具加工痕迹。壁龛位于二层台以下土坑的西壁中部，平面呈长方形，平顶，龛底距墓底高0.20米，进深0.30、宽0.68、高0.48米。墓内填松散的黄褐色五花土。

葬具不详。

葬式仰身屈肢，头向西，面向上，左手抱于胸前，右手放于臀部，双腿向南蜷屈，年龄、性别不明。

壁龛内出土陶罐3件（图二八六；彩版一三二，4）。

（二）出土遗物

陶器

3件。

壶形罐 1件。

M177：3，泥质灰陶。侈口，外斜沿，沿面有一浅而宽的凹槽，方唇，唇缘有一道较窄的凹槽，束颈较高，斜肩，鼓腹，平底。器表先饰绳纹，颈部、肩部及腹中下部后将绳纹抹去，残留绳纹纹理，

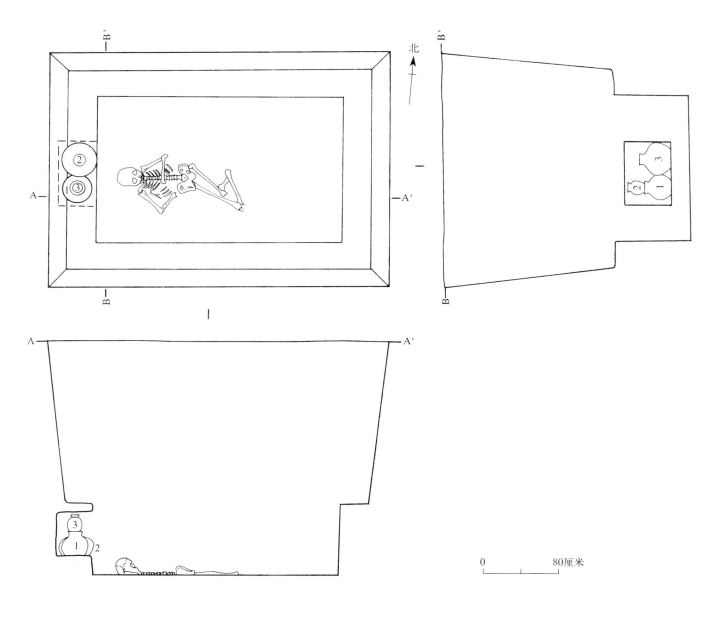

图二八六　M177 平、剖面图

1、2.小口陶罐　3.壶形陶罐

器身轮制痕迹明显。口径 10.3、最大径 17.8、底径 10.9、高 18.3 厘米（图二八七，1）。

小口罐　2 件。

M177：1，泥质灰陶。侈口，外斜沿，方唇，束颈，溜肩，弧腹内收，最大径位于腹上部，平底。器表先饰细绳纹，颈部及腹下部后将绳纹抹光，残留绳纹纹理，肩及腹上部后饰数道凹弦纹将绳纹分割成数段，轮制。口径 13.3、最大径 30.0、底径 15.7、高 28.4 厘米（图二八七，2）。

M177：2，泥质灰陶。侈口，平沿，沿面有凹槽，圆唇，广肩，上腹微鼓，下腹斜直内收，最大径位于腹上部，平底。肩、腹上部先饰绳纹，后饰数道凹弦纹将其分割成数段，下腹部有刮削痕迹，颈部有轮制痕迹。口径 12.4、最大径 35.0、底径 16.7、高 32.4 厘米（图二八七，3）。

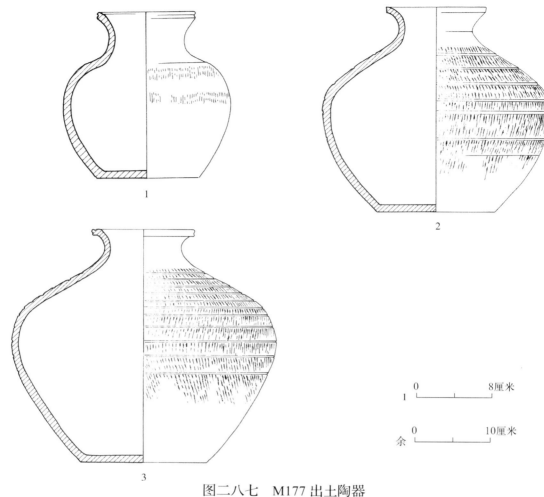

图二八七 M177 出土陶器

1.壶形罐M177：3 2、3.小口罐M177：1、2

一六二 M178

（一）墓葬形制

该墓位于墓群 E 区南部。开口于②层下，开口距地表 0.50 米。

竖穴土坑墓，平面呈长方形，方向 330°，口大底小，下有生土二层台。上口长 3.40、宽 2.30 米；二层台台面至墓 1.60 米，南北两侧台面宽 0.10、东西两侧宽 0.26 米；底长 2.80、东西宽 1.40 米；残深 2.56米。二层台以上斜壁内收，收分明显，二层台以下，直壁，整个墓壁规整，平底，无工具加工痕迹。

葬具不详。

葬式仰身屈肢，头向西，面向上，左手抱于胸前，右手放于臀部，双腿向南屈，年龄、性别不明。

墓葬内出土陶罐 3、陶坛 1、铁残片 1 件（图二八八）。

（二）出土遗物

1. 陶器

4 件。

图二八八　M178 平、剖面图

1.小口陶罐　2.陶坛　3.大口陶罐　4.壶形陶罐　5.残铁片

壶形罐　1件。

M178：4，残，泥质灰陶。侈口，斜沿外撇，沿面中部有凹槽，方唇，束颈较高，圆肩，弧腹内收，最大径位于肩腹交接处，平底。素面，口部、肩部轮制痕迹明显。口径 9.8、最大径 19.8、底径 10.4、高 18.7 厘米（图二八九，1）。

小口罐　1件。

M178：1，残，泥质灰陶。侈口，外斜沿，圆唇，束颈，圆肩，鼓腹，最大径位于腹上部，平底。肩腹部先饰竖绳纹，后饰数道凹弦纹将绳纹分割成数段，腹下部抹光，口部有轮制痕迹。口径 15.5、最大径 35.6、底径 14.3、高 29.6 厘米（图二八九，2）。

大口罐　1件。

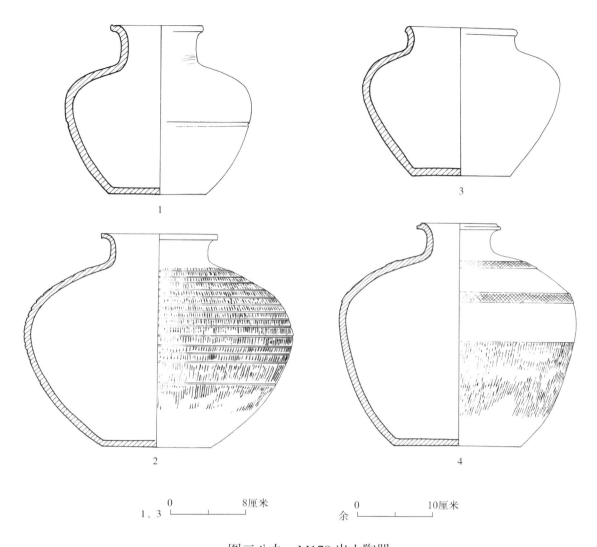

图二八九　M178 出土陶器

1.壶形罐M178：4　2.小口罐M178：1　3.大口罐M178：3　4.坛M178：2

M178：3，残，泥质灰陶。侈口，斜沿外撇，沿面中部有凹槽，圆唇，矮领，圆肩，弧腹，最大径位于腹上端。素面，器身有轮制痕迹。口径 11.0、最大径 21.0、底径 10.1、高 16.6 厘米（图二八九，3）。

坛　1件。

M178：2，残，泥质灰陶。侈口，斜沿外撇，沿面中部内凹，方唇，束颈较高，圆肩，弧腹，平底。肩部饰两周菱形方格网纹，腹中部饰竖向细绳纹，口部有轮制痕迹。口径 10.0、最大径 31.4、底径 16.3、高 31.0 厘米（图二八九，4）。

2. 铁器

1件。

残片　1件。

M178：5，铁釜口沿残片。侈口，外斜沿，圆唇。

一六三 M179

（一）墓葬形制

该墓位于墓群 E 区南部。开口于②层下，开口距地表 0.80 米。

竖穴土坑墓，平面呈长方形，方向 270°，口大底小。上口长 2.80、宽 2.30 米；底部长 2.60、宽 2.10 米；深 1.20 米。斜壁内收，壁面规整，平底，无工具加工痕迹。墓内填松散的黄褐色五花土。

葬具不详。

葬式不详。

盗洞 1 个，位于墓葬的西北部，自墓顶直通墓底。平面呈不规则形，长 1.00、宽 0.56 米（图二九〇）。

（二）出土遗物

无出土器物。

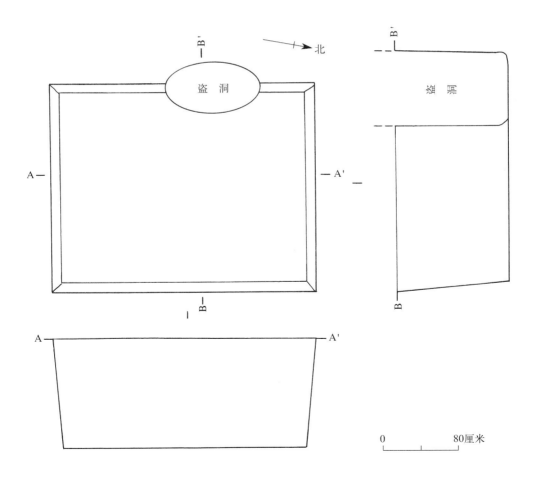

图二九〇 M179 平、剖面图

一六四 M180

（一）墓葬形制

该墓位于墓群 E 区南部。开口于②层下，开口距地表 0.80 米。

竖穴土坑墓带壁龛，平面呈长方形，方向 330°，口大底小，有生土二层台。上口长 3.00、宽 2.20 米；二层台台面至墓口 1.50 米，四周台面均宽 0.30 米；底长 2.00、东西宽 1.20 米；残深 2.00 米。二层台以上斜壁内收，收分明显，二层台以下，直壁，整个墓壁规整，平底，无工具加工痕迹。壁龛位于二层台以下土坑的西壁中部，平面呈长方形，平顶，龛底与墓底齐平，进深 0.30、宽 0.80、高 0.40 米。墓内填松散的黄褐色五花土，含少量植物根系，出土少量陶片。

葬具不详。

葬式不详。

墓葬内出土陶盆 2 件；壁龛内出土陶罐 2、铜镞 1 件（图二九一）。

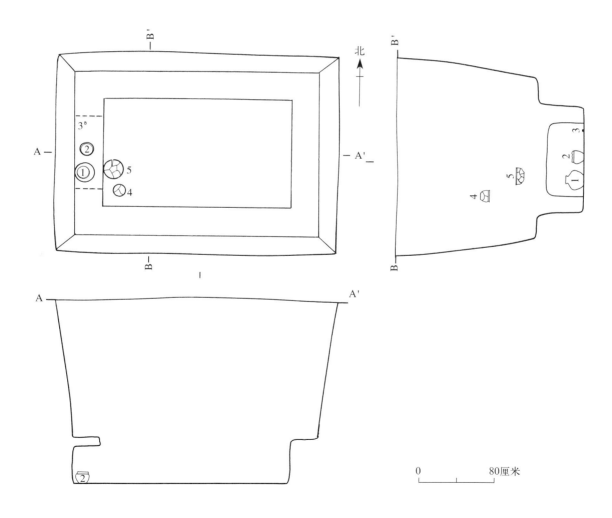

图二九一　M180 平、剖面图

1.小口陶罐　2.敞口小陶罐　3.铜镞　4、5.陶盆

（二）出土遗物

1. 陶器

4 件。

小口罐　1 件。

M180：1，口部略有残损，泥质灰陶。侈口，平沿，方唇，束颈，圆肩，深弧腹，最大径位于腹上部，平底。肩、腹部先饰绳纹，后饰数道凹弦纹，将绳纹分割成数段，后将下腹部绳纹抹去，残留部分绳纹纹理，轮制。口径 14.2、最大径 22.0、底径 15.9、高 28.8 厘米（图二九二，1）。

敞口小罐　1 件。

M180：2，夹砂灰陶。敞口，外斜沿，方唇，束颈，圆腹，最大径位于腹中部，平底。素面，器表有烟熏痕迹，轮制。口径 12.3、最大径 15.2、底径 8.6、高 12.2 厘米（图二九二，2）。

盆　2 件。

M180：4，残，泥质灰陶。敞口，窄平沿，沿面有三道凹槽，圆唇，深腹，腹部折棱明显，上腹壁较直，下腹斜直内收，小平底。上腹部有二道凸棱，器身轮制痕迹明显。口径 14.2、底径 12.0、高 10.2 厘米（图二九二，3）。

M180：5，泥质灰陶。残，敞口，窄平沿，圆唇，深腹，上腹壁较直，下腹斜直内收，小平底。

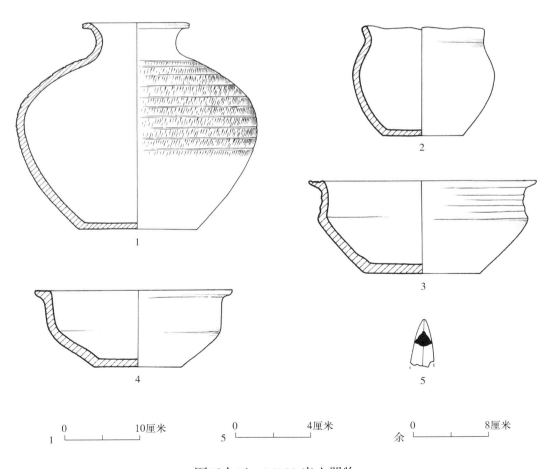

图二九二　M180 出土器物

1.小口陶罐M180：1　2.敞口小陶罐M180：2　3、4.陶盆M180：4、5　5.铜镞M180：3

素面，下腹部刮削痕迹明显，轮制。口径 21.0、底径 9.2、高 8.4 厘米（图二九二，4）。

2. 铜器

1 件。

镞　1 件。

M180：3，残存镞尖部分，呈三棱形，刃较锋利，镞尖尖锐。残长 2.7 厘米（图二九二，5）。

一六五　M181

（一）墓葬形制

该墓位于墓群 E 区南部。开口于②层下，开口距地表 0.50 米。

竖穴土坑墓，平面呈长方形，方向 260°。口大底小，下有生土二层台。上口长 3.60、宽 2.30 米；二层台台面至墓口 2.20 米，南北侧台面宽 0.20 米，东西侧无二层台；底长 3.00、宽 1.50 米；残深 3.40 米。二层台以上斜壁内收，收分明显，二层台以下，直壁，整个墓壁规整，平底，无工具加工痕迹。墓内填松散的黄褐色五花土。

葬具不详。

葬式不详。

墓葬内出土陶壶 1、陶罐 4、陶鍪 1 件（图二九三）。

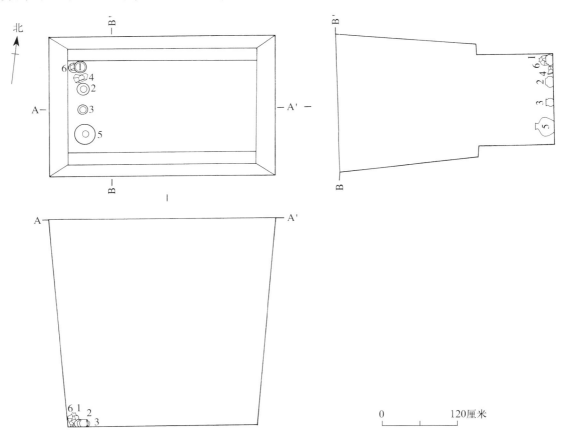

图二九三　M181 平、剖面图

1、2.扁腹陶罐　3.无耳无銴陶鍪　4、5.小口陶罐　6.圈足陶壶

（二）出土遗物

陶器

6件。

圈足壶　1件。

M181：6，泥质灰陶，施彩绘。口部缺失，高领，溜肩，圆腹，最大径位于腹中部，平底，高圈足。器表饰由红、白、蓝三色组成的弦纹、卷云纹图案。最大径19.2、圈足径11.6、圈足高3.7、残高22.5厘米（图二九四，1）。

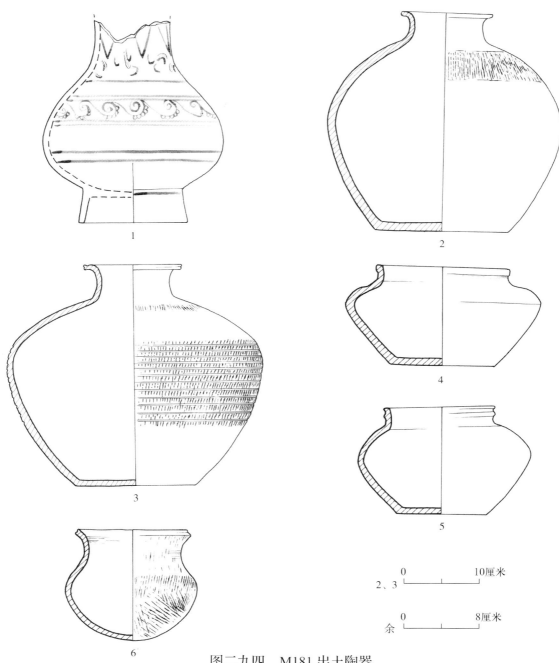

图二九四　M181 出土陶器

1.圈足壶M181：6　2、3.小口罐M181：4、5　4、5.扁腹罐M181：1、2　6.无耳无蚕鋬M181：3

小口罐 2件。

M181：4，口部残损，泥质灰陶。侈口，外斜沿，方唇，束颈，斜肩，直腹斜内收，最大径位于腹上端，平底。肩中部饰一周竖向细绳纹，较为规整，口部轮制痕迹明显。口径11.9、最大径31.0、底径17.5、高30.2厘米（图二九四，2）。

M181：5，泥质灰陶。口沿略有残损，侈口，平沿，沿面中部有凹槽，方唇，唇缘上端有一凸棱，束颈，圆肩，上腹微鼓，下腹斜直内收，最大径位于腹上部，平底。肩、腹上部先饰竖向绳纹，肩部后将绳纹抹去，残留绳纹纹理，腹上部后饰数道凹弦纹，将绳纹分割成数段，轮制。口径11.0、最大径34.0、底径15.9、高30.6厘米（图二九四，3）。

扁腹罐 2件。

M181：1，口部略有残损，泥质灰陶。口微敛，圆唇，矮领，广肩，斜腹内收，最大径位于腹上端，平底。素面，轮制。口径14.0、最大径20.6、底径11.0、高11.2厘米（图二九四，4）。

M181：2，泥质灰陶。口部略有残损，直口，方唇，矮领，领中部有一凸棱，圆肩，斜腹内收，最大径位于腹上端，平底。素面，器表轮制痕迹明显。口径11.8、最大径18.4、底径9.3、高12.0厘米（图二九四，5）。

无耳无錾鍪 1件。

M181：3，夹砂灰陶。敞口，外斜沿，方唇外撇，束颈，斜肩，鼓腹，肩腹交接处较为明显，最大径位于肩腹交接处，圜底，器表饰细绳纹，内壁有轮制痕迹。口径11.7、最大径14.0、高12.3厘米（图二九四，6）。

一六六 M182

（一）墓葬形制

该墓位于墓群E区南部。开口于②层下，开口距地表0.70米。

竖穴土坑墓，平面呈长方形，方向255°，口大底小。上口长2.90、宽2.20米；底长2.50、宽1.80米；残深1.96米。斜壁内收，收分明显，壁面规整，平底，无工具加工痕迹。墓内填松散的黄褐色五花土。

葬具不详。

葬式不详。

盗洞1个，位于墓葬的西北部，自墓顶直通墓底。平面呈椭圆形，长0.56～1.00米。

墓葬内出土陶鍪1件（图二九五）。

（二）出土遗物

陶器

1件。

带耳鍪 1件。

M182：1，泥质灰陶。口部略有残缺，侈口，外斜沿，圆唇，矮领，斜肩，鼓腹，最大径位于腹上部，圜底。肩部对称处附加两环形器耳，腹部以下饰绳纹，腹上部于绳纹之上后饰一道波浪纹，口部轮制痕迹明显。口径13.4、最大径19.2、高17.4厘米（图二九五，1）。

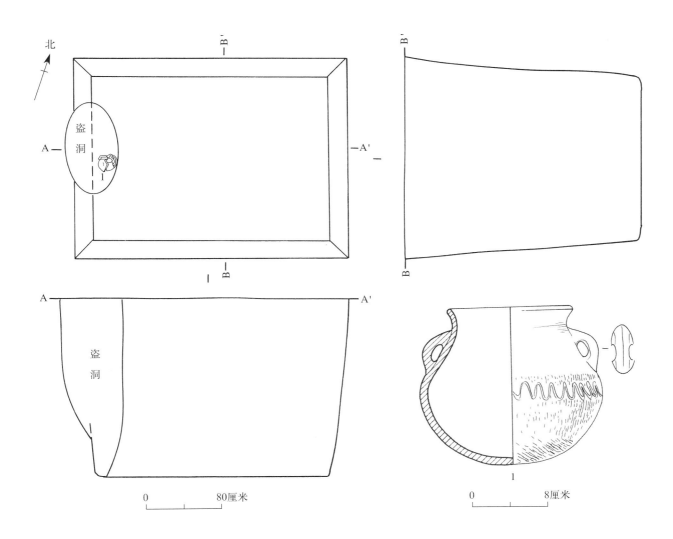

图二九五　M182 平、剖面图及出土陶器
1.带耳鍪

一六七　M183

（一）墓葬形制

该墓位于墓群 E 区南部。开口于②层下，开口距地表 0.50 米。

竖穴土坑墓，平面呈长方形，方向 0°，口大底小，下有生土二层台。上口长 3.60、宽 2.80 米；二层台台面至墓口 1.70 米，南侧台面宽 0.30、东西两侧台面宽 0.40 米，北侧无二层台；底长 2.90、宽 1.40 米；残深 2.50 米。二层台以上斜壁内收，收分明显，二层台以下，直壁，整个墓壁规整，平底，无工具加工痕迹。墓内填松散的黄褐色五花土，含少量木炭屑。

葬具不详。

葬式不详，残存部分尸骨，头向北，面向下，其他部位散乱于墓中，年龄、性别不详。

墓葬内出土陶罐 3 件（图二九六）。

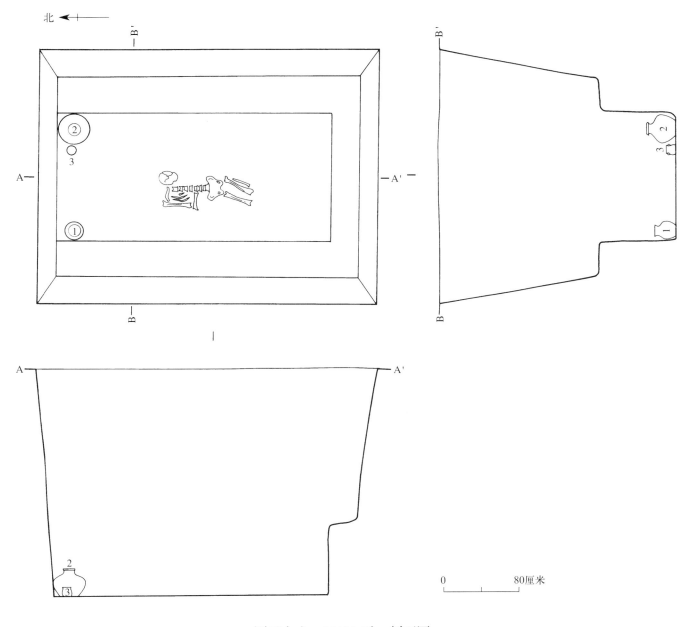

图二九六 M183 平、剖面图

1.小口旋纹陶罐 2.小口陶罐 3.双耳陶罐

（二）出土遗物

陶器

3 件。

双耳罐 1 件。

M183：3，夹砂灰陶。敞口，圆唇，束颈，深弧腹，平底。口部附加两器耳，上端接于口部，略高于沿面，下端接于腹上端，耳面中部微内凹，器表饰竖向绳纹，下腹部后将绳纹抹光，口部有轮制痕迹。口径 10.0、底径 8.8、高 11.2 厘米（图二九七，1；彩版一三三，1）。

小口罐 1 件。

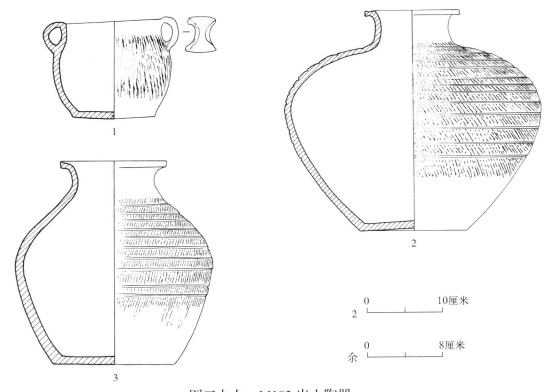

图二九七 M183 出土陶器

1.双耳罐M183：3 2.小口罐M183：2 3.小口旋纹罐M183：1

M183：2，口部略有残缺，泥质灰陶。喇叭口，窄平沿，方唇，束颈，圆肩，鼓腹，最大径位于腹上端，底微内凹。器表先饰绳纹，颈部、下腹部后将绳纹抹去，残留绳纹纹理，肩、上腹部后饰数道凹弦纹，将绳纹分割成数段，轮制。口径12.5、最大径34.0、底径14.0、高30.4厘米（图二九七，2；彩版一三三，2）。

小口旋纹罐 1件。

M183：1，泥质灰陶。侈口，外斜沿，沿面外侧有一凸棱，方唇，束颈，溜肩，深弧腹，最大径位于腹上部，平底。肩、腹部先饰绳纹，后饰数道凹弦纹，将绳纹分割成数段，下腹部后经刮削，残存部分绳纹纹理，颈部轮制痕迹明显。口径11.2、最大径21.0、底径12.7、高22.5厘米（图二九七，3；彩版一三三，3）。

一六八 M184

（一）墓葬形制

该墓位于墓群 E 区南部。开口于②层下，开口距地表 1.00 米。

竖穴土坑墓，平面呈长方形，方向 260°，口大底小，有生土二层台。上口长 3.40、宽 2.30 米；二层台台面至墓口 1.70 米，南、北侧台面宽 0.20、东西两侧无二层台；底长 3.00、宽 1.30 米；残深 2.80 米。二层台以上斜壁内收，收分明显，二层台以下，直壁，整个墓壁规整，平底，无工具加工痕迹。墓内填松散的黄褐色五花土，含少量植物根系，出土少量陶片。

葬具不详。

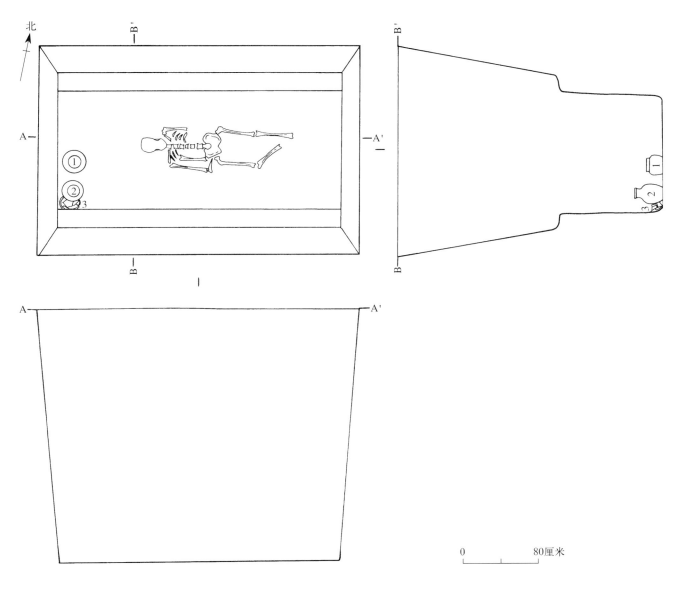

北

0   80厘米

图二九八 M184 平、剖面图
1.大口陶罐 2.小口陶罐 3.带柄陶釜

葬式为仰身直肢，人骨一具，头向西，面向上，左手抱于胸前，右手放于腹部，右腿向南弯曲，左腿伸直，年龄、性别不明。

墓葬内出土有陶釜 1、陶罐 2 件（图二九八；彩版一三三，4）。

（二）出土遗物

陶器

3 件。

小口罐 1 件。

M184：2，口沿残损，泥质灰陶。侈口，平沿，方唇，束颈较高，溜肩，弧腹内收，最大径位于肩腹交接处，平底。肩部及腹中部先饰细绳纹，后饰数道旋纹将其分割成数段，轮制。口径 12、

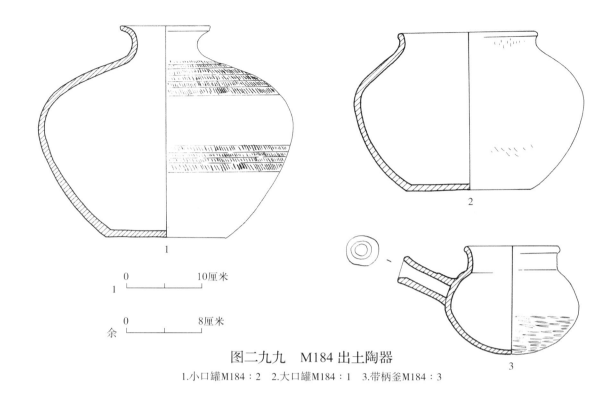

图二九九　M184 出土陶器
1.小口罐M184：2　2.大口罐M184：1　3.带柄釜M184：3

最大径 33.8、底径 15.9、高 29.2 厘米（图二九九，1）。

大口罐　1 件。

M184：1，泥质灰陶。直口，平沿较窄，圆唇，矮领，圆肩，腹微鼓，最大径位于腹上部，平底。素面，器身有轮制痕迹。口径 14.8、最大径 24.4、底径 13.3、高 17.4 厘米（图二九九，2）。

带柄釜　1 件。

M184：3，夹砂红陶。侈口，外斜沿，方唇，矮领较直，鼓腹，圜底。腹上部有一空心柱状手柄，腹部以下饰横篮纹，口部有轮制痕迹。口径 9.9、高 12.0 厘米（图二九九，3）。

一六九　M185

（一）墓葬形制

该墓位于墓群 E 区南部。开口于②层下，开口距地表 0.60 米。

竖穴土坑墓，平面呈长方形，方向260°，口大底小。上口长 3.40、宽 2.40 米；底长 3.00、宽 2.00 米；深 2.80 米。斜壁内收，收分明显，壁面规整，平底，无工具加工痕迹。墓内填松散的黄褐色五花土。

葬具不详。

葬式不详。

墓葬内出土陶罐 1、陶釜 1、玉蝙蝠 1 件（图三〇〇）。

（二）出土遗物

1.陶器

2 件。

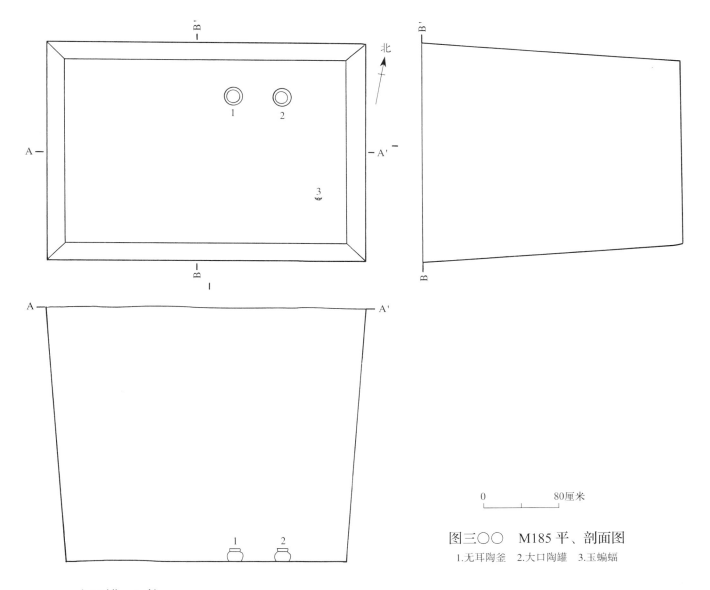

图三〇〇 M185 平、剖面图

1.无耳陶釜 2.大口陶罐 3.玉蝙蝠

大口罐 1件。

M185∶2，泥质灰陶。口沿略残，口微侈，窄平沿，圆唇，矮领，溜肩，弧腹内收至底，最大径位于腹上端，平底。肩部先饰绳纹后抹光，残留绳纹纹理，上腹部饰竖向绳纹，口部、肩腹交接处轮制痕迹明显。口径 13.0、最大径 18.4、底径 9.7、高 13.8 厘米（图三〇一，1）。

无耳釜 1件。

M185∶1，夹砂灰陶。口沿略残，侈口，斜沿外折，方唇，束颈，深弧腹，最大径位于腹中部，圜底。素面，器身有烟熏痕迹，轮制。口径 13.3、最大径 15.2、高 14.2 厘米（图三〇一，2）。

2. 玉器

1件。

蝙蝠 1件。

M185∶3，残。玉质温润，蝙蝠身为灰黄色，不透亮；两翅为青绿色，透亮。器身两耳直竖，嘴尖而突出，两翅正面饰羽翼纹，两翅末端向上弯曲，其中一翅弯曲部分缺失，两翅与器身有穿孔，以索相连组成。长 6.0、宽 2.6、厚 0.8 厘米（图三〇一，3；彩版一三四，1）。

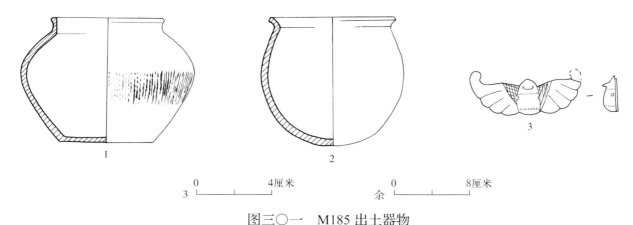

图三〇一 M185 出土器物

1.大口陶罐M185：2 2.无耳陶釜M185：1 3.玉蝙蝠M185：3

一七〇 M186

（一）墓葬形制

该墓位于墓群 E 区南部。开口于②层下，开口距地表 0.50 米。

斜坡墓道土洞墓，平面呈"凸"字形，方向 170°，总长 4.80 米。由墓道、墓室两部分组成。墓道位于墓室的南端，坡度为 25°，平面呈梯形，北宽南窄，口底同大。长 1.70、宽 0.80～1.00、深 0～0.80 米。墓室平面呈长方形，口大底小。上口长 3.10、宽 2.60 米；底部长 2.90、东西宽 2.40 米；深 1.10 米。斜壁内收，收分明显，整个墓圹壁面光滑，墓底较平，低于墓道最底端 0.30 米，无工具加工痕迹。墓内填松散的黄褐色五花土，含少量植物根系。其内出土陶片。

葬具形制不明，仅距墓室底部 1.40 米处间断发现有椁木朽痕迹。

葬式不详。

墓室内出土铜棺饰 1、铜器足 1、铜扣形饰 1、铜马衔 1、铜残片 1 件（组）（图三〇二）。

（二）出土遗物

铜器

5 件。

马衔 1 件。

M186：4，残存一节。两端有环，一大一小，小环残缺。器表饰弦纹。残长 3.5 厘米（图三〇三，1）。

棺饰 1 组。

M186：3，共 10 件。鎏金，形制相同，柿叶蒂形。四个柿叶分别位于上、下、左、右四周，中部为一圆泡钉，将柿叶相连接，泡钉与柿叶之间以榫卯结构相连接，部分柿叶中部泡钉缺失，或泡钉上的榫钉缺失。柿叶最大径 5.7、泡钉直径 1.6 厘米（图三〇三，2；彩版一三四，2）。

器足 1 件。

M186：1，残存蹄足，截面呈半圆形。素面。残高 2.3 厘米（图三〇三，3）。

扣形饰 1 件。

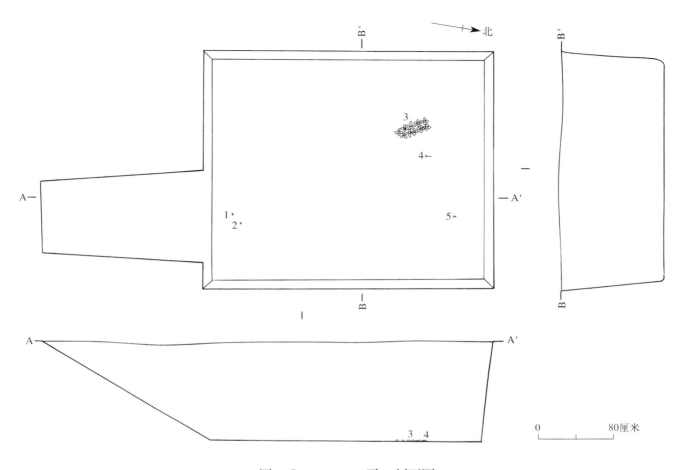

图三〇二　M186 平、剖面图
1.铜器足　2.铜扣形饰　3.铜棺饰　4.铜马衔　5.铜残片

M186：2，鎏金。半球形纽扣状，背面有方形穿孔。素面。直径 1.2 厘米（图三〇三，4；彩版一三四，3）。

残片　1 件。

M186：5，口沿残片。口微敛，斜折沿，方唇。素面。壁厚 0.1、残高 3.2 厘米（图三〇三，5）。

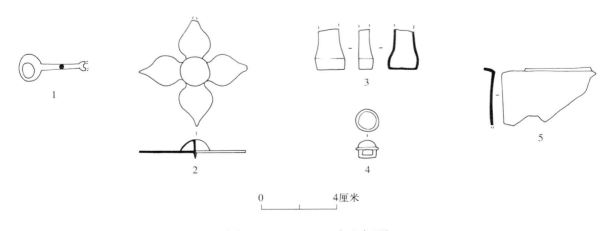

图三〇三　M186 出土铜器
1.马衔M186：4　2.棺饰M186：3　3.器足M186：1　4.扣形饰M186：2　5.残片M186：5

一七一 M187

（一）墓葬形制

该墓位于墓群 E 区南部。开口于②层下，开口距地表 0.50 米。

竖穴土坑墓，平面呈长方形，方向 10°，口大底小，下有生土二层台。上口长 4.00、宽 3.6 米；二层台台面至墓口 1.40 米，东侧台面宽 1.10、西侧台面宽 0.40、南、北侧台面宽 0.20 米；底长 3.40、宽 1.90 米；残深 2.70 米。二层台以上斜壁内收，收分明显，二层台以下，直壁，整个墓壁规整，平底，无工具加工痕迹。墓内填松散的黄褐色五花土，含少量植物根系，出土少量陶片。

葬具为一椁，南北向摆放，残存椁灰。长 3.26、宽 1.70 米，椁板厚度、高度不明。

葬式不详。

墓葬内出土陶罐 1 件（图三〇四）。

（二）出土遗物

陶器

1 件。

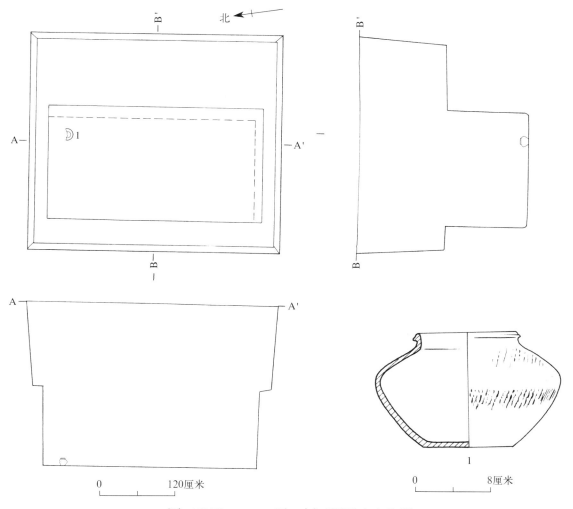

图三〇四 M187 平、剖面图及出土陶器

1.扁腹罐

扁腹罐　1件。

M187∶1，残，泥质灰陶。侈口，斜沿，方唇外撇，唇缘下端外凸，束颈，斜肩，直腹斜内收，最大径位于腹上端，平底。肩部先饰竖绳纹，后抹去，残留绳纹纹理，腹上部饰一周宽1.5厘米的竖向绳纹，下腹部刮抹痕迹明显，轮制。口径10.4、最大径19.6、底径9.6、高12.6厘米（图三〇四，1）。

一七二　M188

（一）墓葬形制

该墓位于墓群 E 区南部。开口于②层下，开口距地表 0.70 米。

竖穴土坑墓，平面呈长方形，方向110°，口大底小。上口长 3.24、宽 2.10 米；底长 2.90、宽 1.70 米；深 1.20 米。斜壁内收，收分明显，壁面规整，平底，无工具加工痕迹。墓内填松散的黄褐色五花土。

葬具不详。

葬式不详。

被盗扰。

墓葬内出土石器1件（图三〇五）。

（二）出土遗物

石器

1件。

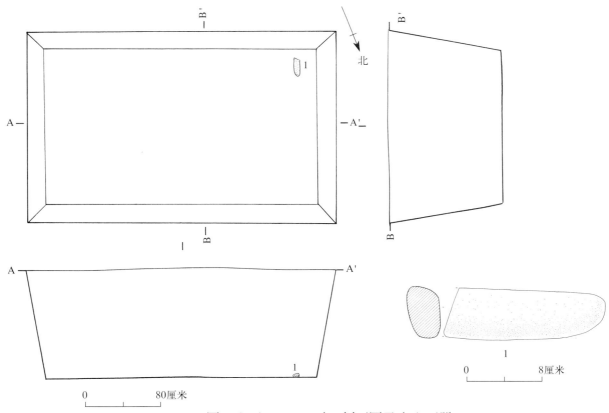

图三〇五　M188 平、剖面图及出土石器

1.块石

块石　1件。

M188：1，残，系用砂石加工而成。残存平面略呈长方形，截面呈圆角长方形，器表有琢制痕迹。残长 19.2、宽 6.3、厚 4.0 厘米（图三〇五，1）。

一七三　M189

（一）墓葬形制

该墓位于墓群 E 区南部。开口于②层下，开口距地表 0.70 米。

竖穴土坑墓，平面呈长方形，方向 80°，口大底小，下有生土二层台。上口长 3.80、宽 2.20 米；二层台台面至墓口 1.60 米，东侧台面宽 0.50 米，其余三侧无二层台；底长 2.70、宽 1.30 米；残深 2.60 米。二层台以上斜壁内收，收分明显，二层台以下，直壁，整个墓壁规整，平底，无工具加工痕迹。墓内填松散的黄褐色五花土，含少量植物根系，出土少量陶片。

葬具为一椁，东西向摆放，残存椁灰。长 2.60、宽 1.10 米，椁板厚度、高度不明。

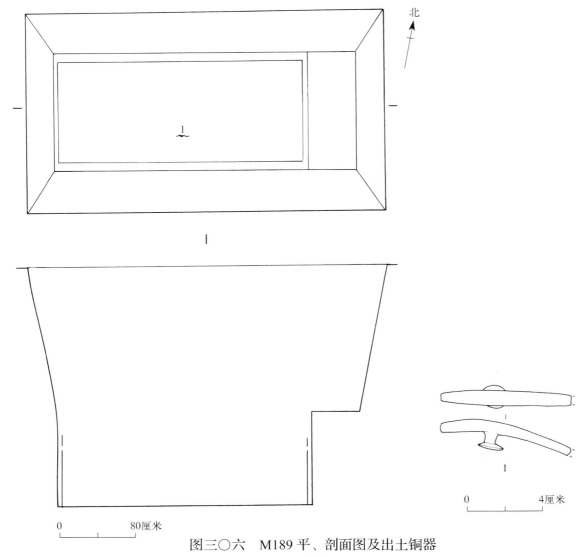

图三〇六　M189 平、剖面图及出土铜器
1.带钩

葬式不详。

墓葬内出土铜带钩 1 件（图三〇六）。

（二）出土遗物

铜器

1 件。

带钩　1 件。

M189：1，钩首残缺，曲棒形。钩身纤细，中部微鼓，桃形纽位于器身中部偏下。素面。残长 7.0、纽径 1.3 厘米（图三〇六，1）。

一七四　M190

（一）墓葬形制

该墓位于墓群 E 区南部。开口于②层下，开口距地表 0.70 米。

竖穴土坑墓，平面呈长方形，方向 10°。口大底小，有生土二层台。上口长 7.00、宽 4.80 米；二层台台面至墓口 2.40 米，东侧台面宽 0.70、西、南两侧台面宽均为 0.80，北侧台面宽 0.90 米；底长 4.60、宽 2.30 米；残深 5.40 米。二层台以上斜壁内收，收分明显，二层台以下，直壁，整个墓壁规整，平底，无工具加工痕迹。墓内填坚硬的黄褐色五花土及石块，经夯打，自上而下由一层夯土层、一层石块，相互交错叠压而成。夯层厚 20～70 厘米。

葬具为一椁一棺，东西向摆放，残存部分椁灰，木质的榫卯结构。椁长 4.30、宽 1.70、残高 0.48～0.60 米，椁板厚 15 厘米；棺残长 2.35、宽 0.90、残高 0.24 米，棺板厚 10 厘米。

葬式为仰身直肢，墓主除头部残缺外，其他部位保存较好，双手直伸，双腿伸向南侧，年龄、性别不明。

盗洞 2 个，两盗洞均位于墓葬的北端，盗洞 2 位于盗洞 1 的西端，自墓顶斜向通入墓室，均呈椭圆形。盗洞 1，长 0.70～1.15 米；盗洞 2，径长 0.78～0.96 米。

墓葬内出土铜镦 1、玉璧 1 件（图三〇七）。

（二）出土遗物

1. 铜器

1 件。

镦　1 件。

M190：2，错金银。体呈圆筒状，中空，上部三分之一处有一环形套环，器表错金银，两端饰环带纹，以套环为界，上部三分之一处饰卷云纹，下部三分之二处中部饰一道弦纹，将其分成二区，区内饰三角形网纹，间以卷云纹。长 7.0、直径 2.4 厘米（图三〇八，1；彩版一三四，4）。

2. 玉器

1 件。

璧　1 件。

M190：1，残，制作精美。酱黄色，有烟熏痕迹，玉质较为温润，不透亮，平面呈圆形，中有圆孔，

北

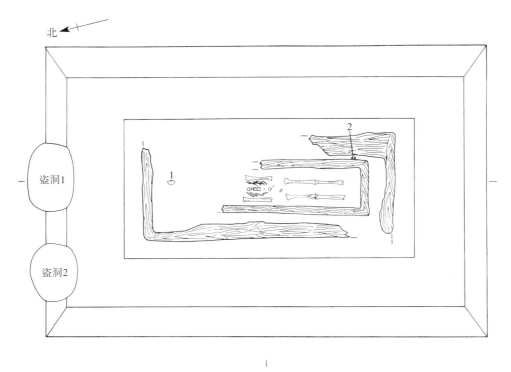

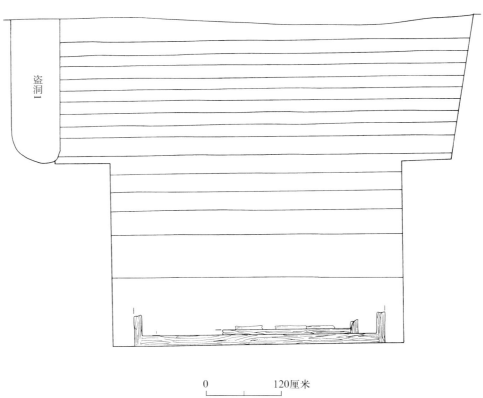

0   120厘米

图三〇七   M190 平、剖面图

1.玉璧   2.铜镦

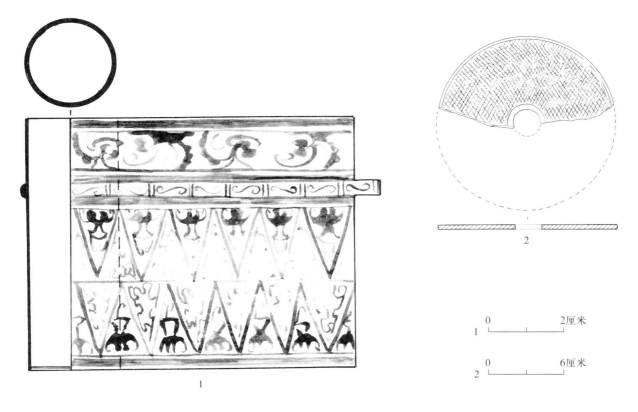

图三〇八　M190 出土器物

1.铜镜M190：2　2.玉璧M190：1

截面呈长方形，两面纹饰相同，内外缘各饰一道凹弦纹，弦纹之内饰排列有序的小乳丁，形如金字塔。外径 14.3、内径 2.2、厚 0.4 厘米（图三〇八，2）。

一七五　M191

（一）墓葬形制

该墓位于墓群 E 区南部。开口于②层下，开口距地表 0.70 米。

斜坡墓道土洞墓，平面呈"凸"字形，总长 8.10 米，方向 185°。由墓道、墓室两部分组成。墓道位于墓室的南端，坡度 26°，平面呈梯形，北宽南窄，口大底小。上口长 4.80、宽 1.20～1.60 米；底部长 5.10、宽 1.15～1.20 米；深 0～3.40 米。南部直壁，东西两纵壁斜直内收，收分明显，斜坡较平滑。墓室为土洞式，平面呈长方形，口大底小。上口长 3.30、宽 2.20 米；底长 2.70、宽 1.60 米；深 3.30 米。斜壁内收，收分明显，平底，与墓道北端底齐平，墓圹壁面光滑，墓底较平，无工具加工痕迹。墓内填松散的黄褐色五花土，含少量植物根系。

葬具不详。

葬式不详。

盗洞 1 个，位于墓室中部，自墓顶直通墓底。平面呈圆形，直径 0.54 米（图三〇九）。

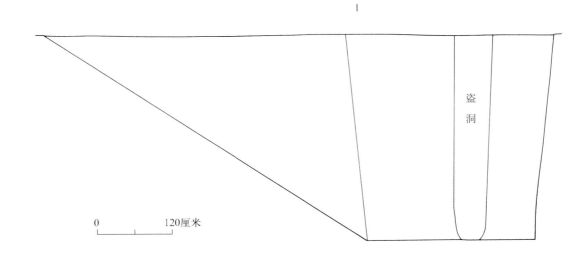

图三〇九　M191 平、剖面图

（二）出土遗物

无出土器物。

一七六　M192

（一）墓葬形制

该墓位于墓群 E 区南部。开口于②层下，开口距地表 0.70 米。

竖穴土坑墓，平面呈长方形，方向 10°，口大底小。上口长 3.20、宽 2.00 米；底长 2.80、宽 1.76 米；深 2.30 米。斜壁内收，收分明显，壁面规整，平底，无工具加工痕迹。墓内填松散的黄褐色五花土，含少量植物根系，出土少量陶片。

葬具不详。

葬式不详。

盗洞 1 个，位于墓葬的中部，自墓顶直通墓底。平面呈圆形，直径 0.60 米。

墓葬内出土铜钱 1 枚（图三一〇）。

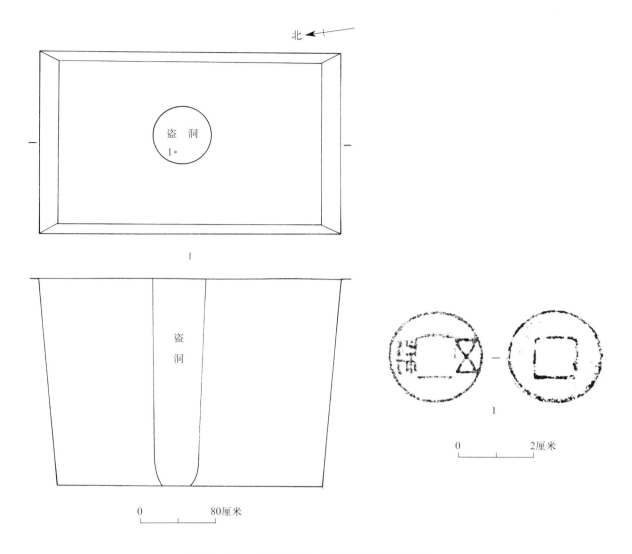

图三一○　M192 平、剖面图及出土铜器
1.五铢钱

（二）出土遗物

铜器

1件。

五铢钱　1枚。

M192：1，圆形方穿，有郭。钱径 2.6、穿宽 1.0 厘米，重 3.8 克（图三一○，1；彩版一三五，1）。

一七七　M193

（一）墓葬形制

该墓位于墓群 E 区南部。开口于②层下，开口距地表 0.70 米。

斜坡墓道土洞墓，平面呈"刀"字形，总长 7.10 米，方向 10°。由墓道、墓室两部分组成。墓道位于墓室的北端，平面呈长方形，口大底小。上口长3.10、宽2.50米；底部长2.90、宽2.30米；深2.10米。斜壁内收，收分明显，平底，底北低于南0.30米。墓室为土坑式，平面呈长方形，口大底小。上口长3.10、宽2.50米；底部南北长2.90、东西宽2.30米；深2.10米。斜壁内收，收分明显，平底，底低于墓道底0.30米。整个墓壁修建规整，墓底光滑，无工具加工痕迹。墓道内填较硬的黄褐色五花土，含少量料礓石颗粒。

葬具不详，仅见高0.40、厚0.10米的木板腐朽痕迹。

葬式不详。

盗洞1个，位于墓室西北部，自墓顶直通墓室。平面呈圆形，直径0.70米。

墓室内出土铜扣形饰2、铜饰件1、铜盖弓帽1、铜当卢1、铜马衔1、铜车軎1、骨饰1件（组）（图三一一）。

（二）出土遗物

1. 铜器

7件。

盖弓帽　1组。

M193：1，共5件。鎏金，形制相同。一端开口，另一端呈钉帽状，钉帽平面呈圆角四边形，中部有一乳丁，周围对称处有四个凹槽，器身中部向上翘起一钩，钩与钉帽之间有一道凸棱。M193：1-1～1-4，长2.5厘米。M193：1-5，钩尖残存。长2.5厘米（图三一二，1；彩版一三五，2）。

当卢　1件。

M193：2，鎏金，残。长条薄片状，较宽一端呈三角形，较窄一端残损，正面残存一方形穿。残长7.3、宽7.0～16.0厘米（图三一二，2）。

马衔　1件。

M193：5，两节，两端有环（其中一端环残缺）。中部以套环相连。素面。残长7.3厘米（图三一二，3）。

车軎　1件。

M193：7，鎏金。中部微内凹，两端略小于器身，向同一方向折曲，截面呈圆形。素面。长9.0、厚3.0厘米（图三一二，4）。

扣形饰　2件。

M193：3，鎏金。器表素面，背面有方形穿。直径1.2厘米（图三一二，5）。

M193：4，圆饼形纽扣状，器表中部有一乳丁，背面有方形穿。直径1.2厘米（图三一二，6）。

饰件　1件。

M193：6，残存鸟衔长尾上翘，尾末端略呈三角形。素面。残长5.5厘米（图三一二，7）。

2. 骨器

1件。

饰件　1件。

M193：8，磨制光滑。残存平面呈圆角正方形，中部有四个凹点，周边对称分为四区，每区周边略呈云纹状。边长1.8、厚0.1厘米（图三一二，8；彩版一三五，3）。

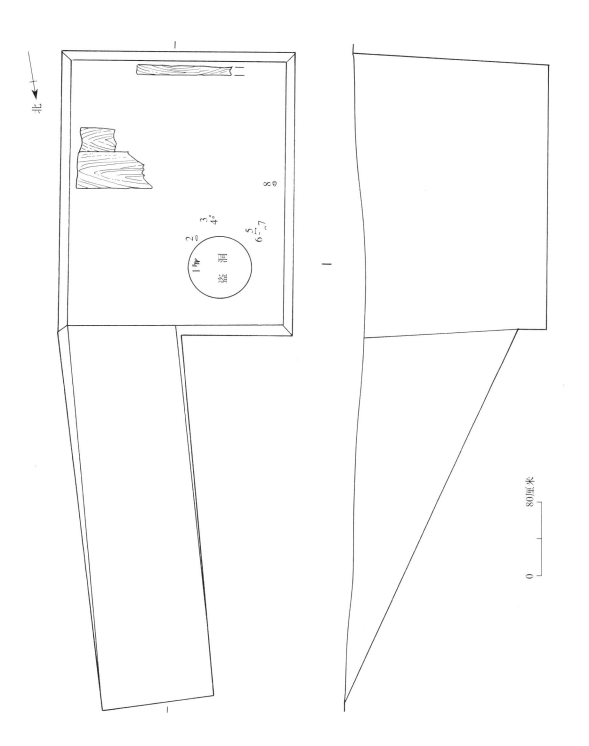

图三一一　M193 平、剖面图

1.铜盖弓帽　2.铜当卢　3、4.铜扣形饰　5.铜马衔　6.铜饰件　7.铜车辖　8.骨饰件

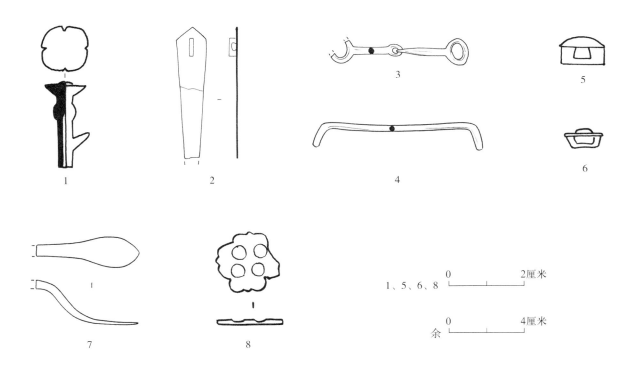

图三一二 M193 出土器物

1.铜盖弓帽M193：1-1 2.铜当卢M193：2 3.铜马衔M193：5 4.铜车辕M193：7 5、6.铜扣形饰M193：3、4 7.铜饰件M193：6 8.骨饰件M193：8

一七八 M194

（一）墓葬形制

该墓位于墓群 E 区南部。开口于②层下，开口距地表 0.80 米。

竖穴土坑墓，平面呈"L"形，方向195°，口大底小。口部南北向，西侧长 3.30、东侧长 5.60 米；自西壁向东壁宽至 1.70 米处长度改变，东西向北侧宽3.48、南侧宽4.88 米，自北壁向南壁宽2.20 米处宽度改变；至二层台台面处西侧长 3.00、东侧长 5.10、西北侧宽2.88、南侧宽4.48、二层台台面至墓口深 2.25 米；石质二层台，经在石岩上凿制而成，东侧台面宽 0.50、西侧台面宽 0.15 ～ 0.30、南侧宽0.25 ～ 0.45、北侧台面宽 0.20 ～ 0.45 米；二层台以下墓坑口底同大，南北向西侧长 2.10、东侧长 4.40 米，东西向北侧宽 2.05、南侧宽 4.00 米，深 2.75 米；墓口至墓底深 5.00 米。二层台以上斜壁内收，收分明显，二层台以下直壁，平底，较为规整，无工具加工痕迹。墓内填坚硬的黄褐色五花土，经夯打，由一层夯土一层石块相互间隔叠压而成，夯筑方法不明。夯层厚度约 20 厘米。

葬具不详。

葬式不详。

墓底有一层经火烧而形成的黑色木炭层，初步推断该墓经过火烧。

盗洞 3 个，自墓顶通入墓底，平面均呈椭圆形。盗洞 1，位于墓葬的南端中部，长 0.54 ～ 1.02 米；盗洞 2，位于墓葬的东南角，长 0.45 ～ 1.26 米；盗洞 3，位于墓葬的东端中部，长 0.72 ～ 0.96 米。

墓葬内出土陶罐 5、陶囷 1 件；墓底出土铜残片 1、铜镦 1、玉剑珌 1、玉片 1、玉璧 1 件（图三一三；彩版一三六，1）。

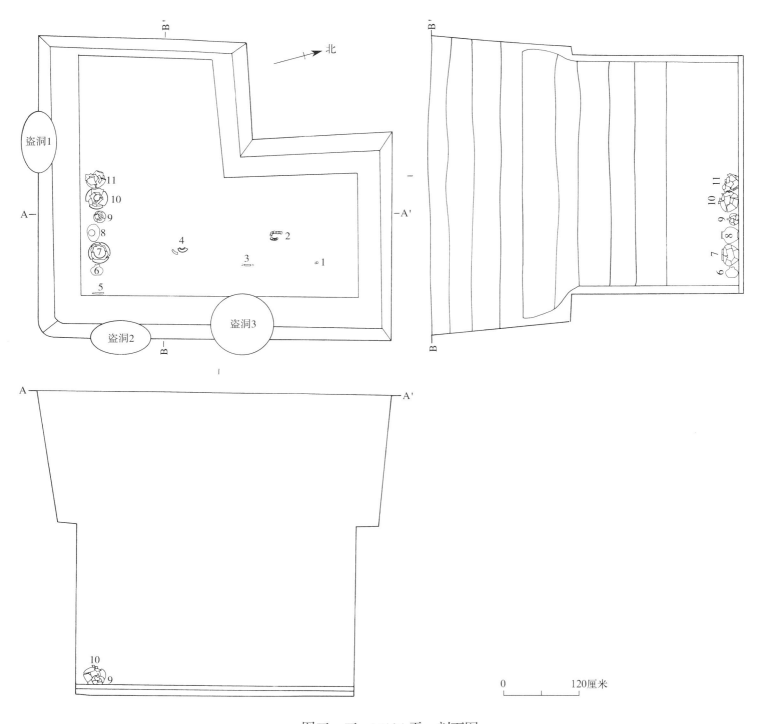

图三一三　M194 平、剖面图

1.玉剑珌　2.玉片　3.铜残片　4.玉璧　5.铜镦　6.壶形陶罐　7.大口陶罐　8、10.小口陶罐　9.陶囷　11.扁腹陶罐

（二）出土遗物

1. 陶器

6件。

壶形罐　1件。

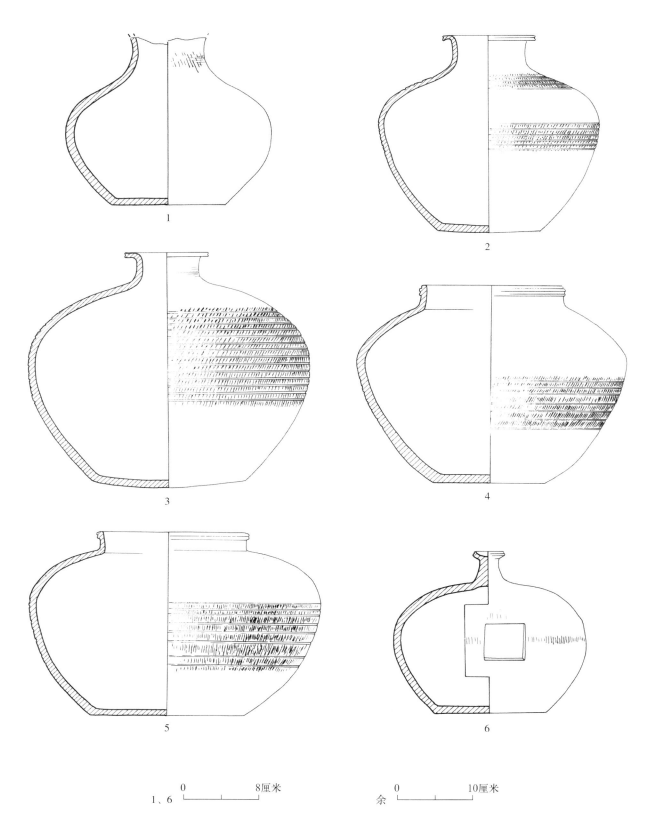

图三一四　M194 出土陶器

1.壶形罐M194：6　2、3.小口罐M194：8、10　4.大口罐M194：7　5.扁腹罐M194：11　6.囷M194：9

M194∶6，泥质灰陶。口沿残缺，束颈较高，溜肩，鼓腹，最大径位于腹上部，平底。素面，轮制。最大径21.8、底径11.9、高18.5厘米（图三一四，1；彩版一三六，2）。

小口罐　2件。

M194∶8，泥质灰陶。侈口，窄平沿略外撇，方唇，唇缘中部有凹槽，束颈，广肩，深弧腹，最大径位于腹上端，平底。肩上部、腹上部先饰竖绳纹，后饰数道凹弦纹，将绳纹分割成数段，肩腹交接处饰一周麦粒状戳刺纹，颈部有轮制痕迹。口径12.2、最大径29.4、底径13.6、高27.3厘米（图三一四，2；彩版一三六，3）。

M194∶10，泥质灰陶。残，侈口，平沿，方唇，唇缘中部有凹槽，束颈较高，圆肩，鼓腹，最大径位于腹上部，平底。肩、腹上部先饰竖绳纹，后饰数道凹弦纹，将绳纹分割成数段，下腹部有刮削痕迹，颈部轮制痕迹明显。口径11.2、最大径37.4、底径20.0、高32.6厘米（图三一四，3）。

大口罐　1件。

M194∶7，泥质灰陶。残，直口，圆沿，沿面外侧有一道凹槽，方唇，唇缘中部有凹槽，矮领，圆肩，深弧腹，最大径位于腹上端，平底。腹上部先饰竖绳纹，后饰数道凹弦纹，将绳纹分割成数段，轮制。口径19.4、最大径35.9、底径14.8、高27.4厘米（图三一四，4）。

扁腹罐　1件。

M194∶11，泥质灰陶。直口，窄沿，竖方唇，唇缘有凹槽，矮领，广肩，鼓腹，最大径位于腹上部，平底。腹部先饰竖向细绳纹，后于绳纹之上饰数道凹弦纹，将之分割成数段，轮制。口径20.2、最大径38.8、底径20.4、高25.2厘米（图三一四，5）。

囷　1件。

M194∶9，泥质灰陶。呈罐形，顶有提手，圆肩，鼓腹，最大径位于腹上部，平底。于腹上部开一长4.3、宽4.0厘米的长方形囷门，腹上部饰一周宽0.5厘米的竖绳纹，下腹部有刮削痕迹，轮制。器纽直径3.5、高3.2、最大径20.6、底径12、通高18.8厘米（图三一四，6；彩版一三七，1）。

2. 铜器

2件。

镦　1件。

M194∶5，错银。体近扁圆筒状，中空，截面近桃壳形，中部偏上处有一带状套环，套环之下有圆形穿孔，器表错银，两端饰环带纹，一端中间饰一道环带纹，另一端饰二道环带纹，将器表分成五区，区内饰卷云纹，中上部带状套环上亦饰卷云纹图案。长20.6、直径3.1～3.6厘米（图三一五，1；彩版一三七，2）。

残片　1件。

M194∶3，残存部分剑身，中部起脊，剑锋开刃，截面呈扁菱形，残长9.4、宽3.1厘米（图三一五，2）。

3. 玉器

3件。

剑珌　1件。

M194∶1，磨制光滑。乳白色夹杂墨色纹，质地温润，不透亮，体近梯形，两侧棱中部略内弧，中部厚、两侧薄形如眼睛，顶有三孔相通，中间大，两边小。素面。长4.7、宽4.7～5.7、厚1.4～1.6厘米（图三一五，3；彩版一三七，3）。

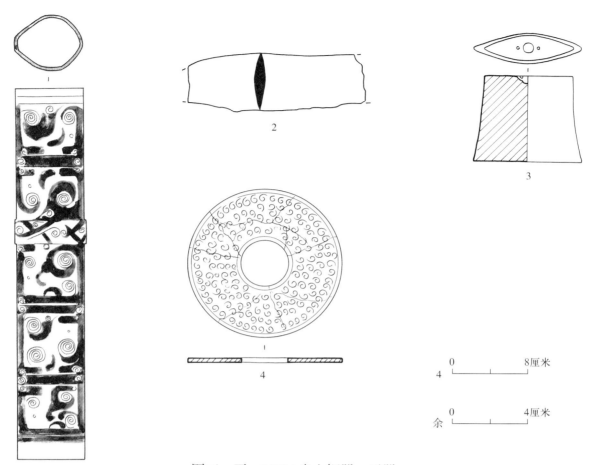

图三一五   M194 出土铜器、玉器

1.铜镦M194：5   2.铜残片M194：3   3.玉剑珌M194：1   4.玉璧M194：4

玉片   1 组。

M194：2，共 30 件。形制相同，均磨制光滑。平面呈圆饼状，截面或呈长方形或呈梯形。素面。质地温润，不透亮。M194：2-1 ～ 2-9，灰白色，直径 3.6、厚 0.5 厘米（图三一六，1）。M194：2-10 ～ 2-12，灰白色，直径 4.0、厚 0.6 厘米（图三一六，2）。M194：2-13 ～ 2-15，灰白色，直径 2.9、厚 0.4 厘米（图三一六，3）。M194：2-16 ～ 2-18，灰白色，直径 3.0、厚 0.5 厘米（图三一六，4）。M194：2-19、2-20，灰白色，直径 3.8、厚 0.5 厘米（图三一六，5）。M194：2-21 ～ 2-24，灰白色，直径 2.8、厚 0.4 厘米（图三一六，6）。M194：2-25，灰白色，直径 3.4、厚 0.4 厘米（图三一六，7）。M194：2-26，灰白色，直径 3.3、厚 0.5 厘米（图三一六，8）。M194：2-27，灰白色，直径 3.0、厚 0.3 厘米（图三一六，9）。M194：2-28，灰白色，直径 2.3、厚 0.6 厘米（图三一六，10）。M194：2-29，残，灰白色，直径 4.1、厚 0.5 厘米（图三一六，11）。M194：2-30，青灰色，直径 3.0、厚 0.6 厘米（图三一六，12；彩版一三八）。

璧   1 件。

M194：4，残损，制作精美。半乳白半青灰色，玉质较为温润，不透亮，平面呈圆形，中有圆孔，截面呈长方形，两面纹饰相同，内外缘各饰一道凹弦纹，弦纹之内饰云纹，形似逗点。外径 16.4、内径 4.8、厚 0.3 厘米（图三一五，4；彩版一三七，4）。

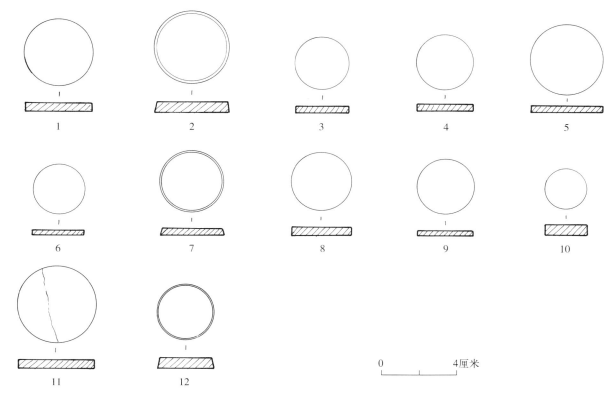

图三一六　M194 出土玉器

1～12.玉片M194：2-1、2-10、2-13、2-16、2-19、2-21、2-25～2-30

一七九　M195

（一）墓葬形制

该墓位于墓群 E 区南部。开口于②层下，开口距地表 1.10 米。

斜坡墓道土洞墓，平面呈"凸"字形，总长 7.90 米，方向 170°。由墓道、墓室两部分组成。墓道位于墓室的南端，坡度 25°，平面呈梯形，北宽南窄，口底同大。长 4.74、宽 1.30 ～ 1.80；深 0 ～ 2.40 米。直壁，斜坡底较平滑；墓道底部东北角向外凸出，长 0.36、宽 0.30、高 0.20 米。墓室平面呈长方形，口大底小。口部长 3.10、宽 2.88 米；底部长 2.90、宽 2.70 米；深 2.60 米。斜壁内收，收分明显，平底，低于墓道北端底部 0.2 米。墓圹壁面光滑，墓底较平，无工具加工痕迹。墓内填松散的黄褐色五花土，含少量植物根系。

葬具为一椁，南北向摆放，残存板灰。长 2.70、宽 2.46、高 1.10 米，椁板厚 10 厘米。

葬式不详。

盗洞 1 个，位于墓室中部偏东，自墓顶直通墓底。平面呈圆形，直径 0.80 米。

墓圹内出土陶坛 1、铜棺饰 1、铜弩机 1、铜钿器 1、铜扣形饰 1、铜盖弓帽 2、铜当卢 2、铜衡末 1、铜车軎 2、铜饰件 1、铜车輨 2、铜马衔 1、铜马镳 1 件（组）（图三一七）。

（二）出土遗物

1. 陶器

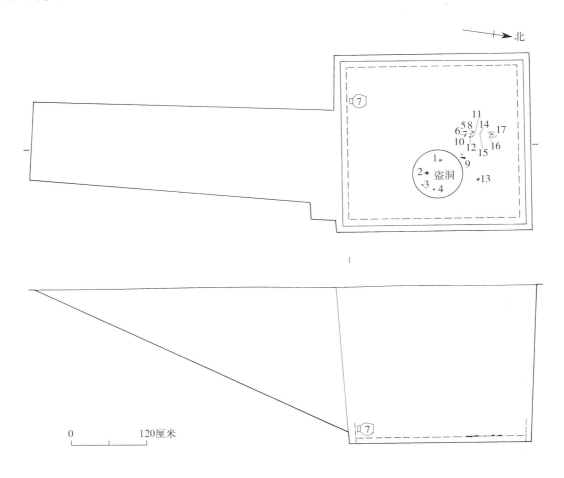

图三一七　M195平、剖面图

1.铜弩机　2.铜棺饰　3.铜鉬器　4、8.铜盖弓帽　5、6.铜当卢　7.陶坛　9.铜扣形饰　10.铜衡末　11、12.铜车軎　13.铜饰件　14、15.铜车辖　16.铜马衔　17.铜马镳

1件。

坛　1件。

M195：7，泥质灰陶。口部略有残缺，侈口，外斜沿，方唇外撇，束颈，圆肩，深弧腹，最大径位于腹上部，底微内凹。颈部饰红色彩绘，肩、腹上部饰由红色彩绘组成的云纹、莲瓣图案，现已部分脱落，器表轮制痕迹明显。口径9.7、最大径23.8、底径14.3、高26.7厘米（图三一八，1；彩版一三九，1）。

2. 铜器

15件。

弩机　1件。

M195：1，由弩臂、牙、牛、悬刀、柱状栓塞利用杠杆原理组成，用柱状栓塞将牙、牛、悬刀固定在弩臂上。弩臂台面一端宽、一端窄略呈梯形，窄端台面中部下凹用以安放镞，身部小于台面，呈梯形，上宽下窄，两端有穿孔。长5.8、宽1.7、高1.2、厚1.0厘米。牙前部有两齿，后部有一望山，下部有穿。高2.7、宽2、厚0.6厘米。牛窄长，前端有两齿、上部短、下部长。长2.8、宽1.0厘米。悬刀略呈刀形，上端有穿，与牙部穿相固定，之下有一卡槽，用以卡牛下齿。悬刀长3.2厘米，两柱状栓塞呈"T"字形，长2.0厘米（图三一八，2；彩版一三九，2）。

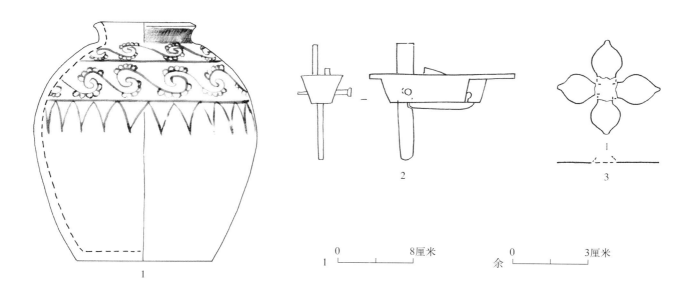

图三一八　M195 出土陶器、铜器

1.陶坛M195：7　2.铜弩机M195：1　3.铜棺饰M195：2

盖弓帽　2组。

M195：8，共8件。顶端以一乳丁为钉帽，小于末端，末端开口，器身中部向上翘起一钩。素面。M195：8-1，长1.65厘米（图三一九，1）。M195：8-2，长1.5厘米（图三一九，2）。M195：8-3，长1.5厘米（图三一九，3）。M195：8-4，长1.65厘米（图三一九，4）。M195：8-5，长1.65厘米（图三一九，5）。M195：8-6，长1.5厘米（图三一九，6）。M195：8-7，长1.5厘米（图三一九，7）。M195：8-8，长1.5厘米（图三一九，8）。

M195：4，共4件。鎏金，形制相同。一端开口，另一端呈圆形钉帽状，帽中央有乳丁，周边较对称处有四个三角形凹槽，帽与器身相接处小于器身，器身中下部向上翘起一钩，钩与钉帽之间有凸棱。M195：4-1，长2.4厘米（图三一九，9）。M195：4-2，长2.4厘米（图三一九，10）。M195：4-3，长2.5厘米（图三一九，11）。M195：4-4，长2.5厘米（图三一九，12；彩版一三九，3）。

当卢　2件。

M195：5，鎏金，残。长方形薄片状，较宽的一端呈三角形，较窄的一端呈圆弧形，正面两端有方形穿孔。长8.5、宽0.5～1.7厘米（图三一九，13；彩版一四〇，3）。

M195：6，长方形薄片状，一端较宽，一端较窄，两端均呈三角形，正面两端有方形穿孔。长8.7、宽0.4～1.4厘米（图三一九，14）。

衡末　1组。

M195：10，共2件。形制相同。圆筒形，中部有一凸棱。素面。M195：10-1，鎏金，直径1、长1.2厘米（图三一九，15）。M195：10-2，鎏金，直径1、长1.2厘米（图三一九，16）。

车軎　2件。

M195：11，圆筒形，下端较粗，有折边，较粗的一端有穿孔。长2.1厘米（图三一九，17）。

M195：12，鎏金。圆筒形，下端较粗，有折边，较粗的一端有穿孔，其中一穿孔内有一铜钉，钉呈"T"字形，顶端呈伞形，末端较尖锐。长2.0厘米（图三一九，18）。

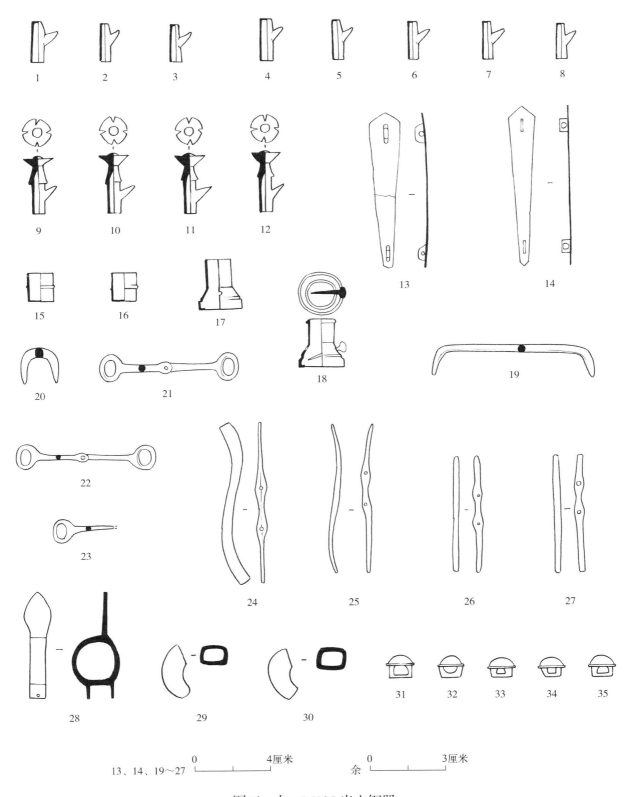

图三一九 M195 出土铜器

1~12.盖弓帽M195:8-1~8-8、4-1~4-4 13、14.当卢M195:5、6 15、16.衡末M195:10-1、10-2 17、18.车軎M195:11、12 19、
20.车辖M195:14、15 21~23.马衔M195:16-1~16-3 24~27.马镳M195:17-1~17-4 28.釦器M195:3 29、30.饰件M195:13-1、
13-2 31~35.扣形饰M195:9-1~9-5

车辖　2件。

M195:14，鎏金。"n"形，两端同向曲折略外撇，截面呈圆形。长 8.7 厘米（图三一九，19）。

M195:15，鎏金。"n"形，两末端细而尖锐，截面呈圆形。素面。长 2.0 厘米（图三一九，20；彩版一四〇，1）。

马衔　1组。

M195:16，共 3件。形制相同。两节，两端有环，中部以套环相连。素面。M195:16-1，套环相接处残缺，残长 7.3 厘米（图三一九，21）。M195:16-2，套环相接处残缺。残长 7.3 厘米（图三一九，22）。M195:16-3，残存一节，残长 3.2 厘米（图三一九，23）。

马镳　1组。

M195:17，共 4件。M195:17-1，鎏金。体微作"S"形，两端呈薄片状，反向弧曲，中部有两穿孔。素面。长 8.9 厘米（图三一九，24）。M195:17-2，鎏金。体微作"S"形，两端细而尖锐，反向弧曲，中部有两穿孔。素面。长 8.2 厘米（图三一九，25）。M195:17-3，体直而纤细，中部有两穿孔。长 6.4 厘米（图三一九，26）。M195:17-4，体直而纤细，中部有两穿孔。长 6.5 厘米（图三一九，27；彩版一四〇，2）。

钮器　1件。

M195:3，为器耳，鎏金。器身环形片状，似一箍，一端向外伸出二长方形薄片，二薄片上各有一穿孔，另一端伸起一较宽的薄片，末端呈三角形。长 4.3、环径 1.9 厘米（图三一九，28）。

棺饰　1件。

M195:2，残存四个柿叶蒂形，中部泡钉缺失。柿叶最大径 4.1 厘米（图三一八，3）。

饰件　1组。

M195:13，共 2件。形制相同。扁圆形筒状，中部弧曲，一端开口。素面。M195:13-1，鎏金，长 2.1 厘米（图三一九，29）。M195:13-2，长 2.2 厘米（图三一九，30）。

扣形饰　1组。

M195:9，共 5件。形制相同。半球形，器表素面，背面有穿孔。M195:9-1，直径 0.9 厘米（图三一九，31）。M195:9-2，直径 0.9 厘米（图三一九，32）。M195:9-3，直径 0.75 厘米（图三一九，33）。M195:9-4，直径 0.75 厘米（图三一九，34）。M195:9-5，直径 0.9 厘米（图三一九，35）。

一八〇　M196

（一）墓葬形制

该墓位于墓群 E 区南部。开口于②层下，开口距地表 1.40 米。

竖穴土坑墓，平面呈长方形，方向 170°，口大底小。上口长 4.70、宽 3.24 米；底长 4.10、宽 2.70 米；深 2.92 米。斜壁内收，收分明显，壁面规整，平底，无工具加工痕迹。墓内填松散的黄褐色五花土，含少量植物根系，出土少量陶片。

葬具为一椁，南北向摆放，残存板灰。长 2.90、宽 2.50、残高 1.00 米，椁板厚 10 厘米。

葬式不详。

图三二〇　M196 平、剖面图

1.铜棺饰　2.铁棺钉　3.铅环　4.铜盖弓帽　5.铜马衔　6.大口陶罐　7.陶坛　8.铜环　9.铜当卢　10.铜车軎　11、16.铜车辖　12、18、19.铜饰件　13、14.铜衡末　15.铜扣形饰　17.铜马镳

盗洞 1 个，位于墓葬的东南角，自墓顶直通墓底。平面呈椭圆形，长 1.20～1.40 米。

墓葬内出土陶罐 1、陶坛 1、铜棺饰 1、铜盖弓帽 1、铜车马器构件 1 套、铜环 1、铅环 1、铁棺钉 1 件（组）（图三二〇）。

（二）出土遗物

1. 陶器

2 件。

大口罐　1 件。

M196：6，泥质灰陶。口部残损，侈口，外斜沿，竖方唇，矮领，广肩，弧腹，上腹较直，下腹斜内收，最大径位于腹上部，平底。腹中部饰一周宽 1 厘米的竖向绳纹，器表轮制痕迹明显。口径 11.0、最大径 19.8、底径 11.2、高 15.5 厘米（图三二一，1）。

坛　1 件。

M196：7，泥质灰陶。侈口，窄平沿，沿面有二道凹槽，方唇，束颈，广肩，深弧腹，最大径

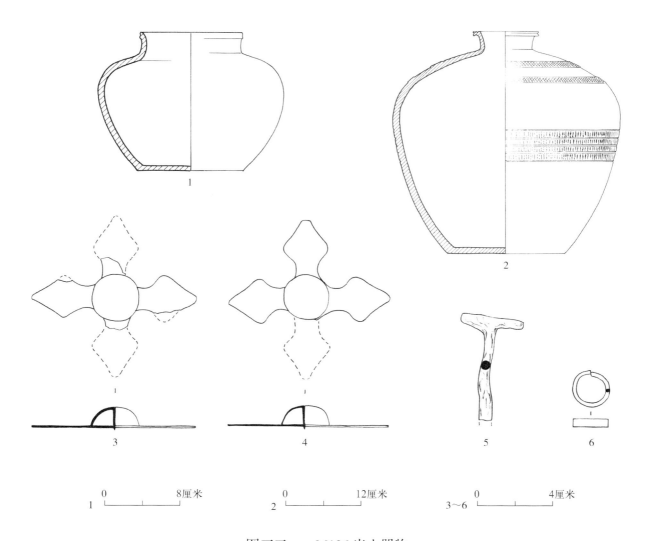

图三二一　M196 出土器物

1.大口陶罐M196：6　2.陶坛M196：7　3、4.铜棺饰M196：1-1、1-2　5.铁棺钉M196：2　6.铅环M196：3

位于腹中上部，平底。肩中部、下端各饰二道凹弦纹，弦纹之间饰菱形方格网纹，腹中上部先饰一周宽 1.5 厘米的绳纹，再饰三道凹弦纹将之分割成数段，轮制。口径 10.5、最大径 36.3、底径 18.5、高 37.0 厘米（图三二一，2）。

2. 铜器

15 件。

盖弓帽　1 组。

M196：4，共 7 件。鎏金，形制相同。一端开口，另一端呈钉帽状，钉帽平面呈圆角四边形，周围对称处有四个凹槽，器身中部向上翘起一钩，钩与钉帽之间有一道凸棱。素面。长 2.6 厘米（图三二二，1；彩版一四一，1）。

马衔　1 组。

M196：5，共 2 件。形制相同。两节，两端有环，中部以套环相连。素面。M196：5-1，完整，长 7.0 厘米（图三二二，2）。M196：5-2，残，连接处残损。两节分别残长 3.8、3.7 厘米（图三二二，3）。

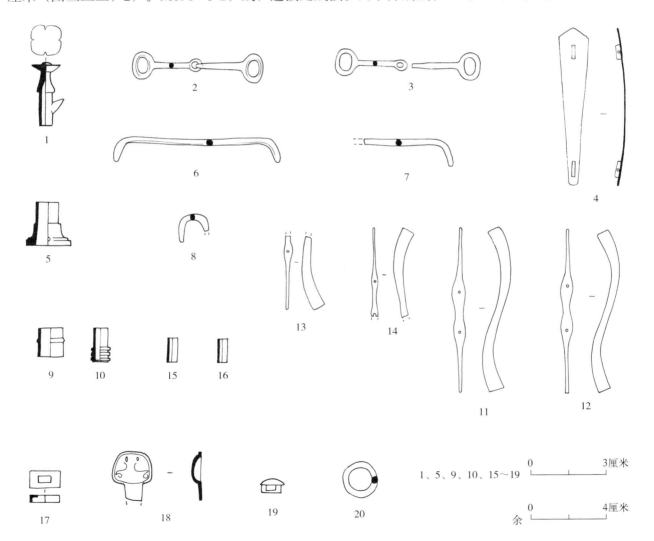

图三二二　M196 出土铜器

1. 盖弓帽 M196：4-1　2、3. 马衔 M196：5-1、5-2　4. 当卢 M196：9　5. 车軎 M196：10　6～8. 车辖 M196：11-1、11-2、16　9、10. 衡末
M196：13、14　11～14. 马镳 M196：17-1～17-4　15～18. 饰件 M196：12-1、12-2、18、19　19. 扣形饰 M196：15　20. 环 M196：8

当卢 1件。

M196：9，背面鎏金。长条薄片形，较宽的一端呈三角形，较窄的一端呈圆弧形，正面两端各有一长方形穿。长8.7、宽5.0～16.0厘米（图三二二，4；彩版一四一，2）。

车害 1件。

M196：10，鎏金。圆筒形，下端较粗，有折边，较粗一端有一对称穿孔。长1.8厘米（图三二二，5，彩版一四二，1）。

车辖 2组。

M196：11，共2件，鎏金，形制相同。呈"n"形，两端同向曲折略外撇，截面呈圆形。M196：11-1，完整，长8.8、厚3.0厘米（图三二二，6）。M196：11-2，残存一半。残长4.7、厚3厘米（图三二二，7）。

M196：16，共1件。残。呈"n"形，两末端细而尖锐，截面呈圆形。素面。长1.5厘米（图三二二，8）。

衡末 2件。

M196：13，圆筒形，中部有凸棱。素面。口径1.0、长1.2厘米（图三二二，9）。

M196：14，鎏金。圆筒形，底端有三道凸箍。素面。口径6.0、长1.4厘米（图三二二，10；彩版一四二，2）。

马镳 1组。

M196：17，共4件。形制相同，略作"S"形，两端呈薄片状，反向弧曲，末端较为规整，中部有两穿孔。素面。M196：17-1，两端鎏金。长9.0厘米（图三二二，11）。M196：17-2，两端鎏金。长9.0厘米（图三二二，12）。M196：17-3，残损。残长4.1厘米（图三二二，13）。M196：17-4，残损。残长4.8厘米（图三二二，14；彩版一四二，3）。

棺饰 1组。

M196：1，共2件。鎏金，形制相同。柿叶蒂形，四个柿叶分别位于上、下、左、右四周，中部为一圆泡钉，将柿叶相连接，泡钉与柿叶之间以榫卯结构相连接。M196：1-1，大泡钉（图三二一，3）。M196：1-2，柿蒂形棺饰，均残。柿叶最大径8.7、泡径2.6厘米（图三二一，4）。

饰件 3组。

M196：12，共2件。鎏金，形制相同。空心圆筒状。M196：12-1，完整。长1.0厘米（图三二二，15）。M196：12-2，完整。长1.0厘米（图三二二，16）。

M196：18，共2件。形制相同，长方体，中空，一端开口，四壁规整，器表有一穿孔。M196：18-1，鎏金。长1.2、宽0.7、厚0.3厘米。M196：18-2，鎏金。长1.2、宽0.7、厚0.3厘米（图三二二，17）。

M196：19，共1件。鎏金。平面呈"T"字形，顶端呈圆角兽首形，兽首形制不明，之下条形薄片作插钉。残长1.95、宽0.6～1.5厘米（图三二二，18；彩版一四二，4）。

扣形饰 1组。

M196：15，5件。形制相同，半球形，器表素面，背面有方形穿孔。直径1.0厘米（图三二二，19）。

环 1件。

M196：8，圆环形，截面呈圆形。素面。直径1.8、厚4.0厘米（图三二二，20）。

3. 铁器

1件。

棺钉　1件。

M196：2，锈蚀严重。呈"T"字形，顶端略平，末端残缺，截面呈圆形。残长 5.8 厘米（图三二一，5）。

4. 铅器

1件。

环　1件。

M196：3，残。平面圆环状，首尾不相接，截面呈长方形。直径 1.9、高 0.5、厚 1.0 厘米（图三二一，6）。

一八一　M197

（一）墓葬形制

该墓位于墓群 E 区南部。开口于②层下，开口距地表 0.70 米。

竖穴土坑墓，平面呈长方形，方向 265°，口大底小，有生土二层台。上口长 4.30、宽 3.10 米；二层台台面至墓口 2.10 米，东、北侧台面宽 0.50、南、西两侧台面宽均为 0.30；底长 3.10、宽 1.90 米；残深 3.10 米。二层台以上斜壁内收，收分明显，二层台以下，直壁，整个墓壁规整，平底，无工具加工痕迹。墓内填松散的黄褐色五花土，含少量植物根系，出土少量陶片。

葬具为一棺，东西向摆放，残存棺灰。长 2.70、宽 1.10、残高 0.40 米，棺板厚 10 厘米。

葬式不详。

盗洞 1 个，位于墓葬的西端，自墓顶直通墓底。平面呈椭圆形，长 0.60～0.70 米。

墓葬内出土陶釜 1、铜钱 1、铁剑 1 件（图三二三）。

（二）出土遗物

1. 陶器

1件。

无耳釜　1件。

M197：2，夹砂灰陶。敞口，斜沿外折，

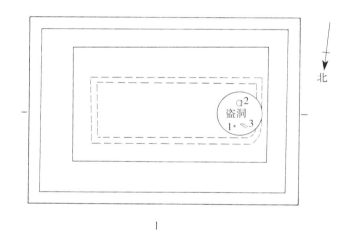
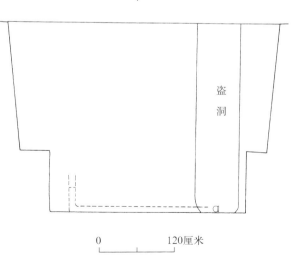

图三二三　M197 平、剖面图
1.铜圜钱　2.无耳陶釜　3.铁剑

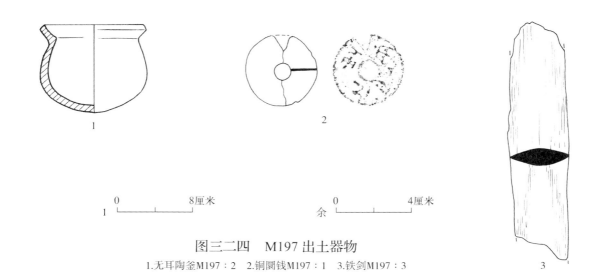

图三二四　M197 出土器物

1.无耳陶釜M197：2　2.铜圜钱M197：1　3.铁剑M197：3

方唇，束颈，鼓腹，圜底。素面，内壁可见泥条盘筑痕迹。口径 11.2、高 9.8 厘米（图三二四，1）。

2. 铜器

1 件。

圜钱　1 枚。

M197：1，残损。圆形圆孔，正面有阳刻文，字样不明。背面素面。钱径 3.9、穿宽 1.0 厘米，重 5.8 克（图三二四，2）。

3. 铁器

1 件。

剑　1 件。

M197：3，锈残。残存部分剑身，截面呈扁菱形，锋部开刃。残长 13.2、宽 3.3 厘米（图三二四，3）。

一八二　M198

（一）墓葬形制

该墓位于墓群 E 区南部。开口于②层下，开口距地表 1.10 米。

竖穴土坑墓，平面呈长方形，方向 15°，口大底小，有生土二层台。上口长 3.10、宽 2.20 米；二层台台面至墓口 2.00 米，东、西侧台面宽 0.40、南、北两侧台面宽均为 0.30 米；底长 2.10、宽 1.00 米；残深 2.80 米。壁龛，位于北端墓壁底端中部，平顶，底与墓底齐平，进深 0.40、宽 0.60、高 0.40 米。二层台以上斜壁内收，收分明显，二层台以下，直壁，整个墓壁规整，平底，无工具加工痕迹。墓内填松散的黄褐色五花土，含少量植物根系。

葬具不详。

葬式不详。

盗洞 1 个，位于墓葬的南端，自墓顶直通墓底。平面呈椭圆形，长 0.54 ～ 0.60 米。

墓葬内出土铜带钩 1 件；壁龛内出土陶罐 4 件（图三二五）。

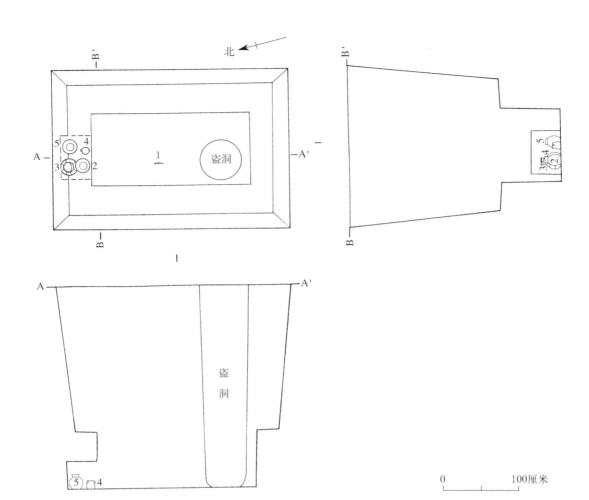

图三二五　M198 平、剖面图

1.铜带钩　2.平底陶壶　3、5.小口旋纹陶罐　4.双耳陶罐

（二）出土遗物

1.陶器

4 件。

平底壶　1 件。

M198：2，泥质灰陶。口沿残损，喇叭口，外斜沿，方唇，唇缘上端有一凸棱，斜高领，斜肩，弧腹，最大径位于腹上端，平底。肩下部饰较散乱的竖向暗绳纹，腹部有刮抹痕迹，器身有轮制痕迹。口径 10.6、最大径 17.3、底径 8.4、高 22.4 厘米（图三二六，1；彩版一四三，1）。

双耳罐　1 件。

M198：4，夹砂灰陶。敞口，圆唇，敛颈，鼓腹，平底，口部附加两器耳，上端接于口部，略低于沿面，下端接于腹上端，相接处贴以泥片进行固定。素面，器底包裹器身，内壁可见口沿与器身相拼接的痕迹。口径 9.6、底径 7.3、高 10.6 厘米（图三二六，2；彩版一四三，2）。

小口旋纹罐　2 件。

M198：3，泥质灰陶。口沿残损，喇叭口，外斜沿，方唇，束颈，圆肩，鼓腹，最大径位于腹上端，

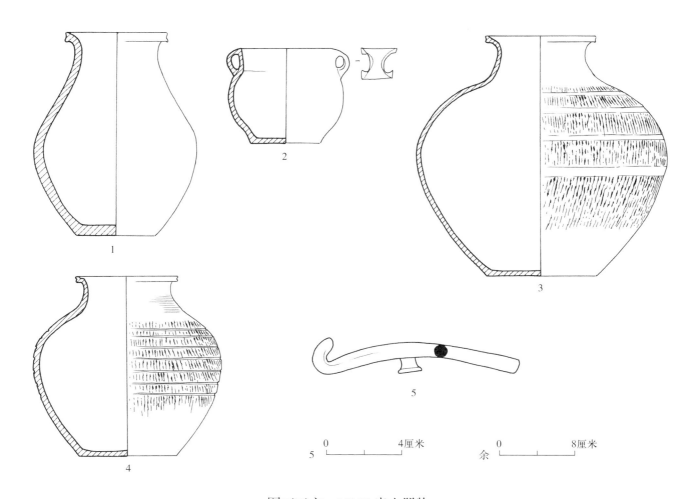

图三二六　M198 出土器物

1.平底陶壶M198：2　2.双耳陶罐M198：4　3、4.小口旋纹陶罐M198：3、5　5.铜带钩M198：1

平底。肩、腹上部先饰竖向绳纹，肩上端后将绳纹抹去，残留绳纹纹理，肩下部、腹上部后饰四道旋纹，将绳纹分割成数段，腹内渐有刮抹痕迹，轮制。口径 11.7、最大径 26.6、底径 11.5、高 26.6 厘米（图三二六，3；彩版一四三，3）。

M198：5，泥质灰陶。口沿残损，侈口，窄平沿，沿面外端有凸棱，方唇，唇缘中部有凹槽，束颈，溜肩，上腹微鼓，下腹弧内收，最大径位于腹上部，平底。肩、腹部先饰竖向细绳纹，肩上部后抹去绳纹，残留绳纹纹理，肩中部、腹中上部后饰数道凹弦纹将绳纹分割成数段，下腹部有刮削痕迹，颈部有轮制痕迹。口径 11.0、最大径 20.0、底径 10.0、高 20.0 厘米（图三二六，4；彩版一四三，4）。

2. 铜器

1件。

带钩　1件。

M198：1，曲棒形，兽首，钩身较长，截面呈圆形，扁圆形纽位于中部偏上。长 11.2、宽 1.6、纽径 1.1厘米（图三二六，5；彩版一四四，1）。

一八三　M199

（一）墓葬形制

该墓位于墓群 E 区南部。开口于②层下，开口距地表 0.70 米。

斜坡墓道土洞墓，平面呈"凸"字形，总长 7.90 米，方向 170°。由墓道、墓室两部分组成。墓道位于墓室的北端，北高南低呈斜坡式，坡度 30°，平面呈梯形，南宽北窄，口大底小。上口长 3.70、宽 1.00～1.40 米；底长 3.84、宽 1.00～1.20 米；深 0～3.00 米。墓壁北端直壁、东西两纵壁斜直内收，底平滑。墓室平面呈梯形，口大底小。上口长 3.00、宽 1.60～2.00 米；底长 2.80、宽 1.40～1.80 米；深 3.30 米。斜壁内收，收分明显，壁面平整，平底，低于墓道南端底 0.30 米。整个墓圹壁面规整，底平滑，无工具加工痕迹。墓内填松散的黄褐色五花土。含少量陶片。

葬具不详。

葬式不详。

盗洞 1 个，位于墓葬西北部，自墓顶直通墓底。平面呈椭圆形，长 0.90 米，其内出土残片（图三二七）。

（二）出土遗物

无出土器物。

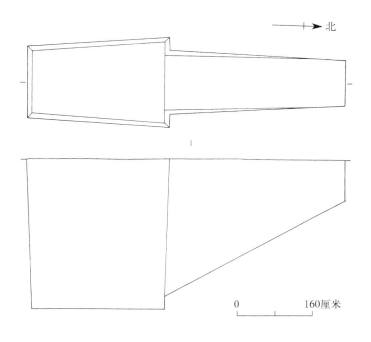

图三二七　M199 平、剖面图

一八四　M200

（一）墓葬形制

该墓位于墓群 E 区南部。开口于②层下，开口距地表 1.10 米。

斜坡墓道土洞墓，平面呈"凸"字形，总长 10.00 米，方向 0°。由墓道、墓室两部分组成。墓道位于墓室的北端，北高南低呈斜坡式，坡度 27°，平面呈梯形，南宽北窄，口大底小。上口长 7.00、宽 0.80 ～ 1.40 米；底长 7.20、宽 0.80 ～ 1.00 米；深 0 ～ 3.44 米。墓壁北端直壁，东西两纵壁斜直内收，底较平滑。墓室平面呈梯形，南宽北窄，口大底小。上口长 3.00、宽 1.60 ～ 1.80 米；底长 2.70、宽 1.20 ～ 1.40 米；深 3.80 米。斜壁内收，收分明显，平底，底低于墓道南端底部 0.24 米。整个墓圹壁面规整，底平整，无工具加工痕迹。墓内填松散的黄褐色五花土。含少量陶片。

葬具不详。

葬式不详。

盗洞 1 个，位于墓葬南部，自墓顶直通墓底，平面呈椭圆形，长 0.45 ～ 0.80 米，盗洞内出土残片（图三二八）。

（二）出土遗物

无出土器物。

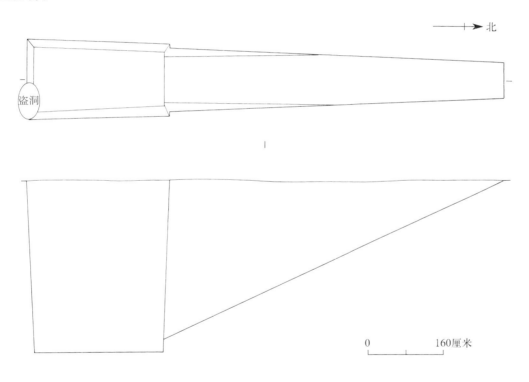

图三二八　M200 平、剖面图

一八五　M201

（一）墓葬形制

该墓位于墓群 E 区南部。开口于①层下，开口距地表 0.30 米。

竖穴土坑墓，平面呈长方形，方向 6°，口大底小。上口长 3.30、宽 1.88 米；底长 3.16、宽 1.68 米；深 0.60 ～ 1.70 米。墓葬上部斜壁内收，收分明显，下部直壁，平底，修建规整，无工具加工痕迹。墓内填土致密的黄褐色五花夯土，夯层、夯筑方法不明。

葬具一椁，南北向摆放，残存板灰。椁长 3.16、宽 1.68、残高 0.10 ～ 0.80、椁板厚 10 厘米。

葬式不详。

盗洞 1 个，位于墓圹中部，自墓顶直通墓底。平面呈长方形，长 2.00、宽 1.20 ～ 1.40 米，其内出土残片。

墓葬内出土铜棺饰 7 件（图三二九）。

（二）出土遗物

铜器

7 件。

棺饰　7 件。

鎏金，形制、大小相同。柿叶蒂形，四个柿叶较对称的分布于四周，中央有一圆形穿孔，泡钉位于中央，素面。

M201：1，完整。柿叶最大径 6.0、泡径 1.4 厘米（图三二九，1）。

M201：2 ～ 7，均残。柿叶最大径 6.0、泡径 1.5 厘米。

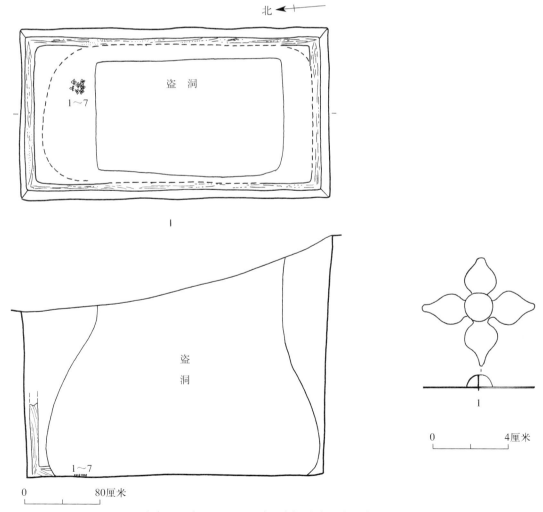

图三二九　M201 平、剖面图及出土铜器

1～7.棺饰

一八六　M202

（一）墓葬形制

该墓位于墓群 A 区东侧。开口于
②层下，开口距地表 3.30 米。

竖穴土坑墓，平面呈长方形，方向
340°，口底同大。长 2.50、宽 0.90 米，
深 3.52 米。直壁，平底，无工具加工痕
迹。墓内填较硬的灰黄色五花土，含较
多的植物根系。

葬具不详。

葬式不详。

盗洞 1 个，位于墓葬南部，自地表
直通墓底。平面呈长方形，长 1.46、宽
0.84 米。

墓葬内出土陶罐 3、陶鍪 1、铜印
章 1 件（图三三〇）。

（二）出土遗物

1. 陶器

4 件。

小口罐　1 件。

M202：5，泥质灰陶。侈口，窄沿，
方唇，直领，溜肩，深弧腹，最大径位
于腹上部，平底。肩部先饰绳纹，再于
其上饰数道凹弦纹，将之分割成数段，
腹中部饰斜绳纹，领部有刮抹痕迹。
口径 11.2、最大径 27.6、底径 14.4、高
23.2 厘米（图三三一，1；彩版一四四，2）。

扁腹罐　2 件。

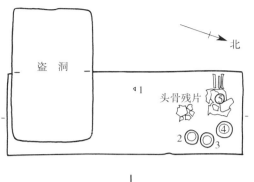

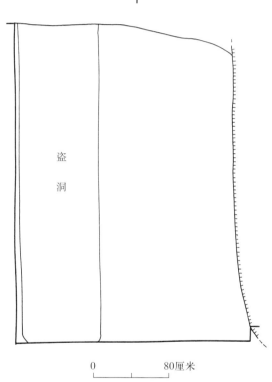

图三三〇　M202 平、剖面图
1.铜印章　2.无耳无錾陶鍪　3、4.扁腹陶罐　5.小口陶罐

M202：3，泥质灰陶。直口，圆沿，矮领，溜肩，弧腹，最大径位于肩腹交接处，平底。肩部
先饰斜绳纹后抹掉，残留绳纹纹理，腹以下素面。口径 10.0、最大径 17.2、底径 10.4、高 11.2 厘米（图
三三一，2；彩版一四四，3）。

M202：4，泥质灰陶。口微侈，圆沿，方唇外撇，矮领，溜肩，弧腹，最大径位于腹上端，平
底。素面，肩部轮制痕迹明显。口径 10.8、最大径 17.6、底径 9.7、高 11.6 厘米（图三三一，3；彩
版一四四，4）。

无耳无錾鍪　1 件。

M202：2，泥质灰陶。侈口，窄沿外斜，尖唇，束颈，溜肩，折腹，最大径位于折腹处，圜底。

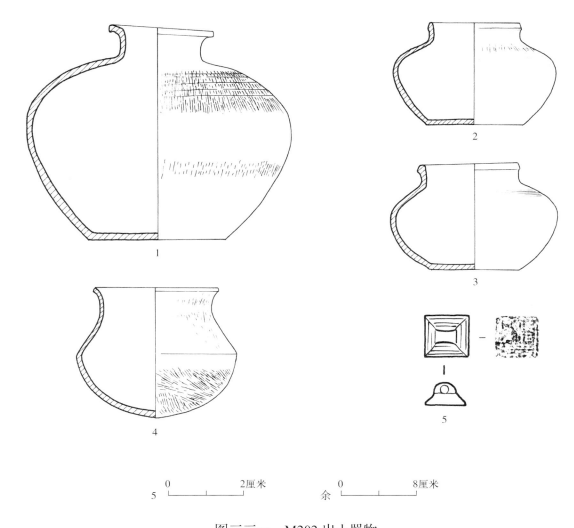

5　0 ⎯⎯⎯ 2厘米

余　0 ⎯⎯⎯ 8厘米

图三三一　M202 出土器物

1.小口陶罐M202：5　2、3.扁腹陶罐M202：3、4　4.无耳无錾陶鍪M202：2　5.铜印章M202：1

腹部以下饰绳纹，肩以上先饰绳纹后抹掉，残存绳纹。口径 13.2、最大径 17.2、高 14.0 厘米（图三三一，4；彩版一四四，5）。

2. 铜器

1 件。

印章　1 枚。

M202：1，桥形纽，覆斗形印体，印背有台面，台边斜直，印面正方形，阳刻文，字样不清。边长 1.2、印面厚 0.3、通高 0.6 厘米（图三三一，5；彩版一四五，1）。

一八七　M203

（一）墓葬形制

该墓位于墓群 D 区东北侧。开口于①层下，开口距地表 0.10 米。

竖穴土坑墓，平面呈长方形，方向 320°，口底同大。长 3.00、宽 1.46、深 1.20 米。直壁，平底，

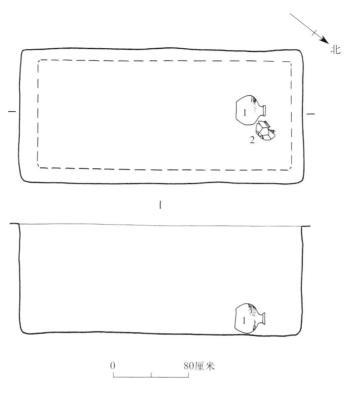

图三三二　M203 平、剖面图

1.小口陶罐　2.扁腹陶罐

无工具加工痕迹。墓内填松散的灰黄色五花土，含较多的植物根系，含泥质灰陶片，可辨器形为罐。

葬具为一椁，呈南北向摆放，木质结构，有木迹及灰痕，长 2.70、宽 1.18 米。

葬式不详。

墓葬内出土陶罐 2 件（图三三二）。

（二）出土遗物

陶器

2 件。

小口罐　1 件。

M203：1，泥质灰陶。侈口，窄沿，沿面微隆，方唇，唇缘有凹槽，直领，溜肩，深弧腹，最大径位于腹上部，平底。肩、腹部先饰绳纹，再于其上饰数道凹弦纹，将之分割成数段，领部有轮制痕迹。口径 12.5、最大径 34.6、底径 16.8、高 28.5 厘米（图三三三，1）。

扁腹罐　1 件。

M203：2，泥质灰陶。直口，窄平沿，竖方唇，唇缘有凹槽，矮领，广肩，圆腹，最大径位于腹上部，平底。肩部先饰斜绳纹后抹掉，残留绳纹纹理，腹中部先饰绳纹，再于其上饰数道凹弦纹，将之分割成数段，口部有轮制痕迹。口径 16.0、最大径 25.4、底径 13.1、高 14.4 厘米（图三三三，2）。

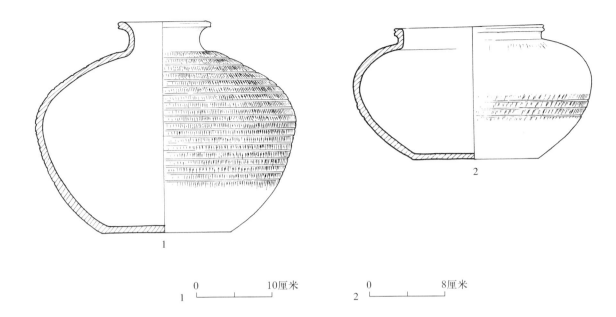

图三三三　M203 出土陶器

1.小口罐M203：1　2.扁腹罐M203：2

一八八　M205

（一）墓葬形制

该墓位于墓群 D 区东北侧。开口于①层下，开口距地表 0.20 米，被 M204 打破。

斜坡墓道土洞墓，平面呈"凸"字形，残长 5.00 米，方向 225°。由墓道、墓室两部分组成。墓道位于墓室南端，近斜坡状，平面呈长方形，口底同大。残长 2.00、宽 1.00、高 2.58 ～ 2.84 米，底部北端 1.00 米处为平底，起坡处有一高 0.14 米的二层台，壁面斜直内收。墓室为土洞式，平面呈长方形，口大底小。上口长 3.00、宽 2.10；底长 2.80、宽 1.70 米；残深 3.00 ～ 3.80 米。墓室上部壁面斜直内收，内收明显，下部壁面平直，平底，墓室底低于甬道底 0.16 米，无工具加工痕迹。墓内填松散的灰黄色五花土。

葬具不详。

葬式不详。

墓室内出土陶罐 2、陶鍪 1、铜带钩 1、铜钱 1、铁灯 1 件（图三三四）。

（二）出土遗物

1.陶器

3 件。

小口罐　1 件。

M205：4，泥质灰陶。侈口，窄沿外撇，方唇，斜领，广肩，腹微鼓，最大径位于鼓腹处，平底。肩、腹中部先饰绳纹，再于其上饰数道旋纹及凹弦纹，将之分割成数段，领部轮制痕迹明显。口径 11.2、最大径 29.7、底径 14.0、高 24.0 厘米（图三三五，1）。

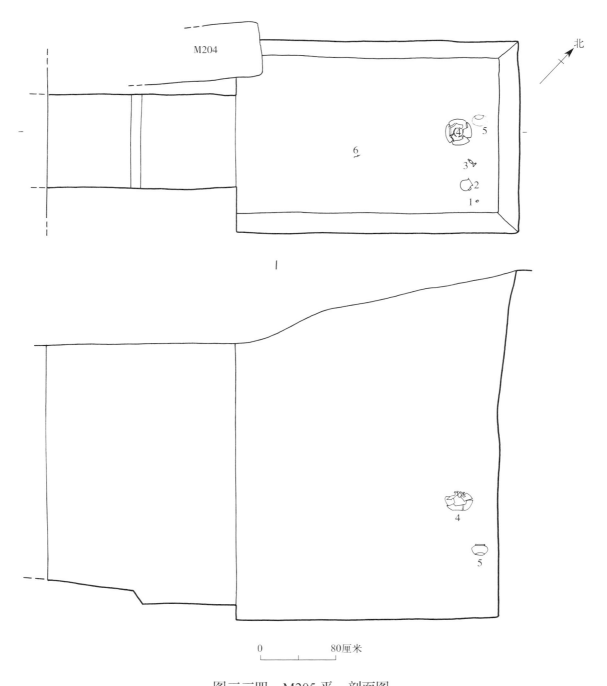

图三三四　M205 平、剖面图
1.半两钱　2.带耳陶鋆　3.铁灯　4.小口陶罐　5.扁腹陶罐　6.铜带钩

扁腹罐　1件。

M205：5，泥质灰陶。直口，窄沿，矮领，溜肩，弧腹，最大径位于腹上端，平底。腹部先饰绳纹后抹掉，残留绳纹纹理，器身有轮制痕迹。口径 9.9、最大径 17.4、底径 10.0、高 10.4 厘米（图三三五，2；彩版一四五，2）。

带耳鋆　1件。

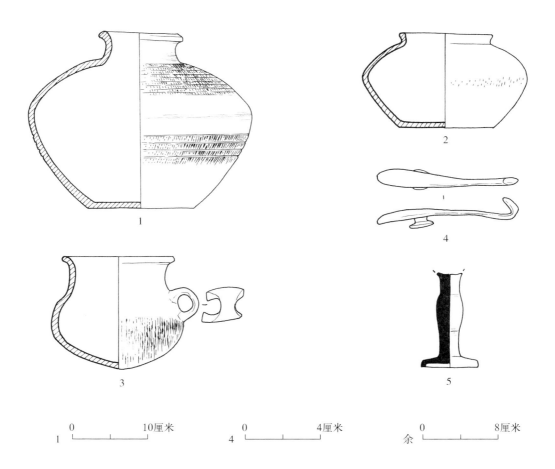

图三三五　M205 出土器物

1.小口陶罐M205：4　2.扁腹陶罐M205：5　3.带耳陶鍪M205：2　4.铜带钩M205：6　5.铁灯M205：3

M205：2，残，夹砂灰陶。侈口，外斜沿，圆唇，高领，深弧腹，圜底。腹中部附加一环形器耳，腹部饰竖绳纹，领部有轮制痕迹。口径11.9、高12.4厘米（图三三五，3；彩版一四五，3）。

2. 铜器

2件。

半两钱　1组。

M205：1，共2枚。圆形方穿，无郭。钱径2.3、穿宽0.7～0.8厘米，重1.4～2.5克。

带钩　1件。

M205：6，琵琶形，钩首为头，钩体为身，圆形纽位于钩身中部略偏下。素面。长7.6、纽径1.4厘米（图三三五，4；彩版一四五，4）。

3. 铁器

1件。

灯　1件。

M205：3，锈蚀严重，灯盘缺失，圆柱状实心柄，柄中部凸起，浅盘形底座。素面。底径6.0、残高10.0厘米（图三三五，5）。

一八九 M207

（一）墓葬形制

该墓位于墓群D区东北侧。开口于①层下，开口距地表0.20米，南侧上部壁面因水土流失被破坏。

竖穴土坑墓，平面呈长方形，方向125°。口大底小，有生土二层台。上口长3.20、残宽2.00米；二层台面距墓口残深0.70米，东、西侧台面宽0.10、北侧台面宽0.40米，南侧无二层台；底长3.00、宽1.50米；深2.00米。二层台以上壁面斜直内收，收分明显，二层台壁面平直，壁面规整，平底，无工具加工痕迹。墓内填松散的灰黄色五花土。

葬具不详。

葬式不详。

墓葬内出土陶罐2件（图三三六）。

（二）出土遗物

陶器

2件。

小口罐 1件。

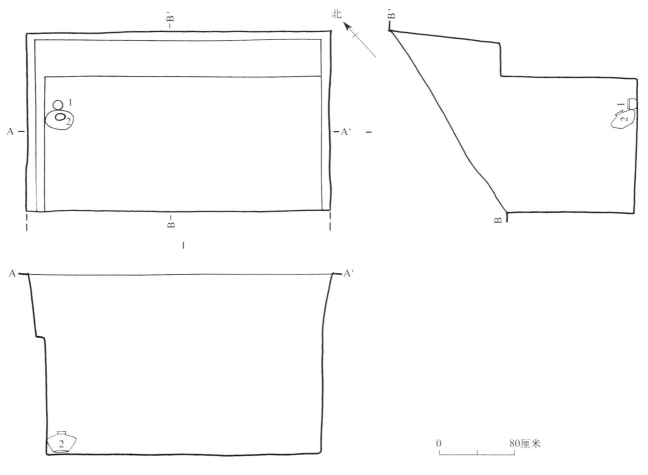

图三三六 M207 平、剖面图
1.敞口小陶罐 2.小口陶罐

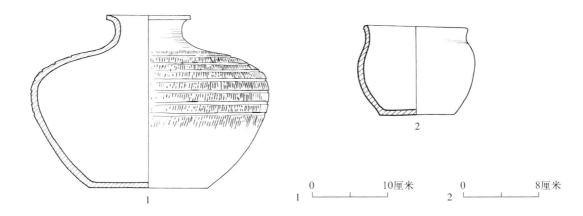

图三三七　M207 出土陶器
1.小口罐M207：2　2.敞口小罐M207：1

M207：2，泥质灰陶。侈口，外斜沿，方唇，高领，溜肩，弧腹，肩腹交接处折棱明显，最大径位于肩腹交接处，平底。肩、腹上部先饰绳纹，再于其上饰数道凹弦纹，将之分割成数段，领部轮制痕迹明显。口径 11.2、最大径 31.6、底径 15.0、高 23.8 厘米（图三三七，1）。

敞口小罐　1 件。

M207：1，夹砂灰陶。侈口，圆唇，颈微束，溜肩，弧腹，最大径位于腹上部，平底。素面，器身有刮抹痕迹。口径 11.0、最大径 12.4、底径 8.0、高 9.6 厘米（图三三七，2）。

一九〇　M208

（一）墓葬形制

该墓位于墓群 D 区中部。开口于②层下，开口距地表 1.00 米。

竖穴墓道洞室墓，方向 350°，总长 5.40 米。由墓道、墓室两部分组成。墓道位于墓室北端，平面呈梯形，底部北高南低呈斜坡状，口大底小。上口长 3.00、宽 2.00～2.30 米；底长 2.70、宽 1.50～1.70 米；深 2.80～2.90 米；斜壁内收，收分明显。墓室为土洞式，平面呈长方形，拱形顶，顶部北高南低斜坡状，进深 2.40、宽 0.90；洞室高 1.30～1.70 米，壁面平直，光滑，平底，底低于墓道南端底部 0.10 米，无工具加工痕迹。墓道内填较硬的灰黄色五花土，墓室内填较硬的灰黄色淤积土。

葬具不详。

葬式为仰身直肢，头向北，面向上，右上肢微曲，右手放于盆骨处，左手直伸，双腿直伸，男性，年龄不明。

墓室西北部出土陶罐 2、铁罐 1 件（图三三八；彩版一四六，1）。

（二）出土遗物

1.陶器

2 件。

壶形罐　1 件。

M208：2，泥质灰陶。侈口，窄平沿，方唇，高领，溜肩，圆腹，最大径位于腹上部，平底。肩、

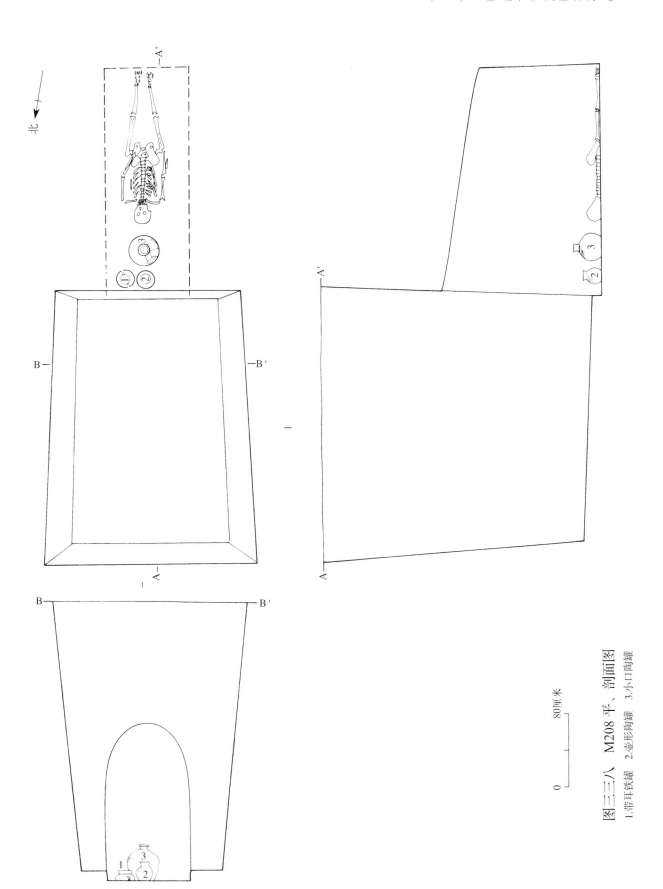

图三三八　M208 平、剖面图
1.带耳铁罐　2.变形陶罐　3.小口陶罐

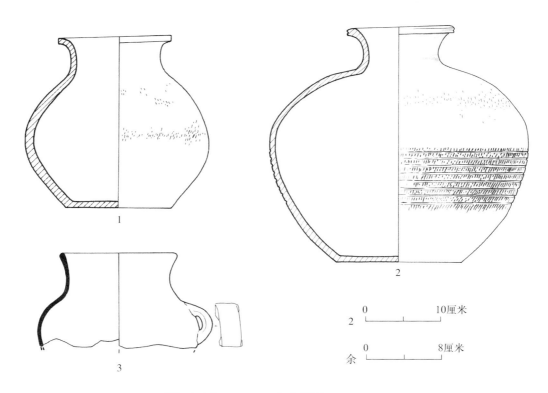

图三三九　M208 出土器物

1.壶形陶罐M208：2　2.小口陶罐M208：3　3.带耳铁罐M208：1

腹部先饰竖绳纹后抹掉，残留绳纹纹理，领部有轮制痕迹。口径 12.1、最大径 19.5、底径 11.2、高 18.8 厘米（图三三九，1）。

小口罐　1 件。

M208：3，泥质灰陶。侈口，窄沿微外撇，方唇，唇缘有凹槽，斜领，溜肩，深弧腹，最大径位于腹上部，平底。腹中部先饰绳纹，再于其上饰数道旋纹，将之分割成数段，领部有轮制痕迹，肩部先饰绳纹后抹掉，残留绳纹。口径 14.1、最大径 34.0、底径 16.3、高 31.6 厘米（图三三九，2）。

2. 铁器

1 件。

带耳罐　1 件。

M208：1，残，侈口，圆唇，束颈，弧腹，底残，腹上端附加一半环形器耳。素面。口径 12.2、残高 10.4 厘米（图三三九，3）。

一九一　M209

（一）墓葬形制

该墓位于墓群 D 区中部。开口于①层下，开口距地表 0.50 米。

竖穴土坑墓，平面呈梯形，方向 285°。口大底小，有生土二层台。上口长 3.06～3.60、宽 2.90 米；二层台面距墓口深 3.20 米，东侧台面宽 0.10 米，西、南、北三侧无二层台；底长 2.80、宽 1.50 米；深 4.20 米。墓壁上部壁面斜直内收，收分明显，下部壁面平直，修建规整，平底，无工具加工痕迹。

墓内填松散的灰褐色五花土。

葬具不详。

葬式不详。

盗洞 1 个，位于墓葬中部，自墓顶直通墓底。平面呈圆角长方形，长 2.70、宽 2.60 米。

墓葬内出土陶釜 1、陶罐 3 件（图三四〇）。

（二）出土遗物

陶器

4 件。

小口旋纹罐　1 件。

M209：2，泥质灰陶。侈口，斜沿，方唇，束颈，溜肩，深弧腹，最大径位于腹上端，平底。肩、腹部先饰竖绳纹，再于其上饰数道刻划旋纹，将之分割成数段，口部有轮制痕迹。口径 10.8、最大径 27.3、底径 14.0、高 26.6 厘米（图三四一，1）。

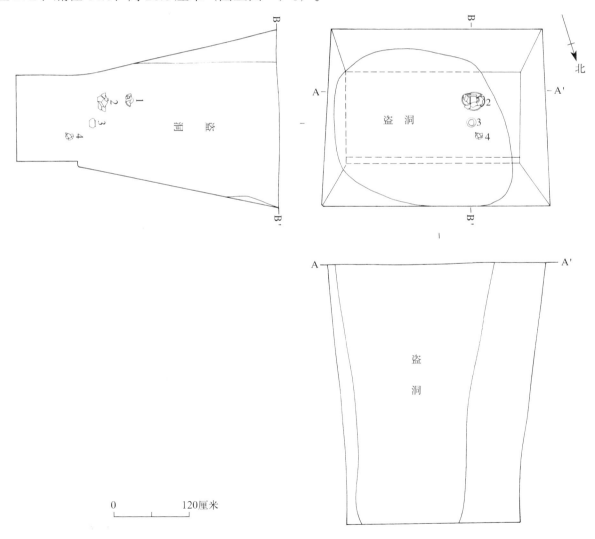

0 — 120厘米

图三四〇　M209 平、剖面图

1、3.扁腹陶罐　2.小口旋纹陶罐　4.无耳陶釜

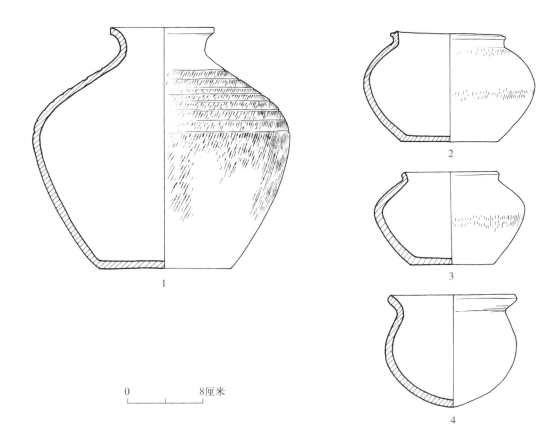

0　　　　　8厘米

图三四一　M209 出土陶器

1.小口旋纹罐M209：2　2、3.扁腹罐M209：1、3　4.无耳釜M209：4

扁腹罐　2件。

M209：1，泥质灰陶。直口，窄沿，沿面有凹槽，矮领，溜肩，弧腹，最大径位于腹上端，平底。腹上部饰竖绳纹，领、肩部先饰绳纹后抹掉，残留绳纹，领部有轮制痕迹。口径12.3、最大径18.2、底径10.0、高12.0厘米（图三四一，2）。

M209：3，泥质灰陶。侈口，外斜沿，束颈，溜肩，深弧腹，最大径位于腹上端，平底。腹中部饰竖绳纹，颈、肩部先饰绳纹后抹掉，残留绳纹。口径10.1、最大径16.0、底径9.0、高10.2厘米（图三四一，3）。

无耳釜　1件。

M209：4，夹砂灰陶。侈口，圆唇，束颈，深弧腹，最大径位于腹中部，圜底，素面。口径13.6、最大径14.0、高12.0厘米（图三四一，4）。

一九二　M210

（一）墓葬形制

该墓位于墓群 D 区中部。开口于①层下，开口距地表 0.60 米。

竖穴土坑墓，平面呈长方形，方向95°，口底同大。长 2.80、宽 1.50、残深 0.20 米。墓壁平直，壁面较为粗糙，平底，无工具加工痕迹。墓内填松散的褐色五花土。

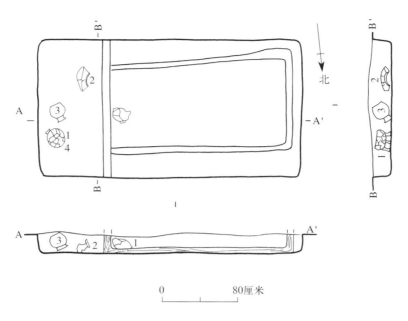

图三四二　M210 平、剖面图
1.陶鼎　2.壶形陶罐　3.扁腹陶罐　4.铁刀

葬具为一棺，东西向摆放，长方形木质结构，有木迹及灰痕，棺长 3.00、宽 0.98～1.12、残高 0.20 米，棺板厚 6～8 厘米。

葬式不详，墓室东侧残存头骨，面向不明。墓主头部右侧自耳部斜插一环首刀，至脑后贯穿而出，可能为非正常死亡。

墓葬内出土铁刀 1、陶鼎 1、陶罐 2 件（图三四二）。

（二）出土遗物

1.陶器

3 件。

鼎　1 件。

M210：1，泥质灰陶。带盖，施彩绘。覆钵形器盖，盖顶附加三个乳突形器纽，器身子母口内敛，圆唇，深弧腹，平底。下接三蹄器足，较肥硕，腹上端接两附耳，耳上部外撇，腹中部饰一道凸棱，口部用红彩绘一道弦纹，器身有轮制痕迹。口径 16.8、腹径 19.0、底径 8.0、裆高 2.0、通高 16.4 厘米（图三四三，1；彩版一四六，2）。

壶形罐　1 件。

M210：2，泥质灰陶。侈口，斜沿，方唇，高领，圆腹，最大径位于腹上部，平底。素面，领部有刮抹痕迹。口径 11.2、最大径 20.8、底径 10.8、高 20.8 厘米（图三四三，2；彩版一四六，3）。

扁腹罐　1 件。

M210：3，泥质灰陶。直口，圆沿，矮领，广肩，弧腹，最大径位于腹上部，平底。腹中部饰绳纹，部分被抹掉，领部有刮抹痕迹。口径 13.2、最大径 22.8、底径 12.0、高 14.8 厘米（图三四三，3）。

2.铁器

1 件。

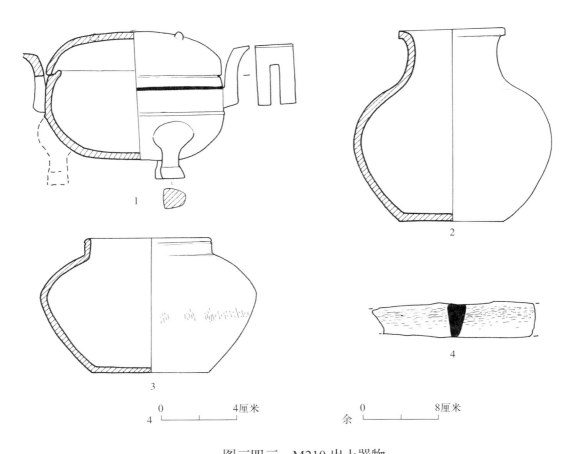

图三四三　M210 出土器物

1.陶鼎M210：1　2.壶形陶罐M210：2　3.扁腹陶罐M210：3　4.铁刀M210：4

刀　1件。

M210：4，锈蚀严重，残存部分削身，断面呈三角形，素面。残长8.7厘米（图三四三，4）。

一九三　M213

（一）墓葬形制

该墓位于墓群的西北部。开口于②层下，开口距地表1.50米。

斜坡墓道土洞墓，平面呈"凸"字形，方向270°，残长3.80米。由墓道、墓室两部分组成。墓道位于墓室西端，平面呈长方形，斜坡状，坡度5°，口大底小。上口残长1.20、宽1.50米；底宽1.20米；深2.28～2.40米。墓道两纵壁壁面斜直内收，收分明显。墓室为土洞式，顶部坍塌，情况不明，长2.60、宽1.50～1.60米；残高1.80米。壁面平直，底较平，低于墓道底东端0.10米，无工具加工痕迹。墓内填松散的红褐色五花土。

葬具不详。

葬式不详，残存两具腿骨，散乱分布于墓室西端。

盗洞1个，位于墓室的东端，自墓顶直通墓底，平面呈不规则形。

墓室内出土陶盒1、陶罐1、陶残片3、铜铺首1件（图三四四）。

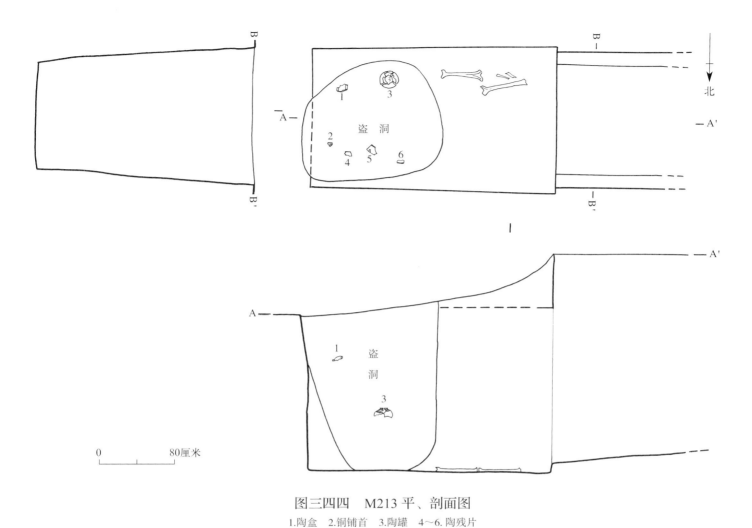

图三四四　M213平、剖面图
1.陶盒　2.铜铺首　3.陶罐　4～6.陶残片

（二）出土遗物

1. 陶器

5件。

盒　1件。

M213：1，泥质灰陶。子母口，圆唇，深弧腹，圈足略高，平底。素面，器身有刮削痕迹。口径17.1、底径9.7、圈足高1.8、通高10.2厘米（图三四五，1）。

罐　1件。

M213：3，泥质灰皮磨光陶。残，敛口，圆唇，矮领，圆腹，最大径位于上腹部，腹中部以下缺失，素面。口径8.8、最大径21.4、残高12.0厘米（图三四五，2）。

残片　3件。

M213：4，口沿残片，泥质灰陶。口微敛，窄平沿，方唇，唇缘有凹槽，矮领，领部饰暗绳纹，沿面有轮制痕迹。壁厚0.6、残高6.5厘米（图三四五，3）。

M213：5，口沿残片，夹砂灰陶。侈口，方唇，斜领，溜肩，腹以下缺失，肩部附加一梯形鋬手，器表先饰绳纹后抹掉，残存绳纹纹理。壁厚0.6、残高5.7厘米（图三四五，4）。

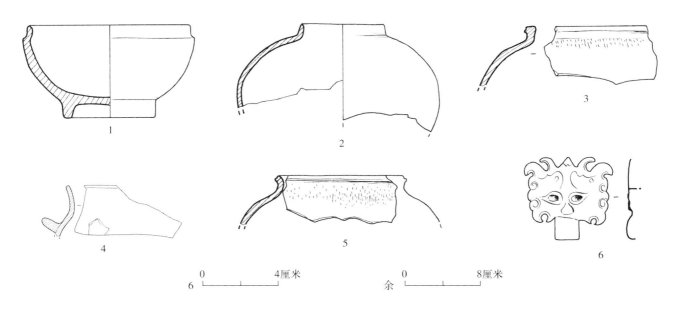

图三四五　M213 出土器物
1.陶盒M213：1　2.陶罐M213：3　3～5.陶残片M213：4～6　6.铜铺首M213：2

M213：6，口沿残片，泥质灰陶。口微侈，斜沿，沿面有凹槽，矮领，领部饰暗绳纹，器表有轮制痕迹。口径 14.0、残高 5.6 厘米（图三四五，5）。

2. 铜器

1 件。

铺首　1 件。

M213：2，兽形，下方衔环缺失，背部有插钉。高 4.6、宽 4.2 厘米（图三四五，6；彩版一四七，1）。

一九四　M214

（一）墓葬形制

该墓位于墓群 A 区东部。开口于②层下，开口距地表 1.50 米，被 M138、M140 打破。

竖穴土坑墓，平面呈长方形，方向 10°，口底同大。长 2.60、宽 1.50 米；深 2.00 米。墓壁平直、光滑，平底。墓内填松散的褐色五花土。

葬具不详。

葬式不详。

墓葬内出土铜环 1 件（图三四六）。

（二）出土遗物

铜器

1 件。

环　1 件。

M214：1，残。圆形环状，截面呈圆形。素面。外径 3.2、内径 2.4 厘米（图三四六，1）。

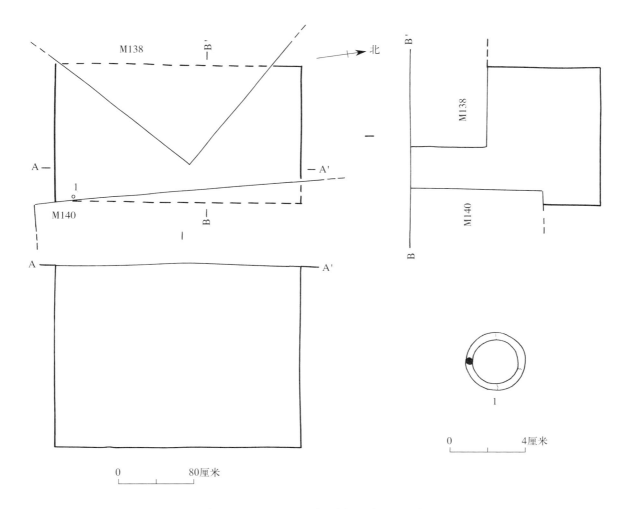

图三四六　M214 平、剖面图及出土铜器

1.环

一九五　M215

（一）墓葬形制

该墓位于墓群 A 区东部。开口于①层下，开口距地表 0.30 米。

竖穴土坑墓，平面呈长方形，方向 45°。口大底小，有生土二层台。上口长 3.56、宽 2.20 米；二层台面距墓口深 0.80 米；东侧台面宽 0.46、南侧台面宽 0.30、西、北侧台面宽 0.20 米；底长 3.04、宽 1.54 米；深 1.20 米。东壁自口部深至 0.50 米处有宽 0.20、高 0.70 米的生土台；壁面平直，修建规整，平底，无工具加工痕迹。墓内填松散的灰褐色五花土。

葬具不详。

葬式不详。

墓葬内出土陶罐 1 件（图三四七）。

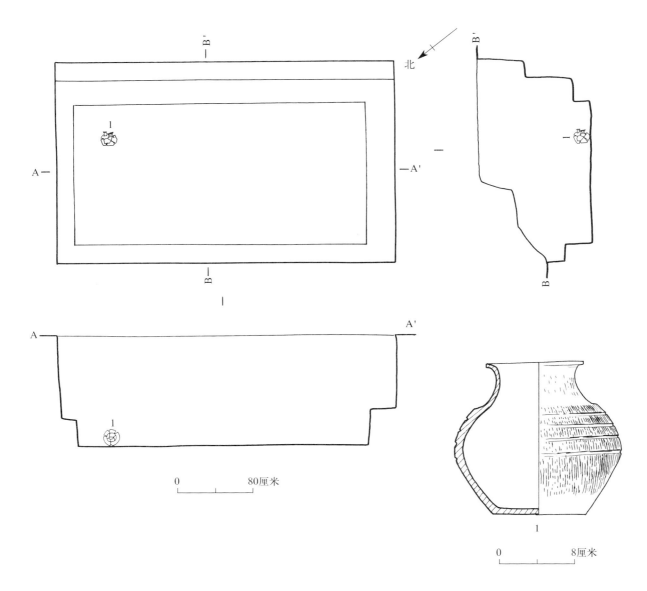

图三四七 M215 平、剖面图及出土陶器
1.小口旋纹罐

（二）出土遗物

陶器

1件。

小口旋纹罐 1件。

M215：1，泥质灰陶。侈口，外斜沿，方唇，束颈，溜肩，深弧腹，最大径位于腹中部，平底。肩腹部先饰竖绳纹，后于绳纹之上饰数道凹弦纹，将之分割成数段，颈部先饰绳纹后抹掉。口径10.4、最大径17.8、底径10.0、高16.4厘米（图三四七，1）。

一九六　M216

（一）墓葬形制

该墓位于墓群 A 区东部。开口于①层下，开口距地表 0.20 米。

竖穴土坑墓，平面呈长方形，方向 345°，口底同大。长 3.20、宽 2.06 米，残深 0.20～0.70 米；墓壁平直，光滑，平底。墓内填松散的褐色五花土。

葬具不详。

葬式不详。

墓葬内出土铜带钩 1 件（图三四八）。

（二）出土遗物

铜器

1 件。

带钩　1 件。

M216：1，体短小肥硕，钩首残缺，圆形纽位于尾部，素面。长 2.5、纽径 3.0 厘米（图三四八，1）。

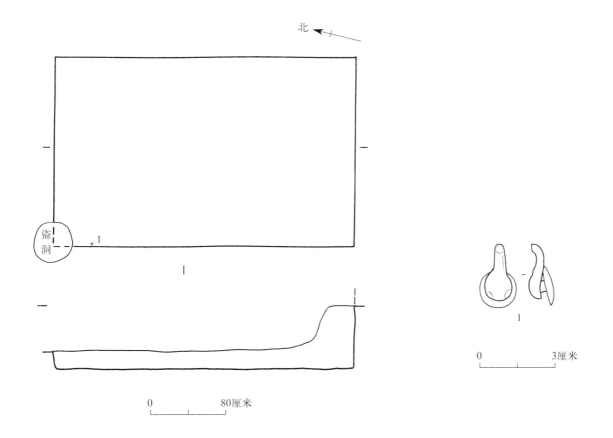

图三四八　M216 平、剖面图及出土铜器

1.带钩

一九七　M217

（一）墓葬形制

该墓位于墓群 A 区东部。开口于①层下，开口距地表 0.30 米。

竖穴土坑墓，平面呈长方形，方向 5°。口大底小，有双层生土二层台。上口长 5.20、宽 3.90 米；上层二层台面至墓口深 1.30 米，东、南两侧台面宽 0.50、西侧台面宽 0.60、北侧台面宽 0.60 米；下层二层台面距墓口深 1.50 米，东侧台面宽 0.18、西、南两侧台面宽 0.16、北侧台面宽 0.20 米，底长 3.54、宽 2.88 米；深 2.70 米。二层台以上壁面斜直内收，收分明显，二层台以下壁面平直，修建规整，平底，无工具加工痕迹。墓内填松散的灰褐色五花土，含少量植物根茎。

葬具为一椁，南北向摆放，木质结构，有木迹及灰痕，残长 1.30、宽 1.20 米，棺板厚度、高度不明。

葬式不详，残存两具腿骨，位于墓底南侧，双脚向南。

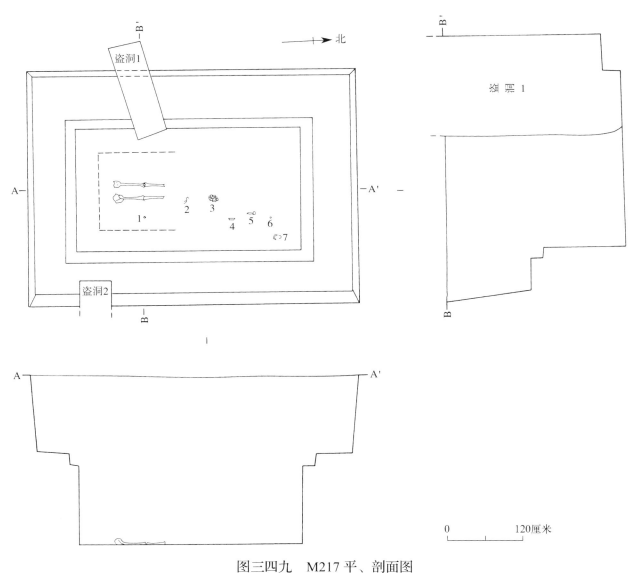

图三四九　M217 平、剖面图

1.银印章　2.银带钩　3.骨质棋子　4.铁錾　5.铜饰件　6.铜泡钉　7.铜釦器

盗洞 2 个。盗洞 1 位于墓葬西南部，自墓顶直通墓底，平面呈长方形，长 1.60、宽 0.50 米；盗洞 2 位于墓葬东南部，自墓顶直通墓底，平面呈长方形，口小底大，口长 1.40、宽 0.48 米，底长 1.60、宽 0.60 米。

墓葬内出土铜饰件、铜泡钉 1、铜釦器 1、铁錾 1、银印章 1、银带钩 1、骨质棋子 1 件（图三四九）。

（二）出土遗物

1. 铜器

3 件。

饰件 1 件。

M217：5，残，椭圆形环首，截面呈扁圆形。残存部分削身较窄长，截面呈三角形，素面。残长 6.4、环首径 2.1～3.0 厘米（图三五〇，1）。

泡钉 1 件。

M217：6，"T"字形，顶端钉帽呈半圆形，末端尖锐，素面。长 1.0 厘米（图三五〇，2）。

釦器 1 件。

M217：7，碎残片，鎏金，素面。器形不明。

2. 铁器

1 件。

錾 1 件。

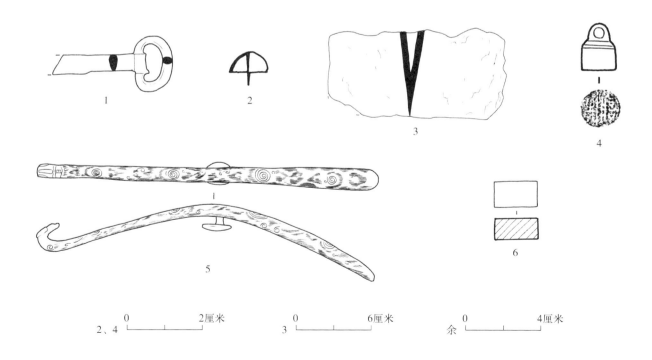

图三五〇 M217 出土器物

1.铜饰件M217：5 2.铜泡钉M217：6 3.铁錾M217：4 4.银印章M217：1 5.银带钩M217：2 6.骨质棋子M217：3-1

M217：4，完整。平面呈圆角长方形，纵截面呈三角形，顶端、两侧棱规整，双面刃两端弧收，顶端有镶木柄銎。长 14.2、宽 7.5 厘米（图三五〇，3）。

3. 银器

2 件。

印章　1 件。

M217：1，桥形纽，体圆柱形，上小下大，上部有二周凹弦纹，印面阴刻纹字样不清。直径 0.7 ~ 0.9、台高 0.8、通高 1.3 厘米（图三五〇，4）。

带钩　1 件。

M217：2，体表错金。曲棒形，钩首为头，钩体为身，圆形纽位于钩身中部，体表错金弧边三角形、细线卷云纹组成图案。长 18.0、纽径 1.2 厘米（图三五〇，5）。

4. 骨器

1 套。

棋子　1 套。

M217：3，共 10 枚。利用骨骼加工而成，制作规整，长方体，素面。长 2.3、宽 1.4、厚 1.2 厘米（图三五〇，6）。

一九八　M218

（一）墓葬形制

该墓位于墓群 A 区东部。开口于①层下，开口距地表 0.20 米。

竖穴土坑墓，平面呈长方形，方向 355°。口大底小，有生土二层台。上口长 5.00、宽 3.40 米；二层台面至墓口深 1.34 米；东侧台面宽 0.46、南侧台面宽 0.50、西侧台面宽 0.40、北侧台面宽 0.36 米；底长 3.96、宽 2.30 米；深 3.10 米。二层台以上壁面斜直内收，收分明显，二层台以下壁面平直，修建规整，平底，无工具加工痕迹。墓内填松散的灰褐色五花土。

葬具不详。

葬式不详，仅残存下肢，位于墓底南部。

盗洞 2 个。盗洞 1 位于墓葬的东北部，自墓顶直通墓底，平面呈圆形，直径 1.10 ~ 1.20 米；盗洞 2 位于墓葬西南部，自墓顶直通墓底，平面呈长方形，口小底大，口长 1.40、宽 0.40、底长 1.60、宽 0.60 米。

墓葬内出土铜带钩 1、铁带钩 1、玉环 1、七窍塞 1 件（图三五一）。

（二）出土遗物

1. 铜器

1 件。

带钩　1 件。

M218：3，曲棒形，钩首缺失，圆形纽位于钩身中部，素面。长 12.0、纽径 1.2 厘米（图三五二，1；彩版一四七，2）。

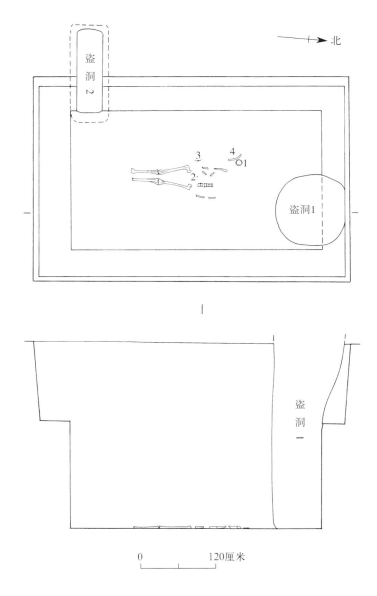

图三五一　M218 平、剖面图

1.玉环　2.玛瑙七窍塞　3.铜带钩　4.铁带钩

2. 铁器

1 件。

带钩　1 件。

M218：4。锈残，钩首残损。器身呈条形片状，中部微弧，尾部较宽，圆形铜器纽位于中部偏下。素面。残长 19.8、纽径 1.2 厘米（图三五二，2）。

3. 玉器

2 件。

环　1 件。

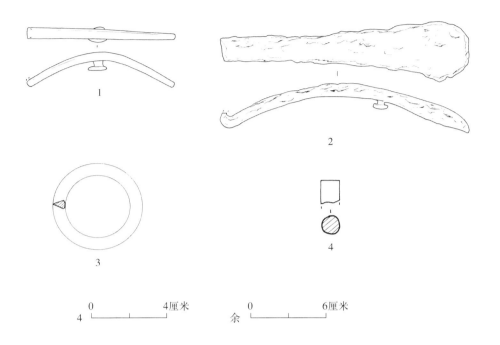

图三五二　M218 出土器物

1.铜带钩M218：3　2.铁带钩M218：4　3.玉环M218：1　4.玛瑙七窍塞M218：2

M218：1，乳白色，平面呈圆环状，截面略呈菱形，体表天然纹理痕迹明显。外径 7.0、内径 5.0、厚 0.8 厘米（图三五二，3；彩版一四七，3）。

七窍塞　1件。

M218：2，玛瑙，红色，圆柱状，素面。残长 1.2、直径 0.9 厘米（图三五二，4；彩版一四七，4）。

一九九　M219

（一）墓葬形制

该墓位于墓群 A 区东部。开口于①层下，开口距地表 0.40 米。

竖穴土坑墓，平面呈长方形，方向 345°。口大底小，有生土二层台。上口长 3.96、宽 3.50 米；二层台面至墓口深 1.40 米，东侧台面宽 0.90、西侧台面宽 0.54、南侧台面宽 0.26 米，北侧无二层台；底长 3.40、宽 2.17 米；深 3.20 米。二层台以上壁面斜直内收，收分明显，二层台以下壁面平直，修建规整，平底，无工具加工痕迹。墓内填松散的灰褐色五花土。

葬具不详。

葬式不详（图三五三）。

（二）出土遗物

无出土器物。

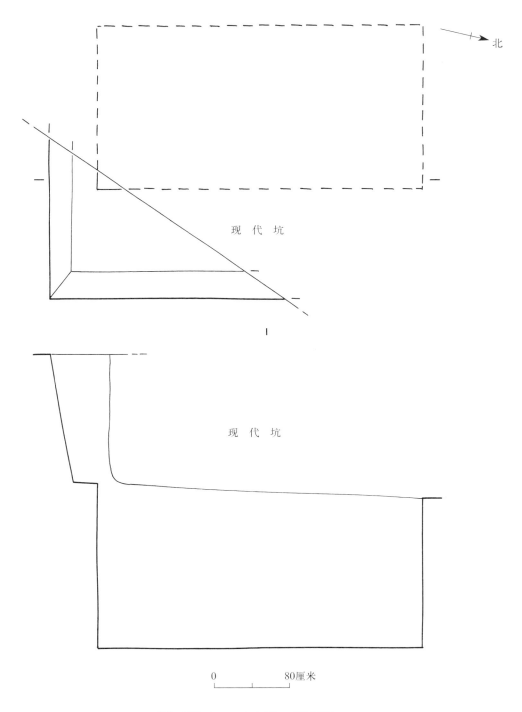

北

现 代 坑

现 代 坑

0　　　　　80厘米

图三五三　M219平、剖面图

二〇〇　M220

（一）墓葬形制

该墓位于墓群 A 区东部。开口于①层下，开口距地表 0.30 米。

竖穴土坑墓，平面呈长方形，方向 345°，口大底小。上口长 3.52、宽 1.96、底长 3.26、宽 1.80 米；深 1.28 米；墓壁斜直内收，壁面光滑，平底，无工具加工痕迹。墓内填松散的褐色五花土。

葬具为一椁，南北向摆放，长方形，木质结构，有木迹及灰痕，椁长 3.04、宽 1.56 米，椁板厚 8～10 厘米，高度不明。

葬式不详。

墓葬内出土陶壶 1、陶罐 1、铜灯 1 件（图三五四）。

（二）出土遗物

1. 陶器

2 件。

平底壶　1 件。

M220：2，泥质灰陶。盘口，高领，溜肩，弧腹，最大径位于腹上部，平底。肩、腹上部、腹

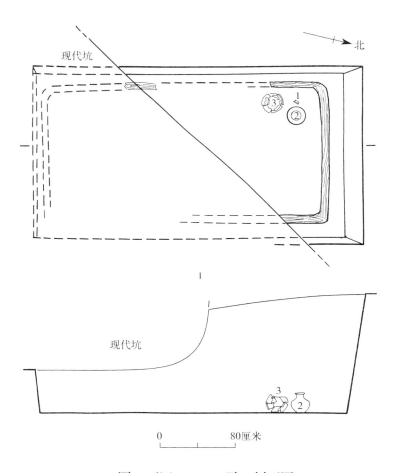

图三五四　M220 平、剖面图

1.铜灯　2.平底陶壶　3.小口旋纹陶罐

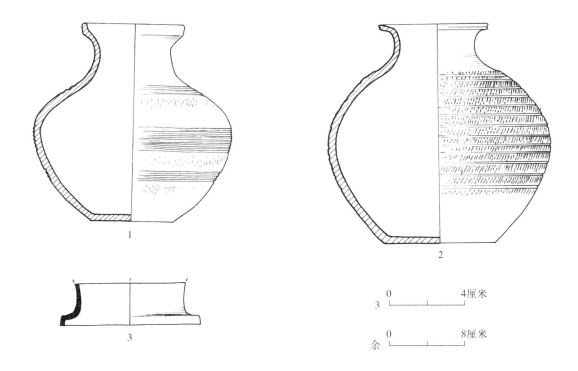

图三五五　M220 出土器物

1.平底陶壶M220：2　2.小口旋纹陶罐M220：3　3.铜灯M220：1

中部各饰数道凹弦纹，腹部除弦纹之外区域饰暗绳纹，口部有轮制痕迹。口径 10.8、最大径 20.8、底径 8.7、高 21.8 厘米（图三五五，1）。

小口旋纹罐　1 件。

M220：3，泥质灰陶。侈口，外斜沿，方唇，唇缘有凹槽，高领，溜肩，圆腹，最大径位于腹上部，平底。肩、腹上部先饰绳纹，再于其上饰数道凹弦纹，将之分割成数段，领部轮制痕迹明显。口径 11.5、最大径 23.7、底径 11.7、高 24.0 厘米（图三五五，2）。

2. 铜器

1 件。

灯　1 件。

M220：1，残存浅盘状底座，素面。底径 7.4、残高 2.3 厘米（图三五五，3）。

二〇一　M221

（一）墓葬形制

该墓位于墓群 C 区北部。开口于①层下，开口距地表 0.20 米。

竖穴土坑墓，平面呈长方形，方向 350°，口底同大。上口长 2.70、宽 1.50 米；深 0.30 ～ 0.50 米。直壁，平底，无工具加工痕迹；壁龛，位于北端壁面下部西侧，宽 0.20、高 0.36、进深 0.12 米。墓内填松散的灰黄色五花土，含较多的植物根系。

葬具不详。

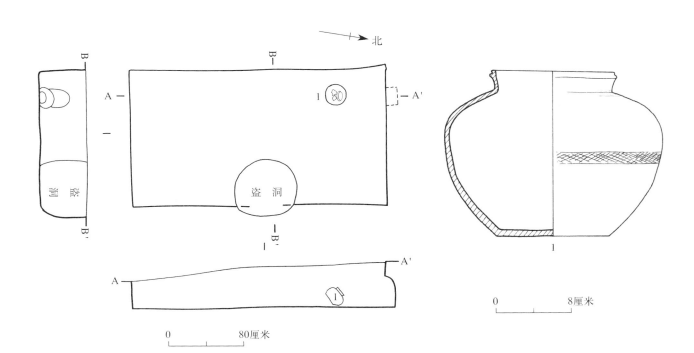

图三五六　M221平、剖面图及出土陶器
1.大口罐

葬式不详。

盗洞1个。位于墓葬东侧中部，至墓顶直通墓底。平面呈圆形，径长0.64米。

墓葬内出土陶罐1件（图三五六）。

（二）出土遗物

陶器

1件。

大口罐　1件。

M221:1，泥质灰陶。口微侈，窄沿，沿面有凹槽，圆唇，矮领，广肩，深弧腹，最大径位于腹上部，平底。腹部饰一道方格网纹，器身刮抹痕迹。口径13.6、最大径22.8、底径11.9、高18.3厘米（图三五六，1）。

二〇二　M222

（一）墓葬形制

该墓位于墓群C区北部。开口于①层下，开口距地表0.50～1.50米。

竖穴土坑墓，平面呈梯形，方向285°。口大底小，有生土二层台。上口长3.20、宽2.20～2.50米；二层台面至墓口深0.50～1.64米，东、西两侧台面宽0.34、南宽0.54、北宽0.56米；底长2.56、宽0.90米；深0.90～2.06米。二层台以上壁面斜直内收，收分明显，二层台以下壁面平直，修建规整，平底，无工具加工痕迹。壁龛位于二层台的西侧底部偏北处，进深 0.44、宽 0.40、高 0.34 米。墓内填较硬的红褐色五花土。

葬具为一棺，东西向摆放，有木迹及灰痕，残长 1.36、宽 0.54 米，高度、厚度不明。

葬式为侧身屈肢，墓主头向西，面向北，胸向北、背向南，侧身躺于墓中，右腿压于左腿之上，向北弯曲，左腿向上微曲，女性，年龄不明。

墓葬内出土铜环 1、七窍塞 1 件；壁龛内出土陶盆 1、陶罐 1 件（图三五七）。

（二）出土遗物

1. 陶器

2 件。

单耳罐　1 件。

M222∶1，泥质灰陶。直口，圆沿，矮领，弧腹内收，平底，口部附加一器耳，上端接于口部，

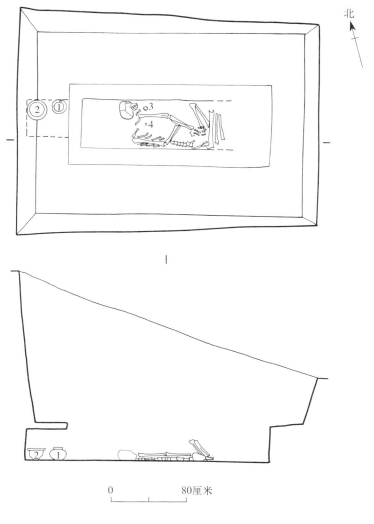

图三五七　M222 平、剖面图

1.单耳陶罐　2.陶盆　3.铜环　4.石七巧塞

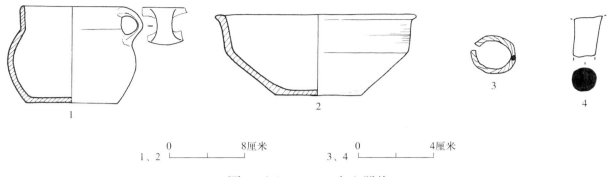

图三五八　M222 出土器物

1.单耳陶罐M222:1　2.陶盆M222:2　3.铜环M222:3　4.石七巧塞M222:4

与沿齐平，下端接于腹上端。素面，器身有刮抹痕迹。口径 11.6、底径 9.5、高 10.6 厘米（图三五八，1；彩版一四七，5）。

盆　1件。

M222:2，泥质灰陶。敞口，窄沿，尖唇，上腹较直，下腹斜内收至底，上下腹交接处折棱明显，平底。素面，器身有轮制痕迹。口径 21.4、底径 8.9、高 9.0 厘米（图三五八，2）。

2. 铜器

1件。

环　1件。

M222:3，圆形环状，截面呈圆形，体表饰弦纹。外径 2.2～2.4、内径 1.6～1.8 厘米（图三五八，3）。

3. 石器

1件。

七窍塞　1件。

M222:4，石墨质，残存部分通体呈黑色圆柱体，截面呈圆形。残长 2.4 厘米（图三五八，4）。

二〇三　M223

（一）墓葬形制

该墓位于墓群 C 区北部。因水土流失，破坏严重。开口于①层下，开口距地表 0～1.50 米。

斜坡墓道土洞墓，平面呈"凸"字形，方向 200°，残长 3.50 米，由墓道、墓室两部分组成。墓道位于墓室南端，斜坡式，坡度 10°，残长 0.70、残宽 0～1.16 米；残深 0～0.50 米。残存西部纵壁，壁面向内弧收。墓室为土洞式，平面呈长方形，口底同大。长 2.80、宽 1.40 米；残深 0.28～0.50 米。墓壁平直，修建规整，平底，无工具加工痕迹。墓内填较硬的红褐色五花土。

葬具不详。

葬式为双人合葬墓，墓主二人均为仰身直肢，头向北，面向上，四肢直伸，西侧墓主为男性，东侧墓主为女性，年龄不明。

墓室内出土陶釜 1、陶罐 5、铜盆 1、铜勺 1、铜带钩 1、铜钮器 1、铁环首刀 1 件（图三五九）。

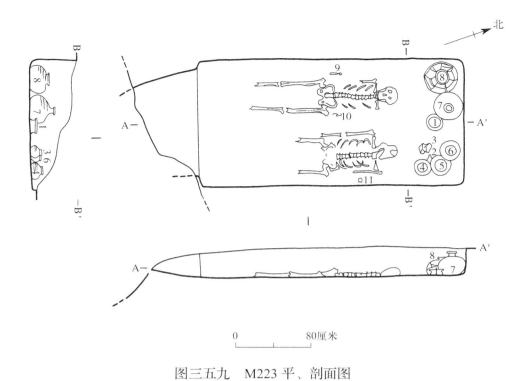

图三五九 M223 平、剖面图

1.铜盆 2.铜勺 3.无耳陶釜 4、5.扁腹陶罐 6.大口陶罐 7、8.小口陶罐 9.环首铁刀 10.铜带钩 11.铜钕器

（二）出土遗物

1. 陶器

6 件。

小口罐 2 件。

M223：7，泥质灰陶。侈口，宽沿微外撇，方唇，斜领，溜肩，直腹斜内收，最大径位于腹上部，平底。肩、腹中部饰绳纹，领部有轮制痕迹。口径 10.4、最大径 26.5、底径 14.5、高 23.4 厘米（图三六〇，1）。

M223：8，泥质灰陶。侈口，宽沿微外撇，方唇，斜领，溜肩，深弧腹，最大径位于腹上部，平底。肩部先饰绳纹，再于其上饰数道旋纹，将之分割成数段，领部有轮制痕迹。口径 12.7、最大径 30.0、底径 15.6、高 23.5 厘米（图三六〇，2）。

大口罐 1 件。

M223：6，泥质灰陶。口微侈，窄沿，圆唇，矮领，广肩，弧腹内收，最大径位于腹上端，平底。腹中部饰斜绳纹，口部先饰绳纹后抹掉，残留绳纹纹理，下腹部有刮削痕迹。口径 10.1、最大径 18.0、底径 9.7、高 13.5 厘米（图三六〇，3）。

扁腹罐 2 件。

M223：4，泥质灰陶。直口，窄沿外撇，沿面有凹槽，矮领，广肩，弧腹，最大径位于肩腹交接处，平底。素面，领部先饰绳纹后抹掉，残留绳纹纹理，器身有轮制痕迹。口径 9.9、最大径 17.4、底径 10.0、高 11.2 厘米（图三六〇，4）。

M223：5，泥质灰陶。直口，窄沿，矮领，溜肩，斜弧腹内收，最大径位于肩腹交接处，平底。

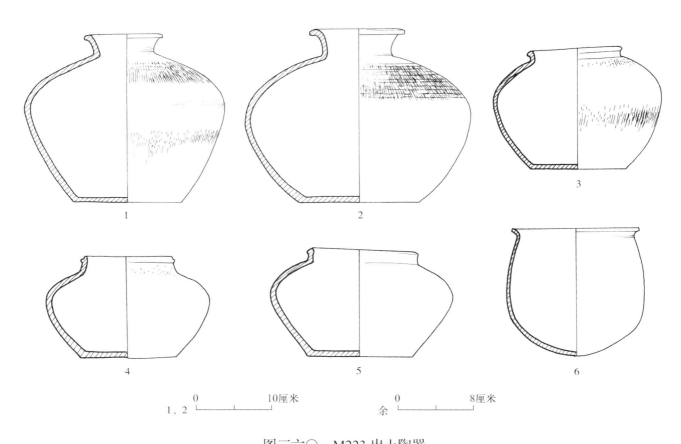

图三六〇   M223 出土陶器

1、2.小口罐M223：7、8   3.大口罐M223：6   4、5.扁腹罐M223：4、5   6.无耳釜M223：3

素面，器身有轮制痕迹。口径 12.0、最大径 19.6、底径 11.2、高 11.8 厘米（图三六〇，5）。

无耳釜   1 件。

M223：3，夹砂灰陶。侈口，方唇，束颈，弧腹，最大径位于腹中部，圜底。素面。口径 13.6、最大径 14.1、高 14.0 厘米（图三六〇，6）。

2. 铜器

4 件。

盆   1 件。

M223：1，口部残片，侈口，外斜沿，方唇，弧腹，底残缺，素面。壁厚 0.1、残高 6.0 厘米（图三六一，1）。

勺   1 件。

M223：2，残损严重。斗形，器身略呈钵形，底缺失，短柄，柄中空，内镶有木柄。残长 11.2 厘米（图三六一，2）。

带钩   1 件。

M223：10，鸭形。钩首呈鸭首，钩身纤细呈鸭颈，尾部圆鼓呈鸭身，器纽位于尾部。长 5.6、纽径 0.9 厘米（图三六一，3）。

铌器   1 件。

M223：11，为器耳，器身环形片状，似一箍。残，一端向外延伸出二长方形薄片，二薄片上各

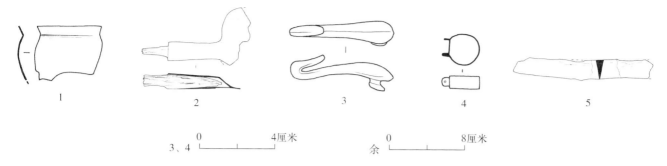

图三六一　M223 出土铜器、铁器

1.铜盆M223：1　2.铜匕M223：2　3.铜带钩M223：10　4.铜钏器M223：11　5.环首铁刀M223：9

有一穿孔。残长 2.0、环径 1.6 厘米（图三六一，4）。

3. 铁器

1 件。

环首刀　1 件。

M223：9，残。环首缺失，残存部分削身较窄长，截面呈三角形，素面。残长 14.9 厘米（图三六一，5）。

二〇四　M224

（一）墓葬形制

该墓位于墓群 C 区南部。开口于①层下，开口距地表 0.30 米。

竖穴土坑墓，平面呈长方形，方向 0°。口大底小，有生土二层台。上口长 2.95、宽 2.08 米；二层台面至墓口深 0.40 ～ 0.60 米，东侧台面宽 0.40、西侧台面宽 0.68、南侧台面宽 0.20、北侧台面宽 0.10 米；底长 2.40、宽 1.10 米；深 1.30 ～ 1.68 米；二层台以上壁面斜直内收，收分明显，二层台以下壁面平直，修建规整，平底，无工具加工痕迹。墓西北部有一平面呈长方形、口底同大的遗存，长 2.40、宽 0.50 米，深 0.40 ～ 1.15 米，底部西高东低，呈斜坡状，疑为墓道。墓内填松散的灰黄色五花土。

葬具不详。

葬式不详，残存部分脊椎骨、下肢骨及肋骨。

盗洞 1 个，位于墓葬北侧中部，自地表直通墓底。平面呈椭圆形，长 1.02 ～ 1.38 米。

墓葬内出土铜带钩 1 件（图三六二）。

（二）出土遗物

铜器

1 件。

带钩　1 件。

M224：1，曲棒形，钩首略有残缺，圆形纽位于钩身中部略偏下，素面。长 7.0、纽径 1.4 厘米（图三六二，1）。

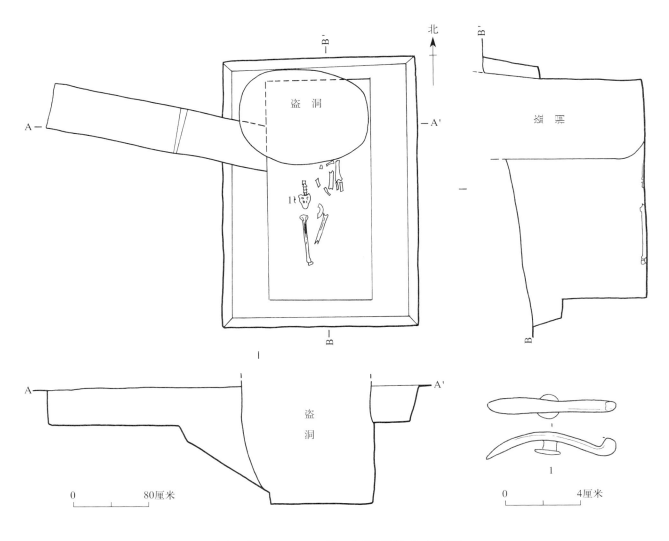

图三六二　M224 平、剖面图及出土铜器
1.带钩

二〇五　M225

（一）墓葬形制

该墓位于墓群 C 区南部。开口于①层下，开口距地表 0.20～0.50 米，上部被晚期地层打破。

竖穴土坑墓，平面呈长方形，方向 350°。口大底小，有生土二层台。上口长 3.76、残宽 2.14、深 1.70 米，二层台面至墓口深 0.40 米；生土二层台位于东、北两侧，东宽 0.50、北宽 0.20 米；底长 3.20、宽 1.60 米，二层台以上壁面斜直内收，收分明显，二层台以下壁面平直，修建规整，平底，无工具加工痕迹。墓内填松散的灰黄色五花土。

葬具不详。

葬式不详。

盗洞 1 个，位于墓葬中部，自地表直通墓底。平面呈椭圆形，长 2.00～3.00 米。

墓葬内出土陶罐 3 件（图三六三）。

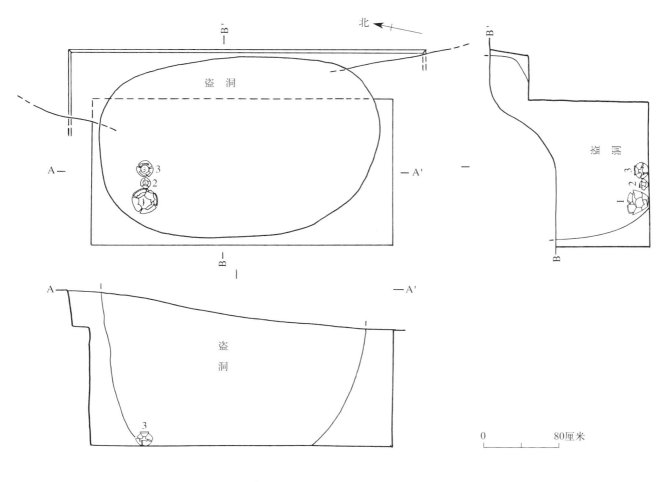

图三六三　M225 平、剖面图
1.陶罐　2.陶汲水罐　3.小口旋纹陶罐

（二）出土遗物

陶器

3 件。

小口旋纹罐　1 件。

M225：3，泥质灰陶。侈口，外斜沿，方唇，束颈，溜肩，圆腹，最大径位于腹中部，平底。腹部先饰绳纹，再于其上饰数道凹弦纹，将之分割成数段，口部轮制痕迹明显。口径 10.2、最大径 18.4、底径 10.2、高 16.0 厘米（图三六四，1）。

汲水罐　1 件。

M225：2，泥质灰陶。侈口，窄平沿，方唇，高领，溜肩，折腹，最大径位于腹上端，平底。腹上端饰二道凸弦纹，口部有轮制痕迹。口径 7.2、最大径 11.6、底径 5.6、高 9.4 厘米（图三六四，2）。

罐　1 件。

M225：1，泥质灰陶。口部缺失，溜肩，弧腹，最大径位于腹上端，平底。素面。最大径 27.7、底径 13.2、残高 23.2 厘米（图三六四，3）。

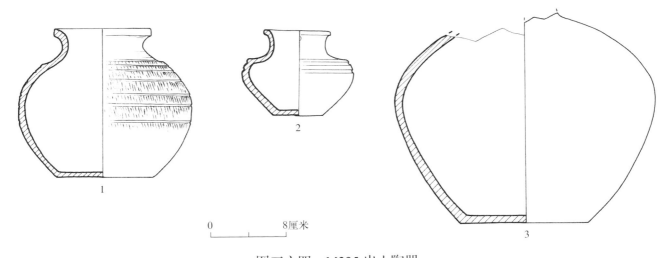

0 ⊢——⊣ 8厘米

图三六四　M225 出土陶器

1.小口旋纹罐M225：3　2.汲水罐M225：2　3.罐M225：1

二〇六　M226

（一）墓葬形制

该墓位于墓群 C 区南部。开口于①层下，开口距地表 0.60 米。

竖穴土坑墓，平面呈梯形，北窄南宽，方向 345°，口底同大。上口长 2.70、宽 1.20～1.30 米；残深 0.60 米。壁面平直，修建规整，平底，无工具加工痕迹。墓内填松散的灰黄色五花土。

葬具不详。

葬式不详。

盗洞 1 个，位于墓葬北侧中部，自地表直通墓底。平面呈椭圆形，长 1.20～1.90 米（图三六五）。

（二）出土遗物

无出土器物。

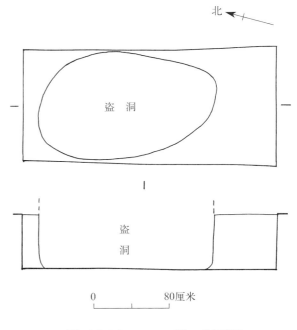

北 ←

0 ⊢——⊣ 80厘米

图三六五　M226 平、剖面图

二〇七　M227

（一）墓葬形制

该墓位于墓群 C 区南部。开口于①层下，开口距地表 0.15～0.40 米。

竖穴土坑墓，平面呈长方形，方向 355°。口大底小，有生土二层台。上口长 4.60、宽 3.50 米；二层台面至墓口深 2.80～3.00 米；东、南两侧台面宽 0.32、西、北两侧台面宽 0.40 米；底长 3.30、

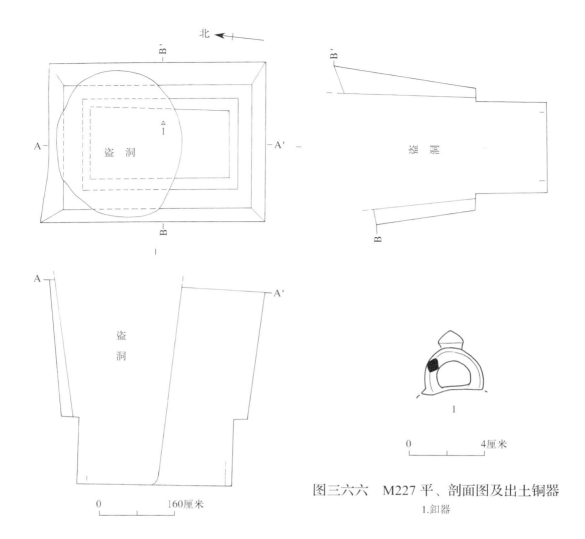

图三六六　M227 平、剖面图及出土铜器
1.铜器

宽 2.00 米；深 4.30 ～ 4.50 米。二层台以上壁面斜直内收，收分明显，二层台以下壁面平直，其中北壁西端向北弧，进深 0.20 米，修建规整，平底，无工具加工痕迹。墓内填松散的灰黄色五花土。

葬具为一椁，南北向摆放，木质结构，有木迹及灰痕，长 3.00、宽 1.48 ～ 1.55、残高 0.40 米，椁板厚度不明。

葬式不详。

盗洞 1 个，位于墓葬北侧，自地表直通墓底。平面呈椭圆形，长 2.70 ～ 3.20 米。

墓葬内出土铜钮器 1 件（图三六六）。

（二）出土遗物

铜器

1 件。

钮器　1 件。

M227：1，器盖纽，半圆形，顶端有乳丁，截面略呈菱形。高 3.6、宽 3.2、厚 0.6 厘米（图三六六，1）。

二〇八　M228

（一）墓葬形制

该墓位于墓群 C 区南部。开口于①层下，开口距地表 0.20 米。

竖穴土坑墓，平面呈长方形，方向345°，口大底小。上口长2.96、宽1.74米；自墓口深至2.70～3.12米处，平面呈梯形，长2.60、宽1.30～1.40米；深2.70～3.20米。墓壁上部壁面斜直内收，收分明显，下部壁面平直，修建规整，平底，无工具加工痕迹。墓内填松散的灰黄色五花土。

葬具不详。

葬式不详。

盗洞 1 个，位于墓葬的东北角，自地表通到墓葬中部。平面呈椭圆形，长1.02～1.26米。

墓葬内出土铜镜1、铜勺1、铜刷2、铜钱1、铁削1件（组）（图三六七）。

（二）出土遗物

1. 铜器

5 件。

勺　1 件。

M228：2，因挤压而变形，斗形，器身钵形，圜底，长柄，柄长22.8、口径9.5～10.7厘米（图三六八，1）。

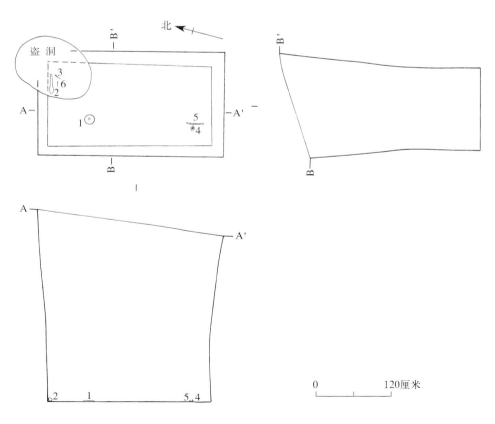

图三六七　M228 平、剖面图

1.星云纹铜镜　2.铜勺　3、6.铜刷　4.五铢钱　5.铁削

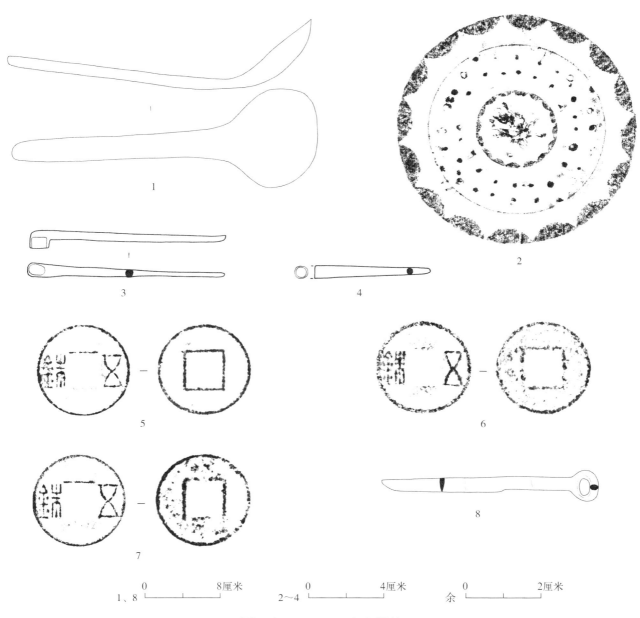

图三六八　M228 出土器物

1.铜勺JM228：2　2.星云纹铜镜M228：1　3、4.铜刷M228：3、6　5～7.五铢钱M228：4-1～4-3　8.铁削M228：5

星云纹镜　1 面。

M228：1，中有一裂缝。镜面平直，连峰纽，扁圆形穿孔，纽座外为一圈短弧线，其外为内向十六连弧纹；之外一周单弦纹和一周双弦纹构成主纹带，主纹区内以四个带圆圈的乳丁进行分区布局，每个区内均为 9 个较小乳丁并以弧线相连，内向十六连弧纹外缘。直径 13.0 厘米（图三六八，2；彩版一四八，1）。

铜刷　2 件。

形制相同。鎏金，形如烟斗，末端较尖，素面。

M228：3，保存较完整。长 10.6 厘米（图三六八，3）。

M228：6，残存尾部。残长 6.1 厘米（图三六八，4）。

五铢钱　1组。

M228：4，共17枚，圆形方穿，有郭。钱径2.5～2.6、穿宽0.9～1.0厘米，重3.1～4.7克（图三六八，5～7；彩版一四八，2）。

2. 铁器

1件。

削　1件。

M228：5，锈残。椭圆形环首，截面呈扁圆形，削身窄长，削末端弧收，截面呈三角形，素面。长22.8、环首径2.2～3.4厘米（图三六八，8）。

二〇九　M229

（一）墓葬形制

该墓位于墓群C区南部。开口于①层下，开口距地表0.30米。

竖穴土坑墓，平面呈长方形，方向75°，口底同大。残长1.80、宽1.40米；残深0.80～1.20米。直壁，修建较粗糙，平底，无工具加工痕迹。墓内填松散的灰黄色五花土，含大量植物根系。

葬具不详。

葬式不详，根据墓主残存部分盆骨及下肢骨，可知墓主头向东，面向不明，脚向西。

盗洞2个。盗洞1位于墓葬的东端，自地表直通墓底，平面呈圆角长方形，长1.60、宽1.15米；盗洞2位于墓葬的西端，平面呈椭圆形，长1.30～2.05米，自地表直通墓底。

墓葬内出土陶盂1、陶罐1、铜印章1件（图三六九）。

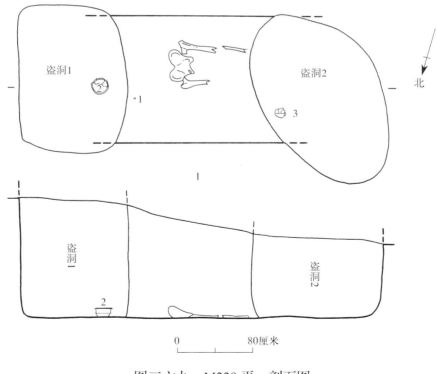

图三六九　M229平、剖面图

1.铜印章　2.陶盂　3.大口陶罐

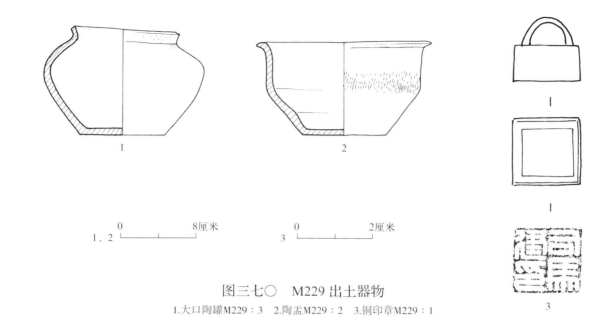

图三七〇　M229 出土器物

1.大口陶罐M229：3　2.陶盂M229：2　3.铜印章M229：1

（二）出土遗物

1. 陶器

2 件。

大口罐　1 件。

M229：3，泥质灰陶。敞口，窄沿，沿面有凹槽，束颈，溜肩，斜腹弧内收，最大径位于腹上部，平底。素面，颈部先饰绳纹后抹掉，残留绳纹纹理，器身有刮抹痕迹。口径 11.6、最大径 16.8、底径 8.8、高 11.6 厘米（图三七〇，1；彩版一四九，1）。

盂　1 件。

M229：2，泥质灰陶。敞口，窄沿微外撇，尖唇，上腹较直，下腹斜直内收，平底，上腹部饰绳纹。口径 18.4、底径 8.8、高 10.0 厘米（图三七〇，2；彩版一四九，2）。

2. 铜器

1 件。

印章　1 枚。

M229：1，桥形纽，印背有台面，台边平直，印面正方形。阳刻文，"司马建印"字样，边长 1.8、印面厚 1.0、通高 1.8 厘米（图三七〇，3；彩版一四九，3）。

二一〇　M230

（一）墓葬形制

该墓位于墓群 C 区南部。开口于①层下，开口距地表深 0.30 米。

竖穴土坑墓，平面呈长方形，方向 350°，口大底小。上口长 3.10、宽 2.00 米；底长 3.04、宽 1.40 米；深 1.80～2.00 米。墓壁东、西两壁上部斜直内收，收分明显，下部壁面平直，南、北两端壁面平直，墓壁修建规整，平底，无工具加工痕迹；于墓葬东北角上部有一东西长 0.84、南北宽 0.80～0.85、深 0.40 米的小方坑，用途不明。墓内填松散的灰黄色五花土。

葬具不详。

葬式不详。

盗洞 1 个，位于墓葬的南侧，自地表通到墓葬中部。平面呈圆形，直径 1.94 米。

墓葬内出土陶罐 1 件（图三七一）。

（二）出土遗物

陶器

1 件。

小口罐　1 件。

M230：1，泥质灰陶。侈口，宽平沿，方唇，直领略高，溜肩，深弧腹，最大径位于腹上部，平底。肩部饰绳纹，领部轮制痕迹明显。口径 12.5、最大径 33.2、底径 17.5、高 27.5 厘米（图三七一，1）。

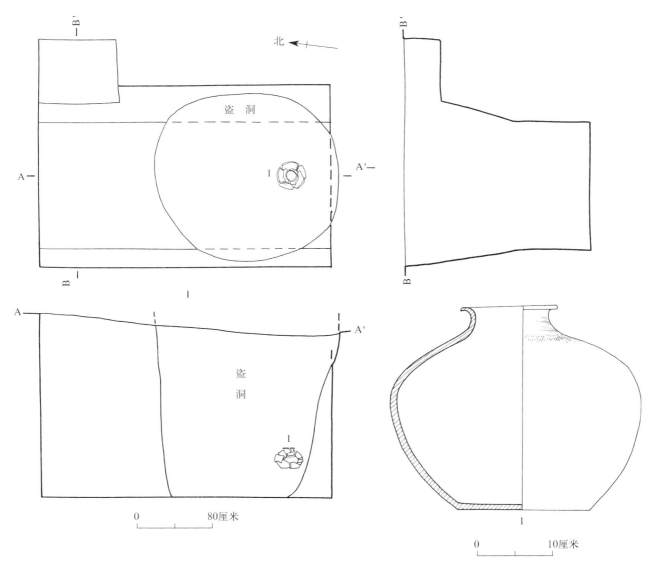

图三七一　M230 平、剖面图及出土陶器

1.小口罐

二一一　M231

（一）墓葬形制

该墓位于墓群 C 区南部。开口于①层下，开口距地表 0.30 米。

竖穴土坑墓，平面呈梯形，北窄南宽，方向 0°，口底同大。长 2.90、宽 1.50～1.60 米；残深 0.90～1.40 米。墓壁平直，壁面光滑、平整，平底，无工具加工痕迹。墓内填松散的灰黄色五花土。

葬具不详。

葬式不详。

盗洞 1 个，位于墓葬北侧，自地表直通墓底。平面呈长方形，长 1.50、宽 1.20 米。

填土内出土陶罐 2、铜镜 1 件（图三七二）。

（二）出土遗物

1. 陶器

2 件。

汲水罐　2 件。

形制相同，均为泥质灰陶。

M231：2，侈口，外斜沿，方唇，束颈，溜肩，折腹，最大径位于折腹处，小平底。颈部对称

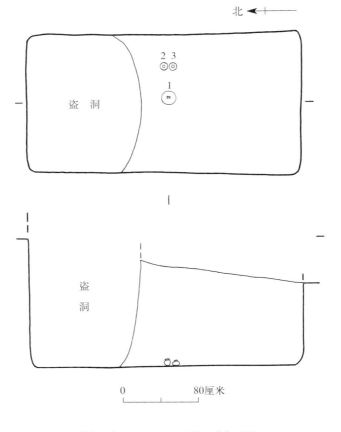

图三七二　M231 平、剖面图

1.素面铜镜　2、3.陶汲水罐

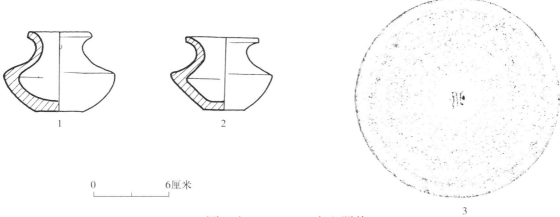

图三七三　M231 出土器物
1、2.陶汲水罐M231：2、3　3.素面铜镜M231：1

处饰两小孔，素面。口径 5.3、最大径 8.8、底径 4.0、高 6.6 厘米（图三七三，1；彩版一四九，4）。

M231：3，口径 5.7、最大径 8.1、底径 3.1、高 6.0 厘米（图三七三，2；彩版一四九，5）。

2. 铜器

1 件。

素面镜　1 面。

M231：1，镜面平直，三弦纽，圆形纽座外为三周宽带弦纹，素地，无缘。直径 16.4 厘米（图三七三，3；彩版一四九，6）。

二一二　M232

（一）墓葬形制

该墓位于墓群 C 区中部。开口于①层下，开口距地表 0.20 米。

竖穴土坑墓，平面呈长方形，方向 5°，口大底小。上口长 3.00、宽 2.80 米；底长 2.88、宽 2.68 米；深 0.44 米。墓壁斜直内收，收分明显，壁面光滑、平整，平底，无工具加工痕迹。墓内填松散的灰黄色五花土。

葬具不详。

葬式不详。

盗洞 1 个，位于墓葬北侧中部，自地表直通墓底。平面呈长方形，长 1.50、宽 1.20 米。

墓葬内出土骨质棋子 1 套（图三七四）。

（二）出土遗物

骨器

1 套。

棋子　1 套。

M232：1，共 2 枚。利用残骨骼加工而成，制作规整，长方体，素面。长 2.8、宽 1.5、厚 1.3 厘米（图三七四，1）。

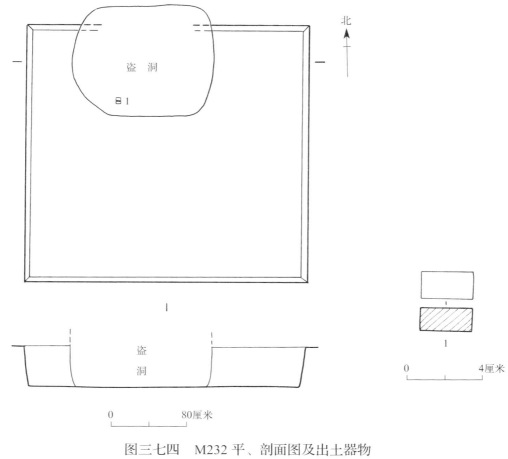

图三七四　M232 平、剖面图及出土器物
1.骨质棋子

二一三　M233

（一）墓葬形制

该墓位于墓群 C 区南部。开口于①层下，开口距地表 0.20 米。

斜坡墓道土洞墓，平面呈"凸"字形，方向 177°，残长 4.70 米。由墓道、墓室两部分组成。

墓道位于墓室南端，长方形台阶式，口底同大，残长 1.78、宽 1.00、残深 1.60 米，底部北端 1.00 米处为斜坡，南高北低，坡度 15°，北侧为台阶，台阶高 0.60 米。墓室为土洞式，平面略呈长方形，口底同大，长 3.00、宽 1.40、残深 0.90 ～ 1.40 米。墓壁面平直，墓室东壁北端外弧，壁面规整、光滑，平底；壁面残存长 0.12、宽 0.08 米的工具加工痕迹。墓内填松散的灰黄色五花土，含较少量的泥质灰陶残片。

葬具不详。

葬式不详。

盗洞 1 个，位于整个墓室上部，自地表直通墓底。平面呈圆角长方形，长 3.80、宽 2.60 米。

墓室内出土陶鼎 2、陶钫 1、陶甑 1、陶罐 1、玉印 1 件（图三七五）。

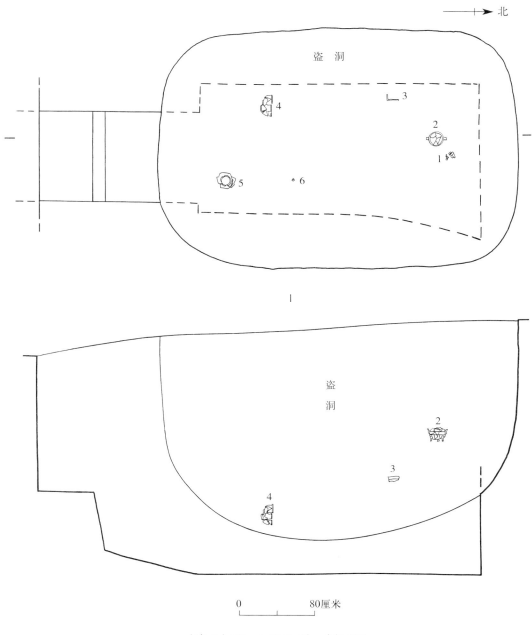

图三七五 M233 平、剖面图
1、2.陶鼎 3.陶钫 4.簋形陶甄 5.小口陶罐 6.玉印

（二）出土遗物

1. 陶器

5 件。

鼎 2 件。

M233：1，泥质灰皮磨光陶。子母口内敛，圆唇，深弧腹，圜底。下接三蹄器足，较肥硕，腹上端接两附耳，耳上部外撇，腹中部饰一道凸棱，素面，器身有轮制痕迹。口径 18.0、裆高 1.8、通高 15.0 厘米（图三七六，1）。

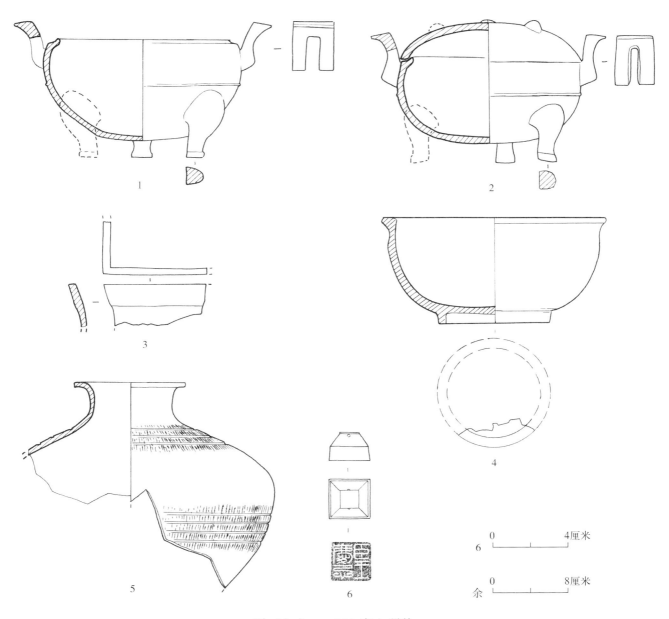

图三七六　M233 出土器物

1、2.陶鼎M233：1、2　3.陶钫M233：3　4.簋形陶甀M233：4　5.小口陶罐M233：5　6.玉印M233：6

M233：2，泥质灰陶，带盖。覆钵形器盖，盖顶附加三个乳突形器纽，器身子母口微敛，圆唇，深弧腹，圜底近平。下接三蹄足，足跟外鼓，腹上端接两附耳，耳上端外撇，腹中部饰一道凸棱，器身有轮制痕迹。口径 17.6、腹径 19.4、裆高 2.2、通高 15.7 厘米（图三七六，2；彩版一五〇，1）。

钫　1件。

M233：3，口沿残片。泥质灰陶。侈口，方唇，高领中部微束，领部以下残缺。素面。口残边长 11.0、残高 4.4、壁厚 0.7 厘米（图三七六，3）。

簋形甀　1件。

M233：4，残损，泥质灰陶。敞口，宽平沿，方唇，深弧腹，平底，矮圈足。素面，腹上部有轮制痕迹。口径 24.0、底径 11.6、高 11.6 厘米（图三七六，4；彩版一五〇，2）。

小口罐　1件。

M233：5，残，泥质灰陶。侈口，宽平沿，方唇，直领，溜肩，弧腹，腹以下缺失。肩、腹中部先饰绳纹，再于其上饰数道凹弦纹，将之分割成数段，领部有轮制痕迹。口径11.9、残高22.7厘米（图三七六，5；彩版一五〇，3）。

2. 玉器

1件。

印　1件。

M233：6，磨制光滑。土黄色，玉质温润，内含杂质，不透亮，覆斗形印体，顶部有穿，印背无台面，印面正方形。阴刻文，饰"臣王庆忌"字样，素面。印面边长2.0、印面厚0.8、通高1.6厘米（图三七六，6；彩版一五〇，4）。

二一四　M234

（一）墓葬形制

该墓位于墓群C区中部。开口于①层下，开口距地表0.20米，被断崖打破。

竖穴墓道土坑墓，平面呈"L"形，方向270°，总长4.88米。由墓道、墓室两部分组成。墓道位于墓室南端，平面呈长方形，口大底小。上口残长3.55、宽1.56米；底残长1.32、宽1.26米；残

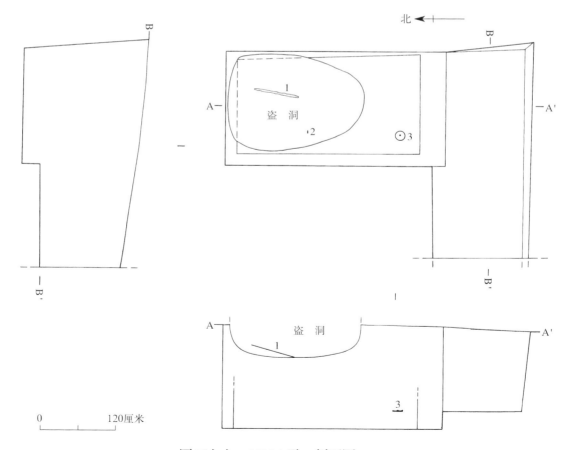

图三七七　M234 平、剖面图

1.铁剑　2.骨饰件　3.蟠螭纹铜镜

深 1.38～1.50 米。墓道壁面斜直内收，收分明显。墓室为土坑式，平面呈长方形，口底同大。长 3.48、宽 1.90 米；残深 1.68～1.98 米；其中墓室南端向墓道内延伸 0.20 米长，墓室底低于墓道底 0.30 米。墓室壁面平直，平底，较为规整，无工具加工痕迹。墓内填松散的灰黄色五花土。

葬具为一椁，南北向摆放，木质结构，有木迹及灰痕，长 2.92、宽 1.65、残高 0.66 米，椁板厚度不明。葬式不详。

盗洞 1 个，位于墓葬的北部，自地表通入墓底。平面呈椭圆形，长 1.60～2.10 米。

墓室内出土铜镜 1、铁剑 1、骨饰件 1 件（图三七七）。

（二）出土遗物

1. 铜器

1 件。

蟠螭纹镜　1 面。

M234：3，残。镜面平直，三弦纽。圆形纽座外有一周素面带状纹饰，外为主纹区，三菱形将其均分为三部分，间饰以蟠螭纹，宽素缘外翻。直径 15.4 厘米（图三七八，1）。

2. 铁器

1 件。

剑　1 件。

M234：1，锈残。残存部分剑身，截面呈扁菱形。素面。残长 67.2、宽 2.0～2.3 厘米（图三七八，2）。

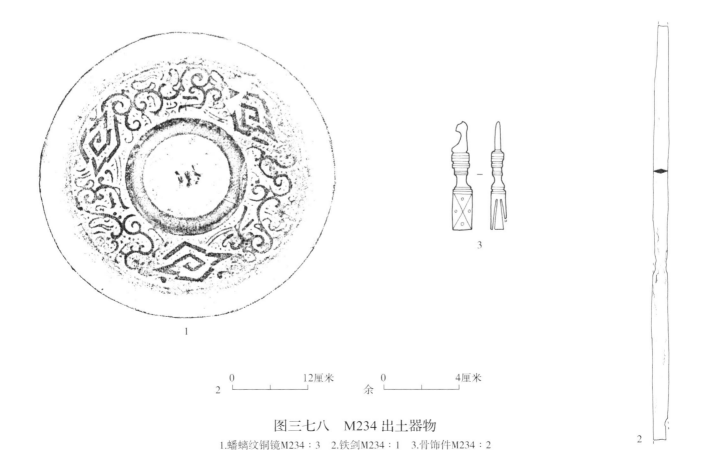

0　　　12厘米
2

0　　　4厘米
余

图三七八　M234 出土器物

1.蟠螭纹铜镜M234：3　2.铁剑M234：1　3.骨饰件M234：2

3. 骨器

1件。

饰件　1件。

M234：2，条形，首端半圆形，中部内收，末端长方形，器表饰弦纹、交错刻划纹及圆点。长5.9、宽1.0、厚0.8厘米（图三七八，3）。

二一五　M235

（一）墓葬形制

该墓位于墓群C区中部。开口于①层下，开口距地表0.10～0.30米。

竖穴土坑墓，平面呈长方形，方向0°，口大底小。上口长3.32、宽2.24米；墓口深至0.40～1.60米处口底同大，底长3.00、宽1.60米；深1.80～3.00米。墓壁上部壁面斜直内收，收分明显，下部壁面平直，修建规整，较为光滑，平底，无工具加工痕迹。墓内填松散的灰黄色五花土。

葬具不详。

葬式不详。

盗洞1个，位于墓葬中部，自地表直通墓底。平面呈圆角长方形，长1.90、宽1.56米。

墓葬内出土铜镜1、铜带钩1、铁残片1、骨质棋子1件（图三七九）。

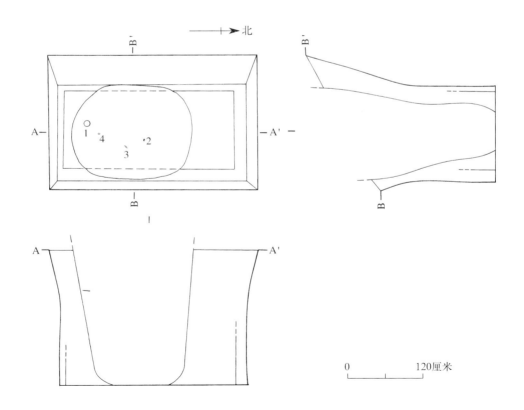

图三七九　M235 平、剖面图

1.蟠螭纹铜镜　2.铁残片　3.铜带钩　4.骨质棋子

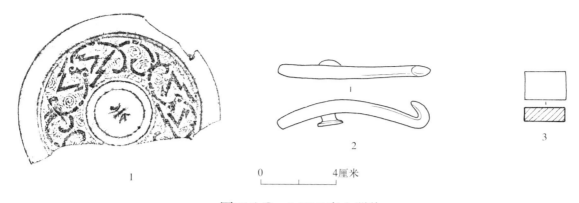

图三八〇　M235 出土器物
1.蟠螭纹铜镜M235：1　2.铜带钩M235：3　3.骨质棋子M235：4

（二）出土遗物

1. 铜器

2 件。

蟠螭纹镜　1 面。

M235：1，残损。镜面平直，三弦纽，圆形纽座，外饰以一圈带状素面纹饰，其外两条弦纹构成主纹饰带，三菱形将其平均分为三部分，每部分饰以蟠螭，云雷地纹，素缘外翻。直径10.6厘米（图三八〇，1）。

带钩　1 件。

M235：3，曲棒形，圆形纽位于钩身中部略偏下。素面。长 8.2、纽径 1.3 厘米（图三八〇，2）。

2. 铁器

1 件。

残片　1 件。

M235：2，形制不明，素面。

3. 骨器

1 件。

棋子　1 枚。

M235：4，利用残骨骼加工而成，制作规整，长方体。素面。长 2.2、宽 1.6、厚 0.8 厘米（图三八〇，3）。

二一六　M236

（一）墓葬形制

该墓位于墓群 C 区中部。开口于①层下，开口距地表0.10～0.50米。

竖穴土坑墓，平面呈长方形，方向5°，口底同大。长 3.10、宽 1.70、深 1.30 米。直壁，平底，无工具加工痕迹。墓内填松散的灰黄色五花土，夹杂有料礓石颗粒。

葬具不详。

葬式不详。

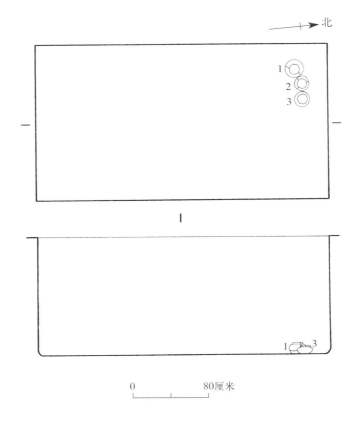

图三八一　M236 平、剖面图

1.大口陶罐　2、3.扁腹陶罐

墓葬内出土陶罐 3 件（图三八一）。

（二）出土遗物

陶器

3 件。

大口罐　1 件。

M236：1，泥质灰陶。直口，窄沿，沿面有凹槽，矮领，广肩，腹微鼓，最大径位于鼓腹处，平底。素面，颈部有刮抹痕迹。口径 11.2、最大径 18.9、底径 10.5、高 12.6 厘米（图三八二，1）。

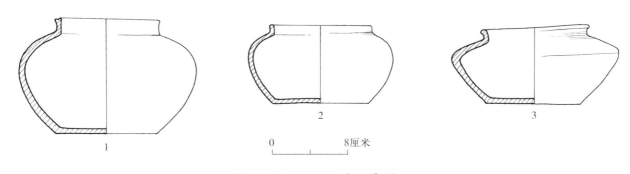

图三八二　M236 出土陶器

1.大口罐 M236：1　2、3.扁腹罐 M236：2、3

扁腹罐　2件。

M236：2，泥质灰陶。直口，窄沿，矮领，溜肩，弧腹，最大径位于腹上部，平底。素面，颈部有刮抹痕迹。口径 10.8、最大径 15.5、底径 10.1、高 8.6 厘米（图三八二，2）。

M236：3，泥质灰陶。口微侈，窄沿，圆唇，束颈，平肩，折腹，最大径位于折腹处，平底。素面，颈部有轮制痕迹。口径 11.5、最大径 19.8、底径 10.0、高 8.6 厘米（图三八二，3）。

二一七　M237

（一）墓葬形制

该墓位于墓群 C 区中部。开口于①层下，开口距地表 0.10～0.60 米。

斜坡墓道土洞墓，平面呈"凸"字形，方向 190°，残长 5.60 米。由墓道、墓室两部分组成。墓道位于墓室南端，梯形斜坡状，坡度 5°，口底同大，残长 2.12、宽 1.20～1.40 米，残深 0.60～0.90 米。墓室为土洞式，平面呈长方形，口底同大，长 3.48、宽 1.90 米，残深 1.00～1.40 米。壁面平直、规整、光滑，平底，墓室底低于墓道北端底 0.18 米；于墓室南端东、西两角各有一块较为规整的片状砂石，应为封门。墓内填松散的灰黄色五花土。

葬具不详。

葬式不详。

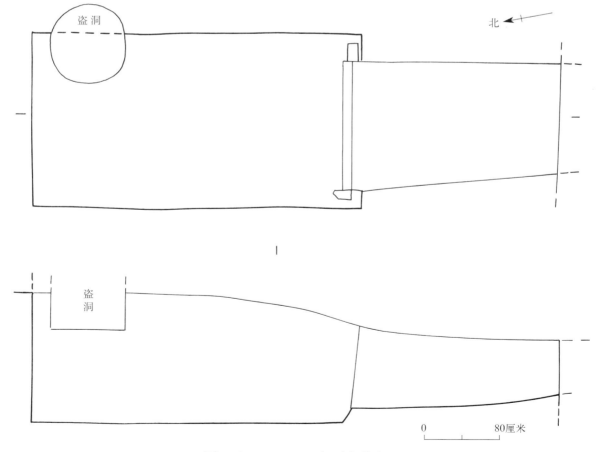

图三八三　M237 平、剖面图

盗洞 1 个，位于墓室东北部，自地表直通墓底。平面呈圆形，直径 0.85 米（图三八三）。

（二）出土遗物

无出土器物。

二一八　M238

（一）墓葬形制

该墓位于墓群 C 区中部。开口于①层下，开口距地表 0.10 ～ 0.40 米。

竖穴土坑墓，平面呈长方形，方向 10°，口底同大。长 3.08、宽 1.80 米，残深 0.30 ～ 1.50 米。直壁，平底，无工具加工痕迹，东侧壁面上部略有坍塌。墓内填松散的灰黄色五花土，夹杂有料礓石颗粒。

葬具不详。

葬式不详。

盗洞 1 个，位于墓葬东北角，自地表直通墓底。平面呈圆角正方形，边长 1.40 米。

填土内出土铜带钩 1、铁剑 1 件（图三八四）。

（二）出土遗物

1. 铜器

1 件。

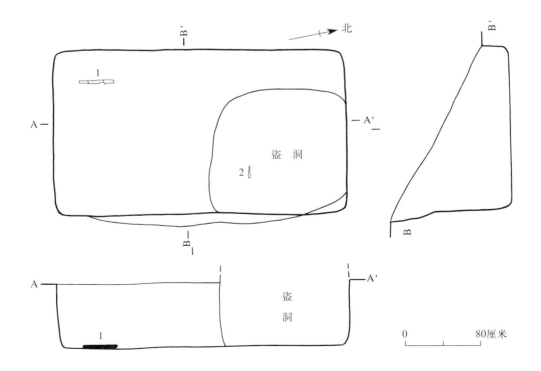

图三八四　M238 平、剖面图

1.铁剑　2.铜带钩

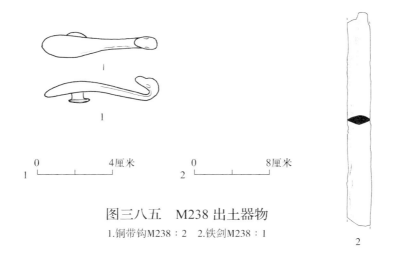

图三八五　M238 出土器物
1.铜带钩M238：2　2.铁剑M238：1

带钩　1件。

M238：2，似鹅形，钩首为头，钩体为颈，尾端为身，圆形纽位于钩身中部略偏下，素面。长6.2、纽径1.2厘米（图三八五，1）。

2.铁器

1件。

剑　1件。

M238：1，锈蚀严重。残存部分剑身，中部起脊，断面呈菱形，素面。残长23.4厘米（图三八五，2）。

二一九　M239

（一）墓葬形制

该墓位于墓群C区中部。开口于①层下，开口距地表0.15～0.40米。

竖穴土坑墓，平面呈长方形，方向10°。口大底小，有两层生土二层台。上口长5.04、宽4.92米；深1.86～3.54米。上层二层台面至墓口深0.40～0.90米；南侧台面宽0.30、北侧台面宽0.40～0.45米，东、西两侧无二层台。上层二层台至下层二层台面墓坑平面呈长方形，长4.74、宽4.10米。下层二层台面至墓口深1.20～2.40米；东侧台面宽0.70、南侧台面宽0.39、西侧台面宽0.30、北侧台面宽0.16米。下层二层台以下墓坑平面呈正方形，边长3.60米，深0.40～1.20米。二层台以上壁面斜直内收，收分明显，二层台以下壁面平直，其中南、北两纵壁壁面中部略向外弧，修建规整，平底，无工具加工痕迹。壁龛1个，位于北壁西侧下部，进深0.40、宽0.50、高0.46米，平顶，底距墓底高0.90米，西侧距西壁1.30米。墓内填松散的灰黄色五花土，含较少的泥质灰陶残片及大量植物根系。

葬具不详。

葬式不详。

盗洞1个，位于墓葬东南角，自地表直通墓底。平面呈圆角长方形，长3.26、宽1.64米。

墓葬内出土陶壶1、陶罐1、铜器盖1件；壁龛内出土陶罐1件（图三八六）。

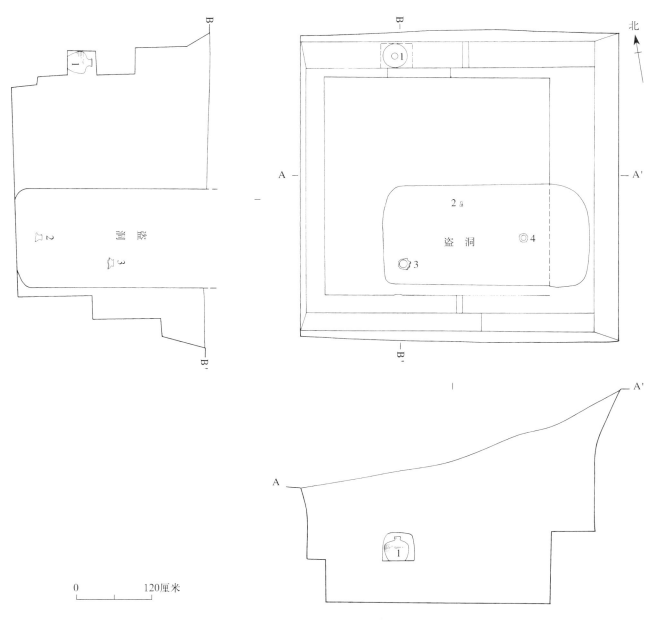

图三八六　M239 平、剖面图

1、3.小口陶罐　2.铜器盖　4.陶壶

（二）出土遗物

1. 陶器

3 件。

壶　1 件。

M239：4，口沿残片，盘口，窄沿，高领，溜肩，肩以下部分缺失。素面。口径 11.5、残高 15.0 厘米（图三八七，1）。

小口罐　2 件。

M239：1，泥质灰陶。侈口，窄沿外撇，方唇，斜领，溜肩，上腹微鼓，下腹弧内收，最大径

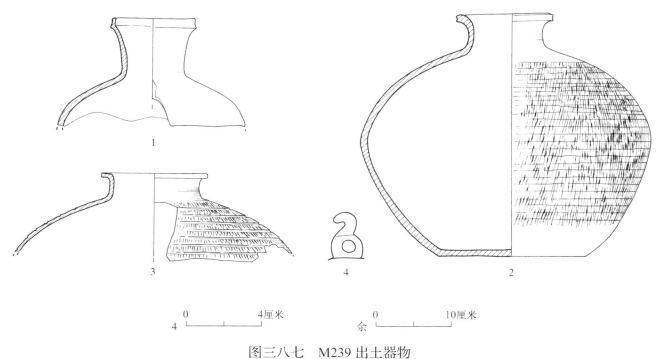

图三八七　M239 出土器物

1.陶壶M239：4　2、3.小口陶罐M239：1、3　4.铜器盖M239：2

位于鼓腹处，平底。肩、腹部先饰绳纹，再于其上饰数道旋纹，将之分割成数段，领部有轮制痕迹。口径 13.0、最大径 39.0、底径 20.0、高 33.0 厘米（图三八七，2）。

M239：3，口部残片。泥质灰陶。侈口，宽平沿，方唇，直领，溜肩，肩部以下缺失。肩部先饰绳纹，再于其上饰数道凹弦纹，将之分割成数段，领部轮制痕迹明显。口径 14.2、残高 12.5 厘米（图三八七，3）。

2. 铜器

1 件。

器盖　1 件。

M239：2，残存部分器盖和一个卷云环形纽。高 2.6、宽 1.8、厚 0.1 厘米（图三八七，4）。

二二〇　M240

（一）墓葬形制

该墓位于墓群 C 区中部。开口于①层下，开口距地表 0.10 ～ 0.30 米。

竖穴土坑墓，西侧壁面二层台以上部分损毁，残存墓口平面呈长方形，方向 15°。口大底小，有生土二层台。上口长 3.20、宽 1.70 米；二层台面至墓口深 0 ～ 0.70 米，东侧台面宽 0.30 米，西、南、北无二层台；底长 3.00、宽 1.20 米；深 0.60 ～ 1.30 米。二层台以上壁面斜直内收，收分明显，二层台以下壁面平直，修建规整，平底，无工具加工痕迹。墓内填松散的灰黄色五花土。

葬具不详。

葬式不详。

盗洞 1 个，位于墓葬东南部，自地表直通墓底。平面呈椭圆形，长 1.20 ～ 1.70 厘米（图三八八）。

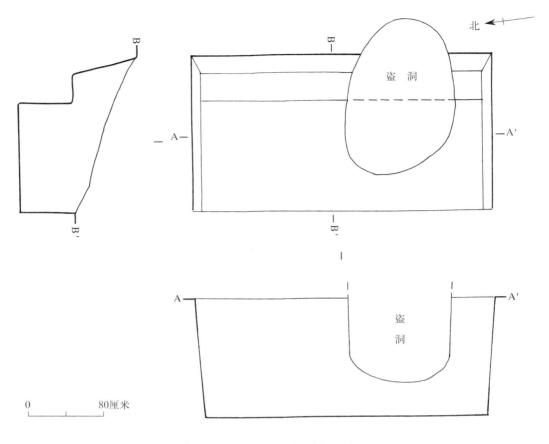

图三八八 M240 平、剖面图

（二）出土遗物

无出土器物。

二二一 M241

（一）墓葬形制

该墓位于墓群 C 区北部。开口于①层下，开口距地表 0.10 米。

竖穴墓道土洞墓，平面呈"吕"字形，方向 295°。墓葬由墓道、甬道、墓室三部分组成。墓道位于墓室南端，竖穴式，平面呈长方形，长 4.00～4.20、宽 1.12 米；残深 0.90～2.60 米。底部较平，分为二层台，西侧 0.70～0.80 米处高于东侧 0.20 米。甬道位于墓道、墓室之间，土洞式，平顶，进深 1.70、宽 1.40、高 1.40 米，底高于墓道、墓室底 0.20 米，甬道中部东、西两壁各有一个进深 0.08、宽 0.20、高 1.60 米的凹槽，底部各放一片状石块，应为封门。墓室为土洞式，平面呈长方形，口大底小。上口长 3.70、宽 2.40 米；底长 3.50、宽 2.20 米；残深 1.70～3.70 米。墓壁规整，其中墓室壁面斜直内收，收分明显，甬道、墓道壁面平直，平底，无工具加工痕迹。墓内填松散的灰黄色五花土，含较少的泥质灰陶残片及大量植物根系。

葬具不详。

葬式不详。

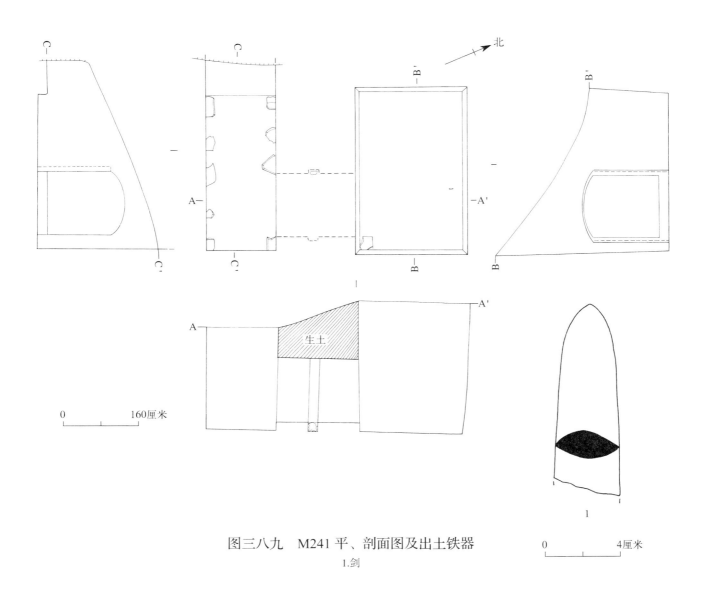

图三八九　M241 平、剖面图及出土铁器
1.剑

墓葬内出土铁剑 1 件（图三八九）。

（二）出土遗物

铁器

1 件

剑　1 件。

M241：1，残存剑末端部分，截面呈菱形，末端收杀成锋。素面。残长 10.5 厘米（图三八九，1）。

二二二　M242

（一）墓葬形制

该墓位于墓群 C 区北部。开口于①层下，开口距地表 0.20 米。

竖穴土坑墓，因水土流失西侧壁毁坏，残存平面呈长方形，方向 120°。口底同大，残长 2.10～2.30、

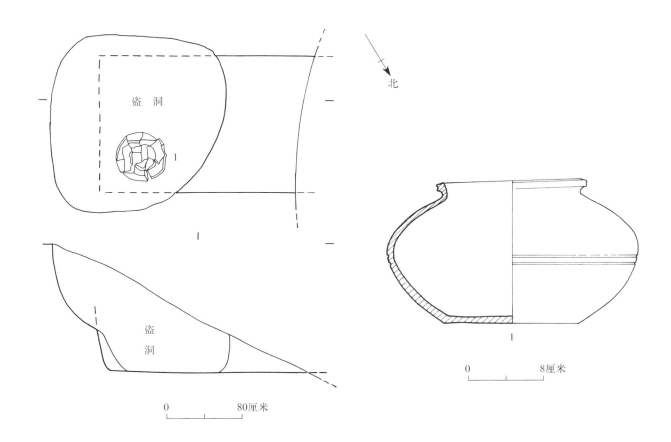

图三九〇　M242 平、剖面图及出土陶器
1.扁腹罐

宽 1.50、残深 0～0.50 米，墓壁平直，壁面光滑、平整，平底，无工具加工痕迹。墓内填松散的灰黄色五花土，含大量植物根系，含较多的泥质灰陶残片，均为素面，可辨器形为罐。

葬具不详。

葬式不详。

盗洞 1 个，位于墓葬东侧，自地表直通墓底。平面呈不规则形，长 1.90、宽 1.85 米。

墓葬内出土陶罐 1 件（图三九〇）。

（二）出土遗物

陶器

1 件。

扁腹罐　1 件。

M242：1，泥质灰陶。口微侈，窄沿微外撇，沿面有凹槽，方唇，唇缘有凹槽，束颈，溜肩，弧腹内收，最大径位于肩腹交接处，平底。腹上部饰二道凹弦纹，器身有轮制痕迹。口径 16.0、最大径 26.4、底径 14.0、高 15.6 厘米（图三九〇，1）。

二二三 M243

（一）墓葬形制

该墓位于墓群 C 区北部。开口于①层下，开口距地表 0.20 米。

竖穴土坑墓，因水土流失西壁毁坏，残存平面呈长方形，方向 120°。口底同大，残长 2.24～2.50、宽 2.20、残深 0～0.72 米，墓壁平直，壁面光滑、平整，平底，无工具加工痕迹。墓内填松散的灰黄色五花土，含大量植物根系，较多的泥质灰陶残片，均为素面，可辨器形为罐，同时有较多的铜器碎片，无可辨器形。

葬具不详。

葬式不详。

墓葬内出土陶罐 3、铜削 1 件（图三九一）。

（二）出土遗物

1. 陶器

3 件。

大口罐　2 件。

M243：2，泥质灰陶。口微侈，窄沿外翻，尖唇，束颈，溜肩，弧腹内收，最大径位于肩腹交接处，平底。素面，器身先饰绳纹后抹掉，残留部分绳纹纹理。口径 12.8、最大径 18.8、底径 11.6、

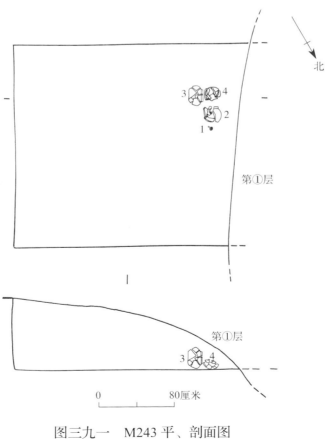

图三九一　M243 平、剖面图

1.铜削　2、3.大口陶罐　4.扁腹陶罐

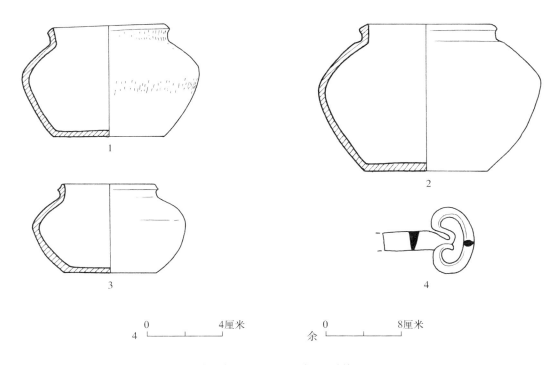

图三九二　M243 出土器物

1、2.大口陶罐M243：2、3　3.扁腹陶罐M243：4　4.铜削M243：1

高 12.3 厘米（图三九二，1）。

M243：3，泥质灰陶。口微侈，窄沿外翻，方唇，束颈，溜肩，弧腹内收，最大径位于肩腹交接处，平底。素面，器身有刮抹痕迹。口径 14.4、最大径 23.6、底径 12.8、高 16.2 厘米（图三九二，2）。

扁腹罐　1 件。

M243：4，泥质灰陶。口微侈，窄沿外翻，尖唇，束颈，溜肩，弧腹内收，最大径位于肩腹交接处，平底。素面，器身有刮抹痕迹。口径 10.8、最大径 16.2、底径 10.0、高 9.8 厘米（图三九二，3）。

2. 铜器

1 件。

削　1 件。

M243：1，残。椭圆形环首，截面呈扁圆形，残存部分削身较窄长，截面呈三角形，素面。残长 4.8、环首径 2.3 ～ 3.6 厘米（图三九二，4）。

二二四　M244

（一）墓葬形制

该墓位于墓群 C 区北部。开口于①层下，开口距地表 0.20 米。

竖穴土坑墓，因水土流失西壁毁坏，残存平面呈长方形，方向120°，口底同大。残长 2.20 ～ 3.00、宽 1.60 米；残深 0 ～ 1.40 米。墓壁平直，壁面光滑、平整，平底，无工具加工痕迹。墓内填松散的灰黄色五花土，含大量植物根系，较多的泥质灰陶片，以素面为主，偶有彩绘陶片，可辨器形有锜。

葬具不详。

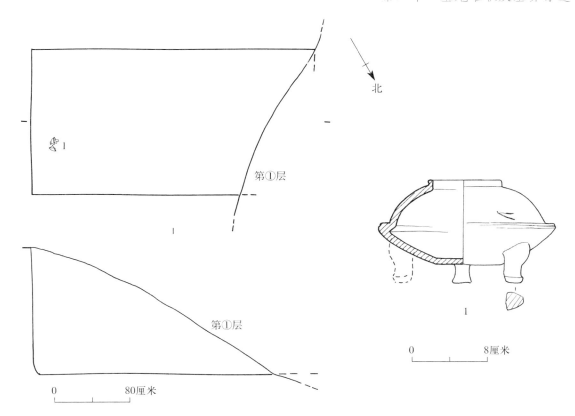

图三九三　M244 平、剖面图及出土陶器
1.锜

葬式不详。

墓葬内出土陶锜 1 件（图三九三）。

（二）出土遗物

陶器

1 件。

锜　1 件。

M244：1，残，泥质灰陶，施彩绘。器身似釜，直口，窄沿，矮领，圆肩，深腹，平底。三蹄足较肥硕，足跟外鼓，腹部有一隔棱，最大径位于隔棱处，隔棱上端用红彩绘，脱落严重，图案不明，器身轮制痕迹明显。口径 8.0、最大径 18.8、隔棱宽 1.2、裆高 2.0、通高 11.2 厘米（图三九三，1）。

二二五　M245

（一）墓葬形制

该墓位于墓群 C 区中部。开口于①层下，开口距地表 0.20～0.40 米。

竖穴土坑墓，平面呈长方形，方向 105°，口底同大。残长 2.50、宽 1.50 米；残深 0.50～1.90 米。墓壁平直，壁面光滑、平整，平底，无工具加工痕迹。墓内填松散的灰黄色五花土，含大量植物根系。

葬具不详。

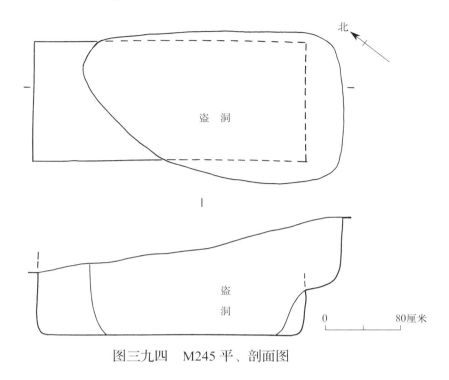

图三九四　M245 平、剖面图

葬式不详。

盗洞 1 个，位于墓葬的东部，自地表直通墓底。平面呈椭圆形，长 1.23 ～ 1.80 米（图三九四）。

（二）出土遗物

无出土器物。

二二六　M246

（一）墓葬形制

该墓位于墓群 C 区北部。开口于①层下，开口距地表 0.20 ～ 1.00 米。

竖穴土坑墓，因水土流失上部毁坏，残存平面呈长方形，方向 115°，口底同大。残长 2.80、宽 1.40；残深 1.20 ～ 1.40 米。墓壁平直，壁面光滑、平整，平底，无工具加工痕迹。

墓内填松散的灰黄色五花土，含大量植物根系，较多的泥质灰陶片，均为素面，可辨器形有罐。

葬具不详。

葬式不详。

盗洞 1 个，位于墓葬东侧，自地表直通墓底。平面呈圆角长方形，长 1.60、宽 1.56 米。

墓葬内出土陶釜 1、陶甑 1、陶罐 6、铜套环提衔 1、铁容器残片 1 件（图三九五）。

（二）出土遗物

1.陶器

8 件。

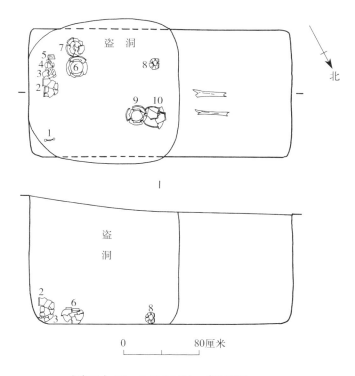

图三九五　M246 平、剖面图

1.铜套环提衔　2.罐形陶甑　3、4、6、9.大口陶罐　5.铁容器残片　7、10.小口陶罐　8.无耳陶釜

罐形甑　1件。

M246：2，泥质灰陶。敞口，宽沿微外撇，方唇，上腹较直，下腹斜直内收，平底。底部镂数个圆形箅孔，上腹中部饰一道横向粗绳纹，腹中部饰一周方格纹，腹部轮制痕迹明显。口径 21.5、底径 10.1、高 19.0 厘米（图三九六，1）。

小口罐　2件。

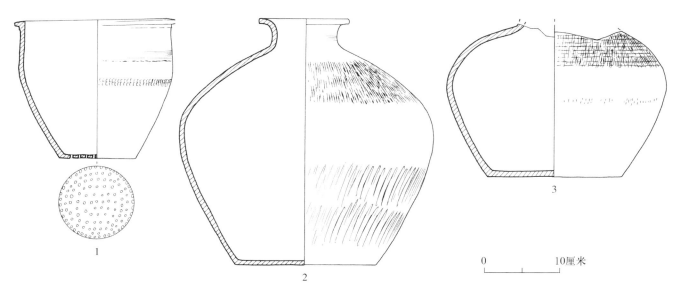

图三九六　M246 出土陶器

1.罐形甑M246：2　　2、3.小口罐M246：7、10

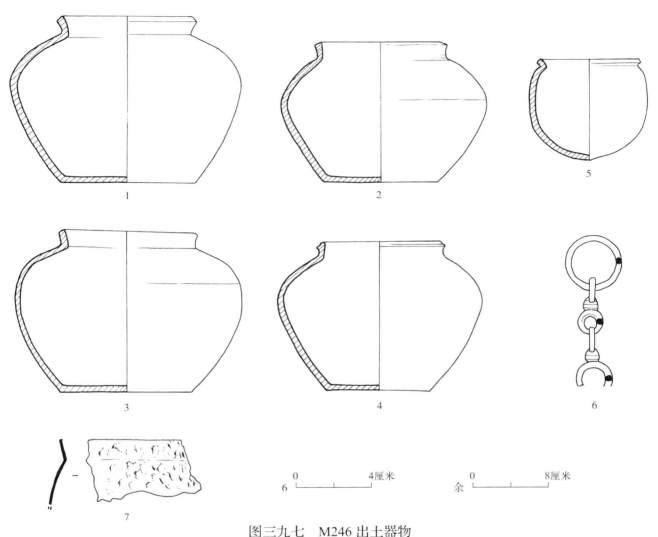

图三九七   M246 出土器物

1～4.大口陶罐M246：3、4、6、9   5.无耳陶釜M246：8   6.铜套环提衔M246：1   7.铁容器残片M246：5

M246：7，泥质灰陶。侈口，外斜沿，方唇，束颈，溜肩，深弧腹，最大径位于腹上端，平底。肩部饰细绳纹，腹下部饰篮纹，器身有轮制痕迹。口径12.0、最大径33.0、底径19.0、高33.5厘米（图三九六，2）。

M246：10，残。泥质灰陶。口部缺失，溜肩，深弧腹，最大径位于腹上端，平底。肩部先饰竖绳纹，再于绳纹之上饰数道旋纹，将之分割成数段，腹上部先饰绳纹后抹掉，残存部分绳纹，器身有轮制痕迹。最大径29.0、底径19.5、残高21.0厘米（图三九六，3）。

大口罐   4件。

M246：3，泥质灰陶。侈口，窄沿外撇，矮领，广肩，上腹微鼓，下腹弧内收，最大径位于鼓腹处，平底。素面，器身有刮抹痕迹。口径14.8、最大径24.4、底径14.1、高18.0厘米（图三九七，1）。

M246：4，泥质灰陶。直口，窄沿外撇，矮领，溜肩，弧腹，最大径位于腹上端，平底。素面，口部轮制痕迹明显，器身有刮抹痕迹。口径14.0、最大径22.0、底径12.0、高15.2厘米（图三九七，2）。

M246：6，泥质灰陶。口微侈，窄沿外撇，矮领，广肩，腹微鼓，最大径位于鼓腹处，平底。腹上端有一道刻划纹，器身有刮抹痕迹。口径 14.8、最大径 24.0、底径 14.0、高 18.0 厘米（图三九七，3）。

M246：9，泥质灰陶。口微敛，窄沿外撇，沿面中部微内凹，尖唇，矮领，溜肩，弧腹，最大径位于腹上端，平底。素面，器身有刮抹痕迹。口径 12.3、最大径 21.7、底径 11.0、高 16.6 厘米（图三九七，4）。

无耳釜 1 件。

M246：8，夹砂灰陶。侈口，窄沿外斜，尖唇，束颈，深弧腹，最大径位于腹中部，圜底。素面。口径 10.8、最大径 12.6、高 11.2 厘米（图三九七，5）。

2. 铜器

1 件。

套环提衔 1 件。

M246：1，由五个大小不一的圆环相套连而成，圆环截面呈圆形，残长 8.8 厘米（图三九七，6）。

3. 铁器

1 件。

容器残片 1 件。

M246：5，口沿残片，疑为釜。侈口，束颈，颈以下缺失，素面。壁厚 0.3、残高 7.0 厘米（图三九七，7）。

二二七 M247

（一）墓葬形制

该墓位于墓群 C 区北部。开口于①层下，开口距地表 0.20 ～ 1.00 米。

竖穴土坑墓，因水土流失上部毁坏，残存平面呈长方形，方向 135°，口底同大。残长 2.70、宽 1.30 米；残深 0.50 ～ 1.20 米。墓壁平直，壁面光滑、平整，平底，无工具加工痕迹。墓内填松散的灰黄色五花土，含大量植物根系，较多的泥质灰陶片，均为素面，可辨器形有罐。

葬具不详。

葬式不详。

盗洞 1 个，位于墓葬东侧，自地表直通墓底。平面呈椭圆形，长 1.64 ～ 2.10 米。

墓葬内出土铜泡钉 1、陶器残片 3 件（图三九八）。

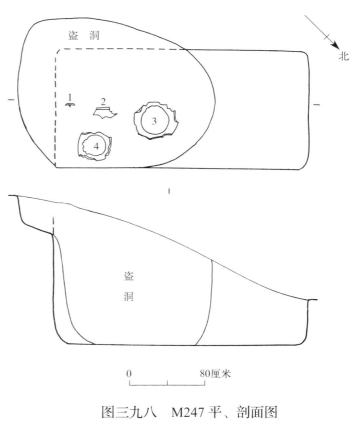

图三九八 M247 平、剖面图

1.铜泡钉 2～4.陶器残片

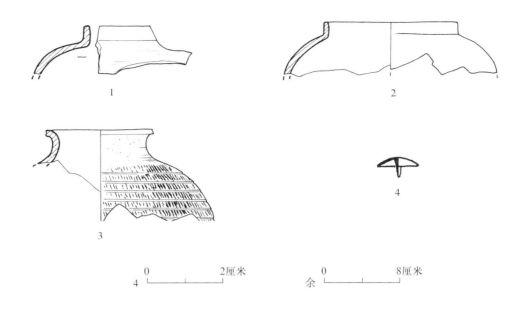

图三九九　M247 出土器物

1～3.陶器残片M247：2～4　4.铜泡钉M247：1

（二）出土遗物

1. 陶器

3 件。

残片　3 件。

M247：2，口沿残片，疑为罐。泥质灰陶。直口，窄沿，矮领，广肩，肩以下部分缺失，素面。壁厚0.6、残高5.3厘米（图三九九，1）。

M247：3，口沿残片。泥质灰陶。直口，窄沿，矮领，广肩，肩以下部分缺失，素面。口径14.2、残高5.6厘米（图三九九，2）。

M247：4，口部残片。泥质灰陶。侈口，窄平沿，方唇，唇缘有凹槽，直领，溜肩，肩部以下缺失，肩部先饰绳纹，再于其上饰数道凹弦纹，将之分割成数段，领部先饰绳纹后抹掉，残存绳纹纹理，领部轮制痕迹明显。口径11.4、残高10.0厘米（图三九九，3）。

2. 铜器

1 件。

泡钉　1 件。

M247：1，"T"字形，顶端钉帽呈半圆形，末端尖锐，素面。长0.5厘米（图三九九，4）。

二二八　M248

（一）墓葬形制

该墓位于墓群 C 区北部。开口于①层下，开口距地表0.10～0.40米。

竖穴土坑墓，因水土流失上部毁坏，残存平面呈长方形，方向140°，口底同大。长2.90、宽1.30米；残深0.44～0.68米。墓壁平直，壁面光滑、平整，平底，无工具加工痕迹。

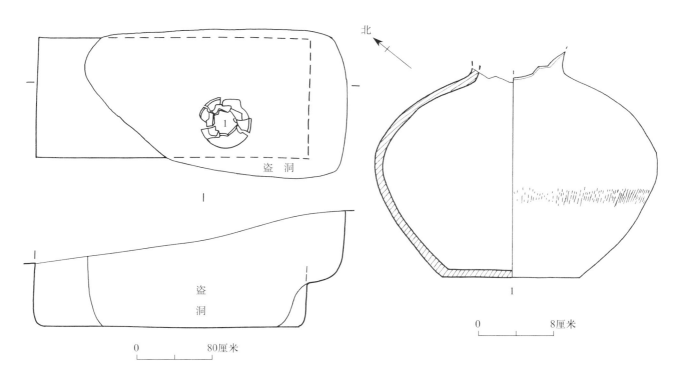

图四〇〇　M248 平、剖面图及出土陶器
1.罐

墓内填松散的灰黄色五花土，含大量植物根系，较多的泥质灰陶片，均为素面，可辨器形有罐。

葬具不详。

葬式不详。

盗洞 1 个，位于墓葬东侧，自地表直通墓底。平面呈椭圆形，长 1.60～2.76 米。

墓葬内出土陶罐 1 件（图四〇〇）。

（二）出土遗物

陶器

1 件。

罐　1 件。

M248：1，残，泥质灰陶。口部缺失，溜肩，深弧腹，最大径位于腹上部，平底。腹中部饰绳纹，器身有刮抹痕迹。最大径 30.0、底径 14.4、残高 24.8 厘米（图四〇〇，1）。

二二九　M249

（一）墓葬形制

该墓位于墓群 C 区北部。开口于①层下，开口距地表 0.70 米。

竖穴土坑墓，平面呈长方形，方向 290°，口底同大。长 2.64、宽 1.24 米；残深 0.80～1.20 米。墓壁平直，壁面光滑、平整，平底，无工具加工痕迹。墓内填松散的灰黄色五花土，含植物根系。

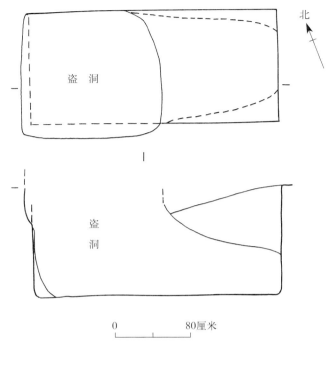

图四〇一　M249 平、剖面图

葬具不详。

葬式不详。

盗洞 1 个，位于墓葬西侧，自地表直通墓底。平面呈长方形，长 1.50、宽 1.40 米（图四〇一）。

（二）出土遗物

无出土器物。

二三〇　M250

（一）墓葬形制

该墓位于墓群 C 区北部。开口于①层下，开口距地表深 0.80 米。

竖穴土坑墓，平面呈长方形，方向 100°，口大底小，有生土二层台。上口长 3.50、宽 2.60 米；二层台面至墓口深 1.20 米，二层台东、西、北三侧宽 0.50、南侧宽 0.44 米；底长 2.10、宽 1.20 米；深 2.00 米。二层台以下墓坑南北两侧壁面对称的分布六个宽 0.12、进深 0.10、高 0.80 米的凹槽，应为垫木所致。二层台以上壁面斜直内收，收分明显，二层台以下壁面平直，修建规整，平底，无工具加工痕迹。墓内填松散的灰黄色五花土，含植物根系。

葬具不详。

葬式不详。

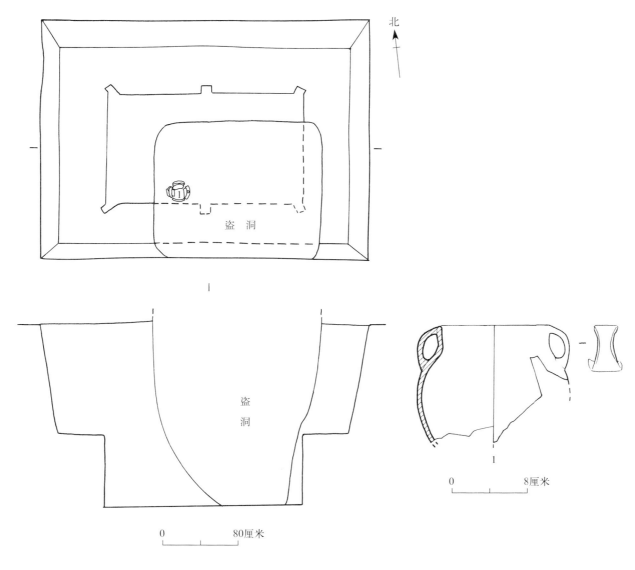

图四○二 M250平、剖面图及出土陶器
1.双耳罐

盗洞发现1处，位于墓葬南侧，自地表直通墓底。平面呈圆角长方形，长1.80、宽1.50米。墓葬内出土陶罐1件（图四○二）。

（二）出土遗物

陶器

1件。

双耳罐 1件。

M250：1，残，泥质灰陶。口微侈，圆唇，矮领，弧腹，底缺失。口部接两附耳，耳面中部内凹，上端接于口部，与沿面齐平，下端接于腹上部。素面。口径11.6、残高13.0厘米（图四○二，1）。

二三一　M251

（一）墓葬形制

该墓位于墓群 C 区中部。开口于①层下，开口距地表 0.10 ～ 0.50 米。

竖穴土坑墓，因水土流失东壁毁坏，残存平面呈长方形，方向 290°，口底同大。残长 2.60、宽 1.40、残深 0 ～ 1.30 米。墓壁平直，壁面光滑、平整，平底，无工具加工痕迹。墓内填松散的灰黄色五花土，含大量植物根系，较多的泥质灰陶残片，均为素面。

葬具不详。

葬式不详（图四〇三）。

（二）出土遗物

无出土器物。

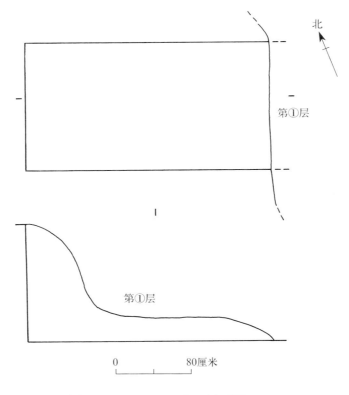

图四〇三　M251 平、剖面图

二三二　M252

（一）墓葬形制

该墓位于墓群 C 区北部。开口于①层下，开口距地表 0.10 ～ 0.40 米。

竖穴土坑墓，因水土流失上部毁坏，残存平面呈长方形，方向 20°，口底同大。长 2.80、宽 1.40、残深 0.90 ～ 1.10 米。墓壁平直，壁面光滑、平整，平底，无工具加工痕迹。墓内填松散的灰黄色五花土，含大量植物根系，较多的泥质灰陶残片，均为素面，可辨器形有罐。

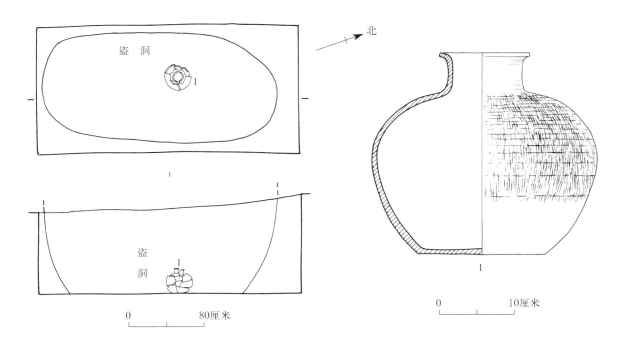

图四〇四　M252 平、剖面图及出土陶器
1.小口罐

葬具不详。

葬式不详。

盗洞 1 个，位于墓葬中部，自地表直通墓底。平面呈椭圆形，长 1.20 ～ 2.45 米。

墓葬内出土陶罐 1 件（图四〇四）。

（二）出土遗物

陶器

1 件。

小口罐　1 件。

M252：1，泥质灰陶。侈口，外斜沿，圆唇，直领，广肩，腹微鼓，最大径位于鼓腹处，平底。肩、腹部先饰绳纹，再于其上饰数道旋纹，将之分割成数段，下腹部素面，领部先饰绳纹后抹掉，残留绳纹纹理。口径 12.2、最大径 30.0、底径 16.5、高 27.7 厘米（图四〇四，1）。

二三三　M253

（一）墓葬形制

该墓位于墓群 C 区北部。开口于①层下，开口距地表 0.10 ～ 0.30 米。

竖穴土坑墓，平面呈长方形，方向 20°，口大底小。上口长 3.10、宽 1.70 米；底长 2.90、宽 1.50 米；残深 1.40 ～ 2.00 米。墓壁上部壁面斜直内收，收分明显，下部壁面平直，整个壁面光滑、平整，平底，无工具加工痕迹。墓内填松散的灰黄色五花土。

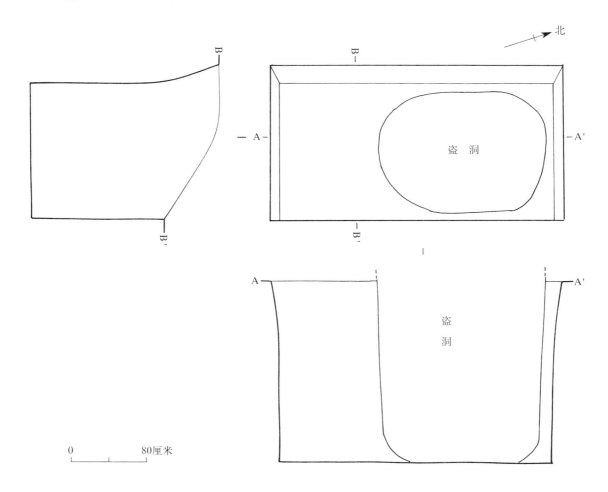

图四〇五   M253 平、剖面图

葬具不详。

葬式不详。

盗洞 1 个，位于墓葬北侧，自地表直通墓底。平面呈椭圆形，长 1.32 ～ 1.76 米（图四〇五）。

（二）出土遗物

无出土器物。

二三四   M254

（一）墓葬形制

该墓位于墓群 C 区北部。开口于①层下，开口距地表 0.10 ～ 0.30 米。

竖穴土坑墓道土洞墓，总长 4.10 米，方向 205°。由墓道、墓室两部分组成，墓道位于墓室的南端，平面呈梯形，口大底小。上口长 2.10、东西向北端宽 1.28、南端宽 1.40 米；底长 1.76、东西向北端宽 1.00、南端宽 1.10 米；残深 0.50 米。斜壁内收，收分明显，平底。墓室为土洞式，平面呈长方形，拱形顶。进深 2.00、宽 0.70、残高 0.80 米。壁面平直，光滑，平底，底部向北延伸至墓道内，低于墓道底 0.20 米，无工具加工痕迹。墓道内填较硬的灰黄色五花土，墓室内填较硬的灰黄色淤积土。

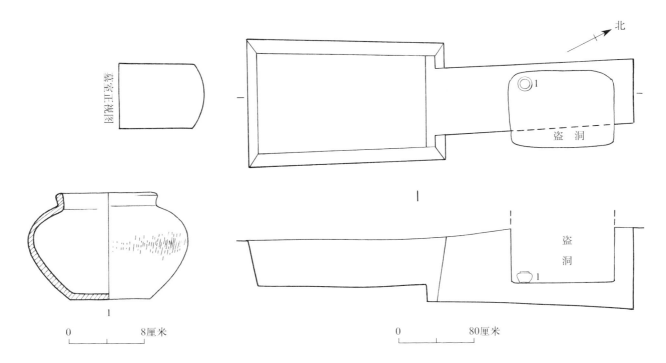

图四〇六 M254 平、剖面图及出土陶器
1.大口罐

葬具不详。

葬式不详。

盗洞 1 个，位于墓室东侧，自地表直通墓底。平面呈圆角长方形，长 1.12、宽 0.84 米。

盗洞内出土陶罐 1 件（图四〇六）。

（二）出土遗物

陶器

1 件。

大口罐 1 件。

M254∶1，泥质灰陶。直口，窄沿外撇，矮领，广肩，上腹微鼓，下腹弧内收，最大径位于鼓腹交接处，平底。上腹部饰绳纹，部分被抹掉，器身有轮制痕迹。口径 10.8、最大径 17.0、底径 8.4、高 11.6 厘米（图四〇六，1）。

二三五 M255

（一）墓葬形制

该墓位于墓群 C 区北部。开口于①层下，开口距地表 0.20 ～ 0.50 米。

竖穴墓道土坑墓，平面呈"L"形，总长 4.26 米，方向 110°。由墓道、墓室两部分组成。墓道位于墓室北部，坡度 40°，平面呈圆角长方形，口底同大。上口残长 1.72、宽 1.28 米；斜坡底残长 1.12 米；残深 0 ～ 1.20 米。南端有一宽 0.24、高 0.10 米的台阶。墓室为土坑式，平面呈长方形，口底同大。

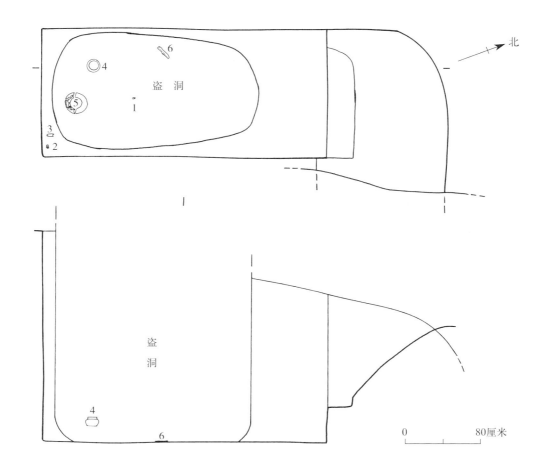

图四〇七　M255 平、剖面图

1.铜带钩　2.铜钱　3.铜勺柄　4、5.扁腹陶罐　6.铁剑

长 3.04、宽 1.40、残深 1.30 ～ 2.30 米。平底，低于墓道南端底 0.40 米，墓壁面平直，较为规整，无工具加工痕迹。墓内填松散的灰黄色五花土。

葬具不详。

葬式不详。

盗洞 1 个，位于墓室的中部偏南，自地表通入墓底。平面呈椭圆形，长 1.30 ～ 2.20 米。

盗洞内出土陶罐 2、铜勺 1、铜钱 1、铜带钩 1、铁剑 1 件（图四〇七）。

（二）出土遗物

1. 陶器

2 件。

扁腹罐　2 件。

M255∶4，泥质灰陶。直口，窄沿，束颈，溜肩，弧腹内收，最大径位于肩腹交接处，平底。素面，器身有轮制痕迹。口径 10.8、最大径 15.2、底径 9.9、高 9.5 厘米（图四〇八，1；彩版一五一，1）。

M255∶5，泥质灰陶。直口，窄平沿，沿面外侧有一道凹槽，方唇，唇缘有凹槽，矮领，溜肩，弧腹内收，最大径位于肩腹交接处，平底。腹中部饰一道竖绳纹，部分被抹掉，器身有轮制痕迹。

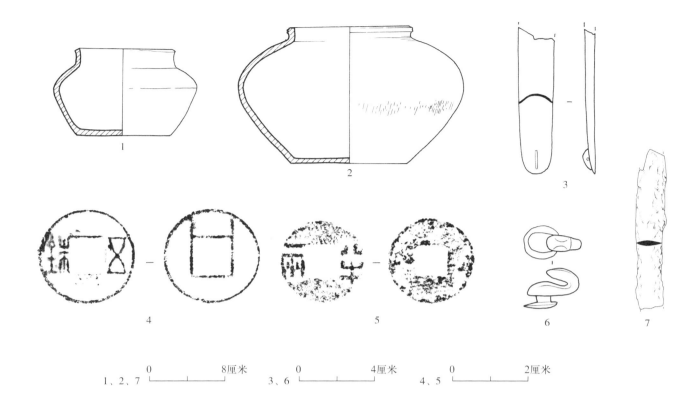

图四〇八　M255 出土器物

1、2.扁腹陶罐M255：4、5　3.铜勺柄M255：3　4.五铢钱M255：2-2　5.半两钱M255：2-1　6.铜带钩M255：1　7.铁剑M255：6

口径 13.3、最大径 23.9、底径 12.0、高 14.8 厘米（图四〇八，2；彩版一五一，2）。

2. 铜器

3 件。

勺柄　1 件。

M255：3，残存部分勺柄。柄部末端附一半圆形穿。残长 8.0 厘米（图四〇八，3）。

铜钱　1 组。

M255：2，共 4 枚。M255：2-1，"半两"币一枚。圆形方穿，无郭。直径 2.3、穿边长 0.8 厘米（图四〇八，5；彩版一五一，3）。M255：2-2，"五铢"币三枚。圆形方穿，有郭。直径 2.5、穿边长 1.0 厘米（图四〇八，4；彩版一五一，4）。

带钩　1 件。

M255：1，动物形。体短小肥硕，钩首为动物头部，双眼大而突出，圆形纽位于尾部。素面。长 3.0、纽径 1.8 厘米（图四〇八，6；彩版一五一，5）。

3. 铁器

1 件。

剑　1 件。

M255：6，锈残。残存部分剑身，截面呈扁菱形。素面。残长 17.2、宽 2.4～2.8 厘米（图四〇八，7；彩版一五一，6）。

二三六 M256

（一）墓葬形制

该墓位于墓群 C 区北部。开口于①层下，开口距地表 0.10～0.60 米。

竖穴土坑墓道土洞墓，总长 4.68 米，方向 195°。墓葬上部因水土流失毁坏，墓葬由墓道、墓室两部分组成。墓道位于墓室的南端，南高北低呈斜坡状，坡度 7°，平面呈长方形，口底同大。长 2.28、宽 1.08 米；底长 2.30 米；残深 0.68～1.12 米。斜壁内收，收分明显。墓室为土洞式，位于墓道北端底部，平面呈长方形，平顶。进深 2.40、宽 0.80、残高 0.76 米。壁面平直，光滑，平底，底低于墓道南端底 0.16 米，无工具加工痕迹。墓道内填较硬的灰黄色五花土，墓室内填较硬的灰黄色淤积土。

葬具不详。

葬式不详。

盗洞 2 个，盗洞 1 位于墓道南部，自地表直通墓道底，平面呈椭圆形，长 0.88～1.36 米；盗洞 2 位于墓室中部，自地表直通墓底，平面呈椭圆形，长 0.64～1.40 米（图四○九）。

（二）出土遗物

无出土器物。

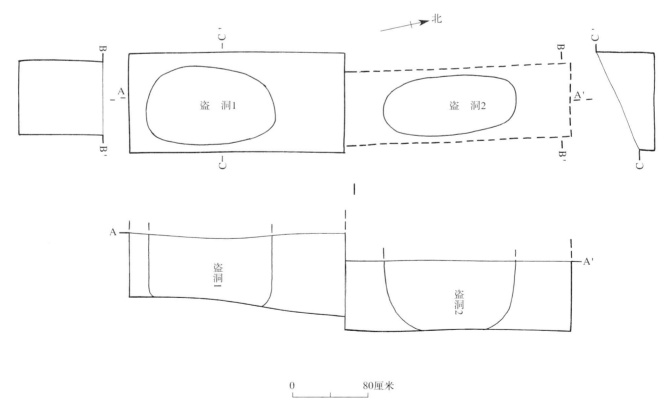

图四○九 M256 平、剖面图

二三七　M257

（一）墓葬形制

该墓位于墓群 C 区北部。开口于①层下，开口距地表 0.50 ～ 1.20 米，东端上部壁面被晚期地层打破。

竖穴土坑墓，平面呈长方形，方向 300°，口大底小，有生土二层台。上口残长 2.80、宽 2.40 米；二层台面至墓口深 0 ～ 1.60 米，二层台东侧残宽 0.10 ～ 0.16、西侧宽 0.34、南、北两侧宽 0.50 米；底长 2.64、宽 1.20 米；深 0.70 ～ 2.30 米。二层台以上壁面斜直内收，收分明显，二层台以下壁面平直，修建规整，平底，无工具加工痕迹。壁龛位于墓坑西端底部，拱形顶，底与墓底齐平。宽 0.40、进深 0.46、高 0.60 米。墓内填松散的灰黄色五花土，含植物根系。

葬具不详。

葬式不详。

盗洞 1 个，位于墓葬南侧，自地表直通墓底。平面呈圆角长方形，长 1.50、宽 1.44 米。

盗洞内出土陶釜 1（图四一〇）。

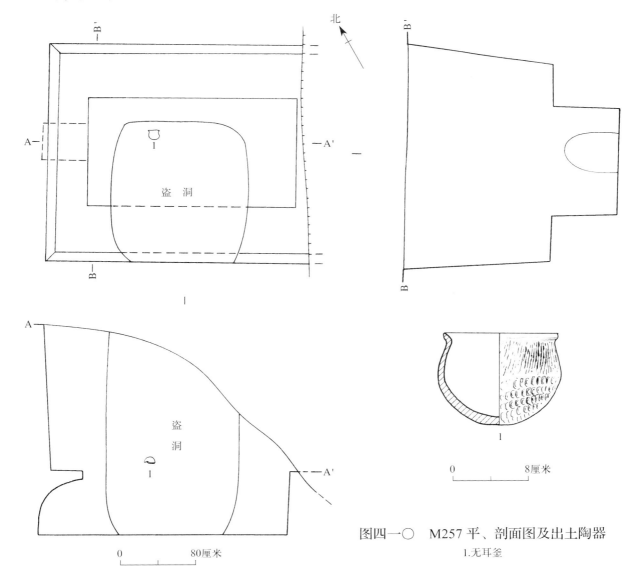

图四一〇　M257 平、剖面图及出土陶器

1.无耳釜

（二）出土遗物

陶器

1件。

无耳釜　1件。

M257：1，夹砂灰陶。侈口，圆唇，束颈，深弧腹，最大径位于腹中部，圜底。上腹部饰绳纹，下腹部饰戳刺纹。口径 12.1、最大径 13.2、高 10.0 厘米（图四一〇，1；彩版一五二，1）。

二三八　M258

（一）墓葬形制

该墓位于墓群 C 区中部。开口于①层下，开口距地表 0.10～0.80 米，东端上部壁面被晚期地层打破。

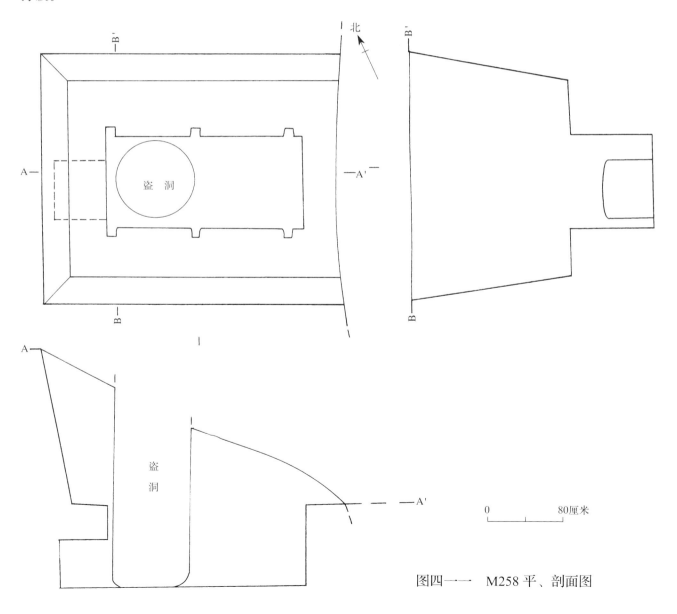

图四一一　M258 平、剖面图

竖穴土坑墓，平面呈长方形，方向 290°，口大底小，有生土二层台。上口长 3.20、宽 2.74 米；二层台面至墓口深 0～1.70 米，二层台东侧残宽 0.36～0.40、西侧宽 0.40、南侧宽 0.54、北侧宽 0.60 米；底长 2.60、宽 1.04 米；深 0.9～2.60 米。二层台以下墓坑南北两侧壁面较对称的分布六个宽 0.12、进深 0.10、高 0.80 米的凹槽，应为垫木所致。二层台以上壁面斜直内收，收分明显，二层台以下壁面平直，修建规整，平底，无工具加工痕迹。壁龛位于墓坑西端底部，弧形顶，底与墓底齐平，宽 0.64、进深 0.54、高 0.54 米。墓内填松散的灰黄色五花土，含植物根系。

　　葬具不详。

　　葬式不详。

　　盗洞 1 个，位于墓葬西侧，自地表直通墓底。平面略呈圆形，直径 0.80～0.90 米（图四一一）。

（二）出土遗物

　　无出土器物。

二三九　M259

（一）墓葬形制

　　该墓位于墓群 C 区中部。开口于①层下，开口距地表 0.10～1.20 米，东端上部壁面被晚期地层打破。

　　竖穴土坑墓，平面呈长方形，方向 295°，口大底小，有生土二层台。上口残长 2.50、宽 2.10 米；二层台面至墓口深 0～1.60 米，二层台位于东、南、北三侧，东侧残宽 0.10、南宽 0.30、北宽 0.20 米；底长 2.60、宽 1.40 米；深 0.60～2.20 米。其中西端向壁外延伸 0.40 米，顶坍塌情况不明。二层台以上壁面斜直内收，收分明显，二层台以下壁面平直，修建规整，平底，无工具加工痕迹。墓内填松散的灰黄色五花土，含植物根系。

　　葬具不详。

　　葬式不详。

　　盗洞 1 个，位于墓葬西侧，自地表直通墓底。平面呈圆角长方形，长 1.64、宽 0.90 米（图四一二）。

（二）出土遗物

　　无出土器物。

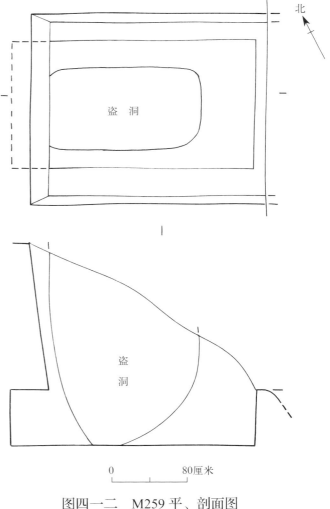

图四一二　M259 平、剖面图

二四〇 M261

（一）墓葬形制

该墓位于墓群的西北部。开口于②层下，开口距地表1.80米。

斜坡墓道土洞墓，平面呈"凸"字形，方向95°。由墓道、墓室两部分组成。墓道位于墓室的南端，坡度为25°，平面呈圆角长方形，口底同大。长1.50、宽0.45、深0.70～1.00米。直壁。墓室平面呈长方形，平顶，口底同大。宽1.60、进深3.12米，残高1.40米。周壁平直、光滑，平底，无工具加工痕迹。墓内填质地较密的灰黄色五花土。

葬具不详。

葬式不详。

墓室内出土陶罐3、铜提梁壶1、铜盆2、铜镜1、铜刷1、铜带钩1、铁剑1、铁矛1、铁灯1件（图四一三；彩版一五二，2）。

（二）出土遗物

1. 陶器

3件。

小口罐 1件。

M261：4，泥质灰陶。喇叭口，外斜沿，圆唇，束颈，溜肩，深弧腹，最大径位于腹上端，平

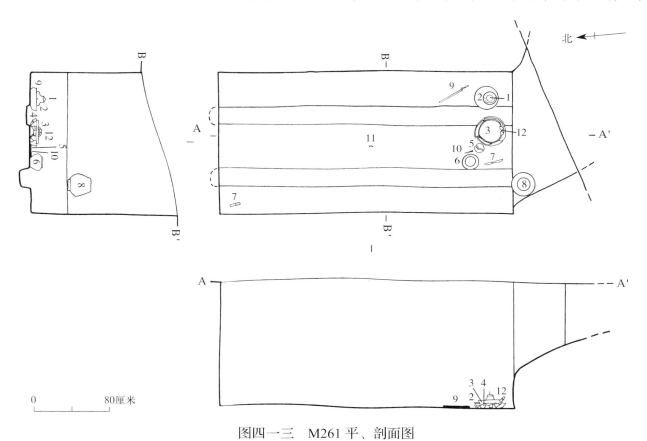

图四一三 M261 平、剖面图

1.提梁铜壶 2、3.铜盆 4.小口陶罐 5.四乳草叶纹铜镜 6.扁腹陶罐 7.铁矛 8.深腹大口陶罐 9.铁剑 10.铜刷 11.铜带钩 12.铁灯

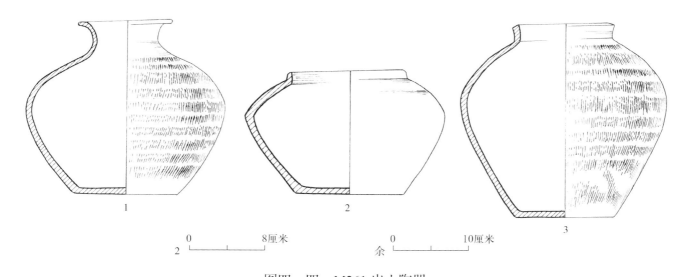

图四一四　M261 出土陶器

1.小口罐M261∶4　2.扁腹罐M261∶6　3.深腹大口罐M261∶8

底。器身饰绳纹，再于其上饰数道弦纹，将绳纹分割成数段，底部有一方印，颈部有轮制痕迹。口径 12.2、最大径 26.4、底径 13.6、高 24.2 厘米（图四一四，1；彩版一五三，1）。

扁腹罐　1 件。

M261∶6，泥质黑皮磨光陶。直口，圆沿，矮领，溜肩，斜腹直内收，最大径位于肩腹交接处，平底。素面，器身轮制痕迹明显。口径 12.6、最大径 21.2、底径 11.5、高 13.8 厘米（图四一四，2）。

深腹大口罐　1 件。

M261∶8，泥质灰陶。侈口，沿外撇，方唇，矮领，溜肩，深弧腹，最大径位于腹上端，平底。器身先饰细绳纹，再于其上饰数道弦纹，将之分割成数段，轮制。口径 13.7、最大径 27.3、底径 13.3、高 26.9 厘米（图四一四，3；彩版一五三，2）。

2. 铜器

6 件。

提梁壶　1 件。

M261∶1，由器盖、器身两部分组成。器盖盖面近平，正中有一圆角方形薄片器纽，中部有一圆形穿孔，子母口；器身直口，领较高，圆腹，圜底，三蹄足位于底部，足跟外鼓，腹上端对称处附加两桥形器耳，器耳连接衔环，衔环连接提链，提链连接提梁。素面。口径 7.6、裆高 6.0、通高 19.3 厘米（图四一五，1；彩版一五四，1）。

盆　2 件。

M261∶2，残。敞口，宽沿外斜，上腹较直，下腹以下缺失，上下腹交接处有一凸棱。素面。口径 27.7、残高 7.0 厘米（图四一五，2）。

M261∶3，残。敞口，窄沿外斜，斜腹内收，底微内凹，腹上部有一凸棱。素面。口径 28.4、底 13.6、高 10.0 厘米（图四一五，3）。

草叶纹镜　1 面。

M261∶5，镜面平直，桥形纽，四叶方形纽座。座外为两条凹面双线方格，其外为一周以弧线连接的小乳丁，方座四角饰以单叠草叶纹，将镜背平均分为四区，每区内有一颗大乳丁，两侧饰以

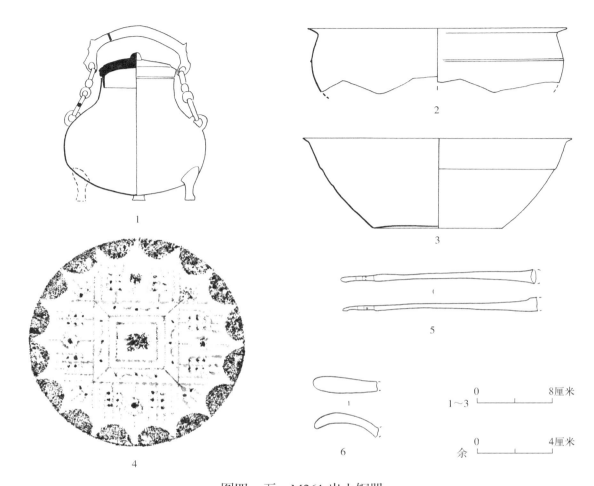

图四一五　M261 出土铜器

1.提梁壶M261：1　2、3.盆M261：2、3　4.草叶纹镜M261：5　5.刷M261：10　6.带钩M261：11

三叠草叶纹，主纹区外侧有内向十六连弧纹，素缘。直径 11.4 厘米（图四一五，4；彩版一五四，2）。

刷　1 件。

M261：10，形如烟斗，通体修长，顶端烟斗残损，末端形如掏耳勺，其下部有一圆形穿孔，穿孔上下两端饰数道凸棱。残长 10.4 厘米（图四一五，5）。

带钩　1 件。

M261：11，残存尾部，较肥硕。素面。残3.4 厘米（图四一五，6）。

3. 铁器

3 件。

灯　1 件。

M261：12，残片，无法修复，绘图。

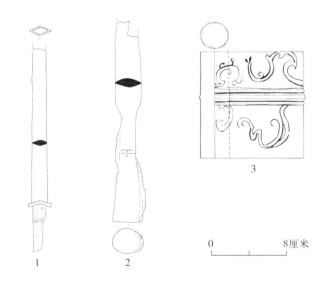

图四一六　M261 出土铁器

1.剑M261：9　2、3.矛M261：7

剑　1件。

M261：9，剑首缺失，尚存部分剑鞘。薄木片拼合而成，剑茎截面呈长方形，铜剑格，剑身断面呈菱形，末端缺失。素面。长22.0厘米（图四一六，1）。

矛　1件。

M261：7，锈蚀，残存头、尾两部分。矛头为铁，柳叶形，中脊隆起，尖端残缺，中空直达圆骹，骹銎内尚存残木，尾部残存铜镦，呈圆筒形，中部饰一箍，箍中部有一凸棱，器表用红彩绘如意。矛长21.8、镦直径3.0、长12.2厘米（图四一六，2、3；彩版一五三，3）。

二四一　M262

（一）墓葬形制

该墓位于墓群B区北部。开口于②层下，开口距地表3.00米。

竖穴土坑墓，平面呈长方形，方向85°，口大底小，有生土二层台。上口长3.60、宽2.35米；二层台面距墓口深2.20米，东、南侧台面宽0.10、西侧台面宽0.05米、北侧台面宽0.20米；底长2.50、宽1.35米；深3.00米。周壁平直、光滑，平底，无工具加工痕迹。墓内填松散的褐色五花土，含植物根系、木炭屑及少量的碎陶片。

葬具不详。

葬式不详。

盗洞1个，位于墓葬的南端，自墓顶直通墓底。平面呈不规则形，长2.20～2.80、宽1.30米（图四一七）。

（二）出土遗物

无出土器物。

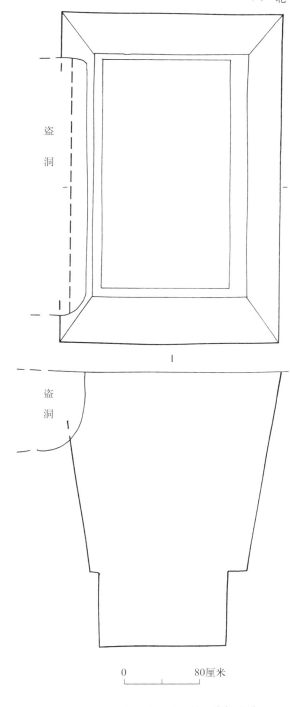

图四一七　M262平、剖面图

二四二　M263

（一）墓葬形制

该墓位于墓群B区东北部。开口于①层下，开口距地表0.30米。

斜坡墓道土洞墓，平面呈"凸"字形，方向180°。由墓道、墓室两部分组成。墓道位于墓室的南端，

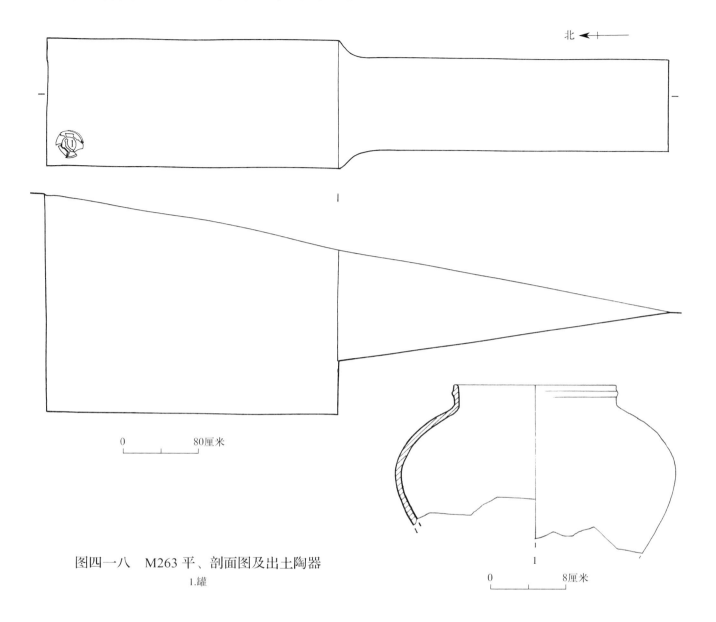

图四一八　M263 平、剖面图及出土陶器

1.罐

南高北低呈斜坡状，坡度为8°，平面呈长方形，口底同大。长3.28、宽1.00、深0.66～1.20米。墓室平面呈长方形，平顶，口底同大。宽1.40、进深3.10米，高1.80～2.40米。墓室周壁平直、光滑，平底，无工具加工痕迹。墓内填质地较密的黄褐色五花土。

葬具不详。

葬式不详。

墓葬内出土陶罐1件（图四一八）。

（二）出土遗物

陶器

罐　1件。

M263：1，残，泥质黑皮磨光陶。直口，方沿，矮领，溜肩，肩以下残缺，领中部有一凸棱，器身轮制痕迹明显。口径17.2、最大径3.0、残高19.0厘米（图四一八，1）。

二四三　M264

（一）墓葬形制

该墓位于墓群 B 区北部。开口于②层下，开口距地表 1.50 米。

竖穴土坑墓带壁龛，平面呈长方形，方向 185°，口大底小，有生土二层台。上口长 1.00 ~ 1.80、宽 2.30 米；二层台面距墓口深 2.20 米，东、西侧台面宽 0.30、北侧台面宽 0.20 米，南侧台面损毁；底长 2.68、宽 1.10 米；深 3.80 米。二层台以上壁面斜直内收，收分明显，二层台以下壁面平直，周壁光滑，墓底较平，无工具加工痕迹。壁龛位于二层台北侧壁面中部，平面呈正方形，弧顶。口宽 0.50、

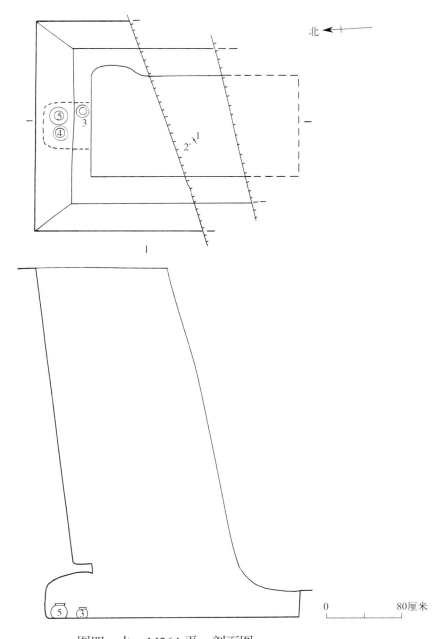

图四一九　M264 平、剖面图

1.铜带钩　2.石七窍塞　3.无耳陶釜　4、5.小口旋纹陶罐

进深 0.50、高 0.50 米。墓内填松散的黄褐色五花土。

葬具不详。

葬式不详。

墓葬内出土铜带钩 1、七窍塞 1 件；壁龛内出土陶釜 1、陶罐 2 件（图四一九）。

（二）出土遗物

1. 陶器

3 件。

小口旋纹罐 2 件。

M264：4，泥质灰陶。侈口，外斜沿，尖唇，束颈，溜肩，深弧腹，最大径位于腹上端，平底。器身饰绳纹，肩及腹上端于绳纹之上饰数道弦纹，将绳纹分割成数段，颈部先饰绳纹后抹光，残留部分绳纹纹理，轮制。口径 11.0、最大径 17.4、底径 10.0、高 17.4 厘米（图四二〇，1）。

M264：5，泥质灰陶。侈口，窄平沿，方唇，斜高领，广肩，深弧腹，最大径位于腹上端，平底。器身先饰绳纹，再于其上饰数道弦纹，将之分割成数段，腹下部有刮抹痕迹，底部有一方印，颈部有轮制痕迹。口径 11.1、最大径 22.8、底径 12.0、高 22.5 厘米（图四二〇，2）。

无耳釜 1 件。

M264：3，夹砂黑陶。侈口，外斜沿，尖唇，束颈，弧腹，圜底。素面，手制，器表有烟熏痕迹。口径 14.0、高 11.2 厘米（图四二〇，3）。

2. 铜器

1 件。

带钩 1 件。

M264：1，钩首残损。体修长，钩身、钩尾略粗，圆形器纽位于中部。素面。残长 10.6、纽径 1.5

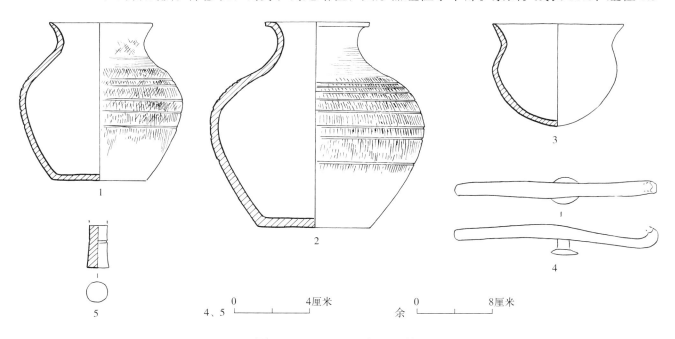

图四二〇 M264 出土器物

1、2.小口旋纹陶罐M264：4、5 3.无耳陶釜M264：3 4.铜带钩M264：1 5.石七窍塞M264：2

厘米（图四二〇，4）。

3. 石器

1 件。

七窍塞　1 件。

M264：2，七窍塞。石墨质，黑色，顶端略大于末端，截面呈圆形。素面。残长 2.3 厘米（图四二〇，5）。

二四四　M267

（一）墓葬形制

该墓位于墓群 B 区北部。开口于②层下，开口距地表 0.70 米。

竖穴土坑墓，平面呈长方形，方向 68°，口大底小，有生土二层台。上口长 4.10、宽 3.10 米；二层台面距墓口深 2.10 ～ 2.70 米，东侧台面宽 0.20、西、南侧台面宽 0.30、北侧台面宽 0.50 米；底长 2.56、宽 1.50 米；深 2.70 ～ 3.30 米。二层台以上壁面斜直内收，收分明显，二层台以下壁面平直，周壁光滑，墓底较平，无工具加工痕迹。墓内填松散的黄褐色五花土。

葬具不详。

葬式不详。

盗洞 1 个，位于墓葬的东北部，自墓顶直通墓底。平面呈圆角长方形，长 1.10、宽 0.75 米。

墓葬内出土陶罐 2、茧形陶壶 1、铜钏器 1 件（图四二一）。

（二）出土遗物

1. 陶器

3 件。

茧形壶　1 件。

M267：2，泥质黑皮磨光陶。侈口，宽沿微外撇，高领，器身形如一蚕茧，喇叭形底座。器身纵向饰数组凹弦纹，每组由三道凹弦纹组成，领部、底座上均饰三道弦纹。口径 11.4、底径 9.5、高 24.8 厘米（图四二二，1；彩版一五三，4）。

壶形罐　1 件。

M267：3，泥质灰陶。侈口，外斜沿较宽，方唇，高领，圆腹，最大径位于腹中部，平底。领腹交接处较为明显，腹上端先饰绳纹，再于绳纹之上饰数道弦纹，将绳纹分割成数段，颈部先饰绳纹后抹光，残留部分绳纹纹理，轮制。口径 10.0、最大径 18.3、底径 7.6、高 18.4 厘米（图四二二，2）。

小口罐　1 件。

M267：4，泥质灰陶。侈口，外斜沿，方唇，束颈，溜肩，弧腹，最大径位于肩腹交接处，平底。肩腹交接处折棱较为明显，肩、腹上部先饰细绳纹，再于绳纹之上饰数道细弦纹，将绳纹分割成数段，下腹部素面，颈部轮制痕迹明显。口径 10.1、最大径 29.5、底径 14.8、高 22.5 厘米（图四二二，3）。

2. 铜器

1 件。

钏器　1 件。

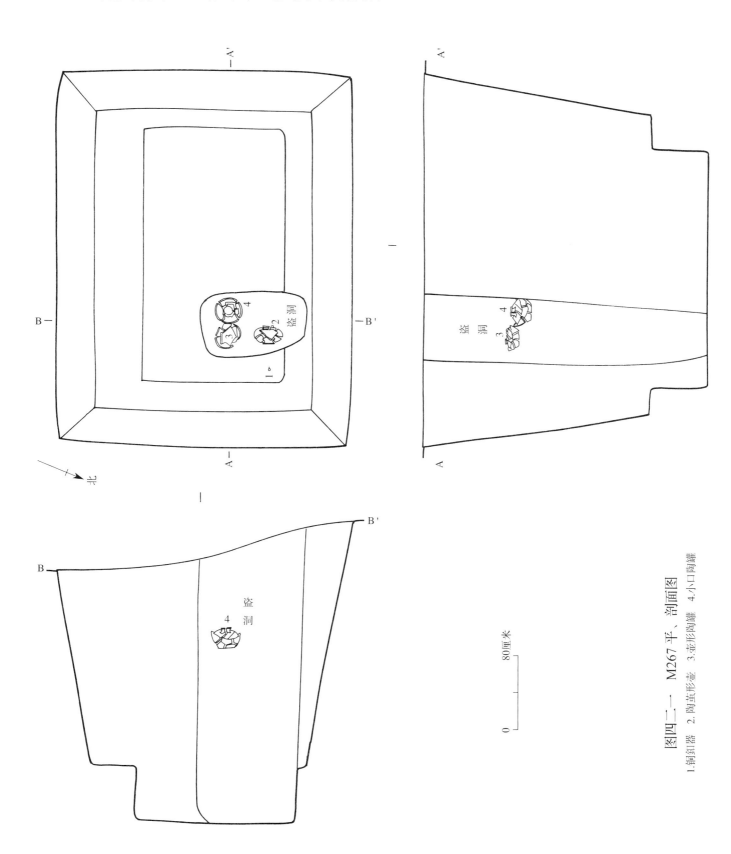

图四二一　M267 平、剖面图

1.铜釦器　2.陶茧形壶　3.壶形陶罐　4.小口陶罐

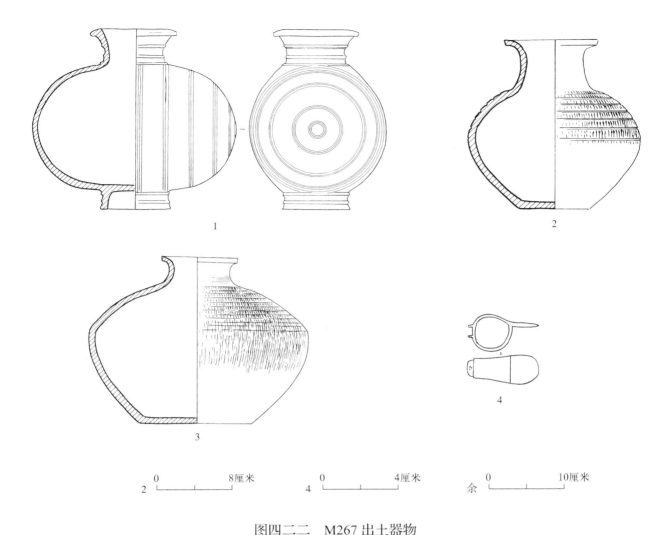

图四二二　M267 出土器物

1.茧形陶壶M267：2　2.壶形陶罐M267：3　3.小口陶罐M267：4　4.铜釦器M267：1

M267：1，为器耳，器身环形片状，似一箍，一端向外伸出二圆形薄片，二薄片上各有一穿孔，另一端翘起一较宽的薄片。长 3.8、环径 2.1 厘米（图四二二，4）。

二四五　M269

（一）墓葬形制

该墓位于墓群 B 区北部。开口于②层下，开口距地表 1.00 米。

竖穴土坑墓带壁龛，平面呈长方形，方向 68°，口大底小，有生土二层台。上口长 3.44、宽 2.50 米；二层台面距墓口深 0.50～2.80 米，东、南、北侧台面宽 0.40、西侧台面宽 0.30 米；底长 2.24、宽 1.20 米；深 1.70～4.00 米。二层台以上壁面斜直内收，收分明显，二层台以下壁面平直，周壁光滑，墓底较平，无工具加工痕迹。壁龛 1 位于二层台西侧壁面北端，平面呈长方形，弧顶。口宽 0.34、进深 0.36、高 0.40 米。壁龛 2 位于二层台西侧壁面中部略偏北，平面呈长方形，弧顶，口宽 0.32、进深 0.20、高 0.60 米。墓内填松散的灰褐色五花土。

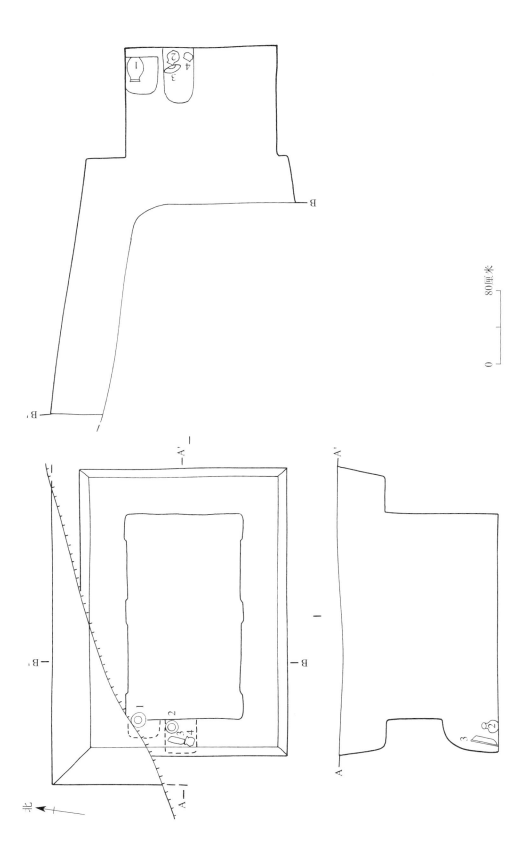

图四二三 M269 平、剖面图

1.小口旋纹陶罐 2.小口素面小陶罐 3.陶盆 4.双耳陶罐

80厘米

0

葬具不详。

葬式不详。

壁龛 1 内出土陶罐 1 件；壁龛 2 内出土陶盆 1、陶罐 2 件（图四二三）。

（二）出土遗物

陶器

4 件。

双耳罐　1 件。

M269：4，夹砂灰陶。侈口，方唇，颈微束，弧腹，底微内凹。口部对称处附加两桥形器耳，上端接于口沿处，与沿面齐平，下端接于腹上端，相接处贴以泥片加以固定。素面。口径 10.8、底径 8.4、高 11.2 厘米（图四二四，1；彩版一五五，1）。

小口旋纹罐　1 件。

M269：1，泥质灰陶。侈口，外斜沿，圆唇，束颈，溜肩，深弧腹，最大径位于腹上端，平底。器身先饰绳纹，再于其上饰数道弦纹，将之分割成数段，颈部先轮制痕迹明显。口径 11.6、最大径 23.8、底径 13.6、高 25.6 厘米（图四二四，2；彩版一五五，2）。

小口素面小罐　1 件。

M269：2，泥质灰陶。侈口，外斜沿，方唇，唇中部有一凹槽，束颈，溜肩，弧腹，最大径位于肩腹交接处，平底。肩部饰绳纹，肩部轮制痕迹明显，腹下部刮抹痕迹明显。口径 12.2、最大径 19.4、底径 11.0、高 16.4 厘米（图四二四，3；彩版一五五，3）。

盆　1 件。

M269：3，泥质灰陶。敞口，宽沿外斜，方唇，上腹较直，下腹斜直内收，矮圈足，平底。腹部饰二道弦纹，下腹部有刮削痕迹，底部有用手抹制痕迹，内壁有轮制痕迹。口径 21.5、底径 8.8、高 9.1 厘米（图四二四，4；彩版一五五，4）。

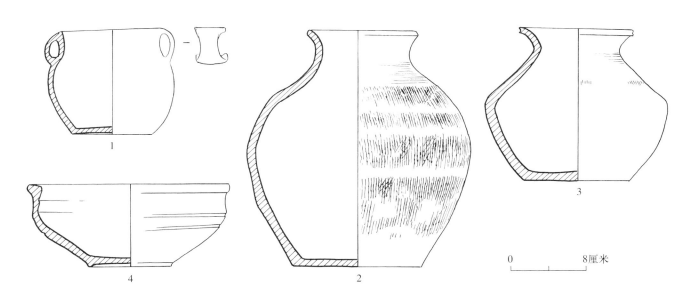

图四二四　M269 出土陶器

1.双耳罐M269：4　2.小口旋纹罐M269：1　3.小口素面小罐M269：2　4.盆M269：3

二四六　M270

（一）墓葬形制

该墓位于墓群 B 区北部。开口于②层下，开口距地表 1.50 米，被 M268 打破。

竖穴土坑墓带壁龛，平面呈长方形，方向 68°，口大底小，有生土二层台。上口长 2.80～3.10、宽 2.80 米；二层台面距墓口深 2.30 米，东侧台面宽 0.60、西、南侧台面宽 0.50、北侧台面宽 0.20 米；底长 2.40、宽 0.80 米；深 3.00 米。二层台以上壁面斜直内收，收分明显，二层台以下壁面平直，周壁光滑，墓底较平，无工具加工痕迹。壁龛位于二层台南侧壁面中部略偏西，平面呈长方形，弧顶。

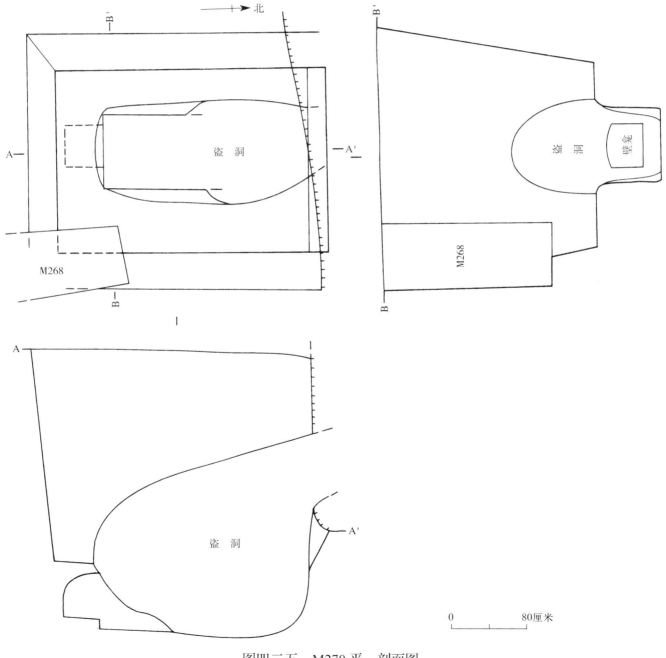

图四二五　M270 平、剖面图

口宽 0.46、进深 0.40、高 0.50 米。墓内填松散的灰褐色五花土。

葬具不详。

葬式不详。

盗洞 1 个，位于墓葬的中部（图四二五）。

（二）出土遗物

无出土器物。

二四七 M271

（一）墓葬形制

该墓位于墓群 B 区北部。开口于②层下，开口距地表 1.50 米，被 M268 打破。

竖穴土坑墓，平面呈长方形，方向 270°，口大底小，有生土二层台。上口长 3.80、宽 2.64 米；二层台面距墓口深 2.60 米，东、西侧台面宽 0.10、南侧台面宽 0.14、北侧台面宽 0.22 米；底长 2.90、宽 1.44 米；深 3.70 米。二层台以上壁面斜直内收，收分明显，二层台以下壁面平直，周壁光滑，墓底较平，无工具加工痕迹。墓内填松散的灰褐色五花土。

葬具不详。

葬式不详。

墓葬内出土陶罐 1、陶鍪 1、铜车毂饰 2、铜环 1、铁削 1、骨质棋子 1、泥盒 1 件（组）（图四二六）。

（二）出土遗物

1. 陶器

2 件。

小口罐 1 件。

M271：5，泥质灰陶。侈口，窄沿外撇，方唇，束颈，广肩，深弧腹，最大径位于肩腹交接处，平底。肩、腹上部先饰细绳纹，再于其上饰数道细弦纹，将绳纹分割成数段，下腹部素面，颈部先饰绳纹后抹掉，残留绳纹纹理。口径 12.7、最大径 26.8、底径 17.7、高 30.0 厘米（图四二七，1；彩版一五六，1）。

带耳鍪 1 件。

M271：4，残，夹砂黑陶。侈口，外斜沿，圆唇，束颈，弧腹，圜底，腹上端附加一器耳，因残缺形制不明。素面，器表有烟熏痕迹，手制。口径 11.6、高 12.2 厘米（图四二七，2；彩版一五六，2）。

2. 泥器

1 件。

盒 1 件。

M271：6，系用灰黄色细泥加工而成。

3. 铜器

3 件。

车毂饰 2 件。

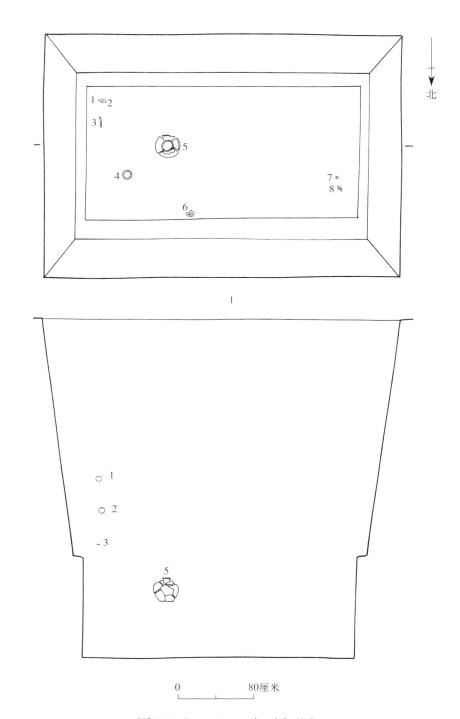

图四二六   M271 平、剖面图

1、2.铜车毂饰   3.铁削   4.带耳陶鍪   5.小口陶罐   6.泥盒   7.铜环   8.骨质棋子

形制相同，截尖圆锥形，中空。素面。内壁有朽木痕迹。

M271：1，残长 3.0、直径 4.6 ～ 5.4 厘米（图四二七，3）。

M271：2，残长 3.0、直径 4.6 ～ 5.4 厘米（图四二七，4）。

环   1 件。

M271：7，圆环状，截面呈圆形。内径 1.8、外径 2.6、厚 0.4 厘米（图四二七，5）。

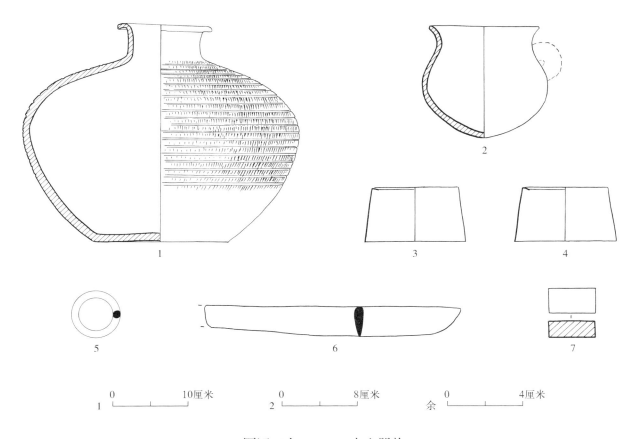

图四二七　M271 出土器物

1.小口陶罐M271：5　2.带耳陶鍪M271：4　3、4.铜车毂饰M271：1、2　5.铜环M271：7　6.铁削M271：3　7.骨质棋子M271：8-1

4. 铁器

1 件。

削　1 件。

M271：3，残存削身。截面呈三角形。素面。残长 13.5 厘米（图四二七，6）。

5. 骨器

1 组。

棋子　1 组。

M271：8，共 4 枚。呈长方体。素面。长 2.5、宽 1.4、厚 0.9 厘米（图四二七，7；彩版一五六，3）。

二四八　M273

（一）墓葬形制

该墓位于墓群 B 区北部。开口于②层下，开口距地表 0.80 米。

竖穴土坑墓带壁龛，平面呈长方形，方向260°，口大底小，有生土二层台。上口长 3.20、宽 2.50 米；二层台面距墓口深 0.92 米，台面宽 0.32 米；底长 2.60、宽 1.50 米，深 1.90 米。二层台以上壁面斜直内收，收分明显，二层台以下壁面平直，周壁光滑，墓底较平，无工具加工痕迹。壁龛位于二层台西侧壁面中部，平面呈长方形，弧顶。口宽 0.80、进深 0.44、高 0.50 米。墓内填松散的灰褐色五花土。

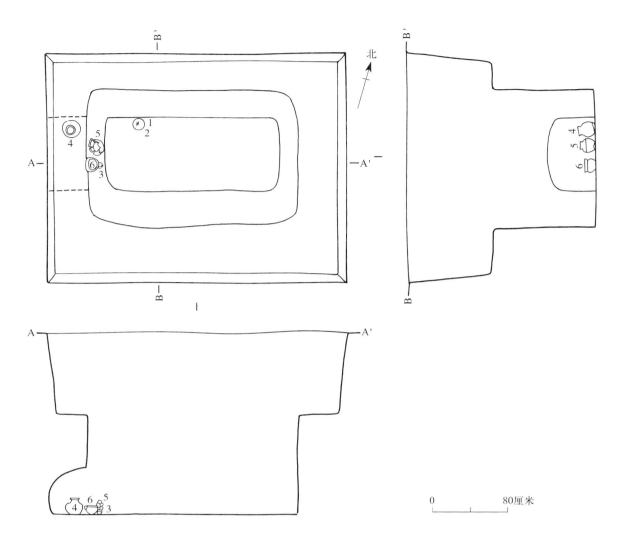

图四二八　M273 平、剖面图
1.素面铜镜　2.铜带钩　3.铜铃　4.壶形陶罐　5.小口旋纹陶罐　6.带耳陶釜

葬具为一棺，残存板灰，结构不明。棺长 1.82、宽 0.80 米，棺板厚度、高度不明。

葬式不详。

墓葬内出土铜镜 1、铜带钩 1 件；壁龛内出土陶釜 1、陶罐 2、铜铃 1 件（图四二八；彩版一五七，1）。

（二）出土遗物

1. 陶器

3 件。

壶形罐　1 件。

M273：4，泥质灰陶。侈口，外斜沿，方唇，高领，折肩，鼓腹，最大径位于鼓腹处，平底。器身先饰绳纹后抹掉，领部残留绳纹纹理，腹部残留绳纹纹理，底部有一方印，内壁泥条盘筑痕迹明显。口径 9.5、最大径 14.2、底径 18.1、高 17.8 厘米（图四二九，1；彩版一五六，4）。

小口旋纹罐　1 件。

M273：5，泥质灰陶。侈口，外斜沿，方唇，唇缘中部内凹，束颈，广肩，深弧腹，最大径位于腹上部，平底。肩、腹上部先饰绳纹，再于其上饰数道弦纹，将之分割成数段，领部先饰绳纹后抹掉，残留绳纹纹理，腹下部有刮削痕迹，口部有轮制痕迹。口径 10.5、最大径 22.0、底径 12.4、高 23.2 厘米（图四二九，2；彩版一五七，2）。

带耳釜　1 件。

M273：6，夹砂灰陶。侈口，外斜沿，尖唇，束颈，弧腹，圜底。腹上部饰绳纹，腹下部及底饰戳刺纹，口部附加一环形器耳，器内壁有手制痕迹。口径 14.8、高 10.6 厘米（图四二九，3；彩版一五六，3）。

2. 铜器

3 件。

素面镜　1 面。

M273：1，镜面平直，三弦纽，素面。直径 10.2 厘米（图四二九，4；彩版一五八，1）。

带钩　1 件。

M273：2，钩首、钩尾残缺。琵琶形，圆形纽位于器身中部偏末端。素面。残长 4.2、纽径 1.3 厘米（图四二九，5；彩版一五八，2）。

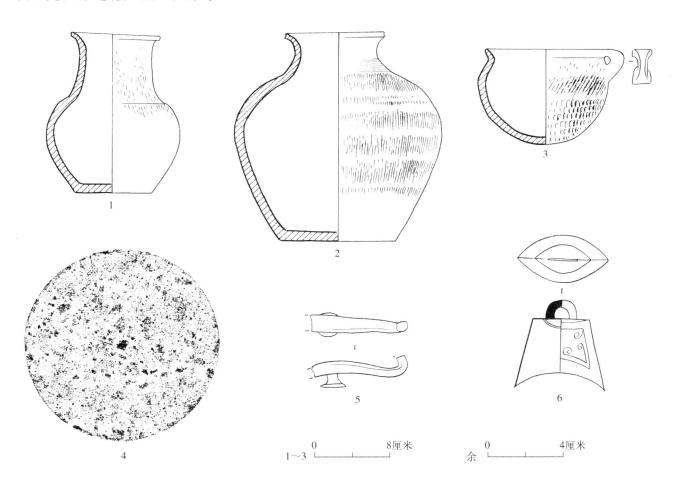

图四二九　M273 出土器物

1.壶形陶罐M273：4　2.小口旋纹陶罐M273：5　3.带耳陶釜M273：6　4.素面铜镜M273：1　5.铜带钩M273：2　6.铜铃M273：3

铃　1件。

M273：3，残。圆角方形纽，身较扁，上窄下宽，两铣下垂，内部舌头残缺。舞部素面，钲部两侧饰卷云纹，中部因锈蚀图案不明。肩宽3、口宽4.8、体高4.0、通高5.0厘米（图四二九，6；彩版一五八，3）。

二四九　M274

（一）墓葬形制

该墓位于墓群B区北部。开口于②层下，开口距地表1.50米。

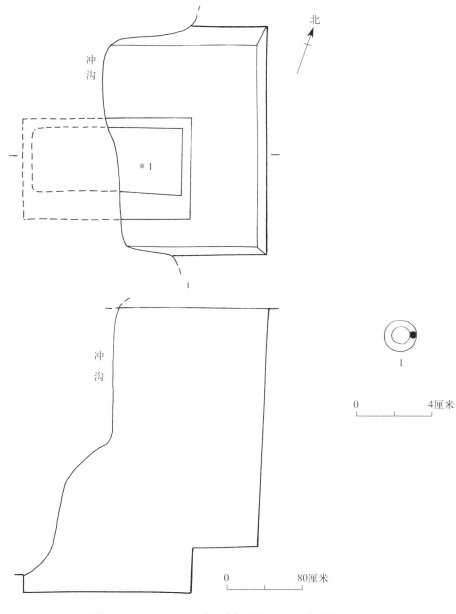

图四三〇　M274平、剖面图及出土铜器

1.环

竖穴土坑墓，平面呈长方形，方向260°，口大底小，有生土二层台。上口长0.80～1.00、宽2.50米；二层台面距墓口深2.60米，东、南侧台面宽0.10、北侧台面宽0.20米，西侧台面损毁；底长1.80、宽1.00米；深2.80～3.10米。二层台以上壁面斜直内收，收分明显，二层台以下壁面平直，周壁光滑，墓底较平，无工具加工痕迹。墓内填松散的灰褐色五花土。

葬具为一棺，残存板灰，结构不明。棺长1.60、宽0.70米，棺板厚度、高度不明。

葬式不详。

墓葬内出土铜环1件（图四三○）。

（二）出土遗物

铜器

1件。

环　1件。

M274:1，圆环形，截面呈圆形。素面。外径1.7、内径0.9、厚0.4厘米（图四三○，1；彩版一五八，4）。

二五○　M276

（一）墓葬形制

该墓位于墓群B区北部。开口于①层下，开口距地表0.50米。

竖穴土坑墓带壁龛，平面呈长方形，方向260°，口大底小，有生土二层台。上口长3.50、宽2.60米；二层台面距墓口深1.90米，东、南侧台面宽0.30、西侧台面宽0.26、北侧台面宽0.40米；底长2.34、宽1.30米；深3.10米。二层台以上壁面斜直内收，收分明显，二层台以下壁面平直，周壁光滑，墓底较平，无工具加工痕迹。壁龛位于二层台西侧壁面中部，平面呈长方形，弧顶。口宽0.62、进深0.40、高0.54米。墓内填松散的灰褐色五花土。

葬具不详。

葬式不详。

墓葬内出土陶罐2件；壁龛内出土陶罐1件（图四三一；彩版一五九，1）。

（二）出土遗物

陶器

3件。

双耳罐　1件。

M276:1，夹砂灰陶。侈口，圆沿，颈微束，腹微鼓，平底。口部对称处附加两桥形器耳，上端接于口沿处，与沿面齐平，下端接于腹上端。素面，腹部有刮削痕迹，器内壁有手制痕迹。口径10.0、底径7.2、高11.0厘米（图四三二，1）。

小口旋纹罐　1件。

M276:3，泥质灰陶。侈口，外斜沿，方唇，束颈，广肩，深弧腹，最大径位于腹上端，平底。肩、腹上部先饰绳纹，后饰数道弦纹，将之分割成数段，领部先饰绳纹后抹光，残留部分绳纹纹理，

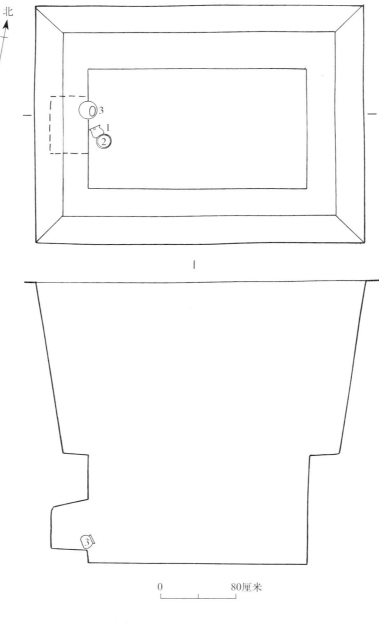

图四三一　M276 平、剖面图
1.双耳陶罐　2.大口陶罐　3.小口旋纹陶罐

腹下部有刮削痕迹，底部有一方印，轮制。口径 11.3、最大径 23.5、底径 12.0、高 20.8 厘米（图四三二，2）。

大口罐　1 件。

M276：2，泥质灰陶。侈口，沿微外斜，方唇，束颈，溜肩，弧腹，最大径位于腹上端，平底。肩、腹上部先饰绳纹，再于其上饰数道弦纹，将之分割成数段，颈部先饰绳纹后抹光，残留部分绳纹纹理，腹下部有刮削痕迹，内壁有手制痕迹。口径 9.6、最大径 15.4、底径 9.6、高 14.2 厘米（图四三二，3）。

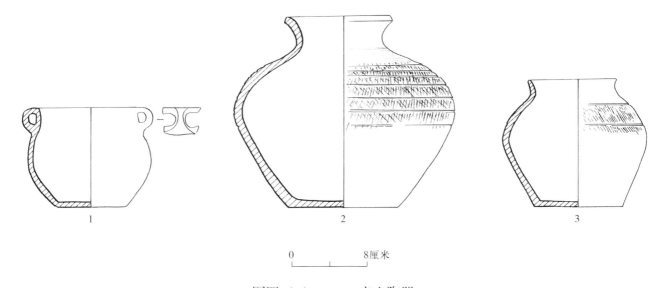

图四三二 M276 出土陶器

1.双耳罐M276：1 2.小口旋纹罐M276：3 3.大口罐M276：2

二五一 M277

（一）墓葬形制

该墓位于墓群 B 区北部。开口于②层下，开口距地表 2.20 米，被 M265、M272 打破。

竖穴土坑墓带壁龛，平面呈长方形，方向 355°，口大底小，有生土二层台。上口长 3.80、宽 3.00 米；二层台面距墓口深 2.94 米，东侧台面宽 0.50、西侧台面宽 0.55、南侧台面宽 0.42、北侧台面宽 0.40 米；底长 2.70、宽 1.25 米；深 4.00 米。二层台以上壁面斜直内收，收分明显，二层台以下壁面平直，周壁光滑，墓底较平，无工具加工痕迹。壁龛位于二层台北侧壁面中部，平面呈正方形，弧顶。口宽 0.60、进深 0.48、高 0.50 米。墓内填松散的灰褐色五花土。

葬具不详。

葬式不详。

墓葬内出土铜带钩 1 件；壁龛内出土陶盆 1、陶罐 2 件（图四三三）。

（二）出土遗物

1. 陶器

3 件。

双耳罐 1 件。

M277：4，夹砂灰陶。侈口，外斜沿，圆唇，束颈，弧腹，平底。口部对称处附加两桥形器耳，上端接于口沿处，与沿面齐平，下端接于腹上端，相接处贴以泥片加以固定。素面，手制。口径 9.1、底径 6.6、高 9.2 厘米（图四三四，1）。

壶形罐 1 件。

M277：3，泥质灰陶。侈口，平沿，方唇，唇沿中部微内凹，高束颈，深弧腹，最大径位于腹上端，平底。腹上端先饰绳纹，后饰两道宽且深的凹弦纹，将绳纹分割开，领部先饰绳纹后抹光，残留部

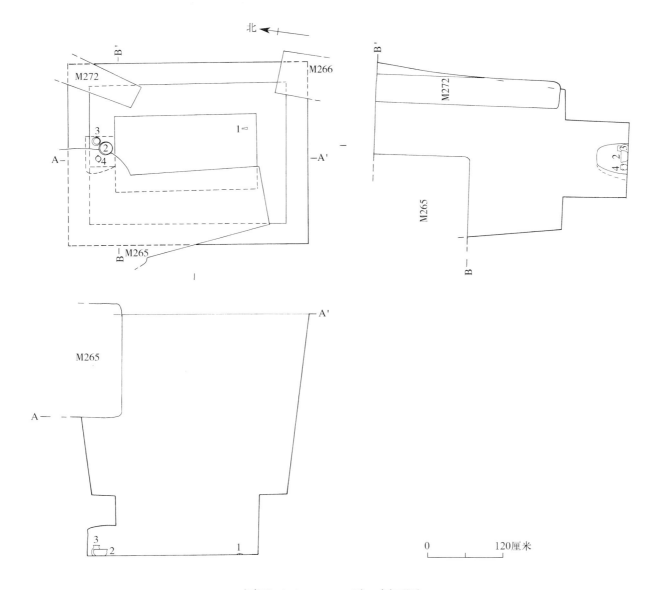

图四三三   M277 平、剖面图
1.铜带钩   2.陶盆   3.壶形陶罐   4.双耳陶罐

分绳纹纹理，领下端残留从腹至领突然收缩时挤压的痕迹，腹下部有刮削痕迹，轮制。口径 12.0、最大径 18.4、底径 11.2、高 18.0 厘米（图四三四，2）。

盆   1 件。

M277：2，泥质灰陶。敞口，圆唇，束颈，斜腹内收，平底。素面，器身刮抹痕迹明显，手制。口径 21.1、底径 11.6、高 8.5 厘米（图四三四，3）。

2. 铜器

1 件。

带钩   1 件。

M277：1，钩首残损。曲棒形，体宽扁，尾端肥硕，体表饰两道凸弦纹，圆形纽位于中部。残长 8.9、纽径 0.9 厘米（图四三四，4）。

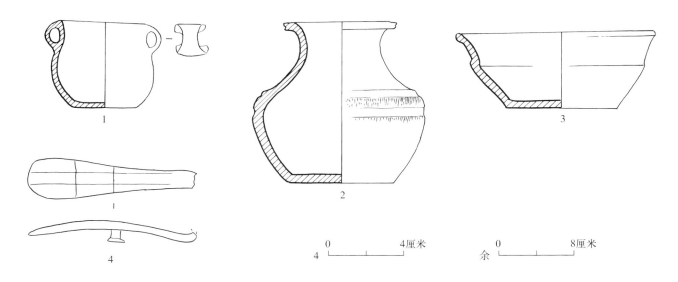

图四三四　M277 出土器物

1.双耳陶罐M277：4　2.壶形陶罐M277：3　3.陶盆M277：2　4.铜带钩M277：1

二五二　M278

（一）墓葬形制

该墓位于墓群 B 区南部。开口于②层下，开口距地表 0.20 米，被 M281、M282 打破。

竖穴土坑墓，平面呈长方形，方向 97°，口底同大。长 3.20、宽 2.10、深 1.00 米。周壁平直、光滑，无工具加工痕迹。墓内填松散的灰褐色五花土，偶有木炭点出现。

葬具不详。

葬式不详（图四三五）。

（二）出土遗物

无出土器物。

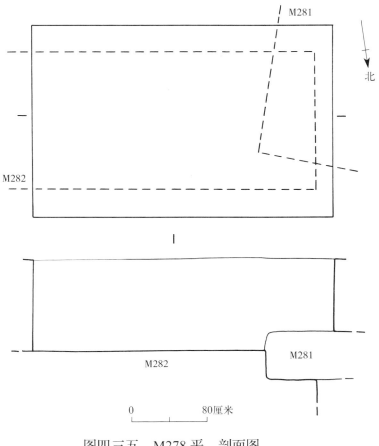

图四三五　M278 平、剖面图

二五三 M279

（一）墓葬形制

该墓位于墓群 B 区北部。开口于②层下，开口距地表 2.00 米。

竖穴土坑墓，平面呈长方形，方向 320°。口底同大，长 3.00、宽 2.20、深 1.10 米。周壁平直、光滑，平底，无工具加工痕迹。墓内填较硬的褐色五花土，偶有红烧土点、木炭屑。

葬具不详。

葬式不详（图四三六）。

（二）出土遗物

无出土器物。

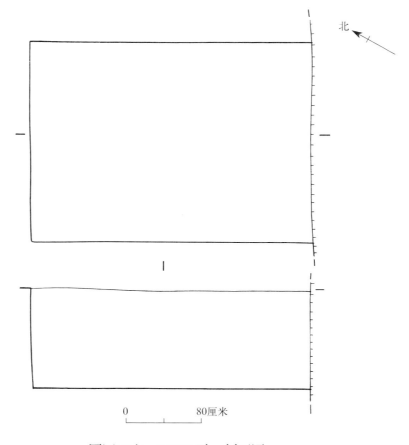

图四三六 M279 平、剖面图

二五四 M280

（一）墓葬形制

该墓位于墓群 B 区南部。开口于①层下，开口距地表 0.20 米。

竖穴土坑墓，平面呈长方形，方向 95°，口底同大。长 2.60、宽 1.25、深 0.60 米。周壁平直、光滑，平底，无工具加工痕迹。墓内填较硬的褐色五花土，偶有红烧土点、木炭屑。

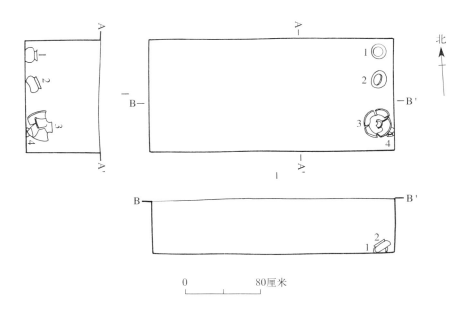

图四三七 M280 平、剖面图

1.带鋬陶鍪 2.扁腹陶罐 3.小口陶罐 4.带鋬陶釜

葬具不详。

葬式不详。

墓葬内出土陶釜 1、陶罐 2、陶鍪 1 件（图四三七；彩版一五九，2）。

（二）出土遗物

陶器

小口罐 1 件。

M280：3，泥质灰陶。侈口，窄平沿，沿面有凹槽，方唇，束颈，广肩，深弧腹，最大径位于肩腹交接处，平底。肩、腹上部先饰绳纹，再于绳纹之上饰数道弦纹，将绳纹分割成数段，下腹部有刮抹痕迹，颈部有轮制痕迹。口径 12.4、最大径 29.7、底径 14.5、高 25.8 厘米（图四三八，1）。

扁腹罐 1 件。

M280：2，泥质灰陶。直口，窄沿外撇，尖唇，矮领，广肩，弧腹，最大径位于腹上端，平底。腹中部饰绳纹，下腹部刮抹痕迹明显，肩部以上轮制痕迹明显。口径 12.9、最大径 20.7、底径 10.6、高 14.4 厘米（图四三八，2）。

带鋬釜 1 件。

M280：4，泥质灰陶。侈口，外斜沿，圆唇，束颈，弧腹，圜底。腹上端附加一流状鋬手，底部饰暗绳纹，口部有抹痕，轮制。口径 14.8、高 11.8 厘米（图四三八，3）。

带鋬鍪 1 件。

M280：1，夹砂灰陶。侈口，外斜沿，方唇，束颈，溜肩，弧腹，圜底。腹上部残留鋬手痕迹，腹部以下饰绳纹，轮制。口径 11.7、高 11.9 厘米（图四三八，4）。

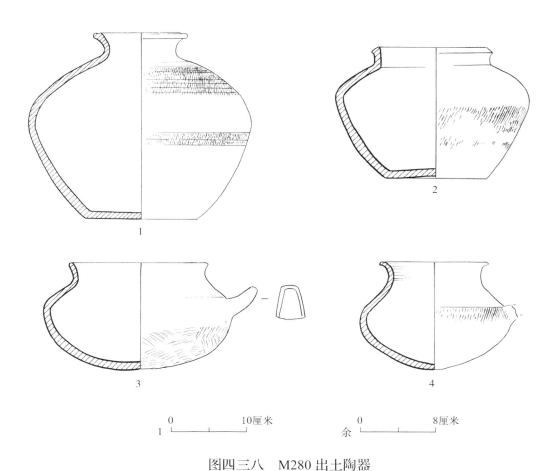

图四三八　M280 出土陶器

1.小口罐M280：3　2.扁腹罐M280：2　3.带鋬釜M280：4　4.带鋬鍪M280：1

二五五　M282

（一）墓葬形制

该墓位于墓群 B 区南部。开口于①层下，开口距地表 0.10 米，被 M281 打破。

斜坡墓道土洞墓，平面呈"凸"字形，方向95°。由墓道、甬道和墓室三部分组成。墓道位于墓室的东端，台阶延伸至墓底，平面呈梯形，口底同大。长 2.10、东宽 0.80、北宽 1.15 米，深 0.10～1.60 米。甬道为土洞式，位于墓道与墓室之间，东高西低呈斜坡式，弧顶，平面呈梯形。东西进深 0.90、东宽 1.40、南宽 1.50 米，高 1.40～1.56 米。东端低于墓道最西端 0.20 米。墓室平面呈长方形，顶部被 M278 打破，口底同大。宽 2.08、进深 3.10 米，高 1.35～2.20 米。墓室周壁平直、光滑，平底，无工具加工痕迹。墓道内填松散的黄褐色五花土，墓室内填质地较密的灰黄色五花土。

葬具不详。

葬式不详。

墓室内出土陶锜 2、陶甗 1、陶罐 3、陶鍪 1、铜带钩 2、玉串珠 1 件（图四三九）。

（二）出土遗物

1. 陶器

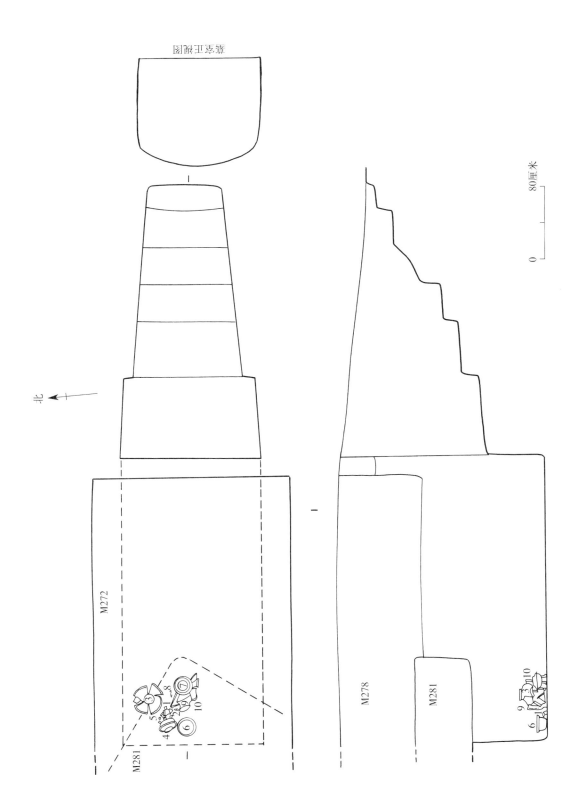

北

M272

M281

M278

M281

0　　　　　80厘米

图四三九　M282 平、剖面图

1.无耳无把陶鉴　2、8.铜带钩　3.小口陶罐　4、7.陶钵　5.玉串珠　6.盔形陶瓶　9.大口陶罐　10.扁腹陶罐

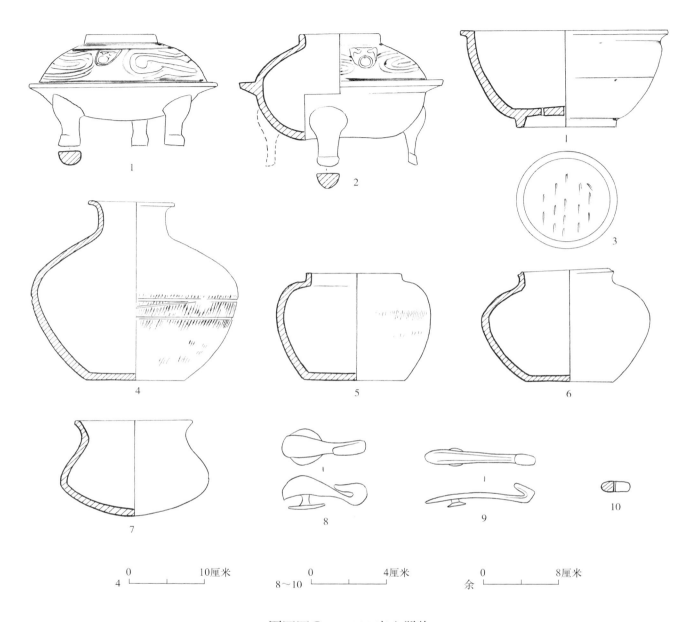

图四四〇 M282 出土器物

1、2.陶锜 M282：4、7 3.箅形陶甑 M282：6 4.小口陶罐 M282：3 5.大口陶罐 M282：9 6.扁腹陶罐 M282：10 7.无耳无錾陶鏊
M282：1 8、9.铜带钩 M282：2、8 10.玉串珠 M282：5

7 件。

锜 2 件。

M282：4，泥质灰陶，施彩绘。器身似一釜，直口，窄沿，矮领，圆肩，深腹，圜底。三蹄足较肥硕，足跟外鼓，腹部有一隔棱，最大径位于隔棱处，隔棱上端用红、白两彩绘，肩中部对称处附加两兽形铺首衔环。口径 7.4、最大径 20.2、隔棱宽 1.2、裆高 2.8、通高 12.4 厘米（图四四〇，1；彩版一六〇，1）。

M282：7，泥质灰陶，施彩绘。器身似一釜，直口，窄沿，矮领，圆肩，深腹，圜底。三蹄足较肥硕，足跟外鼓，腹部有一隔棱，最大径位于隔棱处，隔棱上端用红、白两彩绘，脱落严重，图案不明，肩中部对称处附加两兽形铺首衔环。口径 8.6、最大径 21.8、隔棱宽 1.8、裆高 3.0、通高 14.6 厘米（图四四〇，2）。

簋形甗 1件。

M282：6，泥质灰陶，施彩绘。敞口，宽平沿，圆唇，深弧腹，矮圈足，底微内凹，底部镂数个指甲形箅孔。器身用红彩绘三周弦纹，部分脱落，器身有轮制痕迹。口径22.1、底径10.8、高10.6厘米（图四四〇，3；彩版一六〇，2）。

小口罐 1件。

M282：3，泥质灰陶。侈口，窄平沿，方唇，束颈，广肩，深弧腹，最大径位于肩腹交接处，平底。腹上部先饰绳纹，再于其上饰数道弦纹，将之分割成数段，颈部先饰绳纹后抹掉，残留绳纹纹理，口部有轮制痕迹。口径11.5、最大径27.5、底径13.0、高24.8厘米（图四四〇，4）。

大口罐 1件。

M282：9，泥质灰陶。直口，方沿，矮领，圆肩，弧腹，最大径位于腹上部，平底。腹中部饰暗绳纹，领部轮制痕迹明显。口径10.2、最大径16.5、底径10.8、高11.8厘米（图四四〇，5）。

扁腹罐 1件。

M282：10，泥质灰陶。直口，方沿，矮领，圆肩，弧腹，最大径位于腹上部，平底。素面，轮制。口径10.2、最大径17.9、底径9.2、高12.5厘米（图四四〇，6）。

无耳无錾鍪 1件。

M282：1，夹砂灰陶。侈口，外斜沿，圆唇，束颈，弧腹，最大径位于腹中部，圜底。素面，手制。口径12.3、最大径15.8、高10.6厘米（图四四〇，7）。

2. 铜器

2件。

带钩 2件。

M282：2，似鹅形，体短小，圆形纽位于尾端。长4.4、纽径1.5厘米（图四四〇，8）。

M282：8，琵琶形，尾部宽扁，圆形纽位于尾端。残长5.8、纽径0.95厘米（图四四〇，9）。

3. 玉器

1件。

串珠 1件。

M282：5，土黄色，质地粗糙，不透亮。平面呈圆形，截面呈半圆形，中部有穿孔。素面。直径1.6、厚0.6厘米（图四四〇，10）。

二五六 M283

（一）墓葬形制

该墓位于墓群B区南部。开口于①层下，开口距地表0.50米。

竖穴土坑墓带壁龛，平面呈长方形，方向15°，口大底小，有生土二层台。上口长3.70、宽3.20米；二层台面距墓口深1.00米，东、西侧台面宽0.60、南侧台面宽0.10、北侧台面宽0.20米；底长2.92、宽1.80米；深2.00米。二层台以上壁面斜直内收，收分明显，二层台以下壁面平直，周壁光滑，墓底较平，无工具加工痕迹。壁龛位于二层台北侧壁面中部，平面呈长方形，弧顶。口宽1.20、进深0.26、高0.40米。墓内填松散的灰褐色五花土。

葬具不详。

葬式不详。

墓葬内出土铜铃 2、铜带钩 1、铜印章 1 件；壁龛内出土陶釜 1、陶罐 2 件（图四四一；彩版一六〇，3）。

（二）出土遗物

1. 陶器

3 件。

小口旋纹罐   2 件。

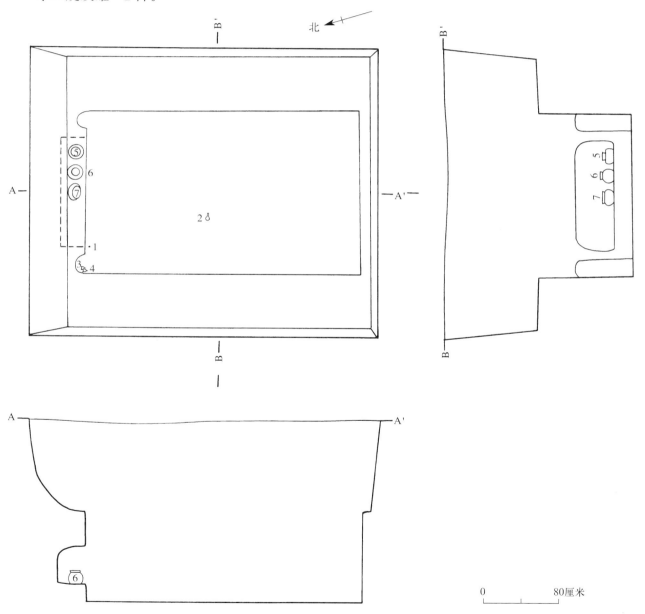

图四四一   M283 平、剖面图

1.铜印章   2.铜带钩   3、4.铜铃   5、6.小口旋纹陶罐   7.无耳陶釜

M283：5，泥质灰陶。侈口，窄沿，圆唇，束颈，溜肩，鼓腹，最大径位于鼓腹处，平底。器身先饰绳纹，再于绳纹之上饰数道弦纹，将绳纹分割成数段，颈部有轮制痕迹。口径 11.3、最大径 17.6、底径 9.6、高 15.6 厘米（图四四二，1；彩版一六一，1）。

M283：6，泥质灰陶。侈口，窄沿较平，沿面中部微内凹，圆唇，束颈，溜肩，鼓腹，最大径位于鼓腹处，平底。器身先饰绳纹，再于绳纹之上饰数道弦纹，将绳纹分割成数段，颈部轮制痕迹明显。口径 10.3、最大径 18.5、底径 9.7、高 16.0 厘米（图四四二，2）。

无耳釜　1件。

M283：7，夹砂黑陶。侈口，外斜沿，方唇，束颈，弧腹，圜底。素面，器表有烟熏痕迹，手制。口径 13.0、高 11.7 厘米（图四四二，3）。

2. 铜器

4件。

印章　1枚。

M283：1，锈蚀。桥形纽，印背有台面，台边斜直内收，台背之上饰两道凹弦纹。印面长方形，刻文锈蚀严重，辨认不明。长 1.6、宽 0.9、印面厚 1.0、通高 1.8 厘米（图四四二，4；彩版一六一，2）。

带钩　1件。

M283：2，锈蚀，钩首残损。兽形，圆形纽位于尾部，尾部表面有纹饰，因锈蚀纹饰不明。残长 9.0、

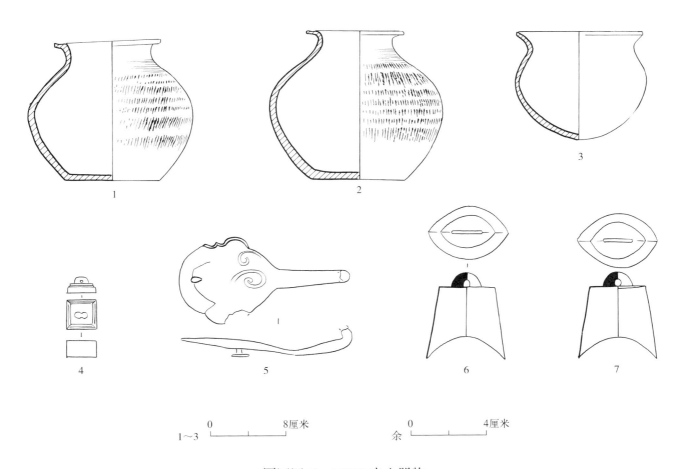

图四四二　M283 出土器物

1、2.小口旋纹陶罐M283：5、6　3.无耳陶釜M283：7　4.铜印章M283：1　5.铜带钩M283：2　6、7.铜铃M283：3、4

纽径 1.0 厘米（图四四二，5；彩版一六一，3）。

铃　2 件。

形制相同。桥形纽，身微扁，上窄下宽，两铣下垂，舌缺失，器身素面。

M283：3，肩宽 3.0、口宽 4.2、体高 4.0、通高 4.8 厘米（图四四二，6；彩版一六一，4）。

M283：4，肩宽 3.0、口宽 4.2、体高 4.0、通高 4.8 厘米（图四四二，7）。

二五七　M284

（一）墓葬形制

该墓位于墓群 B 区南部。开口于①层下，开口距地表 0.30 米。

竖穴墓道土洞墓，平面呈长方形，方向 135°。由墓道、墓室两部分组成。墓道位于墓室的西端，平面呈长方形，口大底小。口长 2.90、宽 1.96 米，底长 2.70、宽 1.76 米，深 0.72 米。墓室平面呈长方形，顶部损毁，宽 0.92、进深 2.20 米，残高 0.72 米。墓室周壁平直、光滑，平底，无工具加工痕迹。墓道内填松散的黄褐色五花土，墓室内填较硬的灰黄色淤土。

葬具不详。

葬式不详。

墓葬内出土陶罐 2、陶釜 1 件（图四四三；彩版一六二，1）。

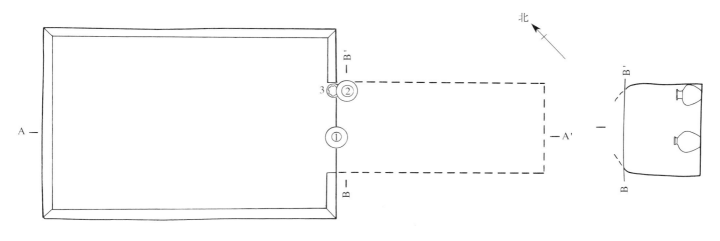

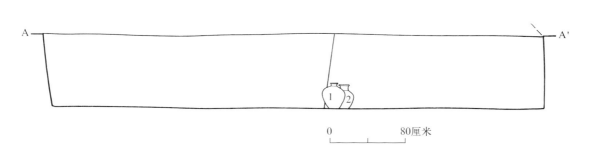

图四四三　M284 平、剖面图

1.小口陶罐　2.壶形陶罐　3.带耳釜

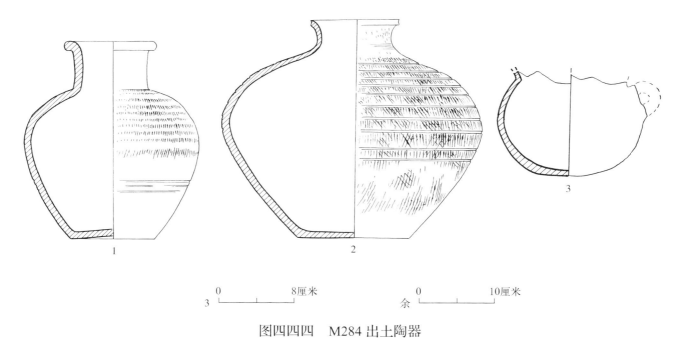

图四四四　M284 出土陶器

1.壶形罐M284∶2　2.小口罐M284∶1　3.带耳釜M284∶3

（二）出土遗物

陶器

3 件。

壶形罐　1 件。

M284∶2，泥质灰陶。侈口，外斜沿，厚圆唇，高直领，圆肩，深弧腹，最大径位于腹上部，平底。肩、上腹部先饰绳纹，再于其上饰数道旋纹，将之分割成数段，腹中部饰二道凹弦纹，之下素面，领部、腹下端均有轮制痕迹。口径 11.7、最大径 22.6、底径 11.0、高 26.3 厘米（图四四四，1；彩版一六二，2）。

小口罐　1 件。

M284∶1，泥质灰陶。侈口，外斜沿，方唇，唇沿中部微内凹，领较高，圆肩，深弧腹，最大径位于肩腹交接处，平底。器身先饰绳纹，再于其上饰数道旋纹，将之分割成数段，领部先饰绳纹后抹掉，残留绳纹纹理，下腹部部分绳纹被抹光，刮削痕迹明显，轮制。口径 11.8、最大径 33.6、底径 14.8、高 28.9 厘米（图四四四，2；彩版一六二，3）。

带耳釜　1 件。

M284∶3，夹砂灰陶。口沿残缺，圆腹，圜底。腹上部残留器耳痕迹，腹部饰暗绳纹，手制后器表经打磨，较光滑。残高 11.5 厘米（图四四四，3）。

二五八　M285

（一）墓葬形制

该墓位于墓群 B 区南部。开口于②层下，开口距地表 0.70 米。

竖穴土坑墓带壁龛，平面呈长方形，方向185°，口大底小，有生土二层台。上口长 0.70 ～ 3.25、

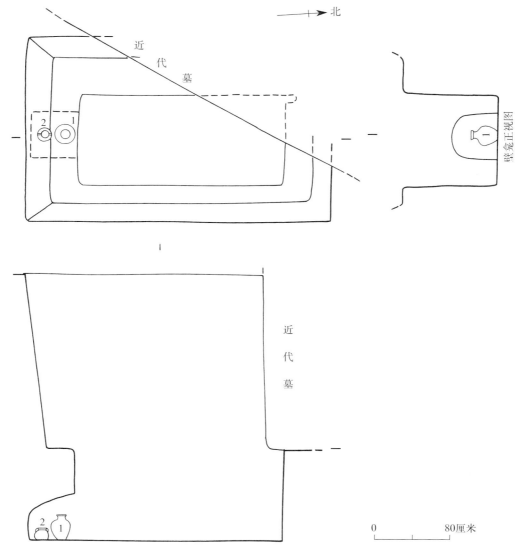

图四四五　M285 平、剖面图

1.小口旋纹陶罐　2.双耳陶罐

宽 2.00 米；二层台面距墓口深 1.90 米，东侧台面宽 0.20、西侧台面宽 0.40、南、北侧台面宽 0.30 米；底长 2.20、宽 1.00 米；深 2.90 米。二层台以上壁面斜直内收，收分明显，二层台以下壁面平直，周壁光滑，墓底较平，无工具加工痕迹。壁龛位于二层台南侧壁面中部，平面呈正方形，弧顶。口宽 0.50、进深 0.50、高 0.50 米。墓内填松散的灰褐色五花土。

葬具不详。

葬式不详。

壁龛内出土陶罐 2 件（图四四五；彩版一六三，1）。

（二）出土遗物

陶器

2 件。

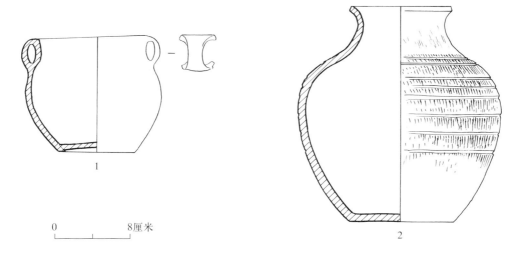

图四四六　M285 出土陶器

1.双耳罐M285：2　2.小口旋纹罐M285：1

双耳罐　1件。

M285：2，夹砂灰陶。侈口，方沿，颈微束，腹微鼓，平底。口部对称处附加两桥形器耳，上端接于口沿处，与沿面齐平，下端接于腹上端。素面，手制。口径 11.0、底径 8.0、高 12.4 厘米（图四四六，1）。

小口旋纹罐　1件。

M285：1，泥质灰陶。侈口，外斜沿，方唇，束颈，溜肩，深弧腹，最大径位于腹上部，平底。肩、腹上部先饰绳纹，再于其上饰数道弦纹，将之分割成数段，领部先饰绳纹后抹掉，残留绳纹纹理，腹下部刮削痕迹明显，口部有轮制痕迹。口径 10.5、最大径 21.5、底径 10.9、高 23.1 厘米（图四四六，2；彩版一六四，1）。

二五九　M286

（一）墓葬形制

该墓位于墓群 B 区南部。开口于①层下，开口距地表 0.30 米。

竖穴墓道土洞墓，平面呈长方形，方向 120°。由墓道、墓室两部分组成。墓道位于墓室的西端，平面长方形，口大底小。上口长 3.03、宽 2.44 米，底长 2.30、宽 1.70 米；深 1.70 米。墓道壁面斜直内收，收分明显。墓室平面呈长方形，拱形顶。宽 1.30、进深 3.00 米，残高 1.00 米。墓室周壁平直、光滑，平底，无工具加工痕迹。墓道内填松散的黄褐色五花土，墓室内填较硬的灰黄色淤土。

葬具不详。

葬式不详。

墓室内出土陶罐 3、银耳环 1 件（图四四七；彩版一六三，2）。

（二）出土遗物

1. 陶器

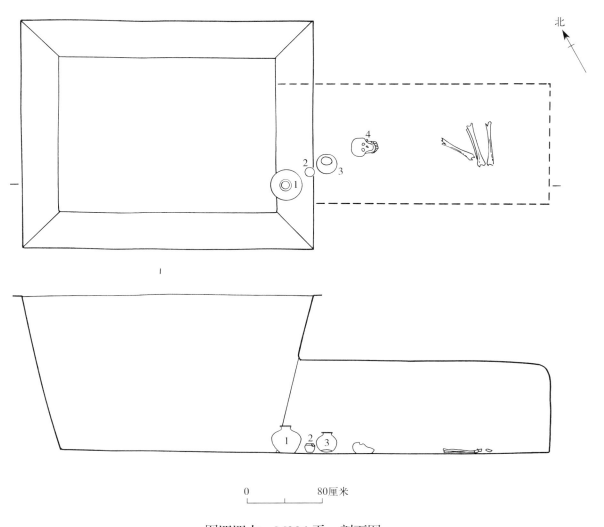

0　　　　　80厘米

图四四七　M286 平、剖面图
1.小口陶罐　2.双耳陶罐　3.小口旋纹陶罐　4.银耳环

3 件。

双耳罐　1 件。

M286：2，夹砂灰陶。侈口，方唇，颈微束，弧腹，平底。口部对称处附加两桥形器耳，上端接于口沿处，与沿面齐平，下端接于腹上端，相接处贴以泥片加以固定。素面，器内壁残留手制痕迹。口径 10.0、底径 7、高 10.8 厘米（图四四八，1）。

小口罐　1 件。

M286：1，泥质灰陶。侈口，窄平沿，方唇，领略高，广肩，深弧腹，最大径位于肩腹交接处，底微内凹。器身先饰绳纹，再于其上饰数道旋纹，将之分割成数段，领部先饰绳纹后抹掉，残留部分绳纹纹理，下腹部部分绳纹被抹光，领部有轮制痕迹。口径 12.3、最大径 32.6、底径 17.3、高 28.9 厘米（图四四八，2）。

小口旋纹罐　1 件。

M286：3，泥质灰陶。侈口，沿较平，方唇，束颈，溜肩，腹微鼓，最大径位于鼓腹处，平底。器身饰绳纹，肩及腹上端于绳纹之上饰数道弦纹，将绳纹分割成数段，颈部先饰绳纹后抹光，残留

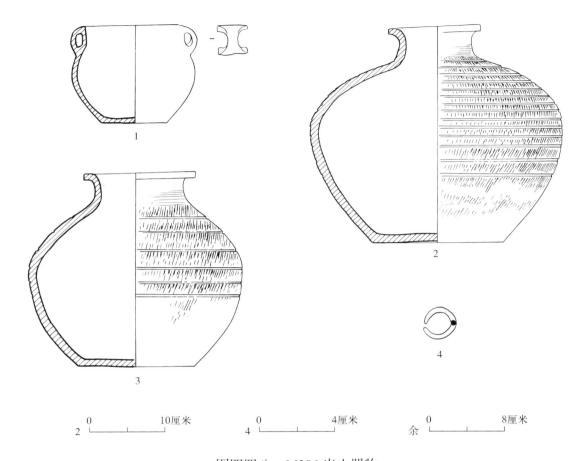

0   10厘米
2 └─┴─┴─┴─┘

0   4厘米
4 └─┴─┴─┴─┘

0   8厘米
余 └─┴─┴─┴─┘

图四四八　M286 出土器物

1.双耳陶罐M286：2　2.小口陶罐M286：1　3.小口旋纹陶罐M286：3　4.银耳环M286：4

绳纹纹理，腹下端素面，轮制。口径 12.0、最大径 22.8、底径 12.4、高 21.6 厘米（图四四八，3）。

2. 银器

1 件。

耳环　1 件。

M286：4，残。圆环形，截面呈圆形。直径 1.9、厚 0.2 厘米（图四四八，4）。

二六〇　M287

（一）墓葬形制

该墓位于墓群 B 区南部。开口于②层下，开口距地表 0.70 米。

竖穴土坑墓带壁龛，平面呈长方形，方向 275°，口大底小，有生土二层台。上口长 2.60～2.96、宽 2.10 米；二层台面距墓口深 0.90 米，位于东、南、北三侧，南、北侧台面宽 0.10 米、东侧台面损毁；底长 2.50、宽 1.20 米，深 1.90 米。二层台以上壁面斜直内收，收分明显，二层台以下壁面平直，周壁光滑，墓底较平，无工具加工痕迹。壁龛位于二层台西侧壁面，平面呈长方形，弧顶。口宽 1.20、进深 0.30、高 1.00 米。墓内填松散的灰褐色五花土。

葬具不详。

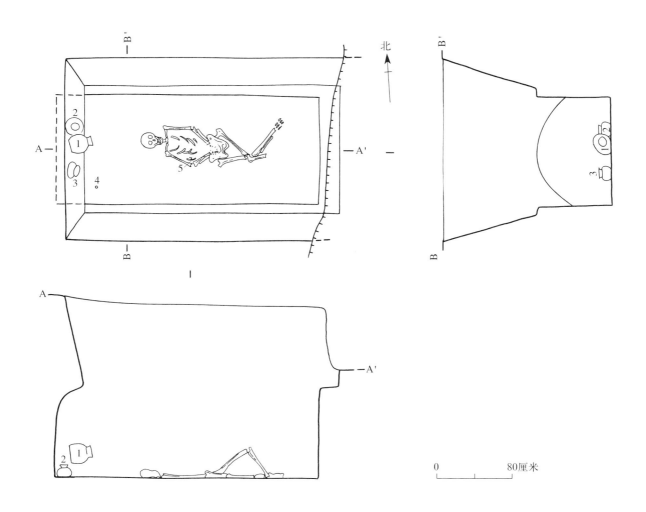

图四四九   M287 平、剖面图

1.小口陶罐   2.小口旋纹陶罐   3.双耳陶罐   4.铜印章   5.铜带钩

葬式为仰身屈肢，头朝西，面向上。

墓葬内出土铜印章 1、铜带钩 1 件；壁龛内出土陶罐 3 件（图四四九；彩版一六五，1）。

（二）出土遗物

1. 陶器

3 件。

双耳罐   1 件。

M287：3，夹砂灰陶。侈口，圆沿，颈微束，腹微鼓，平底。口部对称处附加两桥形器耳，上端接于口沿处，与沿面齐平，下端接于腹上端。素面，手制。口径 11.2、底径 7.2、高 10.9 厘米（图四五〇，1）。

小口罐   1 件。

M287：1，泥质灰陶。口部残缺，残存领部较高，圆肩，深弧腹，最大径位于肩腹交接处，平底。肩、腹上部先饰绳纹，再于其上饰数道旋纹，将之分割成数段，领部先饰绳纹后抹掉，残留部分绳纹纹理，下腹部素面，领部轮制痕迹明显，下腹部有刮抹痕迹。最大径 32.6、底径 13.6、残高 31.0 厘米（图

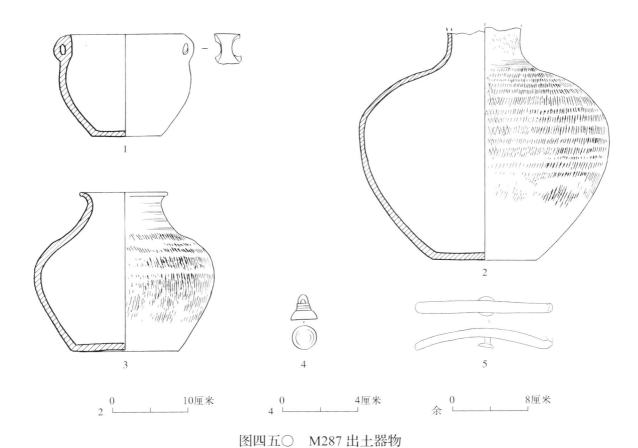

图四五〇　M287 出土器物

1.双耳陶罐M287：3　2.小口陶罐M287：1　3.小口旋纹陶罐M287：2　4.铜印章M287：4　5.铜带钩M287：5

四五〇，2）。

小口旋纹罐　1件。

M287：2，泥质灰陶。侈口，窄平沿，方唇，束颈，溜肩，腹微鼓，最大径位于鼓腹处，平底。肩及腹上部饰绳纹，再于其上饰数道弦纹，将绳纹分割成数段，腹下端素面，底部有一方印，颈部有轮制痕迹。口径 9.3、最大径 18.9、底径 11.4、高 16.8 厘米（图四五〇，3）。

2. 铜器

2 件。

印章　1 枚。

M287：4，桥形纽，圆柱体形，上小下大，上部有三周凹弦纹，印面阴刻字样锈蚀不明。直径 1.4、印面厚 0.8、通高 1.4 厘米（图四五〇，4）。

带钩　1 件。

M287：5，体修长，钩首残缺，圆形纽位于中部，素面。残长 14.6、纽径 1.6 厘米（图四五〇，5）。

二六一　M288

（一）墓葬形制

该墓位于墓群 B 区南部。开口于①层下，开口距地表 0.30 米。

　　竖穴土坑墓带壁龛，平面呈长方形，方向285°，口大底小，有生土二层台。上口长3.26、宽2.20米；二层台面距墓口深1.60米，东侧台面宽0.35、西、南、北侧台面宽0.20米；底长2.00、宽1.10米；深2.40米。二层台以上壁面斜直内收，收分明显，二层台以下壁面平直，周壁光滑，墓底较平，无工具加工痕迹。壁龛位于二层台西侧壁面中部，平面呈长方形，弧顶。口宽0.60、进深0.50、高0.55米。墓内填松散的灰褐色五花土。

　　葬具不详。

　　葬式为仰身屈肢，头朝西，面向南。

　　墓葬内出土铜铃2件；壁龛内出土陶罐3件（图四五一；彩版一六五，2）。

（二）出土遗物

1. 陶器

3件。

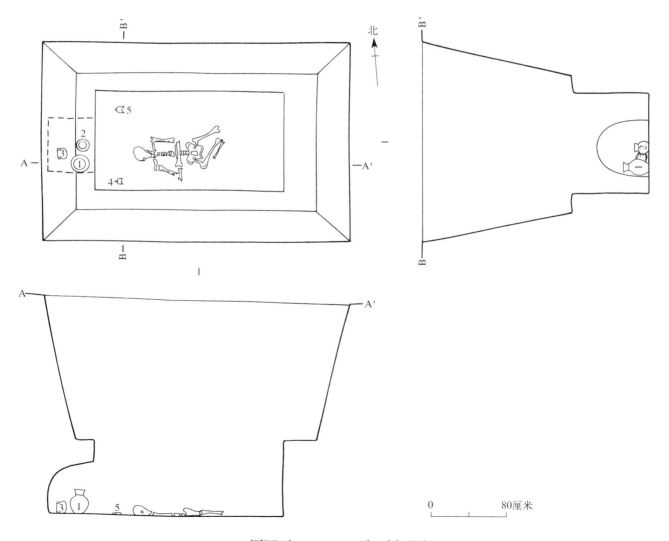

图四五一　M288平、剖面图

1.小口旋纹陶罐　2.陶汲水罐　3.双耳陶罐　4、5.铜铃

双耳罐　1件。

M288：3，夹砂灰陶。侈口，圆沿，颈微束，弧腹，平底。口部对称处附加两桥形器耳，上端接于口沿处，与沿面齐平，下端接于腹上端。口部残留手指捏制痕迹，下器身饰绳纹，腹部有刮削痕迹，手制。口径9.7、底径6.4、高10.5厘米（图四五二，1）。

小口旋纹罐　1件。

M288：1，泥质灰陶。侈口，窄平沿，圆唇，束颈，溜肩，深弧腹，最大径位于腹上端，平底。器身先饰绳纹，再于其上饰数道弦纹，将之分割成数段，颈部先饰绳纹后抹掉，残留绳纹纹理，腹下部有刮削痕迹，底部有一方印，口部有轮制痕迹。口径11.3、最大径23.5、底径11.5、高22.3厘米（图四五二，2）。

汲水罐　1件。

M288：2，泥质灰陶。喇叭口，外斜沿，圆唇，束颈，折肩，弧腹，最大径位于腹上部，小平底。腹上端饰二道深且宽的凹弦纹，颈部对称处有圆形穿孔，口部有轮制痕迹，腹下部有刮削痕迹。口径8.5、最大径14.7、底径6.4、高14.7厘米（图四五二，3）。

2. 铜器

2件。

铃　2件。

M288：4，残。桥形纽，身微扁，上窄下宽，两铣平缓，其中一铣残缺，舌缺失。舞部素面，钲部正中饰菱形花瓣纹，左右饰卷云纹。肩宽2.6、口宽4.1、体高3.8、通高4.6厘米（图四五二，4）。

M288：5，残。桥形纽，身微扁，上窄下宽，两铣平缓，舌缺失。舞部素面，钲部上、下两端各饰凸弦纹，正中镂空，呈圆角三角形。肩宽2.7、口宽4.4、体高3.8、通高4.6厘米（图四五二，5）。

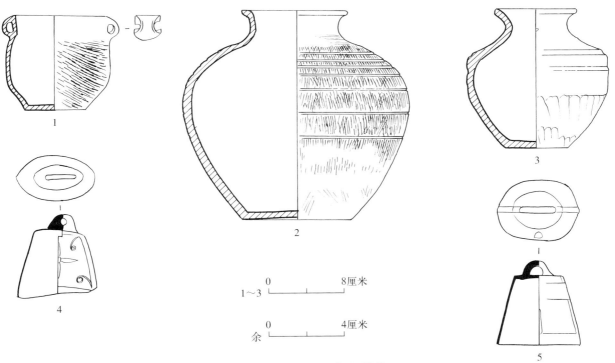

图四五二　M288 出土器物

1.双耳陶罐M288：3　2.小口旋纹陶罐M288：1　3.陶汲水罐M288：2　4、5.铜铃M288：4、5

二六二   M289

（一）墓葬形制

该墓位于墓群 B 区南部。开口于①层下，开口距地表 0.30 米。

竖穴土坑墓带壁龛，平面呈长方形，方向 25°，口大底小，有生土二层台。上口长 2.94、宽 2.52 米；二层台面距墓口深 0.90 米，东侧台面宽 0.60、西侧台面宽 0.50、南侧台面宽 0.30、北侧台面宽 0.20 米；底长 2.00、宽 1.10 米；深 2.40 米。二层台以上壁面斜直内收，收分明显，二层台以下壁面平直，周壁光滑，墓底较平，无工具加工痕迹。壁龛位于二层台北侧壁面中部，平面呈长方形，弧顶。口宽 0.90、进深 0.40、高 0.58 米。墓内填松散的灰褐色五花土。

葬具不详。

葬式不详。

墓葬内出土铜铃 4 件；壁龛内出土陶罐 5 件（图四五三；彩版一六六，1）。

（二）出土遗物

1.陶器

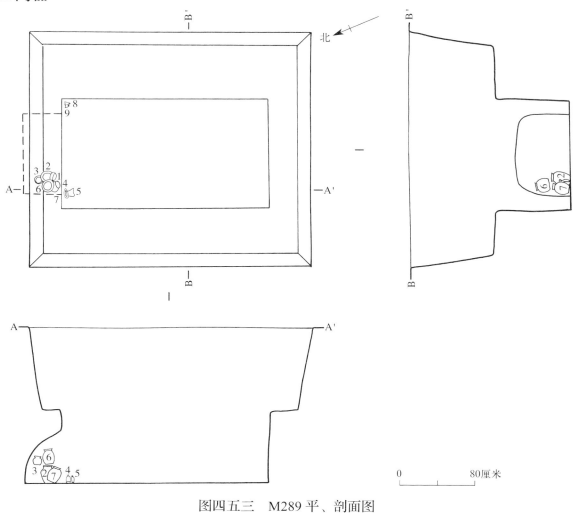

图四五三   M289 平、剖面图

1、2、6.小口旋纹陶罐 3.双耳陶罐 4、5、8、9.铜铃 7.敞口小陶罐

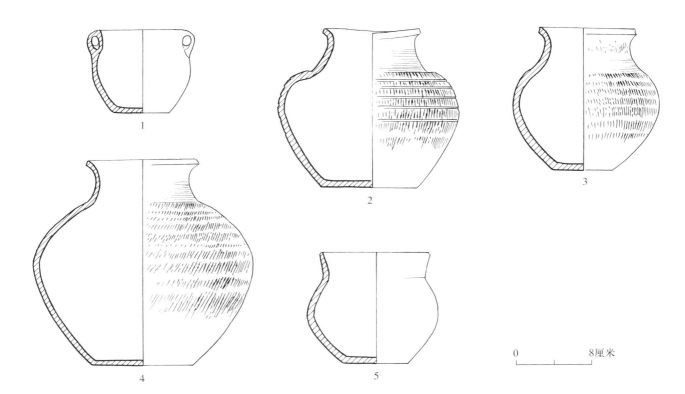

图四五四 M289 出土陶器

1.双耳罐M289：3 2～4.小口旋纹罐M289：1、2、6 5.敞口小罐M289：7

5 件。

双耳罐 1 件。

M289：3，夹砂灰陶。侈口，圆沿，颈微束，弧腹，平底。口部对称处附加两桥形器耳，上端接于口沿处，与沿面齐平，下端接于腹上端。素面，手制。口径 9.0、底径 6.0、高 9.2 厘米（图四五四，1）。

小口旋纹罐 3 件。

M289：1，泥质灰陶。侈口，外斜沿，方唇，束颈，溜肩，深弧腹，最大径位于腹上端，底内凹。肩、腹上部先饰绳纹，再于绳纹之上饰数道弦纹，将绳纹分割成数段，颈部先饰绳纹后抹光，残留绳纹纹理，腹下端有刮削痕迹，颈部以上轮制痕迹明显。口径 10.5、最大径 19.2、底径 10.4、高 17.6 厘米（图四五四，2）。

M289：2，泥质灰陶。侈口，外斜沿，方唇，束颈，溜肩，鼓腹，最大径位于鼓腹处，平底。器身饰绳纹，再于绳纹之上饰数道弦纹，将绳纹分割成数段，颈部先饰绳纹后抹光，残留绳纹纹理，腹下端有刮削痕迹，颈部以上轮制痕迹明显。口径 10.4、最大径 15.6、底径 6.2、高 17.8 厘米（图四五四，3）。

M289：6，泥质灰陶。侈口，外斜沿，方唇，束颈，溜肩，深弧腹，最大径位于肩腹交接处，平底。器身饰绳纹，肩及腹上端于绳纹之上饰数道弦纹，将绳纹分割成数段，颈部先饰绳纹后抹光，残留绳纹纹理，腹下端有刮削痕迹，轮制。口径 11.7、最大径 21.0、底径 10.4、高 21.9 厘米（图四五四，4）。

敞口小罐 1 件。

M289：7，夹砂灰陶。侈口，沿微外斜，方唇，束颈，溜肩，弧腹，最大径位于腹中部，平底，素面。

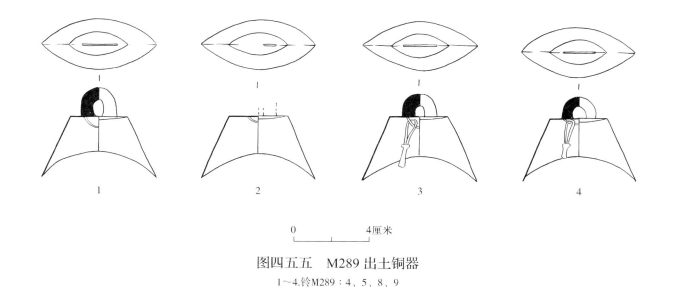

图四五五　M289 出土铜器

1～4.铃M289：4、5、8、9

腹部以下有烟熏痕迹，口沿处有刮抹痕迹，手制。口径 11.7、最大径 14、底径 6.6、高 11.7 厘米（图四五四，5）。

2. 铜器

4 件。

铃　4 件。

M289：4，残。圆角方形纽，身较扁，上窄下宽，两铣下垂，内有舌。器身素面。肩宽 3.1、口宽 6.1、体高 3.6、通高 4.8 厘米（图四五五，1）。

M289：5，残。圆角方形纽缺失，身较扁，上窄下宽，两铣下垂，舌缺失。器身素面。肩宽 3.1、口宽 6.1、体高 3.5、残高 3.5 厘米（图四五五，2）。

M289：8，圆角方形纽，身较扁，上窄下宽，两铣下垂，内有舌。器身素面。肩宽 3.1、口宽 6.1、体高 3.5、通高 4.7 厘米（图四五五，3）。

M289：9，圆角方形纽，身较扁，上窄下宽，两铣下垂，舌缺失。器身素面。肩宽 3.1、口宽 6.1、体高 3.4、通高 5.0 厘米（图四五五，4）。

二六三　M290

（一）墓葬形制

该墓位于墓群 B 区南部。开口于②层下，开口距地表 0.30 米。

竖穴土坑墓，平面呈长方形，方向 12°，口大底小，有生土二层台。上口长 3.40、宽 2.50 米；二层台面距墓口深 0.60 米，东、西、南侧台面宽 0.40 米；底长 2.70、宽 1.30 米；深 2.60 米。二层台以上壁面斜直内收，收分明显，二层台以下壁面平直，周壁光滑，墓底较平，无工具加工痕迹。墓内填松散的灰褐色五花土。

葬具不详。

葬式不详。

墓葬内出土陶罐 2、铜釜 1、铜带钩 1 件（图四五六；彩版一六六，2）。

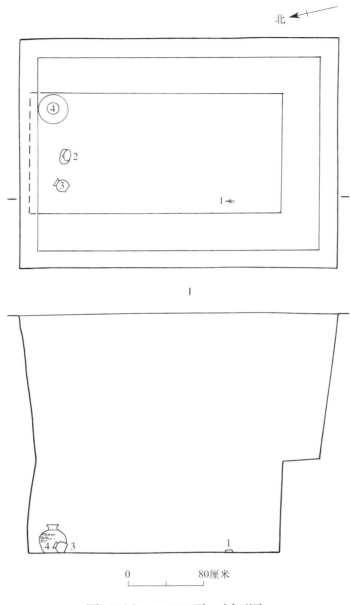

图四五六 M290 平、剖面图

1.铜带钩 2.铜釜 3.小口旋纹陶罐 4.小口陶罐

（二）出土遗物

1.陶器

2 件。

小口罐 1 件。

M290：4，泥质灰陶。侈口，外斜沿，方唇，束颈，广肩，深弧腹，最大径位于肩腹交接处，平底。肩、腹上部先饰绳纹，再于其上饰数道旋纹，将之分割成数段，颈部先饰绳纹后抹掉，残留部分绳纹纹理，下腹部素面，口部有轮制痕迹。口径 11.6、最大径 31.0、底径 13.3、高 28.9 厘米（图四五七，1）。

小口旋纹罐 1 件。

M290：3，泥质灰陶。侈口，沿较平，沿面中部有凹槽，方唇，高领，鼓腹，最大径位于鼓腹处，

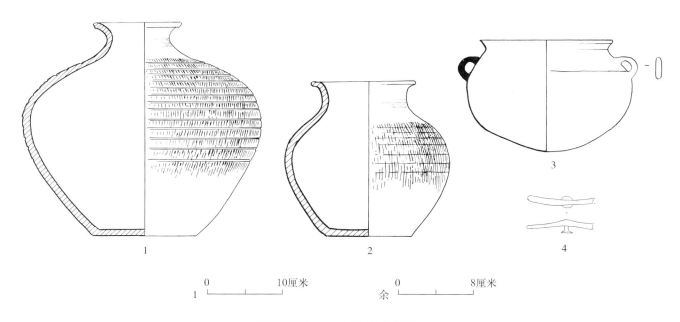

图四五七　M290 出土器物

1.小口陶罐M290：4　2.小口旋纹陶罐M290：3　3.铜釜M290：2　4.铜带钩M290：1

平底。器身先饰绳纹，再于绳纹之上饰数道弦纹，将之分割成数段，颈部先饰绳纹后抹光，残留部分绳纹纹理，腹下端素面，轮制。口径 10.9、最大径 17.2、底径 8.8、高 16.8 厘米（图四五七，2）。

2. 铜器

2 件。

釜　1 件。

M290：2，侈口，外斜沿，圆唇，束颈，斜肩，弧腹，圜底。肩腹交接处有一凸棱，肩部对称处附加两环形器耳。素面。口径 14.0、腹径 17.2、高 12.2 厘米（图四五七，3；彩版一六四，2）。

带钩　1 件。

M290：1，钩首缺失。体纤细，圆形纽位于钩身中部。素面。残长 7.1、纽径 1.5 厘米（图四五七，4）。

二六四　M292

（一）墓葬形制

该墓位于墓群 B 区南部。开口于②层下，开口距地表 1.00 米。

竖穴土坑墓带壁龛，平面呈长方形，方向 0°，口大底小，有生土二层台。上口长 3.00、宽 2.40 米；二层台面距墓口深 2.00 米，东侧台面宽 0.20 ～ 0.30、西、南侧台面宽 0.20、北侧台面宽 0.15 米；底长 2.00、宽 1.10 米；深 2.40 米。二层台以上壁面斜直内收，收分明显，二层台以下壁面平直，周壁光滑，墓底较平，无工具加工痕迹。壁龛位于二层台北侧壁面西部，平面呈长方形，弧顶。口宽 0.90、进深 0.40、高 0.40 米。墓内填松散的灰褐色五花土。

葬具不详。

葬式不详。

墓葬内出土陶罐 2、陶釜 1 件（图四五八）。

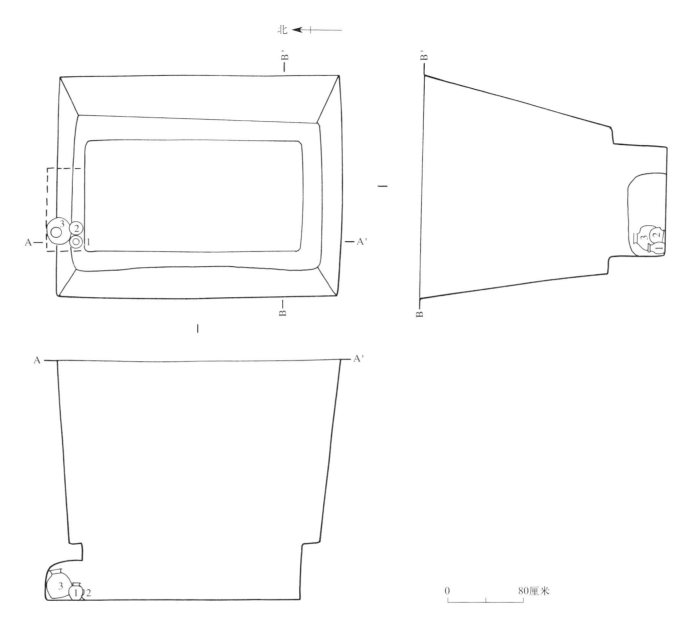

图四五八　M292 平、剖面图

1.壶形陶罐　2.无耳陶釜　3.小口陶罐

（二）出土遗物

陶器

3 件。

壶形罐　1 件。

M292：1，泥质灰陶。侈口，沿较宽，沿面外侧略高于内侧，圆唇，束颈，溜肩，腹微鼓，最大径位于鼓腹处，底微内凹。腹上部饰暗绳纹，肩部以上先饰绳纹后抹掉，残留部分绳纹纹理，腹下部有刮抹痕迹，轮制。口径 10.4、最大径 15.8、底径 10.4、高 17.0 厘米（图四五九，1）。

小口罐　1 件。

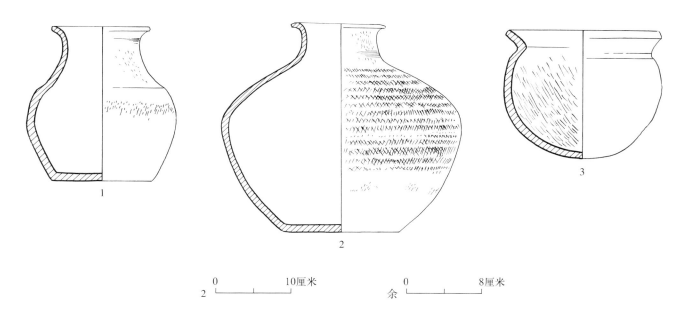

图四五九　M292 出土陶器
1.壶形罐M292：1　2.小口罐M292：3　3.无耳釜M292：2

M292：3，泥质灰陶。侈口，窄沿外撇，圆唇，束颈较高，溜肩，深弧腹，最大径位于肩腹交接处，平底。腹上部先饰交错绳纹，再于其上饰数道旋纹，将之分割成数段，底部有一方印，颈部先饰绳纹后抹掉，残留部分绳纹纹理，下腹部有刮抹痕迹，口部轮制痕迹明显。口径 12.5、最大径 32.0、底径 15.5、高 28.9 厘米（图四五九，2）。

无耳釜　1 件。

M292：2，夹砂灰陶。侈口，外斜沿，圆唇，束颈，深弧腹，圜底。素面，腹部以下有烟熏痕迹，内壁饰绳纹，残留手制痕迹。口径 16.6、高 14.0 厘米（图四五九，3）。

二六五　M293

（一）墓葬形制

该墓位于墓群 B 区南部。开口于②层下，开口距地表 2.00 米。

竖穴土坑墓，平面呈长方形，方向 14°，口底同大。长 3.20、宽 1.80、深 0.60～1.00 米。周壁平直、光滑，平底，无工具加工痕迹。墓内填松散的灰褐色五花土，偶有木炭点。

葬具不详。

葬式不详。

墓葬内出土陶盉 1、陶坛 2、铜棺饰 1 件（图四六〇）。

（二）出土遗物

1. 陶器

3 件。

盉　1 件。

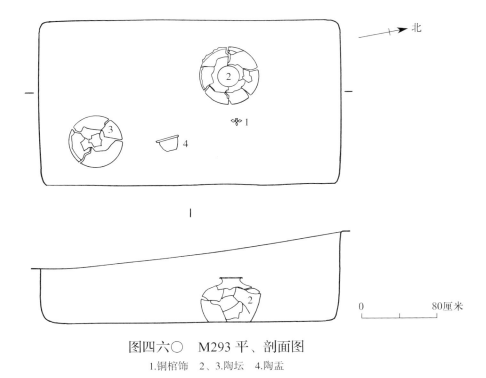

北

0 80厘米

图四六〇 M293 平、剖面图
1.铜棺饰 2、3.陶坛 4.陶盂

　　M293:4，夹砂灰陶。敞口，窄沿，沿面外侧有凹槽，方唇，上腹略直，下腹斜内收，上下腹交接处较为明显，平底。素面，腹下部有刮削痕迹，器内壁有刮抹痕迹。口径 13.0、底径 6.6、高 7.0 厘米（图四六一，1）。

　　坛　2件。

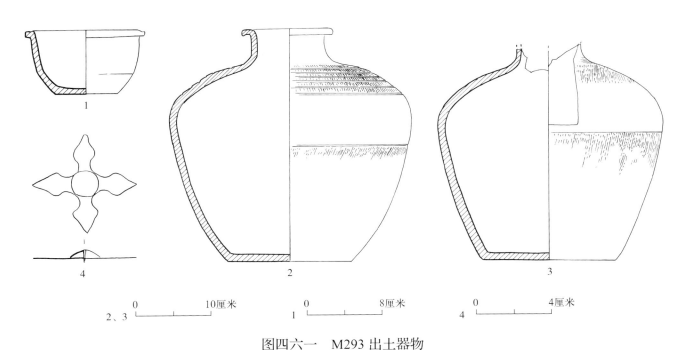

2、3 0 10厘米
1 0 8厘米
4 0 4厘米

图四六一 M293 出土器物
1.陶盂M293:4 2、3.陶坛M293:2、3 4.铜棺饰M293:1

M293：2，泥质灰陶。侈口，窄平沿，圆唇，矮领，溜肩，深弧腹，最大径位于肩腹交接处，平底。肩部先饰绳纹，再于其上饰数道弦纹，将之分割成数段，腹中部饰一周绳纹，时断时续，领部有轮制痕迹。口径 12.1、最大径 32.4、底径 16.4、高 31.5 厘米（图四六一，2）。

M293：3，口部残，泥质灰陶。溜肩，深弧腹，最大径位于肩腹交接处，平底。肩、腹中部饰绳纹，器身有轮制痕迹。最大径 30.0、底径 17.6、残高 29.8 厘米（图四六一，3）。

2. 铜器

1 件。

棺饰　1 件。

M293：1，柿叶蒂形，鎏金。四个柿叶较对称的分布于四周，中央有一圆形穿孔，泡钉位于中央，与柿叶以榫卯相接。素面。柿叶最大径 5.5 厘米（图四六一，4）。

二六六　M294

（一）墓葬形制

该墓位于墓群 B 区南部。开口于②层下，开口距地表 2.00 米。

竖穴土坑墓，平面呈长方形，方向 8°，口底同大。长 2.80、宽 1.30、深 0.60 ～ 0.70 米。周壁平直、光滑，平底，无工具加工痕迹。墓内填松散的灰褐色五花土，偶有木炭点。

葬具不详。

葬式不详（图四六二）。

（二）出土遗物

无出土器物。

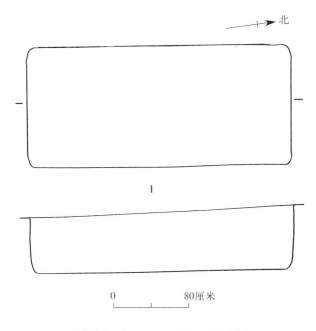

图四六二　M294 平、剖面图

二六七　M295

（一）墓葬形制

该墓位于墓群 B 区南部。开口于②层下，开口距地表 1.00 米。

竖穴土坑墓，平面呈梯形，东宽西窄，方向 285°，口底同大。长 2.20、宽 0.80 ～ 1.08、深 0.32 米。周壁平直、光滑，平底，无工具加工痕迹。墓内填松散的灰褐色五花土，偶有木炭点。

葬具不详。

葬式不详。

墓葬内出土陶釜 1、陶盆 1、陶罐 1 件（图四六三）。

（二）出土遗物

陶器

3 件。

小口旋纹罐　1 件。

M295 ：3，泥质灰陶。口微侈，窄沿微外撇，沿面外侧有凹槽，方唇，矮领，溜肩，深弧腹，最大径位于肩腹交接处，平底。器身先饰绳纹，再于绳纹之上饰数道弦纹，将之分割成数段，颈部先饰绳纹后抹光，残留部分绳纹纹理，腹下端有刮削痕迹，轮制。口径 11.0、最大径 25.8、底径 13.2、高 25.2 厘米（图四六四，1）。

盆　1 件。

M295 ：1，泥质灰陶。敞口，宽沿内敛，方唇，唇缘有凹槽，上腹较直，下腹斜直内收，平底。上腹部饰数道弦纹，下腹部有刮削痕迹，底部有一方印，内壁有轮制痕迹。口径 29.3、底径 16.1、高 8.4 厘米（图四六四，2）。

带耳釜　1 件。

M295 ：2，夹砂灰陶。侈口，外斜沿，圆唇，束颈，弧腹，圜底，腹上端附加一环状器耳。器身饰绳纹，器底有烟熏痕迹。口径 15.5、高 15.4 厘米（图四六四，3）。

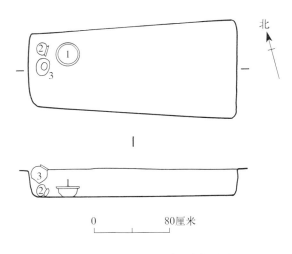

图四六三　M295 平、剖面图

1.陶盆　2.带耳陶釜　3.小口旋纹陶罐

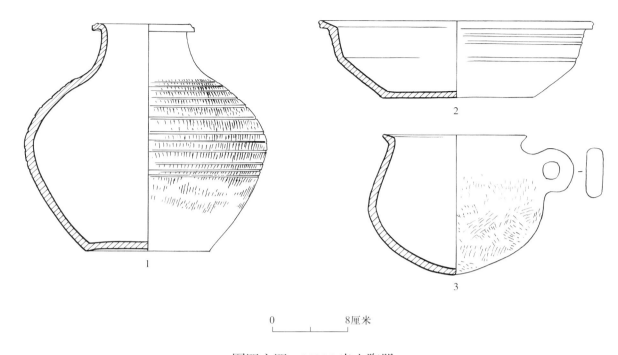

0   8厘米

图四六四 M295 出土陶器

1.小口旋纹罐M295：3 2.盆M295：1 3.带耳釜M295：2

二六八 M296

（一）墓葬形制

该墓位于墓群 B 区南部。开口于②层下，开口距地表 1.00 米。

竖穴土坑墓带壁龛，平面呈长方形，方向 190°，口大底小，有生土二层台。上口长 3.30、宽 2.30
米；二层台面距墓口深 0.80～0.90 米，台面宽 0.30 米；底长 2.10、宽 1.10 米；深 1.70～1.80 米。
二层台以上壁面斜直内收，收分明显，二层台以下壁面平直，周壁光滑，平底，无工具加工痕迹。
壁龛位于二层台南侧壁面中部，平面呈长方形，弧顶。口宽 0.86、进深 0.40、高 0.50 米。墓内填松
散的灰褐色五花土。

葬具不详。

葬式不详。

墓葬内出土铜铃 6、铜印章 1、铜带钩 1、铜环 1、串珠 1 件（组）；壁龛内出土陶罐 2 件（图
四六五）。

（二）出土遗物

1. 陶器

2 件。

双耳罐 1 件。

M296：10，夹砂灰陶。侈口，圆唇，颈微束，弧腹，平底，口部对称处附加两桥形器耳，上端
接于口沿处，与沿面齐平，下端接于腹上端，相接处贴以泥片加以固定。素面，器表有刮抹痕迹，

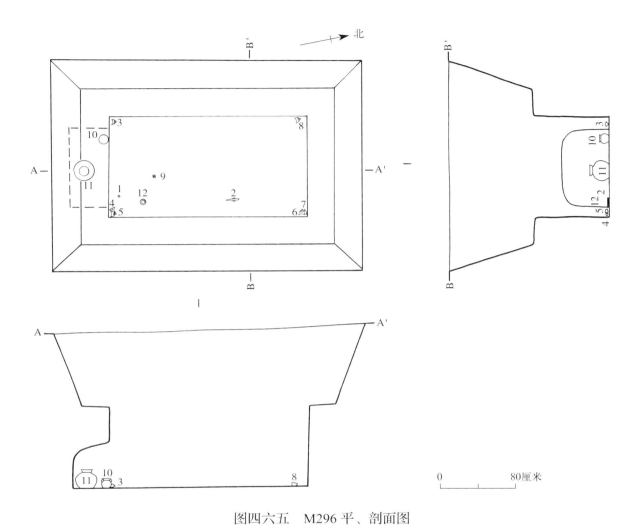

图四六五　M296 平、剖面图
1.铜印章　2.铜带钩　3~8.铜铃　9.串珠　10.双耳陶罐　11.小口旋纹陶罐　12.铜环

器内壁有手制痕迹。口径 10.0、底径 6.8、高 11.4 厘米（图四六六，1；彩版一六四，3）。

小口旋纹罐　1 件。

M296：11，泥质灰陶。口微侈，窄沿，沿面中部有凹槽，方唇，束颈，溜肩，深弧腹，最大径位于肩腹交接处，平底。器身先饰绳纹，再于绳纹之上饰数道弦纹，将之分割成数段，底部有一方印，颈部先饰绳纹后抹光，残留部分绳纹纹理，腹下端刮削痕迹明显，轮制。口径 11.4、最大径 22.3、底径 13.2、高 21.6 厘米（图四六六，2；彩版一六四，4）。

2. 铜器

9 件。

印章　1 枚。

M296：1，桥形纽，圆柱体形，上小下大。上部有三周凹弦纹，印面阴刻字样锈蚀不明。直径 1.4、台高 1.0、通高 1.4 厘米（图四六六，3；彩版一六七，1）。

带钩　1 件。

M296：2，似蛇形，钩首为头，钩体为身，圆形纽位于中部。器身素面。长 11.6、纽径 1.5 厘米（图四六六，4；彩版一六七，2）。

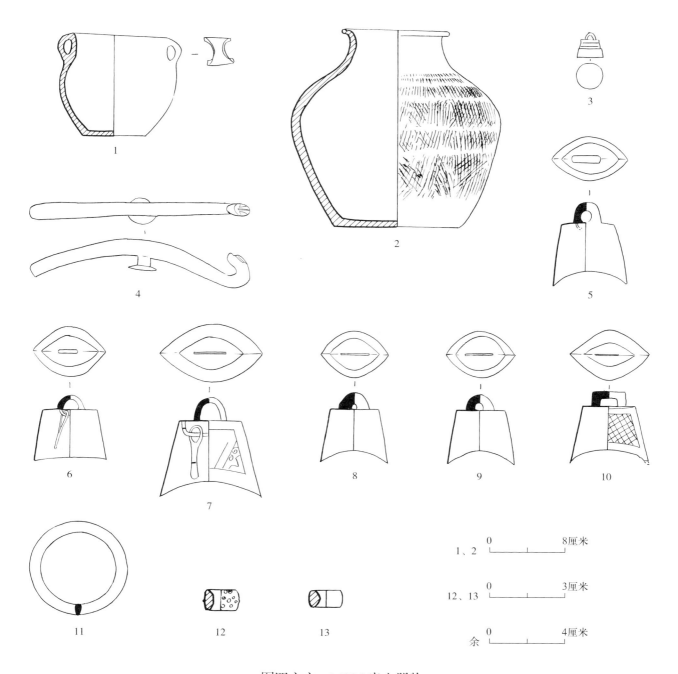

图四六六　M296 出土器物

1.双耳陶罐M296：10　2.小口旋纹陶罐M296：11　3.铜印章M296：1　4.铜带钩M296：2　5～10.铜铃M296：3～8　11.铜环M296：12　12、13.串珠M296：9-1、9-2

铃　6件。

M296：3，圆角方形纽，身微扁，上窄下宽，两铣下垂，内部舌头残缺。素面。肩宽3.0、口宽4.0、体高2.8、通高3.6厘米（图四六六，5；彩版一六七，3）。

M296：4，桥形纽，身微扁，上窄下宽，两铣下垂，内有舌。素面。肩宽3.0、口宽3.8、体高3.4、通高3.6厘米（图四六六，6）。

M296：5，半环形纽，身较扁，上窄下宽，两铣下垂，内有舌。舞部素面，钲部上下两端有凸棱，正中因锈蚀图案不明。肩宽 3.4、口宽 5.4、体高 4.3、通高 5.5 厘米（图四六六，7）。

M296：6，半环形纽，身微扁，上窄下宽，两铣下垂，内部舌头残缺。素面。肩宽 2.6、口宽 3.6、体高 3.0、通高 3.9 厘米（图四六六，8）。

M296：7，半环形纽，身微扁，上窄下宽，两铣下垂，内部舌头残缺。素面。肩宽 2.6、口宽 3.4、体高 3.0、通高 3.8 厘米（图四六六，9）。

M296：8，方形纽，扁身，上窄下宽，两铣下垂，内部舌头残缺。舞部素面，钲部正中饰菱形方格纹，间以乳丁。肩宽 2.8、口宽 4.2、体高 3.2、通高 4.0 厘米（图四六六，10）。

环　1 件。

M296：12，圆环形，截面呈扁圆形。素面。外径 5.2、内径 4.0、厚 0.4 厘米（图四六六，11；彩版一六七，4）。

3. 料器

1 件。

串珠　1 组。

M296：9-1、9-4，蜻蜓眼，形制相同，扁体圆柱形，中部有穿孔。器表饰由白色圆圈、蓝色乳点组成的图案。直径 1.4、厚 0.9 厘米（图四六六，12）。M296：9-2，红玛瑙，红色，通体透亮，算珠形，中部有穿孔。素面。直径 1.4、厚 0.7 厘米（图四六六，13）。M296：9-3，滑石珠，7 个，白色（彩版一六七，5）。

二六九　M298

（一）墓葬形制

该墓位于墓群 B 区南部。开口于①层下，开口距地表 0.30 米。

竖穴土坑墓带壁龛，平面呈长方形，方向 215°，口大底小，有生土二层台。上口长 3.12、宽 1.88 米；二层台面距墓口深 1.10 米，台面宽 0.14 米；底长 2.32、宽 1.42 米；深 2.20 米。二层台以上壁面斜直内收，收分明显，二层台以下壁面平直，周壁光滑，平底，无工具加工痕迹。壁龛位于二层台北侧壁面中部，平面呈长方形，弧顶。口宽 0.90、进深 0.54、高 0.72 米。墓内填松散的灰褐色五花土。

葬具不详。

葬式不详。

壁龛内出土陶釜 1、陶罐 3、铜带钩 1 件（图四六七）。

（二）出土遗物

1. 陶器

4 件。

小口旋纹罐　1 件。

M298：5，泥质灰陶。侈口，外斜沿，方唇，束颈，溜肩，斜腹，最大径位于肩腹交接处，平底。腹上端先饰绳纹，再于绳纹之上饰数道不规则弦纹，将绳纹分割成数段，腹下端有刮削痕迹，轮制。口径 10.0、最大径 20.8、底径 13.6、高 18.4 厘米（图四六八，1）。

小口素面小罐　1 件。

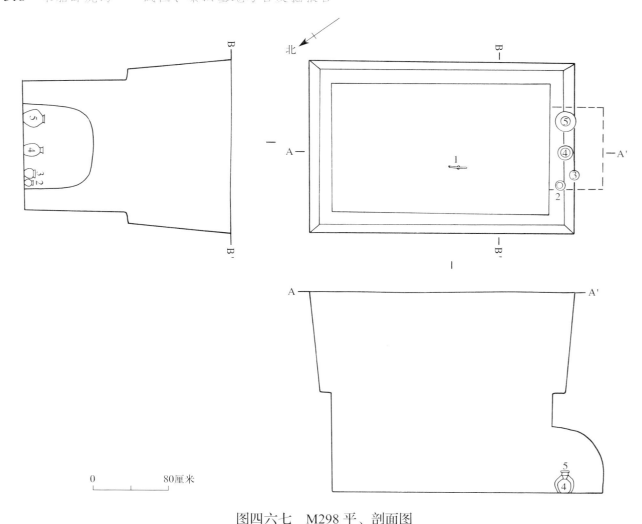

图四六七 M298 平、剖面图
1.铜带钩 2.陶汲水罐 3.无耳陶釜 4.小口素面小陶罐 5.小口旋纹陶罐

　　M298：4，泥质灰陶。口微侈，宽沿，方唇，束颈，溜肩，弧腹，最大径位于腹中部，平底。素面，
肩、腹部刮削痕迹明显，轮制。口径 9.6、最大径 18.2、底径 10.4、高 17.8 厘米（图四六八，2）。

　　汲水罐 1 件。

　　M298：2，泥质灰陶。喇叭口，外斜沿，沿面内侧有一凹槽，圆唇，束颈，折肩，弧腹，最大
径位于腹中部，小平底。腹上端饰一道深且宽的凹弦纹，腹下部刮削痕迹明显，口部对称处有圆形
穿孔，手制。口径 8.0、最大径 12.0、底径 4.5、高 10.2 厘米（图四六八，3）。

　　无耳釜 1 件。

　　M298：3，夹砂灰陶。侈口，外斜沿，尖唇，束颈，弧腹，圜底。素面，手制。口径 13.2、高
11.6 厘米（图四六八，4）。

　　2. 铜器

　　1 件。

　　带钩 1 件。

　　M298：1，似蛇形，体修长，钩首为头，钩身为体，圆形器纽位于中部。体身素面。长 11.8、纽径 1.4
厘米（图四六八，5）。

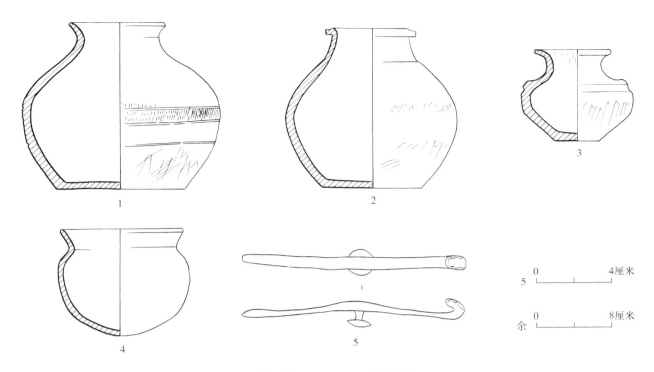

图四六八　M298 出土器物

1.小口旋纹陶罐M298：5　2.小口素面小陶罐M298：4　3.陶汲水罐M298：2　4.无耳陶釜M298：3　5.铜带钩M298：1

二七〇　M299

（一）墓葬形制

该墓位于墓群 B 区南部。开口于①层下，开口距地表 0.20 米。

竖穴土坑墓带壁龛，平面呈长方形，方向 275°，口大底小，有生土二层台。上口长 3.30、宽 2.40 米；二层台面距墓口深 0.90 米，东、西、北侧台面宽 0.30、南侧台面宽 0.40 米；底长 2.30、宽 1.30 米；深 2.00 米。二层台以上壁面斜直内收，收分明显，二层台以下壁面平直，周壁光滑，平底，无工具加工痕迹。壁龛位于二层台西侧壁面中部，平面呈长方形，弧顶。口宽 1.30、进深 0.60、高 0.70 米。墓内填松散的灰褐色五花土。

葬具不详。

葬式不详。

壁龛内出土陶甑 1、陶罐 3 件（图四六九；彩版一六八，1）。

（二）出土遗物

陶器

4 件。

盆形甑　1 件。

M299：4，泥质灰陶。敞口，宽平沿，圆唇，上腹较直，下腹斜直内收，上下腹交接处折棱明显，底微内凹，底部镂数个圆形箅孔。素面，腹内壁有轮制痕迹。口径 25.2、底径 12.0、高 14.4 厘米（图

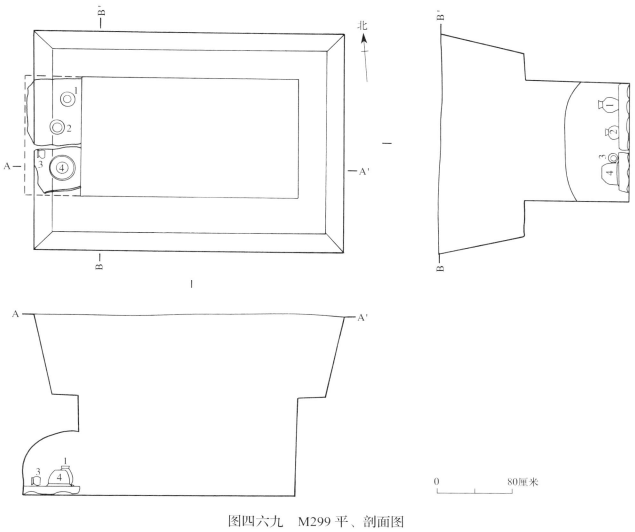

图四六九　M299 平、剖面图

1～3.小口旋纹陶罐　4.盆形陶瓿

四七〇，1）。

小口旋纹罐　3 件。

M299：1，泥质灰陶。侈口，平沿，沿面外侧有一凸棱，方唇，束颈，溜肩，深弧腹，最大径位于腹上端，平底。器身先饰绳纹，再于其上饰数道弦纹，将之分割成数段，颈部先饰绳纹后抹掉，残留绳纹纹理，颈部有轮制痕迹。口径 10.5、最大径 24.8、底径 13.3、高 24 厘米（图四七〇，2）。

M299：2，泥质灰陶。侈口，外斜沿，方唇，唇缘有凹槽，斜高领，溜肩，弧腹，最大径位于腹上端，平底。器身先饰绳纹，再于其上饰数道弦纹，将之分割成数段，颈部先饰绳纹后抹掉，残留绳纹纹理，腹下部刮抹痕迹明显，口部有轮制痕迹。口径 10.1、最大径 18.9、底径 11.5、高 16.4 厘米（图四七〇，3）。

M299：3，泥质灰陶。侈口，外斜沿，圆唇，高领，广肩，腹微鼓，最大径位于鼓腹处，平底。肩、腹上部先饰绳纹，再于其上饰数道弦纹，将之分割成数段，领部先饰绳纹后抹掉，残留绳纹纹理，腹下部刮削痕迹明显，口部有轮制痕迹。口径 12.0、最大径 20.8、底径 9.5、高 21.4 厘米（图四七〇，4）。

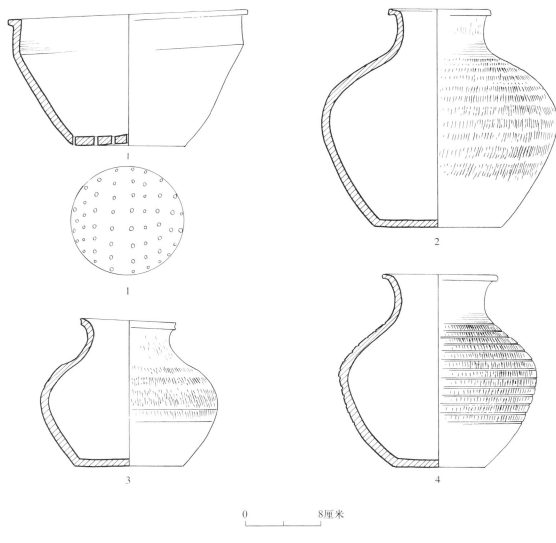

0 _____ 8厘米

图四七〇　M299 出土陶器
1.盆形甑M299：4　2～4.小口旋纹罐M299：1～3

二七一　M300

（一）墓葬形制

该墓位于墓群 B 区南部。开口于①层下，开口距地表 0.40 米。

竖穴土坑墓带壁龛，平面呈长方形，方向 20°，口大底小，有生土二层台。上口长 2.70、宽 2.00 米；二层台面距墓口深 0.50 米，东侧台面宽 0.60 米；底长 2.70、宽 1.40 米；深 1.60 米。二层台以上壁面斜直内收，收分明显，二层台以下壁面平直，周壁光滑，平底，无工具加工痕迹。壁龛位于二层台西侧壁面中部，平面呈长方形，弧顶，口宽 0.40、进深 0.10、高 0.50 米。墓内填松散的灰褐色五花土。

葬具不详。

葬式不详。

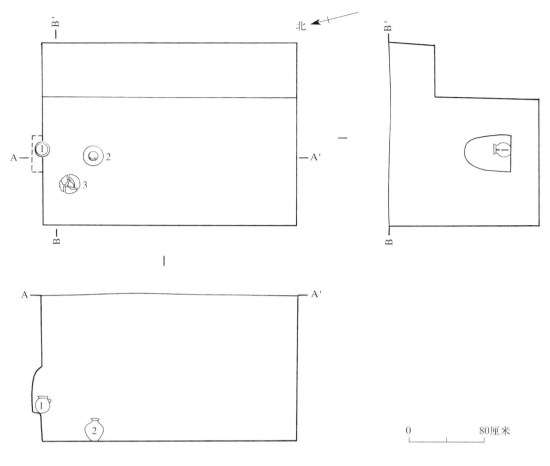

图四七一　M300 平、剖面图
1.铜鍪　2.大口陶罐　3.无耳陶釜

墓葬内出土陶釜 1、陶罐 1；壁龛内出土铜鍪 1 件（图四七一）。

（二）出土遗物

1. 陶器

2 件。

大口罐　1 件。

M300：2，泥质灰陶。直口，窄沿微外撇，矮领，广肩，弧腹，最大径位于腹上端，平底。腹中部饰绳纹，腹下部有刮抹痕迹，肩部以上有轮制痕迹。口径 14.5、最大径 25.8、底径 12.3、高 17.8 厘米（图四七二，1）。

无耳釜　1 件。

M300：3，夹砂黑陶。侈口，外斜沿，方唇，束颈，弧腹，圜底。素面，器表有烟熏痕迹，手制。口径 14.1、高 12.6 厘米（图四七二，2）。

2. 铜器

1 件。

鍪　1 件。

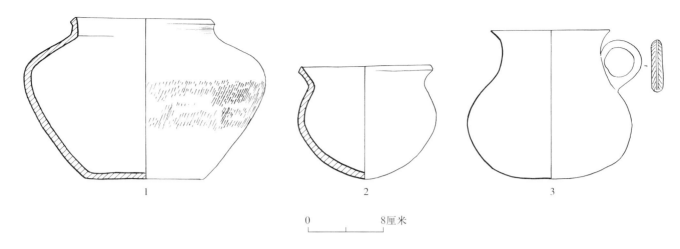

图四七二　M300 出土器物

1.大口陶罐M300：2　2.无耳陶釜M300：3　3.铜鍪M300：1

　　M300：1，残损。侈口，外斜沿，圆唇，束颈，斜肩，弧腹，圜底近平，口部附加一环形器耳，耳面中部微凹。两侧饰麦穗状戳刺纹。口径 12.8、腹径 17.6、高 16.0 厘米（图四七二，3；彩版一六九，1）。

二七二　M301

（一）墓葬形制

该墓位于墓群 B 区南部。开口于②层下，开口距地表 3.00 米。

竖穴土坑墓，平面呈长方形，方向 15°，口底同大。长 2.70、宽 1.60、深 1.00 米。周壁平直、光滑，平底，无工具加工痕迹。墓内填松散的灰褐色五花土，偶有木炭点。

葬具不详。

葬式不详。

墓葬内出土陶罐 4、陶熏炉 1、铜镜 1、铜钱 1、铜环 1、铁削 1、铁灯 1 件（图四七三；彩版一六八，2）。

（二）出土遗物

1.陶器

5 件。

小口罐　1 件。

M301：9，泥质灰陶。侈口，窄平沿，方唇，束颈，溜肩，弧腹，最大径位于腹上部，平底。肩、腹上部先饰绳纹，再于绳纹之上饰数道弦纹，将之分割成数段，轮制。口径 12.0、最大径 27.5、底径 12.0、高 25.0 厘米（图四七四，1；彩版一六九，2）。

小口旋纹罐　1 件。

M301：6，泥质灰陶。侈口，窄平沿，方唇，高领，圆腹，最大径位于腹中部，平底。器身先饰绳纹，残留绳纹纹理，腹中部再于其上饰数道弦纹，将之分割成数段，下腹部有刮抹痕迹，口部有轮制痕迹。

图四七三　M301 平、剖面图
1.连弧纹铜镜　2.半两钱　3.铜环　4.铁削　5.铁灯　6.小口旋纹陶罐　7.大口陶罐　8.扁腹陶罐　9.小口陶罐　10.陶熏炉

口径 10.7、最大径 19.7、底径 11.1、高 24.8 厘米（图四七四，2；彩版一六九，3）。

大口罐　1 件。

M301：7，泥质灰陶。直口，窄沿，方唇，矮领，广肩，弧腹，最大径位于腹上端，平底。腹中部先饰绳纹后抹掉，残留部分绳纹，腹下部有刮削痕迹，肩部以上轮制痕迹明显。口径 12.0、最大径 20.0、底径 9.2、高 14.0 厘米（图四七四，3；彩版一六九，4）。

扁腹罐　1 件。

M301：8，泥质灰陶。直口，窄沿，方唇，矮领，广肩，弧腹，最大径位于腹上端，平底。腹中部先饰绳纹，再于绳纹之上饰数道弦纹，将之分割成数段，肩部以上轮制痕迹明显。口径 12.8、最大径 23.9、底径 10.8、高 15.0 厘米（图四七四，4）。

熏炉　1 件。

M301：10，泥质灰陶。覆钵形器盖正中有一伞状器纽，豆形器身，钵形灯盘，子母口，圆唇，上腹较直，下腹弧内收，腹部下端正中接豆柄，覆钵形底座。器盖饰三角形图案，三角形中部镂空，器纽中部为空心，器身上腹部饰三角形刻划纹，下腹部素面，底座表面有刮抹痕迹。口径 12.4、底径 8.0、高 14.8 厘米（图四七四，5；彩版一七〇，1）。

2. 铜器

3 件。

连弧纹镜　1 面。

M301：1，中部有裂缝。镜面平直，桥形纽，圆座。座外为一周弦纹带，之外两周弦纹构成主纹饰带，内饰卷云纹伴以小乳丁，云地纹，其外为内向十四连弧纹，素缘外翻。直径 9.7 厘米（图四七五，1；

0 _____ 8厘米

图四七四　M301 出土陶器

1.小口罐M301：9　2.小口旋纹罐M301：6　3.大口罐M301：7　4.扁腹罐M301：8　5.熏炉M301：10

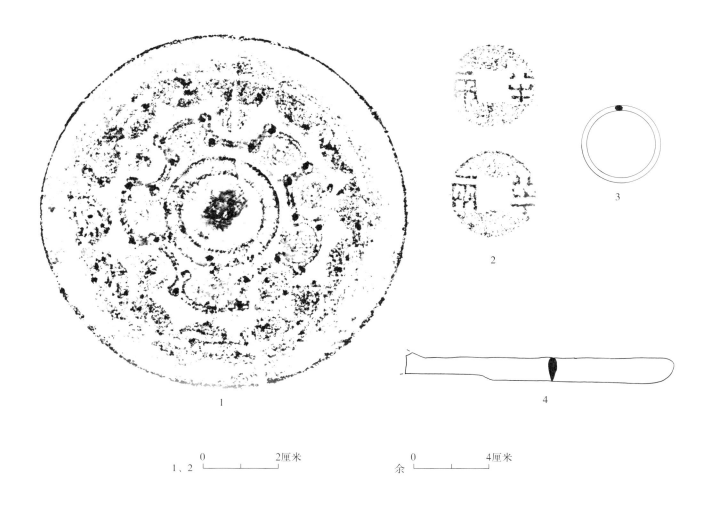

1、2　[0　2厘米]　　　余　[0　4厘米]

图四七五　M301 出土铜器、铁器

1.连弧纹铜镜M301：1　2.半两钱M301：2　3.铜环M301：3　4.铁削M301：4

彩版一七〇，2）。

半两钱　1组。

M301：2，共 37 枚。圆形方穿，无郭。钱径 2.1 ～ 2.6、穿宽 0.6 ～ 0.9 厘米，重 1.3 ～ 2.9 克（图四七五，2；彩版一七〇，3）。

环　1件。

M301：3，圆环形，截面呈圆形。素面。外径 4.2、内径 3.6、厚 4.0 厘米（图四七五，3）。

3. 铁器

2件。

灯　1件。

M301：5，残片。残损严重。

削　1件。

M301：4，残存部分削身，截面呈三角形。残长 14.3 厘米（图四七五，4；彩版一七〇，4）。

二七三 M304

（一）墓葬形制

该墓位于墓群 B 区北部。开口于①层下，开口距地表 0.50 米。

竖穴墓道土洞墓，平面呈长方形，总长 5.3 米，方向 70°。由墓道和墓室两部分组成。

墓道位于墓室东端，平面呈长方形，口大底小。上口长 3.10、宽 2.10 米；底长 2.40、宽 1.40 米；深 1.88 米。壁面斜直内收，收分明显。墓室为土洞式，平面呈长方形，顶部损毁。宽 1.00、进深 2.55、残高 1.00 米。周壁平直、光滑、平底，无工具加工痕迹。墓道内填松散的黄褐色五花土，墓室内填较硬的灰黄色淤土。

葬具不详。

葬式不详。

墓道内出土陶灯 1 件（图四七六）。

（二）出土遗物

陶器

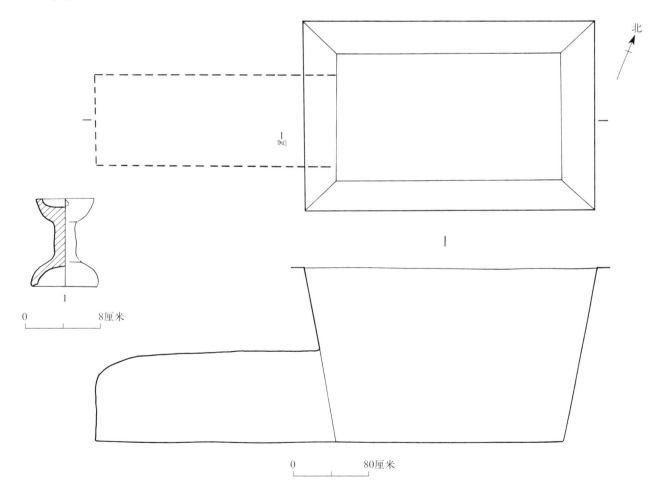

0   8厘米

0   80厘米

图四七六 M304 平、剖面图及出土陶器

1.灯

1 件。

灯 1 件。

M304：1，泥质灰陶。形如一豆，上部浅盘正中有一圆锥，锥尖向上，柱状柄较高，钵形底座。素面，手制。口径 6.2、底径 7.2、高 9.6 厘米（图四七六，1）。

二七四 M305

（一）墓葬形制

该墓位于墓群 B 区北部。开口于②层下，开口距地表 0.80 米。

竖穴土坑墓，平面呈长方形，方向 125°，口大底小，有生土二层台。上口长 3.80、宽 1.88 米；二层台面距墓口深 1.40 米，东、西侧台面宽 0.40、南、北侧台面宽 0.20 米；底长 2.80、宽 1.30 米；深 2.80 米。二层台以上壁面斜直内收，收分明显，二层台以下壁面平直，周壁光滑，平底，无工具加工痕迹。墓内填松散的灰褐色五花土。

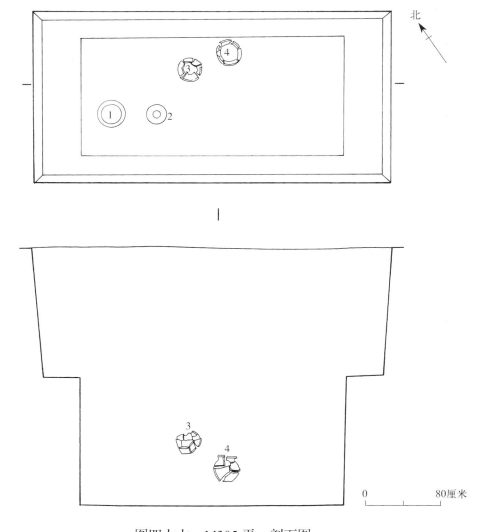

图四七七 M305 平、剖面图

1.扁腹陶罐 2.假圈足陶壶 3.陶罐 4.小口陶罐

葬具不详。

葬式不详。

墓葬内出土陶壶1、陶罐3件（图四七七）。

（二）出土遗物

陶器

4件。

假圈足壶　1件。

M305：2，泥质灰陶。喇叭口，外斜沿，圆唇，高领，圆肩，折腹，最大径位于折腹处，矮圈足，平底。素面，手制。口径5.5、最大径13.5、底径6.4、高13.3厘米（图四七八，1）。

小口罐　1件。

M305：4，泥质灰陶。侈口，外斜沿，方唇，束颈较高，圆肩，深弧腹，最大径位于肩腹交接处，底微内凹。腹上部先饰绳纹，再于其上饰数道旋纹，将之分割成数段，颈部轮制痕迹明显，下腹部有刮抹痕迹。口径12.2、最大径32.6、底径16.7、高29.2厘米（图四七八，2）。

扁腹罐　1件。

M305：1，泥质灰陶。直口，窄沿，矮领，领上端有凹槽，广肩，弧腹，最大径位于腹上端，平底。腹上部绳纹时断时续，器身刮抹痕迹明显，肩部以上有轮制痕迹。口径13.4、最大径18.9、底径10.5、高12.4厘米（图四七八，3）。

罐　1件。

M305：3，口部残，泥质灰陶。弧腹，最大径位于腹上端，平底。素面，器身刮抹痕迹明显。最大径16.2、底径9.5、残高10.6厘米（图四七八，4）。

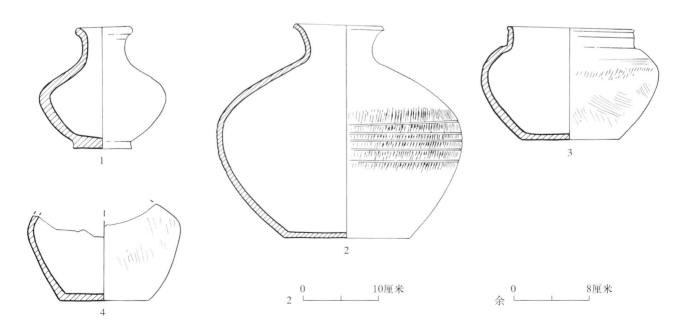

图四七八　M305出土陶器

1.假圈足壶M305：2　2.小口罐M305：4　3.扁腹罐M305：1　4.罐M305：3

二七五　M306

（一）墓葬形制

该墓位于墓群 B 区北部。开口于②层下，开口距地表 0.80 米，被 M305 打破。

竖穴土坑墓，平面呈长方形，方向 125°，口大底小，有生土二层台。上口长 3.75、宽 2.00 米；二层台面距墓口深 0.90 米，西侧台面宽 0.15、南、北侧台面宽 0.50 米；底长 3.00、宽 1.50 米；深 2.60 米。二层台以上壁面斜直内收，收分明显，二层台以下壁面平直，周壁光滑，平底，无工具加工痕迹。墓内填松散的灰褐色五花土。

葬具不详。

葬式不详（图四七九）。

（二）出土遗物

无出土器物

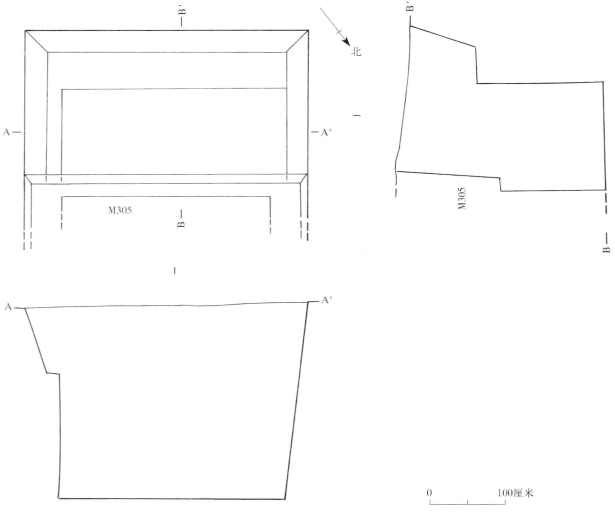

图四七九　M306 平、剖面图

二七六 M307

（一）墓葬形制

该墓位于墓群 B 区北部。开口于①层下，开口距地表 0.20 米。

竖穴土坑墓，平面呈梯形，东宽西窄，方向 80°，口大底小。上口长 3.40、宽 2.20 ～ 2.50 米；底长 2.90、宽 1.40 米；深 3.60 米。2.70 米以上壁面斜直内收，收分明显，2.70 米以下壁面平直，周壁光滑，平底，无工具加工痕迹。墓内填松散的灰褐色五花土。

葬具不详。

葬式不详。

墓葬内出土陶罐 2、陶鏊 1、铁鐾 1 件（图四八〇）。

（二）出土遗物

1. 陶器

3 件。

壶形罐　1 件。

M307：3，泥质灰皮磨光陶。喇叭口，外斜沿，方唇，高直领，圆腹，最大径位于腹中部，平底。素面，器身有磨制痕迹，轮制。口径 10.3、最大径 16.7、底径 8.0、高 16.8 厘米（图四八一，1）。

小口罐　1 件。

M307：2，泥质灰陶。侈口，窄沿微外撇，方唇，领较高，广肩，深弧腹，最大径位于肩腹交接处，平底。肩、腹上部先饰绳纹，再于其上饰数道旋纹，将之分割成数段，领部先饰绳纹后抹掉，残留部分绳纹纹理，下腹部有刮抹痕迹，口部有轮制痕迹。口径 12.7、最大径 30.2、底径 17.0、高 24.9 厘米（图四八一，2）。

带耳鏊　1 件。

M307：4，夹砂灰陶。侈口，

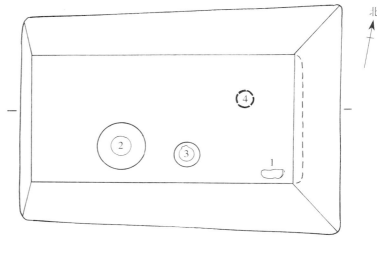

北

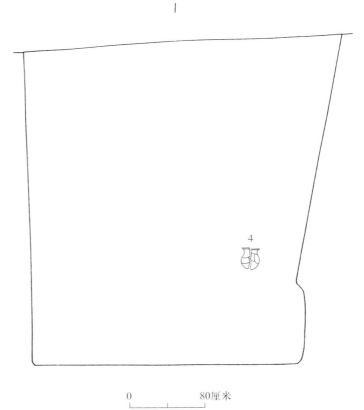

0　　　　　80厘米

图四八〇　M307 平、剖面图

1.铁鐾　2.小口陶罐　3.壶形陶罐　4.带耳陶鏊

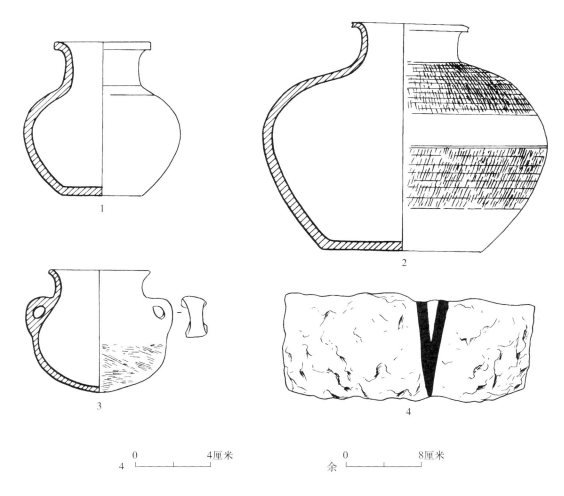

图四八一　M307 出土器物

1.壶形陶罐M307：3　2.小口陶罐M307：2　3.带耳陶鍪M307：4　4.铁錾M307：1

外斜沿，圆唇，束颈，折腹，圜底。器身饰暗绳纹，腹上端对称处附加两环状器耳，底部有烟熏痕迹。口径 10.7、高 13.4 厘米（图四八一，3）。

2. 铁器

1 件。

錾　1 件。

M307：1，锈残。平面呈圆角长方形，纵截面呈三角形，顶端、两侧棱规整，双面刃两端弧收，顶端有镶木柄銎。残长 13.3、宽 5.8 厘米（图四八一，4）。

二七七　M308

（一）墓葬形制

该墓位于墓群 B 区北部。开口于②层下，开口距地表 1.00 米。

竖穴土坑墓，平面呈长方形，方向 315°，口底同大。长 3.00、宽 1.60、深 1.20 米。周壁平直、粗糙，平底，无工具加工痕迹。墓内填松散的灰褐色五花土，偶有木炭点。

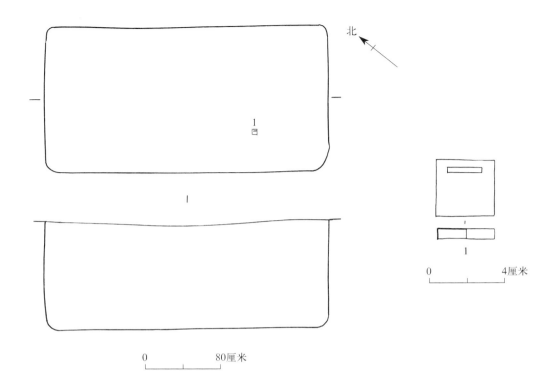

图四八二　M308 平、剖面图及出土铜器
1.器饰

葬具不详。

葬式不详。

墓葬内出土铜器饰 1 件（图四八二）。

（二）出土遗物

铜器

1 件。

器饰　1 件。

M308：1，体表呈正方形，截面呈"U"形，器表镂空一长方形，背部四角各一圆形小榫。边长 3.1、厚 0.5 厘米（图四八二，1）。

二七八　M309

（一）墓葬形制

该墓位于墓群 B 区北部。开口于①层下，开口距地表 0.30 米。

竖穴土坑墓，平面呈长方形，方向 115°，口大底小，有生土二层台。上口长 3.48、宽 2.80 米；二层台距墓口深 2.28 米，南、北侧台面宽 0.20 米，东西两侧无二层台；底长 2.80、宽 1.30 米；深 3.20 米。二层台以上壁面斜直内收，收分明显，二层台以下壁面平直，周壁光滑，平底，无工具加工痕迹。墓内填松散的灰褐色五花土。

葬具不详。

葬式不详。

盗洞 1 个，自墓顶直通墓底，位于墓葬的南侧中部。平面呈椭圆形，长 0.62～1.10 米。

墓葬内出土陶罐 2、陶鋬 1 件（图四八三）。

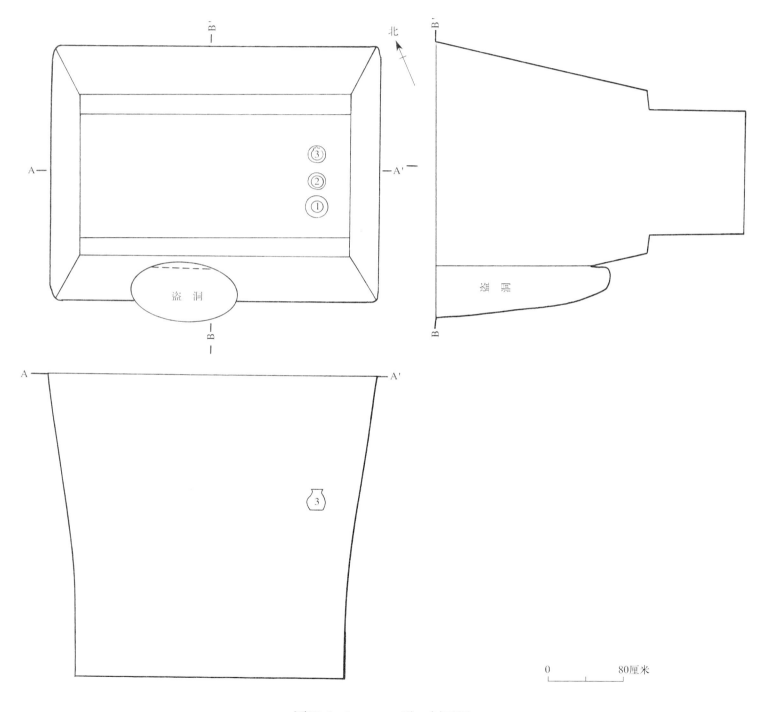

图四八三　M309 平、剖面图

1.扁腹陶罐　2.无耳无錾陶鋬　3.壶形陶罐

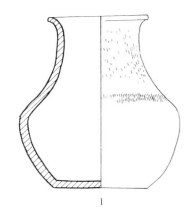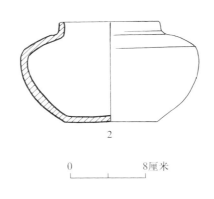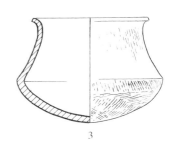

图四八四　M309 出土陶器

1.壶形罐M309：3　2.扁腹罐M309：1　3.无耳无錾鍪M309：2

（二）出土遗物

陶器

3 件。

壶形罐　1 件。

M309：3，泥质灰陶。侈口，外斜沿，方唇，斜高领，溜肩，弧腹，最大径位于肩腹交接处，平底。肩部饰绳纹，领部先饰绳纹后抹掉，残留部分绳纹纹理，器身轮制痕迹明显。口径 10.4、最大径 17.0、底径 9.7、高 19 厘米（图四八四，1）。

扁腹罐　1 件。

M309：1，泥质灰陶。直口，方沿，矮领，折肩，弧腹，最大径位于腹上部，平底。素面，器身有轮制痕迹。口径 10.7、最大径 19.0、底径 9.7、高 11.1 厘米（图四八四，2）。

无耳无錾鍪　1 件。

M309：2，夹砂灰陶。侈口，外斜沿，方唇，束颈，折腹，最大径位于折腹处，圜底。器身饰绳纹。口径 12.5、最大径 15.5、高 11.6 厘米（图四八四，3）。

二七九　M310

（一）墓葬形制

该墓位于墓群 B 区北部。开口于①层下，开口距地表 0.40 米。

竖穴土坑墓，平面呈长方形，方向 80°，口底同大，有生土二层台。上口长 3.52、宽 3.10 米；二层台距墓口深 2.30 米，东、西侧台面宽 0.50、南、北侧台面宽 0.70 米；底长 2.60、宽 1.70 米；深 3.50 米。周壁平直、光滑，平底，无工具加工痕迹。墓内填松散的灰褐色五花土。

葬具不详。

葬式不详。

盗洞 3 个，均自墓顶直通墓底。盗洞 1 位于墓葬北侧中部，平面呈椭圆形，长 0.56～1.00 米；盗洞 2 位于墓葬西侧中部，平面呈圆角长方形，长 0.92、宽 0.56 米；盗洞 3 位于墓葬西南角，平面呈不规则形，长 1.40、宽 1.20 米。

墓葬内出土陶罐 1 件（图四八五）。

（二）出土遗物

陶器

1 件。

小口旋纹罐　1 件。

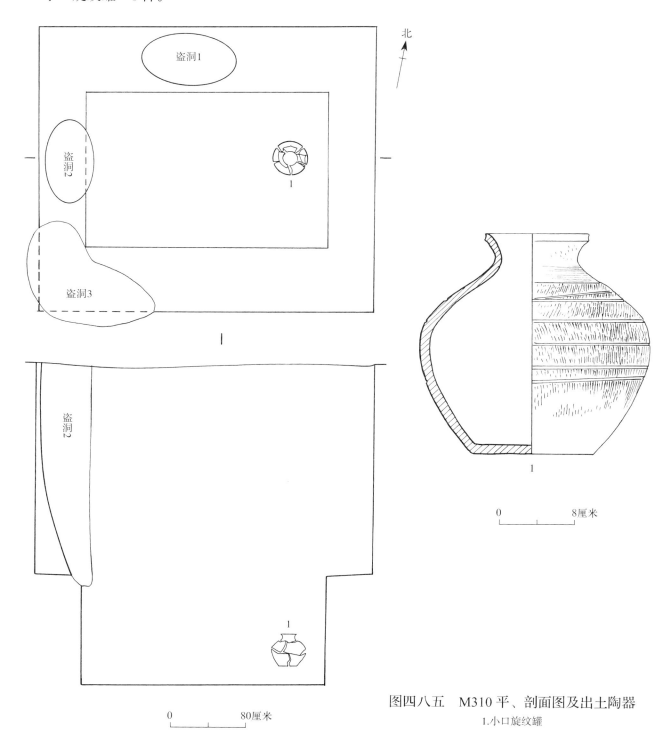

图四八五　M310 平、剖面图及出土陶器

1.小口旋纹罐

M310：1，泥质灰陶。侈口，外斜沿，方唇，束颈，溜肩，圆腹，最大径位于腹中部，平底。器身先饰绳纹，再于其上饰数道弦纹，将之分割成数段，领部先饰绳纹后抹掉，残留绳纹纹理，腹下端有刮抹痕迹，口部有轮制痕迹。口径 11.2、最大径 24.5、底径 13.0、高 24.4 厘米（图四八五，1）。

二八〇　M311

（一）墓葬形制

该墓位于墓群 B 区北部。开口于②层下，开口距地表 1.00 米。

竖穴墓道土洞墓，平面呈长方形，方向 355°。由墓道和墓室两部分组成。墓道位于墓室北端，平面呈长方形，口大底小。上口长 2.70、宽 1.80 米；底长 2.30、宽 1.60 米；深 1.50 ～ 1.60 米。周壁斜直内收，收分明显。墓室土洞式，平面呈长方形，顶部损毁。宽 1.00、进深 2.80、残高 1.00 米。周壁平直、光滑，平底，无工具加工痕迹。墓道内填松散的黄褐色五花土，墓室内填较硬的灰黄色淤土。

葬具不详。

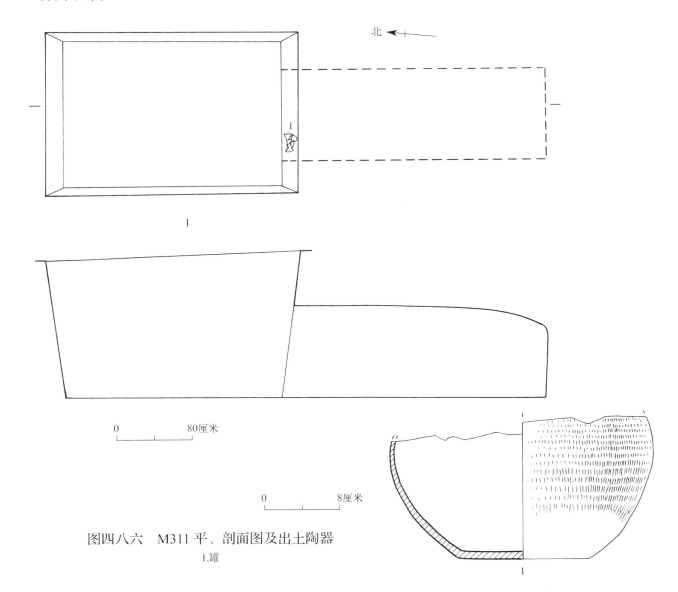

北 ←

0　　　　80厘米

0　　　　8厘米

图四八六　M311 平、剖面图及出土陶器

1.罐

葬式不明。

墓道内出土陶罐 1 件（图四八六）。

（二）出土遗物

陶器

1 件。

罐 1 件。

M311:1，底部残片，泥质灰陶。平底。器表先饰绳纹，再于其上饰数道凹弦纹，将之分割成数段。底径 13.6、残高 15.6 厘米（图四八六，1）。

二八一 M312

（一）墓葬形制

该墓位于墓群 B 区北部。开口于②层下，开口距地表 0.60 米。

竖穴土坑墓带壁龛，平面呈长方形，方向 10°，口大底小，有生土二层台。上口长 3.60、宽 3.00 米；

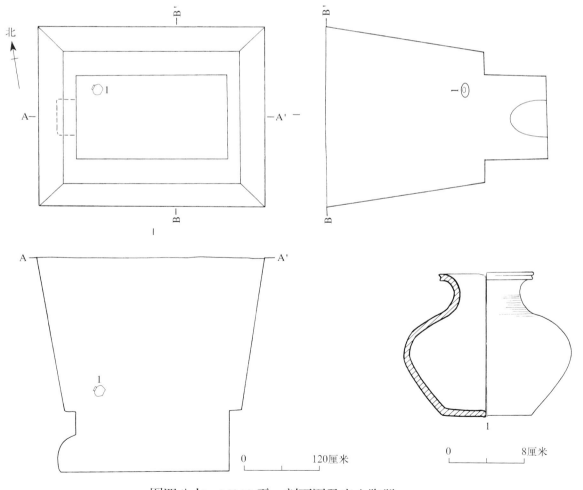

图四八七 M312 平、剖面图及出土陶器

1.壶形罐

二层台面距墓口深 2.50 米，东、西侧台面宽 0.18、南、北侧台面宽 0.36 米；底长 2.40、宽 1.40 米；深 3.48 米。二层台以上壁面斜直内收，收分明显，二层台以下壁面平直，周壁光滑，平底，无工具加工痕迹。

壁龛位于二层台西侧壁面中部，平面呈正方形，拱顶。口宽 0.60、进深 0.30、高 0.60 米。墓内填松散的灰褐色五花土。

葬具不详。

葬式不详。

墓葬内出土陶罐 1 件（图四八七）。

（二）出土遗物

陶器

1 件。

壶形罐　1 件。

M312：1，泥质灰陶。侈口，外斜沿，方唇，唇沿中部微内凹，束颈，溜肩，弧腹，最大径位于肩腹交接处，平底。素面，器身轮制痕迹明显，口部因挤压而变形。口径 10.3、最大径 18.0、底径 9.6、高 15.5 厘米（图四八七，1；彩版一七一，1）。

二八二　M313

（一）墓葬形制

该墓位于墓群 B 区北部。开口于②层下，开口距地表 0.50 米。

竖穴土坑墓，平面呈长方形，方向 95°，口大底小。上口长 3.20、宽 2.30 米；底长 3.20、宽 1.60；深 2.80 米。2.00 米以上壁面斜直内收，收分明显，2.00 米以下壁面平直，周壁光滑，平底，无工具加工痕迹。墓内填松散的灰褐色五花土。

葬具不详。

葬式不详。

墓葬内出土陶锜 1、陶罐 2、铁剑 1 件（图四八八）。

（二）出土遗物

1. 陶器

3 件。

锜　1 件。

M313：4，残损严重，无法修复，泥质灰陶，施彩绘。器身似一釜，圆肩，深腹，圜底，三蹄足较肥硕，足跟外鼓。腹部有一隔棱，最大径位于隔棱处，隔棱上端用红彩绘，脱落严重，图案不明，器身轮制痕迹明显。隔棱宽 1.4、裆高 2.8、残高 10.0 厘米（图四八九，1）。

小口罐　1 件。

M313：2，泥质灰陶。侈口，沿微外撇，方唇，唇缘有凹槽，束颈，溜肩，深弧腹，最大径位于腹上端，平底。肩、腹上部先饰绳纹，再于其上饰数道旋纹，将之分割成数段，领部先饰绳纹后抹掉，残留绳纹纹理，轮制。口径 12.9、最大径 23.6、底径 16.4、高 33.6 厘米（图四八九，2）。

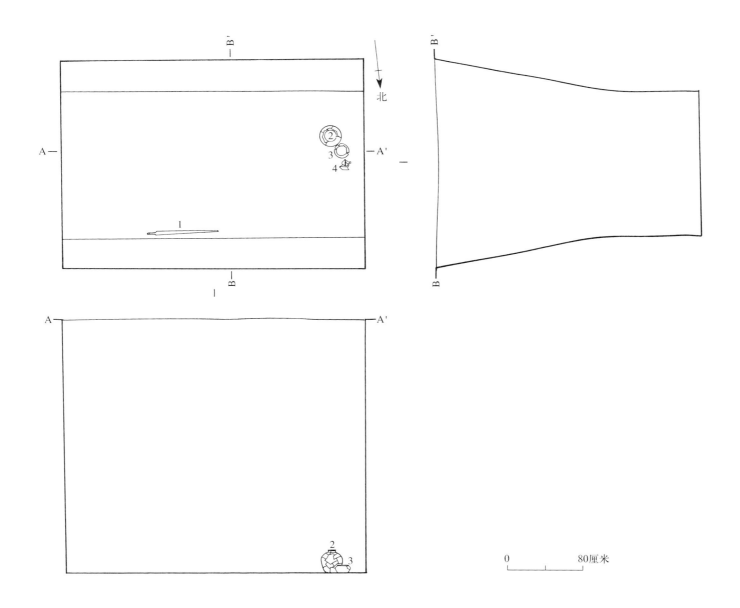

图四八八　M313 平、剖面图
1.铁剑　2.小口陶罐　3.扁腹陶罐　4.陶锜

扁腹罐　1件。

M313：3，泥质灰陶。直口，方沿，矮领，圆肩，弧腹，最大径位于腹上部，平底。素面，底部有一方印，领部有轮制痕迹。口径 11.3、最大径 16.1、底径 9.6、高 9.7 厘米（图四八九，3）。

2. 铁器

1件。

剑　1件。

M313：1，剑首缺失，剑茎截面呈圆角长方形，无剑格，剑身断面呈菱形，末端残缺。素面。长 72.0 厘米（图四八九，4）。

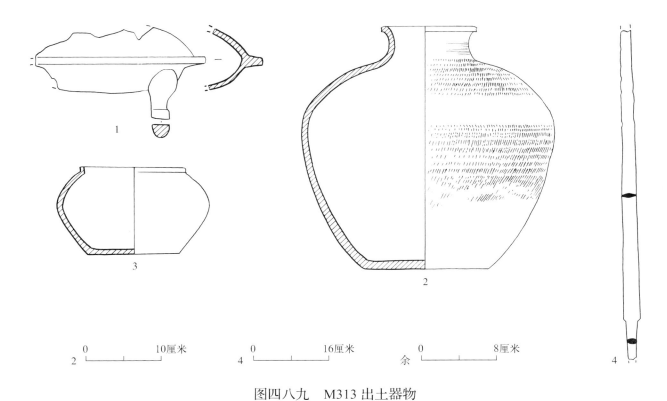

图四八九　M313 出土器物

1.陶𪄽M313：4　2.小口陶罐M313：2　3.扁腹陶罐M313：3　4.铁剑M313：1

二八三　M314

（一）墓葬形制

该墓位于墓群B区北部。开口于②层下，开口距地表深 0.70 米。

竖穴土坑墓，平面呈长方形，方向 40°，口底同大。长 2.00、宽 1.50、深 1.50 米。墓壁平直，壁面粗糙，平底，无工具加工痕迹。墓内填松散的灰褐色五花土，偶有木炭点出现。

葬具不详。

墓式不明（图四九〇）。

（二）出土遗物

无出土器物。

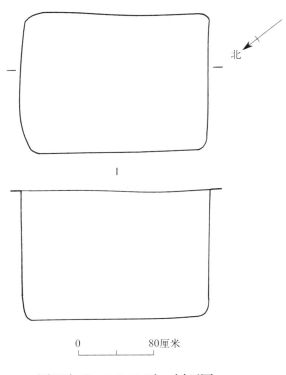

图四九〇　M314 平、剖面图

二八四 M315

（一）墓葬形制

该墓位于墓群 B 区北部。开口于②层下，开口距地表 0.60 米。

竖穴土坑墓，平面呈长方形，方向 10°，口大底小，有生土二层台。上口长 3.20、宽 2.60 米；二层台面距墓口深 0.80 米，台面宽 0.40 米；底长 2.20、宽 1.60 米；深 1.90 米。二层台以上壁面斜直内收，收分明显，二层台以下壁面平直，周壁光滑，平底，无工具加工痕迹。墓内填松散的灰褐色五花土。

葬具不详。

葬式不详。

盗洞 1 个，自墓顶直通墓底，位于墓葬的北端偏西部。平面呈椭圆形，长 0.48 ～ 0.84 米（图四九一）。

（二）出土遗物

无出土器物。

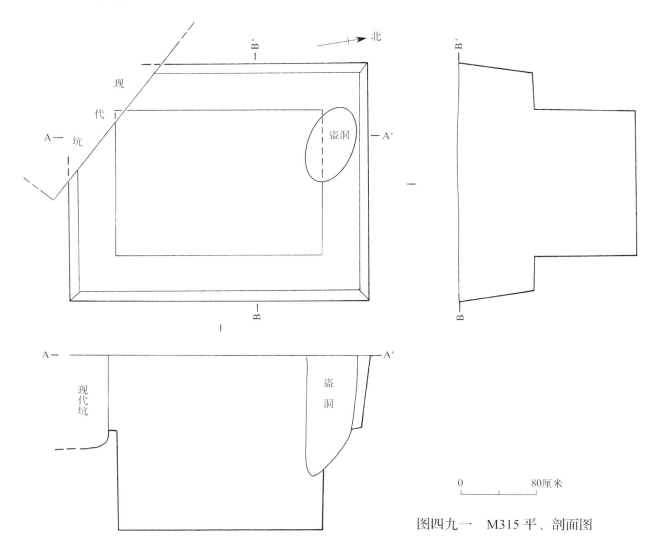

图四九一 M315 平、剖面图